STUDIEN UND TEXTE ZUR SOZIALGESCHICHTE DER LITERATUR

Herausgegeben von
Wolfgang Frühwald, Georg Jäger, Dieter Langewiesche,
Alberto Martino, Rainer Wohlfeil

Band 84

2.3.2004

Für Madame Caroline
aus der Steinzeit der
Meeresbiologie

☐ ja
☐ nein
☐ weiß nicht

Johannes Ullmaier

Kulturwissenschaft im Zeichen der Moderne

Hermeneutische und kategoriale Probleme

Max Niemeyer Verlag
Tübingen 2001

Gedruckt mit Unterstützung der VG Wort.
Die Form der Seite 197 beruht nicht auf einem technischen Versehen.
Redaktion des Bandes: Georg Jäger

Meinem Vater

Die Deutsche Bibliothek – CIP-Einheitsaufnahme

Ullmaier, Johannes: Kulturwissenschaft im Zeichen der Moderne: hermeneutische und kategoriale
Probleme / Johannes Ullmaier. – Tübingen: Niemeyer, 2001
  (Studien und Texte zur Sozialgeschichte der Literatur; Bd. 84)

ISBN 3-484-35084-9   ISSN 0174-4410

Gedruckt auf alterungsbeständigem Papier.
Satz: LinsenSpektrum, Mössingen
Druck: Gulde-Druck, Tübingen
Einband: Geiger, Ammerbuch

Vorwort

Die folgenden Studien haben ihren Anlaß in der literaturhistorisch-komparatistischen Beschäftigung mit den Programmen und Erscheinungen *ästhetischer Simultaneität*. Obschon der Sache nach nicht erst im Modernismus virulent, gewinnt der Versuch, das Gleichzeitige darzustellen bzw. dessen Eindruck zu erzeugen, mit Beginn des 20. Jahrhunderts medienübergreifend eine eigenwertige Qualität und entfaltet in der Folge einen vielgestaltigen, in seinen Filiationen allenthalben bis in die Gegenwart hineinreichenden Traditionszusammenhang. Im Zuge seiner Sichtung traten gleichwohl – neben vielerlei Detailproblemen – zunehmend auch zwei grundsätzliche, doch eben deshalb um so häufiger und handgreiflicher spürbare Desiderate ans Licht: zum einen das gestörte Verhältnis der hermeneutischen Theorie zu Erscheinungen des (Hyper-)Modernismus und der Neuen Medien sowie zum anderen Defizite in der kulturwissenschaftlichen Kategorialisierungstheorie und -praxis.

Das Bemühen, den daraus resultierenden Schwierigkeiten abzuhelfen, barg indessen ein Dilemma. Denn so unerläßlich deren Lösung oder doch zumindest Linderung für den Fortgang der konkreten Untersuchung war, so unvermeidlich mußte jede Reflexion – indem sich, was am Simultaneitätsproblem akut wurde, bald als generelleren Problemzusammenhängen zugehörig auswies – in Bereiche führen, die nicht allein den Fragenkreis der Simultaneität beträchtlich überstiegen, sondern unversehens eigene, weitere Horizonte öffneten. Aus der Frage: ›Wie ist dieses oder jenes simultanistische Zeugnis angemessen zu interpretieren?‹ wurde so die Frage: ›Welches Selbstverständnis entspräche einer Kulturwissenschaft, die jüngere und jüngste ästhetische Entwicklungen entschieden in den Blick nehmen könnte, ohne darüber ihres bisherigen Gegenstandsbereichs und Reflexionsstandes verlustig zu gehen?‹. Und aus der Frage: ›Wie soll man mit der disparaten Vielfalt simultanistischer Hervorbringungen verschiedenster Phasen, Schulen und Kunstgattungen sowie diversen ästhetischen und philosophischen Simultaneitätsdefinitionen umgehen, ohne die vorhandenen Beziehungen dabei entweder systematisch zu simplifizieren oder jeden Überblick zu verlieren?‹ wurde notwendig die Frage: ›Welche Möglichkeiten hat kulturwissenschaftliche Kategorienbildung überhaupt, der – vor allem angesichts moderner Gattungsauflösung und -diversifizierung – zunehmend virulenten Komplexität gegebener Sach- und Traditionszusammenhänge praktisch zu begegnen?‹.

Obwohl die beiden so umrissenen Problemfelder der Sache nach deutlich getrennt und dementsprechend zwei separate Hauptuntersuchungen angezeigt sind, kongruieren sie, sofern man die *spezifisch* durch den Modernismus induzierten Modifikationen präzisieren möchte, dennoch dahingehend, daß sie gleichermaßen nur im ständigen historischen Abgleich mit der Tradition der jedesmal zugrundeliegenden Objektbereiche und der jeweils involvierten methodologischen Basis sinnvoll zu beleuchten sind. Ferner bleibt beider Erörterung auch insofern verklammert, als sie, wo (zumindest potentielle) Praxisrelevanz erstrebt sein soll, nicht unter Maßgabe eines ahistorischen Idealvollzugs von Wissenschaft, sondern nur eingedenk der geschichtlichen Bedingungen des aktuellen, nolens volens seinerseits modernen Wissenschaftsbetriebs erfolgen kann. Daraus erwächst als dritte, wenn auch eher regulierend vorgeschaltete denn selbständige Frage die nach den gegenwärtigen strukturellen Rahmenvorgaben für methodologische Ent- und Einwürfe samt den gängigsten damit verbundenen Holzwegen.

Angesichts des dieser Perspektiventrias impliziten Allgemeinheitsgrades, dessen Ort und Ziel im titelgebenden Stichwort einer ›Kulturwissenschaft im Zeichen der Moderne‹ konvergiert, bleibt gleichwohl dem Verdacht zu wehren, hier werde tollkühn mit dem Anspruch auf umfassende Präsentation oder gar Neubegründung einer kulturwissenschaftlichen Methodenlehre operiert. Zielt die Intervention doch im Gegenteil primär auf die entschiedene Konturierung der Notwendigkeit jedesmaliger *lokaler Begrenzung* derartiger Interventionen. Das faktische Geflecht von Allgemeinerem und Speziellerem wäre deshalb völlig mißverstanden, wo die Darlegung etwa darauf zielte, die folgenden Explikations- und Differenzierungsvorschläge als neu(est)e M(eth)ode oder den anlaßstiftenden (und demgemäß gelegentlich die Beispielwahl bestimmenden) Simultaneitätskomplex als neu(est)es Mod(ern)e-›Paradigma‹ auszuweisen. Vielmehr wird es gerade darum gehen müssen, die Allgemeinheitsstufen stets – so weit das möglich ist – genau zu situieren und damit einzugrenzen. Einzig so besteht die Chance, daß die Konkretheit der Ausgangsfragen sich der Allgemeinbetrachtung fruchtbar mitteilt und sie derart zur Bewältigung konkreter Schwierigkeiten – unter anderem mit der Simultaneität – befähigt.

Mein besonderer Dank gilt an dieser Stelle meinem Lehrer Hans-Henrik Krummacher sowie allen, denen ich wertvolle Hinweise, Kritik und Ermunterung verdanke, namentlich Roger Behrens, Sigmar Berrisch, Christoph von Campenhausen, Lutz Danneberg, Ronald Dietrich, Annette Großer, Peter Heusler, Ralf Hofacker, Bernd Klöckener, Natalja Kyaw, Ernst Pöppel, Volker Reichelt, Thomas Seebohm, Stefan Trappen, Hans Ullmaier, Hansjörg Walther, Gottfried Willems und Viktor Žmegač.

Inhalt

1.   Einleitung   1

1.1.   Zur Fragestellung   1

Kulturwissenschaften und Kulturwissenschaft 1 – Hermeneutik der Moderne 3 –
Hermeneutiktheoretische Defizite im Umgang mit Phänomenen des (Hyper-)Moder-
nismus und der Neuen Medien 4 – Fragen der ersten Hauptuntersuchung 5 – Das Thematischwerden kategorialer Komplexität im Zuge der Moderne 6 – Fragen der zweiten
Hauptuntersuchung 7

1. 2.   Einige Struktureigenheiten und Probleme aktueller Kulturwissenschafts-
ausdifferenzierung und ihre Rolle als pragmatische Determinanten
methodologischer Intervention   9

›Zeit der Krise‹ 9 – Relevanzverlust der Gegenstände 9 – Relevanzverlust überkommener Darstellungsformen 11 – Wahrheit und Institution 13 – Wahrheit und Innovation 16
– Wahrheit und Profil 20 – Stil 21 – Terminologie 21 – Terminologischer Szientismus 23 – Spleen 24 – Holismus 25 – Wahrheit und M(eth)ode 26 – Konstruktion des
Überwundenen 27 – Theorie als Praxis 29 – Performativer Widerspruch und ›Sonntagsrede‹ 33

2.   Leitende Allgemeingesichtspunkte und heuristische Konventionen ...   39

2.1.   Irreduzibilität des Wertbezuges   39

Die Unvermeidbarkeit der Möglichkeit formalen Regresses in Zweck- und Wertbegründungen: allgemein und in den Wissenschaften 39 – Lokale Verbindlichkeit 40 – Die
Vielschichtigkeit kulturwissenschaftlicher Wertinvolvierung 42 – Desiderat und Problematik einer allgemeinen Zweck- und Werttheorie 44 – Einige Basisunterscheidungen 44 – Wertkriterien wissenschaftlichen Vollzugs und deren Konstellierung
47

2.2.   Evolutionäre Konstitutionsverhältnisse   49

Der Entwicklungsaspekt im wissenschaftlich Sinnvollen und Möglichen: ›Selbst-
zeugungs-‹ und Rückkopplungseffekte 49 – Zwei evolutionstheoretische Termini:
Emergenz und System 50

2.3.   Probleme der Kategoralisierung und Kategorienexplikation   52

Notwendigkeit und praktische Erfordernisse kulturwissenschaftlicher Kategorialisierung 52 – Gängige Aufgaben kategorialer Differenzierung 53 – Gegenstand und

(Äquivalenz-)Klasse 53 – Zum Status der mathematischen Adaptionen für den kulturwissenschaftlichen Vollzug 54 – Basalformen und -implikationen der Äquivalenzklassendifferenzierung 54 – Kreuzproduktbildung und Dimensionsvorstellung 56
– Lokale Dimensionsreduktion 58 – Explikation historisch-konkreter Äquivalenzklassenzuordnungen 60 – Der Scheingegensatz zwischen Historie und Systematik hinsichtlich historischer Explikationen 62 – Probleme und Möglichkeiten kriterienüber-
greifender metrischer Ordnungen 63 – Vernetzte lokale Karten als Strukturpendant historischer Explikation 66

2.4. Heuristische ontologische Basiskonventionen 71

Die heuristische Vier-Welten-Teilung 71 – Die materielle Welt (W1) 72 – Die innere
Welt (W2) 73 – Die ideale Welt (W3) und ihre Spezifikationen 74 – Die Zwecke- und
Wertewelt (W4) 78 – Sonderkonventionen und Realzeitspezifikationen 78 – Konventionen der Verknüpfung: Trägerschaft und Anzeichen- bzw. Spurverhältnis 79 – Materielle Trägerschaft 80 – Innere Repräsentation 81 – Ideale Repräsentation 82 – Zweck-
bzw. Wertdispositionen 84 – Materielle Anzeichen 84 – Anzeichen von Unbewußtem
am Bewußtsein 85 – Allgemeinbegriffsidealitäten und Exemplifikationen 85 –
Klammerkonventionen und Konventionen hinsichtlich der Beziehung gleichgeordneter
Elemente 86 – Übersicht zur Kurzschreibweise 88

3.   Erste Hauptuntersuchung: Hermeneutik der Moderne 89

3.1.   Allgemeine Konstitutionsverhältnisse 89

3.1.1. Vorhermeneutische Basiskomponenten: Realgegebenheit im Bewußtsein 90 –
Funktionsaspekt und ›Wertbrechung‹ 92 – Materielle Konkretion 93 – 3.1.2. Übergang
zur Hermeneutik: Anzeichen fremder Intentionalität 96 – Fremdintendierte Strukturen
97 – Exemplifikation 98 – Repräsentation 99 – Der vorgeschaltete Medialaspekt 103 –
Aspekt- und ganzheitsbezogene Anzeichen- und Exemplifikationsverhältnisse 105 –
Außenanschlüsse 106 – 3.1.3. Übergang zur historisch-intentionalitätsgebundenen
Hermeneutik: Das realsituierte Urheberbewußtsein als heuristisches Regulativ 107 –
Urheberintendierte Substrate 112 – Bewußte und unbewußte Urhebermotivationen 117
– Die Vielgestaltigkeit möglicher Urheberschaft 119

3.2.   Zum Kernbestand der klassischen Hermeneutik 122

3.2.1. Die Vaporisierung des allgemeinen Verstehensbegriffes 122 – Zum Status der
Kanones 125 – 3.2.2. Erster Kanon: Allgemeine Definition, Gegenstandsbezogener
Geltungsbereich, Konzessionen ans ›inferre‹, Normativer Geltungsbereich 125 – ›Erkennen des Erkannten‹ 131 – ›Den Autor verstehen‹: ›Nacherleben authentischer
Selbstaussprache‹, Bewußtseinskunst, Explikation des Schaffensaktes, Genieästhetische Beschränkungen, Personaleinheitliche Autorschaft und Moderne, ›Verstehen
wie die Zeitgenossen‹ 134 – ›Den Autor besser verstehen als dieser sich selbst‹:
Emendatio, Explikation des Impliziten, allgemeine Differenz von Explikat und Explikandum, ›Wahrheit‹, ›Es-Selbst-Genauso-Machen-Können‹, Explikation von Unbewußtem und Intentionstranszendentem 142 – Das Prinzip ›non liquet‹ und die ›Hermeneutik der Vieldeutigkeit‹: Unbestimmtheit, Polyfunktionalität, Mehrdeutigkeit,
Unkonkretheit, Ambiguität, Die zweifache Approximativität des Verstehens, Deutungsoffenheit, Bedeutungskonstanz und materiale Persistenz, Ambivalenz 153 – Kanontranszendente Explikation und Applikation 168 – Die evolutionäre und werthafte Fundierung kulturwissenschaftlichen Vollzugs 175 – 3.2.3. Zweiter Kanon 181 – Konstitu-
tions- und Emergenzaspekte des Verstehensvollzugs 182 – Das ›Unnennbar-Indivi-

duelle‹ 183 – Konstitutionsmomente des Verstehensaktes: Konventionskenntnis, Weltwissen, Interesse 186 – Zur Theorie des Verstehensaktes: Zirkel und Evolution 188 – ›Teil und Ganzes‹ 190 – Der zweite Kanon als Verstehensregulativ und seine modernismusverträgliche Fassung 193 – Skopus 196

3.3. Topische Gesichtspunkte ästhetischer Hermeneutik sowie einer
       Spezialhermeneutik des Modernismus   199

Schema 1: (ästhetischer) Erfahrungsgegenstand, Dokumentation, Latenzform und Notation 201 – Schema 2: Titel/Autor(-name) 202 – Schema 3: Text 203 – Schema 4: Bild 205 – Schema 5: Photo 207 – Schema 6: Photomontage 207 – Schema 7: Collage (allgemein) 207 – Schema 8: Comic 208 – Schema 9: Stummfilm 208 – Schema 10: Tonfilm 209 – Schema 11: (Instrumental-)Musik 210 – Schema 12: (Studio-)Schallplatte 211 – Schema 13: Cyberspace 212

4.   Zweite Hauptuntersuchung: Probleme kulturwissenschaftlicher
       Kategorialisierung und Modellbildung   213

4.1.   Differenzen im Status kulturwissenschaftlicher Explikationen   213

Individualisierende Deskription, Allgemeinaussage, Norm, Prognose und Naturgesetz 213 – Diachronie und Synchronie 218 – Historische Erklärung: Gegebenes und Gesuchtes, notwendige und hinreichende Konstitutionsbedingungen, Holistische Reduktionen, Historische Nähebeziehungen 219 – Zur Historizität kulturwissenschaftlicher Explikationen 225

4.2.   Elementare kategoriale Differenzierungen   227

›Positive‹ und ›negative‹ Kategorien 228 – Sachbezogene und holistische Binarität 230 – Sachbezogene und binaristische Diskretheit 231 – ›Dialektik‹ 233 – Zur Differenz von falscher und holistischer Zuschreibung 234 – Hierarchisierung und gleichgeordnetes Kreuzprodukt 238

4.3.   Komplexe Kategorienkonstitution am Beispiel literarischer
       Gattungsbegriffe   242

4.3.1. Exposition des Problemfeldes am Beispiel des Lyrikbegriffes: Lampings Minimalkriterium 243 – Konfrontation mit der Historie 244 – Die ›prinzipielle Überlegenheit historischer Zuschreibung‹ 246 – Zur Scheindifferenz von ›essentialistischer‹ und ›stipulativer‹ Definition 248 – Exemplarische Charakterisierung des ›ahistorisch-unifizierenden Minimal-Diskretismus‹ 249 – Die Alternative kumulativer Begriffsbestimmung und ihre Grenzen 252 – Funktionsbezogene Allgemeindefinition und die Erstellung lokaler Karten 254 – 4.3.2. Konkretion einer metrischen Differenzierung am Beispiel der Aphorismusdefinition: Frickes Aphorismusbestimmung und ihre Problemfälle 259 – Modifikationen in der Fassung einzelner Kriterien 261 – Der ›aphoristische Idealpunkt‹, sein Widerpart und beider Metrik: ›Das Aphoristische‹ und ›der Aphorismus‹ 265 – Zur metrischen Konstellierung einer variablen Aphorismuskategorie 267 – Zum Verhältnis der einzelnen Bestimmungsmerkmale 268

4.4. Zur Modellierung komplexer Kategoriengeflechte am Beispiel der
Erzähltheorie 271

Stanzels Modell 272 – Dimensionsprobleme 273 – Zweimal doppelte Bestimmung: diskrete ›graduelle‹ und abhängige ›unabhängige‹ Merkmale 276 – Der diskret gedeutete Typenkreis 278 – Graduelle Deutungen des Typenkreises 280 – Modellbegründung durch ›dialektische Verschleifung‹ 282 – Allgemeine Konsequenzen: Aufgabe der Geschlossenheits- und der Erfülltheitsdoktrin, Differenzierung möglicher Äquivalenzklassenauszeichnung, Verzicht auf globale Veranschaulichung zugunsten lokaler Erhellungen 284 – Heuristische Modellierung eines metrischen Raums zur Erzählperspektivik 286 – Exemplarische Erprobung I: die Ich-Erzählsituation 287 – Exemplarische Erprobung II: ›auktoriale‹ Formen 290 – Exemplarische Erprobung III: der ›Weg‹ von der auktorialen zur personalen Sphäre 292 – Exemplarische Erprobung IV: Übertritt in die Bewußtseinssphäre 294 – Lokale Beugungen, fragile Fälle und Unmögliches 296 – Zur Frage der Darstellung 298

5.   Literatur 303

6.   Personenregister 321

X

1. Einleitung

1.1. Zur Fragestellung

Kulturwissenschaften und Kulturwissenschaft

Wenn von Kulturwissenschaft heute – anders als zu Heinrich Rickerts Zeiten – meist in Pluralform gehandelt wird, so scheinen Gegenstand und Zugangsmodus davon gleichermaßen affiziert: Aus ›der Kultur‹ wurden ›Kulturen‹, und der Streit um ›die Methode‹ wurde zum ›Methodenstreit‹. Mag sich solcher Pluralismus auch – im Gegenstand – in dem Maß brechen, wie das, was gegenwärtiger Kulturwissenschaft an ›Andersheit‹ akut wird, just der Allpräsenz eines de facto unifizierenden Sogs hin zum ›globalen Dorf‹ geschuldet ist, sowie – in der Methode – insofern, als das, was sich als jeweils jüngste Kontroverse führt, der Sache nach oft alt, wenn nicht gar uralt ist, so steht die aktuelle Konjunktur der Rede von ›Kulturwissenschaften‹ dennoch ganz im Zeichen des Pluralen – freilich um den Preis, daß dieser Terminus diffus bleibt.

Dies Diffuse tritt hervor, sobald man fragt, worin der programmatische Schwerpunkt liegt. Besteht er

– in der Übernahme dessen, was in der anglo-amerikanischen Welt – ebenfalls im Plural und vergleichbar diffus[1] – unter ›Cultural Studies‹ firmiert?
– in der Öffnung alter Disziplinen für die neuen Medien,[2] sei es, daß man deren Inhalte und Formen nach bewährtem Muster analysiert, oder sei es, daß man seine Analysen selbst so rasch wie möglich und am besten hypertextuell und -medial ins Internet verlagert?[3]
– in der entschiedenen Integration von (Post-)Moderne und/oder Popkultur?
– in der Stärkung postpatriarchaler und/oder postkolonialistischer Tendenzen?
– in einer neuen ›wechselseitigen Erhellung der Künste‹?
– in vermehrter Aufmerksamkeit für Kulturphänomene außerhalb der abendländischen Tradition?

---

[1] Das markante »Theoriedefizit« benennt Nünning, Literatur, Mentalitäten und kulturelles Gedächtnis, S. 174.
[2] Vgl. dazu programmatisch Jäger/Switalla, Sprache und Literatur im Wandel ihrer medialen Bedingungen, S. 14ff. sowie S. 20; Albersmeier, Bild und Text, S. 97; oder Bausinger, Germanistik als Kulturwissenschaft, S. 49.
[3] Vgl. dazu stellvertretend Gabriel, Kulturwissenschaften und Neue Medien, oder – (über)pointiert – Kittler, Grenzen des Pluralismus, S. 312.

– in der Etablierung einer ultimativen, die Gesamtheit aller Kultur(en) bzw. Zivilisation(en) umfassenden Globalkomparatistik?[4]

– im Bedarf an ›Akzeptanzwissenschaften‹ zur Kompensation zivilisatorischer und technologischer Katastrophen?[5]

– oder schließlich schlicht darin, sich »in der Konkurrenz um öffentliche Mittel bessere Ausgangspositionen«[6] zu verschaffen?

Eine klare Linie wird man hier bislang vergeblich suchen,[7] was weniger um der Begriffseinheit als um der einzelnen Aspekte willen prekär ist. Denn so sehr jedem von ihnen seine eigene (obschon recht differente) Legitimität und aktuelle Dringlichkeit zukommen mag, so sehr wächst doch auch die Gefahr, im unbestimmten Alleswollen alles zu verspielen oder – heute offenbar noch schlimmer – zu verzögern. Und so wenig Aussicht ein partieller Vorstoß hat, wo er den größeren Zusammenhang nicht mitbedenkt, so wenig ist er doch dadurch bereits vom Zwang zu eigenständiger Fundierung dispensiert. Letztere kann indes nur in der Antwort auf die Frage liegen, welche Modifikationen am bisherigen kulturwissenschaftlichen Reflexionsstand im Zuge der gewünschten Horizonterweiterung jeweils konkret erfordert sind und welche nicht – womit noch nicht entschieden ist, ob die so (bestenfalls) eröffneten bzw. ausgebauten Wege ihrerseits für nutzenswert befunden werden.

Die folgenden Untersuchungen positionieren sich nun zunächst dadurch, daß sie – ungeachtet aller dabei zwangsläufig hineinspielenden und hier übersichtshalber in einer Folge grundlegender Vorabbetrachtungen (2.1. bis 2.4.) zusammengefaßten allgemeineren Implikationen – sowohl ihren Ausgangs- wie ihren Zielpunkt im Problemkreis der ästhetischen Moderne finden. Im Unterschied zu verbreiteten Konventionen soll der Begriff hier jedoch nicht die Gesamtentwicklung seit dem jungen Friedrich Schlegel, der Querelle des Anciens et des Modernes oder dem Beginn der Neuzeit subsumieren, sondern vielmehr ›nur‹ die Kunst des 20. Jahrhunderts, sofern sie ihm spezifisch zugehört.[8] Freilich steht auch diese kaum jemals in toto zur Debat-

---

[4] So angedeutet etwa bei Kurz, Die Literaturwissenschaft in der Konkurrenz der Wissenschaften, S. 45.

[5] Vgl. dazu Wild, Literaturgeschichte – Kulturgeschichte – Zivilisationsgeschichte, S. 350.

[6] Ebd., S. 349.

[7] Vgl. dazu auch Fischer, Ist die Germanistik zeitgenössisch? S. 60.

[8] Als Beispiele abweichenden Gebrauchs vgl. etwa Kockelmanns, Cultural hermeneutics of modern art, wo ›Moderne‹ im 17. Jhd. angesetzt und überwiegend außerhalb des 20. verhandelt wird, oder das »Modernität« überschriebene Kapitel bei Figal, Der Sinn des Verstehens, wo die Situierung insgesamt auf der Stufe von Wendungen wie »Distanzerfahrung« (S. 112) oder »das eigentlich Prozeßhafte, das man die Moderne nennt« (S. 114) verbleibt. Ähnlich weitgespannt erweist sich das ›Moderne‹ auch in der literaturwissenschaftlichen Praxis, wo sich – im Jahre 1997 – hinter Haupttiteln wie »Modernität als Paradox« und »Schwierige Modernität« im einen Fall »Der Begriff der ›Moderne‹ und seine Anwendung auf das Werk Alfred Döblins« (Untertitel, Hoock) und im anderen »Der »Ackermann« des Johannes von Tepl und die Ambiguität historischen Wandels« (Untertitel, Kienig) verbergen kann. Vgl. dagegen den engeren Begriffsgebrauch etwa bei Klein, Theoriegeschichte als Wissenschaftskritik, S. 124f., sowie – zum Problem der Begriffsbestimmung insgesamt – Žmegač, Moderne/Modernität.

te, sondern nur in jenen ihrer (oft schmalen) Segmente, die die größten Modifikationen fordern und – teils eben deshalb – bislang eher selten zum Bezugsfeld von Methodenreflexion geworden sind.

Hermeneutik der Moderne

Dem letztgenannten Desiderat vor allem gilt unsere erste Hauptuntersuchung, welche – in der allgemeinsten Formulierung – *die Differenz zwischen dem faktischem und dem möglichen Verhältnis von Hermeneutik und moderner Kunst* zum Thema hat. Welche Fragen das im einzelnen umfaßt, ergibt sich auf der Grundlage der folgenden, im Verlauf der Untersuchung noch auszuführenden und zu rechtfertigenden Thesen:

1. Alle Versuche, die Hermeneutik in ihrer basalen Funktion als Verstehenslehre zu ersetzen, sind bislang entweder primär terminologischer Natur oder gescheitert. So kann das methodische Fundament jeder kulturwissenschaftlichen Beschäftigung im Grundsatz nach wie vor allein ein (obschon in einem späterhin zu präzisierenden Sinne) *hermeneutisches* sein – und zwar ganz gleich, wie alt oder modern die Gegenstände sind.

2. Die innere Ausdifferenzierung der philologischen Hermeneutik ist durch den Siegeszug der ›philosophischen‹ empfindlich beeinträchtigt worden.[9] Obwohl bzw. eben weil ein Gutteil ihrer Kraft fortan der Auseinandersetzung mit dieser (welche umgekehrt kaum etwas zu ihr beitrug) zufloß, konnte die philologische Tradition in weiten Teilen des Allgemeinbewußtseins ›philosophisch‹ überschattet oder gar ersetzt werden. Die Folge ist, daß hermeneutische Betrachtungen, die sich – wie unsere – grundsätzlich, wenn auch in einem erläuterungsbedürftig erweiterten Verstande als ›philologisch‹ begreifen, bis auf weiteres gehalten sind, ihren Status vorab kritisch explizit zu machen.

3. Was die Herausbildung einer *modernebezogenen* Spezialhermeneutik betrifft, so wurde diese (über die generelle Zurückdrängung des Philologischen hinaus) in dem Maße erschwert, wie Hermeneutik und Moderne sich – gemäß ihrem historischen Verständnis von sich selbst und voneinander – mit latenter oder offener Feindschaft resp. Ignoranz begegneten. Und es ist allemal kein Zufall, wenn die wirkungsreichsten Hermeneutiktheoretiker, egal ob philosophisch oder philologisch, bislang stets als Gegner der Moderne in Erscheinung traten. Nichtsdestoweniger kann Hermeneutik, wo ihr Universalitätsanspruch nicht bloße Selbstermächtigungsrhetorik bleiben will, von sich aus weder Vorzugs- noch Tabubereiche kultivieren. Vielmehr muß sie überall und immer – auch in ihrer Gegenwart – verstehen wollen, was jeweils zu verstehen ist.

---

[9] Zum Auseinandertreten von philologischer und philosophischer Hermeneutik vgl. u.a. schon Wach, Das Verstehen, Bd. 2, S. 6/7; später Pasternack, Zur Relativität der Interpretation; S. 155, Eibl, Sind Interpretationen falsifizierbar? S. 169; sowie Biere, Verständlich-Machen, S. 8–10, wo der Bruch gleichwohl schon (und in Teilen nicht zu Unrecht) weit vor Heidegger, nämlich beim Übergang von Chladenius zu Schleiermacher angesetzt wird.

Hermeneutiktheoretische Defizite im Umgang mit Phänomenen des (Hyper-)Modernismus und der Neuen Medien

Dies gesetzt, differenziert sich unsere Fragestellung im Rekurs auf die konkrete Theoriegeschichte. Ausgangspunkt muß hierbei – mindestens in Deutschland – nach wie vor das Schisma sein, das bis heute mit dem Namenspaar Adorno/Gadamer verbunden wird: auf der einen Seite die »mit Kafka, Schönberg, Beckett argumentierende *Ästhetische Theorie*«, und auf der anderen »*Wahrheit und Methode*, dieses Plädoyer für eine Kunstauffassung noch weit vor der klassischen Moderne«[10]. So schief der damit etablierte Antagonismus einschließlich der mit ihm insinuierten Formeln ›Adorno = Moderne = Distanz zur Hermeneutik‹ sowie ›Gadamer = Hermeneutik = Traditionalismus‹ auch sein mag, so sehr hat er die weitere Entwicklung doch in dem Maß präformiert, wie man fortan den Blick auf die Moderne entweder jenseits aller Hermeneutik ansetzen zu müssen glaubte oder aber bei der Einholung moderner Phänomene in die Hermeneutiktheorie stets auf einen relativ engen, in Adornos »Ästhetik der Negativität« beschlossenen »Kanon der Moderne«[11] abonniert blieb. So wurde fast überall, wo seither »im Lichte des heutigen Dichtungsverständnisses«[12] »Kristallisationspunkte einer neuen literarischen Hermeneutik«[13] erschlossen wurden, unter (vor Selbstverständlichkeit meist nur beiläufig erwähnter) Bezugnahme auf einen Musterkatalog agiert, dem neben den gerade schon Zitierten – und über die bereits zuvor kanonisierte Moderne eines Schnitzler, Trakl oder Mann hinaus – vor allem Mallarmé, Joyce und Celan sowie – obschon nicht ganz so unausweichlich – Rilke, Proust, George oder Faulkner, kaum aber Gertrude Stein, Kurt Schwitters, F.T. Marinetti oder Kenneth Patchen zugehörten.[14]

---

[10] Nieraad, Du sollst nicht deuten, S. 140. Vgl. dazu analog auch Lang, Hermeneutik, Ideologiekritik, Ästhetik, S. 96/97 (bzw. S. 14ff.).

[11] Jauß, Ästhetische Erfahrung, S. 54. Der Jaußschen Analyse des Verhältnisses von Hermeneutik und Moderne kommt hier vor allem das Verdienst zu, die allgemeine Sicht zu spiegeln. Gleiches gilt selbst noch, wenn Bogdal, Von der Methode zur Theorie, zunächst mit Recht feststellt, die Literaturwissenschaft habe »mit einer heute kaum noch vorstellbaren Blindheit die Weiterentwicklung der Literatur im 20. Jahrhundert zur Moderne und Avantgarde ignoriert« (S. 14/15), dann aber als Kronzeugen dafür, daß es auch anders ginge, wieder nur (ausgerechnet) Hugo Friedrich und Adorno aufführt.

[12] Szondi, Einführung in die literarische Hermeneutik, S. 13.

[13] Ebd., S. 406.

[14] Vgl. stellvertretend die impliziten Kanonberufungen bei Frank, Das Sagbare und das Unsagbare, S. 196, Japp, Hermeneutik, S. 58, S. 76 u. S. 116, oder Petersen, Folgen der Moderne, S. 277ff., aber auch bei Sonntag, Against Interpretation, S. 8, oder Barthes, Kritik und Wahrheit, S. 83 (vgl. dazu auch Szondi, Einführung in die literarische Hermeneutik, S. 163). Demgegenüber mutet es fast schon abweichlerisch an, wenn Schütte, Einführung in die Literaturinterpretation, neben Celan den ansonsten auffallend unterrepräsentierten Brecht zum Exempel wählt. Geradezu erstaunlich scheint es dagegen, wenn ausgerechnet der sonst vermeintlich so konservative Babilas, Tradition und Interpretation, S. 33, schon 1961 ein dadaistisches Aragon-Gedicht (»Suicide«) zum Beispiel nimmt – und daran, bei aller Beiläufigkeit, mehr über die hermeneutischen Implikationen des Modernismus erhellt als sämtliche im Fahrwasser philosophischer Hermeneutik segelnden ›Moderne‹-Befunde zusammen.

Nun muß – ganz unabhängig davon, welchen Stellenwert man dieser oder jener Spielart des Modernen einräumt – eine derart *implizite* Schwerpunktsetzung insoweit prekär ausschlagen, als sie reihenweise Allgemeinaussagen über ›die‹ oder ›das‹ Moderne produziert, welche – selbst sofern sie a) im einzelnen zutreffen und b) die allgemeine Hermeneutik unbeschadet lassen – stets nur einen Ausschnitt dessen meinen, was das Etikett ›modern‹ faktisch verdient. Demgegenüber erschiene eine *dezidierte* Berücksichtigung auch der übrigen, bisher zugleich eskamotierten *und* vereinnahmten Bereiche unter hermeneutiktheoretischem Gesichtspunkt naturgemäß gerade um so wichtiger, je grundsätzlicher deren Hervorbringungen ehedem feste inhaltliche und mediale Rahmenkonventionen überschreiten und so Implizites explizit zu machen zwingen. Freilich sind gerade jene Avantgardismen, die historisch hier am weitesten vorangeschritten waren, bislang stets nur en passant ins Blickfeld hermeneutischer Theorie gerückt – so wie sie schon deren (institutionalisierte) Praxis erst letzthin und ganz zuletzt erreichten. Die Folgen solcher Verzögerung ermißt, wer sieht, wie einerseits als Postmoderne ausgerufen (und teils schon wieder verabschiedet) werden kann, was oft lediglich unabgegoltener Modernismus ist,[15] während andererseits jener Traditionsstrang, der vom Gattungssynkretismus und Hypermodernismus bestimmter Avantgardeausläufer zur gegenwärtig omnipräsenten Praxis der Neuen Medien führt, noch immer weithin hinter Hermetismus, Sprachpurismus oder Ambiguität verdeckt bleibt.

Fragen der ersten Hauptuntersuchung

Vor diesem Hintergrund erhält unsere Frage nach dem Verhältnis von Hermeneutik und Moderne folgende Schichtung:
1. Welche Rolle spielt die *allgemeine* Hermeneutik im kulturwissenschaftlichen Gesamtensemble? Welcher Status eignet ihr im Verhältnis zu ergänzenden Fragestellungen und Heuristiken sowie zu konkurrierenden ›Methoden‹?
2. Wie ist ihr traditioneller *Grundbestand* in Rücksicht auf moderne und modernste Entwicklungen zu (re)formulieren?
3. Welche einzelnen Verstehens*aspekte* spielen allgemein bzw. bei der Analyse moderner Kunst eine Rolle? Wie lokalisieren sich mögliche Gewichtsverschiebungen zum traditionellen Hauptstrom? An welchen Stellen und in welchem Sinn und Ausmaß *brechen* Modernismus und überkommene Interpretationspraxis einander?

---

[15] Wenn etwa Herwig, Postmoderne Literatur oder postmoderne Hermeneutik, S. 229/30, (Jameson folgend) gleich als erste vier Punkte einer Aufstellung postmoderner Spezifika gegenüber der Moderne die Schlagwörter »neue Oberflächlichkeit«, »Faszination der Bilder«, »das Schwinden objektgebundener Affekte bei Zuwachs diffuser Euphorien« und »Abhängigkeit von neuen Technologien« ins Feld führt, so stellt sich allemal die Frage, wie man hier, sofern der historische Futurismus ernsthaft rezipiert worden wäre, je schon von ›Postmoderne‹ hätte reden können. – Zum ganzen Komplex vgl. stellv. Schönert, Gesellschaftliche Modernisierung, S. 404, sowie Anz, Gesellschaftliche Modernisierung, passim.

4. Welche Elemente einer *Spezialhermeneutik* des Modernismus sowie – in Anschluß daran – der Neuen Medien sind in Form allgemein bzw. lokal gefaßter Kanones auszumachen? Wo finden gängige Globalbestimmungen jeweils ihre Grenze?

Daß keine dieser Fragen hier erschöpfend zu behandeln und das Hauptaugenmerk entsprechend auf die Grundlegung zu richten ist, versteht sich dabei ebenso, wie daß die Darstellung vielerorts den Stempel eben jenes Holismus tragen wird, den sie inhaltlich bekämpft. Ihr Anspruch wäre jedoch schon erfüllt, wenn manche ihrer Befunde geeignet schienen, einen – wiewohl notwendig infinitesimalen – Beitrag zum Fortgang des historischen Prozesses der Anpassung der Hermeneutik an die wechselnden Herausforderungen durch ihren Gegenstand[16] zu liefern, sprich: auf dessen wachsende Komplexität[17] zu reagieren, solange die es zuläßt.

Das Thematischwerden kategorialer Komplexität im Zuge der Moderne

Noch enger mit der historischen Komplexitätstendenz verbunden ist der zweite Hauptteil der Studie, welcher Kategorialisierungsfragen gewidmet ist. Letztere mußten unter den Bedingungen der Moderne in dem Maße thematisch werden, wie
- die Komplexität einzelner Werke ein Maß erreichte, dem man mit herkömmlichen Beschreibungsmitteln nicht mehr beizukommen glaubte,
- das traditionelle Gattungssystem seine normative Kraft einbüßte und in eine unüberschaubare Vielfalt von modifizierten Fortführungen, Vermischungen und scheinbar beliebigen ad-hoc-Neubildungen mündete,
- neue Medien von teils sehr anderer phänomenologischer Konstitution hinzutraten,
- etablierte ästhetische Klassifikationssysteme von moderner Kunst selbst reflektiert bzw. innovatorisch unterlaufen wurden[18] und
- die Gesamtmasse an verfügbaren Kulturprodukten nach jeder denkbaren Richtung derart groß und vielgestaltig wurde, daß darüber jedwede Illusion von Einheitlichkeit oder eines individuellen Überblicks verloren ging.

In solcher Lage sind nun prinzipiell drei Reaktionen denkbar: Die erste besteht darin, so weiterzumachen wie bisher und die dabei zwangsläufig immer stärker anfallenden Beugungen und Brüche (möglichst) stillschweigend in Kauf zu nehmen. Die zweite liegt im misologischen, wahlweise resignierend oder euphorisch-vitalistisch vor-

---

[16] Zur fortwährenden Infragestellung der historisch jeweils für adäquat geltenden Hermeneutik durch die Brüche in der literarischen Evolution vgl. Japp, Hermeneutik, S. 11.

[17] Die Komplexitätstendenz, der die Hermeneutik sich im Zuge der Moderne gegenübersieht, benennt Marquart, Frage nach der Frage, auf die die Hermeneutik die Antwort ist, S. 584 (wenngleich ›Moderne‹ hier bereits im 16. Jahrhundert einsetzt und mit ›Neuzeit‹ synonym scheint).

[18] Vgl. dazu etwa Nieraad, Du sollst nicht deuten, S. 133; Danneberg, Zwischen Innovation und Tradition, S. 58, sowie (allgemeiner) Lobsien, Das literarische Feld, S. 11ff.

getragenen Verzicht auf kategoriale Verbindlichkeit per se.[19] Und die dritte schließlich unternimmt es, die auftretenden Schwierigkeiten durch Reflexion und Modifikation des kategorialen Handwerkzeuges zu beheben. Obschon – so formuliert – allein die dritte Möglichkeit auf Dauer sinnvoll scheint, sollten die beiden übrigen doch dahingehend im Blick behalten werden, daß a) nicht jedes neue Teilproblem gleich eine Revolution des gesamten bestehenden Inventars erfordert und b) nicht jeder Gegenstand bzw. jede Eigenschaft auf gleiche Weise und mit gleicher Trennschärfe kategorialisierbar sein muß. Denn so sehr das Festhalten an überkommenen Kategorien und Kategorialisierungsformen – insbesondere wo es unbewußt bzw. implizit geschieht – vorhandenes Unverständnis zementieren kann, so schnell kann das Bemühen um systematische Explizitheit und Genauigkeit zu gegenstandsentrückter Eigenweltlichkeit gerinnen. Und wo auf der einen Seite ein kategorisch-kategorialer Konservatismus droht, welcher etwa der wachsenden Inkommensurabilität traditioneller Gattungsbegriffe nicht anders zu begegnen weiß, als sie dem Modernismus, der (und den) sie zeitigt, barsch als Defizienz zu attestieren,[20] winkt auf der anderen ein Formalismus, der – so sehr sein ursprünglicher Impuls gerade in der Einbindung des Neuen liegen mag – im schlimmsten Fall nur darin gegenstandsgerecht verfährt, daß Alt und Neu ihm gleichermaßen aus dem Blick geraten.

Das sollte freilich nicht die Alternative sein. Denn gerade je mehr man die Erkenntnis ernstnimmt, daß »ein historischer Zusammenhang zwischen den Analyseverfahren und der literarischen Evolution [besteht], insofern die Werke der modernen Literatur [...] die Entwicklung immer genauerer, aber auch abstrakterer Interpretationsverfahren nach sich zogen«,[21] desto mehr erhellt zugleich die Notwendigkeit, hier verschiedene Mittelbarkeitsstufen und Problembereiche auseinanderzuhalten.

Fragen der zweiten Hauptuntersuchung

So gilt es zunächst in Rechnung zu stellen, daß keineswegs alle unter dem Eindruck der Moderne entstandenen kategorialen Neuerungen zwangsläufig auch an modernen

---

[19] Als resignative Variante kommt dabei insbesondere jene »nachhegelsche« Perspektive in Betracht, welcher eine um »jede konkret inhaltliche Bestimmtheit« beraubte »Situation der Moderne« es unmöglich macht, eine »aktuelle Ästhetik [...] von der Gegenstandsseite her zu begründen«, weil »die Vielfalt und Heterogenität der von dem Werkbegriff nicht mehr zu fassenden Kunst der Moderne und Avantgarde« dem hier erhobenen »Anspruch der ästhetischen Theorie auf Einfachheit, kategoriale Eindeutigkeit sowie Einheitlichkeit des begrifflichen Zentrums« zuwiderläuft (so das Referat der Positionen Bürgers (und anderer) bei Lang, Hermeneutik, Ideologiekritik, Ästhetik, S. 177, S. 152, S. 177, S. 160; vgl. auch S. 161).
[20] Dies scharf gesehen bei Willems, Das Konzept der literarischen Gattung, S. 321f., sowie – darauf bezugnehmend – bei Verweyen, Zur Problematik literaturwissenschaftlicher Gattungsbegriffe, S. 266.
[21] Schütte, Einführung in die Literaturinterpretation, S. 101.

Gegenständen expliziert gemacht worden sein bzw. werden müssen,[22] während umgekehrt fast jeder ernsthafte Versuch, spezifisch Modernes – z.b. in puncto Gattungsfragen – kategorial zu meistern, massiv auch auf die Sicht der älteren Tradition rückwirken und dort bislang verborgene Selbstverständlichkeiten problematisch machen mußte und noch muß.[23] Ferner ist – bezogen auf die Theorie der Kategorien selbst – vorab grundsätzlich zwischen solchen Fragen zu unterscheiden, die eher *einzelne* Kategorien bzw. kategoriale Zuweisungen betreffen, und solchen, die eher deren *systematische Verflechtung* angehen, wobei wiederum intern im ersten Falle zwischen a) der Neubewertung bestehender kategorialer Zuweisungen, b) neuen Zuweisungen zu bestehenden Kategorien(namen), c) der (ergänzenden oder ersetzenden) Einführung neuer Kategorien bzw. Kategoriennamen und d) der Art, wie Kategorien formal bestimmt werden, sowie im letzteren Falle zwischen i) der Auffassung bzw. Änderung systematischer Ordnungen und ii) deren Darstellung zu trennen ist.

Um an der Mannigfaltigkeit der daraus ableitbaren Fragen nicht zu ersticken und doch zugleich eine gewisse Praxisnähe zu wahren, konzentriert sich die diesbezügliche Hauptuntersuchung – unter Absehung sowohl von der (obschon vielversprechenden) historischen Frage nach dem jeweiligen ›Moderneanteil‹ an der Genese älterer, heute ihrerseits bereits historischer Theorieentwürfe als auch von der mehr systematischen nach deren deskriptiver Adäquanz bezüglich der Moderne (oder übergreifender Zusammenhänge) – weitgehend auf den aktuelleren Entwicklungsstand, und auch hier weniger auf die disperse Masse gegenwärtiger Programmatiken und Metatheorien als auf den praktischen Vollzug, insbesondere dort, wo er methodologische Geltungsansprüche reklamiert. Die Leitfrage, die dabei anhand von wechselnden, wiewohl naheliegenderweise fast ausschließlich dem Problemkreis der Moderne verbundenen Beispielen und in aufsteigender Reihenfolge vom Elementaren zum Komplexen diskutiert werden soll, lautet: An welchen Punkten schlagen derzeit gängige Kategorienauffassungen bzw. -gebräuche – gleich wie alt oder modern sie sich selbst geben oder faktisch sind – der kulturwissenschaftlichen Praxis bei der Erfassung moderner (resp. häufig implizit auch: allgemeinerer) Problemkonstellationen zum Nachteil aus und welche Alternativen scheinen für welche Zwecke jeweils praktikabel?

Daß auch hierbei stets kursorisch verfahren werden muß, liegt aus Umfangsgründen auf der Hand. Warum dagegen allerorts ein radikal pragmatischer, programmatische Überhöhungen nach Möglichkeit meidender Impetus vorzuwalten hat, erklärt sich aus den allgemeinen Anschlußbedingungen, denen Untersuchungen wie diese im Rahmen gegenwärtiger kulturwissenschafter Praxis im ganzen unterliegen und deren – obschon notwendig punktueller – Reflexion das folgende, in diesem Sinn als zweite Einleitung zu lesende Kapitel dienen soll.

---

[22] Prominentestes Beispiel hierfür ist wohl Benjamins mehr den Expressionismus als das Barock erhellende Deutung des barocken Trauerspiels.

[23] Dies gilt etwa auch, sofern eine im Zusammenhang mit der Komplexitätstendenz der modernen Literatur getroffene Feststellung wie die, daß sich »Interpretieren und Formalisieren nicht mehr gegenseitig ausschließen« (Japp, Hermeneutik, S. 11), sofort die Frage nach sich zieht, warum und inwiefern das früher so gewesen sein sollte.

1. 2. Einige Struktureigenheiten und Probleme aktueller Kulturwissenschaftsausdifferenzierung und ihre Rolle als pragmatische Determinanten methodologischer Intervention

›Zeit der Krise‹

Im Feld der Kulturwissenschaft gibt es kaum ein Gebiet, das nicht von mannigfachen und teils recht persistenten Krisendiagnosen überschattet wäre. Als hermeneutisch-historisch orientierter Germanist z.B. hätte man allein schon mindestens sechs Ebenen der Krise zu gewärtigen, nämlich die der Hermeneutik, die der Germanistik, die der Literaturwissenschaft, die der Historie, die der Geisteswissenschaften und die der Wissenschaft insgesamt.[24] Freilich müssen diese (und die vielen anderen lokalen) Krisen, abgesehen von jenem vagen, wiewohl in seiner Wirkung kaum zu überschätzenden *Stimmungswert*, der Krisendiagnosen inhärent zu sein pflegt, nicht notwendig viel miteinander zu tun haben. Im Gegenteil werden Art, Ausmaß und mögliche Lösungen erst in dem Maß überhaupt verhandelbar, wie ein Kriseneindruck je konkret gemacht wird.

Relevanzverlust der Gegenstände

Eine erste Facette der Krise betrifft die gesamtgesellschaftliche Relevanz des jeweiligen Gegenstandsfeldes. Wo immer bestimmten Kultursegmenten ein gewisses Mindestmaß an öffentlichem Interesse bzw. Prestigewert nicht mehr zukommt, geraten die damit befaßten Disziplinen notwendig auf Dauer unter Druck. Dadurch wird zunächst nur deren institutionelles Fundament, mittelbar aber – d.h. sofern kein sonstiger Vollzugs- oder Tradierungsrahmen existiert – auch die Reflexion und Überlieferung der entsprechenden Gegenstände insgesamt gefährdet. Freilich können die betroffenen Einzelwissenschaften hier von sich aus kaum mehr tun, als a) ihren Gegenstand so interessant wie möglich zu beleuchten und zu präsentieren, ohne ihn dabei an das, was je die größte Schlagzeile verheißt, zu überantworten, und b) sich – selbst in Zeiten schrumpfender Gesamtvolumina – *nicht auf Kosten anderer* (einschließlich der zu jedem Zeitpunkt neu heraufdrängenden) Disziplinen zu profilieren und damit jenes Konkurrenzverhältnis zu internalisieren, das mit jedem einzelnen Wettbewerber auch die Stimme ihrer Gesamtheit schwächt.[25]

---

[24] Vor solchem Hintergrund wird nachvollziehbar, wie Kurz, Fragen und Probleme der gegenwärtigen hermeneutischen Reflexion, S. 21, zu der trotzigen Behauptung kommt, die Krise wäre in hermeneutischen Disziplinen gerade der Normalfall – wobei gleichwohl zu fragen bleibt, wieso Kurz ihren Beginn dann erst um 1968 ansetzt. Wahr ist indes, daß jede extensivere Krisendiagnostik ihrerseits den zynischen, obschon in Einzelfällen berechtigten Befund begünstigt, daß, wer soviel Muße habe, seine Krisen zu erörtern, offenbar noch gut, zu gut im Fett stehe.

[25] Derlei Tendenz ist angezeigt, wo – wie bei Meier, Welcher Pluralismus? – »Konkurrenz« (S. 319) und »Marktgesetz« (S. 320) die Stichworte geben, oder wo – wie bei Breuer, Literatur, S. 185 – eine »Inflation an Literaturwissenschaft, die jeder betriebswirtschaft-

Mit der Konkretion solch gutgemeinter Ratschläge und Analysen hapert es nun freilich insofern, als es kaum möglich scheint, allgemeine Relevanzbefunde qualitativ zu objektivieren. Nehmen ›die Literatur‹, ›die Kunst‹, ›die Klassik‹, ›die Geschichte‹ usw. gegenwärtig an Bedeutung zu oder ab? Und *welche* Literatur, Kunst usw. ist dabei jeweils im Blick? Je nachdem, welchen Teilbereich und welchen Indikator man gerade anvisiert, wird die Einschätzung erheblich schwanken,[26] zumal wo absolut und relativ (d.h. auf aktuelle Anteile im Gesamtensemble) bezogene Aussagen unvermittelt aufeinanderprallen. Zieht man dazu noch in Betracht, daß Verfallsbefunde ebenso leicht auf euphemistisch idealisierten Vergangenheitsdeutungen basieren können wie Fortschrittsdiagnosen auf ebensolchen Utopien, so kann es nicht verwundern, wenn mancher ›die Kultur‹ schon insgesamt verloren wähnt, während andere ihren globalen Aufstieg in den Status einer Schlüsselindustrie besingen.

Dies alles eingerechnet, mag gleichwohl unterm Strich ein relativer Gewichtsverlust der abendländischen Hochkulturtradition(en) und – damit verbunden, aber keineswegs identisch – der Buchform sowie eine allgemeine Interessen- und Reputationsverlagerung hin zu Erzeugnissen der sog. Populärkultur und – wiederum *partiell* damit einhergehend – der Neuen Medien (Film, Computer, Fernsehen usw.) zu verzeichnen sein. Die Herausforderung, die daraus für die Kulturwissenschaft erwächst, ist eine doppelte, indem sie nicht auf bloße Anpassung,[27] sondern einesteils auf Integration der neuentstandenen Gegenstandsfelder und andernteils gerade auf die Wahrung des kulturgeschichtlichen Zugangs zu den mentalitätsgeschichtlich (und nicht zuletzt schon sprachlich und medial) zunehmend schärfer abgetrennten Epochen vor ca. 1900, 1750, 1500 und 800 ausgehen sollte.[28] Nur so wäre die Kontinuität der kulturgeschichtlichen Entwicklung und damit die historiekonstitutive Möglichkeit, aus aktuellen Erfahrungs- und Problemzusammenhängen schrittweise in deren Genese einzudringen, auf Dauer zu gewährleisten.

Doch wie immer es mit der gesamtgesellschaftlichen Marginalisierung bzw. Wertschätzung der Gegenstandsseite auch stehen mag und wie sehr bestimmte Disziplinen dadurch in die Defensive geraten bzw. emporgespült werden mögen, so wenig hat doch gerade dies – und darauf kommt es hier vor allem an – in jedem Fall mit forschungsimmanenten Qualitäten oder Methodologie zu tun. Die perfekteste Methodologie und Ausübung der Schnürsenkelwissenschaft würde deren Resultate ebenso-

---

lichen [!] Vernunft spottet, die in keinem Verhältnis etwa zur Musikwissenschaft oder zur Filmwissenschaft steht«, konstatiert wird.

[26] Vgl. dazu – auf den Stellenwert des Historischen per se bezogen – Lübbe, Der kulturelle und wissenschaftstheoretische Ort der Geschichtswissenschaft, S. 132/33. Ob freilich die massenhaften Museumsbesuche, die Lübbe als Indizien gesteigerten Geschichtsinteresses anführt, nicht z.T. eher Ausdruck eines defizienten Exotismus sind, der seine Proselyten – entsprechend budgetiert – genausogut auf die Galapagos-Inseln führen könnte, sei dahingestellt.

[27] Zum weitverbreiteten Hang zu solcherlei Ersetzung vgl. das Collini-Zitat und dessen Erörterung bei Nünning, Literatur, Mentalitäten und kulturelles Gedächtnis, S. 174.

[28] Daß gerade der »modern zunehmende Dauerverlust an Selbstverständlichkeit« hermeneutisch kompensiert werden müsse, streicht etwa Marquart, Frage nach der Frage, S. 584, heraus.

wenig ins Zentrum allgemeinen Interesses rücken wie etwaige Methoden- und Verfahrensdefizite großen Abbruch täten, sobald sich alle Welt nur noch für Schnürsenkel begeisterte.[29] Demzufolge hat es etwas Illusorisches, wenn methodologische Stellungnahmen – ebenso häufig wie forschungspsychologisch nachvollziehbar – ihr Pathos aus dem offenen oder stillschweigenden Versprechen ziehen, gemeinsam mit dem richtigen Methodenfundament zugleich die Lösung aller übrigen Probleme mitzuliefern.[30] In Wahrheit bleibt die wissenschaftsexterne Reichweite method(olog)ischer Interventionen genau auf jenes schwer bestimmbare Maß begrenzt, in dem methodische Defizite oder Sackgassen ihrerseits zu allgemeinen Relevanzverlusten beigetragen haben.[31] Zwar sind derartige Wirkungen von Fall zu Fall kaum abzuleugnen, gerade dort nicht, wo Traditionssegmente nur noch über wissenschaftliche Vermittlung zu erreichen sind; zwar besteht auch auf lange Sicht durchaus ein wechselseitig-evolutionäres Konstitutionsverhältnis von Methode und Objektwertschätzung, doch ändert all das nichts daran, daß, wer als Forscher zu bestimmter Zeit sein Tun nach außen hin begründen will, im letzten immer auf die Wichtigkeit des Gegenstands und/oder angestrebten Ziels verwiesen bleibt, während Methodenstreit im Inneren der Wissenschaft beginnt und endet.

Relevanzverlust überkommener Darstellungsformen

Eine weitere Krisenfacette läuft auf den Befund hinaus, daß die formalen und medialen Konventionen wissenschaftlicher Darstellung die zu transportierenden Inhalte im schrillen Informationskonzert der Gegenwart auf Dauer praktisch zur Bedeutungslosigkeit verurteilten. In diesem Sinne wäre etwa alles, was hier steht, schon dadurch nichtig, daß es *hier* steht, ganz gleich was es sei. Man kann hierauf – sofern überhaupt – recht unterschiedlich reagieren:

Ein erster Ausweg wäre, hinfort nur noch Wissenschaft zu treiben, deren Ergebnisse so handfest sind (Profit, Gesundheit, Bomben), daß niemand nach der Art der Darstellung, ja überhaupt nach dem Erkenntnisgehalt fragt.[32] Die Kulturwissenschaft

---

[29] Die partielle Unabhängigkeit von Außenwirkung und Methode konkretisiert z.B. Drews, Der erschütterte Sinn, S. 928, mit der Behauptung, die Germanistik werde zwar immer besser, doch zugleich auch immer irrelevanter. Analoges gilt, wenn Bogdal, Von der Methode zur Theorie, S. 21, feststellt, das Legitimationsproblem betreffe sämtliche Methoden gleichermaßen.

[30] So etwa bei Riedel, Verstehen oder Erklären? S. 9, wo die Defensive der hermeneutischen Disziplinen primär der Unklarheit der eigenen methodischen Voraussetzungen zugerechnet wird.

[31] Vgl. dazu etwa die Ausführungen zum Verhältnis von historischem Bewußtsein und schulischem Deutschunterricht bei Seiler, Vom Recht des naiven und von der Notwendigkeit des historischen Verstehens, S. 23.

[32] Den gegenwärtigen Druck in Richtung auf eine solcherart reduzierte Wissenschaftsauffassung benennen Förster/Neuland/Rupp, Wozu noch Germanistik? S. 1, wenn es dort heißt, heute würde »die Frage, was Germanistik eigentlich soll, dem Fach massiv durch eine ökonomische, technologische und ideologische Entwicklung aufgedrängt, die ihre Zuflucht allein in wirtschaftlicher Expansion, einer grenzenlosen Technologiegläubigkeit

wäre damit freilich (abgesehen vielleicht von allfälligen Meinungsumfragen, die dieses oder jenes Interesse abspiegelnd zu zementieren hätten) abgeschafft – was kaum in ihrem Interesse sein kann.[33]

Eine zweite Möglichkeit besteht darin, die Konkurrenz mit anderen Kulturbereichen offen aufzunehmen und – quasi als ›Werbeagentur des Wissens‹ – Öffentlichkeitsmarktanteile zu erkämpfen. Ein Mindestmaß davon scheint heute überlebenswichtig, doch werden die Grenzen, die der Wissenschaft, wo sie sich nicht verlieren will, hierbei durch die Logik öffentlicher Wahrnehmung gesetzt sind,[34] spätestens dann augenfällig, wenn man sich vergegenwärtigt, daß ein Attentat des Verfassers auf den Aufsichtsratsvorsitzenden der Deutschen Bank dieser Studie schlagartig ein Vielfaches an – zumindest nomineller – Aufmerksamkeit garantierte als jede potentiell darin enthaltene Buchstabenfolge.

Eine dritte, sachbezogenere Möglichkeit liegt indes darin, die bewährten, obschon in bestimmten Wissenschaftssegmenten sträflich geringgeschätzten und vernachlässigten Formen populärwissenschaftlicher Vermittlung zu forcieren und entschieden auf die Neuen Medien auszuweiten. Dies geschieht gegenwärtig schon und kann allenfalls dort problematisch werden, wo das Spielerische in der Darbietung sich allzu sehr verselbständigt.

Analog dazu besteht die Möglichkeit, die Neuen Medien auch als Medium der eigentlichen Forschung ein- und durchzusetzen, was ebenfalls bereits im großen Stil geschieht und naturgemäß dort am interessantesten erscheint, wo die Neuerung – wie namentlich bei Hypertext und Hypermedia – nicht nur technischer, sondern auch struktureller Natur ist. Dennoch bleibt im Blick zu behalten, daß nicht jeder Inhalt gleichermaßen zur Transformation in jedes (gleichwie neue und reiche) Medium geeignet ist, so daß gerade das, was etwa in bestimmten Bereichen als Erlösung von der hinderlichen linearen Textform begrüßt werden mag, in anderen zerstörend wirken

---

und einem Reflexionsstop sucht, worin der Begriff der Zukunft aufgehen soll.« Unter ähnlichem Vorzeichen sieht auch Wucherpfennig, We don't need no education, S. 172, die Geisteswissenschaften langsam überflüssig werden. Das dazugehörige geistige Klima beschreiben etwa Gamper, »Keiner wagt mehr seine Person daran«, S. 106, Muschg, Erlaubt ist, was gelingt, S. 176f., oder Witte, »[...] daß gepflegt werde [...]«, S. 113. So leicht es scheint, solche Befunde als Klagen derer abzutun, die um ihre müßige, nicht nennenswert zum Bruttosozialprodukt beitragende Orchideenexistenz besorgt sind, so deutlich schwingt in solcher Denunziation doch stets die namenlose Panik mit, es könne in der Gesellschaft ein Ort bestehen (bleiben), welcher der ansonsten universellen Effizienztechnokratie und -ideologie nebst dem Korsett der damit einhergehenden, auf eine Art hochgerüstetes Amöbendasein hinauslaufenden Lebensform partiell entzogen wäre.

[33] Gleiches gilt im übrigen für die naturwissenschaftliche Grundlagenforschung, woraus anbei erhellt, daß Naturwissenschaft in diesem Punkt allenfalls dort weniger betroffen erscheinen kann, wo man ihre Heteronomie zuvor bereits – wie namentlich im Begriff der ›Herrschaftswissenschaft‹ – als Wesenszug ratifiziert hat. (Über die Genese und zur Kritik der weithin herrschenden Auffassung von ›Herrschaftswissen‹ vgl. etwa Albert, Kritik der reinen Hermeneutik, S. 82f.)

[34] In diesem Zusammenhang wäre es einmal – allen methodischen Fallstricken zum Trotz – des Versuches wert, zu erkunden, welche Rolle der Klang und die Eingängigkeit von Gelehrtennamen für die Rezeption (der Werke) ihrer Träger spielen.

kann. Ferner muß man sich im klaren sein, daß auch noch so ›zukunftsträchtige‹ Präsentationsformen, wo sie ›Praxisfernes‹ (heute meist im depravierten Sinne von: nicht unmittelbar Profitträchtiges) präsentieren, dessen ›Esoterik‹ nicht beseitigen.

Eine letzte Möglichkeit liegt schließlich darin, das Potential der traditionellen Darstellungsformen offensiv hervorzukehren und zu entfalten, indem man sich – selbst um den Preis der Donquichotterie – entschieden auf die Arbeit an der Sache selbst besinnt. Auch dies enthebt von sich aus nicht der Randständigkeit, im Gegenteil; doch erlaubt es immerhin, deren Ausmaß selbst, d.h. aus innerer Erfordernis des Gegenstands, zu setzen und – im besten Fall – *aus eigener Kraft* zu mindern. Daß es dabei, jenseits aller nötigen Entschlackungen, nicht um die Etablierung eines generellen Zwangs zu zeitgemäßer Schnellverständlichkeit und eine ausschließliche Verpflichtung auf die dazugehörige Wissensform zu tun sein kann, ist angesichts entsprechender Tendenzen[35] ausdrücklich hervorzuheben – wird manchmal doch gerade das, was schnellem Gebrauche sich entzieht, am dringendsten gebraucht.

Wahrheit und Institution

Indem der wissenschaftliche Vollzug heute weitgehend institutionell organisiert ist, meint, wer von der Krise in den Wissenschaften spricht, oft implizit die ihrer Institutionen. Daß Autonomisierungs- und Heteronomisierungstendenzen dort seit jeher in komplexer, allenfalls lokal zu scheidender Verquickung stehen, rührt trivialerweise daher, daß die Einrichtung und Sicherung von ›Freiräumen reiner Erkenntnis‹ auf Dauer nicht allein der Notwendigkeit *äußerer* Energiezufuhr bzw. Trägerschaft (und damit einer Anbindung an deren Interessen), sondern zugleich *endogenen* erkenntnisheteronomen Zwecken und Zwängen unterworfen ist – womit zwei Problembereiche unterscheidbar werden.

Was zunächst die Abhängigkeit von der externen Trägerschaft angeht, so scheint es hier – zumindest insgesamt und nominell – eine Tendenz weg von der freiwilligen Verpflichtung einer grundsätzlich autonom gedachten Wissenschaft auf das Wohl der sie tragenden Allgemeinheit hin zur möglichst unmittelbaren Indienstnahme durch einzelne Geldgeber zu geben.[36] Mag dies für weite Teile der Kulturwissenschaft auch existenzgefährdend sein, so ist es doch abermals kein methodologisches Problem. Zudem scheint die Lage in der Kulturwissenschaft bislang ohnehin weit weniger durch die Gefahr der Degradierung zum öffentlich getragenen Entwicklungslabor bzw. Vollstreckungsgehilfen für die partikulären Interessen bestimmter Konzerne gekennzeichnet als vielmehr dadurch, daß sich hier – im Zuge ihres Verschwindens – das Partikuläre der einst für allgemein genommenen (und entsprechend impliziten) Zwecksetzungen um so unnachgiebiger erweist. So gerät etwa die Germanistik in

---

[35] Konstatiert und zugleich exemplifiziert etwa bei Gabriel, Kulturwissenschaften und Neue Medien, S. 171 bzw. passim.

[36] Daß die Abhängigkeit von Drittmittelgebern wissenschaftlicher Seriosität nicht unbedingt förderlich sein muß, konstatieren etwa Bohn/Müller/Ruppert, Die Wirklichkeit im Zeitalter ihrer technischen Fingierbarkeit, S. 9.

dem Moment unter Druck, wo sich ihre Funktion als Selbstfindungsinstanz nationaler Identität langsam erübrigt (sei es, weil letztere schon gefunden ist, sei es, weil das sprachliche bzw. dichterische Erbe dabei gegenüber Leistungssportlern und Automarken in den Hintergrund tritt), und die überkommenen Literatur-, Kunst- und Musikwissenschaften insgesamt büßen ihre ›allgemeine‹ Relevanz in dem Maße ein, wie jene Bildungsbürgerschicht, die einst ihr Selbstverständnis u.a. aus der Teilhabe an einem traditionellen, immer wieder neu zu vermittelnden kulturellen Höhenkamm bezog, in Auflösung begriffen ist.[37] Konnte solcher Funktionsverlust zeitweise anderwärtig, etwa in der Notwendigkeit, eine große Zahl von Lehrern auszubilden, verdeckt oder gar überkompensiert werden, so tritt er doch am Ende um so dringlicher hervor. Freilich hat der Katzenjammer, den das innerhalb der betroffenen Fächer – und bevorzugt in methodologischen Stellungnahmen – nach sich ziehen muß, erneut nur insoweit mit Methodologie zu tun, wie diese vormals gerade in der Sanktionierung überkommener externer Zielvorgaben aufging oder sich von noch bestehenden auf allzu eklatante Art entfernt.

Weit interessanter sind im gegenwärtigen Zusammenhang die *immanenten* Institutionsaspekte, welche zwar im ganzen ebenfalls den äußeren, intern als neue Freiräume oder wachsender Legitimationsdruck erscheinenden Bedingungen unterliegen, sonst aber durch ihre relative Autonomie gekennzeichnet sind. Hierbei sind zunächst drei ineinander gestaffelte Unterscheidungen einzuführen: erstens die zwischen dem, was innerhalb der Institution unter Einfluß der Kontingenz der je beteiligten Persönlichkeiten und all ihrer (immer auch institutionsheteronomen) Interessen faktisch vor sich geht, und dem, was dabei an allgemeinen Regulativen jeweils nominell zugrunde liegt; zweitens die zwischen jenen dieser Regulative, die auf die formale Organisation der Institution, und jenen, die auf deren Zweck, d.h. in diesem Fall: auf die Gewinnung und Vermittlung von Erkenntnis gerichtet sind; und drittens die zwischen dem, was diesem Zweck nur nominell, und dem, was ihm de facto dient.

Erst mit der letzten Unterscheidung ist das eigentliche Feld der Methodologie erreicht, bei dessen anschließender Betrachtung die äußeren Rahmenbedingungen – gleich welcher Mittelbarkeitsstufe – nie mehr als Gegenstand, sondern nur entweder als Erklärung für bestimmte Auffälligkeiten oder als pragmatische Determinante eigener Interventionsversuche relevant sein können. Während jedoch die Ebene des faktischen Vollzugs dabei der theoretischen Betrachtung gegenüber weitgehend inkommensurabel bleibt, sind hinsichtlich des institutionellen Rahmens – jenseits von Elementen wie Verwaltungsstruktur, Prüfungsordnung oder Besoldungshierarchie, die hier, ungeachtet sie in ihren Implikationen tief ins Innere der Wissenschaft hineinragen, vernachlässigt sein sollen, und jenseits auch von Fragen der Organisation der akademischen Lehre – vor allem zwei Gesichtspunkte in Rechnung zu stellen: a) der Produktionszwang und b) die implizite Verpflichtung auf interne Sozialkompatibilität.

---

[37] Vgl. dazu Eibl, Sind Interpretationen falsifizierbar? S. 176, sowie ders., Zur Problematik literaturhistorischer Begriffe, S. 361.

Der erste Punkt betrifft im allgemeinen nur die Selbstverständlichkeit, daß wissenschaftsbetriebliche Reputation nur erlangen kann, wer überhaupt etwas, und zwar etwas (zumindest im medialen Sinne) Bleibendes hervorbringt. Ein schweigender oder nur mündlich wirkender Gelehrter wäre auf dem gegenwärtigen Stand der abendländischen Wissenschaftstradition schwer denkbar.[38] So alternativlos trivial das scheint und ist, gemahnt es doch daran, daß manches, was innerhalb der institutionalisierten Wissenschaft initiiert, erstellt und publiziert wird, seine ultimative Begründung weder in der Fragestellung noch im Ergebnis (gleich wie eigenwertig beides jeweils sein mag) findet, sondern vielmehr in der schieren Not, von Zeit zu Zeit etwas zu präsentieren.[39]

Eine signifikante Verschärfung erfährt dieser Zustand, wo – wie gegenwärtig zunehmend – nicht nur das ›ob‹, sondern darüber hinaus vor allem das ›wieviel‹ den Ausschlag gibt. Je unnachgiebiger die ›publish-or-perish‹-Doktrin zu Buche schlägt, um so größer wird, indem sie unterschiedslos jeden, ob er nun dafür geschaffen sei oder nicht, zu produzieren zwingt, wie Mozart komponierte, ihr heteronomes Potential.[40] Methodenfragen sind hier in dem Maße tangiert, wie die Ideologie der Quantität zusätzlich dazu beiträgt, wissenschaftliche Ideale wie das der möglichst vollständigen und gewissenhaften Zurkenntisnahme eines jeweiligen Forschungsstandes oder das der möglichst konzisen (und damit notwendig zeitaufwendigen) Einfassung eigener Beiträge ins Utopische zu schieben.

Die zweite der genannten Determinanten liegt dagegen in der Verpflichtung, seine Ergebnisse so zu modellieren, daß sie nicht nur prinzipiell verständlich, sondern darüber hinaus auf eine weit distinktere, in aller Regel implizite Weise kompatibel zum institutionell maßgeblichen Adressatenkreis sind. Das umfaßt zum einen die formalen, gemessen am Stand der meisten literarischen Gattungen noch recht festen Gattungsnormen wissenschaftlicher Darstellung (z.B. die kapitelweise, meist sukzessiv-hierarchische Gliederung nebst Einleitung und Resümee sowie den Gestus der inneren Abgeschlossenheit, Folgerichtigkeit und Zielgerichtetheit, Eindeutigkeit, Scharfsinnigkeit, Genauigkeit, Vollständigkeit, Ernsthaftigkeit etc.) und zum anderen Fragen des Stils (wie etwa die Vermeidung von Slangwörtern). In beiden Fällen können derartige Regulative, sofern ihre jeweilige historische Ausprägung und Geltung ausreichend profiliert sind, sowohl – günstigenfalls – psychische Entlastung und Orientierung bieten als auch – ungünstigenfalls – sachfremde Beengungen, Längen

---

[38] Auch wer sich gesprächsweise äußert, muß dies tunlichst in gedruckter Form tun oder doch Apostel finden. Eine graduelle, aber markante Gegenbewegung bildet allenfalls das wachsende TV- bzw. Talkshow-Gelehrten- und Expertentum. Doch bleibt auch dieses bislang meist auf ein anderwärtig erworbenes Reputationsfundament angewiesen.

[39] Es wäre interessant zu wissen, wieviele und welche Forschungsbeiträge auch ohne solche Not entstanden wären.

[40] Vgl. dazu etwa Freundlieb, Literarische Interpretation, S. 37. – Bei entsprechender finanzieller Ausstattung wäre es einmal den Versuch wert, identische oder nur minimal modifizierte Studien zu Tausenden unter verschiedenen Titeln zu veröffentlichen und so exemplarisch zu erproben, welche Regulative dem Wissenschaftsbetrieb und Organisationen wie der VG Wort hiergegen zur Verfügung stehen.

und Komplikationen zeitigen, wobei freilich inzwischen meist die Freiheit zugestanden wird, gegebene Standards in dem Maße außer Kraft zu setzen, wie man dies – sie so auf prinzipieller Stufe wiederum bestätigend – jeweils der Sache nach begründen kann.

Abgesehen von der Erinnerung, daß der Zweck wissenschaftlicher Hervorbringungen immer auch in Erweis oder Bestätigung der soziokulturellen Zugehörigkeit ihres Urhebers zur bestehenden Institutionsgemeinschaft liegt (und manchmal darin aufgeht),[41] ergibt sich hier ein dreifacher methodologischer Bezug, und zwar erstens dahingehend, daß die – unausschließliche und graduelle – Differenz von eher sachbedingten und eher konventionellen Darstellungsaspekten deren je eigene methodologische Berücksichtigung erfordert, zweitens mit dem Hinweis, daß auch methodologische Selbstpositionierungen ihre wesentliche Bestimmung fallweise in der Gewährleistung sozialer Anschlußfähigkeit finden können,[42] und drittens darin, daß teils gerade die partielle Überschreitung bestehender oder eingebildeter konventioneller Verbindlichkeiten methodenkonstitutiv sein kann.

Wahrheit und Innovation

Eine weitere institutionsgegebene, diesmal jedoch ins Zentrum wissenschaftlicher Erkenntnis zielende Verpflichtung besteht im Rahmen der Forschung darin, nach Möglichkeit nur *neue* Erkenntnis zu formulieren. Wer ausschließlich mit Befunden wie ›Goethe kam 1749 zur Welt‹ oder ›2 + 2 = 4‹ aufwartete, könnte damit heute – ungeachtet aller Richtigkeit – kaum reüssieren. So muß, selbst wo de facto gar nichts Neues vorliegt, dennoch stets der (überzeugte oder vorgetäuschte) Gestus der Innovation gewahrt sein,[43] während die explizite Wiedergabe von bereits Bekanntem erst eigens – etwa als Forschungsübersicht – zu deklarieren und zu begründen ist.

Dieser nun schon länger etablierte Status Quo, in dem sich quer durch alle Disziplinen eine – keineswegs selbstverständliche – Prävalenz des Erkenntnisfortschritts gegenüber einer primär auf Traditionsbewahrung gerichteten Wissenschaft niederschlägt, ermöglicht bekanntermaßen eine immense, aus wissenschaftsinterner Sicht vollauf begrüßenswerte Verbreiterung und Vertiefung des faktischen Diskussions- und Kenntnisstandes. Gleichwohl zieht gerade die so entstehende Abundanz – von allen wissenschaftsexternen Folgen abgesehen – auf Dauer schwerwiegende Strukturprobleme nach sich. Denn wo dem Wert des Gegenstands und dem der Adäquanz

---

[41] In diesem Punkt gilt, was Bourdieu, Homo academicus, am französischen Beispiel explizit gemacht hat, in Graden sicher überall.

[42] Danneberg, Methodologien, S. 134, nennt dies treffend »methodologische Camouflage«.

[43] Den »institutionell verankerte[n] Innovationsdruck« benennt z.B. Freundlieb, Literarische Interpretation, S. 37. – Auf methodologischem Gebiet zeigt sich die ganze Not des Novitätszwangs etwa an Schöpfungen wie dem sog. »New Historicism«, dessen ›methodisches Innovationspotential‹ sich darin erschöpft, »die Ergebnisse intensiver Archivarbeit mit einer bewußt anekdotischen, subjektiven Präsentation, in der das Nicht-Systematische, Widersprüchliche, Kontingente, ja Zufällige betont wird«, zu verbinden (so treffend Kaes, New Historicism, S. 64).

seiner Beschreibung der der Neuheit zur Seite tritt, entsteht eine Dynamik, die – indem sie zunehmend den einzelnen überfordert – wahlweise auf die beiden erstgenannten oder aber auf ihr eigenes Movens zurückschlägt. Dabei ist eine mehr objektive, d.h. die faktischen Verhältnisse und deren Implikationen betreffende Perspektive von einer mehr strategischen, d.h. den institutionsbedingten Zwang zur ›künstlichen‹ Generierung und Herausstellung von Adäquanz, Relevanz und Novität betreffenden zu unterscheiden.

Auf der objektiven, in diesem Abschnitt zu behandelnden Seite kommen dabei vor allem folgende Gesichtspunkte zur Geltung:

1. Mit der rasant steigenden Zahl (zumindest nominell bzw. vorläufig) gelöster Probleme steigt zwar tendenziell auch die der ungelösten, so daß das Reservoir des zu Erforschenden stets unausschöpflich bleibt, doch wird die aus der Fortschrittsforderung gespeiste wissenschaftsinterne Ausdifferenzierung – im Regelfall und tendenziell – aufs immer Esoterischere, Mittelbarere und Marginalere zulaufen, in dessen Kontext vorzudringen gleichermaßen immer mühevoller und meritenloser wird. Wissenschaftliche Evolutionszusammenhänge können derart, wo sich nicht von außen neue relevante Fragen einstellen, lokal im Ephemeren konvergieren.

2. Die Bezirke, in denen Einzelne die Gesamtheit des je bereits Erarbeiteten bzw. Gültigen noch überschauen können, schrumpfen fortwährend. Man ist so – hinsichtlich der eigenen Forschung ebenso wie bei der Novitätsbewertung fremder – vor die Wahl gestellt, entweder ›sicher‹ im jeweils noch zu Überschauenden (und damit heute i.d.R. Ephemeren), oder aber ›unsicher‹ – d.h. in ständiger Gefahr, das Rad bzw. viele kleine Rädchen doppelt zu erfinden[44] oder anderen fälschlich zum Patent zuzuerkennen – im ›Zentralen‹ resp. Anschlußfähigeren zu agieren.

Nun bestehen beide Probleme faktisch schon die längste Zeit, seit Wissenschaft getrieben wird. Doch erhalten ihre Folgen im Zuge der gegenwärtigen Wissens- bzw. Publikationsexplosion eine neue Qualität, die sie aus ihrer früheren Implizitheit reißt. Mag der Druck zur Spezialisierung auch einem bestimmten Gelehrtentyp entgegenkommen, mag die objektive Überfülle auch durch kluge bibliographische Organisation[45] und wohltrainiertes Querlesen zu lindern sein, und mag schließlich der eine

---

[44] Im Bereich der Hermeneutik geschieht dies vor allem überall dort, wo aus nomineller Abwehr der philosophischen und offenbarer Unkenntnis der älteren philologischen und theologischen Hermeneutik deren Programm und/oder Vollzug mit Hilfe neuer Termini repetiert wird bzw. das in Angriff genommen wird, »was eigentlich die Aufgabe einer sich ernst nehmenden Hermeneutik gewesen wäre« (Titzmann, Strukturale Textanalyse, S. 19). Vgl. dazu schon Böhme, Konzepte und Exempel der Interpretation, S. 233, oder Müller-Vollmer, Zur Problematik des Interpretationsbegriffes, S. 88. Als Beispiele hierfür wären in der Theorie etwa Rust, Methoden und Probleme der Inhaltsanalyse (vgl. die Programmpunkte auf S. 19), Groeben, Möglichkeiten und Grenzen der Kognitionskritik, passim, oder – in weiten Teilen – auch Ihwe, Konversation über Literatur, sowie in der Praxis Wellbery, Semiotische Anmerkungen zu Kleists ›Das Erdbeben in Chili‹ (vgl. das sachliche Resümee auf S. 86) zu nennen.

[45] Eine qualitativ neue Stufe beträte die Organisation der Wissensdarstellung in dem Moment, wo das gesamte Wissen entschieden als einheitliches, jedes denkbare Thema ein-

oder andere die Lage mit Hilfe von zwanzig Leben resp. vierzig Augen suggerierenden (und dabei heute doch so leicht zu habenden) Literaturverzeichnissen bzw. – nur bedingt gewissenhafter – durch einen verstümmelten, nur noch aus Forschungsrezeption bestehenden Lebensgang partiell kaschieren, so werden die Grenzen, welche der Novitätsdoktrin als Antrieb einer institutionalisierten Wissenschaft mit menschlicher Beteiligung gesetzt sind, doch zunehmend spürbarer.[46]

Die Relativität der Novität, die sich daraus im aktuellen Vollzug – je eklatanter, desto unverhohlener – ergibt, hat mehrere Facetten:

a) Es genügt in praxi, wenn, was sich – aus innerer Überzeugung oder Zwang – für neu ausgibt, *in dem lokalen Bezirk*, wo es das tut, ausreichend neu ist oder scheint. Wer sich dagegen erst nach allen Seiten sichern will, erlebt das erste eigene Wort nicht mehr.

b) Der Anteil an de facto Neuem, den es, obschon auf sehr verschiedener Ebene und in sehr verschiedenem Ausmaß, in so gut wie jedem (zeitlich) neuen Beitrag gibt, wird unter dem massiven Druck des Nachrückenden sogar im eigenen Segment meist nur auf (immer kürzere) Zeit bewußt gehalten, was (als Unterfall von a) bedingt, daß, wer – ob wissend oder nicht – weithin Vergessenes ohne Nennung repetiert, lokal als Neuerer erscheint.

c) In dem Maße, wie sich das faktisch Neue seiner Neuheit ebensowenig mehr sicher sein kann wie das Alte seiner Bekanntheit, vaporisiert sich nicht nur jeder Forschungsstandbegriff, sondern der Status objektiven ›Schon-Gesagt-Seins‹ überhaupt. Dadurch gerät das singuläre Neue an den Rand der Nichtvorhandenheit, während zugleich dasjenige, was eben erst zum fünften oder zehnten Mal gesagt wird, geradezu für originell zu gelten hat.[47]

----

schließendes Hypertextuniversum organisiert würde. Auf diese Weise entstünde im Rahmen des kombinatorisch Möglichen – neben der Gefahr eines bislang unvorstellbaren kulturellen Totalitarismus – nicht allein die Chance, direkter und partieller zu intervenieren, ohne Kontextinformationen einzubüßen, sondern es fielen zugleich auch sämtliche Mühen und Doppelungen fort, die derzeit mit der atomisierten Präsentationsform als Vortrag oder Text erfordert sind, sofern sie dem Verfasser dazu dienen, sich zu positionieren resp. das, worauf er (u.a. durch Interpretation) reagieren will, erst zu evozieren. Freilich würde das Innovationsproblem so nur noch mehr verschärft, entfiele dann doch auch die Möglichkeit, seine Seiten im wesentlichen mit (zuvor noch eher, nämlich medial zu rechtfertigenden) Referaten anderer Positionen zu füllen.

[46] Die Möglichkeit, am Ephemeren und der schieren Masse zu ersticken, formuliert – bezogen auf die Germanistik – 1979 schon Conrady, Notizen zur Germanistik, S. 60/61.

[47] In diesem Kontext verdient die banale, wenngleich in praxi kaum zu überschätzende Tatsache Erwähnung, daß Theorien (und Kulturgegenstände allgemein) außerhalb wie innerhalb der Wissenschaft seit jeher tendenziell desto weniger rezipiert werden, je schwieriger und zeitaufwendiger ihr gedanklicher Nachvollzug ist. Bezüglich des Zeitaspektes ergibt sich dabei heute insofern eine graduelle Verschärfung, als die reputationsbestimmende Ideologie des Informiertseins jeden dazu neigen lassen (oder zwingen) wird, generell eher fünfzig kurze ›Einheiten‹ aufzunehmen als fünf lange, auch wenn die ersteren sich, indem sie – psychisch entlastend – immer ›nur das Wichtigste‹ berichten, de facto weit mehr überschneiden und so relativ zum Informationsgehalt sogar viel *zeitaufwendiger* sind. Doch bei aller Melancholie, die sich im Angesicht der gigantischen Ausmaße des innerhalb

Denkt man die hierin angelegten, derzeit graduell und wachsend virulenten Defizienzen konsequent zu Ende, wird ein Zustand sichtbar, wo alles immer schon zu spät und gleichzeitig zu früh erscheint, wo vollständige Segmentierung jeden Diskussionszusammenhang zerstört,[48] wo alles – widersprechend oder gleichlautend – so nebeneinandersteht, als gäbe es das jeweils andere nicht, wo Innovationszwang ebenso massiv wie unfreiwillig in Tradierung umschlägt (ohne deren Zweck bewußt zu dienen), wo lokale Fortschritte nicht mehr als solche wahrgenommen werden (können), und wo die Masse dessen, was entsteht, sich gerade jener Unüberschaubarkeit verdankt, welche sie weiter potenziert.[49] Hinzu kommt, daß jedes der genannten Probleme in dem Maß, wie es akut wird, zugleich ein forschungspsychologisches Äquivalent erhält: Wie soll, wer entweder mit totaler Marginalität und lebensweltlicher Anschlußunfähigkeit oder aber mit der ständigen Evidenz seiner prinzipiellen (indes noch nicht einmal heroischen, sondern rein quantitativen) Überforderung konfrontiert ist,[50] wer unendlich vieles nur mit dem Ergebnis durchsehen muß, daß es im wesentlichen schon Bekanntes bietet,[51] und wer zudem in dem Bewußtsein wirkt, daß

---

differenzierterer Explikationen bereits Geleisteten, aber nie mehr an die allgemeine Diskussion Angeschlossenen einstellen mag, hilft hier allenfalls das Bewußtsein, mit jedem weiteren Satz, den man gerade schreibt, seine Chance zu verkleinern, im Geschrei des Nur-das-Wichtigste!n gehört zu werden.

[48] Für die hermeneutische Diskussion konstatiert das etwa Nolting, Zum Universalitätsanspruch der Hermeneutik, S. 461, wenn er schreibt: »In der philosophischen Diskussion bieten die verschiedenen Schulen ein derart verwirrendes Bild der Theorie des Verstehens, daß der gesamte Problemstand gleichsam atomisiert erscheint«. In solcher Lage scheint sowohl die Konturierung eines Forschungsstandes wie auch jede sachliche Entscheidung auf die schieren Quantitätsverhältnisse (sprich: aufs Niveau von Meinungsumfragen) verwiesen.

[49] Nicht zuletzt damit hängt es zusammen, wenn »die Expansion der Wissenschaft« sich gegenwärtig »in der Krisensituation der Sättigung« befindet, »die immer eintritt, wenn exponentielle Wachstumskurven in logistische übergehen« (Zimmerli, Paradigmenwechsel und Streitbehebung, S. 349). – Die unmittelbare Erfahrung der ›partikularistischen Überfülle‹ gegenwärtigen Kulturwissenschaftsvollzugs beschreibt anschaulich Abend, Grundlagen einer Methodologie der Sprachbeschreibung, S. 9. Daß die »Historiker des Faches Vorschläge dafür machen [könnten], was sich zu lesen lohnt« (Wyss, Poetische Fundamentalisten, S. 138), ist zwar – abgesehen davon, daß derzeit keinerlei Konsens hinsichtlich der Kriterien solchen ›Lohnens‹ zu erwarten stünde – allemal richtig, verschiebt jedoch nur das Problem.

[50] Auf historische Gegenstände (bzw. den ›Historia magistra vitae‹-Topos) bezogen wächst hierdurch zugleich die – bereits mit Nietzsches zweiter unzeitgemäßer Betrachtung prominent gewordene – Gefahr, daß der »große Zuwachs von Glück«, der dem modernen Menschen daraus erwächst, daß er »die ganze Vergangenheit des Menschen in sich gegenwärtig habe« (Dilthey, Die Enstehung der Hermeneutik, Gesammelte Schriften, Bd. 5, S. 317), sich in übersatten Ekel und Erschöpfung verkehrt.

[51] Ein Umkehreffekt besteht darin, daß, wer Befunden regelmäßig gleich in vielfacher Ausfertigung begegnet, leicht der Täuschung unterliegt, alle Welt beschäftige sich mit seinem Thema, während es in Wirklichkeit kaum mehr als diejenigen tun, deren Befunde er gedruckt sieht. Das macht die gängigen, rhetorisch Selbstverständlichkeit einfordernden Rekurse auf zweifelhafte Kenntnis- oder Konsenshypothesen (›letzthin wieder ins Interesse gerückt‹ = es sind dazu zwei entlegene Aufsätze erschienen; ›bekanntermaßen‹ = wie ca. fünfzehn Leute auf der Welt wissen; etc.) so albern.

das, was er gerade tut, sofern es jemanden interessiert, zugleich an hundert anderen Stellen ebenfalls geschieht, wie soll der eine Illusion der eigenen Novität aufrechterhalten – noch dazu, wo er, wie ebenfalls (zumindest traditionell) gefordert, seine Arbeit reflektiert?

Eine ›faktische‹ Lösung ist hier, außer in Form drakonischer Regulierungen, die niemand wollen kann, nicht sichtbar. Was dagegen die kognitiven Dissonanzen angeht, wäre bereits viel geholfen, wenn man den institutionellen Innovationszwang auf ein realistisches Maß beschränkte und als solche ausgewiesene Tradierungsleistungen besser honorierte. Inwieweit das freilich mit dem antrainierten Denkautonomie- und Originalitätsselbstverständnis der traditionellen Forscherpersönlichkeit vermittelbar ist, sei dahingestellt – zumal die gegenwärtige Situation, auf die im folgenden zu rekurrieren ist, sich, jedenfalls in absehbarer Zeit, kaum ändern wird: Hier muß sich, wer zu wissenschaftlicher Reputation und institutioneller Absicherung gelangen will, nach wie vor – zumindest nominell – dem Wettbewerb des Wahren, Relevanten, Neuen stellen. Es gilt deshalb, nunmehr die zweite, eher strategische Seite des Problems, die nicht zuletzt gerade in der Methodologie zum Austrag kommt, in Augenschein zu nehmen.

Wahrheit und Profil

Seit jeher ist es ein Problem, im Meer der wissenschaftlichen Erzeugnisse ein Mindestmaß an Farbe und Kontur zu gewinnen. Gelingen kann dies einerseits schlicht durch den sachbezogenen Ertrag, zum anderen aber – und mitnichten etwa nur, wo dieser nicht genügt – durch dessen (relativ auf das jeweils erstrebte Publikum bezogen) möglichst eingängige Zurichtung. Letztere muß indessen weder überall bewußt erfolgen noch in jedem Fall erfolgreich sein. Allerdings nimmt ihre Bedeutung – insbesondere innerhalb der mit Ästhetischem befaßten Zweige der Kulturwissenschaft, auf welche das Augenmerk fortan allein gerichtet sein soll – mit der zunehmenden Fülle des in der ›Summe‹ des Historischen und vor allem in der jeweiligen Gegenwart Konkurrierenden notwendig zu.[52]

Wenn deshalb im folgenden einige markante Strategien solcher Zurichtung angeführt und stichpunktartig diskutiert werden, so ist dabei, obgleich in offener Reihenfolge, stets dreierlei zu fragen: 1. Worin liegt ihr Wirkungspotential? – 2. Welchen positiven Beitrag können sie unter den gegenwärtigen Bedingungen allenfalls leisten? – und: 3. Wo ergeben sich methodologische Implikationen? – Als Kriterium zur Beantwortung von 2. dient dabei die zwar recht abstrakte, aber angesichts der beschriebenen Situation naheliegende Frage, ob die betreffende Strategie derzeit geeignet scheint, die Komplexität gegebener Problemzusammenhänge praktisch abzubauen, ohne sie gewaltsam zu verleugnen, oder eher nicht. Daß derartige Betrachtungen

---

[52] In diesem Kontext wäre zu bedenken, inwieweit der zeitweilige Drall zu Theorien, welche ›das Subjekt‹ abschaffen bzw. für (immer schon) schimärisch erklären wollen, nicht auch in der historischen Erfahrung gründet, daß die einzelne Stimme – selbst des ›Meisterdenkers‹ – nicht mehr allzu viel verschiebt.

20

stets Eigentore produzieren, indem sie dem, was durch sie, wenn schon nicht entlarvt, so doch als impliziter Wirkungsfaktor reflektiert und damit eingeklammert wird, selbst niemals ganz entgehen, sei dabei ebenso vermerkt wie der partielle Ausgleich, der daraus erwächst, daß gerade derlei Metareflexion und Selbstanwendung immer auch strategische Effekte zeitigt.

Stil

Unter allen Adiaphora kulturwissenschaftlicher Vermittlung ist der Stil mit Sicherheit das wirkungsreichste. Kaum ein bekannterer Theoretiker, der nicht zugleich oder zuerst ein exzellenter oder auffälliger Schriftsteller gewesen wäre, und kaum eine einschlägige Strömung, die nicht sogleich an ihren Stilcharakteristika und Leitwörtern erkennbar wäre. Zur Methode wird der Stil – von seinen allgemeinen persuasiven Möglichkeiten abgesehen – allerdings dort, wo er, wie etwa in der Syntax dialektischer Vermittlung, auf die Denkform durchschlägt. Grundsätzlich scheint die Eigenwertigkeit des ›interessanten Stils‹, so sehr dessen Kontur historisch und segmentabhängig differieren mag, kaum außer Kraft zu setzen – jedenfalls solange ›Interessantheit‹ interessiert. Und so fordert jedes noch so gut gemeinte Unterfangen, Stilgefälle unifikatorisch-›demokratisierend‹ auszugleichen, einen hohen, in der enormen Tristesse einschlägiger Szientifizierungsschematismen angezeigten Preis. Gleichwohl bleibt die Grenze, wo der Stil vom Freund zum Feind der Wissenschaft mutiert und Mängel in der Sache oder diese selbst verdeckt, nur desto schärfer zu gewärtigen.

Terminologie

Abgesehen von einem minimalen Grundbestand verfügen die meisten kulturwissenschaftlichen Disziplinen infolge ihres Charakters als historische Akkumulation verschiedener traditioneller Schulen nicht über eine einheitliche Terminologie.[53] Die daraus resultierenden Probleme (Mißverständnisse, Begriffsstreitigkeiten, systematische Inkohärenzen, Redundanzen usf.) erzeugen einen Druck, welcher erfahrungsgemäß zu immer neuen Terminologieentwürfen und damit gerade zur Verschärfung der Probleme führt.[54] Ob und welche Interventionen hier – jenseits institutioneller Zwangsmaßnahmen – zielführend sind, hängt somit keineswegs allein an deren guter Absicht. Vielmehr ist in jedem Einzelfall erst angesichts der aktuellen Lage zu erwägen, ob die eigene Sprechmacht virtuell hinreicht, um – außer einem

---

[53] Vgl. dazu etwa Fricke, Literatur und Literaturwissenschaft, S. 29.
[54] Das Mißverhältnis zwischen ungenutzt-unnützen Terminologiehalden und konkreter Untersuchung konstatieren z.B. Danneberg, Zwischen Innovation und Tradition, S. 62; Fricke, Literatur und Literaturwissenschaft, S. 181ff., S. 66, oder Nünning, Vom Nutzen und Nachteil literaturwissenschaftlicher Theorien, S. 3.

Grabplatz auf dem Friedhof nicht erhörter Antragsteller – etwas zu erwirken,[55] und ob, selbst wo eine Verschiebung möglich scheint, der Energieaufwand in realistischem Verhältnis zum erstrebten Nutzen steht und nicht etwa die stets gegebene Alternative jeweils beizufügender Kasual-Spezifikationen[56] ausreichend und einfacher Verständnis schafft.[57]

Doch ungeachtet es so unter wissenschaftlichem Gesichtspunkt ratsam schiene,

1. neue Bezeichnungen nur zu prägen, wo ein neuer, vor allem aber oft in Rede stehender Gegenstand mit den vorhandenen nicht zu fassen ist (und nicht, wo höchstens Randsegmente und Nuancen differieren bzw. nur bestimmte, leicht ad hoc zu zerstreuende Konnotationen stören),

2. heuristische Spezifikationen und Umdeutungen bestehender Begriffe nur dann allgemein zu propagieren, wenn man die reale Chance sieht, dadurch im Endeffekt (normativ oder strategisch reformistisch) zur Verringerung des je erforderten Verstehensaufwandes beizutragen,[58] und

3. eigene Begriffssysteme einstweilen nur heuristisch auf den je konkreten, eigenen Zweck bezogen einzuführen und ansonsten abzuwarten, wo und inwiefern sich weitere Anschlüsse ergeben,

– obwohl all dies so scheint und für die weitere Untersuchung entsprechende Konsequenzen aufdrängt, liefe die naheliegende Forderung, es möge sich dann doch gefälligst jeder daran halten, auf eine Verkennung sowohl der eigenen Sprechposition als auch der gegenwärtigen Situation hinaus. Denn solange genügend große Teile der wissenschaftlichen Öffentlichkeit terminologisch-persuasive Problemlösungs- und Ermächtigungsgesten kritiklos oder willentlich sanktionieren, ist ohne weiteres damit zu rechnen, daß die selbstgenügsame Erfindung und Propagierung neuer Begriffsnamen und -systeme (deren Begründung übrigens von Fall zu Fall eben unter nomineller Berufung auf die gerade erhobenen Forderungen geschehen kann) auch in Zukunft als probates Innovationssurrogat funktioniert und daß die Teilhabe an der dabei jedesmal entstehenden Jargonesoterik weniger als vermeidbarer Selbstausschluß aus allgemeinen Diskussionszusammenhängen denn als Garant erkenntnisbezogener und soziokultureller Exklusivität erfahren wird – auch und gerade, wo Jargon zeitweise allgemein wird.

---

55 So wäre es etwa lächerlich, im Rahmen dieser Studie Begriffe wie ›Literatur‹, ›Ästhetik‹ oder ›Kunst‹ neu definieren zu wollen.

56 Vgl. etwa die ›Moderne‹-Spezifizierung auf S. 2/3.

57 Vgl. hierzu Gabriel, Wie klar und deutlich soll eine literaturwissenschaftliche Terminologie sein? insbes. S. 29. – Zur mehr vom Wirkungsstandpunkt motivierten Fachsprachenkritik bei Spinner, Wissenschaftsgläubigkeit und Wirklichkeitsverlust, S. 124 u. passim, vgl. dagegen Müller, Probleme des Anwendungsbereiches eines Definitionsprogrammes in der Literaturwissenschaft, S. 73/74.

58 Hier gilt nach wie vor Lathes Maxime: »Bitte verlassen Sie die Begriffe so, wie Sie sie vorzufinden wünschen« (Lathe, Vermengte Schriften, S. 219). Daß die Änderung der Begriffsbedeutungen zunehmend akzeleriert, konstatiert dagegen Frank, Das Sagbare und das Unsagbare, S. 198, am Beispiel des Textbegriffs.

Indes ist der siegreiche Jargon von heute oft das allgemeine Inventar von morgen, und noch die modetrunkenste und überflüssigste Wortschöpfung (z.B. ›Intertextualität‹) vermag, sofern ihr nur genug Erfolg beschieden ist, auf Dauer zu Substanz und Fruchtbarkeit zu kommen.[59] Freilich hat, hierauf zu hoffen, weder mit Erkenntnis noch mit Methodologie zu tun, und mögen die Erfolgsaussichten auch z.T. strategisch rationalisierbar sein (insofern, als etwa ›Multipolarizität‹ oder ›Hermeneutologie‹ gegenwärtig sicher besser ins Rennen kämen als ›Seinsgedungenheit‹), so droht doch einer Wissenschaft, die sich auf derlei Innovationen kapriziert, das Schicksal jeder Werbeagentur ohne Produkt.

Terminologischer Szientismus

Wo weniger die Novität als eher der Eindruck des Empirischen, Exakten, Mathematischen, Gesetzeswissenschaftlichen (als des vermeintlich per se Unbestechlicheren und Wahreren) durch Terminologie und Formalisierung suggeriert wird, erfolgt Kritik – wenn sie erfolgt – meist unterm Schlagwort Szientismus.[60] So berechtigt der darin enthaltene Vorwurf ist, solange er spezifisch auf das Prahlerische, Überflüssige, Legitimatorische, Aufgeschnappte, Metaphorische, Gewaltsame oder Gegenstandsenthobene in einzelnen, vielfach eher dem historischen Druck des Positivismus als sachlicher Notwendigkeit geschuldeten kulturwissenschaftlichen Adaptionen logischer resp. naturwissenschaftlicher Termini oder Formalisierungsweisen[61] zielt, so ressentimentbehaftet schlägt er aus, sobald er die Behauptung impliziert, daß ursprünglich in Logik und Naturwissenschaft entwickelte und infolgedessen heute allgemein mit diesen assoziierte Darstellungstechniken in ›Geistgefilden‹ prinzipiell nie fruchtbar werden könnten. Denn sofern dies gegenwärtig zutrifft, liegt das keineswegs etwa daran, daß es nicht allerhand gäbe, was, wo es in der Kulturwissenschaft um nichts als Gegenstandsexplikation ginge, ohne weiteres raumsparend und vereinfachend zu formalisieren wäre, sondern daran, daß eine entsprechende Formalisierung – ganz gleich wieviel sie taugte – ohnedies nicht übergreifend akzeptiert werden würde, und zwar nicht nur, weil niemand in der Position wäre, sie durchzusetzen,

---

[59] Vgl. etwa die fruchtbaren Ausführungen bei Konstantinović, Vergleichende Literaturwissenschaft, S. 123–130, die mit notorischen Galimathiasbefunden à la »Der Intertext hat jede Einheit einer sprechenden Person imaginär werden lassen« (Geier, Die Schrift und die Tradition, S. 14) nichts gemein haben. Im ganzen bleibt gleichwohl mit Hess-Lüttich, Intertextualität, Dialogizität und Medienkomparatistik, S. 191, zu konstatieren: »Fast scheint es, als sei die Beliebigkeit des Begriffs Bedingung seines Erfolges.«

[60] Gegen szientistisches Wortgeklingel vgl. etwa Grana, Literaturwissenschaft und/oder Literaturgeschichte? S. 62. Gegen Formalisierung und Schematisierung als Schwächen neuerer Literaturwissenschaft vgl. etwa Spinner, Wissenschaftsgläubigkeit und Wirklichkeitsverlust, S. 121. Zur Formalisierung als besonders schroffer Sektenbildungsstrategie vgl. Gründer, Hermeneutik und Wissenschaftstheorie, S. 95.

[61] Ein schönes Beispiel dafür, wie in einer Formalisierung gerade das verloren gehen kann, worum es eigentlich geht, gibt Dray, Laws and Explanation, S. 61f.

sondern (und spätestens hier reicht das Problem auch in die Methodologie hinein) weil vermutlich gar kein Einvernehmen hinsichtlich der damit verbundenen Ziele besteht.[62]

Wenn im Zuge der folgenden Untersuchung dennoch sowohl eine – obschon eher rudimentäre – Formalisierung als auch einige – obschon teils eher metaphorische – Begriffsadaptionen (aus der Mathematik) vorgenommen werden, so geschieht dies, gemäß den zuvor zum Terminologiegebrauch gegebenen Maximen, nicht etwa primär um allgemeiner Propagierung der jeweiligen Bezeichnung, sondern um interner Veranschaulichung und Bezugnahme willen. Über die weitere Applikationsfähigkeit der so entwickelten Unterscheidungen und Interventionen kann dagegen einzig deren Nutzen in der Sache, nicht die Frage, was man von den Etiketten hält, entscheiden.

Spleen

Der sicherste Weg, jenseits des Ephemeren Novität zu wahren, ist der Spleen, verstanden als die Neigung, im Dilemma zwischen entlegenen Themen und entlegenen Thesen[63] letztere vorzuziehen und etwa anstatt Goethes Wäschereibelegen lieber dessen Taoismus auszubreiten. Man erntet so, sofern durch Ort und Form der Wortmeldung ein Mindestmaß an wissenschaftsbetrieblicher Wahrnehmung gewährleistet ist,[64] zeitweise – und gerade durch den zu erwartenden (und einzukalkulierenden) Widerspruch – vermehrtes Aufsehen, und wenn es gut geht, ist, bis alles umständlich zurechtgerückt und wieder aus der Welt ist,[65] a) der institutionelle Zweck erfüllt und b) das Interesse weitgehend erloschen.[66] Nun verläuft die Grenze zwischen Originalität und Spleen zwar nicht nur fließend, sondern auch historisch variabel, so daß der Status – je nach Blickpunkt – durchaus wechseln kann, doch steht strategisch eingesetzter Spleen, sei es in Fragestellung oder Antwort, selten je im Dienste wissenschaftlicher Erkenntnis.

---

[62] Das Methodenproblem des Szientismus selbst ist davon übrigens gar nicht tangiert.

[63] Zu dem Dilemma vgl. etwa Breuer, Literatur, S. 191, oder Brandt, Von der Hermeneutik zur Interpretation, S. 261.

[64] Spleenthesen im Feuilleton oder am Stammtisch zu vertreten, bleibt ›wissenschaftlich‹ ohne Effekt.

[65] Verzögerungen lassen sich dabei sowohl durch möglichst nebulöse, die Stiftung einer eigenen Exegesetradition erheischende Darlegung (zu deren rezeptionsstrategischen Vorteilen vgl. Laermann, Die Lust an der Unklarheit und die Schmerzgrenzen des Verstehens, passim) als auch durch ins Verblüffende forcierte, jede mögliche Einrede beleidigende und dergestalt praktisch verhindernde Abwegigkeit erzielen. Zudem empfiehlt es sich, die eigenen Verstöße immer einmal im Vorbeigehen selbst zu konzedieren und so jedem Einwand nominell sein Recht und faktisch seine Originalität zu rauben. Je besser es gelingt, jede Kritik vorab mit dem Odium kleinmütiger Wadenbeißerei am kolossalen Wurf zu belegen, um so perfekter die strategische Immunisierung.

[66] Vgl. dazu Müller, Wissenschaftsgeschichte und Rezeptionsforschung, S. 457/458.

Eine andere Strategie zur Steigerung des ›Nachrichtenwertes‹ wissenschaftlicher Beiträge liegt vor, wo der Hebel – statt bei der Neuheit der Inhalte – primär bei deren Tragweite angesetzt wird. Dies muß, indem der Topos wissenschaftlicher Bescheidenheit explizite Selbsteinstufungen (z.B. ›Die vorliegende Schrift ist das Wichtigste seit Descartes' ›Discours de la méthode‹.‹) bislang weitgehend im Zaum hält, möglichst implizit geschehen. Das gängige, obschon sicher keineswegs überall bewußt oder überhaupt nur willentlich gebrauchte Verfahren hierzu besteht – so schlicht wie weithin frag- und klaglos angewandt und akzeptiert – darin, *die Allgemeinheitsstufe der eigenen Befunde und Neuerungen postulatorisch zu vergrößern* und also, statt erklärtermaßen ›hinterm Komma‹ zu agieren und damit den je sachgegebenen Marginalitätsgrad zu riskieren, dem Gestus nach mit Vorliebe aufs große Ganze auszugehen.

Freilich besteht hier eine feine Gradualität zwischen größter Plumpheit (wie dem Usus, ›Paradigmenwechsel‹ einzuläuten, wo auf weiter Flur weder ein Paradigma noch ein Wechsel auszumachen ist[67]) und den filigransten, häufig bis ins praktisch Unvermeidliche hineinreichenden Nuancen. Als Sammelbezeichnung für alle diesbezüglichen Probleme sei im folgenden der Terminus ›explikatorischer Holismus‹ bzw. schlicht ›Holismus‹ gebraucht, welcher, obzwar anderwärtig vielfach vorbelastet, dennoch – bei Rekurs auf die basale Wortbedeutung – adäquater scheint als etwaige Neuprägungen wie ›Pauschalismus‹, ›Globalismus‹ oder ›Synekdochismus‹.[68]

Die methodischen, im folgenden noch vielerorts begegnenden Implikationen des Holismus sind, vor allem, wo er (wie z.B. schon im faktisch viel zu weit gespannten Obertitel dieser Studie) ins weithin Übliche und Selbstverständliche gekleidet ist,[69] durchaus massiv und lassen ihn seit je und gegenwärtig unvermindert zu einer der größten Beeinträchtigungen kontinuierlichen kulturwissenschaftlichen Erkenntnisfortschritts werden. Eine Änderung steht hier allerdings kaum zu erwarten, solange das (für sich durchaus nicht immer ungerechtfertigte) reputatorische Primat des All-

---

[67] Gegen den inflationären, nur noch Überlegenheitsansprüche manifestierenden Gebrauch des ›Paradigma‹- bzw. ›Paradigmenwechsel‹-Topos vgl. Danneberg, Zwischen Innovation und Tradition, S. 63, Müller, Probleme des Anwendungsbereiches ..., S. 77, und ders., Wissenschaftsgeschichte und Rezeptionsforschung, S. 459f. u. S. 468/469, sowie – auf etwas anderem Terrain – Hauptmeier, Paradigm lost – paradigm regained, S. 575f. Jenseits davon verweist Eibl, Kritisch-rationale Literaturwissenschaft, S. 77, schon 1976 auf die (von Masterman aufgeführten) 22 (!) verschiedenen ›Paradigma‹-Bedeutungen. Etwas weniger nichtssagend, doch mindestens genauso holismusträchtig ist dagegen die Rede von ›epistemologischen Wendepunkten‹ etc. – Den Zusammenhang zwischen der »Propagierung aufsehenerregender Problemschnitte« und der »Kreierung neuer Terminologien« benennt Danneberg, s.o., S. 63.

[68] Der unserem Sinne am ehesten entsprechende Gebrauch des Holismusbegriffes findet sich bislang im Kontext der Hegel-Kritik, z.B. bei Stachowiak, Allgemeine Modelltheorie, S. 15, oder bei Klein, Theoriegeschichte als Wissenschaftskritik, S. 75.

[69] Um so beachtlicher wirkt ein ausdrückliches Veto gegen die holistische Ausdeutung eigener, aus Raumnot ins Abstrakte komprimierter Thesen, wie es Groeben, Literaturwissenschaft als empirisch-interdisziplinäre Kulturwissenschaft, S. 81, einlegt.

gemeinen, Hochstufigen oder Abstrakten wissenssoziologisch greift und so den mehr oder weniger bewußten Druck erzeugt, um eines möglichst weitreichend-grundsätzlich-›philosophischen‹ Anstrichs willen jederzeit auch möglichst hochstufige und weitgespannte Kategorien (z.B. ›Zeit‹, ›System‹, ›Metaphysik‹, ›bürgerlich‹, ›Kommunikation‹ oder ›Subjekt‹) zu bemühen. Entbehrt dies auch, wenigstens wo es die Abstraktion betrifft, im Angesicht einer gesamtgesellschaftlichen Wertorientierung, der jede eigenwertige begriffliche Anstrengung zunehmend für ineffiziente Zeitvergeudung gilt, nicht eines sympathisch absurdistischen und/oder strategisch-sezessionistischen Zugs, so bleibt dessen *terminologische* Generierung doch – ganz jenseits ihrer innerinstitutionellen Erfolgsaussichten – schwerlich zu rechtfertigen. Denn wo selbst der direkte Versuch, mehr Relevanz zu postulieren, als man der Sache nach begründen kann, noch stets die ›evolutionäre‹ Chance birgt, sich bei entsprechender Fortune im nachhinein ins Recht zu setzen, schlägt die holistische Intervention, sofern ihr nicht das seltene Kunststück glückt, den jeweils strapazierten Allgemeinbegriff auch allgemein für sich zu okkupieren (und etwa zu erzwingen, daß, wo immer zukünftig ›Gesellschaft‹ steht, es stets um die *dänische* Gesellschaft geht[70]), in jedem Falle defizient aus.

Indes versteht sich, daß die Schwierigkeiten des Holismus nicht holistisch lösbar sind. Statt dessen gilt es, je nach Einzelfall – so gut es geht – zwischen sachlicher resp. heuristisch gerechtfertigter und holistischer Allgemeinheit und bei letzterer wiederum zwischen a) mutwillig und b) unabsichtlich erzeugter sowie – unabhängig davon und vor allem – zwischen a) vernachlässigbarer, b) praktisch hinzunehmender und c) vermeidbarer bzw. konstruktiv kritisierbarer zu unterscheiden.

Wahrheit und M(eth)ode

Sein dezidiert methodologisches Pendant findet der Holismus im ›Konjunkturmoment‹ historischer Methodenevolution. Es gehört zu den diskurspolitischen Unvermeidlichkeiten des Wissenschaftsbetriebs, daß jeder neue Ansatz, um gewisse Wirkung zu erzielen, eine zeitlang im Ornat holistischer Verabsolutierung zu erscheinen hat.[71] Gelangt man etwa – um ein Beispiel aus der Hermeneutik anzuführen – mit Hilfe der Berücksichtigung biographischer Aspekte hier und dort zu interessanten Einsichten, so liegt es – strategisch bewußt oder nicht – sehr nah, darüber hinaus zu insinuieren, *jeder* kulturelle Gegenstand erschließe sich primär aus seines Autors Lebensgang. Solche, freilich in der Explizitheit ihrer programmatischen Formulie-

---

[70] Als markanter Teilerfolg wäre hier nicht zuletzt die spezifisch ›philosophische‹ Überlagerung des einst allgemeinen philologischen Hermeneutikbegriffs zu nennen. – Jenseits von wissenschaftsstrategischen Verschiebungen erscheint dagegen etwa die – der Beispiellosigkeit der jüngeren Historie geschuldete – Verengung des ›Holocaust‹-Begriffs auf die nazistische Judenvernichtung.
[71] Eine treffende Beschreibung hiervon liefert schon Ernst Mach, Analyse der Empfindungen, S. 69. Vgl. fernerhin auch Strelka, Geschlossene und offene Systeme in der Literaturwissenschaft; Schurz, Einleitung, S. 11, sowie Fricke, Literatur und Literaturwissenschaft, S. 63.

rung deutlich variierenden Vereinseitigungen,[72] welche nicht selten durch zeitge-schichtliche Blickbeschränkungen auf einen bestimmten Kanon[73] (hier etwa: ›Erlebnispoesie‹) sanktioniert erscheinen können, führen notwendig bald zu signifi-kanten Beugungen und Reduktionismen hinsichtlich anderer, nun nicht mehr in ihrer Eigentümlichkeit erkannter Fragestellungen und Gegenstandsbereiche. Die dadurch entstehenden Übertreibungen und Schiefheiten – in concreto häufig eher Amt der Jün-ger denn der Stifter – beschwören indes in ihrer Masse alsbald ›Pendelumschläge‹ in die jeweils (wirklich oder nur vermeintlich) andere Richtung und gefährden so, indem ihre Kritik oft ihrerseits holistisch ausfällt, keineswegs nur die Alfanzereien einer Schule, sondern gleichzeitig die ihr geschuldete Blick- und Kenntnisweitung selbst. Insofern scheinen allzu emphatische, über die (wenn auch gegebenenfalls ohne Hem-mungen tausendmal zu wiederholende) sachliche Richtigstellung hinausschießende Feldzüge gegen diese oder jene Modetorheit selten vielversprechend, und insgesamt legt die neuere Wissenschaftshistorie das Fazit nah, gegen Moden anzugehen sei zwecklos, solange sie ›in‹, und sinnlos, sobald sie ›out‹ sind. Zu Fatalismus besteht gleichwohl kein Anlaß: Liegt es doch im Wesen jeder Mode, auch einmal zu vergehen – sprich: von der nächsten abgelöst zu werden.

Konstruktion des Überwundenen

Von jeher entfalten sich sowohl die Dringlichkeit wie auch die Novität des eigenen Beitrags innerhalb der wissenschaftlichen Entwicklung relativ zur je bestehenden Ausgangslage. Diese aber muß, wo sie sich – wie derzeit die Regel – nicht von selbst versteht, erst eigens konturiert bzw. konstruiert werden.[74] Dabei wächst gemeinsam mit der Masse des Vorhandenen sowohl der objektive Zwang zu Selektion und Sum-mation als auch der Spielraum für strategische Interventionen. Denn so sehr eine Dar-legung, die jede einschlägige Forschungsposition erst in ihrer ganzen Mannigfaltig-keit evozieren oder jeden Text, auf den sie sich bezieht, gerechtigkeitshalber vollstän-dig zitieren wollte, praktisch zum Scheitern verurteilt wäre und darüber hinaus selbst eine Stellungnahme, die sich mit irgendeinem aktuellen Beitrag (gleich wie wichtig) so ausladend und akribisch auseinandersetzen wollte wie etwa der erste Teil von Her-ders »Kritischen Wäldern« mit Lessings »Laokoon«, angesichts der gegenwärtigen Überfülle von vornherein einen befremdlich-monadischen Anstrich erhielte, so leicht vermag der daraus resultierende und ständig zunehmende Zwang zur Vorabkano-nisierung der eigenen (und zudem in sich schon fragmentarischen) Exzerpte zum legitimatorischen Deckmantel für die absichtsvolle Suggerierung bzw. Dramatisie-rung von in Wahrheit nicht oder nur kaum vorhandenen Defizienzen und Desideraten

---

[72] Einen schönen Katalog gibt Fricke, ebd., S. 177.
[73] Zum Verhältnis von impliziter Kanonbeschränkung und holistischen Literaturtheorien und Methodologien vgl. Kienecker, Prinzipien literarischer Wertung, S. 168, sowie – zur Mo-derne – S. 4, insbesondere Fn 14.
[74] Vgl. dazu Müller, Wissenschaftsgeschichte und Rezeptionsforschung, S. 455.

zu werden.[75] Und so unausweichlich komplexe Argumentationen oft heuristischer Vereinfachung bedürfen, um im Zusammenhang einer bestimmten Fragestellung überhaupt fruchtbar verhandelbar zu werden, so groß ist die Versuchung, sie dabei um eigener Profilierung willen mehr oder weniger mutwillig zu vereinseitigen, zu trivialisieren oder zu bagatellisieren.

Deshalb ist es allemal kein Zufall, wenn als ›allgemeiner Forschungsstand‹ oft etwas angesetzt wird, was innerhalb eines jeweils ›ganzen Panoramas‹ (wo man noch davon reden kann) eher rückständig, d.h. an anderer Stelle längst schon ausgeräumt, geklärt und überholt anmutet.[76] Und ebensowenig kann es verwundern, wenn die haarsträubendsten Versionen einschlägiger (und insbesondere auch methodologischer) Theorien bevorzugt dort begegnen, wo sie im nächsten Satz heroisch widerlegt werden.[77]

Doch während die strategische Hochstilisierung schwacher und die ebensolche Banalisierung starker ›Vorläufer‹ und Gegner kaum je einen sachlichen Ertrag bringt (wenn man von der umwegigen Möglichkeit absieht, daß bestimmte Fragen mit Hilfe

---

[75] Ein wichtiger Spezialfall hiervon ist das, was man ›programmatische Kommunikationsverweigerung mit kleinen (sprich: unbekannten) Geistern‹ oder ›strategisches Selbstdenkertum‹ nennen könnte. Wenn etwa Ricoeur, Hermeneutik und Psychoanalyse, S. 201, alle nach Freud erfolgten Differenzierungen der psychoanalytischen Religionsdeutung mit der Begründung »schließlich ist er der Meister; mit ihm müssen wir uns einlassen« beiseitefegt, verfährt er – statt im Sinne einer Fortführung des faktischen Diskussionsstands – zielsicher nach der reputationsstrategisch unverändert wirksamen Maxime: Rede nur mit Klassikern, sofern du selber einer werden willst. – Ganz allgemein gilt, daß mit dem Freiraum, den die jeweilige institutionelle und reputatorische Etabliertheit eröffnet, auch der zu ihrer strategischen Erweiterung wächst. Ob der strategische Anteil hier insgesamt zugenommen hat, ist indes kaum zu sagen. Daß etwa Anhänger verschiedener Schulen immer weniger miteinander kommunizieren (wie Müller, Tendenzen der westdeutschen Literaturwissenschaft, S. 110, mit Recht feststellt), muß nicht notwendig eine Zunahme strategisch-weihepriesterlicher Kommunikationsverweigerung bedeuten (vgl. dazu Meier, Welcher Pluralismus? S. 319/320), sondern kann auch einfach quantitativ bedingt sein.

[76] So könnte man z.B. die sachte Wiedereinführung hermeneutischer Perspektiven in den Kontext von Strukturalismus und Formalismus bei Čivikov, Das ästhetische Objekt, von hermeneutischer Warte aus als reines Defizienzgefecht (d.h. als ›Schritt von −1 zu −0,3‹, nicht aber wirklich vorwärts) deuten, was zwar der Sache nach bis zu gewissem Grade zutreffend, doch zugleich ungerecht gegenüber Čivikovs Leistung wäre.

[77] Vgl. dazu stellvertretend etwa Eibls Feststellung, daß Habermas' bzw. Apels Einwände gegen den Kritischen Rationalismus lediglich eine zuvor selbst gezimmerte Karikatur davon beträfen (Kritisch-rationale Literaturwissenschaft, S. 30). In der literaturwissenschaftlichen Methodendiskussion war es dagegen mit Sicherheit die sog. ›werkimmanente Methode‹, die – durch krudes Wörtlichnehmen – bislang am öftesten »zum leicht entzündbaren Strohmann aufgebaut« (Nolting, Literatur oder Kommunikation, S. 4) und dann emphatisch ›überwunden‹ wurde. Ein weit unmittelbareres Beispiel dafür, wie man seine Legitimation vor allem aus der herausgetriebenen (persönlichen) Beschränktheit eines Gegners zieht, ist dagegen Barthes' Umgang mit Picard (vgl. Wahrheit und Kritik, passim; mit Strahlkraft bis in Scheffels Vorwort, S. 14). In gleicher Tradition profiliert sich etwa Haverkamp, Sancta Simplicitas! Was Thomas Steinfeld schon immer über Rhetorik wissen wollte (vgl. dazu die – rhetorisch symptomatischerweise weit weniger forcierte – Replik des angegriffenen Steinfeld, Über Kritik).

des irreduzibel-menschlichen Interessantheitsfaktors polemischer Kontroversen ins Zentrum gerückt und dadurch – mittelbar – auch inhaltlich vertieft werden können), sind die Verhältnisse hinsichtlich der Selektion der Ausgangspunkte weniger eindeutig: Denn erstens setzt, wer von der ›Rückständigkeit‹ überwundener Positionen spricht, schon eben jenen ›allgemeinen Stand‹ voraus, den gültig anzugeben heute vielerorts so große Schwierigkeiten macht,[78] und zweitens ist bei der Bewertung immer auch der je erhobene, mitnichten notwendig immer novitätszentrierte Anspruch mitzudenken.

Letzteres gilt vor allem, wo *Kritik* im Zentrum steht. Denn wenn man jemanden, der sagt, daß zwei und zwei gleich fünf sei, dafür kritisiert, muß man deshalb, gleich ob man faktisch recht hat, keineswegs schon reklamieren, das richtige(re) Resultat auch selbst entdeckt zu haben. Die Relevanz des Einwands mißt sich, seinem Status als Kritik gemäß, vielmehr daran, wie verbreitet die je kritisierte Ansicht ist und wieviel Schaden sie im praktischen Vollzug verursacht. Zwar kann die echte oder vorgegebene Novität des kritischen Befundes, welche keinesfalls mit der – eher seltenen – seiner Maßstäbe verwechselt werden darf, viel zu dessen Erfolg (bzw. zum Erfolg desjenigen, der ihn formuliert hat) beitragen, doch behält hier, wenn das Kritisierte fortbesteht, auch die offene Wiederholung ihr genuines Recht. Und ungeachtet jede kritische Einrede sich und ihre Legitimation im letzten stets der Existenz und Defizienz ihres Gegenstands verdankt (und dergestalt etwa der rationalistische Kritiker des Irrationalismus ebenso ›bedarf‹ wie umgekehrt der irrationalistische des Rationalismus), muß doch keineswegs jeder ›Uralt-Popanz‹, den man aktuell in der Kritik sieht, notwendig zuvor von dieser ausstaffiert worden sein. Vielleicht erfreut er sich nur einfach rüstiger Gesundheit.

Theorie als Praxis

Daß ›die Theorie‹ in allen Bereichen der ästhetischen Kulturwissenschaft zugenommen und sich gegenüber der Praxis verselbständigt habe, ist bereits oft festgestellt[79] oder beklagt[80] worden. Nichtsdestotrotz steht ›Theorie‹ im allgemeinen Interesse un-

---

[78] So gestaltete sich z.B. eine adäquate Abschätzung der Frage, ob es gegenwärtig noch Sinn macht, Gadamers prekären Vorurteilsbegriff zu kritisieren, schon verwickelter als die ganze Kritik. Dies gilt um so mehr, als Gadamer, Replik, S. 313, die Sache selbst schon einmal mit den Worten: »Wer verstehen will, braucht das, was er versteht, nicht zu bejahen« zu aller wünschenswerten, wiewohl vom ihm selbst zuvor am nachhaltigsten beschädigten Klarheit gebracht hat.

[79] Vgl. stellvertretend etwa Schulte, Literarische Hermeneutik zwischen Positivismus und Nihilismus, S. 206; Japp, Hermeneutik, S. 9; Nünning, Vom Nutzen und Nachteil literaturwissenschaftlicher Theorien, S. 3; sowie (bezüglich der Literarhistorie) Uhlig, Theorie der Literaturhistorie, S. 19.

[80] Schon 1975 spricht Lämmert vom »im letzten Jahrzehnt schier überhand nehmende[n] Interesse an Literaturtheorie« (Das überdachte Labyrinth, S. 113). Auch Spinner fordert bereits 1977, daß die »stets neue Hoffnung auf das Heil der Theorie aufgegeben werde« (Wissenschaftsgläubigkeit und Wirklichkeitsverlust, S. 122, vgl. dort auch S. 119); vgl. ferner etwa Abend, Grundlagen einer Methodologie der Sprachbeschreibung, S. 12.

vermindert obenan.[81] Allgemeinen Erklärungen und Urteilen hierzu sollte jedoch eine Besinnung darüber vorausgehen, wie Verschiedenes von Fall zu Fall mit ›Theorie‹ gemeint sein kann. Denkt man sie im Gegensatz zu ihrem Gegenstand per se, ist jede explikative Aussage (egal ob über Hegels Logik oder Apfelwein) schon Theorie,[82] denkt man sie dagegen im Gegensatz entweder zur Praxis konkreter Interpretation oder – wahlweise – zum Konkreten, Speziellen, Unformalisierten, Leichtverständlichen, Unreflektierten oder Unsystematischen, so erhält man jedesmal einen abweichenden Begriff, und nur vor solcher Vielfalt läßt sich nachvollziehen, wie der gegenwärtige kulturwissenschaftliche ›Theorie‹-Kosmos so heterogene Dinge vereinen kann wie a) thematisch weitgespannte oder besonders abstrakt anmutende Studien (mögliche Titel: ›Kunst und Moderne‹ oder ›Die Fourier-Transformation der Poesie‹), b) methodische, methodologische und methodologiegeschichtliche Stellungnahmen (z.B. ›Arbeitstechniken Anglistik‹, ›Allgemeine Wissenschaftstheorie‹ bzw. ›Asts Zirkelauffassung‹) sowie c) allgemein philosophische oder sonstige kulturwissenschaftlich rezipierte Theorien (z.B. ›Zeit und Ich‹, ›Chaostheorie heute‹ oder ›Schizophrenie des Eros‹).

Unabhängig davon, daß alle diese Genres schon vor hundert Jahren (und meist schon weitaus früher) existierten und daß sich ihre quantitative Zunahme angesichts der Tatsache, daß ja alles, also auch die Zahl ›konkreter Untersuchungen‹, stark zugenommen hat, relativ gesehen geringer ausnimmt, scheint die kulturwissenschaftsinterne Popularität des Theoretischen und Allgemeinen doch erklärungsbedürftig, auch wenn dabei unvermeidlich vieles spekulativ bleibt. So wäre etwa zu erwägen, inwieweit die relative Interessenverlagerung speziell aufs Allgemeine nicht als Gegen- bzw. Schutzreaktion sowohl auf den faktischen Spezialisierungsdruck wie auch auf inner- und außerwissenschaftliche Relevanzverluste traditioneller Gegenstandsbereiche begriffen werden kann. Denn immerhin hat, wer übers Allgemeine redet, stets einen weiteren (und damit auch bei sinkendem Gesamtinteresse noch leichter hinreichenden) potentiellen Interessentenkreis, ebenso wie der, der Allgemeines aufnimmt, nominell die weitreichendere Information erhält.[83]

Für den Aspekt der zunehmenden Theoretisierung und Methodologisierung kann dies jedoch – abgesehen von dem bereits zuvor erwähnten Versuch, externe Relevanzprobleme durch interne Reflexion zu lösen – kaum der Grund sein. Weit eher spielt hier eine evolutionäre Komponente mit hinein: Je mehr ›Theorie‹ bereits vorhanden und je größer ihr Anteil an der Rezeption ihrer Produzenten ist, desto leichter wird es,

---

[81] Nünning, Vom Nutzen und Nachteil literaturwissenschaftlicher Methoden, S. 1, verweist hier zurecht auf die Führungspositionen von Derrida, Foucault, Bachtin, Iser etc. im Citation Index.

[82] Ferner kann der Vorwurf ›Zuviel Theorie!‹ von hier aus stets bis ins Kreatürliche zurückgetrieben werden: Aus ›Warum theoretisierst du, anstatt zu *schaffen*?‹, wird: ›Warum schaffst du, anstatt zu *leben*?‹ usw.

[83] Eine wissenschaftsgattungstypologische Konsequenz hieraus ist etwa die Entstehung des ›Der Einzelfall als Sprungbrett für die allgemeine Theorie‹-Genres, als dessen ›Paradigma‹ Jahn, Narratologie, S. 35, Genettes berühmte »Figures III« über Proust *und* die allgemeine Erzähltheorie ausweist.

in der Kulturwissenschaft jenseits jeglicher Berührung mit kulturwissenschafts-
externen Gegenständen zu operieren.[84] Und je ausschließlicher und länger Theorie
sich aus sich selbst verköstigt, um so theoretischer wird sie. Innerhalb der so entstehenden ›Theorietheorie‹ sind allerdings zwei Spielarten zu unterscheiden: einerseits
diejenige, welche bestimmte Implikationen vorhandener Theoriebildung ihrerseits
zum Gegenstand macht;[85] und andererseits – in nächster Nähe zum strategischen
Holismus – diejenige, die ihre Gegenstände, wie konkret oder abstrakt sie immer
seien, im Zuge einer verselbständigten Abstraktionsrhetorik nicht mehr wirklich in
den Blick bekommt und so de facto gegenstandslos wird.[86]

Die für den potentiellen explikatorischen Ertrag ausschlaggebende Grenze verläuft dabei entlang der Frage, wo man seine Ausführungen noch jederzeit mit konkreten Referenzpunkten bzw. Beispielen illustrieren könnte und wo nicht.[87] Freilich
zählt es, wie bekannt, zu den Gepflogenheiten weiter Teile der geistesgeschichtlichen
und insbesondere der deutschen philosophischen Tradition, aus Prinzip ohne Beispiele zu arbeiten. Das begünstigt zwar den – rezeptionsstrategisch nach wie vor hilfrei-
chen – Freiflug der Begriffe und regt (als Einladung zur Ausdeutung) die Schulenbil-
dung an, doch erschwert es zugleich die Entscheidung, inwiefern eine Theorie jeweils
gerade noch von etwas außer von sich selber handelt.[88] Zwar bleibt zu konzedieren,

---

[84] Zur Selbstreferenzialität etwa dekonstruktivistischer Praxis vgl. Nieraad, Du sollst nicht
deuten, S. 152.

[85] Als sehr verschiedene Beispiele extrem voraussetzungsreicher und hochstufiger Programmatiken wären etwa Zima, Literarische Ästhetik (wo die kontextuelle Rückge-
bundenheit literaturwissenschaftlicher Ansätze und Terminologien zur Diskussion steht;
vgl. die programmatische Äußerung auf S. IX) bzw. Danneberg, Methodologien (wo es um
die Rationalisierbarkeit der Auffindung wissenschaftlicher Theorien geht) zu nennen. –
Einen Eindruck von der ›technischen‹ Hochstufigkeit aktueller Theoriepraxis bekommt
dagegen, wer Culler, Dekonstruktion, S. 46, Showalters Kritik an Howes Interpretation
von Hardys »The Mayor of Casterbridge« interpretieren sieht – was hier, um auch die
fünfte Stufe noch zu nehmen, als Beispiel dafür gelten soll, wie Theorie irgendwann so
vielfach abgeleitet sein kann, daß sie, weil Evokationsaufwand und Ertrag nicht mehr in
einem vernünftigen Verhältnis stehen, in praxi kaum mehr kritisierbar ist. Analoges gilt,
wo wissenschaftliche Texte fast nur noch aus Zitaten bestehen und so selbst unzitierbar
werden.

[86] Die Gefahr hierzu scheint insbesondere dort gegeben, wo ›Theorie‹ sich zunehmend als
eigene, durch die programmatische Vermengung von literarischem und explikativem Anspruch definierte Textgattung begreift. Die Strukturparallele solchen Vorgehens zur deutschen Frühromantik macht Behler, Text und Interpretation, S. 324, namhaft. Indes besteht
das Genre – obschon mit wechselnder Reputation innerhalb des Wissenschaftsbetriebes –
seither permanent.

[87] Wie ›theoretisch‹ Texte anmuten, spielt dagegen für den explikativen Ertrag in keiner
Richtung eine Rolle – weshalb auch ein Roman gegebenenfalls sehr ›theoretisch‹ sein
kann.

[88] Die materiale Verlängerung, welche die Darstellung durch die Anführung konkreter (und
damit auch konkrete Kritik herausfordernder) Beispiele in Kauf zu nehmen hat, schlägt
gemessen an der Alternative endloser Exegese bzw. unregulierter, immer gegenstands-
enthobenerer Fortspinnung aufs Ganze gesehen als *Verkürzung* aus. Abgesehen davon
wäre es interessant, einmal zu untersuchen, inwiefern die Beispielnot bzw. -kanonisierung
zeitweilig ganze Diskussionsstränge determinieren kann. Als Beispiele dafür kämen etwa

daß der Rausch der Abstraktion in faszinierende und eigenwertige Dimensionen führen und daß gerade die Verselbständigung von Begriffen neue kulturelle Gegenstände von großem Wert und überwältigender Wirkung zeitigen kann – doch *Wissenschaft handelt von Gegenständen* oder sie ist keine.

Darüber hinaus hat freilich auch die andere, selbstreflexive Seite der ›Theorietheorie‹ ihren strategischen Aspekt. Denn abgesehen davon, daß die Verselbständigung der Metareflexion zum eigenständigen, alsbald seine eigene Novitätsdoktrin etablierenden[89] Diskussionszusammenhang deren ursprünglichen Zweck eskamotieren und entsprechende Irritationen nach sich ziehen kann,[90] erzeugt die metareflexive Bewegung – als Blick aufs je Bestehende, das dadurch gleichzeitig als Gegenstand erst konstituiert und insgesamt eingeklammert wird – aus sich heraus bereits ein nominelles Mindestmaß sowohl an Novität wie an Holismus. Wo alles Wichtige erforscht scheint, bleibt zum Erforschen noch die Forschung selbst. Und wo zur Methode der Methode alles Wichtige gesagt ist, behält derjenige, der etwas über die Methode der Methode der Methode anzubringen hat, formaliter noch seinen neuen Punkt.

Daß dadurch weder die Welt noch die wissenschaftliche Praxis notwendig verbessert wird, wirft allerdings die Frage auf, inwiefern es überhaupt aussichtsreich sei, methodenpraktische Defizite, also Probleme bei der theoretischen Gegenstandserfassung, auf methodologischem Wege, also durch noch mehr Theorie, beheben zu wollen, und ob es nicht sinnvoller wäre, seine Energien ganz in die Verbesserung ›der Praxis‹ zu investieren. Doch bleibt der misologische Ruf nach ›Abschaffung der Theorie‹ stets defizitär.[91] Denn weder wird er die einmal begonnene Evolution des theoretischen Diskurses aufhalten, noch wird eine gleich wie solide Praxis (deren Art und Richtung anzugeben freilich schon ein Mindestmaß an Theorie erfordert) jene

---

die langjährige Zentrierung der Diskussion um die historische Erklärung auf die Frage nach der Unbeliebtheit von Ludwig XIV. beim Volk, die der Erklärung überhaupt auf das Exempel des aus dem Nachbarhaus aufsteigenden Rauches und die der Hermeneutik auf den Mörike-Streit zwischen Heidegger und Staiger bzw. den Walther-Streit zwischen Wapnewski und Hahn in Betracht.

[89] Die Erschöpfunggrenze auch dieses Novitätsstrangs dokumentiert gleichwohl Tunner, Plädoyer für die assoziative Nicht-Methode, S. 15, mit der Behauptung, die Originalität von Methodenbüchern sei inzwischen selbst wieder banal geworden.

[90] Was Gründer, Hermeneutik und Wissenschaftstheorie, S. 87, als Entfremdung zwischen (allgemeiner) Wissenschaftstheorie und hermeneutisch-historischer Praxis treffend beschreibt, gilt inzwischen für das Verhältnis von Methodologie und Praxis insgesamt: »Der Philologe oder Historiker ist ungemein beglückt, wenn ein Wissenschaftstheoretiker daherkommt und ihm sagt, was er eigentlich machen solle; er kümmert sich nicht darum, und das ist richtig. Aber da man sich nicht ganz ignorieren kann, entsteht Gereiztheit, man wirft sich (natürlich nur im stillen) Scharlatanerie in der einen Richtung, Banausie in der anderen vor.« – Konkreter auf die zunehmende Entfremdung zwischen (ihrerseits sich ausdifferenzierender) philologischer Editionspraxis und literaturwissenschaftlicher Methodenentwicklung sowie die daraus erwachsende »Aporie einer Wissenschaft ohne empirische Regeln« rekurriert Pross, Historische Methodik und philologischer Kommentar, S. 286.

[91] Zur Irreduzibilität von Methodologie, die nie allein ›mit dem Vollzug gegeben‹ ist, vgl. Radnitzky, Das Problem der Theoriebewertung.

Probleme lösen können, an denen sich die theoretische Diskussion ursprünglich entzündet hat. Statt dessen begibt man sich so lediglich der Möglichkeit, zwischen evolutionären und strategischen Verselbständigungen einerseits und theoretisch-methodologischer Erhellung andererseits zu unterscheiden.

Es zählt demgemäß im heutigen, hochausdifferenzierten Stadium kulturwissenschaftlicher Beschäftigung zu den größten praktischen Herausforderungen, zum jeweils in Rede stehenden Gegenstandsbereich, d.h. zur Präzisierung seiner unmittelbaren Betrachtung, zurückzufinden, ohne doch dabei der Erkenntnisse des aktuellen, gleichwie womöglich eigenweltlichen und in emergenter Zeugung weiter evolvierenden Forschungsstandes verlustig zu gehen. Für den praktischen Vollzug bedeutet das dreierlei: erstens, daß der jeweilige Gegenstand, so allgemein oder abstrakt er sei, bis auf weiteres überall dort gesteigerter Konturierung bedarf, wo die bloße Nennung eines Stichworts (etwa ›Avantgarde‹) nicht mehr ausreichend deutlich macht, ob hier implizit auf einzelne der üblicherweise darunter befaßten konkreten Gegenstände, auf deren Gesamtheit oder aber auf bereits dazu vorliegende Explikationen oder Theorien oder Metatheorien rekurriert wird; zweitens, daß unter allen prinzipiell gegebenen Modifikationsmöglichkeiten theoretischer Erfassungsinstrumentarien – mehr denn je – nur solche zugleich fruchtbar und aussichtsreich erscheinen, welche entweder bei gleichbleibendem Aufwand mehr Differenzierung leisten oder aber bei gleichbleibender Differenzierung weniger Aufwand erfordern; und drittens, daß dabei die einschlägigsten, im folgenden kurz noch zu beschreibenden Implikationen strategischer Methodeninnovation und -immunisierung nach Möglichkeit vermieden werden.

Performativer Widerspruch und ›Sonntagsrede‹

Wo die Identitätsstiftung wissenschaftlichen Vollzugs per methodologischer Innovation erzwungen und immunisiert werden soll, liegt es nahe, eine (möglichst hochstufige) Setzung vorzunehmen,[92] welche holistisch auf den gesamten bisherigen Vollzug, nicht aber – und insbesondere nicht im Augenblick der Setzung selbst – auf die eigene Praxis gewendet wird und damit einen wahlweise möglichst zu verdeckenden oder gerade offensiv zur Stärke zu stilisierenden[93] performativen Widerspruch erzeugt. Bekannte Behauptungen dieser Art sind etwa, alle anderen seien per se metaphysisch und logozentristisch befangen, mit all ihrem Wissen und Wollen unrettbar in sie beherrschende Diskurse verstrickt, essentialistischen Schimären von Wahrheit, Richtigkeit und Adäquatheit verhaftet, in ihrem Vorgehen nicht empirisch genug, blind für die Implikationen der Sprache, der Schriftlichkeit, der radikalen Andersheit des Anderen, der Konstruiertheit allen Sinns, aller Bedeutung, des Subjekts, aller Wirklichkeit usw., während einzig man selbst (einschließlich der Fraktion derjenigen,

---

[92] Daß die meisten gängigen ›Methoden‹ durch derlei »einzelne wissenschaftliche und wissenschaftstheoretische Sätze« charakterisiert sind, vermerkt Nolting, Literatur oder Kommunikation, S. 28.

[93] So klassisch etwa bei Barthes, Die Lust am Text, S. 8.

die einem zu folgen willig sind) die entsprechenden Beschränkungen – und sei es nur im ›Aushalten der Paradoxie‹ – transzendiere.[94]

Die darin (bewußt oder nicht) implizierte Immunisierungsstrategie geht – nur scheinbar paradoxerweise – gerade um so besser auf, je holistischer die so herausgeforderte Kritik ausfällt. Es wäre deshalb – schon rein rezeptionsstrategisch – falsch, entsprechende Entwürfe, wie informell nicht selten, schlicht als ›Unsinn‹ abzutun. Vielmehr gilt es, hier verschiedene Stufen der Kritik zu unterscheiden: Denn obschon überall dort, wo die Möglichkeit zum performativen Widerspruch bzw. zur Paradoxie der Explikation generell selbst zur Methode erhoben wird, wissenschaftliche Erkenntnis zum zufälligen Nebenertrag anderer, bevorzugt jeweils favorisierter ästhetischer Qualitäten (etwa der innovativen Anmutung, Raffiniertheit oder Unterhaltsamkeit von Interpretationen[95]) gerät und – unabhängig davon, welcher Anspruch dann jeweils noch nominell erhoben bzw. institutionsbedingt suggeriert wird – auch dementsprechend eingestuft werden sollte,[96] ist damit doch keineswegs bereits beschlossen, daß a) alle unter derartigem Vorzeichen (ent)stehenden Resultate, b) die je zugrundeliegenden globalen Ausgangsbefunde oder c) die je fundierenden Absichten notwendig falsch oder irrelevant bzw. unlauter sein müßten.

Vielmehr hat die Kritik von Fall zu Fall zu prüfen, inwieweit erstens die konkreten Explikationen überhaupt ihren jeweils postulierten Voraussetzungen entsprechen (Beispiel: Jemand behauptet, alle Hermeneutik hinter sich gelassen zu haben, liefert dann aber veritable hermeneutische Befunde),[97] inwieweit zweitens diese Voraussetzungen, sofern ihnen die konkrete Explikation *nicht* zuwiderläuft, diese spezifisch

---

[94] Entsprechende Fälle von sog. ›self-excepting-fallacy‹ konstatieren etwa Freundlieb, Literarische Interpretation, S. 30 (gegen Derrida), S. 31ff. (gegen Foucault), Nieraad, Du sollst nicht deuten, S. 149–151 (gegen die Dekonstruktivisten), Butler, The Future of Theory, S. 232 (gegen Theorien, die das Subjekt, um es endgültig zu befreien, nominell abschaffen), Gabriel, Zur Interpretation, S. 242 (gegen postmoderne Theorien mit Hang zu überzogener Sprachskepsis), Danneberg/Müller, Wissenschaftstheorie, Hermeneutik, Literaturwissenschaft, S. 209 (gegen Manfred Frank), oder Brandt, Von der Hermeneutik zur Interpretation, S. 255 (allgemein gegen die Etablierung von Wahrheitsansprüchen, die jenseits von wahr und falsch liegen).

[95] Für »wesentlich raffinierter« als »herkömmliche Hermeneutik« preist etwa Müller, Zur Kritik herkömmlicher Hermeneutikrezeption, S. 598, die neuen, poststrukturalistischen Lektüren an – als ginge es um ein neues Waschmittel.

[96] Über deren Wert ist damit ausdrücklich noch nichts gesagt, hängt dieser doch relational von den je zu erfüllenden Funktionen und Zielen ab. Selbst in so wissenschaftsassoziierten Funktionsdomänen wie der Tradierung ist mitnichten ausgemacht, daß wissenschaftlicher Anspruch und Ertrag hier ausschlaggebend seien.

[97] Daß etwa Barthes es mit seinen methodologischen Setzungen selbst nie so genau genommen hat und von diesen derart über weite Strecken unbehelligt blieb, vermerkt z.B. Freundlieb, Literarische Interpretation, S. 29 (zum analogen Verhältnis zwischen diskurstheoretischer Theorie und Foucaultscher Praxis vgl. dort S. 32). Vgl. dazu auch Titzmann, Strukturale Textanalyse, S. 219, Müller-Vollmer, Zur Problematik des Interpretationsbegriffes, S. 92ff., sowie – allgemeiner – Holly, Holistische Dialoganalyse, S. 32, oder (konkret gegen Jakobson und Lévi-Strauss) Riffaterre, Strukturale Stilistik, S. 273f. Negativ ausschlagende performative Widersprüche sind freilich genauso möglich (Beispiel: Jemand postuliert, sich Goethe hermeneutisch zu nähern, redet dann aber über Hesse).

affizieren, d.h. günstigenfalls Fehler vermeiden bzw. sie umgekehrt erst hervorbringen können oder nicht (Beispiel: Jemand behauptet, rothaarige Menschen könnten keine Gedichte schreiben, und verfaßt dann Gedichtinterpretationen, in denen diese Behauptung entweder gar keine, eine vermittelte oder aber eine gravierende Rolle spielt),[98] inwieweit drittens die jeweiligen Allgemeinbehauptungen überhaupt zutreffen bzw. entscheidbar sind (Beispiele: Jemand behauptet, jede Lyrikrezeption erfordere Zeit bzw. Rothaarige könnten keine Gedichte schreiben bzw. die Zukunft sei ontologisch determiniert),[99] und schließlich inwieweit etwaige Holismen überhaupt reputationsstrategisch bedingt sind.[100]

Für praktische Zwecke scheint es ferner günstig, innerhalb des so bezeichneten Möglichkeitsfeldes eine Gruppe von strategischen Behauptungen auszuzeichnen, in denen die Artikulation von guten Vorsätzen und deren praktische Folgenlosigkeit so stark – wenn auch auf verschiedene Art – koinzidieren, daß sie die Sammelbezeichnung ›Sonntagsrede‹ nahelegen. Dazu zählen

– die eigene Vorgehensweise betreffende Absichtsbekundungen, die dann, ganz gleich wie erfüllbar oder erstrebenswert die jeweils reklamierten Standards sind, doch nichts am konkreten, davon abweichenden Vollzug verändern (Beispiel: Jemand *schreibt*, er würde, weil das explikatorische Nachteile berge, auf den Gebrauch von Schrift verzichten),

– hochstufige (und oft entsprechend evidenzheischende) methodologische Selbstpositionierungen, die – unabhängig davon, wie handgreiflich sie dann de facto in

---

[98] Dementsprechend muß auch Kritik – z.B. an der poststrukturalistischen Interpretationspraxis – nicht überall auf höchster Stufe ansetzen. Zu den allfälligen, weit banaleren Schwächen poststrukturalistischer Arbeiten vgl. etwa Kreuzer, Pluralismus und Postmodernismus, S. 12, sowie Wucherpfennig, We don't need no education, S. 167 u. 172ff. Zur Unklarheit des Diskursbegriffes vgl. Kurz, Fragen und Probleme der gegenwärtigen hermeneutischen Reflexion, S. 36ff. – Daß die Poststrukturalismusrezeption sich in Deutschland vor allem auf die Auswüchse konzentriere, beklagt – mit Recht, doch unter geflissentlicher Ausblendung der Tatsache, daß gerade diese es waren, welche die allgemeine Aufmerksamkeit erwirkten – Hoesterey, Verschlungene Schriftzeichen, S. 197ff.

[99] Daß man derlei Allgemeinaussagen vielfach erst holistisch auftoupieren muß, um ihre Dignität zu sichern, zeigt sich z.B. bei Fohrmann/Müller, Diskurstheorien und Literaturwissenschaft, S. 20, wo Kategorien wie Textsinn, Autor, Werk von vornherein mit möglichst totalitären »metaphysischen Totalitätsannahmen« gekoppelt erscheinen, um dann um so totaler in Frage gestellt werden zu können. Allgemein gilt hier die strategische Maxime: ›Wo etwas teilweise oder graduell problematisch ist, verwerfe es gleich ganz‹ bzw. ›Wo etwas nicht vollkommen geht, da geht es gar nicht‹. Aus der Regelmäßigkeit und Aufgeregtheit, mit welcher das Subjekt, die Wahrheit, die Objektivität, die abendländische Metaphysik etc. alle paar Jahre wieder abgeschafft werden können bzw. offenbar müssen, ohne zuvor sichtbar wiederauferstanden zu sein, könnte man inzwischen fast schon einen ›empirischen Beweis‹ für deren ›objektive Existenz‹ ziehen wollen.

[100] Vgl. dazu etwa Wucherpfennig, We don't need no education, S. 167, der Foucaults Theorie zugute hält, Symptom eines leidenschaftlichen Kampfes gegen die Unterdrückung zu sein, auch wenn ihr methodologischer Anteil nichts dazu beitrage. Letzteres freilich trifft wissenschaftssoziologisch nur so weit zu, wie nicht just die ›Automethodologisierung‹ in Foucaults ideologiekritischen historischen Analysen es war, die deren Wirkungskreis erweiterte. Vgl. hierzu auch Freundlieb, Literarische Interpretation, S. 29.

Stellung gebracht und damit zu Totschlägerargumenten[101] gemacht werden – ihrem Wortlaut nach eigentlich keine gegenstandsspezifischen Differenzierungen in bezug auf das verhandelte Problem zulassen (Beispiel: Jemand fällt eine konkrete Interpretationsentscheidung mit dem Hinweis darauf, daß jede Interpretation eine Konstruktion sei), sowie

– Verlautbarungen, in denen im konkreten Zusammenhang irrelevante Präferenzen für bestimmte Weltanschauungen oder Schulen artikuliert werden (Beispiel: Jemand entwirft seine allgemeine Verslehre ›als Atheist‹, ›als Homosexueller‹, usw.).

›Sonntagsreden‹ wären demgemäß strukturell als *hochstufig-postulatorische und irrelevante Behauptungen relativ zu einem aktuellen Explikationszweck oder Vollzug* zu definieren. Daß ihr Inhalt in den meisten Fällen auch jenseits des so bezeichneten Status, nämlich als spezifische These innerhalb eines höherstufigen Problemzusammenhangs begegnen kann, macht ihre Kritik nicht leichter. Doch um so mehr gilt es von Fall zu Fall zu fragen, inwieweit es sich vor allem bei topisierten Beteuerungen bzw. Forderungen der Art, man wolle bzw. solle doch möglichst offen, plural, vielstimmig, mehrschichtig, synthetisch, nominalistisch, sprachanalytisch, aktiv, dialogisch, empirisch, konstruktivistisch, dialektisch, postkolonialistisch, genderbewußt und deskriptiv, keinesfalls dagegen etwa statisch, dogmatisch, essentialistisch, ontologisierend, passiv, verabsolutierend, synkretistisch, metaphysisch, normativ, endgültig, platonisch, unhistorisch, logo-, phallo- oder eurotentristisch, sexistisch oder mechanisch verfahren, nicht um ›Sonntagsreden‹ handelt.[102] Oder anders, auf die folgende Untersuchung bezogen: Es würde uns der Sache nach – und nun wohl auch strategisch – nicht viel nutzen, hier zu postulieren, wir würden im weiteren möglichst offen, synthetisch etc. und nicht etwa dogmatisch usw. vorgehen, wenn es dann entweder nicht stimmt oder nichts hilft.

Damit kommen wir ans Ende unseres kurzen Gangs durch die Probleme und Versuchungen, denen methodologische Unternehmungen sich angesichts ihrer gesamtge-

---

[101] Als ›Totschlägerargument‹ gelte hier jeder Einwand, der die entsprechende These genauso viel oder wenig trifft wie ihre Negation bzw. alle je in Rede stehenden Alternativen. Ein Beispiel hierfür wäre etwa die Art, wie Strube, Sind normative Aussagen in deskriptiven begründet? die beiden möglichen Antwortpole samt allen Zwischenstufen sprachanalytisch einebnet, ohne damit das Problem zu lösen.

[102] Die konstruktivistische Sonntagsrede halten (im folgenden immer stellvertretend) Nünning, Literatur, Mentalitäten und kulturelles Gedächtnis, S. 178, sowie Scherner, Sprache als Text, S. 233; die ›antimetaphysische‹ dagegen Müller, Einige Notizen zu Diskurstheorie und Werkbegriff, passim, die für ›Offenheit‹ und ›Prozeßhaftigkeit‹ Spinner, Wissenschaftsgläubigkeit und Wirklichkeitsverlust in der Sprach- und Literaturwissenschaft, S. 128, die ›anti-subjektphilosophische‹ Pasternack, Zum Rationalitätsbegriff der Hermeneutik, S. 405ff. usw. – Kritik an Sonntagsreden scheint, sofern es um deren spezifischen Charakter geht, bislang eher selten. Vgl. aber etwa die bei Aust, Lesen, S. 145, (zurecht) vorgenommene Zurückweisung ›ontologophobischer‹ Pauschalverwerfungen des Bedeutungsbegriffes.

36

sellschaftlichen Einbettung sowie der inneren Ausdifferenzierung des kulturwissenschaftlichen Vollzuges heute – sei es faktisch, sei es durch zunehmende Explizitheit vermehrt – gegenüber sehen. Die Konsequenzen, die daraus im Sinne eines potentiell fruchtbaren Wissenschaftsvollzugs zu ziehen sind, liegen weitgehend auf der Hand. Inwieweit deren Umsetzung praktisch gelingt, entscheidet sich indes niemals daran, was die betreffende Theoriepraxis – z.B. auch die aktuelle – von sich selbst behauptet.

2. Leitende Allgemeingesichtspunkte und heuristische Konventionen

2.1. Irreduzibilität des Wertbezuges

Die Unvermeidbarkeit der Möglichkeit formalen Regresses
in Zweck- und Wertbegründungen: allgemein und in den Wissenschaften

Um die verschiedenen Allgemeinheitsebenen in der Darstellung nicht mehr als nötig zu vermischen, scheint es ratsam, einige übergreifende, im folgenden in ganz verschiedenen Zusammenhängen zur Geltung kommende Gesichtspunkte voranzustellen und grob zu konturieren.

Am Anfang soll dabei das stehen, was sonst häufig den Abschluß methodologischer Erörterungen bildet,[1] nämlich die Reflexion des Zweck- bzw. Wertbezugs. Denn schließlich bringt es wenig, diesen oder jenen Weg als besten zu verfechten, solange unklar oder strittig ist, wohin er führen soll.[2]

Als erstes gilt es dabei einzuräumen, daß kein Zweck bzw. Wert per se unbestreitbar oder unaufhebbar bindend ist, mag er auch noch so selbstverständlich scheinen: Warum schreiben wir diesen Satz? Weil uns gerade nichts Wichtigeres, Besseres, Schöneres, Angenehmeres einfällt?[3] Nein, sondern weil wir mit unserer Untersuchung weiterkommen wollen. Und warum wollen wir damit weiterkommen? Um sie irgendwann abzuschließen. Und warum schließen wir sie nicht gleich auf der Stelle ab und wenden uns angenehmeren Dingen zu? Weil wir den anvisierten Explikationszusammenhang erst vollständig entfalten wollen. Und warum das? Um einen potentiell sinnvollen Beitrag zu leisten. Wozu? Zur Wissenschaft. Und wozu soll das gut sein? Weil das menschliche Erfahrungs- und Gestaltungspotential dadurch erweitert wird. Und warum sollte man das wollen?

Ja, warum eigentlich?

Mag man von den hier gegebenen Begründungen und deren Verknüpfung halten, was man will, so zeigt das Beispiel doch, daß man, egal von welchem aktuellen Punkt

---

[1] Vgl. stellvertretend Betti, Zur Grundlegung der allgemeinen Auslegungslehre, S. 87, Japp, Hermeneutik, S. 147ff., Eagleton, Literary Theory, S. 210, oder auch Goodman, Sprachen der Kunst, S. 235ff.

[2] Vgl. dazu etwa Müller, Probleme des Anwendungsbereiches eines Definitionsprogrammes in der Literaturwissenschaft, S. 69; ders., Tendenzen der westdeutschen Literaturwissenschaft, S. 89, Danneberg/Müller, Wissenschaftstheorie, Hermeneutik, Literaturwissenschaft, S. 198 u. S. 218f., oder allgemeiner Radnitzky, Das Problem der Theoriebewertung, S. 84.

[3] Zur Ausblendung realer Handlungsalternativen in Sachtexten vgl. Lumer, Handlungstheoretisch erklärende Interpretationen, S. 96f.

eines wertinvolvierten Vollzuges dabei ausgegangen wird, mit Hilfe des (nicht umsonst bei Kindern so beliebten) ›Warum‹-Verfahrens schließlich stets an eine Grenze kommt, wo die bewußte Fundierung entweder in natürlichen Notwendigkeiten (›Damit die Natur/Menschheit/Familie/ich weiterbestehen kann‹) oder aber in einen höchsten, nicht weiter zu fundierenden (kulturellen) Wert einmündet – um sich bei weiterem Insistieren jedesmal ins Unnennbare zu verlieren.[4]

Lokale Verbindlichkeit

Nun sollten hieraus keine zu dramatischen Schlüsse gezogen werden. Weder widerlegt die mangelnde Rückführbarkeit eines Zweckes oder Wertes auf einen je höheren oder höchsten, eo ipso unbestreitbaren seine faktische Geltung, noch muß dem jeweils ›obersten‹ Glied lokal aufweisbarer resp. postulierbarer Kausalhierarchien notwendig am meisten Bedeutung zukommen. Auch ist damit noch nichts über Möglichkeit und Legitimität der Etablierung allgemein verbindlicher Normen und ihrer Sanktionierung entschieden.[5] Werterelativismus liegt hier nur in dem trivialen Sinne vor, daß man jegliche Gewißheit oder Forderung (sobald man sie als solche einmal aufgefaßt hat) formal negieren und z.B. sagen kann: Wieso sollen wir Klopstock schätzen, wo wir genausogut auf einem Baum sitzen und Äpfel essen können?[6]

Analoges gilt für jeden Erkenntnisvollzug: So könnte man etwa schon die Notwendigkeit wissenschaftlicher Explikation generell in Zweifel ziehen (mögliche Begründungen: zu teuer; zu mühsam; sündhaft; bedroht im Endeffekt basale Lebensfunktionen; usw.); auf etwas tieferer Stufe könnte man dagegen den Wert speziell kulturwissenschaftlicher bzw. ästhetischer Explikation bestreiten (mögliche Begründungen: Kultur entwickelt sich auch bzw. besser ohne Theorie; entsprechende Erkenntnis bringt nicht genug Profit; etc.), weiterhin den von Kultur*historie* (mögliche Begründung: Die Kenntnis des Vergangenen lähmt die lebendige Entwicklung), oder schließlich den möglicher Spezialgebiete (Wozu Byzantinistik? Wozu Beschäftigung

---

[4] Sofern man religiöse Wertforderungen als oberste Prinzipien anerkennt, gelangt man am Ende jeder Kette jeweils noch eine Stufe weiter, zum göttlichen Willen, ohne doch damit ein anschließendes ›Warum?‹ formal umgehen zu können.

[5] Mag das Postulat einer gegen jede menschliche Intervention gefeiten ›Objektivität‹ und Überzeitlichkeit von Werten auch als Instrument zur Ingeltungsetzung *ganz bestimmter* Wertvorstellungen gebräuchlich sein, so ist es dennoch keineswegs das einzig denkbare, geschweige denn das wirksamste. Abgesehen davon liegt die Existenz bzw. Objektivität des Werts nirgends anders als in seiner – je lokal und zeitlich situierten – Geltung.

[6] Der Argumentationsvorteil, welchen der je ›basalere‹ Standpunkt gegenüber kulturell bzw. generell voraussetzungsreicher konstituierten Zwecken oder Werten scheinbar hat, indem er diese stets evidenzerheischend für verzichtbar oder schimärisch ausrufen kann, schlägt spätestens dort in einen performativen Widerspruch um, wo der *kulturelle* Zweck bzw. Wert, andere von etwas zu überzeugen, seinerseits schon nominell bestritten ist. Um so mehr muß jede Apotheose des Vegetativen, wie sie sich wörtlich nimmt, ins Paradoxe münden. Umgekehrt ist damit keineswegs behauptet, daß etwa jeder kulturelle Zweck bzw. Wert eo ipso legitimiert oder alles um so wertvoller wäre, je fortgeschrittener Ausdifferenzierung es entstammt bzw. fähig ist. Kein Zweck bzw. Wert kann seine eigene Gültigkeit formal fundieren.

40

mit dem Schlager der Vierziger Jahre? etc.), bestimmter Fragestellungen (Wozu ein Wortregister zu Perry Rhodan? Wozu Rousseau dekonstruieren? Wozu noch Germanistik?[7]) oder bestimmter Antworten.[8]

Das Entscheidende hieran ist aber nicht, daß immer alles über Bord geworfen werden kann, sondern daß man, je spezifischer – d.h. ›je weiter unten‹ in einer lokalen Hierarchie – man jeweils diskutiert, schon desto mehr gemeinsame positive Vorentscheidungen getroffen hat.[9] Anders gewendet: Man *muß* keine Wissenschaft treiben wollen, aber *wenn* man sich dazu entschließt, ist der Wert von Qualitäten wie innerer Konsistenz und Gegenstandsadäquanz (so weit je zu erreichen) mitgesetzt. Oder: Man *muß* Kulturgegenstände keineswegs im Sinne dessen deuten, der sie hergestellt hat, aber *wenn* man sich einmal darauf verständigt hat, sind Deutungen, die dieser Forderung am ehesten gerecht zu werden scheinen, werthaft ausgezeichnet – und Diskussionen darüber, wie man ›am besten‹ vorzugehen habe, entsprechend determiniert.

Demgemäß erscheint es – da von einer einheitlichen Zielsetzung in der Kulturwissenschaft derzeit mehr denn je kaum noch die Rede sein kann[10] – angezeigt, Stellungnahmen zur Methode nicht implizit ›an und für sich‹, sondern stets relativ bezogen auf zuvor erklärte, *von da an* freilich (gleich mathematischen Axiomen) formal ›absolut gesetzte‹ Ziele resp. Werte zu entwerfen.[11] Zwar geht man so des Strategievorteils verlustig, welcher – bis heute ungebrochen – im selbstgewiß-inappellablen Gestus ›reiner‹, d.h. gegenüber jedem Wertbezug vermeintlich indifferenter ›Objektivität‹ liegt; doch bleibt im anderen Falle jeder Einzelbeitrag implizit inkommensurabel zu allen anderen von abweichender Zielvorgabe. Und selbst ein derart hochstufiger Streit wie etwa der für oder wider den ›Methodenpluralismus‹[12] nimmt sich solange eher

---

[7] Vgl. den gleichnamigen, von Förster/Neuland/Rupp herausgegebenen Sammelband, sowie schon den – obschon noch weit weniger von der allgemeinen Legitimationskrise gezeichneten – Vorgänger: Geisteswissenschaften – wozu?

[8] Daß die Befunde der Forschung ›relevant‹ sein sollten, wurde ebenso schon verschiedentlich explizit gemacht (z.B. bei van Fraassen, Die Pragmatik des Erklärens, S. 50; Albert, Kritik der reinen Hermeneutik, S. 249; Strube, Über Kriterien der Beurteilung von Textinterpretationen, S. 188; oder Titzmann, Strukturale Textanalyse, S. 30) wie als zu unkonkret kritisiert (vgl. – gegen Titzmann – Wenzel, ›Dekonstruktion, danke!‹, S. 221f.). Indes wird man prinzipiell niemals *konkret allgemeine* oder *allgemein konkrete* Relevanzregeln angeben können.

[9] Hier gilt weithin die soziopsychologische Faustregel: Je näher die Positionen, desto lauter der Streit.

[10] Vgl. dazu Müller, Probleme des Anwendungsbereiches eines Definitionsprogrammes, S. 72.

[11] Statt wie z.B. Kienecker, Prinzipien literarischer Wertung, S. 80, literarische Werturteile per se für »begründungspflichtig« zu erklären, »sofern die Frage, warum wir einen Text *gut* genannt haben, immer eine legitime und nicht abweisbare Frage ist«, wäre eine Formulierung zu erwägen, die den Geltungsrahmen solcher Forderung reflektiert. Wer wollte schließlich jemandem, der sich nicht selbst zuvor schon als ›begründungspflichtig‹ deklariert hat, untersagen, eine entsprechende Frage (etwa weil er gerade keine Lust zum Diskutieren hat) abzuweisen?

[12] Hält man sich an die expliziten Stellungnahmen, erscheint der ›Methodenpluralismus‹ weitgehend als Phantom, nur dazu da, sich davon abzugrenzen (wie stellvertretend etwa

müßig aus, wie unklar ist, ob es die *Ziele* oder die *Verfahren* sind, die jeweils voneinander abweichen oder sich gar gegenseitig ausschließen dürfen (sollen) bzw. gerade nicht.[13]

Analoges gilt auch für die Deskription bestehender methodologischer Standpunkte, sofern sie ihrerseits explikativ fundiert sein will.[14] Freilich sind die Schwierigkeiten, die sich auftun, wo man dementsprechend daran geht, Verfahren und Ziele jeweils erst voneinander abzugrenzen, um sie dann sowohl untereinander wie nach außen besser korrelieren zu können, nicht zu unterschätzen. Sie resultieren einerseits aus der Komplexität, die sich dadurch ergibt, daß Wertimplikationen *jede* Ebene und Phase des kulturwissenschaftlichen Vollzuges affizieren, und andererseits aus dem Fehlen einer allgemeinen Werttheorie.

Die Vielschichtigkeit kulturwissenschaftlicher Wertinvolvierung

Was zunächst die Vielschichtigkeit kulturwissenschaftlicher Wertinvolvierung angeht, so dürfte sie einigermaßen plastisch werden, sobald man sich fragt, welcher Aspekt jeweils genau in Rede steht, wenn – in wahlloser Reihenfolge (und die herrschende Unübersichtlichkeit syntaktisch bewußt exemplifizierend) – z.B. die weitgehende Deckung der Wahrnehmung eines Kunstwerks »mit dem Akt des Wertens« postuliert,[15] das Eigenrecht ›naiver‹, nur auf den eigenen Lebensvollzug gerichteter Rezeption herausgearbeitet,[16] die Funktion der Historie als »Vermittlung von Kennt-

---

Hauptmeier/Schmidt, Einführung in die empirische Literaturwissenschaft, S. 1ff., oder Bolten, Die hermeneutische Spirale, S. 367). Für den praktischen Vollzug muß das allerdings nichts heißen, wird doch selbst der theoretisch unnachgiebigste Methodenmonist kaum je auf alle – und seien es institutionsstrategische – Rücksichtnahmen verzichten können.

[13] Innerhalb der Hermeneutik wird der Unterschied sehr deutlich, sobald man sich mit Positionen konfrontiert sieht, die – wie etwa Freundlieb, Literarische Interpretation, S. 39 – weniger eine Neubegründung denn die Abschaffung der Interpretation inaugurieren. Generell schiene es ratsam, stets expressis verbis anzugeben, wo man auf *bessere Explikation einer je bestehenden Praxis* und wo man auf deren *Änderung* ausgeht (vgl. dazu auch Albert, Kritik der reinen Hermeneutik, S. 114, sowie – grundsätzlich – Müller, Tendenzen der westdeutschen Literaturwissenschaft nach 1945, S. 112). Jenseits solcher Differenzen weist Fricke, Literatur und Literaturwissenschaft, S. 174/175, salomonisch darauf hin, daß die gemeinsame Methode aller Literaturwissenschaftler, gleich welcher Schule, zuallererst darin bestehe, Bibliotheken zu bevölkern und um Bücher über Bücher zu vermehren.

[14] So wäre es etwa wenig sinnvoll, Heidegger das Gewaltsame seiner Textaneignungen ankreiden zu wollen, indem es ja – wie etwa Brandt, Von der Hermeneutik zur Interpretation, S. 253f., schön zeigt – gerade so gewollt ist und das eigentliche Faszinosum ausmacht. Problematisch ist allein die implizite Etikettierung solchen Zugriffs als historische Forschung resp. Wissenschaft.

[15] Mukařovsky, Die ästhetische Norm (1937), in: ders., Kunst, Poetik, Semiotik, S. 129–138, dort S. 130.

[16] Vgl. Seiler, Vom Recht des naiven und des historischen Verstehens literarischer Texte, S. 19ff.

nissen, die es erlauben, eigene und fremde Identität zu charakterisieren«, bestimmt,[17] die Begrenztheit des ideologiekritischen Wertereportoires markiert,[18] die Abhängigkeit des Verstehens vom Interesse[19] oder der faktische Druck bestehender Traditionswerte konstatiert,[20] die zeitgenössische Interpretationspraxis als reaktionär bezeichnet,[21] der Unterschied zwischen direkten (womöglich ideologischen) und auswahlinduzierten Werturteilen[22] resp. der zwischen naiven und maßstabsimmanenten[23] festgehalten, der angeborene Affekt zur ›Philo-logie‹[24] bzw. »intellektuelle Redlichkeit und wissenschaftliche Sauberkeit«[25] oder aber »Imagination, Empathie, Begeisterung, Einfallsreichtum, Intelligenz, ausgeprägte Individualität – alles methodisch höchst Ungesichertes«[26] eingefordert, die Problematik des Werterelativismus für die Ästhetik-Diskussion der DDR eingeräumt,[27] ein beeindruckender, von christlicher Nächstenliebe über die Aufklärung bis zu 68er-Ideengut reichender Wertekatalog für die empirische Literaturwissenschaft aufgestellt[28] oder schließlich die Zuversicht geäußert wird, daß nicht mit »Gewalt und List« bzw. dem »Gesetz des Dschungels«, sondern allein mit dem »Licht der Wahrheit« in »die Burg des moralischen wie intel-

---

[17] Lübbe, Der kulturelle und wissenschaftstheoretische Ort der Geschichtswissenschaft, S. 134.

[18] Vgl. Anz, Wertungskriterien und Probleme literaturwissenschaftlicher Ideologiekritik, passim.

[19] Vgl. Dilthey, Die Entstehung der Hermeneutik, in: Gesammelte Schriften, Bd. 5, S. 317–338, dort S. 319.

[20] Vgl. Barner, Tradition als Kategorie der Literaturwissenschaft, S. 30f.

[21] Vgl. Sonntag, Against Interpretation, S. 7.

[22] Vgl. Eibl, Kritisch-rationale Literaturgeschichte, S. 40; Conrady, Illusionen der Literaturgeschichte, S. 18; Zima, Textsoziologie, S. 27, oder gleich: Max Weber, Der Sinn der »Wertfreiheit« der Sozialwissenschaften (1917), in: ders., Universalgeschichtliche Analysen, S. 263–310; Rickert, Kulturwissenschaft und Naturwissenschaft, S. 112ff. u. passim; Seebohm, Zur Kritik der hermeneutischen Vernunft, S. 159ff., oder (in bezug auf die Historie): Husserl, Philosophie als strenge Wissenschaft, § 71, S. 54/55.

[23] Vgl. Betti, Zur Grundlegung der allgemeinen Auslegungslehre, S. 76/77, Fn. 119.

[24] Vgl. Weimar (nach Schlegel), Historische Einleitung zur literaturwissenschaftlichen Hermeneutik, S. 96.

[25] Wach, Das Verstehen, Bd. II, S. 11. – Der Kontext ist hier übrigens insofern von Interesse, als sich in ihm – schon 1929 – die Hilflosigkeit der philologischen Hermeneutik gegenüber der beginnenden fundamentalontologisch-relativistischen Übernahme dokumentiert: Wenn Wach seine oben genannten Forderungen damit begründet, daß »die zu betrachtende Fläche dem Forscher nicht [...] sein eigenes Spiegelbild« zurückwerfen dürfe und dann fortfährt: »Kann man es sonst dem Publikum verdenken, daß es sich, erfaßt es die Sachlage, bald genug von ihm abwendet, wie von dem Gaukler, den man das Kaninchen, das er aus dem Zylinder zaubert, vorher hat hineinstecken sehen?« – so verkennt er (abgesehen davon, daß die Formulierung nahelegt, der Fehler läge einzig darin, das Kaninchen nicht geschickt genug in den Zylinder zu bekommen) die gravierende Tatsache, daß das Publikum gerade auf dergleichen Kunststücke erpicht sein kann.

[26] Drews, Der erschütterte Sinn, S. 927.

[27] Vgl. Krenzlin, Vom Wert der Werte, S. 146.

[28] Vgl. Schmidt, Werturteile in der empirischen Literaturwissenschaft, S. 244. Ein emphatisches Plädoyer für eine auch methodologische Ausrichtung der Literaturwissenschaft spezifisch an der Aufklärungstradition findet sich ferner bei Fricke, Literatur und Literaturwissenschaft, S. 31.

lektuellen Gewissens« einzudringen sei.[29] Ganz unabhängig davon, welche der gegebenen Einschätzungen und Unterscheidungen man gelten lassen will, scheint ›der
Wertfrage‹ angesichts solcher Facettierung kaum mit einem singulären (gleich wie
fundamentalen) Machtspruch, sondern nur in Ansehung des jeweiligen Geltungsbe-
reiches bzw. eventueller Kontext- oder Folgezwänge sinnvoll zu begegnen.

Desiderat und Problematik einer allgemeinen Zweck- bzw. Werttheorie

Hier schlägt jedoch die zweite vorgenannte Schwierigkeit zu Buche, welche darin
liegt, daß eine allgemeine Theorie, auf die man aus spezifischeren Problemzusammenhängen heraus einigermaßen verbindlich rekurrieren könnte, im Wert-
sektor noch weniger in Sicht ist als in anderen, vergleichbar hochstufigen Bereichen.
Nicht nur sind (wie meistens) alle Grundbegriffe, d.h. in diesem Fall vor allem ›Wert‹,
›Wertung‹, ›bewerten‹ sowie (angrenzend oder eng verbunden) ›Interesse‹, ›Zweck‹,
›Nutzen‹, ›Neigung‹, ›Vorliebe‹, ›Norm‹, ›Gesetz‹, ›Macht‹ oder ›Funktion‹, im speziellen vielfach vorbelastet und als allgemeine weitgehend dekonturiert, sondern es
fehlt zudem weithin am Konsens hinsichtlich des Klärungsbedarfs überhaupt – was
gleichermaßen Grund wie Folge der Marginalisierung jenes philosophischen Tradi-
tionsstrangs sein mag, welcher sich, durch Namen wie Lotze, Brentano, Weber,
Scheler, Rickert, Hartmann oder Ingarden repräsentiert, bislang am eingehendsten
mit dem Wertproblem befaßt hat.[30]

Schwerer als die Frage nach dem Wert einzelner Wertphilosophien wiegt allerdings die prinzipielle Problematik, die daraus erwächst, daß es fast übermenschlicher
Distanz bedarf, seine werttheoretischen Erörterungen nicht mit eigenen ethischen
Überzeugungen zu kontaminieren (und etwa durch ›Absolut‹-Auszeichnung bestimmter Werte die faktische oder mögliche Autonomie anderer zu verkennen), sowie
daraus, daß Werttheorie – im letzten selbst Teil jener Wertevolution, deren fortgeschrittene Komplexion erst ihre Notwendigkeit zeugt – desto eher gleich bei Fragen
des jeweils gegenwärtigen und damit kompliziertesten Entwicklungsstandes ansetzen
wird, je mehr sie ihrerseits noch ganz am Anfang steht.

Einige Basisunterscheidungen

Für die weitere Explikation sollte es indes genügen, zunächst folgende Allgemein-
aspekte zu unterscheiden: a) die Entität, welche von Fall zu Fall bewertet resp. zweck-
bezogen handelt (von der Milbe bis zum Börsenmakler), b) das, was jeweils bewertet
wird (Gegenstände, Handlungsalternativen etc.) und c) das dabei je zugrundeliegende

---

[29] Betti, Zur Grundlegung der allgemeinen Auslegungslehre, S. 89f.
[30] Vgl. zusammenfassend etwa Maliandi, Wertobjektivität und Realitätserfahrung. – Die vor
allem unter Sprachanalytikern gepflegte Überheblichkeit gegenüber der angeblich naiven
wertphilosophischen Tradition hat freilich bislang kaum brauchbare Alternativen hervorgebracht (vgl. etwa die symptomatische Polemik gegen Rickerts Wertlehre bei Oakes, Die
Grenzen kulturwissenschaftlicher Begriffsbildung, S. 111–147).

Regulativ,[31] wobei als *Zweck* jedes ›um-zu‹, das einem anderen vorausliegt (›Er arbeitet, um zu essen, um zu leben‹), als *Wert* hingegen nur ein ›autonomer Zweck‹ (hier beispielsweise: ›leben‹ – womöglich aber auch schon ›arbeiten‹) aufgefaßt sein soll.

Wirklich greifbar werden Werte freilich erst mit dem evolutionären Übertritt zur Zivilisation, wo sie alsbald in Form von Riten, Normen, Konventionen oder Materialisationen (z.b. Pyramiden oder Münzgeld) manifestiert, etabliert, repräsentiert und tradiert werden können.[32] Innerhalb der so entstehenden Erscheinungsmannigfaltigkeit sind vor allem drei Tendenzen hervorzuheben: erstens die Ausdifferenzierung lokaler Zweckfolgen, Dispositionen und Hierarchien zu immer komplexeren Konstellationen; zweitens die allmähliche Auffächerung der Bewertungspraxis aus reinen Instinkthandlungen (›das oder das tun‹) über – zwar daraus abgeleitete und weiterhin oft handlungskonstitutive, aber doch eigenen Gesetzen unterliegende – emotionale Repräsentationen (›etwas erscheint als angenehm/gleichgültig/unangenehm‹) bis hin zur Möglichkeit partiell oder rein kognitiv konstituierter Wertsetzungen und Bewertungen (›x ist gut bzw. geeignet für y‹; ›etwas ist gut/schlecht/gleichgültig, gut/böse, besser als x‹ etc.); und drittens schließlich die Ausbildung und Differenzierung eigener kommunikativer Modi für *Werturteile* (z.b. intendiertes Stirnrunzeln) und *Wertbegriffe* (z.b. ›Familie‹, ›Demokratie‹[33]) nebst den damit einhergehenden Möglichkeiten spezifisch kultureller Wertäußerung und eigener Wertsprachen.

Auf solcher Basis lassen sich dann nicht nur a) *individuelle* (d.h. ›als individuelle realisierte‹) gegen *überindividuelle* (d.h. in Hinblick auf die Zugehörigkeit zu einer – oft dadurch definierten – Gemeinschaft faktisch oder nominell geteilte),[34] b) de facto *singulär realisierte* (bzw. *neue*) gegen schon *öfter realisierte* (bzw. *adaptierte*) sowie

---

[31] Vgl. analog dazu den sprachanalytisch hergeleiteten und dann auf die Literaturwissenschaft bezogenen Ansatz bei Heydebrand/Winko, Einführung in die Wertung von Literatur, dort den Abschnitt »Systematik«.

[32] Mag der Deckungsgrad mit arterhaltenden vitalen Erfordernissen auch anfangs noch sehr hoch und der Abschied vom ›rein natürlichen‹ Vollzug deshalb – bis in die Gegenwart – oft schwer erkennbar sein, so erweist sich die Autonomie des Zivilisatorischen doch in dem Maße, wie es nach und nach ›natürliche‹ Bestimmungen zu beugen und zu überdecken in der Lage ist – sei es zeitweise (etwa als Aussetzen der Luftzufuhr für die Dauer eines Filmkusses) oder endgültig (etwa beim Freitod aus verlorener Ehre). Da im weiteren meist fraglos auf kulturell konstituierte Gegenstände rekurriert wird, kann auf die (immer prekäre) Angabe heuristisch-diskreter Grenzmarken zwischen ›Natur‹, ›Zivilisation‹ oder ›Kultur‹ hier gut verzichtet werden. (Zur möglichen Begriffsscheidung vgl. etwa Wild, Literaturgeschichte – Kulturgeschichte – Zivilisationsgeschichte, S. 353; zur Abgrenzung gegen einen ideologisch verengten Kulturbegriff dagegen nach wie vor Marcuse, Kultur und Gesellschaft, I, S. 62ff.)

[33] Die für die evolutionäre Konstitution charakteristische Tatsache, daß der Sprachgebrauch in derartigen Wertbegriffen Elemente von Deskription mit solchen unmittelbarer Geltung überlagert, dürfte – analog zum inhärenten Äquivokationspotential des Urteils ›gut‹ – nicht unerheblich zur Verwirrung in der Werttheorie beigetragen haben.

[34] Die Realisierung selbst erfolgt dagegen *immer* individuell, auch dort, wo nominell ›das Volk‹, ›die Frau‹, ›die Menschheit‹ usw. dies oder jenes wollen, fühlen, meinen soll (vgl. dazu allgemein Albert, Kritik der reinen Hermeneutik, S. 129, sowie schon die diesbezügliche Bemerkung bei Frege, Funktion, Begriff, Bedeutung, S. 56).

c) *subjektbezogene* gegen *gemeinschaftsbezogene* Zwecke und Werte abheben,[35] sondern auch d) *positiv* bestimmte gegen *negativ* bestimmte und e) *explizit* bzw. *implizit artikulierte* gegen *vorgetäuschte* (bzw. *verheimlichte*) und *unbewußte*.[36] Ferner sind derart vor allem auch a) *Wertbegriffe*, b) *Wertsetzungsakte* resp. *-konventionen* und c) die *nominelle* oder *faktische Wertgeltung* zu trennen.

Weitgehend auszuklammern sind dagegen einerseits die zwar interessante und kontroverse, aber im gegenwärtigen Zusammenhang wenig entscheidende Frage nach dem ontologischen Status der Werte[37] sowie andererseits die zwar zentrale, bislang jedoch (und womöglich ewig) weitgehend ungeklärte nach den allgemeinen Bedingungen von Wert*entstehung*.[38]

---

[35] Abgesehen von der Tatsache, daß faktisch neue Wertempfindungen und -setzungen, wo sie als solche realisiert werden, kognitiv schwerlich als überindividuelle gedeutet werden können, erhellt die Unabhängigkeit von a), b) und c) etwa aus folgenden möglichen Fällen: 1. Zwei Menschen teilen, ohne sich zu kennen, die gleiche ›individuelle‹ Vorliebe für Händel; und (abweichend davon): Beide sind Mitglied der Händel-Gesellschaft. 2. Jemand fühlt als faktisch einziger (oder visionär erster) den Wert gewerkschaftlicher Solidarität. 3. Die überindividuelle Wertbasis einer Gesellschaft besteht darin, daß jeder nur sich selbst zu nützen habe.

[36] Dabei müssen die je verborgeneren übrigens nicht per se die weniger respektablen sein. Der Sport, überall zunächst nach der denkbar schäbigsten Grundierung zu suchen, um sie dann – vom Stolz, das möglichst Ungeahnte aufgespürt zu haben, angestachelt – umstandslos zur ›eigentlichen‹ zu erklären, könnte (s)eine Selbstanwendung gut, sprich: kaum vertragen.

[37] Ob man etwa, wie z.B. Fetzer, Werkimmanenz und Wertung, mit den Objektivitäts- und Überzeitlichkeitspostulaten einschlägiger Wertlehren (klassisch formuliert bei Hartmann, Ethik; S. 156; zur Problematik vgl. auch Ingarden, Erlebnis, Kunstwerk, Wert, S. 79–255) auch diese insgesamt verdammen bzw. lieber auf die künftige Aufdeckung der chemischen Verknüpfungen, welche im Hirn die Meinungen erzeugen (sollen), hoffen soll (vgl. dazu etwa Colomb/Turner, Computers, S. 396), ist hier nicht von Bedeutung.

[38] Zimmerlis Vision einer »allgemeine[n] Theorie des Wertewandels« (Paradigmenwechsel und Streitbehebung, S. 354/355), welche – am Exempel von Literatur- und Kunstgeschichte – die Erklärung von »Innovation, genauer: von Wertungsänderungen« (S. 354) leisten soll, erscheint in diesem Kontext – abgesehen von der Einmaligkeit des Unterfangens, zwischen Popper, Dilthey, Gadamer, Habermas und Kuhn im Sinne eines Systems von »dialektischen Dienstleistungen« (S. 355) vermitteln zu wollen – ebenso grandios wie problematisch. Hält Zimmerli den Glauben, »daß sie [die entsprechende Theorie] erarbeitet werden« könne, auch selbst für »unbezweifelt« (S. 356), so hängt hier doch alles davon ab, was genau sie anstrebt: Ist es lediglich die Aufarbeitung der Historie und deren Deutung, liegt dabei weder ein Problem noch auch viel Neues vor; zielt die Absicht aber – und das wäre das Unerhörte – auf die *Freilegung allgemeiner Gesetzmäßigkeiten der Wertentstehung*, d.h. auf eine Art ›Weltformel der Kultur‹, so sollte man sich – jenseits sehr fundamentaler realontologischer und entropietheoretischer Einwände gegen deren Möglichkeit – zuvor gut überlegen, ob man sie wirklich wissen will. (Daß Modelle, die – wie etwa das bei Blanke, Historismus als Wissenschaftsparadigma, S. 219, von Rüsen übernommene, das den Zusammenhang von Interessen, Theorien, Methoden, Formen und Funktionen repräsentieren will – nur ein abstraktes, in keinerlei verifizierbare Anwendung überführbares Schema angeben, hier nicht in Betracht kommen, versteht sich.)

Bezieht man die damit erreichte Grobdifferenzierung nun auf die Betrachtung des wissenschaftlichen Vollzugs und seiner Theorie, so ergibt sich die Möglichkeit, den Status von explizit gemachten resp. kritisierten Wertsetzungen entsprechend zu spezifizieren. Macht es doch jedesmal einen Unterschied, ob man jemandem vorwirft, falsch oder nach ›falschen‹ Richtlinien zu werten oder aber ›falsche‹ oder widersprüchliche oder illusorische oder heimliche oder unbewußte Ziele zu verfolgen. Entsprechend ist, soweit von Fall zu Fall ersichtlich, auch zwischen dem intendierten und dem faktischen Nutzen gegebener Explikationen sowie grundsätzlich zwischen nur erkannter und selbst anerkannter Wertgeltung zu trennen.[39]

Als konkrete wissenschaftsinterne Wertmaßstäbe, welche im folgenden zum Regulativ dienen sollen, kommen nun erwartungsgemäß die üblichen in Betracht,[40] wenngleich im Unterschied zum Brauch, sie einfach additiv zu postulieren, eine gewisse Charakterisierung und Gewichtung angestrebt sein soll. Zum engsten Kreis der Anforderungen an wissenschaftliche Explikationen oder Theorien zählen demnach Widerspruchsfreiheit, Explizitheit, größtmögliche Gegenstandsadäquanz[41] einschließlich Genauigkeit und Differenziertheit sowie Nachprüfbarkeit. Als wissenschaftsökonomische Kategorien treten ferner Novität, die (potentielle) Relevanz in Gegenstand, Fragestellung bzw. Resultat sowie die wissenschaftsinterne und -externe Anschlußfähigkeit und Fruchtbarkeit bzw. Nützlichkeit hinzu, ergänzt durch Qualitäten, die – wie Einfachheit, Verständlichkeit, systematische Geschlossenheit, Anschaulichkeit und Kürze – sowohl der Theorie selbst wie auch ihrer Darstellung eignen können.

Davon deutlich abzugrenzen sind sekundäre Komponenten wie Identitäts- bzw. Sinnstiftung (d.h. explikationstranszendente Wertsetzungen), Originellheit, ästhetische Qualität, Vitalität, Persuasivität, Pathos oder modischer Appeal – deren Verselb-

---

[39] Letzterer Unterschied geht tendenziell verloren, wo sprachanalytischer Objektivismus, wie bei Kienecker, Prinzipien literarischer Wertung, darauf hinausläuft, einen ›empirisch‹ (überzeugend) eruierten Iststand per Auszeichnung als bestehenden Konsens seinerseits zur – dann eigentlich redundanten – Norm zu küren: Nicht immer ist der Mittelwert der Wert.

[40] Für den hermeneutischen Kontext vgl. etwa die Richtlinienkataloge bei Strube, Über Kriterien der Beurteilung von Textinterpretationen, S. 185, Titzmann, Strukturale Textanalyse, S. 21/2, oder Schütte, Einführung in die Literaturinterpretation, S. 25ff, sowie die Einzelforderungen bei Fricke, Literatur und Literaturwissenschaft, S. 169–187 (argumentatorische Folgerichtigkeit) oder Müller, Tendenzen der westdeutschen Literaturwissenschaft nach 1945, S. 89f. (Beitrag zur »Korrigierbarkeit von Textinterpretationen«, S. 90).

[41] Die ungeklärte Frage, wieviel Gegenstandsadäquanz oder auch ›Objektivität‹ von Fall zu Fall de facto zu erreichen ist und ob »ein Konsens einer idealen Gemeinschaft unter idealen Bedingungen« »kein Eratz für objektive Wahrheit« sein könne (so Albert, Kritik der reinen Hermeneutik, S. 238) oder doch, muß hier – wo es im wesentlichen um das *Regulativ*, d.h. die (ethische) Verpflichtung des Strebens danach zu tun ist – nicht entschieden werden. Gegen allzu forcierten Relativismus vom Schlage Feyerabends vgl. aber etwa Zimmerli, ›Objektivität der Wissenschaft‹, S. 178ff.

ständigung (auch in der Darstellung) den wissenschaftlichen Ertrag stark mindern kann. Ebenfalls abzugrenzen sind, wiewohl auf anderer Ebene, zum einen Komponenten eines heuristisch-immanenten ›Tugendkatalogs des idealen Forschers‹ wie Entdeckungsdrang, Interesse, Kenntnisreichtum, Intelligenz, Intuition, Fleiß, Sorgfalt, Organisationstalent, Ausdauer etc.[42] sowie zum anderen spezifisch wissenschaftsethische Forderungen wie die nach der Verantwortung gegenüber der Menschheit, der Natur, der Schöpfung, der Wahrheit, eventuellen Schülern oder der eigenen geistigen oder materiellen Autonomie.[43]

Wichtiger als die Vollständigkeit des Katalogs erscheint es allerdings, den formalen Charakter und Konnex der genannten Regulative zu realisieren, können diese doch schwerlich einfach Punkt um Punkt abgehakt und dann zum Maß an Wissenschaftlichkeit oder des wissenschaftlichen Ertrags ›summiert‹ werden. Denn abgesehen davon, daß sie – wie etwa schon die Widerspruchsfreiheit – teils negativ bestimmt (bzw. praktisch nur so handhabbar) oder – wie das Relevanzkriterium – nur relational aus- und erfüllbar sind, eröffnet ihre weithin graduelle Natur einen großen Spielraum fakultativer Gewichtung und gegenseitiger Affizierung, dergestalt, daß Defizite in einem Bereich von Fall zu Fall durch Stärken in anderen kompensiert bzw. gerade erzeugt und teils gar sekundäre Qualitäten für die wissenschaftliche Fruchtbarkeit ausschlaggebend werden können. Nur so ist nachvollziehbar, wie der wissenschaftliche Wert einer (bahnbrechenden) falschen Theorie höher zu veranschlagen sein kann als der einer (banalen) korrekten, ohne daß dazu der Wert der Gegenstandsadäquanz im ganzen aufgegeben werden müßte. Wissenschaftszugehörigkeit und -wert bemessen sich hier freilich nicht länger an einem (wie immer differenzierten und respektablen) diskreten Normenkanon, sondern an der Nähe zu einem aus der Kumulation aller gegebenen Kategorien heuristisch zu gewinnenden ›Idealbild fruchtbaren wissenschaftlichen Vollzugs‹.[44]

Jenseits davon ist namentlich in Hinblick auf die ästhetische Kulturhistorie zu erwägen, inwieweit hier nicht die wissenschaftlich sekundäre Qualität der Veranschaulichung und Vermittlung des Wertpotentials der Gegenstände mit konstitutiv ist. Denn während in Anbetracht einschlägiger Erfahrungen einerseits zu vermuten steht, daß sich der offenbar irreduzible Drang zur Artikulation persönlicher oder gesellschaftlicher Wertstandpunkte auch und gerade bei noch so großem ›Objektivitätsdruck‹, anstatt zu ersticken, einfach immer neue, immer verdecktere bzw. szientistisch besser

---

[42] Für den wissenschaftlichen Ertrag ist es übrigens nicht wichtig, ob die genannten Tugenden autonome Werte oder Zweckvorgaben für dahinterliegende Motive wie etwa Altruismus, Ruhmsucht oder die Flucht vor Langeweile sind. Auch das mögliche Vorhandensein unbewußter Motivationen macht – anders als von Schönau, Einführung in die psychoanalytische Literaturwissenschaft, S. 40, postuliert – keineswegs eine umfassende »Korrektur des wissenschaftlichen Objektivitätsanspruches« nötig (vgl. dazu allgemein auch Brandt, Von der Hermeneutik zur Interpretation. S. 265).

[43] Spätestens hier muß deutlich werden, daß eine Werttheorie des wissenschaftlichen Vollzugs ebensowenig mit einer bestimmten Wissenschaftsethik zusammenfällt wie eine allgemeine Werttheorie mit dieser oder jener Ethik.

[44] Anregungen hinsichtlich dessen formaler Konstitution liefert 2.3.

immunisierte Äußerungsmodi sucht, schlägt andererseits der aus der methodologischen Besinnung erwachsene Gestus des Verzichts auf emphatische Wertbekundungen nach außen, d.h. im Gefüge einer Gesellschaft, in der sonst niemand sich in zurückhaltender Objektivität übt, längst zum Nachteil aus.[45] Und was den vergleichsweise populären Ausläufern vergangener kulturhistorischer Praxis, indem sie ihren Gegenstand bzw. Wertstandpunkt vielfach naiv und auf Kosten aller übrigen feierten, an ›überparteilicher‹ Distanz ermangelt haben mag, ermangelt heutigem, objektivistischerem Vollzug nicht selten an Beachtung. Insofern bliebe zu prüfen, ob nicht ein Modus emphatischerer Wertinvolvierung (und damit immer auch potentieller Wertsetzung) innerhalb der ästhetischen Kulturhistorie so kultiviert werden könnte, daß sie, ohne den erreichten Reflexionsstand aufzugeben, wieder mehr zu ihrem eigenen Anwalt taugte. Als konkrete Perspektive kommt hier freilich – da die ungebrochene Wirkkraft des Ideologischen (als des Versuches, Werte für Fakten oder Fakten für Werte zu verkaufen) hier ebenso außen vor bleiben sollte wie gegenstandsverstellend-populistische Applikation, Kulturindustrialisierung und vitalistische Rhetorik – allenfalls eine modifizierte Neubelebung solcher Darstellungsformen in Frage, die das Wertpotential des Gegenstandes im Zuge der Explikation und ohne Geltungszwang *mit zu veranschaulichen* suchen,[46] anstatt konstitutives Interesse sogar dort noch stillschweigend zu supponieren, wo es den Untersuchenden anscheinend selbst schon längst verlassen hat.

2.2. Evolutionäre Konstitutionsverhältnisse

Der Entwicklungsaspekt im wissenschaftlich Sinnvollen und Möglichen:
›Selbstzeugungs-‹ und Rückkopplungseffekte

Der Wertaspekt des Wissenschaftsvollzuges führt – vom Thema zum Exempel umgewidmet – gleich zum nächsten, in der vorstehenden Skizze zur Wertdifferenzierung schon berührten Allgemeingesichtspunkt, nämlich dem der Evolution. Daß Einzeller sich nicht für Kunstgeschichte interessieren, scheint evident genug. Um so mehr muß es erstaunen, wenn die evolutionäre Komponente, die der Wissenschaft bezüglich ihrer Relevanzkriterien und ihrer realen Möglichkeiten insgesamt seit jeher eignet, methodologisch bislang eher zögerlich realisiert wird. Mag z.B. der sublimlustvolle Eigenwert, der jedem (faktischen oder vermeintlichen) Erkenntnisvollzug

---

[45] Vgl. dazu Griesheimer, Unmut nach innen, passim, dessen insgesamt auf die (Re-) Subjektivierung des literaturwissenschaftlichen Diskurses sowie auf eine Stärkung seiner erlebnishaften Komponenten hinauslaufenden Lösungsvorschläge (vgl. zusammenfassend S. 42) jedoch kaum Sicherungen gegen subjektivistische Willkür enthalten.

[46] Inwieweit persönliche Werturteile dabei nützlich sind, ist, weil ihre Wirkung völlig davon abhängt, wer sie ausspricht, allgemein nicht zu entscheiden. Freilich dürfte es kein Schaden sein, wenn selbst prominente Geister den Status solcher Äußerungen immer explizit machten, was ihrer Größe (wo sie nicht gerade auf entsprechender Unterlassung fußt) wohl keinen Abbruch täte.

zukommen und – jenseits aller Nutzanwendung, ja überhaupt jeglichen Inhalts – immer neuen Antrieb geben kann, in seiner emotionalen Grundierung noch so weit ins Kreatürliche hinabreichen und im Ursprung noch so fließend oder dunkel sein, so ist sein Erscheinen doch phylo- wie ontogenetisch gleichermaßen *zeitlich situiert* – und die Wissenschaftswertbasis dementsprechend nachher eine andere als zuvor. Analog dazu entstehen mit dem wachsenden Bau des Wissens zunehmend erkenntnis*interne* Nutzungspotentiale, mit der Folge, daß der Wert von ›Erkenntnis um der Erkenntnis willen‹ immer zwangloser auch immanent begründet werden kann.

Auf der Grundlage solcher Selbststabilisierung ergeben sich zudem – sowohl innerwissenschaftsbetrieblich wie auch in der Wechselwirkung mit der ›Außenwelt‹ – markante Rückkopplungseffekte der Art: Je mehr Interesse an bestimmten Gegenständen herrscht, desto mehr Aufmerksamkeit für deren Erforschung; desto lohnender die diesbezüglichen Anstrengungen; desto mehr und desto begabterer Zulauf; desto mehr Bewegung und Erfolge; desto mehr Prestige und neue Fragen; desto interessanter auch zuvor entlegenere Bereiche; desto mehr neues Interesse usw. – und negativ vice versa. Wo dabei die jeweils größte Differenzierung in die größte Donquichotterie umschlägt, hängt indes ganz vom Fundament ab, welches jene bauen, diese nur beweinen kann.

Derlei ›evolutionäre Situierung‹ jeweils einzurechnen, scheint so nicht nur für die historische Herleitung, sondern auch für die wissenschaftsinterne Einschätzung der Fruchtbarkeit bzw. Durchführbarkeit bestehender oder propagierter Zielvorgaben und Methoden von Bedeutung. Daß nicht alles jederzeit gleich sinnvoll oder möglich sein muß, gilt dabei nicht nur trivialiter, d.h. insofern, als man etwa Dinge, die bereits für sicher gelten, nicht ohne Anlaß noch einmal untersuchen bzw. vor dem Erscheinen der Psychoanalyse keine erklärtermaßen psychoanalytische Literaturwissenschaft treiben können wird, sondern – fallweise alles andere als offensichtlich – bis in die feinsten Kapillaren der Spezialforschung hinein.

Entscheidend ist bei alledem, Funktion und Status evolutionsbezogener Kategorien nicht zu überdehnen. Sie können hilfreich sein, wo es darum geht, das Zustandekommen von Phänomenen und deren Entwicklungsverläufe bzw. – auf unser weiteres Vorhaben bezogen – bestimmte Schulen, Methoden oder auch Verstehensleistungen und deren Eigenweltlichkeit faßlicher zu machen. Zum Nachteil schlagen sie dagegen aus, sobald sie a) die Wertungen präjudizieren,[47] b) die Wahrheitskategorie im evolutionären Fluß versenken oder c) Erklärung vorgaukeln, wo nur ein Etikett ist.

Zwei evolutionstheoretische Termini: Emergenz und System

Diese Einschränkungen gesetzt, scheint die Verwendung von Termini aus dem Arsenal der allgemeinen Evolutions- bzw. Systemtheorie jedoch weitgehend unproblema-

---

[47] Ob der dadurch entstehende Holismus eher ursprungs- oder fortschrittsmythologisch oder aber schlicht ›system-‹ bzw. ›biofatalistisch‹ ausfällt, ist – ungeachtet der womöglich diametralen Resultate – strukturell einerlei.

tisch.[48] Als hilfreich erweist sich hier vor allem der (bei Samuel Alexander u.a. vor-
geprägte) Begriff der ›Emergenz‹, welcher »die Unableitbarkeit der Ordnung und
ihrer Eigenschaften aus den Elementen, die sie bilden«[49] bezeichnet. Der Nachteil
dieser Bestimmung, welche – als Chiffre für das schlechthin Neue – so etwas wie den
›blinden Fleck‹ der Evolutionstheorie markiert, besteht jedoch darin, daß es stets
müßig bleibt, weitreichende Erörterungen an sie zu knüpfen oder sie zum Regulativ
zu erheben. Steht sie doch per se gerade für das, ›wovon man jetzt noch nicht wissen
kann, daß es dereinst auf höherer Ebene möglich sein wird‹. Ihr Vorteil liegt dagegen
darin, daß sie – gerade als ›Verlegenheitslösung‹ – die betreffende Verlegenheit doch
immerhin distinkt macht.

Weniger mysteriös, doch um so nützlicher zeigt sich ferner auch der evolutionstheoretische Systembegriff. Kunstsoziologisch gewendet hilft er etwa bei der historischen Nachzeichnung und Lokalisierung jener komplexen Ausdifferenzierungspro-
zesse, die ganze Verbände (etwa einzelne Avantgardebewegungen) in ständiger Wechselwirkung ihrer Mitglieder untereinander und bei partieller Autonomie zur sie umge-
benden Gesamtgesellschaft durchlaufen können. Im folgenden kommt der System-
aspekt gleichwohl vor allem im Zusammenhang mit der Konstitution von Sprach-
bzw. Verweisungssystemen und Verstehensaktsubstraten in Betracht.

Jenseits davon ist das Augenmerk auf den Evolutionsaspekt jedoch vor allem auch
insofern ein nützliches Regulativ, als es die historische Geworden- und Verbundenheit
von Kulturgegenständen und den Horizont historischer Veränderung unablässig unterstreicht und so die Deskription vor jenen Verbiegungen bewahren mag, die der
(womöglich unbewußte) Drang, historisch konkrete Gegenstände ›überzeitlich‹, d.h.
in Absehung von ihrer zeitlichen Situierung, zu erhellen, häufig zeitigt.

---

[48] Die Systemtheorie wurde in Deutschland vor allem durch Niklas Luhmann vertreten, welcher sie gleichwohl zur allgemeinen Welterklärungstheorie aufgerüstet und ihre Terminologie (selten sehr konkret, doch je konkreter, desto fatalistischer) auf jeden denkbaren
Bereich appliziert hat. Näher an der Biologie, wenn auch in der Kulturauffassung stärker
von Biologismen und holistischer Evolutionseuphorie durchsetzt, bleibt dagegen etwa
Jantsch, Die Selbstorganisation des Universums. – Zur Rezeption der Systemtheorie in
der Literaturwissenschaft vgl. z.B. Schmidt, Die Selbstorganisation des Literatursystems,
wo systemtheoretische Motive in kritischer Auswahl – etwa unter Rettung der Be-
wußtseinskategorie, vgl. S. 38 – vor allem für die Literatursoziologie (weniger dagegen für
die Hermeneutik) urbar gemacht werden. Insgesamt scheint die systemtheoretische
Reformulierung der Literaturwissenschaft, wo sie den bei Schwanitz, Systemtheorie und
Literatur, im Untertitel postulierten Rang eines »neuen Paradigmas« einlösen will, noch
einiger ›Autopoesis‹ zu bedürfen.

[49] Luhmann, Soziale Systeme, S. 115. – Schwanitz, Systemtheorie und Literatur, S. 54, führt
die Kategorie als »Geburt eines neuen Systems« bzw. »göttlichen Blitzschlag der Schöpfung« ein. Die genauesten uns bekannten Explikationen strukturverwandter Phänomene
finden sich bislang (mit etwas abweichender Terminologie) im Zusammenhang mit Erforschung nichtlinearer physikalischer Systeme (vgl. stellvertretend Prigogine/Stengers,
Das Paradox der Zeit, passim), scheinen jedoch in ihrer jetzigen Formulierung nicht unmittelbar auf die kulturelle Evolution beziehbar.

2.3. Probleme der Kategorialisierung und Kategorienexplikation

Notwendigkeit und praktische Erfordernisse kulturwissenschaftlicher
Kategorialisierung

Ungeachtet allen evolutionären Wandels bleibt Wissenschaft dennoch gehalten, ihre Gegenstände begrifflich zu fixieren, d.h. Unterschiede und Beziehungen zu markieren – und zwar ohne Rücksicht darauf, wie ›historisch‹ oder ›systematisch‹ sie sich selbst jeweils begreift. Die ästhetische Kulturwissenschaft läuft dabei, sofern und seit sie ihren Anspruch weniger normativ denn deskriptiv entwirft, der Evolution ihres Gegenstandsbereiches naturgemäß stets hinterher,[50] wobei man streiten mag, wie weit die allmähliche Metamorphose der Theorie ins – mindestens im Gestus – Deskriptive Anlaß oder Folge der Moderne ist. Weitgehende Einigkeit besteht hingegen darin, daß alles immer rascher immer breiter und komplexer wird und sich, wohin man sieht, auch intern immer schneller wandelt.

Unabhängig davon, wie gerechtfertigt dieser Eindruck von Segment zu Segment de facto ist, fordert er – diesseits misologischer Kapitulation und irrationalistischer Selbstermächtigung (z.B. im Vertrauen auf ›fließende Kategorien‹ u.ä.) – zur fortwährenden Erweiterung und Modifikation des kategorialen Gerüsts heraus. Günstig scheinen hier im allgemeinen Ansätze, die a) möglichst viel Konkretion erlauben, b) eher adaptiv und integrativ als ersetzend verfahren (d.h. keine schon bestehenden fruchtbaren Unterscheidungen einebnen) und – vor allem – c) nicht mehr oder weniger Zusammenhang zwischen den Gegenständen suggerieren als abhängig vom jeweils anvisierten ›Objektivitätsgrad‹ fallweise ›gegeben‹ (also: augenfällig, folgerichtig, plausibel, meß- oder erfahrbar) ist. Hierzu tritt – im Angesicht der aktuellen Problemlage – zunehmend die Notwendigkeit, unter den zahllosen Möglichkeiten, Sachverhalte zu kategorialisieren, möglichst solche auszuwählen, die a) in ihren Differenzierungsmöglichkeiten nicht eingeschränkter sind als jeweils praktisch nötig, b) prinzipiell offen bleiben für weitere Anschlüsse, Differenzierungen und aktuelle (d.h. historische) Weiterentwicklungen im Gegenstandsbereich[51] und c) lokale, d.h. nicht im Zuge jeder begrenzten Frage die Komplexität aller weiträumig involvierten Probleme kontaminierende Anwendungen begünstigen.

In vielen Fällen werden diese Forderungen – bei allen eventuellen Schwierigkeiten in der Sache – nach wie vor recht gut mit Hilfe jener Kategorialisierungs-, Modellbildungs- und Darstellungsverfahren erfüllt, welche die Praxis der ästhetischen Kulturwissenschaft traditionsgemäß, wenn auch nicht durchweg explizit,[52] bestimmen. Indes können, wie wir sehen werden, gerade die Stärken selbst so basaler Vorstellungen wie hierarchischer Gliederung, euklidischer Anschaulichkeit, Binarität, Diskretheit, Geschlossenheit, Erfülltheit, Einheitlichkeit, Einfachheit, Öko-

---

[50] Vgl. dazu Danneberg, Zwischen Innovation und Tradition, S. 58.

[51] Vgl. etwa Strelka, Geschlossene und offene Systeme in der Literaturwissenschaft, S. 597.

[52] Die Ignoranz der Literaturwissenschaft gegenüber modelltheoretischen Fragen beklagt etwa schon Flaschka, Modell, Modelltheorie und Formen der Modellbildung in der Literaturwissenschaft, S. 9.

nomie, Vollständigkeit, ja selbst Genauigkeit gelegentlich zum Nachteil ausschlagen, und zwar überall dort, wo sie Implikationen bergen, die um einer – bezogen auf den jeweiligen Zweck – ausreichenden Strukturierung willen gar nicht notwendig bzw. am Gegenstand schwer nachvollziehbar sind. So wird – gerade je komplexer die darzustellenden Verhältnisse erscheinen und je weniger traditionelle Gewißheiten ihrer Beschreibung implizit zugrunde liegen – die Frage immer virulenter, welche und wieviel ›modellbedingte‹ Struktur in der Praxis kulturwissenschaftlicher Differenzierung überhaupt jeweils mindestens erfordert ist und inwieweit nicht von Fall zu Fall auch andere und insbesondere ›schwächere‹ als die im Kontext weithin herrschender Systematikvorstellungen für ›unerläßlich‹, ›natürlich‹ oder (im mathematischen Sinne) ›kanonisch‹ erachteten Strukturvorgaben von Vorteil sein können.

Gängige Aufgaben kategorialer Differenzierung

Um dies etwas greifbarer zu machen, ist es günstig, sich den kulturwissenschaftlichen Gegenstandsbereich zunächst als Ansammlung aller (gleichwie untereinander abgegrenzten) Kulturgegenstände mit je beliebig vielen Eigenschaften vorzustellen.[53] Kulturwissenschaft erscheint so – allgemein gesprochen – als das Unterfangen, diese Eigenschaften nebst den mit und zwischen ihnen angezeigten Verhältnissen explizit zu machen – wenngleich in praxi immer selektiv. Je nach Aufgabenstellung kann es dabei um die Explikation nur *eines* Gegenstandes gehen, den man z.B. solange explizieren will, bis er – in jeweils relevanter Hinsicht – von allen übrigen (konkret bestehenden) unterschieden ist, oder – ungeachtet möglicher Überschneidungen keineswegs damit identisch – solange, bis alles benannt ist, was einem an ihm gerade wichtig, auffällig, erfragens- oder nennenswert erscheint, oder – wiederum nicht identisch – alles, was ihm, dem Gegenstand (bzw. seinem Urheber) selbst, an sich relevant (gewesen) zu sein scheint, etc. Weiterhin kann das Augenmerk – statt auf nur *einen* Gegenstand bzw. dessen Unterschied zu allen anderen (die derart stets, wenngleich meist implizit und negativ, mit charakterisiert sind) – auch auf die (je relevant erscheinenden) Unterschiede zwischen *zwei* bzw. *mehreren* bestimmten Gegenständen gerichtet sein.

Gegenstand und (Äquivalenz-)Klasse

Jenseits davon mag es aber auch darum zu tun sein, *verallgemeinernde Klassen* bestehender *oder möglicher* Gegenstände nach bestimmten Kriterien auszuzeichnen (d.h.

---

[53] Inwiefern diese Eigenschaften ›ontologisch objektiv‹ oder ›prinzipiell konstruiert‹ (oder beides zugleich) sind, ist auf dieser Stufe nicht relevant. Alle im folgenden besprochenen Strukturierungen könnten im Prinzip genausogut mit nur subjektivem Anspruch oder als bloße Variablen aufgefaßt bzw. entworfen werden. Unerläßlich ist dagegen die Voraussetzung einer prinzipiellen Unterscheidbarkeit der Elemente sowie ihrer Eigenschaften, ohne daß damit freilich die monadische Abgeschlossenheit oder die durchgehende Existenz diskreter Begrenzungen zwischen ihnen impliziert sein soll.

identifizierend zusammenzufassen[54]) und deren Verhältnis zueinander anzugeben, bzw. darum, schon bestehende Klassenbildungen resp. die mit ihnen gegebenen Verhältnisse zu analysieren. Hier ist der eigentliche Ort unserer (wie jeder) spezifisch kategorienbezogenen Intervention. Wenn wir deren Grundzüge hier vorab allgemein skizzieren, so geschieht dies nicht allein, um die exemplarischen Erörterungen der zweiten Hauptuntersuchung von vornherein konkreter ansetzen zu können, sondern vor allem, weil analoge Problemkonstellationen uns auch zuvor schon en passant begegnen werden.

Zum Status der mathematischen Adaptionen für
den kulturwissenschaftlichen Vollzug

Eine weitere wichtige Vorbemerkung betrifft den Status der im folgenden vorgenommenen Begriffsadaptionen aus der Mathematik. Sie verstehen sich dezidiert *nicht* als streng mathematische, d.h. in jedem Fall und jeder Hinsicht auf die exakten Definitionen rückführbare Applikationen, sondern vielmehr als heuristische und in bestimmten Belangen durchaus nur analogisch-assoziative Vorstellungshilfen. Der Grund dafür ist weniger, daß die Chancen einer strikteren – und dann praktischerweise auch formalisierten – Anwendung etwa schlecht stünden, sondern die Tatsache, daß solches Vorgehen unvermeidlich den Eindruck nähren müßte, es ginge hier primär um ›Mathematisierung‹ und alles andere wäre – sobald nur die Transformation der Schreibweisen gelänge (oder zumindest halbwegs respektabel aussähe) – schon bewiesen und erklärt. Demgegenüber scheint es im ganzen sinnvoller, wenn Ertrag und Plausibilität unserer Rede von Dingen wie ›Äquivalenzklassen‹, ›Metrik‹, ›Entfernung‹, ›Kreuzprodukt‹, ›Dimension‹ etc. sich – unabhängig davon, wie im einzelnen metaphorisch oder nicht – im Zusammenhang der Explikation sowie im exemplarischen Vollzug erweisen müssen.

Basalformen und -implikationen der Äquivalenzklassendifferenzierung

Unter diesen Voraussetzungen können hinsichtlich der zu erwägenden Möglichkeiten und ihrer Alternativen zunächst folgende Fälle bzw. Ebenen differenziert werden: Wo man etwa – hinsichtlich einer auszuzeichnenden bzw. zu differenzierenden Äquivalenzklasse (z.B. ›19 Seiten lang‹, ›Roman‹ oder ›gut‹) bzw. mehrerer, als Konstellation auszuzeichnender bzw. zu differenzierender Äquivalenzklassen (z.B. ›jambisch/trochäisch/daktylisch/anapästisch/etc.‹ oder ›Komödie/Tragödie‹) – mit binären Einteilungen (der Form: ›an/aus‹, ›ja/nein‹ etc.) nicht sinnvoll oder praktikabel auskommt, kann – je nach Fall – auch eine triadische (z.B. ›rot/gelb/blau‹), mehrglie-

---

[54] Zur damit notwendig einhergehenden Selektivität vgl. allgemein Flaschka, Modell, Modelltheorie und Formen der Modellbildung in der Literaturwissenschaft, S. 23.

drige (z.B. ›Spanisch/Französisch/Rumänisch/Italienisch etc‹.), *metrisch*[55] *-diskrete*[56] (z.B. nach – ganzzahliger – Buchstabenanzahl) oder metrisch-*kontinuierliche* (z.B. nach – nominell beliebig genau anzugebender – Vortragsdauer) angezeigt sein.

Wo ferner bei metrischen Verhältnissen genaue Entfernungsangaben (wie z.B. ›um elf Buchstaben bzw. 10,61358 Sekunden Länge *auseinander*‹ bzw. – in der gewohnten Ordnung – ›um elf Buchstaben bzw. 10,61358 Sekunden *länger* bzw. *kürzer* als‹) schwerfallen, bieten, wie gerade die kulturwissenschaftliche Praxis zeigt, gelegentlich auch vagere Abgrenzungen (z.B. ›äußerst weit/recht weit/um weniges auseinander‹ oder ›sehr/etwas/kaum ähnlich‹) noch genügend Differenzierung. Und selbst wo man gar keine Abstandsunterschiede mehr distinkt machen kann, bleiben – abgesehen von unquantifizierten Ordnungen (z.B. in Aussagen wie ›Filme sind bedeutender/ langweiliger etc. als Epen, aber ich könnte nicht sagen, um wieviel‹) – bisweilen *zusammenhängende topologische* Strukturen[57] (sprachlich wiederzugeben beispiels-

---

[55] Zum hier zugrunde gelegten Metrikbegriff (der nichts mit Verslehre zu tun hat) vgl. die Definition des metrischen Raums, wie z.B. Menschkowski, Mathematik (dessen allgemeinverständliche Darstellung für unsere Zwecke völlig ausreicht), S. 233, sie gibt: »Eine Menge M (mit Elementen x, y, z, ...) heißt ein metrischer Raum, wenn es zu irgend zwei Elementen $x \in M$ und $y \in M$ eine nichtnegative reelle Zahl D(x, y) gibt, die [für alle x, y, z aus M] die folgenden Eigenschaften hat: 1. D(x, x) = 0; 2. D(x, y) = D(y, x) > 0 für $x \neq y$; 3. $D(x, y) \leq D(x, z) + D(z, y)$. Die Elemente von M heißen die Punkte des Raumes und die Zahl D(x, y) die Entfernung der Punkte x und y.« Bezieht man diese Bestimmungen nun etwa auf den Fall, man wollte alle existierenden Texte nach ihrer Güte klassifizieren (i.e. eine güteabhängige Äquivalenzklassenmetrik etablieren), so wäre die erste Forderung dahingehend zu interpretieren, daß alle Texte von je gleicher Güte die ›Entfernung‹ 0 (sprich: keine) voneinander haben und also als Äquivalenzklasse identifiziert werden sollen – was als erfüllt zu denken durchaus Sinn macht. Die zweite Forderung bestünde darin, daß die ›Entfernung‹ etwa der ›sehr schlechten‹ Texte z.B. zu den ›sehr guten‹ ›gleich groß‹ sein soll wie die umgekehrte – was ebenfalls plausibel scheint. Die dritte Forderung schließlich liefe darauf hinaus, daß die ›Entfernung‹ z.B. der ›sehr schlechten‹ zu den ›sehr guten‹ nicht ›größer‹ sein dürfte als die der ›sehr schlechten‹ zu denen irgendeines anderen Gütegrades (z.B. den ›weder guten noch schlechten‹ oder den ›sehr sehr guten‹) und die von diesen zu den ›sehr guten‹ ›zusammengenommen‹ – was ebenfalls plausibel scheint. Freilich wird der Versuch, Unterschiede zwischen Kulturgegenständen mit Hilfe eines allgemeinen Abstandsbegriffes zu beschreiben, um so interessanter (wenn auch problematischer), je mehr Bestimmungsmerkmale in eine übergreifende Metrik eingehen (Beispiele folgen).

[56] ›Diskret‹ meint hier und im folgenden nur soviel wie ›mit nicht beliebig verkleinerbaren, markanten Sprüngen zwischen allen möglichen Fällen, d.h. Elementen aus M versehen‹. ›Markant‹ deshalb, weil der (seinerseits diskrete) Unterschied zwischen sehr feinen diskreten Stufungen und kontinuierlichen Verläufen (welcher etwa an der Frage virulent wird, ob die Zeit im letzten kontinuierlich oder ›zuckend‹ voranschreitet) hier – angesichts des ›makroskopischen‹, nichtinfinitesimalen Charakters kulturwissenschaftlicher Begriffsbildung – keine Rolle spielen, sondern alles, was praktisch als ›fließend‹ erfahren wird, für kontinuierlich gelten soll.

[57] Zum Topologiebegriff vgl. Menschkoswki, Mathematik, S. 234: »Eine Menge M heißt ein topologischer Raum, wenn zu jedem Element $a \in M$ mindestens eine (›Umgebung‹ genannte) Teilmenge $U(a) \subset M$ existiert, die folgende Eigenschaften hat: 1. Jedes Element a ist in jeder seiner Umgebungen U(a) als Element enthalten: $a \in U(a)$. 2. Zu zwei Umgebungen $U_1(a)$ und $U_2(a)$ gibt es stets eine Umgebung V(a), die im Durchschnitt von $U_1(a)$

weise als: ›Die Novellenauffassung Gottfried Kellers ist, ausgehend von der des Trecento, durch eine kontinuierlich an der Kulturhistorie entlang entworfene Verformung zu erreichen, wenngleich es wenig bringt, dem hierfür zurückzulegenden ›Weg‹ allgemein eine bestimmte Länge zuzuordnen‹) greifbar – worauf zurückzukommen sein wird.

Analoge Spielräume bestehen fernerhin auch dann, wenn Äquivalenzklassenbestimmungen gar nicht vom sie definierenden und ihnen (dann als einzig möglicher) zugeteilten Gegenstand abstrahiert werden können (z.b. in: ›Diesem Text hier eignet eine singuläre Schönheit‹) bzw. wenn sie nur im Verhältnis von einem konkreten Element zum anderen formulierbar scheinen (z.B. ›Dieser Text ist diesem prinzipiell benachbart/weit von ihm entfernt/besser als er, aber ich könnte nicht sagen, warum/wie weit/wie gut‹). Zwar sind derartige Beziehungsangaben dann nicht auf andere konkrete Fälle zu übertragen, doch bleiben die durch sie behaupteten Zusammenhänge trotzdem lokal nachvollziehbar.

Kreuzproduktbildung und Dimensionsvorstellung

Etwas komplizierter wird es, sobald – wie ebenfalls in der kulturwissenschaftlichen Explikationspraxis implizit üblich und vielfach fruchtbar – *Kreuzprodukte*[58] zur Un-

---

und $U_2(a)$ enthalten ist: $V(a) \subset U_1(a) \cap U_2(a)$. 3. Ist b ein Element aus einer Umgebung U(a), so gibt es mindestens eine Umgebung U(b), die in U(a) enthalten ist: $U(b) \subset U(a)$. Die Elemente eines solchen topologischen Raumes heißen Punkte.« Darüber hinaus ist für die konkrete Modellierung komplexer historischer Begriffe generell noch der *Zusammenhang* aller durch die Topologie strukturierten Elemente zu fordern, dergestalt, daß für jede disjunkte Überdeckung $A \subset U_1 \cup U_2$ durch zwei offene Umgebungen U_1, U_2 gilt: $A \subset U_1$ oder $A \subset U_2$. Weniger bestimmt als der metrische Raum, aber im Gegensatz zur bloßen, d.h. völlig unstrukturierten Menge doch als kontinuierlicher Konnex aller enthaltenen Elemente ausgezeichnet, kann die Strukturvorgabe des zusammenhängenden topologischen Raums – gerade wegen der ›Schwäche‹ ihrer Forderungen – in jenen Fällen weiterhelfen, wo metrische Verhältnisse nicht mehr sinnvoll aufweisbar sind und doch nicht jeglicher Zusammenhang zu fehlen scheint. Ein Beispiel dafür wären etwa menschliche Assoziationsverhältnisse, insofern nämlich, als die Kommutativität der Abstandsverhältnisse dort oftmals nicht gegeben ist: So dürfte ein Mitteleuropäer im Durchschnitt ›näher‹ [i.e.: leichter, schneller, häufiger] von 'Chinese' nach 'gelb' als umgekehrt von 'gelb' nach 'Chinese' assoziieren. – In die ästhetische Kulturwissenschaft sind topologische Vorstellungen, soweit wir sehen, bislang eher selten eingedrungen, und selbst da, wo – wie z.B. bei Smuda, Der Gegenstand in der bildenden Kunst und Literatur, S. 100 (anläßlich von Pollock-Bildern und im Anschluß an Piaget), oder bei Bonheim, Literaturwissenschaftliche Modelle und Modelle dieser Modelle, S. 15 – topologische Terminologie (»benachbart«, »Umgebungen« bzw. »Nachbarrelationen«) begegnet, zielt die Auffassung offenbar auf einen indistinkteren, von metrischer Bestimmbarkeit nicht unterschiedenen Begriff von Lagebeziehungen. Spezifische Applikationen topologischer und metrischer Strukturbeschreibungen finden sich dagegen naturgemäß im Kontext der ›unscharfen Semantik‹ und ›fuzzy logic‹, etwa bei Rieger, Wissensrepräsentation als Hypertext, S.394/395, sowie – breiter ausgeführt – in ders., Unscharfe Semantik.

58 Das Kreuzprodukt (auch: kartesisches Produkt oder Mengenprodukt) zweier Mengen A und B ist allgemein definiert als Menge aller geordneten Paare, deren erste Komponente aus A und deren zweite aus B stammt. Für unsere, die Paarbeziehung als gleichzeitige

terscheidung möglicher Äquivalenzklassen nach *mehreren* Kriterien gebildet werden (z.B. ›(alle unterscheidbaren) Textlängen × (alle unterscheidbaren) Langweiligkeitsgrade × (alle möglichen) Verfasser‹) – wobei man sich die einzelnen Bestimmungsmerkmale durchaus als ›Dimensionen‹ und ihr Produkt als einen durch diese aufgespannten ›Raum‹ vorstellen mag. Indes scheint es, gerade wo, wie in unserem zweiten Untersuchungsteil, auf dieser Basis operiert werden soll, um so wichtiger, einige Rahmenbedingungen und mögliche Schwierigkeiten bzw. – nämlich wo es um die Analyse schon bestehender Klassifizierungen geht – Kritikpunkte vorab zu erörtern.

So wird häufig der – obschon in der Regel (und oft zurecht) intuitiv vernachlässigte – Fall eintreten, daß die vorgenommene Kreuzung nicht über den ganzen Definitionsbereich der je beteiligten Kategorien Sinn macht (etwa insofern es bei Textlänge ›1 Buchstabe‹ wenig einbringt, verschiedene Langweiligkeitsgrade oder Verfasser zu unterscheiden). Freilich hilft hier – wenn die problematischen Kombinationen überhaupt ins Blickfeld rücken – meist schon eine heuristische Bereichsbeschränkung (etwa – falls es beispielsweise ohnehin nur um Romane geht – auf zehntausend Buchstaben Mindestlänge). Wo eine zweckmäßige bzw. überhaupt jede verbessernde Eingrenzung dagegen unmöglich scheint (wie z.B. bei ›(alle unterscheidbaren) Hitzegrade × (alle unterscheidbaren) Kältegrade‹ resp. (wie im folgenden immer analog abgekürzt) ›Hitze × Kälte‹ oder (entsprechend) ›Primzahl × Atomgewicht‹), sollte erwogen werden, ob die Kombination wirklich klug gewählt ist.

Um der Praktikabilität willen empfiehlt es sich zudem, die einzelnen Merkmale so zu bestimmen, daß sie – wenigstens lokal und prinzipiell – als voneinander unabhängige denkbar sind. Zwar sind redundante Kreuzungen wie z.B. ›Debilität × Schwachsinnigkeit‹ oder – weniger offensichtlich – ›Energie × Masse‹ (als zwei Größen, deren Äquivalenz sich aus der Beziehung E = mc² ergibt) nicht per se unzulässig, doch scheint es nicht besonders ökonomisch, von vornherein durchgehend verkoppelten Zuordnungen eigene ›Dimensionen‹ zuzuordnen und die formale Komplexität so ohne Not zu steigern.

Etwas anders liegt der Fall bei Kreuzungen wie ›Tierart × Katzenrasse‹. Aufgrund der merkmalsimmanenten Hierarchie füllen die sinnvollen Fälle des Kreuzproduktes hier – zweidimensional veranschaulicht – sozusagen ›nicht die ganze Fläche‹, sondern nur ›diskrete Punkte auf zwei orthogonal gekreuzten Geraden‹ aus. Auch das ist im Prinzip nicht weiter tragisch, nur sollten entsprechende Verhältnisse so weit im Blick behalten werden, daß man nicht plötzlich unversehens mit Äquivalenzklassen

---

Zugeordnetheit möglicher Erfüllungsgegenstände zu verschiedenen Merkmalsklassen fassende Applikation spielt die generell implizierte (und die Kommutativität der Verknüpfung verhindernde) Geordnetheit der Paare insofern keine Rolle, als wir eine Äquivalenzklasse, welche beispielsweise *erstens* durch die Zugehörigkeit ihrer möglichen Gegenstände zu den schönen und *zweitens* durch die derselben zu den farbigen bestimmt ist, ohne weiteres mit derjenigen identifizieren können, welche *erstens* durch die Zugehörigkeit ihrer Gegenstände zu den farbigen und *zweitens* durch die derselben zu den schönen bestimmt ist. – In der literaturwissenschaftlichen Theorie bleibt der Rekurs auf Kreuzprodukte bislang meistens implizit. (Als Ausnahme vgl. etwa Raible, Was sind Gattungen? S. 340.)

etwa von Flöhen, die zugleich spezifisch Perserkatze sein sollen, operiert und darauf ehrgeizige Systeme gründet.

Jenseits davon bleibt grundsätzlich zu beachten, daß ein Kreuzprodukt von sich aus weder eine anschauungsräumliche noch überhaupt irgendeine räumliche Vorstellung impliziert. Hat man als Äquivalenzklassen z.B. ›Ei/Bauklotz‹ und ›weißer/brauner Gegenstand‹, so erscheint als Kreuzprodukt zunächst nur eine Menge von vier möglichen Fällen (weiße Eier, braune Eier, weiße Bauklötze, braune Bauklötze), ohne daß über eine räumliche Anordnung schon etwas gesagt wäre.[59] Zwar leisten konventionell verräumlichte Darstellungen – etwa als viergeteiltes Kästchenquadrat mit der Zuordnung: oben braun, unten weiß; rechts Eier, links Bauklötze (oder beliebig vertauscht) – in aller Regel gute Dienste, doch sollten die willkürlichen Komponenten solcher Umsetzung stets bewußt gehalten werden, um nicht versehentliche Rückprojektionen von Modelleigenschaften (etwa der Tatsache, daß ›weiß‹ dann beispielsweise ›unten‹ steht) auf den Gegenstand herauszufordern. Behält man dies jedoch im Blick, spricht nichts dagegen, auch binäre oder mehrgliedrige diskrete Klassifikationen durch bestimmte Punkte, Strecken, Flächen etc. räumlich zu repräsentieren, um sie mit metrisch-geordneten anschaulich kombinieren zu können, wie es allenthalben – z.B. in Wahlergebnis-Diagrammen nach ›Partei × Wählerstimmen in %‹ – geschieht.[60]

Lokale Dimensionsreduktion

Solch flächige oder anschauungsräumliche Umsetzung wird gleichwohl problematisch, sobald – wie z.B. bei ›Textlänge × Langweiligkeit × Stillage × Sprache × Entstehungszeitpunkt‹ – mehr als zwei bzw. drei Bestimmungsmerkmale involviert sind. Besteht hier doch auf der einen Seite die Gefahr, praktisch gegebene Dimensionsbeschränkungen (der Buchseite, des Bildschirms, des Anschauungsraums) zu verabsolutieren[61] und dabei erkannte relevante Unabhängigkeiten – sei es

---

[59] Das Problempotential intuitiver Identifikationen erhellt etwa aus einer Formulierung wie »»Zeichen« ist also als eine triadische Relation bzw. als ein dreidimensionales Gebilde zu verstehen.« (Fischer-Lichte, Bedeutung, S. 21) – und zwar in dem Maße, wie hier ein allgemein nicht zwingendes Entsprechungsverhältnis offenbar als allgemeines aufgefaßt ist.

[60] Binäre oder mehrgliedrig-diskrete, aber nicht geordnete Kategorien können dabei ohne weiteres als rudimentäre, d.h. mit einem festen Abstand versehene Metriken aufgefaßt werden.

[61] Eine derart begrenzte Modellauffassung klingt etwa durch, wenn Bonheim, Literaturwissenschaftliche Modelle und Modelle dieser Modelle, S. 13, schreibt:»Modelle gibt es in verschiedenen Funktionen und Formen, sie können zwei- oder dreidimensional sein.« – Als Beispiel für die modellhafte ›Einschmelzung‹ von Dimensionen vgl. etwa das Schema bei Ort, Vom Text zum Wissen, S. 424. Das Empfinden für Verluste dieser Art dokumentiert dagegen Brinker, Linguistische Textanalyse, S. 138, wenn es dort mit Bezug auf sein eine Seite zuvor gegebenes Schema heißt, zwischen einigen der dort diskret getrennten Elemente seien »komplexe Beziehungen anzunehmen. Die Übersicht läßt diese Relationen zwar nicht erkennen, doch ist von ihnen in den vorangegangenen Kapiteln wiederholt die Rede.«

erst in der Darstellung oder zuvor bereits gedanklich – wieder einzuebnen, während auf der anderen – bei striktem Antireduktionismus – nicht nur bald die Anschauung, sondern leicht auch jeder Überblick verloren geht. Die Folgen können beidemal gravierend sein und jedem noch so guten Theoretiker – je unwillkürlicher, desto wahrscheinlicher – die Früchte seiner Gegenstandserkenntnis rauben.

Eine Patentlösung in Gestalt einer verlustlosen Vermittlung zwischen der offenen Anzahl möglicher Dimensionen bzw. relevanter Bestimmungsmerkmale einerseits und den Beschränkungen durch Anschauung und Medium andererseits ist schwer zu denken.[62] Nichtsdestoweniger besteht die Möglichkeit zu zwar partieller, aber kontrollierter Linderung. Als Mittel hierzu dienen sog. *lokale Dimensionsreduktionen*, d.h. ein heuristisches ›Festhalten‹ oder ›Ausblenden‹ einzelner oder mehrerer Bestimmungsmerkmale zum Zwecke der besseren Überschau- bzw. Darstellbarkeit. Im obigen Beispiel entspräche dies etwa einer Betrachtung der Beziehungen der drei erstgenannten Merkmale bei Beschränkung auf eine bestimmte Sprache (z.B. Französisch) sowie auf einen heuristisch ins Vernachlässigbare verkleinerten Zeitraum (etwa ›um 1800‹) oder aber – so weit möglich – zunächst ganz unabhängig von der Sprach- und von der Zeitkategorie. Solche Klärung könnte dann als Basis oder Steigbügel für weitere Explikationen oder Anschlüsse dienen, ja es bestünde sogar die Chance, sich, wenn auch stets nur je lokal (und das hieße hier: in einer ganzen Abfolge planvoll begrenzter und aufeinander abgestimmter Einzeluntersuchungen), doch am Ende eine Art Gesamteindruck von den ursprünglich anvisierten Lageverhältnissen zu verschaffen.[63]

Gemessen an der eingangs erwähnten Vorstellung ›sämtlicher Eigenschaften aller Kulturgegenstände‹ erscheint so letztlich jede nach Thema bzw. Fragestellung begrenzte Einzeluntersuchung, jedes Kapitel, jeder Absatz (etwa auch der vorliegenden Betrachtung) als mehr oder weniger gezielte und bewußte lokale Dimensionsreduktion,[64] wenngleich die Art der übergeordneten Verbundenheit erfahrungsgemäß zwischen beliebig zufälligen, chaotischen oder inkohärenten Überlagerungen auf der ei-

---

[62] Die Grenze des anschaulich Realisierbaren markieren hier bewegte Raummodelle, welche drei weitgehend freie (räumliche) Dimensionen und eine weniger freie (die zeitliche) repräsentieren können.

[63] Hier ergibt sich eine gewisse Analogie zum (etwa von Kugeloberflächendarstellungen in Atlanten gewohnten) Dimensionsreduktionsverfahren über Mannigfaltigkeiten (vgl. dazu etwa: Encyclopaedia of Mathematics, Vol. 6, S. 78ff, dort insbes. S. 79). Sie krankt jedoch vor allem daran, daß die Anzahl der je festzuhaltenden Kategorien in unserem gegenwärtigeren, vageren Verständnis schwerlich zu fixieren ist. (Daß der hier in Rede stehende Mannigfaltigkeitsbegriff sowohl mit dem alltäglichen und zugleich im Rahmen der Kulturhistorie gängigen Gebrauch als auch mit seiner philosophischen Verwendung – vgl. etwa Husserl, Formale und transzendentale Logik, S. 78ff, oder Hartmann, Der Aufbau der realen Welt, S. 200 – nur mittelbar zu tun hat, sollte augenfällig sein. Zur inneren Verbindung, die dennoch besteht, vgl. 4.3.1.)

[64] Welches Ausmaß an Dimensionsreduktion schon mit der bloßen Zugehörigkeit zur abendländischen Kulturwissenschaftstradition implizit gegeben ist, erhellt spätestens aus der Konfrontation mit Begriffssystemen anderer Kulturkreise (vgl. dazu Ruttkowski, Der Geltungsbereich unserer literarischen Sachbegriffe, passim).

nen Seite und der akribischen Ausschreitung und Verknüpfung zuvor exakt parzellierter Problembereiche auf der anderen schwanken kann. Das Lokale selbst wird dabei notwendig um so distinkter sein, je fester es in größere Zusammenhänge oder mindestens regulierende Allgemeinvorstellungen von diesen eingebettet ist – was dazu führt, daß man gegebenenfalls weit fruchtbarer bewußt durch sieben oder unendlich viele Dimensionen wandern kann als unbewußt durch drei.

Explikation historisch-konkreter Äquivalenzklassenzuordnungen

Alles in allem steht der Kulturwissenschaft mit dem so skizzierten, d.h. sowohl nach konkreten Gegenständen und Äquivalenzklassen wie nach verschiedenen Kategorienarten, Bestimmtheitsgraden, räumlichen Anordnungsmöglichkeiten sowie Komplexitätsstufen grob differenzierten Klassifikationssystem ein relativ einfaches und zugleich probates Instrument zur Erfassung und Darstellung gegebener Eigenschaften und Verhältnisse zur Verfügung, das – zumindest dort, wo nicht entweder dogmatische bzw. idiosynkratische Selbstbeschränkungen (z.B. auf binäre Kategorien, hierarchische Klassifikationen oder bestimmte geometrische Umsetzungen) oder aber mehr oder weniger freiwillige Asystematik vorwalten – meist ganz selbstverständlich und in der Regel fruchtbar angewandt wird, egal wie implizit oder intuitiv. Allerdings liegen die Vorteile möglichst reflektierten Vorgehens nicht allein in der kontrollierteren Handhabung oder Fehlervermeidung, sondern vor allem dort, wo es um die *Explikation geschichtlich konkreter*, jedoch – infolge historischer Metamorphosen, segmentabhängiger Verzweigungen oder einfach großer Komplexität – nicht leicht allgemein charakterisierbarer *Äquivalenzklassen* geht – zu welchen, neben Bestimmungen wie ›Fiktion‹, ›aufklärerisch‹ oder ›Kultur‹, insbesondere (und keineswegs zufällig) auch fast sämtliche Kernbegriffe modernistischer Ästhetik zählen, etwa ›Montage‹, ›Simultaneität‹, ›Experiment‹, ›Abstraktion‹, ›Expressionismus‹ oder ›Innerer Monolog‹ bzw. schon ›Moderne‹, ›Modernismus‹ oder ›Postmoderne‹ selbst.

Nun ist das erste, was zur Entfaltung dieser Vorteile kurz expliziert sein muß, das Explizieren selbst. Letzteres soll im folgenden – etwas spezifischer als allgemein zu fordern – bestimmt sein als ›Bestimmung einer Äquivalenzklasse mit Hilfe einer strukturierten Kombination aus Merkmalen (anderer Äquivalenzklassen), die – als einzelne wie in der Kombination – um möglichst vieles deutlicher, eindeutiger, anschaulicher, sicherer oder zumindest überschaubarer zu handhaben sind als das der je zu explizierenden‹.[65] Als Regulativ dient dabei ein – egal wie vages – *Vorverständnis* des Explikandums, so wie es sich aus der Synopse möglichst vieler historischer Explikationen und kanonischer Gegenstandszuordnungen ergibt[66] (wobei hier durchaus

---

[65] Legt man die geläufige Unterscheidung zwischen notwendigen und hinreichenden Bedingungen zugrunde, so erscheinen die einzelnen Bestimmungsmerkmale hier als je für sich notwendig, ihre Verbindung dagegen als hinreichend. (Die Vorhandenheit ›fixer‹, d.h. konstellationsunabhängiger notwendiger Merkmale ist damit keineswegs präjudiziert.)

[66] Zum Status der so zu gewinnenden ›Definitionen‹ als *Ergebnis* (und nicht etwa Ausgangs-

Diskrepanzen einzurechnen sind). Konkret gesprochen: Wer explizieren will, was ein ›Roman‹ ist, muß versuchen, die relevanten Merkmale – etwa: geforderte Mindestlänge, Plot, Fiktionalität, Prosaform, Selbstetikettierung als Roman etc. – so zu konstellieren, daß das dabei entstehende Konglomerat idealerweise alles, was seiner historischen Zuordnung nach als Roman gelten kann, ein-, alles übrige dagegen ausschließt. Ob und inwieweit ein bestimmter Lösungsvorschlag dieser Forderung entspricht, entscheidet sich nach Maßgabe der je bestehenden Romandefinitionen sowie – obschon nicht notwendig damit konform – der allgemeinen Eigenschaften, die den jeweils konventionellerweise als Roman geltenden Gegenständen bzw. kanonischen Mustern nachvollziehbar zukommen.

Variabel bleibt hingegen, a) ob die gesuchte Kategorialität eher metrisch-geordnet (wie z.B. ›(mehr oder weniger) romanhaft‹) oder diskret (z.B. ›Roman (oder nicht)‹ bzw. ›(entweder) Lyrik / (oder) Epik / (oder) Dramatik‹ verfaßt bzw. aufgefaßt ist, b) welche Bereichseinschränkungen vorgenommen werden (etwa: ›Romantheorie des 18. Jahrhunderts‹ ≠ ›Romantheorie der Neuzeit‹ ≠ ›Der englische Roman‹ ≠ ›Geschichte des Romans‹ ≠ ›Musils Romanauffassung‹ usw.), und – vor allem – c) wie die jeweilige ›Lösung‹ strukturiert sein muß. Angenommen, überall – in Theorie und Praxis, seit Anfang aller Zeiten und für alle Menschen – hätte als einziges Kriterium für die Zugehörigkeit zur Gattung des Romans die Erwähnung von Vögeln gegolten, so wäre man mit einer ebenso einfachen wie allgemeinen Romanexplikation schnell bei der Hand. Es könnte allerdings auch sein, daß nicht nur Vögel, sondern zusätzlich auch Mäuse vorkommen müßten, oder Vögel, Mäuse, Neffen, Steine und Paris, oder daß die Mäuse auch einmal fehlen dürften, wenn dafür ein Kuß und eine Kuh an ihre Stelle träten, oder daß jedes der fünf genannten Elemente fehlen dürfte, aber immer nur eines, oder immer nur zwei, oder zwar jedes, aber nicht Paris etc. Ferner wäre es möglich, daß mindestens (oder höchstens) drei Biber und zwei Sonnenaufgänge bzw. fakultativ pro fehlendem Biber zwei (oder fünfeinhalb) Sonnenaufgänge mehr (oder einer weniger) gefordert wären, oder aber, daß zwischen drei und fünf Sonnenaufgängen eine vage Übergangszone bestünde. Schließlich könnte es sein, daß die Vögel in Holland Pinguine, in Sizilien aber Albatrosse sein müßten, im Holland des 16. Jahrhunderts dagegen Wachteln, aber mindestens zu fünft etc. Analoges gilt für eine metrisch-geordnete Bestimmung wie ›(mehr oder weniger) spannend‹. Wer schließlich wollte prinzipiell verhindern, daß – z.B. allgemein, in Konstanz oder in der Ming-Zeit – desto mehr Spannung aufkäme, je mehr Vögel in einer Handlung auftauchten oder je mehr Elemente aus der Gruppe Kommissare, Fliegen, Scheinwerfer und Paris, oder je mehr Vögel bei gleichzeitiger Vorhandenheit eines Streichholzes oder einer Pfeife usw.[67]

---

punkt) konkreter Beschäftigung vgl. Gabriel, Wie klar und deutlich soll eine literaturwissenschaftliche Terminologie sein? S. 32.

[67] Daß unsere Beispiele nicht so abwegig sind, wie es zunächst scheinen mag, zeigt namentlich etwa die Forschungsdiskussion über die notwendigen Ingredienzen des locus amoenus, welche seit vielen Jahren im Anschluß an E.R. Curtius stattfindet.

Hieraus erhellt, daß die Lösungen – unabhängig vom strukturellen Charakter des Explikandums – beliebig kompliziert sein können, je nachdem, wieviele Bestimmungsmerkmale beteiligt und wie diese geartet und kombiniert sind.[68] Außerdem erweist sich – als weiteres, im Zuge der Moderne (z.B. im Montagebegriff) kulminierendes Komplexitätsmoment – die Möglichkeit der Aufsplittung in beliebig viele lokale Varietäten, von epochen- bzw. kulturkreisspezifischen Modifikationen bis in die Vielheit einzelner Werke, individueller Vorstellungen und bestimmter Zeitpunkte hinein – ohne daß darüber notwendig jeder Zusammenhang verloren gehen müßte.

Der Scheingegensatz zwischen Historie und Systematik hinsichtlich historischer Explikationen

Dies freilich zwingt zur Reflexion darüber, was man jeweils wie genau und mit welchem Anspruch explizieren will. Entscheidend ist dabei die Einsicht, daß es bei der Untersuchung historisch konkreter Äquivalenzklassen keine diskrete Alternative zwischen ›historischer Deskription‹ (im Sinne einer ›Auslotung‹ der – praktisch ohnehin unauslotbaren – historischen Realmannigfaltigkeit) und ›systematischer Analyse‹ (im Sinne einer historietranszendenten – und damit letztlich regulativlosen – ›Deduktion‹) geben kann. Statt dessen ergibt sich – je nach aktuellem Zweck – nur eine graduelle Antwort auf die Frage, was aus der Gesamtheit des historisch Konkreten bzw. Zugänglichen jeweils wie ›nah‹ (d.h. mit wieviel systematischer Differenzierung) ›heranzuzoomen‹ resp. wieviel Ungenauigkeit für wieviel Reichweite in Kauf zu nehmen sei. Wo immer diese Gradualität nicht realisiert wird, erscheint das ›Systematische‹, egal was es von sich behauptet, lediglich als offensiv ins Ahistorisch-Normative transzendierte Pauschalisierung historischer Verhältnisse, während das ›Historische‹ umgekehrt kaum mehr als die behäbige Entschlossenheit markiert, der Strukturierung seiner Klassifikationen gegenüber gleichgültig oder de facto wenig strukturiert zu bleiben. Alle einschlägigen wechselseitigen Überlegenheitsansprüche haben hier zugleich ihr Recht wie ihre Grenze. Zur Gegenstandserkenntnis tragen sie indes kaum bei, ist doch im letzten jede Systematik, welche auf die Deskription historisch-konkreter Gegebenheiten zielt, nur insoweit von Nutzen, wie sie deren realer Komplexion sich nähert, ohne darin zu zerfließen. Umgekehrt entgeht historische Explikation dem Kumulativen – jenseits divinatorischer Intuitionen – stets nur insoweit, wie sie der strukturellen Aphasie enträt.[69]

---

[68] Zur Notwendigkeit einer Anpassung der Beschreibungsmodelle an die Komplexität der Gegenstände vgl. etwa Eimermacher, Zur Frage komplexer literaturwissenschaftlicher Beschreibungs- und Interpretationsmodelle, S. 145. Aufs Ganze gesehen nimmt die Möglichkeit, bei starrer Selbstverpflichtung auf diskrete Grenzziehungen noch fruchtbare Problemstellungen zu formulieren, mit zunehmender Komplexität notwendig ab.

[69] Das meint nicht etwa, jede Scheidung zwischen Historie und Systematik sei im ganzen bloß eine Art Mißverständnis (so der Tenor bei Willems, Das Konzept der literarischen Gattung, S. 48ff.). Mögen Begriffe ohne Anschauungen auch leer und diese ohne jene blind sein, und mögen auch bei jeder interessanteren kulturwissenschaftlichen Untersuchung sowohl historische wie systematische Arbeitsschritte zum Tragen kommen, so be-

Nun sind die Strukturvorstellungen innerhalb der gegenwärtigen ästhetischen Kulturwissenschaft ziemlich heterogen. Während mancherorts noch (vulgär-)binaristische Weltbilder zementiert oder wortreich überwunden (und so perpetuiert) werden, wird anderswo – naturgemäß vor allem in der Gattungstheorie – bereits mit unvergleichlich größerer, aber bislang wenig rezipierter Differenziertheit operiert.[70] Ungeachtet der daraus erwachsenden Schwierigkeit, einen allgemeinverbindlichen Ausgangspunkt zu finden,[71] wollen wir als strukturelles Rüstzeug für die weitere Unter-

---

seitigt das doch keinesfalls die diskrete Differenz, welche zwischen unmittelbar auf historische Vorgänge oder Zustände gerichteten Fragen wie ›Was hat Thomas Mann von Marx gelesen?‹, ›Wie hat die Gattung des Romans sich entwickelt?‹ oder ›Wie sah das soziale System der literarischen Publizistik um 1800 aus?‹ bzw. Fragen nach der strukturellen Beschaffenheit historisch konkreter Gegenstände wie ›Worin unterscheidet sich die Syntax im ›Wilhelm Meister‹ von der im ›Grünen Heinrich‹?‹ oder ›Wodurch ist die Zuordnung zum Roman bestimmt?‹ auf der einen Seite und nicht primär an die realzeitliche Konkretion, sondern an kategoriale Möglichkeiten bzw. ideale Verhältnisse rückgebundenen Fragen wie ›Was kann ein Film, der strikt aus Sicht der Hauptperson erzählt ist, prinzipiell zeigen und was nicht?‹ oder ›Wieviele Primzahlen liegen zwischen 9 und 24?‹ auf der anderen bestehen. Nicht auf die begriffliche Konstitution per se bzw. auf das Historische in jedem realsituierten Bezugspunkt kommt es hier an, sondern auf den jeweiligen Frageaspekt. Antworten auf historische Fragen lauten prinzipiell: ›Es *war* (einschließlich: *ist* gerade) *konkret* so, daß ...‹, Antworten auf systematische dagegen: ›Es ist (unter den und den Bedingungen) *notwendig* so, daß ...‹ – und zwar unabhängig davon, a) wie stark bzw. sichtbar die verhandelten Gegenstände selbst durch ihre realzeitliche Situierung konstituiert sind (vgl. etwa die diesbezüglichen Differenzen zwischen ›Napoleon‹, ›Jupiter (Planet)‹, ›Jupiter (Gott)‹ und der Dreiecksungleichung), b) wieviel strukturellen Aufwand die Antwort jeweils erfordert, c) ob die historische Fragestellung eher diachronisch oder synchronisch angelegt ist, und schließlich d) welchen historischen Bedingtheiten jede historisch konkrete Lösung ihrerseits wieder unterliegt. Eine globale Auszeichnung bzw. Rangfolge von Historie und Systematik erscheint auf solcher Basis ebenso sinnlos wie deren übertriebene Trennung im konkreten Vollzug.

[70] Den aktuellen Stand repräsentiert hier – so weit wir sehen – Strube, Sprachanalytisch-philosophische Typologie, wo (anbei unabhängig von der gegebenen sprachanalytischen Einkleidung) fruchtbar zwischen a) einfacher genus-proximum/differentia-specifica-Bestimmtheit (in unserer Terminologie: hierarchisch geordneten diskreten Klassen), S. 36, b) »paronymen«, d.h. fakultative Bestimmungen enthaltenden Klassen, S. 37, c) »porösen«, d.h. an den Rändern ›unscharfen‹ Klassen, S. 39f., sowie d) konstellationsartigen, hier im Rückgriff auf Wittgensteins Familienähnlichkeitskonzept definierten Klassen, S. 41ff., unterschieden wird, wobei letztere auch eine dezidiert historische Einbettung erfahren. Eine ebenso offene, jedoch weit abstrakter bleibende Inblicknahme historischen Systemwandels bietet Titzmann, Skizze einer integrativen Literaturgeschichte. Familienähnlichkeitsvorstellungen werden ferner auch bei Raible, Was sind Gattungen? oder – obschon kritischer – bei Fishelov, Genre theory and family resemblance revisited, dort insbes. S. 127ff., fruchtbar gemacht.

[71] Zur im deutschen Sprachraum für einige Zeit kanonischen Arbeit von Hempfer, Gattungstheorie, vgl. die grundsätzliche Kritik bei Bickmann, Der Gattungsbegriff im Spannungsfeld zwischen historischer Betrachtung und Systementwurf, S. 265ff. Allein: So sehr Hempfers Ansatz die ahistorischen Defizite des Strukturalismus im letzten nur auf eine graduell höhere Ebene (›konstante Tiefenstrukturen‹) verlagert und so – just in der Linde-

suchung dennoch vorab zwei zusätzliche, einander ergänzende und bislang ebenso stark wie zu Unrecht vernachlässigte Differenzierungsmöglichkeiten einführen: erstens die Realisation (bzw. heuristische Bildung[72]) von *kriterienübergreifenden* metrischen Ordnungen sowie zweitens die Beschreibung (bzw. heuristische Bildung) verzweigter Verhältnisse durch je für sich in ihrer Reichweite beschränkte, jedoch untereinander vernetzte ›Karten‹ von variabler Bestimmtheit.

Zum ersten Punkt: Sofern die Integration aller bisher genannten Bestimmungsarten in eine über Kreuzprodukte definierte, beliebig hochdimensionale, aber einheitliche Raumvorstellung in jedem denkbaren Falle möglich scheint, spricht im Prinzip nichts dagegen, innerhalb eines zur Explikation einer bestimmten Äquivalenzklasse gebildeten ›Raumes‹ merkmalübergreifende metrische Ordnungen bezogen auf das jeweilige Explikat auszuzeichnen. Wüchse etwa ›das Romanhafte‹ mit der Anzahl der im Text erwähnten Briefträger *und* der Buchstabenanzahl, so könnte man guten Gewissens sagen, daß ein (bzw. jeder) Text mit fünfzehn Briefträgern und viermillionen Zeichen Länge ›romanhafter‹ sei als einer (bzw. jeder) mit nur zehn bzw. tausend oder auch fünfzehn bzw. tausend oder schließlich vierzehn bzw. viermillionen. Auch diskrete Grenzen wären so zu ziehen, indem man etwa sagte: Alles über neunzehn Briefträger und zweihundertfünfzigtausend Zeichen heißt traditionell (bzw. – normativ gewendet – heiße künftig) ein ›Roman‹ und alles andere nicht; oder aber – in Anbetracht der (bis heute leider oft als ›unwissenschaftlich‹ ignorierten) Möglichkeit fließender Übergänge – beispielsweise: Bei weniger als sechzehn Briefträgern und zweihunderttausend Zeichen ist an Romane nicht zu denken; von sechzehn bis neunzehn bzw. zweihunderttausend bis zweihundertfünfzigtausend kann man darüber streiten; und über neunzehn bzw. zweihundertfünfzigtausend gibt es keine Diskussionen mehr.

Das unübersehbare Problem derartiger ›Ordnungen‹ liegt freilich in der mangelnden Skalierbarkeit der Einzelwerte untereinander, bringt es doch wenig, z.B. zweihundert oder hunderttausend Zeichen gegen einen Briefträger (oder – realistischer – etwa Fiktionalität gegen Prosaform) ›aufrechnen‹ zu wollen. Die Folge ist, daß eine aufs Ganze (sprich: ›Romanhafte‹) bezogene einheitliche Ordnung der aus den Einzelbestimmungen heraus zu unterscheidenden Äquivalenzklassen bzw. ihrer Abstände voneinander hier nicht überall sinnvoll definierbar und also de facto keine allgemeine metrische Struktur vorhanden scheint.

Das heißt nun aber keineswegs, daß das Verhältnis zwischen den Relationen der internen Metriken immer irrelevant bzw. die Gewichtung zwischen den verschiedenen Merkmalen immer ausgeglichen oder gar beliebig sein müßte. Betrachten wir dafür zunächst den Fall, man wolle die ›Ausdehnung‹ eines Textes als Kreuzprodukt

---

rung – verlängert (vgl. dort S. 141ff. und zus. S. 221ff.), so sehr bestehen die großen Verdienste in vielen Einzelfragen sowie um die Schärfung des allgemeinen Problembewußtseins bis heute fort.

[72] Daß eine Struktur, die plausibel als vorhanden aufweisbar ist, auch der Einführung neuer, selbständiger Begriffsprägungen zugrunde liegen kann, versteht sich. Doch spielt diese Möglichkeit im weiteren insofern keine große Rolle, als jeder intuitiv bemüht sein wird, die eigenen Kategorien(namen) gerade *nicht* so kompliziert zu definieren wie die Historie die ihren.

aus ›(hier der Einfachheit halber einheitlicher) Buchstabengröße × Buchstabenan-zahl‹ explizieren. Auch hier ist eine zugleich übergreifende und einheitliche Ordnung der Abstände zwischen den Äquivalenzklassen aufgrund der kategorialen Unver-gleichbarkeit blockiert, und zwar sofern es – auf den metrischen Aspekt bezogen – wenig bringt, etwa den ›Abstand‹ von 12-Punkt-Texten mit vier Buchstaben zu ent-sprechenden mit fünf für entweder ›größer‹ oder ›kleiner‹ zu erklären als den von ersteren zu vierbuchstabigen 11-Punkt-Texten, ebenso wie es – auf den Ord-nungsaspekt bezogen – keinen Sinn macht, fünfbuchstabige 11-Punkter als entweder ›(insgesamt) ausgedehnter‹ oder aber ›(insgesamt) weniger ausgedehnt‹ zu defi-nieren als vierbuchstabige 12-Punkter.

Wie sähe es nun aber aus, wenn man z.B. a) einen 11-Punkt-Text mit fünf Buchsta-ben, b) einen 11-Punkt-Text mit zehn Buchstaben und c) einen Text mit fünf Buchsta-ben, von denen aber jeder einzelne so groß ist wie das Kaspische Meer, nach ihrer ›Ausdehnung‹ klassifizieren sollte? Drängte sich in diesem Falle nicht – trotzdem die Fälle b) und c) untereinander nicht vergleichbar, sondern nur jeweils für sich eindeu-tig ›größer als Fall a)‹ wären – fast zwangsläufig der Eindruck auf, daß Fall c) auch ›insgesamt ausgedehnter‹ sei als Fall b)? Oder anders gefragt: Bleibt die Tatsache, daß die Einzelwerte einmal um den Faktor zwei, daß andere Mal aber um das ca. Hundertmillionenfache differieren, wirklich völlig gleichgültig? Wohl kaum. Er-schiene doch umgekehrt z.B. auch ein 11-Punkt-Text von sechseinhalb Millionen Zeichen sicher ›ausgedehnter‹ als ein 20-Punkt-Text von zweihundert. Ganz offenbar liegt hier zusätzlich ein allgemeinerer, intuitiv erfaßter Ausdehnungsaspekt zugrunde, der – womöglich grob mit der im ganzen eingenommenen Fläche korrelierend – auch über die einzelnen Bestimmungen hinweg eine – obschon notwendig vage – Metrik resp. übergreifende Ordnung definiert, dergestalt, daß ein ›großer‹ Abstand in die eine Richtung einen ›kleineren‹ in eine andere ›wettzumachen‹ in der Lage ist.[73]

Bei aller Gefahr des Mißbrauchs als willkommene Sanktionierung deskriptiver Willkür auf der einen und eines sachfremden Meß- bzw. Mathematisierungseifers auf der anderen Seite ist die Bedeutung solcher Strukturbeziehungen sowohl für den fak-tischen Gebrauch wie entsprechend auch für die Explikation eines Großteils aller kulturwissenschaftlichen Kategorien nicht zu unterschätzen.[74] Sie ermöglicht nicht

---

[73] Die in der allgemeinen Metrik-Definition geforderte Zuordenbarkeit aller möglichen Ab-stände auf jeweils eine bestimmte reelle Zahl ist freilich spätestens hier nicht mehr zu garantieren und jede weitere Rede von einem metrischen Raum schon deshalb metapho-risch. Dennoch sollte der Unterschied unserer vagen, aus dem Kreuzprodukt erwachsen-den Metrik zu der (natürlich ebenso gegebenen) Möglichkeit, die ›Ausdehnung‹ einfach an die durch den Text bedeckte Fläche anzubinden, deutlich sein: Letztere Lösung wäre zwar in sich exakter handhabbar, doch gäbe die so entstehende Äquivalenzklassenordnung kei-nerlei Auskunft mehr darüber, ob von zwei (dann eindeutig und genau) ›gleich ausgedehn-ten‹ Texten nicht vielleicht der eine zweimilliardenmal so viele Zeichen enthielte wie der andere.

[74] Entsprechende Effekte wurden implizit bereits im Rahmen unserer Bemerkungen zum ›wissenschaftlichen Wert‹ akut und werden fortan noch mehrfach begegnen. Eine analoge Strukturvorstellung liegt implizit auch Goodmans Analyse des Ästhetischen (vgl. Spra-chen der Kunst, S. 232–236) zugrunde.

nur, Unterschiedsrelationen einzelner Bestimmungen grosso modo miteinander ins Verhältnis zu setzen, sondern vor allem auch, Gewichtungen ganzer Merkmalsklassen untereinander zu erfassen bzw. selbst heuristisch vorzunehmen. So käme etwa die Aussage, daß eine Verdoppelung der Buchstabengröße in Hinblick auf die Gesamt-ausdehnung nur durch eine Vervierfachung (und nicht etwa ebenfalls schon durch Verdoppelung) der Buchstabenanzahl auszugleichen sei, weitgehend der Behauptung gleich, die Buchstabengröße sei hier ›doppelt so wichtig‹ wie die Buchstabenanzahl. Darüber hinaus können derartige Gewichtungen auch auf bestimmte Bereiche einge-grenzt werden, indem man etwa sagte: ›Zwischen 11 und 19 Punkten Schriftgröße schlagen Abweichungen in der Buchstabenanzahl doppelt so stark zu Buche als da-runter und darüber‹, oder (weitaus vager): ›Bei Schriftzeichen von der Größe des Kaspischen Meeres ist die Buchstabenanzahl (wenn sie nicht gerade ›0‹ beträgt) schon nahezu egal‹.

Welches Maß an diesbezüglicher Spezifizierung jeweils noch sinnvoll, d.h. (an Beispielen) nachvollziehbar bleibt, ist nicht generell zu sagen. Doch so fatal es auf der einen Seite wäre, Dinge um struktureller Finessen willen sinnlos zu verkompli-zieren, so günstig scheint es auf der anderen, bei Bedarf genauere Charakterisierun-gen vornehmen zu können. Eine vage metrische Spezifierung ist allemal besser als gar keine, insbesondere wenn die Alternative darin besteht, alles – im einzelnen oder ins-gesamt – mit dem Tertium-non-datur-Hammer einzuebnen. Denn ebenso wie es einen entscheidenden Unterschied macht, ob dieser oder jener Text etwa bestimmte (gemeinsam anerkannte) Romanmerkmale erfüllt, oder ob ein bestimmtes Merkmal (etwa die Prosaform) überhaupt zu den notwendigen Konstituenten der Romanform zählt, so ist es keineswegs das Gleiche, ob die Meinungen über die Relevanz eines Merkmals im ganzen oder aber über dessen *Gewicht* in einer gegebenen Konstellation auseinandergehen. Schon die Möglichkeit, Dissens gezielter zu markieren, birgt – diesseits jeglicher Vermittlung – häufig einen Explikationsgewinn.

Vernetzte lokale Karten als Strukturpendant historischer Explikation

So sehr aber metrische Differenzierungen von Fall zu Fall zur Annäherung struk-tureller Explikationen an die historische Komplexität beitragen können, so wenig ver-mögen sie doch die Probleme zu lösen, die durch die Aufsplitterung der meisten wich-tigeren (und entsprechend öfter und beziehungsreicher gebrauchten) Kategorien in bereichsabhängige Varietäten entstehen. Zwar sollte auch hier jeder prinzipiell be-müht sein, nie mehr Komplexität zu suggerieren als jeweils notwendig, doch wird man der Geschichte schwerlich zumuten wollen, dem Systematiker zuliebe möglichst einförmig zu verlaufen – schon weil es ihn sonst gar nicht gäbe. Die entscheidende Frage lautet also: Wie umgehen mit erkannten Abweichungen?[75]

---

[75] Der Fall, daß Varietäten deshalb nicht aufscheinen, weil der Untersuchende gar keine Kenntnis von ihnen hat, ist für die theoretische Diskussion – im Gegensatz zur Praxis – zu vernachlässigen.

Angenommen, die Gattung ›Roman‹ wäre im 13. Jahrhundert als lange Erzählung über Kürbisse und Füchse, im 24. Jahrhundert aber – nach wechselvoller Geschichte – als Prosaerzählung von beliebiger Länge über Kühlschränke und Füchse bestimmbar, so lautete eine erste mögliche Antwort: ›Hier hat man im wesentlichen *zwei verschiedene* Romanbegriffe, die man, um Ungenauigkeiten und Verwechslungen vorzubeugen, auch begrifflich deutlich trennen sollte (etwa als ›Roman A‹ und ›Roman B‹ oder ›E13‹ und ›PE24‹).‹ Eine zweite Antwort wäre: ›Der Romanbegriff kann insgesamt über seine *Minimalanforderungen* – d.h. hier: eine Erzählung zu sein, in der Füchse vorkommen – definiert werden. Alles weitere kann von da aus spezifiziert werden.‹ Eine dritte Antwort wäre: ›Eine lange Prosaerzählung, in der Kürbisse, Füchse und Kühlschränke vorkommen, ist – egal ob es sie gibt – idealerweise immer ein Roman. Für die Praxis gilt deshalb: Je mehr der genannten Komponenten jeweils vorhanden bzw. je klarer sie erfüllt sind, um so eher wird der betreffende Gegenstand ein Roman sein (und vice versa).‹ Und eine vierte, allerdings heute (nominell) weithin diskreditierte Antwort wäre schließlich noch die wertend-normative, z.B.: ›Inbegriff des Romans ist es, eine lange Erzählung mit Kürbissen und Füchsen (oder auch: eine lange Prosaerzählung mit Kürbissen, Füchsen und Kühlschränken) zu sein, und alles, was davon abweicht, ist minderwertig, abkünftig, verdorben usw.‹.

Jeder dieser Antworttypen – der ›atomisierende‹, der ›minimale‹, der ›kumulative‹ und der ›normative‹ – hat seine eigenen Vor- und Nachteile. Ersterer bleibt im einzelnen genau, doch weitgehend ohne Rücksicht auf die mehr oder weniger große Verwandtschaft, die zwischen den verschiedenen Begriffen – aller Abweichung zum Trotz – dennoch besteht.[76] Ferner scheitert er in praxi am Allmählichen und Gleitenden der meisten historischen Verschiebungen (etwa: ›Die Kürbisse verloren dann langsam an Bedeutung‹), welchem er im Prinzip nicht anders als mit einer Inflation nur infinitesimal unterschiedener, aber dennoch monadisch getrennter Äquivalenzklassen (›Roman mit voller Kürbisforderung‹, ›Roman mit minimal verminderter Kürbisforderung‹, ›Roman mit minimal weiter verminderter Kürbisforderung‹ usw.) begegnen kann.[77]

Lösungen des zweiten Typs sind in der Regel einfach und von großer Reichweite. Die Verbindung der – obschon für sich in aller Regel ahistorischen (s. Beispiel) – Minimaldefinition zu den einzelnen historischen Varietäten erfolgt zudem übersichtlich per Hinzufügung der jeweils spezifizierenden Eigenschaften. Allerdings bedarf man hier des Glücks, daß der über alle Varietäten konstante Kernbestand zumindest einen Teil von dem enthält, was je für wesentlich galt (Beispiel: ›Ein Roman ist eine lange fiktionale Prosaerzählung. Zu bestimmten Zeiten standen Abenteuer und

---

[76] Die im obigen Beispiel verwendeten Bezeichnungen ›E13‹ und ›PE24‹ sind hier insofern schon nicht ganz konsequent, als sie – wo man das ›E‹ als ›Erzählung‹ deutet – bereits eine strukturelle Verbindung der beiden Äquivalenzklassen anzeigen.

[77] Das Problem der mikrostrukturellen ›Infinitesimalisierung‹ makrostrukturell distinkter Grenzverläufe ist deutlich formuliert etwa bei Danneberg, Zur Explikation von Epochenbegriffen und zur Rekonstruktion ihrer Verwendung, S. 91. Vgl. diesbez. ferner Margolin, On the ›Vagueness‹ of Critical Concepts.

Liebesverwicklungen, zu anderen die Entwicklung eines männlichen Individuums im Vordergrund – doch überall blieb es im Kern eine lange fiktionale Prosaerzählung.‹) Mit etwas weniger Glück läuft man dagegen Gefahr, als Allgemeinbegriff nur ein Gerippe impliziter Selbstverständlichkeiten zu erfassen, das allerorts am (wechselnden) Spezifikum vorbeizielt (Beispiel: Roman 1: ›Text mit (und darauf kommt es primär an:) Falken und Tauben‹, Roman 2: ›Text mit (und darauf kommt es an:) Falken und Bäumen‹, Roman 3: ›Text mit (und das ist das Entscheidende:) Bäumen und Steinen‹; Minimallösung: Roman = ›Text‹ (also inkl. Bahnfahrplan, »Sein und Zeit« etc.)). An seine technische Grenze gerät der minimale Antworttyp, wo ein Begriff im Laufe der Geschichte resp. seiner Differenzierung nicht nur alle wesentlichen, sondern überhaupt alle Spezifikationen wechselt – was keinesfalls etwa ›systematisch‹ auszuschließen ist (Beispiel: Roman 1: ›Text mit Gänsen‹, Roman 2: ›Text mit Apfelsaft‹, Roman 3: ›Film mit Apfelsaft‹; Minimallösung: (allenfalls noch) ›(ästhetischer) Gegenstand‹).

Die dritte, kumulative und bislang noch oft im normativen Gewand begegnende Lösungsform gibt sozusagen eine ›Summe‹ des historischen Verlaufs als (wiederum ahistorische) Maximallösung, von der man dann von Fall zu Fall spezifizierende Abstriche zuläßt. Damit entgeht sie allemal dem Nichtssagenden unglücklicher Minimallösungen und fördert zudem das Bewußtsein dafür, was historisch alles relevant gewesen sein kann. Ferner läßt sie – mit etwas Glück – auch übergreifende Gewichtungen zu (z.B.: ›Romane waren immer Texte, aber das wurde nie als das ihnen Wesentliche begriffen; Kürbisse dagegen traten, wenn überhaupt, so nur als Wesentliches auf‹ etc.). Freilich kann man auch hier Pech haben, etwa wenn die Kumulation so kompliziert oder heterogen wirkt, daß sich niemand etwas darunter vorstellen kann, oder aber wenn – und damit ist auch hier eine technische Grenze erreicht – im Laufe der Geschichte widerstreitende Forderungen auftreten (z.B.: ›möglichst spannend‹ unter Nero, aber ›möglichst langweilig‹ unter Caligula) – was ebenfalls nicht ›systematisch‹ auszuschließen ist.

Der vierte Lösungstyp hat den großen – und in der Geschichte der ästhetischen Kulturwissenschaft entsprechend gern genutzten – Vorteil, daß er alle bislang formulierten Schwierigkeiten mit dem Schwertstreich normativer Setzung ›löst‹. Der entscheidende – und inzwischen weithin als solcher gesehene – Nachteil liegt gleichwohl darin, daß hier Einheit und zeitenthobene Geltung suggeriert werden, wo in Wahrheit Vielheit und historischer Wandel ist.

Nun wird man im Zuge der konkreten Explikation naturgemäß bemüht sein, möglichst viel von den beschriebenen Vor- und möglichst wenig von den Nachteilen zu vereinen und dafür im Bedarfsfall auf Kombinationen der ersten drei Typen zurückgreifen. Freilich bleibt die Austarierung zwischen der Dokumentation der Gemeinsamkeiten und derjenigen der Unterschiede, zwischen Genauigkeit und Praktikabilität, Nähe zum historisch Konkreten und allgemeiner Reichweite, kontinuierlichem Übergang und sinnvoll unterscheidbarem (und entsprechend eigens zu bezeichnendem) Fall etc. so stets ein – je nach Sachlage mehr oder weniger befriedigend zu bewältigender – Drahtseilakt, für den *eine* Ideallösung schwer denkbar ist.

Indes mag es Explikationszusammenhänge geben, wo es auf besondere Genauigkeit bei der Angabe sowohl der einzelnen Varietäten als auch ihrer Zusammenhänge untereinander maßgeblich ankommt, bzw. Begriffe, die so fintenreich verzweigt sind, daß jeder übergreifende Explikationsversuch weit mehr verbaut als expliziert. Ein solcher Terminus ist beispielsweise ›Simultaneität‹, wo die Bedeutung jedesmal bis hin zum Eindruck völliger Disparatheit variieren kann, je nachdem, ob er in der Physik, Elektrotechnik, Philosophie oder Ästhetik verwendet wird, bzw. je nachdem, bei welchem Philosophen resp. in welcher Kunstgattung oder Epoche man sich gerade umtut. Dennoch ist kaum zu bestreiten, daß zwischen all diesen (untereinander teils total) abweichenden Bedeutungen nebst den entsprechenden Äquivalenzklassen doch im ganzen ein – obschon vielleicht nicht generell angebbarer und womöglich beliebig loser – *Zusammenhang* besteht, der sie – selbst im Falle, daß ›an verschiedenen Enden‹ kein einziges Kriterium mehr harmonieren sollte – trotzdem mehr verbindet als völlig geschiedene Begriffe wie z.B. ›Einkehr‹ und ›Mercedes Benz‹ oder die zwei Bedeutungen von ›Ton‹.

Die implizit dahinterstehende Strukturbehauptung besagt, daß man in der Gesamtheit des historisch Gegebenen zwischen allen verschiedenen Varietäten stets – wenn auch beliebig wechselnde – Kriterienüberschneidungen bzw. ›verbindende‹ (obschon nicht notwendig immer historisch konkret gefüllte) Äquivalenzklassen angeben und dergestalt zumindest eine zusammenhängende topologische Struktur auszeichnen könnte. In praxi läuft das darauf hinaus, verschiedene lokale ›Karten‹ in Form von möglichst spezifischen Metriken oder – wo ausreichend – auch einfacheren Bestimmungskonglomeraten um bestimmte lokale Gegenstandsgruppen herum zu entwerfen, diese dann jedoch, anstatt sie auf die eine oder andere Art zu *einer* großen zu vereinigen, immer nur bedarfsweise von Fall zu Fall miteinander zu ›verkleben‹, d.h. die Übergänge zwischen ihnen möglichst genau anzugeben.[78] Anstelle eines womöglich trügerischen ›Überblicks‹ entsteht derart die Möglichkeit, die verschiedenen Karten einigermaßen kontrolliert (wenn auch ohne übergreifenden Abstandsbegriff) zu durchwandern und die beim Wechsel zwischen ihnen auftretenden ›Verzerrungen‹ zu analysieren, ohne der Vorstellung eines Gesamtzusammenhangs verlustig zu gehen.

Natürlich ist auch damit – vom Verlust an Einheitlichkeit abgesehen – nicht jede Schwierigkeit beseitigt. Namentlich etwa die konkrete Dokumentation kontinuierlicher Übergänge bleibt auch hier noch höchst prekär.[79] Doch werden so immerhin einige der Beschränkungen, die sonst unvermeidlich sind, umgangen. Ferner gilt es zu beachten, daß die zugrundeliegende Strukturvorstellung vergleichsweise dem näher-

---

[78] Die verwandte Vorstellung, ›verschiedene Koordinatensysteme über ein Phänomen legen‹ zu können, begegnet übrigens innerhalb der Hermeneutik – obschon en passant und metaphorisch – schon bei Babilas, Tradition und Interpretation, S. 50. Eine sachliche, wenn auch vage Parallele ergibt sich zudem etwa auch, wo Hübner, Grundlagen einer Theorie der Geschichtswissenschaften, S. 117f., im Zusammenhang mit historischen Systemmutationen fordert, man solle das jeweils gestürzte System ›aus der Logik eines anderen‹ erklären. – Mathematisch gesehen bestehen auch hier starke Analogien zum Begriff der Mannigfaltigkeiten (vgl. Fn. 63).

[79] Neben der mathematischen Schwierigkeit, möglicherweise nichtgleichdimensionale Karten verkleben zu müssen (vgl. Fn. 63), sowie dem Problem der konkreten Transformierbarkeit konkreter Fragestellungen schlägt hier vor allem die Herausforderung zu Buche,

rückt, was implizit gemeinhin als historische Explikationspraxis gilt. Jemand, der z.B. die Geschichte der Epigrammform von der Antike bis zur Gegenwart zu schreiben unternimmt, wird in der Regel in jedem seiner – vorzugsweise jeweils einem markanten Entwicklungsstadium (sei es in Form eines bestimmten Autors, einer Epoche oder einer bestimmten Strömung) gewidmeten – Kapitel im wesentlichen nichts anderes tun, als eine mehr oder weniger genaue ›lokal gültige Karte‹ (sprich: Strukturbeschreibung) spezifischer Merkmale zu entwerfen und sie (dabei) von der bzw. den jeweils zeitlich oder sonstwie ›benachbarten‹ zu differenzieren. Es wird so womöglich an keiner Stelle zu direkten Vergleichen (sprich: ›Messungen‹ nach der jeweils anderen lokal gültigen Karte) zwischen Simonides und Lessing oder zwischen Opitz und Brecht kommen, wohl aber vielleicht zu solchen zwischen Simonides und Aischylos, zwischen ›griechischem‹ und ›römischem Epigramm‹, Martial und Catull, ›antikem‹ und ›neuzeitlichem Epigramm‹, Weckherlin und Opitz, Opitz und Moscherosch, ›Barock-‹ und ›Aufklärungsepigramm‹, Lessing und Pfeffel, Pfeffel und Thümmel usw. – und dies gegebenenfalls so lange, bis unser Historiker irgendwann – auf nicht eindeutig festgelegtem und nach seiner ›Länge‹ allenfalls in bezug auf die dazu nötigen Kartenwechsel bestimmbarem Wege – schließlich bei Brecht (und dessen ›Karte‹) resp. in der Gegenwart ankommt, ohne sein Thema je verlassen (also etwa zwischendurch über Oden gehandelt) zu haben. Freilich kann es so geschehen, daß er am Ende keine allgemeine Essenz aus allen ihm auf seinem Weg begegneten Epigrammen und Epigrammauffassungen zu ziehen vermag – *ohne* doch deshalb versagt oder den Wert der Epigrammgeschichte oder einzelner ihrer Gegenstände gemindert zu haben. Statt dessen liefert die Vernetzung von lokalen Karten ein Strukturmodell, welches plausibel macht, inwiefern in der Gegenwart des Epigramms sehr andere Nähebeziehungen bzw. Anschlußmöglichkeiten (in eine offene Zukunft) bestehen können als von Simonides aus, ohne daß der Konnex zu diesem je ganz abreißt.

Die einschlägigen Vorhaltungen gestrenger Systematiker, Historiker operierten prinzipiell strukturlos, erscheinen so um einiges relativiert. Zwar gibt es unbestritten ins Anekdotische zerfaserte, unter Faktenbergen begrabene oder schlicht gedankenflüchtige Historie, doch sind in sich verwirrte oder alles (nur keine Differenzierung) zulassende Systematiken durchaus ebenso geläufig.[80] Nicht systematischer Glaube und Gestus, sondern Maß und Art der Strukturierung zählen. Sicherlich ist die Vorstellung einer zusammenhängenden topologischen Struktur keinesfalls die einzige Möglichkeit, die Schwierigkeiten komplexer historischer (Begriffs-)Explikation anzugehen, ebensowenig wie das Topologische selbst irgend etwas spezifisch Histo-

---

prinzipiell und von Fall zu Fall zwischen Veränderungen *innerhalb einzelner Bestimmungsparameter selbst* (etwa: Wie verändert sich der Versbegriff?) und solchen *hinsichtlich ihrer Bedeutung für ein jeweiliges Gesamtgefüge* (etwa: Welche Rolle spielt die Versbindung für den Lyrikbegriff insgesamt?) zu unterscheiden.

[80] Von solcher Art scheinen (neben bekannten Allerklärungsmustern wie der Hegelschen Dialektik) insbesondere auch einschlägige Versuche, komplexe Strukturverhältnisse in Analogie zu Wurzelstockgewächsen (Rhizomen) zu erhellen (vgl. Deleuze/Guattari, Tausend Plateaus). Verzweigt- und Vagheit erscheinen hier mehr exemplifiziert als expliziert.

risches an sich hat. Dennoch scheint die Richtung insofern zu stimmen, als ›Systematik‹ und ›Historie‹ sich, wo sie historische Gegebenheiten analysieren, mit jeweils zunehmender Differenzierung eher aufeinander zu als voneinander fort bewegen sollten.

2.4. Heuristische ontologische Basiskonventionen

Die letzte unserer allgemeinen Vorbetrachtungen gilt der Einführung einiger heuristischer ontologischer Basiskonventionen, welche insbesondere den anschließenden hermeneutischen Erörterungen zugrunde liegen sollen. Angesichts der Tatsache, daß Gliederungen wie die folgenden traditionell meist mit emphatischem Welterklärungsanspruch auftreten, sei zuvor bemerkt, daß hier keineswegs etwa das ›Wie‹ oder ›Warum‹ der ›ganzen Wirklichkeit‹ in Rede steht, sondern nur eine – wiewohl u.E. für unsere weiteren Zwecke vergleichsweise praktikable – Möglichkeit (unter vielen), manche später häufig in begrenztere Kontexte hineinwirkende Allgemeinverhältnisse vorab zu differenzieren.

Die heuristische Vier-Welten-Gliederung

Als terminologischer Ausgangspunkt dazu diene Karl Poppers Drei-Welten-Theorie, die von einer ontologischen Trias aus Materiellem (Welt 1), Bewußtsein (Welt 2) und Geistigem (Welt 3) ausgeht.[81] Mit der Einteilung übernehmen wir gleichwohl weder Poppers Begründung[82] noch die dort supponierten Konstitutionsverhältnisse. Denn weit eher als für *Teile* einer diskret bestimmten Trias werden unsere ›Welten‹ im folgenden für *Aspekte komplexerer Fundierungsverhältnisse* zu gelten haben.

Da ferner Zwecke resp. Werte ebenso schwer in der Popperschen Trias unterzubringen wie im weiteren zu entbehren sind, fügen wir zudem noch eine vierte, eben jene enthaltende ›Welt‹ hinzu.[83] Hiermit ergibt sich eine Basiseinteilung in vier dis-

---

[81] Vgl. Popper/Eccles, Das Ich und sein Gehirn, S. 61–77.

[82] Was Popper gegen Ende seines Denkwegs dazu bringt, dem Bewußtsein und der geistigen Welt jeweils ›eigenen Seinsstatus‹ einzuräumen, ist vor allem die Annahme, daß von diesen Sphären handfeste Kausalwirkungen auf die – nicht zufällig als ›erste‹ bezeichnete – materielle Welt ausgehen können. Mag dies Kriterium auch geeignet scheinen, materialistische Monisten zu ›spiritualistischen‹ Konzessionen zu zwingen, so ist die damit verbundene Auszeichnung selbst doch keineswegs zwingend. Nicht nur, daß die gleiche Unterscheidung vom Bewußtsein her genauso zu entwickeln wäre. Ihre ontologische Begründung könnte vielmehr auch ganz jenseits jeder Kausalitätsannahme, ja überhaupt jenseits aller potentiellen Wechselwirkungen erfolgen. Umso mehr werden wir jedoch bemüht sein, unsere Unterscheidungen für möglichst viele ontologische Überzeugungen anschlußfähig (i.e. problemlos transformierbar) zu halten.

[83] Wer Zwecken und Werten ihre Existenz abstreiten bzw. sie als Epiphänomene anderer Welten fassen möchte, mag alle weiteren ›Welt 4‹-Ausdrücke einfach durch ›das, was man Zwecke/Werte nennt, obwohl es eigentlich gar nicht existiert‹ bzw. die entsprechende(n) andere(n) Welt(en) ersetzen.

krete[84] und für unsere Zwecke nicht weiter zu ordnende[85] heuristische Klassen, die zueinander in komplexen, wenn auch stets über die Welt 2 vermittelten Wechselwirkungen stehen und deren Gesamtheit, wenn nicht alles, was es gibt und geben kann, so doch alles, was uns fürderhin beschäftigen wird, umfaßt.

Die materielle Welt (W1)

Vergleichsweise wenig Schwierigkeiten macht dabei – zumindest in der Theorie – die erste, im folgenden (wie alle anderen analog) ›W1‹ abgekürzte Welt. Ursprünglich wohl als Ganzheit alles sinnlich Wahrnehmbaren aufgefaßt, darf ihr Umfang dennoch nicht aufs Sichtbare, Hörbare etc. beschränkt werden. Quarks und bislang unent-

---

[84] Ob und inwiefern hier – insbesondere etwa an den Emergenzpunkten der historischen Konstitution neuer Welten – graduelle Übergänge möglich sind, ist in unserem Zusammenhang nicht relevant. Mit einer ontologischen Hypostasierung der Grenzen, wie etwa Schreiter, Hermeneutik, S. 148, sie an Nicolai Hartmanns Schichtenlehre (etwa in: Das Problem des geistigen Seins, S. 13ff.) kritisiert, hat das gleichwohl nichts zu tun. Daß die Konstitutionsketten, die wir im weiteren definieren, ausschließlich diskrete Komponenten (also nur (entweder) ›Welt 1‹ oder ›Welt 2‹ oder ›Welt 3‹ oder ›Welt 4‹) enthalten können, soll keineswegs die Behauptung suggerieren, daß andere Konstellationen prinzipiell nicht möglich wären, sondern weit mehr die pragmatische Voraussicht, daß unser Zweck deren Auszeichnung nie erfordert.

[85] Prominente Ordnungen wären etwa die evolutionäre (für welche sich die Abfolge Welt 1–Welt 4–Welt 2–Welt 3 aufdrängt) oder aber solche nach ›Fundamentalität‹ bzw. Wert. Ein allgemeines ›Ranking‹ scheint uns freilich gerade hier nicht sinnvoll, sind die holistischen Hypertrophierungen einzelner Welten doch – etwa als Platonismus (Welt 3), Materialismus (Welt 1) oder Psychologismus/Solipsismus (Welt 2) – bereits beeindruckend genug durchlitten und durchlebt worden. Andererseits sollte gerade deshalb auch nichts daran scheitern, und man mag sich die ›Welt seiner Wahl‹ (solange dadurch keine Unterscheidungen verlorengehen) im folgenden durchaus immer still als höchste, erste, wichtigste, verheißungsvollste, usw. denken, wenn es sein muß gar als einzige. Denn obschon sich die oben propagierte Vierteilung durchaus in scharfem Gegensatz zu den holistischen, vielfach mehr mit Wegerklären als Erklären beschäftigten Reduktionismen und Monismen versteht, welche die kulturwissenschaftliche Methodologie seit je in Wellen durchziehen, sei hier darauf verzichtet, etwa die »außer-linguistische Wirklichkeit« (Ricoeur, Hermeneutik und Strukturalismus, S. 85; vgl. auch ders., Die Metapher und das Hauptproblem der Hermeneutik, S. 359) wieder – und womöglich, wie Ricoeur in der Tendenz, vor allem in Form des Unbewußten und des lieben Gottes – ontologisch gegen solche Theoretiker ins Recht setzen zu wollen, denen die Welt nur mehr als Zeichen, Sprache oder Text erscheinen möchte (so der bei Behler, Text und Interpretation, S. 331, referierte Vorwurf Gadamers gegen Derrida, ein Einwand, der indes bei Kurz, Fragen und Probleme der gegenwärtigen hermeneutischen Reflexion, S. 34/35, mit gutem Recht auf Derrida *und* Gadamer (und Wittgenstein) erweitert ist). Ebensowenig kann es etwa darum gehen, gegen das Gebetsmühlenartige anzurennen, mit welchem »die Voraussetzung, daß ideale Wesenheiten existieren« (Fischer-Lichte, Bedeutung, S. 43), regelmäßig erst zum obsoleten ›Platonismus‹ banalisiert und dann durch dieses oder jenes (de facto dann weder mehr noch weniger ›platonische‹) Zeichenmodell ›überwunden‹ wird. Nicht auf die Frage, ob es (nur) Texte, (nur) Zeichen, (nur) Materie, (nur) Geist, (nur) psychische Erscheinungen etc. gibt oder nicht, kommt es vor allem an, sondern darauf, die ›Texte‹, ›Zeichen‹, ›Dinge‹ oder was immer, die man selbst im Kopf hat, von solchen zu unterscheiden, gegen die man mit ihm stoßen kann.

deckte Galaxien gehören ebenso dazu wie Photonen, ja überhaupt alles, was sinnvoll Gegenstand der Naturwissenschaft sein kann. Weitere Beispiele wären: Bäume, Mauern, Meereswellen, das Gehirn von Bobby Fischer, dieses Buch oder reines Vakuum, nicht dagegen ›nichts‹.

Da die *Gesamtheit* der Welt 1 im folgenden keine herausgehobene Rolle spielt, mag der Ausdruck ›W1‹ (wie analog solche der übrigen, ebenfalls nie als Ganze in Betracht kommenden Welten) fortan stets für im Prinzip beliebige und bei Bedarf ad hoc per Markierung – W1 (z.B. Peter Alexanders Abbild auf dem Fernsehschirm) $\neq$ W1' (Peter Alexanders ›unmittelbare‹ visuelle Erscheinung) $\neq$ W1'' etc. – oder Indizierung – $W1_1$ bzw. $W1_{ME}$ (der Berg Mount Everest) $\neq W1_2$ bzw. $W1_{NP}$ (der Berg Nanga Parbat) – zu unterscheidende *Teilgegebenheiten* bzw. *-ganzheiten* stehen.[86] Indes verstehen sich derlei Spezifikationsmöglichkeiten – gleich sämtlichen im weiteren noch einzuführenden – weniger als unvermeidlich überall wahrzunehmende Garanten vermeintlicher ›ontologischer Exaktheit‹ denn als *fakultative* Werkzeuge, die immer nur so weit zu gebrauchen sind, wie es der jeweilige Differenzierungszweck erfordert.[87]

Als für unsere Zwecke ausgezeichnete W1-Spezialfälle führen wir demgemäß ›W1v‹ für *visuell* wahrnehmbare materielle Verhältnisse (sichtbare Farben und Formen), ›W1a‹ für *auditive* (d.h. im Frequenzspektrum des Hörbaren angesiedelte) und ›W1h‹ für *haptische* (also: Berührbares, Ertastbares, hier der Einfachheit halber inklusive Geruchs- und Geschmackssinn) ein, sowie dazu beliebige Kombinationen der Form ›W1av‹ (oder äquivalent: ›W1va‹), ›W1ah‹, ›W1avh‹ etc.

Die innere Welt (W2)

Etwas verwickelter liegen die Verhältnisse in der W2. Ist die W1 bei aller Unergründlichkeit im einzelnen doch insgesamt als einheitliche denkbar, so zerfällt die Bewußtseinswelt – als Gegenstand der Psychologie – realiter in ebensoviele Einzelwelten, wie es Bewußtseinsträger gibt. Diese können zwar (entgegen manch überspanntem Einwand) durchaus Verbindung untereinander aufnehmen, doch bleibt der Austausch stets auf die Vermittlung anderer Welten angewiesen und entsprechend eingeschränkt und unsicher. Problematisch ist zudem die Frage, wie Bewußtsein

---

[86] Diese Teilgegebenheiten müssen keineswegs immer ›Gegenstände‹ oder ›Dinge‹ im landläufigen Sinne sein. Auch Sachverhalte wie das Hereinbrechen der Nacht über Zagreb oder die Tatsache, daß ein Bierdeckel an einer bestimmten Stelle auf einem Tisch liegt, können W1-Ausdrücke konstituieren (und Analoges gilt für die anderen Welten). Wie und daß überhaupt dergleichen Ganzheiten als – im Prinzip beliebig bemessene – Teile aus der Gesamtheit der materiellen Wirklichkeit ›ausgeschnitten‹ werden (können), liegt allerdings mitnichten ›von Natur aus fest‹, sondern involviert – wie später deutlich werden wird – notwendig (wenn auch rudimentäre) Elemente der Welt 3.

[87] Angesichts des enormen Abstands, den Notationen wie die unsere zur Mannigfaltigkeit des Wirklichen ohnehin immer behalten, hätte die jedesmalige Ausfüllung aller eingeführten Spezifikationen jenseits des aktuellen Explikationszwecks wohl mehr absurden Charme als Nutzen.

überhaupt zu definieren sei: als der »gesamte reelle phänomenologische Bestand des empirischen Ich«, als »inneres Gewahrwerden von eignen psychischen Erlebnissen« oder als »zusammenfassende Bezeichnung« für jederlei »psychische Akte« oder »intentionale Erlebnisse«?[88] Für unsere Zwecke scheint es am günstigsten, zunächst die erstere Bedeutung – weitgefaßt als ›(individuelles) inneres Erleben von irgend etwas‹ – zugrunde zu legen und weitere Differenzierungen später vorzunehmen. Vorläufig muß es genügen, wenn evident wird, daß eben *das, was im Moment von diesem Text gesehen oder realisiert wird*, zur W2 gehört, ganz so wie das, was statthat, wenn der Leser innehält und sich besinnt, ob das auch wirklich stimmt.

Als Binnendifferenzierungen kommen im folgenden ›W2x‹ und ›W2y‹ für *verschiedene individuelle Träger* sowie – als darin ausgezeichnete Spezialfälle – ›W2r‹ als Inneres bzw. Bewußtsein eines *Rezipienten* und ›W2u‹ als das eines *Urhebers* von Kulturgegenständen in Betracht.

Die ideale Welt (W3) und ihre Spezifikationen

Sind W1 und W2 ihrem Sein nach *real*, d.h. im Zeitfluß situiert, so ist W3 gerade dadurch gekennzeichnet, daß sie – obschon genauso wirklich – *ideal*, d.h. ihrem Sein nach ›außerhalb der Zeit‹ ist.[89] Obschon zuerst von Platon in den Himmel und von dessen Widersachern oftmals völlig aus der Wirklichkeit entrückt, ist sie – vom unfaßbaren Wunder ihrer (wie der anderen Welten) Existenz im ganzen abgesehen – weder durchweg besonders sublim noch numinos. Vielmehr kommt es gerade darauf an, ihren Umfang nicht zu gering zu veranschlagen. Nicht nur Mathematik und Logik, besonders bewährte Theorien oder ›ewige Meisterwerke‹ zählen dazu,[90] sondern etwa auch die Zeichenfolge ›gnn§dl'rg‹, das Spiel ›Mensch ärgere dich nicht‹, der Sinn dieser Wörter, die dafür stehende Buchstabenfolge, die dem Lächeln der Mona Lisa zugrundeliegenden Farb- und Formbeziehungen,[91] Jerry Cotton oder das, was an den

---

[88] So die klassische Begriffsdifferenzierung bei Husserl, Logische Untersuchungen, Bd. II/1, S. 346.

[89] Daß sie zugleich »von der physischen Welt grundsätzlich verschieden ist« (Betti, Zur Grundlegung der allgemeinen Auslegungslehre, S. 2), ist darin impliziert, nicht dagegen die (nicht nur bei Betti) hegelianisch nachtönende Wertemphase. – Die hier zugrundeliegende, in vielen Grundzügen Nicolai Hartmann verpflichtete (vgl. – neben den sonst genannten Werken – insbes. auch: Der Aufbau der realen Welt, sowie: Zum Problem der Realitätsgegebenheit) Konstellation der Grundbegriffe erhellt auch aus den Negationen: Als *Unwirkliches*, d.h. als Gegenteil des Wirklichen überhaupt gelte demnach »das nackte Nichtsein« (Hartmann, Möglichkeit und Wirklichkeit, S. 55), welches, da es »keine Seinsart« (ebd.) bildet, nie spezifisch zu verhandeln ist. Irreales – als ›Reales, das nicht wirklich ist (bzw. war)‹ – kann dagegen durchaus im Modus der Idealität spezifiziert werden (›Napoleon ist in Amerika‹, ›Ich war auf dem Mars‹), ebenso wie ideal zu bildende Konstellationen ohne Korrelat (wie ›die Quadratur des Zirkels‹).

[90] Eine mathematisch zentrierte W3-Auffassung klingt etwa bei Hartmann, Zur Grundlegung der Ontologie, S. 223–245, durch.

[91] Vgl. dazu etwa Hartmann, Das Problem des geistigen Seins, S. 369, wo entsprechende Formen von Idealität als »Art des Gesehenwerdens« apparieren.

Bewegungen eines Schutzmannes den Verkehr regelt – ja es wird schwer sein, im Bereich menschlicher Zivilisation etwas zu finden, was keine W3-Komponente besitzt.

Inwieweit die W3 schon vor bzw. jenseits jeder Realisation in einem Bewußtsein bestand oder bestehen kann, ist für Wesen, denen sie nur dort erscheint, schwer zu entscheiden. Unabhängig davon bleibt jedoch die vexatorische Erfahrung, daß W3-Entitäten offenbar teils – wie der Satz des Pythagoras – ›gefunden‹ und teils – wie Hamlet oder die Knotenschrift – ›geschaffen‹ werden. Dieser Doppelcharakter verleitet leicht dazu, entweder nur einem der beiden Entstehungsmodi (meist dem ersteren) Wirklichkeitscharakter zuzumessen oder aber auch Geschaffenes stets für gefunden bzw. Gefundenes stets für geschaffen zu nehmen. Hier gilt es, sowohl eine kontextuelle als auch eine evolutionäre Bindung in Betracht zu ziehen. Erstere knüpft die Gegebenheit idealer Verhältnisse an (mehr oder weniger) bestimmte, wenngleich keineswegs notwendig miteinander harmonierende *Bezugs-*, d.h. Konventions- oder Regelsysteme (z.B.: ›2 + 2 = 4‹ *im Bezugssystem der Arithmetik*; › ›two‹ steht für 2‹ *im Bezugssystem der englischen Sprache*; ›Odysseus ist der Vater Telemachs‹ *im Bezugssystem der* ›*Odyssee*‹),[92] und die zweite besagt, daß auch das Ideale, obschon als Sein nicht zeitlich situiert, in seiner Realerscheinung praktisch evoluiert,[93] was meint, daß die ›objektive‹ Antwort etwa auf die Frage, was ›blöd‹ bedeute, nicht unabhängig davon ist, ob sie heute, im 18. Jahrhundert oder im alten Ägypten gestellt wird. Oder allgemein: Nicht jedes Bezugssystem hat immer und überall die gleiche Evidenz und Gültigkeit.[94] Nichtsdestoweniger zeigt alle Denkerfahrung, daß man, je tiefer man in ein je strukturierteres System – sei es die Geometrie, ein Computerspiel oder ein voraussetzungsreiches und komplexes Romanprojekt – eindringt, desto weniger willkürlich vorgehen und Verhältnisse bzw. Lösungen subjektiv desto eher ›finden‹ als ›erfinden‹ wird. Wieviel Intuition, Inspiration oder Glück dazu jeweils erfordert ist, liegt freilich ebensowenig allgemein fest wie die Existenz gesuchter oder der Wert gefundener Lösungen.[95]

---

[92] Zu den Wirkungen der Bezugssystemgebundenheit vgl. etwa Kopperschmidt, Methoden der Argumentationsanalyse, S. 120/121.

[93] Ausgehend von Ingardens Feststellung, daß nichts Reales sein könne, ohne durch die Gegenwart zu laufen (vgl. Das literarische Kunstwerk, S. 249), könnte man auch sagen: Nichts Ideales kann dem Menschen wirklich werden, ohne mit seinem Akt- oder Realkorrelat (mindestens einmal) ›durch die Gegenwart zu laufen‹ und dadurch eine bestimmte Situierung zu erfahren.

[94] Zwar wäre die W3 womöglich insgesamt als topologisch strukturierte Einheit mit einer Fülle lokal ausweisbarer Metriken zu denken, doch wird solche etwaige Synthese im folgenden nie benötigt.

[95] Sicher ist dagegen, daß auch mißlungene Lösungen (neue) Gegenstände der W3 konstituieren. Gesetzt etwa den Fall, wir hätten im Laufe unserer bisherigen Untersuchung noch keine einzige zutreffende Aussage zustandegebracht und wären folglich überall im Unrecht, so blieben unsere Befunde doch (ideal)wirklich genug, um ihrerseits wieder zutreffend oder unzutreffend referiert ›werden zu können‹.

Ebenfalls auf die Realgegebenheit bezogen ist die Unterscheidung von Latenz-
und Aktualform. Völlig aktualisiert ist jetzt etwa der Sinn des aktuellen Satzes, weniger dagegen der des vorigen und gar nicht der des übernächsten. Dennoch ist auch
letzterer insofern schon jetzt – bevor er noch gelesen wird – ›latent vorhanden‹, als
sowohl eine materielle Realisation wie auch (anzunehmenderweise) das zur Umsetzung benötigte Konventionssystem aktuell erreichbar vorliegen:[96] Wo ein passendes
Bezugssystem dagegen erst noch zu erschließen ist (z.B. durch Erlernen einer fremden Sprache), erscheint der – sichtbar immer *relativ* zu einem bestimmten realen Subjekt bzw. einer bestimmten, im Extremfall die ganze aktuelle Menschheit umfassenden Gruppe bestehende – Latenzcharakter im ganzen noch gesteigert. Grenzen werden dort erreicht, wo entweder keine materielle Realisation oder keinerlei Zugang
zum zugrundeliegenden Bezugssystem (mehr) vorhanden ist (›letztes Exemplar ver-
brannt‹, ›letzte Erinnerung verloren‹ bzw. ›(allen) unbekannte Sprache‹ sowie ferner
bei (noch) nicht ›exportierten‹ (d.h. hier: potentiell intersubjektiv materialisierten)
oder aber ›rein privaten‹ W3-Gegenständen (z.B.: Dante denkt aus Zufall schon die
Schrödinger-Gleichung, vergißt sie aber spurlos wieder; bzw. ›Der Kölner Dom ist
ein Symbol für meinen rechten Arm‹). Eine andere Richtung von Latenz eröffnet sich
dagegen, wo etwas mit einem bestehenden Bezugssystem zwar fest- bzw. darin (mehr
oder weniger) angelegt, jedoch bislang nie konkret manifestiert bzw. entwickelt worden ist (z.B. regelkonforme, aber bislang ungespielte Schachpartien bzw. die in der
Theorie nichtlinearer Systeme – so wie sie jetzt besteht – gegebenen, aber bislang
nicht entfalteten Erkenntnispotentiale). Dabei schafft die Realisation bestehender
Möglichkeiten in aller Regel neue.

Noch wichtiger für die weitere Explikation und formal entsprechend zu markieren
sind dagegen einige relationale (nicht etwa ontologische) Differenzierungen innerhalb der W3. Unterschieden seien hier a) ›*reine*‹ (bzw. nicht weiter spezifizierte)
Idealitäten (W3), b) ideale *Zeichenformen* (W3z; mit den Unterfällen: ideale *Lautform* (W3za), ideale *Schriftform* (W3zv) oder auch – wie bei Blindenschrift oder
konventionalisierten Berührungen – ideale *haptische Zeichenformen* (W3zh)[97]), c)
Idealitäten der *Begriffsgegebenheit* (W3b) sowie schließlich d) *konkretisierende*, d.h.
Realspezifikationen fixierende bzw. – umgekehrt – aus dem Realfluß extrahierende
Idealitäten (W3k) mit einem spezifisch *medienbezogenen* Unterfall (W3m).[98] Zur

---

[96] Daß der Grad solcher ›Erreichbarkeit‹ (d.h. der dazu nötige Energieaufwand) erheblich
schwanken kann, wird jedem Kulturwissenschaftler geläufig sein.

[97] Auch die haptischen Erfahrungsmomente, die das Cyberspace-Medium auszeichnen, sind
ihrer intentionalen Konstitution nach wesentlich W3zh-Substrate. (Zur Bedeutung des
Haptischen im Cyberspace vgl. stellvertretend Rieger, Medienwissenschaft der Literatur –
Literaturwissenschaft der Medien, passim.)

[98] Zur Trennung zwischen W3, W3z und W3b vgl. – bei mancher Abweichung im einzelnen
– grundsätzlich Frege, Über Sinn und Bedeutung, in: Funktion, Begriff und Bedeutung,
S. 40–65; ferner ders., Schriften zur Logik und Sprachphilosophie, S. 24–34, sowie den
Brief an Husserl vom 24.5.1891, in: Gottlob Freges Briefwechsel mit D. Hilbert u.a.,
S. 33–37, dort insbes. S. 35.

Differenz der Ebenen ein Beispiel: 2 und 3 sind spezifisch unterschieden in W3,[99] ›2‹, ›zwei‹, ›deux‹ und ›II‹ in W3z (genauer: W3zv),[100] ›2‹, ›1 + 1‹, ›fünf weniger drei‹ und

$$e^{2\pi i} + \sum_{j=0}^{\infty} \frac{1}{2}^j - (\tan\frac{\pi}{4})^{17+4}$$

in W3b, ›2‹, ›**2**‹, ›2‹ und ›²‹ in W3k,[101] und schließlich diese ›2‹ auf der Buchseite des Lesers und die gleiche auf dem Bildschirm des Autors in W3m.

Was die näheren Implikationen und Abhängigkeitsverhältnisse dieser Idealaspekte angeht, so können sie erst später, auf breiterer formaler Basis, sinnvoll eingeführt werden. Allgemein sei lediglich auf die erheblichen Differenzen hingewiesen, welche – wiederum infolge einer Art evolutionärer Situierung – hinsichtlich der Distinktheit und ›Realenthobenheit‹ idealer Entitäten bestehen können. Denn während etwa die Rechenaufgabe ›10^{1000} Eier + 4 Eier‹ ein klar bestimmtes und unabhängig von der realen Vorhandenheit so vieler Eier bestehendes Ergebnis hat, und während auch Ulrichs (des »Mann[es] ohne Eigenschaften«) Schwester ebenso bestimmt und realenthoben Agathe (und nicht etwa Adelgunde) heißt,[102] kann die allgemeine ideale Formgestalt, mit welcher z.B. ein Bild – von der Kopie bis zur Karikatur – (noch) als ›Mona Lisa‹ identifiziert wird, kaum befriedigend mit Worten oder überhaupt eindeutig oder scharf (sondern, wenn überhaupt, als Topologie) angegeben werden. Die Idealität des (visuell) ›Mona-Lisahaften‹ scheint dergestalt viel enger an der Realgegebenheit ihres materiellen Trägers zu ›kleben‹ als der Name von Ulrichs Schwester, den man, ohne je ein Exemplar vom »Mann ohne Eigenschaften« gesehen zu haben, schon sicher identifizieren könnte.

Wo genau sich die W3 ›ins Reale verläuft‹ bzw. wo von ihr zu reden gerade noch Sinn macht, ist kaum generell zu entscheiden. Markante Grenzen liegen jedoch – vom Grad der Vagheit des jeweils Anzugebenden abgesehen – dort, wo Idealgegenstände resp. idealisierbare Eigenschaften realer Gegebenheiten entweder nicht oder nur spürbar ungenügend mit Hilfe konventioneller Zeichensysteme nach Kriterien festgelegt oder expliziert werden können (z.B. ›Miles Davis' Trompetensound der Mittsiebziger Jahre (von dem ich aber nicht sagen kann, was ihn ausmacht)‹), nicht anschlußfähig etikettierbar sind (etwa: ›das, was ich am »Zauberberg« irgendwie gut finde (aber auf keinerlei Begriff bringen kann)‹), nicht dezidiert als Idealitäten gestaltet oder erkannt

---

[99] Vorausgesetzt sei hier das Bezugssystem alltäglicher Arithmetik diesseits mathematischer Fundierungsfragen.

[100] Umgekehrt kann dieselbe Zeichenform bekanntermaßen verschiedenen Begriffen resp. Gegenständen zukommen, etwa im Fall von ›Halle‹.

[101] Daß W3k-Abweichungen in bestimmten Konstellationen sinntragend werden können (was namentlich im Avantgardeschrifttum keine geringe Rolle spielt), zeigt eine Fügung wie: ›Glücklicherweise halten unsere Einnahmen sich mit den Ausgaben derzeit noch die Waage‹. Unabhängig davon können identische W3k-Gegebenheiten (meist kontextabhängig) verschiedene W3z- oder andere Gegebenheiten repräsentieren (Beispiel: Jemand schreibt das ›n‹ exakt so wie ein anderer das ›u‹ bzw. jemand malt Friedrich Gulda exakt so wie ein anderer Heiner Müller).

[102] Vgl. analog dazu z.B. Petersen, Folgen der Moderne, S. 273.

werden (z.B.: Jemand bringt strukturierte Geräusche hervor, die aber niemand als Musik identifiziert), nicht über zeitliche Unterbrechungen hinweg als Identische reproduziert oder wahrgenommen (z.B.: Jemand vermag eine dahingepfiffene Melodie – darum gebeten – nicht zu wiederholen) oder schließlich gar nicht aus der Realmannigfaltigkeit extrahiert werden können (z.B.: Jemand kann im LSD-Rausch sich und seine Umwelt nicht mehr auseinanderhalten).[103]

Die Zwecke- und Wertewelt (W4)

Ist die W3 vor allem in sich diffizil, so ist es die W4 primär im ganzen. Entwirft man sie, wie wohl am sinnvollsten, konsequent vom Geltungsaspekt her, so erscheint sie wesentlich real, wenngleich die Annahme von W3-analogen Latenzmodi auch hier viel für sich hat. Zu fruchtbaren Unterscheidungen kommt man hier gleichwohl (noch mehr als anderswo) erst über – im weiteren noch zu entfaltende – *Konstellierungen* mit anderen Komponenten.

Sonderkonventionen und Realzeitspezifikationen

Zum Abschluß unserer Kurzvorstellung der verschiedenen Welten gilt es nun, bevor der Blick sich ganz auf deren Beziehungen wendet, noch drei später wichtige Konventionen einzuführen. Erstere betrifft *fiktive* Entitäten, welche (zu gegebener Zeit) als *$W1$ bzw. *$W2$ etc. aufscheinen werden, die zweite *allgemeinbegriffskonstitutive Substrate*, die (wiederum zu gegebener Zeit) als $^{\varnothing}W1$, $^{\varnothing}W2$ etc. ins Spiel kommen, und die dritte schließlich Differenzen in der *zeitlichen Situierung* realer (also W1-, W2- oder W4-) Entitäten – was hier, der Einfachheit halber und um den Bogen zu schließen, an W1-Beispielen entfaltet sei: Demnach steht die unspezifizierte Form W1 für materielle Gegebenheiten, bei denen der Zeitaspekt nicht in Betracht kommt, weil sie – bezogen auf den jeweils aktuellen Zusammenhang – ausreichend *statisch* erscheinen (Beispiel: ein Buch, dessen materielle Veränderung für die Dauer eines Leseaktes (oder Menschenlebens) irrelevant ist), $W1^{t1}$ dagegen für solche, die an einen (wiewohl nicht infinitesimal[104]) *bestimmten Zeitpunkt*[105] gebunden sind (Beispiel: die (welt)erste Zündung eines künstlichen Blitzlichts), $W1^{ti}$ für solche zu *beliebigem bestimmtem Zeitpunkt* (Beispiel: (irgend)eine (unter allen realen) Blitzlichtzündung(en)), $W1^{\Delta t}$ für zwischen beliebigen Zeitpunkten (relativ) *fix erstreckte* (Beispiel: Mondumlauf um die Erde), $W1^{\Delta ti}$ für zwischen beliebigen Zeitpunkten *variabel erstreckte* (Beispiel: Boxkampf), $W1^{t1-t2}$ für *durch* (mehr oder weniger) *fixe Zeitpunkte*

---

[103] Zur Gradualität der Realnähe idealer Gegenstände vgl. auch Goodman, Sprachen der Kunst, S. 213 (dort anläßlich der Unterscheidung von Repräsentation und Diagramm).

[104] Hier und im weiteren gelten die alltäglichen Zeitbegriffe mitsamt allen darin angelegten Ungenauigkeiten und fließenden Übergängen. Mathematisch-physikalische Exaktheitsrigidität à la ›Strenggenommen ist die Dauer einer Pikosekunde schon kein Zeit*punkt* mehr‹ trägt wenig zur Erhellung bei.

[105] Hinsichtlich der Zeitpunktfolge gelte die Konvention t0 < t1 < t2 etc. (bzw. ti < tj etc.).

begrenzte (Beispiel: das Fußballweltmeisterschaftsfinale von 1978), $W1^{t_i-t_j}$ durch *beliebige bestimmte Zeitpunkte begrenzte* (Beispiel: (irgend)eines (unter allen realen) Fußballspielen), sowie schließlich $W1^{t_i \pm \Delta t_j}$ für das, was implizit als *materielles Korrelat realzeitlich nicht spezifizierter Ausdrücke* der Form ›Napoleon‹, ›mein Bruder‹ oder ›diese Wolke da‹ etc. fungiert, sofern hier in der Regel weder ein bestimmter Zeitpunkt noch umgekehrt das Ganze einer materiellen Evolution (vom Spermium bis zum Knochenfund bzw. von der ersten Verdunstung bis zum Rücklauf ins Meer), sondern ein nicht näher spezifizierter Zeitraum von charakteristischer materieller Konstanz in Rede steht.[106]

Konventionen der Verknüpfung:
Trägerschaft und Anzeichen- bzw. Spurverhältnis

Freilich erweist sich gerade an einem Beispiel wie ›Napoleon‹ das Unbefriedigende der bisherigen, nur einzelne Komponenten, nicht jedoch deren mögliche *Zusammenhänge* unterscheidenden Betrachtung. Vereint doch jeder Mensch im Regelfall die meiste Zeit Aspekte aller Welten, wenn auch in unterschiedlichen und wechselnden Konstellationen. Hieraus erhellt, daß es für jede differenziertere, über das Atomistisch-Katalogisierende hinausgehende ontologische Verständigung entscheidend darauf ankommt, Möglichkeiten der *Verknüpfung der Einzelkomponenten* kenntlich zu machen – wenngleich in unserem Zusammenhang weniger mit dem Ziel, die ontologische Konstitution ›des‹ oder einzelner Menschen zu erfassen als vielmehr im

---

[106] Praktisch besteht der (graduelle) Unterschied zwischen ›$W1^{t_i \pm \Delta t_j}$‹ und ›W1‹ lediglich darin, daß die Grenzen in ersterem Falle eher in den Blick geraten. Realontologisch gesehen ist die $W1^{t_i \pm \Delta t_j}$-Kennzeichnung dagegen insofern wichtig, als sie verdeutlicht, daß strenggenommen nur Substrate der Form $W1^{t_l}$ (bzw. $W1^{t_i}$) oder $W1^{t_l-t_2}$ (bzw. $W1^{t_i-t_j}$) *Namen* im Sinne einer prinzipiellen Beschränktheit auf *einen* möglichen Erfüllungsgegenstand konstituieren, während alle übrigen (also etwa auch ›die Sonne‹ als W1 oder $W1^{t_i \pm \Delta t_j}$ oder ›der Frühling‹ als $W1^{\Delta t}$) schon *Begriffe* im Sinne der *Zusammenfassung einer ganzen Mannigfaltigkeit* realontologisch unterscheidbarer (hier materieller) Gegebenheiten (nämlich: ›die Sonne heute‹, ›die Sonne morgen‹, ›die Sonne in hundert Jahren‹ etc. bzw. ›der Frühling 1947‹, ›der Frühling 1948‹ etc.) bilden. Macht man den Unterschied dagegen – wie Frege implizit (vgl. seine Bestimmung von Gleichheit in ›Über Begriff und Gegenstand‹, in: Funktion, Begriff, Bedeutung, S. 68 u.ö.) – an der Frage fest, ob mehrere ausreichend gleichartige Entitäten entweder nur kontinuierlich auseinander sukzedieren oder aber nebeneinander, d.h. gleichzeitig auftauchen können (womit ›Sonne‹ bzw. ›Hitlers Geplärre‹ bereits Namen und erst ›Himmelskörper‹ bzw. ›Diktatorengeplärre‹ Begriffe wären), so legt man – wie die Alltagssprache – schon von vornherein die in $W1^{t_i \pm \Delta t_j}$ bzw. $W1^{\Delta t}$ getroffenen Idealisierungen zugrunde und verfährt mit ihnen analog zu zeitenthobenen Idealgegenständen wie etwa ›zwei‹ (als individueller Name) und ›natürliche Zahl‹ (als klassifikatorischer Begriff). Das macht bei W1-Gegebenheiten solange keinen Unterschied, wie der implizite $\pm \Delta t_j$-Bereich in $W1^{t_i \pm \Delta t_j}$ nicht überschritten wird. Jenseits davon würde man dagegen etwa den die Alpen überquerenden Hannibal mit seinen (selten mitgemeinten) aktuellen Überresten und die heute strahlende Sonne mit der (selten mitgemeinten) erloschenen in einigen Milliarden Jahren identifizieren.

Blick auf kulturwissenschaftlich-hermeneutische und hier insbesondere moderne-induzierte Fragestellungen.[107]

Dazu unterscheiden wir prinzipiell (jedoch ohne graduelle Übergänge kategorisch auszuschließen) ein Verhältnis von *Trägerschaft*, im folgenden notiert als X (Y),[108] sprich: ›X trägt/enthält/bedeutet/steht für/repräsentiert Y‹, von einem Verhältnis des *Anzeigens*, notiert als X←Y,[109] sprich: ›X zeigt Y an‹ bzw. ›X deutet resp. weist hin auf/exemplifiziert/markiert eine ›Spur‹ von Y‹. Die Verschiedenheit in den einzelnen Redeweisen zeigt freilich ihrerseits schon an, daß beide Konventionen je *verschiedene* konkretere Verbindungsarten bündeln, deren Spezifikation hier jedoch, um das Formale nicht zu inflationieren, von Fall zu Fall daraus hervorzugehen hat, welche Art von ›Welt‹ gerade als ›Funktion‹ bzw. ›Argument‹ resp. ›Anzeigendes‹ bzw. ›Angezeigtes‹ firmiert und wie die Zeitverhältnisse sind. Demgemäß scheint es etwa bei $X^{t1}{\leftarrow}Y^{t1}$ – also zeitgleichen Gegebenheiten – eher angebracht, von X^{t1} als ›Anzeichen‹ von Y^{t1} zu sprechen, während X^{t1} in $X^{t1}{\leftarrow}Y^{t0}$ landläufig eher als ›Spur‹ zu Y^{t0} (d.h. in die Vergangenheit) erscheinen wird. Ferner seien unter allen möglichen (wiewohl keineswegs notwendig immer erfüllten oder auch nur sinnvollen[110]) Kombinationen folgende allgemeineren Fälle hervorgehoben:

Materielle Trägerschaft

W1 (X) steht – in Abhebung von ›reinen‹ W1-Gegebenheiten (wie dem Planeten Pluto) – für materielle Entitäten, die – über ihre Materialität hinaus – als *Träger* bzw.

---

[107] Die im folgenden zu diesem Zwecke eingeführten Verknüpfungen verstehen sich gegenüber der Vielzahl anderer ebenso denkbarer oder sinnvoller keineswegs als ontologisch ausgezeichnet oder zwingend. Vielmehr mag man sich die durch sie bezeichneten Fälle und Lageverhältnisse als heuristisches Raster vorstellen, welches für eine Elementarbeschreibung der Konstitution kultureller Gegenstände (günstigenfalls) vergleichsweise gute, für die Erfassung z.B. von elastischen Stößen zwischen starren Körpern dagegen denkbar schlechte Unterscheidungen liefert.

[108] Die mit der Notation gegebene Funktionsassoziation ist – bei aller nötigen Vorsicht gegen naheliegende Überstrapazierungen – insofern gewollt, als auch hier in jedem Fall eine bestimmte bzw. abstrahierbare Modifikation variabler ›Argumente‹ vorliegt. Die materielle Erscheinung W1 (X) etwa konkretisiert bzw.›bricht‹ jedes mögliche X auf charakteristische Weise, die Repräsentation im Bewußtsein W2 (X) ebenfalls, wiewohl auf charakteristisch andere, etc.

[109] Obschon im Grunde willkürlich, entspricht die Notation als ›←‹ (abgesehen davon, daß ihre vergleichsweise geringe Verbreitung assoziativen Kollisionen mit bestehenden Konventionen entgegenwirkt) insofern der ›umgekehrten‹, im ehrwürdigen Topos vom ›rückwärts durchlaufenen Schaffensprozeß‹ prominenten Grundrichtung der hermeneutischen Bewegung, als auch diese stets, wenngleich nicht immer zeitlich-prozeßhaft ›nach hinten voranschreitet‹, d.h. von der Erscheinung zum in ihr Erscheinenden, vom Anzeichen zum Angezeigten, vom Resultat zu seinen (notwendigen) Bedingungen usw.

[110] Wenig Gewinn bringt allgemein etwa die unvermittelte Verknüpfung identischer Elemente, z.B. X (X) bzw. X←X oder auch X (X (X←X)). Eine Ausnahme bestünde allenfalls, wo man – common sense und oppinio communis gleichermaßen torpedierend – die Möglichkeit von ›reinem‹, infinitem Selbstbewußtsein der Form W2 (W2) bzw. W2 (W2 (W2 (W2 (usw. ad infinitum)))) behauptete.

Vermittlungs- oder *Speichermedium* für andere, von ihrer materiellen Erscheinung zwar nicht notwendig immer vollständig ablös- bzw. beliebig auf andere übertragbare, aber doch von dieser *unterscheidbare* Entitäten X fungieren (wie etwa dieses Buch W1 (X) als Träger seines Inhalts X). – Einfache Fälle: W1 (W2) für (unmittelbare) materielle Korrelate innerer Vorgänge (Gehirnströme etc.), W1 (W3) für durch *eine bestimmte* materielle Erscheinung symbolisierte Idealitäten (z.B. ein bestimmter Stein als Glücksbringer), W1 (W4) für materielle Träger eines (in ihm gesetzten) Zweckes oder Wertes bzw. einer Funktion (Beispiel: Stuhl, gemacht zum Sitzen).[111]

Innere Repräsentation

W2 (X) steht – anders als ›reine‹ W2-Entitäten (wie z.B. ein zwar in einem bestimmten Wesen lokalisierter, von diesem aber nicht *als solcher* aufgefaßter Juckreiz) – für jede Form von *innerer Repräsentation* – womit ›Bewußtsein‹, wie es allgemein verstanden wird, erst eigentlich Kontur gewinnt. – Einfache Fälle: W2 (W1) für Außenweltwahrnehmungen, z.B. Sichtbilder: W2 (W1v) (Beispiel: die von mir gesehene Hand[112]), W2 (W2') für die bewußte Repräsentation einer inneren Gegebenheit (Beispiel: Jemand merkt, daß er Hunger hat) oder – als markanter Spezialfall – $W2^{ij}$ $(W2^{ti})$ bzw. $W2^{ij}$ $(W2^{ti}(X))$ für (Real-)Erinnerungen (Beispiel: Jemand erinnert sich eines

---

[111] Da alle diese Elementarfälle (unter welchen W1 (W1') als weitgehend sinnlos ausgespart wurde) im weiteren keine große Rolle spielen, sei die Frage, inwieweit und wie isoliert sie de facto auftreten können, hier nicht vertieft.

[112] Strenggenommen erscheint jede distinkt wahrgenommene, d.h. aus der Gesamtheit der einströmenden Realmannigfaltigkeit selektierte Gegebenheit bereits als ›begrifflich eingefaßte‹ Wahrnehmung der Form W2 (W3k (W1)) bzw. – wo man in Rechnung stellt, daß etwa die menschliche Wahrnehmung extrem interessen- resp. wertgeleitet ist – gar als W2 (W4 (W3k (W1))). Im weiteren seien diese ›Filter‹ jedoch nur dann mitgenannt, wenn sie *spezifisch* (d.h. differenzierend) in Erscheinung treten – eine Konvention, die praktisch (allen transzendentalen und konstruktivistischen Sonntagsreden zum Trotz) insofern berechtigt scheint, als auch derjenige, der sich klar wird, daß sein Sichtbild etwa einer Kerze von ihm selbst mit konstruiert ist und daß er es ohne Interesse nicht so sehen würde, keineswegs statt einer Kerze plötzlich eine Kuh sieht. Denn was und wie immer man jeweils ›aus dem Wirklichen (gleich welcher Welt) ausschneidet‹ – entscheidend ist zunächst, daß es im Anschluß weder mit der ganzen Wirklichkeit noch auch mit irgendeinem anderen der bislang gemachten Ausschnitte länger identisch ist. In einem zweiten Schritt kommt es dann darauf an, daß – unter Zuhilfenahme bestimmter Zeichenkonventionen – offenbar eine (wenn auch schwankende) Kompatibilität zu anderen Bewußtseinsträgern besteht. Zwar läßt sich aufgrund der Getrenntheit der W2-Welten niemals sicher ausschließen, daß alle anderen Menschen anstelle unserer Äpfel Birnen sehen und umgekehrt, doch spielt dies für die Identität der verhandelbaren Entitäten letztlich keine Rolle. Sie ist gerade definiert als das, was nicht dem Individuellen (je)der W2-Repräsentation zugehört. (Frege faßt diese Differenz als Unterschied zwischen ›Vorstellung‹ und ›Gedanke‹ (resp. ›Sinn‹), vgl. Logische Untersuchungen, S. 42 u. passim; Ricoeur, Die Metapher und das Hauptproblem der Hermeneutik, S. 358/359, erkennt dagegen in der bei ihm in der Scheidung von Rede »als Ereignis« und »Bedeutung« als dem, was bei jeder Wiederholung gleich bliebe, virulenten Differenz ohne Not ein Paradox.)

einst empfundenen Schmerzes bzw. des vergangenen Anblicks eines Hauses),[113] W2 (W3) bzw. W2 (W3 (X)) für jede Art ›Denken‹ im engeren, abstrakteren Sinne (mögliches Beispiel: Boris Jelzins innere Vorstellung von der idealen Zweiheit) und W2 (W4) für innerlich repräsentierte Wertdispositionen (Beispiel: Jemand will – bewußt, wenngleich nicht notwendig in Form eines sprachlich expliziten Imperativs – Gerechtigkeit).

Ideale Repräsentation

W3 (X) steht allgemein für Idealitäten, welche – im Unterschied zu ›reinen‹, d.h. für sich stehenden W3-Substraten wie der idealen Zweiheit – andere (reale oder ideale) Entitäten *repräsentieren* resp. überhaupt erst als identifizier- und gegebenenfalls verhandelbare konstituieren. Als ›Funktionen‹ sind gleichwohl nur die zuvor eingeführten *Spezifikationen* geeignet, und zwar a) als realbezogene oder realvermittelnde Idealform W3k (X) (Beispiel: das ideal Vermittelbare bzw. Wiedererkennbare an einem eingestrichenen cis[114] (konkret: W3k (W1a)[115])), b) als notationelle (d.h. in der Begriffsgegebenheit nicht variable) Bezeichnung W3z (X) (Beispiel: ein für ein (bestimmtes) eingestrichenes cis (konventionell korrekt) gesetztes Notenzeichen[116] (konkret: W3z (W1a))), oder c) als spezifischer ›Sinn‹ W3b (X) einer ›Bedeutung‹ X, welcher freilich nur im Kontext ›normalsprachlicher‹, d.h. begrifflich variabler Bezeichnungsweisen der Form W3z (W3b (X)) Markanz gewinnt[117] (Beispiel: ›die-

---

[113] Direkte Repräsentationen innerer Vorgänge über verschiedene Bewußtseinsträger hinweg – mit der Allgemeinform: W2x (W2y) bzw. W2x (W2y (X)) – seien dagegen als ontologisch unmöglich ausgeschlossen.

[114] Daß wir an dieser Stelle de facto eine *Zeichenform*, also einen W3z (W3b (W3k (W1)))-Ausdruck geben (müssen), ist, wie in allen schon aufgetretenen und noch begegnenden analogen Fällen, ausschließlich dem hier gewählten, nur normalsprachlich-schriftliche Vermittlung zulassenden Medium (also: W3m (X)) geschuldet. Die daraus resultierenden ›pragmatischen Schiefheiten‹ sind scharf im Blick zu halten – allein schon, um der (insbesondere dort, wo viel mit Texten umgegangen wird) notorischen Vorstellung zu wehren, die ganze Wirklichkeit *sei* einzig als und durch die Sprache resp. Zeichenform.

[115] Auf Nennung und Exemplifikation der übrigen, analog zu denkenden Elementarfälle sei hier und fernerhin verzichtet.

[116] Auch hierbei wäre das entsprechende Notenzeichen seiner (normal)sprachlichen Periphrase vorzuziehen.

[117] Der Unterschied, den wir im folgenden zwischen notationellen, d.h. W3z (X)- und ›normalsprachlichen‹, d.h. W3z (W3b (X))-Ausdrücken machen, ist primär pragmatischer Natur. Ontologisch gesehen ist jede Zeichenzuordnung durch einen dazwischengeschalteten Begriffsaspekt, d.h. als W3z (W3b (X)) bzw. – inhaltlich identisch – W3z (W3k (X)), gekennzeichnet, doch während die mögliche Zuordnung eines Phänomens zu bestimmten Zeichen und damit der Aspekt seiner Auffassung bei Notationen weitgehend festliegt, bleibt er bei ›Sprachen‹ variabel. Ein Hai z.B. kann von einer Waage, d.h. in deren notationeller ›Sprache‹, nur mit *einer* Anzeige wie z.B. ›114kg‹ erfaßt resp. bezeichnet werden, während er auf Deutsch wahlweise etwa als ›dieser Fisch‹, ›das, was sich da im Wasser regt‹, ›der Hai da hinter dir‹ etc., d.h. unter verschiedenen, im Prinzip unendlich (und in praxi unausschöpfbar) vielen Aspekten erscheinen kann. Analog dazu wäre etwa die bloße Aufzählung der Zeichen der natürlichen Zahlen eine (unter vielen möglichen)

ser liebliche Ton da‹, ›diese alte Weise‹, ›diese entnervende Heulerei‹ etc. für *dieselben*, einem Dudelsack entfahrenden Schallwellen (konkret: W3z (W3b$_1$ (W1a)), W3z (W3b$_2$ (W1a)), W3z (W3b$_3$ (W1a)) etc.) oder – für ein *fiktives Bedeutungssubstrat* – analog: ›der Gesichtserker des Gatten der Penelope‹, ›das Riechorgan von Telemachs Vater‹, ›Odysseus' Nase‹ etc. (konkret: W3z (W3b$_1$ (*W1)), W3z (W3b$_2$ (*W1)), W3z (W3b$_3$ (*W1)) etc.[118])).[119] Der Ausdruck W3 (X) dagegen macht, spezifisch aufgefaßt als ›reine Idealität von etwas anderem‹, ebensowenig Sinn wie unsere Spezifikationen umgekehrt als ›reine‹ Argumente.[120]

Notationen für diese, während die Möglichkeit, sie durch arithmetische Verknüpfungen variabel zu bezeichnen (z.B. $2 = 3 - 1 = 4 - 2 = 5 - 3$ etc.), bereits eine Differenzierung der im konkreten, also *endlichen* Sprachausdruck notwendig immer selektiven begrifflichen Gegebenheit und damit – in unserem Verständnis – eine Art von ›Sprache‹ markierte. – In diesem Zusammenhang erhellt anbei, daß dasjenige, wovon der Benutzer einer Sprache oder Notation ›eigentlich redet‹, im Normalfall das ist, was im Konstitutionsausdruck hinter dem ersten W3b bzw. – wo dieser konventionsgemäß fehlt – hinter dem ersten W3z steht: Wer etwa ›Da, die Maus!‹ sagt, meint in der Regel weder die durch sein Sprechen erzeugten Schallwellen, noch deren Charakter als konkrete Realisation einer idealen Lautfolge, noch diese Lautfolge, noch die damit gegebene Auffassung von ›Maus‹, sondern das vor ihm vorbeihuschende Etwas. Macht er dagegen seinen *Begriff* von der betreffenden Maus thematisch, erscheint der Ausdruck entsprechend als W1a (W3k (W3z (W3b (W3b' (W1))))), und analog beim *Begriff vom Begriff* der Maus usf. – wenngleich man spätestens ab der dritten Stufe kaum mehr wissen dürfte, wovon man da noch redet.

[118] In diesem Punkt weicht der hier angenommene Radius dessen, was als ›Bedeutung‹ fungieren kann, von dem bei Frege definierten ab. Denn während dieser offenkundig nur materiellen oder spezifisch mathematischen Idealkorrelaten als Bedeutung Existenz zumißt, Idealitäten fiktiver Realsubstrate (wie ›Odysseus‹) aber explizit ausschließt (vgl. Funktion, Begriff, Bedeutung, S. 47, oder Logische Untersuchungen, S. 36), sei hier aus Analogiegründen auch Fiktives als (wenngleich entsprechend indiziertes) Bedeutungssubstrat zugelassen. Denn obschon diesem keine Realmannigfaltigkeit zukommt – was etwa soviel heißt, daß man Odysseus, im Gegensatz zu Helmut Kohl, nicht Pore für Pore, Atom für Atom untersuchen könnte (vgl. dazu etwa auch Smuda, Der Gegenstand in der bildenden Kunst und Literatur, S. 27) –, ist es doch insoweit existent, als man darüber reden und – im Rahmen je gegebener systematischer Distinktheit – durchaus daran ›anstoßen‹ kann wie an jedes andere Wirkliche auch (Beispiel: Jemand fällt durch eine Prüfung (und verwirkt so seine Zukunft), weil er die Nymphen, anstatt – wie korrekt – dem Zeus, dem Apollo als Töchter zuschreibt.) – Eine weitere Abweichung zu Frege besteht darin, daß wir die Bedeutung von Sätzen nicht (wie Frege, in: Der Gedanke, in: Logische Untersuchungen, S. 30–53) mit deren Wahrheitswert identifizieren, und zwar zum einen, weil uns die Bedeutungsgleichheit sinnverschiedener Sätze wie ›Die Stuhllehne berührt meinen Rükken‹ und ›Mein Rücken berührt die Stuhllehne‹ unabhängig von ihrem Wahrheitswert zu bestehen scheint, und zum anderen, weil wir im folgenden auch nichtprädikativen Sätzen wie ›Geh bitte vor die Tür!‹ oder ›Wolle mer se reilose?‹ spezifische Bedeutung zuerkennen müssen. (Zur Integration auch solcher Satzarten in die neuere Logik vgl. die Hinweise bei Borkowski, Formale Logik, S. 10, inkl. Fn. 1.)

[119] Isolierte W3b (X)-Ausdrücke sind definitionsgemäß nur in der Kombination W3b (W3) denkbar, d.h. als zwar bereits – realiter als W2 (W3b (W3)) – aufgefaßte, aber (noch) keiner Zeichenform zugeordnete und demgemäß weder hier exemplifizierbare noch im Kontext der Hermeneutik maßgebliche ideale Gegebenheiten. Ansonsten erscheint, was isoliert W3b (W1), W3b (W2) oder W3b (W4) heißen könnte, konventionsgemäß als W3k (W1) etc.

[120] Als ›reine‹ Argumente fallen sämtliche W3k- (bzw. W3m-), W3z- oder W3b-Elemente in

Zweck- bzw. Wertdispositionen

W4 (X) schließlich steht für die Disposition beliebiger Argumente X, einen Wert bzw. Zweck W4 zu haben resp. zu erfüllen. Obschon etwas konkreter als ›reine‹ W4-Substratangaben wie ›Fortpflanzung‹, ›Vergnügen‹ oder ›Gerechtigkeit‹, bleibt freilich auch solche Spezifikation so lange im Modus W3-analoger Latenz, wie unklar ist, von wem – d.h. von welchem (oder welchen) W2 – die entsprechende Disposition realisiert bzw. aktualisiert wird (Beispiel: Jemand benutzt einen Fußball als Kopfkissen (konkret: W2 (W4 (W1))), oder: Unter Rittern gilt die Minne viel (konkret: W2$_{\Sigma \text{Ritter}}$ (W4 (W3))))).

Materielle Anzeichen

Was nun die Anzeichenbeziehungen betrifft, so steht W1←X allgemein dafür, daß eine Materialität auf etwas außer sich *verweist*, wobei es durchaus graduelle Übergänge zu W1 (X) geben kann. Entscheidend ist jedoch, daß hier – im Gegensatz zur Klammerform – auch und insbesondere jene Fälle eingeschlossen sind, wo die Verweisbeziehung nicht als intendierte auftritt.[121] Rauch z.B. zeigt Feuer an (W1$_R$←W1$_F$), ohne es zu ›meinen‹ resp. selbst in solcher Rolle notwendig vermeint zu sein, ganz so wie ein gespaltener Baum einen (vergangenen) Blitzeinschlag (W1$_{\text{gesp.Baum}}^{t1}$←W1$_{\text{Blitzeinschl.}}^{t0}$). – Weitere einfache Fälle: W1←W2 für ein materielles Anzeichen eines inneren Zustands, konkret etwa als W1^{ti}←W2^{ti} (Beispiel: Jemand schreit vor (aktuellem) Schmerz), W1^{ti-tj}←W2^{ti-tj} (Beispiel: anhaltendes Weinen als Zeichen anhaltender Trauer) oder W1←W2$^{\Delta ti}$ (Beispiel: Sorgenfalte als Anzeichen bzw. ›Resultat‹ einer (zeitlich hier nicht spezifizierten) Sorgenperiode), ferner W1←W4 (Beispiel: Nase als Anzeichen ihrer Funktion des Riechenkönnens), oder – zeitlich spezifiziert – etwa: W1^{tj}←W4^{ti} (entspricht: W1^{tj}←W1^{ti}←W4^{ti}; Beispiel: ein Fossilienfund als Anzeichen früherer Lebensfunktionen) oder W1$^{\Delta t}$←W4 (Beispiel: die Eßbewegungen einer Spinne zeigen den Zweck ihrer Selbsterhaltung an).[122]

---

ihre (bei aller möglichen Realkonkretion doch niemals aufgehobene oder verminderte) ›reine‹ Idealität zurück. Die ideale visuelle Zeichenform von ›A‹ z.B. wird, wo sie nichts mehr (auch nicht die ideale Lautform ›a‹) repräsentiert, vom W3z (X) bzw. W3zv (X) in letzter Konsequenz – d.h. bei Fortfall sämtlicher Realspezifikationen nach Größe, Farbe, Strichdicke etc. – zur ›reinen‹ geometrischen Figur W3. (Einen graduell dem angenäherten ›Text‹ (von Franz Mon) analysiert z.B. Andreotti, Die Struktur der modernen Literatur, S. 226.) W3k-Substrate erscheinen in Argumentform dagegen – wie wir sehen werden – (je nach vormaligem Argument) als (W3←$^\oslash$W1), (W3←$^\oslash$W2) oder (W3←$^\oslash$W4).

[121] Daß jeder Form W1 (X) auch eine Anzeichenbeziehung entspricht, nämlich sofern jede materielle Trägerschaft durch das entsprechende W1 (meist trivialerweise) auch *angezeigt* ist (nämlich als: W1 (X)←Y), darf hier nicht verwirren. *Daß* etwas für etwas (anderes) steht bzw. stehen soll, ist – als Angezeigtes Y – in der Regel nicht identisch mit dem Argument X, wofür es steht.

[122] Unter der Kombination W1←W3 (›ein Materielles zeigt unvermittelt eine Idealität an resp. exemplifiziert sie unvermittelt‹) können wir uns dagegen – abgesehen von graduellen Grenzfällen zur Dingsymbolbeziehung W1 (W3) – nichts Distinktes vorstellen.

Ist das nicht bewußt Gesetzte in W1←X bereits als Möglichkeit präsent, so tritt es bei W2←X bzw. – im folgenden einzig relevant – W2 (Y)←X insofern ins Zentrum, als hierunter spezifisch *außerhalb bewußter Repräsentation* verbleibende Wirkungen X aufs Bewußtsein gefaßt sein sollen, vor allem in Form unbewußt gesetzter Werte bzw. verfolgter Ziele, also W2 (Y)←W4, charakteristisch vor allem als W2 ($W4_1$)←$W4_2$ (Beispiel: Jemand kämpft bewußt für die Interessen der Arbeiter, unbewußt aber für seine eigenen),[123] daneben aber auch in der Form W2 (Y)←W1 für unbewußte materielle Affektationen innerer Gegebenheiten (Beispiel: Jemand träumt sich in der Hölle, weil es im Schlafzimmer heiß ist).[124]

Allgemeinbegriffsidealitäten und Exemplifikationen

W3←X dagegen lese sich als: (›reine‹) Idealität, deren Vorhandenheit und Inhalt allerdings die Abgeleitetheit aus einer anderen Welt bzw. einer Gruppe anderer, konkreterer Gegebenheiten (noch recht deutlich) anzeigt. Wichtig ist dabei vor allem der – im folgenden als W3←$^{\varnothing}$X erscheinende – Fall der Argumentform von *Allgemeinbegriffen*, wobei $^{\varnothing}$X für die allgemeinbegriffskonstitutive ›Essenz‹ aus einem Idealvertreter oder – häufiger – aus einer (im Zuge der Begriffsbildung endlichen, im Gebrauch hingegen potentiell unendlichen) Gruppe konkreterer Entitäten steht[125] (Beispiele: ›(das) Kalb (an sich)‹ als W3←$^{\varnothing}$W1, ›(die) Angst (an sich)‹ als W3←$^{\varnothing}$W2, ›(die) natürliche Zahl‹ als W3←$^{\varnothing}$W3', ›(die) Gerechtigkeit (an sich)‹ als W3←$^{\varnothing}$W4).[126]

---

[123] Die Grenze zur expliziten Selbsttäuschung ist hier fließend, doch erschiene letztere – formal komplizierter – als W2 (W3z (W3b (W2 ($W4_1$))), $W4_2$), d.h. ein Bewußtsein redet sich selbst (sprachlich) ein, den Zweck $W4_1$ zu verfolgen, während es zugleich – wohlwissend – $W4_2$ obliegt (und unbewußt womöglich einem noch anderen, als ←$W4_3$ anzufügenden). Ein Unterschied zwischen bewußter und unbewußter Differenz besteht gleichwohl darin, daß der bewußte Zweck durch den unbewußten – bei aller Problematik – mehr ergänzt denn außer Kraft gesetzt wird, während der nur eingeredete (bzw. vorgegebene) – im Gegensatz zur sprachlich expliziten Form von Wertgegebenheit als W2 (W3z (W3b (W2 (W4))), W4) – de facto gar nicht aktualisiert bzw. als konkreter existent ist.

[124] Die Fälle W2←W2' bzw. W2 (X)←W2 (X)' sind allenfalls als zeitlich differenzierte ›Spuren früherer innerer Gegebenheiten‹ der Form $W2^{tj}$←$W2^{ti}$ bzw. $W2^{tj}$ (X)←$W2^{ti}$ (X) sinnvoll denkbar, aber auch so (trotz ihres möglichen Nutzens bei einer Formalisierung der Verstehensakttheorie) für unsere Zwecke weniger relevant. Analoges gilt für W2x←W2y bzw. W2x (X)←W2y (X), wenngleich auch die zeitgleichen Fälle hier einigermaßen zwanglos, nämlich als Telepathie, zu deuten wären. W2←W3- bzw. W2 (X)←W3-Ausdrücke schließlich sind – als unmittelbare Anzeichenbeziehung zwischen inneren Gegebenheiten und Idealitäten jenseits jeglicher inneren Repräsentation – schwer vorzustellen.

[125] Primär ihrer Eingängigkeit geschuldet, darf die Symbolisierung als ›Durchschnitt‹ hier keinesfalls durchgehend wörtlich im Sinne eines Minimalbestandes von an *allen* konkret konstitutiven Entitäten ausweisbaren Eigenschaften gedeutet werden. Die allermeisten Allgemeinbegriffe scheinen eher als topologisch zusammenhängende Gebilde (im Sinne der vorangegangenen Erörterungen) strukturiert zu sein.

[126] Letztlich trägt jeder weder explizit noch kontextuell real situierte Sprachausdruck diese

(Mehr oder weniger bewußte resp. konventionalisierte) *Exemplifikationen* tragen demgemäß die Form: X←[W3←$^{\varnothing}$Y],[127] bzw. – im Falle, daß X=W1 ist und deshalb keine Äquivokationen möglich sind[128] – W1 (W3←$^{\varnothing}$Y), also etwa als W1v (W3←$^{\varnothing}$W2) (Beispiel: Jemand zeigt durch eine Geste Trauer an), verschieden von: W1v ([W3←$^{\varnothing}$W2]←W2$_K$) (Beispiel: Karl zeigt gemeinsam mit bzw. mit Hilfe einer ›traurigen‹ Geste eine/seine (reale) Trauer an[129]). Entscheidend ist, daß hier in allen Fällen eine W3-Entität ›zwischengeschaltet‹ ist, auf die das jeweils Anzeigende zuerst verweist und ohne die kein Unterschied zu X←Y bestünde. Ausdrücke der Form W3←W1, W3←W2 oder W3←W4 dagegen sind in der Folge – außer als identisch mit W3k (W1) bzw. W3z (W1) und analog – schwerlich zu denken.

Was schließlich W4←X-Ausdrücke angeht, so sind sie zwar – z.B. als Anzeichen oder Spur bestimmter materieller Gegebenheiten in bestehenden Werten (also W4←W1 bzw. W4^{t1}←W1^{t0}) – zuordenbar, doch im weiteren kaum von Belang.

Klammerkonventionen und Konventionen hinsichtlich der Beziehung gleichgeordneter Elemente

Weit wichtiger ist die abschließende Einführung einiger (z.T. bereits stillschweigend vorausgesetzter) Klammer- bzw. Verknüpfungskonventionen. Demnach eröffnet die eckige Klammer – im Unterschied zur runden als Funktionsindikator – die Möglichkeit, beliebige Ganzheiten zusammenzuschließen, dergestalt, daß das Z in X←Y←Z (wie – entsprechend – in: X←[Y←Z][130]) sich unmittelbar allein auf Y, in [X←Y]←Z bzw. X (Y)←Z dagegen auf die davor verklammerte bzw. vorstehende *Gesamtheit* bezieht. Auch wo sich ein Angezeigtes Z allein auf einen Funktionsaspekt X in X (Y) bezieht, erscheint es – analog dazu – als [X←Z] (Y), ebenso wie dann, wenn gleichgeordnete Funktionsentitäten intern – nämlich als: [X$_1$, X$_2$, ..., X$_n$] (Y) – unterschieden werden sollen.

Das Komma dient dagegen, wie im letzten Fall schon angezeigt, der Verknüpfung *gleichgeordneter Aspekte* resp. Elemente, während die Verknüpfung ›+‹ überall dort zum Einsatz kommen soll, wo innerhalb von Argumenten (ausnahmsweise) spezifisch *einzelne* (gleichgeordete) *Teile* auszuzeichnen sind (z.B. innerhalb eines Gemäl-

---

ideale Form. Zur Variabilität der Realbezugnahme vgl. etwa van Fraassen, Die Pragmatik des Erklärens, S. 59, oder gleich Hegel, Phänomenologie des Geistes, S. 84ff.

[127] Die Verklammerung dient hier lediglich als Indikator, daß $^{\varnothing}$Y auf keinen Fall für sich stehen könnte. Die allgemeinen Klammerkonventionen werden anschließend en bloc gegeben.

[128] Die näheren Implikationen hiervon sind in Abschnitt 3.1.2. noch zu entfalten.

[129] Der Unterschied – anschaulich in der Differenz der (typisierten) ›Trauer‹ eines Pantomimen zu der eines mutwillig bzw. ›normgerecht‹ weinenden Kindes – bleibt auch im Übergang zur konventionell-repräsentativen Zeichenform präsent als W1 (W3z (W3b (W3←$^{\varnothing}$W2))) (die hier materialisierte Sprachform: ›Trauer‹) ≠ W1 (W3z (W3b (W2))) (die hier materialisierte Sprachform: ›meine (bzw. diese oder jene) reale Trauer‹).

[130] Die Verklammerung von Elementen am Ende von Ausdrücken mag allenfalls bedeuten, daß die jeweils letzten Glieder – z.B. Y und Z in Q←[X←Y←Z] nie alleine stehen könnten.

des von Stan & Olli, also W1 (W3k (W1$_{StO}$)), jener Teil, der daran spezifisch ›Gemälde von Stan‹, und jener, der daran spezifisch ›Gemälde von Olli‹ ist, also W1 (W3k
(W1$_{St}$ + W1$_{O}$))). Gleichwohl scheint es ratsam, die Kurzschreibweise nach Kräften
von der (in 3.2.3. noch zu erläuternden) Komplexität der Teil- und Struktur-
ganzheitenproblematik freizuhalten und – so weit es zwanglos geht – heuristisch immer mit den je charakteristischen bzw. gewohnten Ganzheiten eines Bildinhaltes, einer Stimmung, einer Erzählung, einer Lautfolge, einer Wortbedeutung, einer Geste
etc. zu operieren.

Jenseits davon seien der Komplexität der mit Hilfe unserer Konventionen zu bildenden Ausdrücke formal keine Grenzen gesetzt, so daß, was jeweils noch korrekt,
vernünftig oder erhellend scheint, sich fallweise nach Maßgabe des aktuellen Explikandums richten muß. Daß eine Kurzschreibweise wie die vorliegende allenthalben an die Mannigfaltigkeit und Differenziertheit des Wirklichen stoßen und demgemäß ihres Charakters als heuristische Grobeinteilung immer gewärtig bleiben muß,
ist ebenso offensichtlich wie die Tatsache, daß man ihren Gebrauch leicht mutwillig
ad absurdum führen oder – weniger mutwillig – der Scheinevidenz des Formalisierten
aufsitzen kann. Es empfiehlt sich deshalb, sie im folgenden weniger ersetzend denn
ergänzend zu gebrauchen, um im besten Falle die Vorteile formaler Übersicht mit
denen umgangssprachlicher Ad-Hoc-Konkretisierung zu verbinden.[131]

Zur Verbesserung des Zugriffs sei dabei – als endgültig letzte unserer Konventionen – noch die Möglichkeit der Hervorhebung einzelner Elemente oder bestimmter
Ausschnitte durch Kursiven (etwa: W1 (W3m (W3k (W3z *(W3b (W3)))*))) oder *W1
(W3m (W3k (W3z (W3b (W3))))))*) angezeigt. Mit ihrer Hilfe kann etwa – wahlweise
– ausgezeichnet werden, was jeweils konventionellerweise ›mit zum Werk gehört‹,
worauf es einem Urheber insbesondere ankam (oder ankommt), wo er originell sein
wollte (oder will), wo er es faktisch war (oder ist), oder ganz allgemein, worum es
gerade geht. Naturgemäß ist solch lokale Fokussierbarkeit um so entscheidender, je
komplizierter die Ausdrücke werden – wobei namentlich viele jener modernistischen
Erscheinungen besonders hervorstechen, auf deren Integration es im folgenden wesentlich ankommt.

---

[131] Vgl. dazu nach wie vor Boltzmann, Populäre Schriften, S. 76, wo es heißt: »Was ist die
Theorie? Dem Laien fällt daran zunächst auf, daß sie schwer verständlich, mit einem Wust
von Formeln umgeben ist, die für den Uneingeweihten keine Sprache haben. Allein diese
sind nicht ihr Wesen, der wahre Theoretiker spart damit soviel er kann; was sich in Worten
sagen läßt, drückt er in Worten aus. [...] Ich bin der Meinung, daß die Aufgabe der Theorie
in den Konstruktionen eines rein in uns existierenden Abbildes der Außenwelt besteht, das
uns in allen unseren Gedanken als Leitstern zu dienen hat. [...] Der erste Ausbau, die stete
Vervollkommnung dieses Abbildes ist die Hauptaufgabe der Theorie. Die Phantasie ist
immer ihre Wiege, der beobachtende Verstand ihr Erzieher.«

Übersicht zur Kurzschreibweise

Konstitutionsaspekte:	W1	materielle Substrate
	W2	innere Vorgänge
	W3	ideale Entitäten
	W4	Zwecke und Werte
Spezifikationen des Wahrnehmungsbereiches (W1):	v	visuell
	a	auditiv
	h	haptisch u.a.
der kommunikativen Funktion (W2):	r	rezipierend (Empfänger)
	u	urheberbezogen (Sender)
des kommunikativen Aspektes (W3):	z	zeichenhaft
	b	begriffskonstitutiv
	k	real konkretisiert / konkretisierend
	m	medial bezogen
der zeitlichen Situierung:	X^{t1}	bestimmter Punkt
	X^{ti}	beliebiger Punkt
	$X^{\Delta t}$	fixe Zeitstrecke
	$X^{\Delta ti}$	variable Zeitstrecke
	X^{t1-t2}	bestimmter Zeitraum
	X^{ti-tj}	beliebiger Zeitraum
	$X^{ti\pm\Delta tj}$	intuitiv spezifizierter Zeitraum
des Modus:	*X	fiktiv
	$^{\varnothing}X$	allgemeinbegriffskonstitutiv
der Differenzierung:	$X \neq X'$ bzw. $X_1 \neq X_2$	
der (beliebigen) Hervorhebung:	X	
Verknüpfungen:	X (Y)	X trägt, repräsentiert Y
	X←Y	X zeigt Y an
	[X]	auf die Gesamtheit von X zu beziehen
	X, Y	gleichgeordnete Aspekte
	X + Y	gleichgeordnete Teile

3. Erste Hauptuntersuchung: Hermeneutik der Moderne

Daß moderne Hermeneutik nicht notwendig gleichermaßen eine Hermeneutik des Modernen sein muß, ist der Grund sowohl der Doppeldeutigkeit des Titels wie der Existenz der folgenden Untersuchung. Weit davon entfernt, die Probleme der Hermeneutik in und mit der Moderne umfassend sichten oder gar in abstracto ›lösen‹ zu können, begreift sie sich – vermessen genug – vor allem als *Zusammenschau* einiger ihrer wichtigsten Grundlagen und Implikationen. Keinesfalls kann es darum gehen, auf irgendeinem der dabei in Blick geratenden, sämtlich schon vielerorts verhandelten Gebiete mit der Fundiert- und Differenziertheit einläßlicher Spezialuntersuchungen zu konkurrieren. Der mögliche Ertrag besteht vielmehr darin, ein (wie immer skizzenhaftes) Panorama zu entfalten, welches vom Grundgerüst der hermeneutischen Tradition, wenn schon nicht in gerader Linie, so doch letztlich ohne prinzipielle Lücken dezidiert bis in den sog. ›Cyberspace‹ hineinreicht.

Für die folgenden Kurzbetrachtungen ergibt sich so ein relativ homogenes Aufbauschema, dergestalt, daß stets erst nach den Allgemeinaspekten des entsprechenden Punktes und dann – darauf aufbauend – nach seinen spezifisch modernen Implikationen zu fragen sein wird. Dabei können naturgemäß ganz unterschiedliche Gewichtungen begegnen, je nachdem, in welchem Maße die allgemeine Erörterung jeweils per Verweis auf einschlägige Positionen abgekürzt werden kann bzw. wie ausgeprägt die modernespezifischen Implikationen überhaupt sind. Indes stellen, was letztere betrifft, gerade Negativbefunde, d.h. solche, die besagen, daß diese oder jene hermeneutische Grundlage oder traditionelle ›Gewißheit‹ – so oder so gefaßt – auch bei entschiedener Inblicknahme moderner und modernster Erscheinungen *nicht* tangiert wird, häufig die entscheidenden dar.

3.1. Allgemeine Konstitutionsverhältnisse

Um für die spätere Betrachtung des Kernbestandes der klassischen Hermeneutik (3.2.) sowie für die exemplarische Situierung moderner ästhetisch-medialer Differenzierungen (3.3.) eine allgemeine Basis zu erhalten, beginnen wir unsere Erörterung mit dem Versuch, unter Zuhilfenahme unserer zuvor eingeführten Konventionen schrittweise ein generelles, wiewohl zugleich entsprechend offenes (und keineswegs etwa schon ästhetisch spezifiziertes) Konstitutionsschema der phänomenologischen Gegebenheit kultureller Gegenstände zu erarbeiten. Vom gängigen, in vielerlei Varianten entworfenen Sender-Botschaft-Empfänger-Modell[1] – bei erkennbar geteilter Grundstruktur – sowohl durch einige ontologische und verknüpfungstechnische Spezifikationen wie auch durch die allgemeine Blickrichtung unterschieden, scheint es uns – trotz aller irreduziblen Krudheit im Verhältnis zum konkreten Gegenstand – vergleichsweise genaue Unterscheidungen und Lokalisierungen zuzulassen.

3.1.1. Vorhermeneutische Basiskomponenten: Realgegebenheit im Bewußtsein

Als Ausgangspunkt fungiert dabei der Grundsatz, daß jede reale (und damit: jede Menschen unmittelbar zugängliche) Erscheinung eines kulturellen Gegenstandes der Aktualisierung innerhalb eines rezipierenden Bewußtseins W2r bedarf, wo sie formal als X in W2r (X) erscheint. Stürben auf der Stelle alle existierenden Bewußtseinsträger, so verschwände mit der Möglichkeit zur Aktualisierung kultureller Gegenstände zugleich auch die, noch sinnvoll deren Latenzdasein (etwa in Form gerade ungelesener, doch ›im Prinzip lesbarer‹ Bücher) zu behaupten.[2] Scheint solcher Hinweis auf den ersten Blick nur allzu transzendente Entwürfe von Kultur und Idealität zu tangieren, so ragen seine Konsequenzen doch, sobald man die Implikationen der Realgegebenheit konkret entfaltet, unversehens bis in den einzelnen hermeneutischen Vollzug und Streit hinein. Denn nicht ›das‹ oder ›(irgend)ein‹, sondern stets ein ganz bestimmtes, d.h. charakteristischen Beschränkungen unterliegendes und in seinem Erlebnisfluß mit der Realzeit korreliertes Bewußtsein realisiert den kulturellen Gegenstand. Demzufolge werden Pindars Oden – ebenso wie das Computerschießspiel Doom – jederzeit in Abhängigkeit dazu erscheinen, wer sie wann realisiert, und W2r$_i$ (X) ist allemal verschieden, je nachdem, ob W2r$_i$ z.B. einem Hamster, Leibniz oder Inge Meysel zugehört, sowie ferner je nachdem, zu welchem konkreten Zeitpunkt – d.h. unter welchen äußeren und inneren Bedingungen sowie auf Grundlage welcher aktualisierbaren Konventionen resp. Konventionssysteme und welchen ›Weltwissens‹ – etwa Inge Meysel Doom erfährt.

Letztlich sind so sämtliche Verständnisabweichungen hinsichtlich ›identischer‹ Gegenstände (›der gleiche Text‹, ›das gleiche Bild‹ etc.) bis in W2r rückführbar, und zwar sowohl dort, wo z.B. zwei Konzertbesucher ›dieselbe Sinfonie‹ gleichzeitig ›anders hören‹ (allgemein: W2r$_i^{tk-tl}$ (X) ≠ W2r$_j^{tk-tl}$ (X)), als auch dort, wo ein Zwölfjähriger Joyces »Ulysses« ›mit anderen Augen‹ liest als der ›gleiche‹ Mensch vierzig Jahre später und nach ebensovielen Semestern Theologie- und Literaturstudium (all-

---

[1] Als differenzierte Ausformungen des bei Bühler (Sprachtheorie, S. 28) Begonnenen vgl. etwa Eco, Einführung in die Semiotik, S. 167, Schütte, Einführung in die Literaturinterpretation, S. 22, oder das im Anschluß an Jakobson erarbeitete Modell bei Nünning, Vom Nutzen und Nachteil literaturwissenschaftlicher Theorien, Modelle und Methoden, S. 9. (Eine assoziative Korrespondenz des Sender-Empfänger-Modells zur ›Ursituation‹ epischen Erzählens konstatiert Petersen, Erzählforschung als Spiegel literaturwissenschaftlicher Theorie-Diskussion, S. 600f.) Unserem Modell formal verwandter ist das bei Stachowiak, Allgemeine Modelltheorie, S. 148.

[2] In welchem Sinne oder Modus sie womöglich dennoch weiter ›existieren‹ würden, ist eine interessante, aber im folgenden irrelevante Frage.

gemein: $W2r^{ti-tj}$ (X) $\neq$ $W2r^{tk-tl}$ (X)).[3] Mag der daraus häufig resultierende, sei es bedrohlich-irritierende, sei es faszinierende Eindruck, man habe offenbar ›(ganz) verschiedene Stücke‹ gehört bzw. ›ein (ganz) anderes Buch gelesen‹, auch häufig eine Projektion innerer Unterschiede oder Wandlungen ›in den Gegenstand hinein‹ darstellen, so sind die Abweichungen dennoch keineswegs notwendig stets und nur Varianzen ›reiner Subjektivität‹. Vielmehr können sie sehr oft – und darauf kommt es fernerhin entscheidend an – genauer innerhalb des ›Gegenstands‹ bzw. als Differenz zwischen den jeweils auf ihn applizierten und womöglich durchaus intersubjektiven Konventionssystemen und Weltwissenssubstraten lokalisiert werden.

Für die ästhetische Moderne ist das alles gleichwohl höchstens insoweit spezifisch, als viele ihrer Manifestationen die Vielgestaltigkeit und Differenz bewußtseinsmäßiger Realisation mit bislang ungewohnter Radikalität zum Thema machen (etwa durch konsequente Perspektivierung bzw. Bewußtseinsdarstellung) oder aber absichtlich heraustreiben (etwa durch programmatische Vagheit und Mehrdeutigkeit, Sinnverweigerung oder Hermetismus). Was dagegen das *prinzipielle*, diesseits von Inhalt und Charakter einzelner Hervorbringungen gelegene Konstitutionsverhältnis angeht, so dürfte sich der modernste Cyberspace-Adept auf dieser Stufe nicht nennenswert vom Pekingmenschen unterscheiden.

Doch obwohl die W2r (X)-Gegebenheit für sich derart so elementar bleibt, daß an ihr, indem sie noch keinerlei eigenwertige Außen- oder Fremderfahrung spezifiziert, kein Unterschied zum schieren W2 (X) – als bloßer innerer Repräsentation von irgend etwas – festzumachen und das distinkt rezeptive Moment (r in W2r) deshalb noch fakultativ ist, birgt sie dennoch schon die Möglichkeit nicht nur zu ›neuer‹,[4] sondern auch zu (teils gar unvergleichlich intensiver) ästhetischer Erfahrung, sei es im Tagtraum, Traum, Gedankenspiel, Selbstgespräch oder im schweren, keinerlei distinkte Außenwahrnehmung mehr zulassenden Rausch. Gleichwohl wird bei solcher Tätigkeit – die keinesfalls damit verwechselt werden darf, daß einem etwas, was man erst nur unklar aufgenommen hat, ›im nachhinein noch aufgeht‹ – nie *etwas* resp. *jemand anderes* (egal ob richtig oder falsch) *verstanden*, und folgerichtig trennt sich das im weiteren verfolgte, *allein auf Fremdverstehen* gerichtete Konzept von hermeneutischem Vollzug bereits an dieser frühen Stelle vom fundamentalontologisch inspirierten, den Verstehensbegriff zum Schlüssel »menschliche[r] Welterfahrung insgesamt«[5] (einschließlich allem ›Sich selbst verstehen‹[6]) ausweitenden Anspruch der ›philosophischen‹ Hermeneutik. Mag »Verstehen« auch ohne weiteres

---

[3] Als Kombination aus beiden Fällen ergibt sich das für die Kulturhistorie zentrale Phänomen, daß verschiedene Menschen verschiedener Zeiten ›gleiche‹ Gegenstände abweichend verstehen – was, aufs Epochale gewendet, als phylogenetische Parallele zum zweiten Fall gedeutet werden kann.

[4] Freilich wird dies ›Neue‹ selten ohne Basis in zuvor ›von außen‹ Rezipiertem sein.

[5] Gadamer, Wahrheit und Methode, S. 1.

[6] Zur Kritik der Einebnung von ›Sich selbst verstehen‹ und dem Verstehen der Objektivationen anderer vgl. schon Betti, Allgemeine Auslegungslehre, S. 168.

»eine Grundart des Seins des Daseins« sein,[7] so kürzt sich doch jede diesbezügliche Erörterung, wofern sie nur so fundamental ist, wie sie vorgibt, notwendig, d.h. ganz jenseits davon, inwieweit sie zutrifft, aus allen konkreteren (und fortan einzig relevanten) Unterscheidungen heraus.[8] Und mag auch jedes Fremdverstehen die Möglichkeit eröffnen, indirekt die inneren Dispositionen, welche dazu jeweils nötig waren, zu erhellen, und solcherart zugleich etwas an bzw. innerhalb von W2r explizit resp. ›verständlich‹ machen, so bleibt es dennoch im Ergebnis grundsätzlich von jenen Vorgängen geschieden, bei denen das Spezifische des jeweils ›verstandenen‹ oder überhaupt erfahrenen Substrates keinerlei bewußtseinsexternem Regulativ im Sinne der Möglichkeit, an ein äußeres Wirkliches (etwa die Vorhandenheit eines gedruckten Gleichheitszeichens oder eines Baumes) ›anzustoßen‹, unterliegt.

Funktionsaspekt und ›Wertbrechung‹

Der nächste Schritt, der auf unserem ›Weg zum kulturellen Gegenstand‹ zurückzulegen ist, betrifft den jeder menschlichen Erfahrung vorgeschalteten Funktions- bzw. Interessen- oder Wertaspekt, welcher formal als W2r (W4 (X)) erscheint. Wer friert und neben einem Ofen steht, wird dieses Buch weit eher als potentiellen Brennstoff denn als Studie zur Hermeneutik auffassen, und wer einen Film zum ersten Mal ansieht, wird ihn, sofern er bloß auf einen netten Abend ausgeht, anders aufnehmen als der Produzent, dessen finanzielles Schicksal daran hängt. Entscheidend ist dabei die Tatsache, daß infolge solcher Differenzen vielfach nicht nur and*ers*, sondern wirklich and*eres* wahrgenommen – d.h. hier: als Distinktes selektiert – wird, wie z.B. dort, wo jemand Leute, die ihm nicht gefallen, unwillkürlich übersieht. Mögen manche und insbesondere kulturelle Gegebenheiten ihre Funktions- und Erscheinungsweise auch innerhalb bestimmter Grenzen konventionsgemäß ›selbst vorgeben‹ können, so bleibt der W4-Faktor doch immer insoweit an W2r gebunden, als nie ganz ausgeschlossen werden kann, daß jemandem etwa der Eiffelturm primär als Schal geeignet scheint.

Im Rahmen eines philologisch-hermeneutischen, d.h. in erster Linie auf das Verstehen fremder Intentionalität gerichteten Vollzuges ist der Funktionsaspekt freilich – zumindest theoretisch – dadurch festgelegt und eingeklammert, daß die Hauptfunktion des Gegenstandes hier gerade in dessen Erkenntnis, sprich: Verständnis, liegt und andere Funktionen nur in dem Maße (heuristisch) von Belang sein können, wie

---

[7] Heidegger, Sein und Zeit, S. 315. – Daß die Hermeneutik Heidegger infolge solcher Kennzeichnung die Tiefe ihrer Fragestellung schulde (wie z.B. Niklas, Semiotics and Hermeneutics, S. 268, meint), mag zutreffen, doch bleibt zu fragen, welche anderen ›Grundarten des Seins des Daseins‹ es auf solcher Allgemeinheitsstufe noch geben soll.

[8] Dies wird ganz deutlich, wenn Gadamer, Replik, S. 287, selbst herausstellt, daß seine philosophische Hermeneutik »nicht mehr der Überwindung bestimmter Schwierigkeiten des Verstehens«, sondern einer Grundlagenkritik des »naiven Objektivismus« diene – weshalb es nur folgerichtig scheint, wenn er konkreten Einwänden gleich mit ›Metakritik‹ (vgl. den Untertitel zu Gadamer, Rhetorik, Hermeneutik und Ideologiekritik) begegnet. – Zur Hochstufigkeit der philosophischen Hermeneutik vgl. zusammenfassend Seebohm, Zur Kritik der hermeneutischen Vernunft, S. 18.

dieser selbst sie ›fordert‹. Natürlich wird solcher ›Verstehenspurismus‹ in der Praxis nie ganz zu erreichen sein, weil niemand, wenn er nicht gerade im Koma liegt, je völlig ohne eigene Interessenfokussierung ist. Auch können ›heuristisch simulierte‹ Funktionen – wie z.B. das Vergnügen, welches sich beim Lesen eines guten Buches einstellt – ihren ›unwillkürlichen‹ Entsprechungen verdächtig ähnlich sehen, genauso wie es umgekehrt geschehen kann, daß jemand, der bestimmte Funktionen (z.B. sich von etwas mitreißen, belustigen oder einwiegen zu lassen) nicht in seinem Repertoire führt, manches prinzipiell niemals, zumindest nie ›vollauf‹ bzw. ›wirklich‹ aufzufassen in der Lage ist. Nichtsdestotrotz besteht eine deutliche Gradualität hinsichtlich der Gegenstandsgerichtetheit konkreter Rezeptionen, welche – wenn auch in beiderlei Richtung meist nur approximativ – von totaler Zweckentfremdung auf der einen bis zum ›reinen Werteinklang‹ bzw. einer völligen Deckung von intendierter und realisierter Funktion auf der anderen Seite reichen kann. Die grundsätzliche Ausrichtung auf den Pol möglichst ›gegenstandsadäquater‹ Erkenntnis kennzeichnet indes keineswegs (sofern überhaupt) allein den wissenschaftlichen oder kulturwissenschaftlichen Betrieb – wird doch, wer seinen Kontoauszug prüft, in aller Regel ebenfalls bemüht sein, die darauf enthaltenen Zahlen akkurat so aufzufassen, wie der Automat sie auswirft.

Indes ist die generelle Vorgeschaltetheit eines W4-Faktors ebensowenig modernespezifisch wie die Bewußtseinsgegebenheit an sich. So haben funktions- bzw. interesseninduzierte Differenzen in der Auffassung bestimmter Gegenstände offenbar bereits die Interpretation des Apfels durch Eva einerseits und Jahwe andererseits bestimmt. Moderne Besonderheiten sind hier allenfalls hinsichtlich des Auftretens und der Gewichtung einzelner Funktionsaspekte denkbar, was allerdings, sofern sie nicht von Fall zu Fall durch bestimmte Gegenstände oder dokumentierte Rezeptionen angezeigt sind, kaum bzw. nur in Form holistischer Vermutungen, konkretisierbar sein dürfte. Ob etwa der Hang zur Berieselung, Berauschung, Stimulierung, Ruhigstellung, Entäußerung, Sublimierung, Indoktrination, Sensations- oder Ersatzbefriedigung etc. durch Kunst im Zuge der Moderne insgesamt signifikant zugenommen bzw. ob die moralische, belehrende, erbauliche, gesellige, erhebende, auratische oder quasireligiöse Funktion des Ästhetischen im ganzen abgenommen habe, und vor allem wo jeweils wie stark (bei den Avantgardisten? unter ›Gebildeten‹? im ›Massendurchschnitt‹? in Australien?), wäre nur durch eine Form von empirischer Forschung zu erschließen, welche derzeit – und vielleicht zum Glück – noch kaum in Sicht ist. Abgesehen davon wird der Funktionsaspekt im weiteren naturgemäß noch allenthalben begegnen, wenn auch immer in speziellerem Kontext.

Materielle Konkretion

Mit dem Übergang zur Wahrnehmung materieller Gegebenheiten erreicht das rezipierende Bewußtsein endlich – formal als W2r (W4 (W1)) bzw. W2r (W4 (W1 (X))) – die sog. ›Außenwelt‹. Spezifische Differenzen können hier sowohl aufgrund umfassender oder gradueller Wahrnehmungsstörungen wie Blindheit und Taubheit resp. –

exemplarisch aufs Visuelle bezogen – Kurz- oder Weitsichtigkeit, Farben- oder Nachtblindheit etc. als auch infolge individueller Umstände (z.B. großer Müdigkeit) oder Charakteristika (z.B. eines besonders ausgeprägten Geruchssinns) auftreten. Doch wichtiger als die daraus resultierenden, in der Regel so traurigen wie trivialen Befunde der Art, daß Blinde keine Photos anschauen können usw., bleibt die generelle Feststellung, daß prinzipiell jede Form von Fremdverstehen eines materiellen Fundaments bedarf. Zwar ist der Verstehensvorgang, wie bereits erwähnt, nicht notwendig auch zeitlich stets an den Vermittlungsakt gebunden, doch muß, wo die Erinnerung als Medium dazwischentritt, dann *deren* Substrat in letzter Konsequenz auf einen – wie immer vorläufigen – W2r (W4 (W1 (X)))-Vollzug zurückgehen,[9] sofern man die Möglichkeit immaterieller telepathischer Übertragung (etwa auch in Form göttlicher Eingebungen) einmal außen vor läßt.

Spätestens an diesem Punkt muß aber augenfällig werden, daß das gegenwärtig erarbeitete Konstitutionsschema weder die subjektiv erfahrene Aktabfolge beim Verstehen noch den komplexen Vollzug der Auffassung größerer Ganzheiten (etwa derjenigen des »Wilhelm Meister«) wiedergeben kann und will. Seinem elementaren Charakter gemäß zeigt es lediglich an, welche Reihenfolgen *de facto*, d.h. jenseits subjektiver Implizit- oder Explizitheit, eingehalten werden müssen, um von Fall zu Fall zur Realisation – nicht übergreifender Quintessenzen, sondern – des *jeweils nächsten* Konstitutionsmomentes bzw. Verstehenspartikels zu gelangen.[10] Denn selbstverständlich wird man nicht bei jedem neu gelesenen Halbsatz wieder daran denken, daß man ihn zunächst auf dem Papier sieht und erkennt – und wird ihn doch zunächst dort sehen und erkennen. Und natürlich erschließt sich nicht jede Auffassungseinheit chronologisch › Atom für Atom‹ – und wird doch ohne deren Vorhandensein und Ordnung gar nicht oder als andere verstanden.

Trotzdem ist › Verstehen‹ im engeren Sinne auf der gegenwärtigen Stufe insofern noch nicht notwendig impliziert, als diese auch › reine Naturerfahrung‹ bzw. – ästhetisch gewendet – die Erfahrung › reiner‹ Naturschönheit (etwa des Mondes) als W2r (W4 (W1)) umfaßt. Zwar bleibt die Frage, ob und inwieweit Naturerfahrung überhaupt ganz › rein‹ zu denken sei, bislang recht kontrovers (und braucht hier nicht

---

[9] Der Verstehensvollzug erscheint dann strenggenommen als W2r^{tj} (W4$_j$ (W2r^{ti} (W4$_i$ (W1^{ti} (X))))), obschon der Erinnerungsaspekt nicht notwendig thematisch werden muß. – Generell bleibt festzuhalten, daß die Situierung als W2 (X) keineswegs nur die klarsten, evidentesten, reflexivsten oder (sprachlich) explizitesten Formen von Bewußtseinsgegebenheit einschließt. Auch etwa jene › Schicht des Phantasierens‹, die Schönau, Einführung in die psychoanalytische Literaturwissenschaft, S. 39, ins Feld führt, ist hier mitzudenken. Einzig › völlig Unbewußtes‹ kann im W2r-Modus kaum je verhandelt werden, und zwar aus demselben Grund, aus dem die unbewußten Motive dieser Untersuchung hier nicht darzulegen sind.

[10] Inwieweit diese lokalen Abfolgen sich dennoch der Tendenz nach auch auf das Verständnis größerer Einheiten sowie konkreter Elemente und Aspekte des kulturellen Gegenstandes auswirkt, wird im Rahmen von 3.2. noch zu erörtern sein. (Zum Verhältnis von Akt- und Konstitutionsanalyse bei ästhetischen Gegenständen vgl. Hartmann, Das Problem des geistigen Seins, S. 367, sowie die kritischen Ausführungen dazu bei Martinez-Bonati, Erzählstruktur und ontologische Schichtenlehre, S. 182 u.ö.)

vertieft zu werden), doch erscheint das ›Natürliche‹, sowie man es etwa als Exemplifikation göttlichen Willens oder – z.B. im Falle eines schönen Gesichtes – als Anzeichen innerer Qualitäten seines Trägers begreift, abweichend als W2r (W4 (W1←W2u$_{Gott}$ (W4'))) bzw. als W2r (W4 (W1$_{Gesicht}$←W2$_{Träger}$)) – und damit schon nicht mehr ganz so ›rein‹.[11]

Was nun den Wandel zur Moderne angeht, so bleibt – ungeachtet manch überschwenglicher Vorstellung im Zuge des Booms um virtuelle Welten – festzuhalten, daß auch das Konstitutionsmoment der materiellen Trägerschaft bislang ganz unberührt geblieben ist, und zwar in Hinblick auf die Aktualform (als Erscheinung auf dem Bildschirm, im Lautsprecher, im Cyberanzug usw.) genauso wie auf die Latenzform (als Festplatte, Diskette, CD, Mikrofiche etc.).[12] Bahnbrechend verändert haben sich dagegen die Geschwindigkeit und Variabilität, mit welcher materielle Informationsträger erzeugt, vervielfältigt und Informationen (weltweit) zwischen ihnen verschoben werden können.[13] Entsprechend gravierend sind auch die Wirkungen nicht allein auf die ästhetische, sondern die gesamtkulturelle Evolution. Denn während der vergleichsweise problemlose Zugriff und das grundlegende Vertrauen auf die Identität aller jeweils bestehenden Duplikate[14] den Wert der einzelnen Materialisation im ganzen tendenziell zu mindern scheint, erzielt deren auratische Fetischisierung in bestimmten Segmenten – zumindest finanziell – zugleich neue Rekorde. Und während einerseits so viel fixiert und konserviert wird wie niemals zuvor, bedroht gerade das scheinbar Selbstverständliche und Abundante der Verfügbarkeit derzeit die Basis einer längerfristigen Tradierung.[15] Indes sind die Unterschiede von Bereich zu Bereich auch hier derart groß, daß Allgemeinbefunde eher falsch als nichttrivial zu werden drohen.

---

[11] Umgekehrt kann freilich auch das komplizierteste Kulturprodukt im Prinzip stets ›als Natur‹ (etwa als bloße Ansammlung mehr oder weniger interessanter Formen) wahrgenommen werden bzw. das Interesse daran ein primär kreatürliches sein (wie etwa dort, wo jemand einen Kunstfilm ausschließlich unter sexuellen Gesichtspunkten rezipiert).

[12] Daß bloße Digitalisierung für sich noch kein neues Medium macht, konstatiert z.B. Seel, Vor dem Schein kommt das Erscheinen, S. 201.

[13] Zur dadurch bewirkten Veränderung des kulturellen Wahrnehmungsraums vgl. stellvertretend etwa Großklaus, Neue Medienrealität.

[14] Die Bedeutung der allgemeinen Vorannahme hinsichtlich der (Argument-)Identität des Reproduzierten für die kulturwissenschaftliche Praxis ist trotz bzw. gerade wegen seiner modernecharakteristischen Selbstverständlichkeit kaum zu überschätzen: Was wäre, wenn grundsätzlich der Verdacht bestünde, die einzelnen Exemplare etwa der Reclam-Ausgabe von Goethes »Egmont« könnten nicht textidentisch bzw. die als »Tagesschau« an einem bestimmten Tag ausgestrahlten Nachrichten von Empfangsgerät zu Empfangsgerät verschieden sein?

[15] Was wüßte man z.B. gegenwärtig von der »Odyssee«, wenn deren Tradierung seinerzeit allein den frühen, heute vielfach nicht mehr lesbaren Magnetbandrollen anvertraut worden wäre?

3.1.2. Übergang zur Hermeneutik: Anzeichen fremder Intentionalität

Die Grenze zu dem, was fortan im weitesten Sinne als hermeneutischer Vollzug gelten soll, wird in dem Moment überschritten, wo an einer außengegebenen Materialität Strukturen als Anzeichen oder Spuren einer *anderen* als der eigenen Intentionalität wahrgenommen resp. aufgefaßt werden. Dies ist formal schon bei der – zuvor bereits erwähnten – Personifizierung von Naturphänomenen (›Es donnert, weil die Engel kegeln‹) so, wenngleich nicht unbedingt im Sinne neuzeitlicher Wissenschaft. Gleichwohl erweist sich hier – ganz unabhängig davon, ob das W2u-Element in W2r (W4 (W1←W2u)) ein fiktives resp. falsch bestimmt ist oder nicht[16] – bereits ein Unterschied zu jenem Verstehensbegriff, welcher innerhalb der Naturwissenschaften oft im Sinne einer zufriedenstellenden Erklärung der (bzw. eines Wissens um die) Beziehungen oder Wirkungen zwischen W1-Entitäten gebraucht wird (z.B. in: ›Das Phänomen des Blitzes ist verstanden‹[17]) und dem als Elementarform W2r (W4 (W1$_i$←W1$_j$)) entspricht.[18] Letzterem, noch eher anorganisch zentriertem Verstehensbegriff eng benachbart, wenngleich bereits auf lebendige Organismen bezogen, sind auch Bereiche elementaren Motivations- bzw. Handlungsverstehens (etwa: ›Die Pflanze wächst so hoch hinaus, weil sie ans Licht will‹) mit der Grundform: W2r (W4 (W1←W4')). Zwar bleiben sämtliche dieser Verstehensarten bis hinauf zu den feinsinnigsten und voraussetzungsreichsten kulturellen Manifestationen relevant – nämlich insoweit, als sowohl etwa das Zu-Boden-Fallen eines losgelassenen Buches voller George-Lyrik als auch die unwillkürlichen Atembewegungen eines Kostümfilm-Statisten auf diese Art ›verstanden‹ werden können –, doch stehen sie kaum jemals im Mittelpunkt spezifisch kulturellen Verstehens.[19] Für dieses bleibt, wie schon gesagt, in letzter Konsequenz immer die Auffassung von Anzeichen einer *anderen Intentionalität* bzw. eines *anderen Bewußtseins* tragend.[20]

---

[16] Hier ist zwischen der unbestreitbaren Möglichkeit, Naturerscheinungen (wie alles andere) formaliter zu interpretieren (vgl. Thieberger, Fug und Unfug der Interpretation, S. 39), und der Unmöglichkeit, an ihnen faktisch etwas Bewußtseinsäußeres zu verstehen, zu unterscheiden. Zur Diskussion vgl. zusammenfassend Betti, Zur Grundlegung der allgemeinen Auslegungslehre, S. 18/19, dort insbes. Fn. 21.

[17] Vgl. auch das Beispiel bei Lambert, Prolegomenon zu einer Theorie des wissenschaftlichen Verstehens, S. 302f. Einen Exempelkatalog derartiger Verstehensfragen bietet ferner Friedmann, Erklärung und wissenschaftliches Verstehen, S. 171.

[18] Obschon sprachlich häufig synonym gebraucht, ist die Auffassung *bestehender naturwissenschaftlicher Theorien* (z.B. ›Endlich habe ich die Fallgesetze verstanden!‹) selbstverständlich (und gegen die – etwa bei Kamlah, Verstehen und Rekonstruieren, S. 127f., pointiert referierte – Dilthey-Auffassung) ein – oft überaus komplexer – *hermeneutischer* Verstehensakt im engen Sinne. Er trägt die Elementarform W2r (W4 (W1$_i$ (W3z (W1$_j$←W1$_k$)))), ist aber meistens weitaus komplizierter.

[19] Hierauf einen Streit der ›zwei Kulturen‹ zu begründen, scheint für beide Seiten ebensowenig hilfreich wie ein holistischer Sängerkrieg zwischen ›Verstehen‹ und ›Erklären‹. Weit mehr kommt es darauf an, zugleich die sachliche Differenz wie die enge Verzahnung beider Zugangsweisen in jedem komplexeren wissenschaftlichen Vollzug zu erkennen und sich gegenseitig zuzuerkennen.

[20] Der damit umrissene Gegenstandsbereich kongruiert mit dem so unterschiedlicher hermeneutischer Entwürfe wie Dilthey, Die Enstehung der Hermeneutik, Gesammelte Schriften,

Als modernespezifisches Moment kommt dabei die im Zuge maschineller Reproduktion und Zeichen- bzw. Bedeutungsgenerierung auftretende Tendenz zur immer vermittelteren Anbindung konkreter kultureller Erscheinungen an *bestimmte* Urheberintentionalitäten in Betracht. Auf wessen konkretes Bewußtsein verweist etwa ein Autobahnausfahrtsschild, das Testbild auf dem nächtlichen Fernsehschirm oder der ungewollte, aber durchaus nominell Verstehbares hervorbringende Papierausstoß eines außer Kontrolle geratenen Kopiergerätes? Zwar könnte man im Gegenzug auch fragen, wer denn der ›Autor‹ der Hünengräber oder der der Grenzen des Merowingerreichs gewesen sei – doch erreicht die Vermitteltheit im Zuge der Moderne unverkennbar eine andere Qualität. Im ganzen hilft hier freilich nur eine konstitutionstheoretische, wenngleich vor dem Hintergrund der die traditionelle Texthermeneutik beherrschenden Autorvorstellung nicht unbedingt selbstverständliche (und erst gegen Ende von 3.1. sinnvoll einzuführende) Differenzierung der Urheberkategorie.

Fremdintendierte Strukturen

Sind die Strukturen, welche bestimmte W1-Entitäten als Anzeichen fremder Bewußtseinsgegebenheiten auszeichnen, auch durchaus schon – zumindest im Prinzip – als distinkte Idealitäten extrahierbar, so müssen sie doch, wie das vorgenannte Beispiel des ›innere Qualitäten anzeigenden Gesichtes‹ zeigt, keineswegs immer schon Kulturgegenstände im Sinne einer *intendierten Strukturierung* von W1-Gegebenheiten sein. Dies ist erst dann der Fall, wenn aus der unausschöpfbaren Realmannigfaltigkeit gegebener und beliebig auszuzeichnender, nicht aber notwendig spezifisch intendierter Strukturen der Form $W3k_1$ (W1), $W3k_2$ (W1) usw. (etwa: das Gewicht des betreffenden Gegenstandes, seine Oberflächenstruktur usw.) *intendierte Idealitäten*[21] als im weitesten Sinne ›Vermeintes‹ herausgehoben werden (können).

Der elementarste (Grenz-)Fall, der hier denkbar scheint, ist der, daß jemand Strukturen materialisiert, ohne sich dabei auf ein bestehendes Konventionssystem oder Wissen zu beziehen bzw. ohne überhaupt irgend etwas Darüberhinausgehendes ausdrücken, repräsentieren oder potentiell mitteilen zu wollen (Beispiel: Jemand klopft allein ohne erkennbare Absicht eine spontane Schlagabfolge vor sich hin). Das materielle Ergebnis erscheint dann gleichsam als die singuläre Realisation der in ihm ausgezeichneten Struktur, also formal als W1 ($W3k_{intendiert}$ (W1))←W2u ($W3k'_{intendiert}$ (W1')), wobei die Markierung des W2u-Argumentes als (X') – hier wie im weiteren

---

Bd. 5, S. 318/319; Betti, Zur Grundlegung der allgemeinen Auslegungslehre, S. 1, oder Titzmann, Strukturale Textanalyse, S. 9, wobei letzterer auch Erscheinungen wie Filme, Comics oder Werbung schon ausdrücklich mit einschließt. Die in diesem Zusammenhang vor allem angesichts der textzentrierten hermeneutischen Tradition wichtige Feststellung, daß ein »elementares Verstehen noch ohne Worte« möglich sei, trifft – stellvertretend – bereits Bollnow, Studien zur Hermeneutik, Bd. 2, S. 75.

[21] Übrigens genügt, im Falle daß man die Bezeichnung ›Idealität‹ für zu bedenklich hält, auch »Quasi-Idealität« (so etwa: Luckmann, Zum hermeneutischen Problem der Handlungswissenschaft, S. 522). Entscheidend ist nur, daß den so oder so benannten Entitäten *nicht* die Realmannigfaltigkeit der Gegenstände zukommt, an denen sie auftreten.

analog – die mögliche Differenz zwischen intendiertem (bzw. vom Urheber wahrge-
nommenem) und ›nach außen hin‹ produziertem Resultat anzeigt.

Repräsentation und Exemplifikation erscheinen in solchem Fall freilich noch
gleichermaßen rudimentär. Zwar fungiert W1 (X) hier schon – im Sinne einer Repräsentation – als ›Träger einer intendierten Idealität‹, doch weist die letztere im Gegensatz zum üblichen Gebrauch noch nicht (bzw. höchstens im Falle einer – freilich
schon weit mehr, nämlich eine Handhabe zur wiedererkennbaren Auszeichnung vor-
aussetzenden – Isolierung) über ihre materielle Konkretion hinaus. Spiegelbildlich
dazu stellt W1 (X) zwar auch in gewissem Sinne eine ›Exemplifikation‹ von W3k dar,
doch entgegen der üblichen Auffassung erreicht das ›Exemplifizierte‹ dabei, weil nur
eine Realisation davon gegeben resp. denkbar scheint, noch keine höhere Allgemeinheitsstufe, was formal bedeutet, daß das $^{\varnothing}$X-Substrat in W3←$^{\varnothing}$X (dem Angezeigten
der Exemplifikation) nur ein einziges und – vor allem – seinen idealtypischen Eigenschaften nach allenfalls intuitiv und vage konventionalisiertes Element umfaßt.

Ungeachtet ihres rudimentären Charakters bzw. eben deshalb können Strukturen
dieser Art – wenngleich in der Regel in ungleich voraussetzungsreichere und insbesondere etwa die Mitteilungsabsicht schon implizierende Kontexte eingebettet –
gerade in manchen, stark der ›Eigengesetzlichkeit des materiellen Substrats‹ ver-
pflichteten (und häufig archaisierenden) Zweigen moderner Kunst eine signifikante
Rolle spielen, etwa dort, wo man sich in ›freier‹, d.h. hier: nicht anderwärtigen Aus-
drucks- und Repräsentationszielen unterstehender Gestaltung von gegebenen Eigenschaften einer Leinwand, einer Farbe, eines Instrumentes führen läßt und in das so
Entstehende allenfalls noch per späterer Auswahl eingreift. Freilich wird die Frage,
welcher Grad von ›Materialpurismus‹ im Prinzip erreichbar sei, umstritten bleiben,
und obgleich die hermeneutisch häufig schwer greifbaren, weil kaum konventionalisierten (und selbst, wo sie erkannt werden, nicht leicht zu versprachlichenden)
Intentionalitäten dieser Stufe – wie alles Elementare – bis in die komplexesten Erscheinungen hinein als Faktor virulent bleiben können, liegt meist doch weit mehr
vor.

Exemplifikation

Das ist im allgemeinen überall der Fall, wo etwas *anderes* als das gegebene materielle
Substrat bzw. ein intendierter, aber singulärer Aspekt in ihm angezeigt wird. Eine
erste Spielart solchen Angezeigtseins ist die *Exemplifikation* als ›Stehen-fürs-Allge-
meinere‹ bzw. Konkretion einer strukturinhärenten Potentialität. Grundsätzlich erscheint zunächst jede Entität als Exemplifikation der Bestimmungsmomente sämtlicher Äquivalenzklassen, denen sie zugehört. Das Wort ›kurz‹ etwa exemplifiziert derart die Vierbuchstabigkeit, das ›Anfangen mit ›k‹‹, das ›Aufhören mit ›z‹‹, das Ad-
jektiv etc. Im Rahmen der Hermeneutik sind Exemplifikationsverhältnisse jedoch nur
insoweit relevant, wie sie spezifisch intendiert erscheinen, etwa als materielle Ausdehnung, die ›das Gigantische‹ exemplifizieren soll, ohne es doch deshalb notwendig
– und vor allem nicht in seiner Allgemeinheit – selbst zu repräsentieren. Intendierte
Exemplifikationsverhältnisse erscheinen in der Folge als X←[W3←$^{\varnothing}$Y] bzw. – so-

fern X = W1 und damit die Gefahr gewisser Äquivokationen ausgeschlossen ist[22] – unter formaler Berücksichtigung des Trägerschaftsaspektes als W1 (W3←$^{\emptyset}$Y), im konkreten Beispiel also als W1 (W3←$^{\emptyset}$W1').

Gehören X und Y verschiedenen Welten an, was beispielsweise dort der Fall ist, wo man eine bestimmte Geste als Exemplifikation eines allgemeinen Ausdrucks von Trauer – also als W1 (W3←$^{\emptyset}$W2) – deutet, spielt das Repräsentationsmoment insofern eine größere Rolle, als die entsprechende Geste dann immer auch schon vage für ›die Trauer‹ generell stehen, d.h. diese repräsentieren wird. Dennoch scheint es sinnvoll, derartige Beziehungen – als bloße ›Anzeichen einer vermeinten allgemeineren Qualität‹ – von den weit handfesteren Repräsentationsverhältnissen zu unterscheiden, welche durch spezifische Abbildungsbeziehungen bzw. das Dazwischentreten (arbiträrer) idealer Zeichenformen gekennzeichnet sind.

Prinzipielle modernespezifische Implikationen sind auf dieser Stufe kaum zu sehen. Signifikant ist dagegen – abgesehen vom historischen Wandel des konventionell bzw. relativ zum jeweiligen Weltwissen mehr oder weniger dezidiert Exemplifizierbaren – eine vielgestaltige Tendenz zur ästhetischen Purifizierung von Ausdrucksmomenten resp. ›unmittelbarer Expressivität‹ (der elementaren Form W1(W3←$^{\emptyset}$W2)),[23] so etwa im ›reinen‹ Ausdruckstanz oder in nichtnarrativer Pantomime, in der futuristischen Malerei der Gemütszustände bzw. entsprechenden expressionistischen Versuchen, in expressiv zentrierter Happeningkunst oder entsprechendem Free-Jazz, aber auch in auf bestimmte Stimmungsqualitäten reduzierter Muzak- oder Filmmusik sowie in nominell ›abstrakter‹ (weil nicht repräsentierender), de facto aber ausdruckszentrierter Film- und Videokunst.

Repräsentation

Was die Repräsentation von der intendierten Exemplifikation – wenngleich gelegentlich nur graduell – abhebt, ist die Tatsache, daß die anzeigende Struktur hier nicht bloß, wie bei dieser, auf etwas Allgemeineres, sie selbst aber noch mehr oder weniger als konkrete Erscheinung mit einschließendes, sondern auf *beliebige andere* Substrate verweisen resp. sie *bedeuten* kann. Das Kind, das (mehr oder weniger) bewußt und auf spezifische, wenn auch nicht sprachlich ausgeformte Weise um Nahrung schreit, schreit nicht mehr ›rein natürlich‹ resp. ›rein aus Hunger‹, sondern es aktiviert die Art des Schreiens auf der Grundlage zuvor gemachter Erfahrungen als allgemeinen *Stellvertreter* für seinen konkreten Hungerausdruck und damit für den Hunger selbst, d.h. als repräsentierende Idealität mit einem bestimmten Argument. Die als Art des

---

[22] Betroffen wären davon in erster Linie Ausdrücke der Form W3z (W3←$^{\emptyset}$Y) bzw. W3k (W3←$^{\emptyset}$Y), an denen Exemplifiziertes und Repräsentiertes dann formal nicht mehr zu unterscheiden wären. So dagegen scheint die Differenz als [W3z←[W3$_{exemplifiziert}$←$^{\emptyset}$X]] (W3$_{repräsentiert}$←$^{\emptyset}$Y) bzw. [W3k←[W3$_{exemplifiziert}$←$^{\emptyset}$X]] (W3$_{repräsentiert}$←$^{\emptyset}$Y) auf.

[23] Daß jenseits davon selbstverständlich allen Kunstgattungen eine – wenn auch konventionsgemäß verschieden stark hervortretende – emotive Schicht eignet, bekräftigt etwa Stecker, Expression of Emotion in (Some of) the Arts, S. 417.

Schreiens verallgemeinernd ausgezeichnete und im konkreten Schrei exemplifizierte Idealität $W3\leftarrow{}^{\emptyset}W1$, deren in ${}^{\emptyset}W1$ zusammengefaßte Substratelemente zuvor nur (ursprünglich weitgehend unwillkürlichen) Anzeichencharakter bezogen auf den Hunger ($W1\leftarrow W2$) hatten, wird dabei – bestimmungsgleich, aber formal entscheidend modifiziert – zur denotativen, d.h. auf Basis ihrer Erscheinung in W1 repräsentierenden Entität W3k eines repräsentierten Argumentes X, hier also: W1 (W3k (W2)). Das ganze Konstitutionsverhältnis erscheint demgemäß als

$$W2r (W4 (W1 (W3k (W2_{Kind}))\leftarrow W2u_{Kind} (W1' (W3k' (W2'_{Kind}))))))$$

– ein Ausdruck, der uns dazu veranlaßt, übersichtshalber bis auf weiteres sowohl die (konstante) rezeptive Einbindung W2r (W4 (X)) als auch den (überall analogisch zu erschließenden) Verweis aufs jeweils angezeigte Bewußtseinskorrelat des Urhebers, d.h. $\leftarrow$W2u (X'), auszusparen.

Zu ihrer signifikantesten Ausprägung gelangt die Repräsentation freilich erst mit dem Erscheinen idealer Zeichensubstrate der Form W3z (X), realisiert als W1 (W3z (X)) bzw. W1 (W3z (W3b (X))).[24] Der Unterschied zu W1 (W3k (X)) besteht, sofern diskret bestimmbar, darin, daß die Zuweisung im letztgenannten Fall über eine intendierte bzw. als intendiert wahrgenommene *Ähnlichkeit*, im erstgenannten dagegen *arbiträr*, d.h. allein per Situierung resp. Situiertheit innerhalb eines mehr oder weniger distinkten und komplexen Konventionssystems, erfolgt: Das Kind, das mit dem Löffel auf den leeren Teller schlägt, zeigt Ungeduld und Eßlust an, aber nicht ›unmittelbar‹ exemplifizierend, sondern unter Rekurs auf eine bestimmte, wenn auch rudimentäre und schwankende Konvention, die besagt, daß Auf-den-leeren-Teller-Schlagen in bestimmten Kontexten für Ungeduld und Eßlust steht und nicht etwa – wie prinzipiell bzw. in anderen Situationen ebenfalls denkbar – musikalischen Ausdruckswillen anzeigt. Das materielle Substrat wird in diesem Moment zum unmittelbaren *Träger* von Strukturen, die – per Vermittlung eines allgemeinen Konventionssystems – etwas anderes als sich selbst *bedeuten*, und erhält demgemäß konkret die Form W1 (W3z (W2)), wobei W3z die realbezogene Idealität (hier: das ›Auf-den-leeren-Teller-Schlagen‹ als vorgangsbezogenes Idealsubstrat) meint, welche die von ihr repräsentierte Bedeutung (hier: die konkrete innere Empfindung des Essenwollens) in W1 exportiert. Indes bleibt die Abgrenzung zu Exemplifikation und repräsentierendem Abbild hier noch in dem Maße fließend, wie das Schlagen selbst die Ungeduld noch direkt anzeigt resp. ihrem ›unmittelbaren Ausdruck ähnlich‹ bleibt, so daß die zeichenhafte Repräsentation ihre ganze und weithin gewohnte ›Reinheit‹ erst

---

[24] Der theoretisch ebenfalls denkbare Fall W1 (W3) bleibt hier – als distinkter aufgefaßt – insofern am Rande, als eine ›reine‹, also ohne jede Vermittlung durch zeichenhafte oder realspezifizierende Idealitäten bestehende Symbol- bzw. Repräsentationsbeziehung zu einer ihrerseits ›reinen‹ und bestimmten (d.h. nicht exemplifizierten) Idealität kaum anders denn als ›rein private‹ denkbar und insofern – zumindest wo keine externen Verweise darauf vorliegen – kaum im Sinne eines Fremdverstehens zu erschließen scheint. (In größeren zeichenkonstituierten Kontexten – etwa von Droste-Hülshoffs »Judenbuche« – kann der Ausdruck dagegen lokal sinnvoll sein.)

in Ausdrücken wie ›Baum‹, ›Glück‹ oder ›3,9‹ erlangt, d.h. in solchen, deren ideale Zeichenform keine nennenswerte Ähnlichkeit (mehr) mit dem Bezeichneten erkennen läßt.[25]

Auf der anderen Seite gilt es freilich zu bedenken, daß auch die ›Ähnlichkeit‹ in W3k stets in gewissem Maße konventionsgebunden ist. Denn ob ein Abbild der Form W1v (W3k (W1v')), also etwa ein Gemälde, Photo, Denkmal oder Hologramm, welches Bill Haley darstellt oder darstellen soll, als Repräsentation von diesem auch erkannt wird oder nicht, hängt entscheidend davon ab, ob das Sehen des jeweiligen Rezipienten auf das Wiedererkennen der potentiell radikal verschiedenen, obschon eine einheitliche Topologie bildenden Ähnlichkeitsstrukturen ›trainiert‹ ist.[26] Wo das nicht der Fall ist, bleibt die intendierte Zuordnung aus, und es wird statt dessen nur entweder das Abbild oder die Exemplifikation irgendeines Mannes, eines Menschen, eines Lebewesens, einer materiellen visuellen Erscheinung oder gar nichts Bestimmtes wahrgenommen.

Modernespezifisches scheint auch hier zunächst insofern nicht akut, als sämtliche der bislang unterschiedenen Repräsentationsformen weitaus älter sind als jede zeitlich zu fixierende Moderne. Dennoch hat die Entwicklung repräsentierender Formen und Medien – abgesehen von der Vielzahl modernespezifischer Repräsentations*inhalte* resp. Themen – seit Mitte des 19. Jahrhunderts (und späterhin in mehreren

---

[25] Ob die vorfindliche Abstraktheit dabei durch kontinuierliche Verselbständigung einer ursprünglich realähnlichen Idealität oder per Setzung innerhalb eines bereits ideal konstituierten Zeichensystems erreicht wurde resp. wird, spielt im Endergebnis keine Rolle – so wichtig es für das *historische* Verständnis ist.

[26] In diesem Punkt weicht unsere Auffassung von der bei Goodman, Sprachen der Kunst, passim (doch insbes. im Kap.»Wiedererzeugte Wirklichkeit«, S. 15–50) vertretenen ab, nach welcher jede Vorstellung von Ähnlichkeit bei Repräsentationen auf essentialistischen Illusionen beruht. Zwar würden wir – den Einspruch gegen universalistische Entwürfe eines ›objektiven Realismus‹ teilend – ohne weiteres konzedieren, daß jedes Repräsentationsmedium ›gelernt‹ sein will, d.h. auf Konventionen darüber basiert, was man als Ähnlichkeit zu suchen fähig und gewillt ist. Bezüglich der *konkreten Zuweisung* jedoch erscheint uns die Rolle von de facto aufweisbaren Ähnlichkeiten weitaus größer als Goodman, welcher Ähnlichkeitskriterien nur als diskrete Binarität (d.h. als: ›Exakte Kongruenz – ja oder nein? Tertium non datur‹) zu denken scheint, anzuerkennen bereit wäre. Anders ausgedrückt: Die Einheit des ›Visuell-Bill-Haley-Haften‹ braucht keineswegs schon deshalb im ›rein Konventionellen‹ angesiedelt zu werden, weil Bill-Haley-Abbilder im Verhältnis zur realen Bill-Haley-Ansicht in unterschiedlichen Perspektiven, Farben, Größen, Verzerrungen oder Abstraktionsgraden erscheinen können und deshalb höchstwahrscheinlich kein globales ›Minimalkriterium‹ teilen (vgl. dazu allgemein 2.3.). Menschliches Ähnlichkeitsempfinden funktioniert kaum je als digitales Abtasten von metrisch und in jeder anderen Hinsicht fix bestimmten Strukturen, die dann entweder erkannt werden (›1‹) oder nicht (›0‹), sondern eher als gradueller Abgleich von Gesamtkonglomeraten, deren Topologien verglichen und gegebenenfalls – und wo nötig auch über alle Unterschiede zwischen Scherenschnitt, Skizze, Karikatur, Radierung, Kupferstich, kubistischer Fragmentierung, psychedelischer Verzerrung usw. hinweg – identifiziert werden. (Daß hinsichtlich der konkreten Topologien immer subjektive Differenzen, d.h. verschiedene ›Radien des Gerade-Noch-Erkennens‹ bestehen, steht dabei ebenso außer Frage wie hier nicht zur Diskussion.)

Schüben) sowohl quantitativ als auch hinsichtlich ihrer Differenzierung und Schichtung einen so rasanten und sprunghaften Verlauf genommen, daß der allenthalben artikulierte Eindruck einer auch qualitativen Revolution in vielerlei Hinsicht gerechtfertigt erscheint. Drei Aspekte seien dabei unterschieden:

1. Der sowohl absolut als auch relativ bezogen auf die Erfahrungswelt des Einzelnen enorme Zuwachs repräsentierender Entitäten erzwingt die Ausbildung neuer, von markanten Strömungen modernistischer und avantgardistischer Kunst reflektierter und antizipierter Selektionsmechanismen. Schnelligkeit, Komprimierung, Simultaneisierung, sensuell zentrierte Aufmerksamkeitslenkung und bewußte Fragmentierung der Informationseinheiten gewinnen dementsprechend vielfach eigenwertigen Charakter, u.a. im futuristischen Telegramm- bzw. im expressionistisch-dadaistischen Wortkunstduktus sowie in Formen wie Minidrama, (futuristische) ›Synthese‹, Sketch, Couplet usw., in der zeitweiligen Begründung des Primats der Lyrik durch deren – als zeitgemäß empfundene, obschon faktisch sehr alte – ›brevitas‹, im Erstarken der Kurzgeschichte, in avantgardistischer Typographie und reklameartiger Selbstpräsentation (Aktionen, Manifeste usw.), in Popkultur und Video-Clip, im ›Häppchenweisen‹ kommerzieller Programmgestaltung und nicht zuletzt generell im Hang zur ›Action‹.

2. Ein anderer, speziell dem relativen Zuwachs repräsentierender Erfahrungssubstrate zuzuschreibender Effekt besteht darin, daß vieles – wie für die meisten etwa schon Bill Haley – *zuerst* und oft *ausschließlich* im repräsentierenden Modus wahrgenommen wird, mit der Folge, daß das jeweils Repräsentierte selbst schon eine Repräsentation ist. Je größer der Anteil solcher ›Sekundärrepräsentation‹ im konkreten Erfahrungsvollzug wird, desto leichter mag es zu Verwechslungen hinsichtlich des Realitätscharakters bestimmter Wahrnehmungen kommen, sei es in der Diagnose von ›Fernseh-Kriegen‹ (bei denen *faktisch* Tausende zu Tode kommen), in der Angst, nachts einem Zombie zu begegnen, oder in holistischen Schlagwörtern wie dem einer (generellen) ›Agonie des Realen‹.[27] Zwar sind Verwechslungen von Abbild oder Fiktion mit der ›unmittelbaren Realität‹ schon seit jeher bezeugt und als Gefahr beschrieben worden, und zwar nimmt mit dem alltäglichen Zwang meist auch die Fähigkeit zur Unterscheidung zu, doch haben die Möglichkeiten zur Verselbständigung von Repräsentationszusammenhängen und damit auch deren Rückwirkungen auf die ›unmittelbare‹ Realitätserfahrung inzwischen eine neue Qualität erreicht, die ihren ästhetischen Ausdruck insbesondere überall dort findet, wo mit (schon als Kultur) vorgefundenem bzw. vorgefertigtem Material gearbeitet und/ oder die Realitätsgegebenheit von Gegenständen explizit gemacht bzw. in Frage gestellt wird. Dies geschieht etwa in Formen wie Collage, Montage, Zitatmontage, Assemblage, Ready-Made und objet trouvé, in Dokumentarkunst (jeder Art), im Hyperrealismus oder in postmodernistischer Selbststilisierung als Bereits-Dagewesenes, Vermitteltes etc.

---

[27] Vgl. dazu klärend Seel, Vor dem Schein kommt das Erscheinen, passim, insbes. aber S. 207.

3. Als Folge und zugleich wieder Grund des absoluten Zuwachses an repräsentierenden Entitäten ergibt sich ferner eine bislang ungekannte, sowohl zahlenmäßig wie jeweils auch intern erfolgende Ausdifferenzierung idealer Zeichen-, Darstellungs- und Übertragungssysteme, die vom Morsealphabet, konkurrierenden Tanz- und Musiknotationen und dem Wimpelcode der Fluglotsen über einzelne Wissenschafts- und Computersprachen, die Bedienungsoberfläche eines PC-Systems oder die moderne Tageszeitung bis hin zu den Sprach- und Dresscodes bestimmter Jugendbewegungen reicht. Was die ästhetische Tradition angeht, so erfahren ihre überkommenen Repräsentationsformen ihre größte Herausforderung und zugleich Erweiterung allerdings durch das Hinzutreten neuer, wenngleich jeweils von Beginn an keineswegs nur unter ästhetischen Vorzeichen genutzter Medien wie Photographie, Film, Rundfunk, Tonaufzeichnung oder Fernsehen. Die Folge ist, daß der spezifisch mediale Aspekt an kulturellen Gegenständen im Zuge der Moderne stärker ins Bewußtsein tritt als je zuvor.

Der vorgeschaltete Medialaspekt

Besinnen wir uns, um diese mediale Komponente in unserem Modell zu situieren, zunächst auf die bislang erarbeitete Konstitutionsfolge W2r (W4 (W1 (W3k (X)))) bzw. – der Einfachheit halber – W1 (W3k (X)).[28] W3k erscheint hier als ideales Verbindungs- resp. Übersetzungsmedium zwischen dem repräsentationstragenden W1-Substrat und dem jeweils repräsentierten X. Die Allgemeinheit dieses Faktors tritt freilich erst dann wirklich hervor, wenn man sich klarmacht, daß auch jede dezidiert zeicheninduzierte Repräsentation faktisch erst *hinter* einem vorgeschalteten W3k-Element – nämlich als W1 (W3k (W3z (X))) – zu stehen kommt. Der Grund dafür ist, daß jedes ideale Zeichen, um real zu erscheinen, auch realer Konkretion bedarf. Oder am konkreten Beispiel: Das ›A‹ auf dem Papier muß sich – sehr anders als das ideale – immer schon entschieden haben, in welcher Größe, Type, Neigung usw. es begegnen will, und Analoges gilt für jedes ausgesprochene Wort, jedes an die Tafel gemalte Diagramm, jede gedruckte Formel usw.

Entscheidend ist nun, daß die Spezifikationen, welche wir bislang immer zu einer einzigen Komponente zusammengefaßt haben, ohne weiteres – mindestens heuristisch – intern differenziert und einander (wenngleich im Falle ihrer Unabhängigkeit in unbestimmter Reihenfolge) gegenseitig als Aspekte vorgeschaltet werden können. Die nachstehende kulturelle Entität ›Der Mond‹ z. B. wäre so als

$$W1v_{Papier} (W3k_{schwarz\ auf\ weiß} (W3k_{9\text{-}Punkt\text{-}Schrift} (W3k_{Times}$$
$$(W3z_{deutsche\ Zeichenfolge: ›d‹, ›e‹, ›r‹, › ‹, ›M‹, ›o‹, ›n‹, ›d‹} (W3b_{Sinn\ von\ ›der\ Mond‹} (W1_{realer\ Mond}))))))$$

zu spezifizieren, d.h. unter Angabe von *drei* zwar variabel anzuordnenden, aber dennoch deutlich unterschiedenen Konkretionsaspekten. Mögen letztere auch häufig eher als ›Filter‹ denn als spezifische Repräsentationskorrelate empfunden werden, so

---

[28] Der Grenzfall W1 (W3←$^{\varnothing}$X) kann dabei stets analog mitgedacht werden, bedarf aber eben deshalb nicht durchgehend eigener Nennung.

vermögen sie doch ihrerseits bestimmte – wenn auch oft nur relativ zum jeweiligen Kontext definierbare – Ausdrucksqualitäten anzuzeigen (vgl. etwa die Differenz von ›**Mond**‹ zu ›*Mond*‹) oder gar eigenständigen Zeichencharakter zu gewinnen (etwa wo eine beliebige Wortfolge durch eine bestimmte Vortragsart als – reale oder fiktive – Adenauer-Rede spezifiziert wird[29]).

In der differenzierenden Analyse der verschiedenen W3k-Aspekte liegt nun, wie wir meinen, einer der entscheidenden Schlüssel des hermeneutischen Zugangs zur Moderne und zum Modernismus. Zwar gilt dies weder ausnahmslos für alle modernistischen Erscheinungen noch etwa nur für sie, doch scheint sowohl in Hinblick auf die Analyse einzelner Werke als auch hinsichtlich übergreifender Gestaltungsmerkmale eine ganze Reihe von einschlägigen Neuerungen gerade auf dieser Konstitutionsstufe lokalisierbar.

Am allgemeinsten und zugleich fundamentalsten schlägt dabei das zu Buche, was im weiteren als vorgeschalteter Medialaspekt W3m (X) in W1 (W3m (W3k (X))) erscheinen soll. Gemeint sind damit all jene Aspekte von Realkonkretion, die sich durch das jeweils übertragende *Medium* ergeben, wobei nicht nur positive Bestimmungen (›Der Film vermag reale Bewegung abzubilden‹, ›Im Theater können die Schauspieler spontan aufs Publikum reagieren‹ usw.), sondern insbesondere auch Begrenzungen (›Ein Buch kann nicht singen‹, ›Im Rahmen einer Klaviersonate ist keine eindeutig identifizierbare Wiedergabe der Ilias-Handlung zu erzielen‹, ›Im kommerziellen Radio dürfen zusammenhängende Wortbeiträge nicht länger als 90 Sekunden dauern‹ usw.) charakteristisch sind.

Wie weit die mediale Sphäre reicht, d.h. welche unter allen in die Konstitution eines kulturellen Gegenstandes eingehenden technischen Voraussetzungen, Genrekonventionen, Produktions-, Rezeptions-, Vermittlungs- und Funktionsvorgaben dabei jeweils maßgeblich sind und welche nicht (mögliche Streitfragen: ›Ist ein Film, der (wie die meisten heute) statt im Kino auf dem Fernsehschirm gesehen wird, eher Fernsehen oder Kino?‹, ›Ist Daumenkino Film?‹, ›Gehört die Schrift per se zum Buchmedium?‹ usw.), ist im allgemeinen schwer zu sagen, und zwar vor allem deshalb, weil die prominent, d.h. durch eigenständige Benennung als ›Medien‹ hervorgehobenen Merkmalskonglomerate – als keineswegs bloß nachrichtentechnisch, sondern hochgradig kulturell definierte Konstrukte – weder in sich homogen noch stets nach gleicher Parameterart und -zahl bestimmt sein müssen.[30] Doch so sehr die al-

---

[29] Zum Ausmaß der Modifikationen, welche ein Textsinn durch verschiedene Arten des Vorlesens erfahren kann, vgl. Ockel, Vorlesen als Methode der Textanalyse.

[30] Hier wiederholt sich, nur entsprechend potenziert, was Witting, Über einige Schwierigkeiten beim Isolieren einer Schreibweise, S. 286, bereits hinsichtlich der konventionellen Konstituiertheit literarischer Gattungen konstatiert. Und hier liegt zugleich das Einfallstor für eine Reihe holistischer und entsprechend beliebter Antagonismen. So kann etwa als ›Epoche des Visuellen‹ wahlweise die des Buches oder die des Filmes ausgerufen werden, je nachdem, von was man ausgeht und auf welchen Aspekt man sich gerade besinnt. Störende Einzelheiten, wie die, daß Bücher für die längste Zeit von der größten Zahl ihrer Rezipienten ausschließlich auditiv rezipiert wurden, daß der Film mit oder ohne Ton, oder stumm, aber musikalisch untermalt auftreten und zudem konstitutive Zwischentitel enthal-

104

lenthalben schon recht weit, wenngleich meist eher vereinzelt fortgeschrittene explikative Differenzierung medialer Gegebenheiten unter diesen Umständen – insbesondere hinsichtlich so stark moderneassoziierter Medien wie Film, Fernsehen, Computer, Radio, Happening usw. – einer umfassenden, in unserem Zusammenhang freilich nur als grobe Skizze (3.3.) anzudeutenden Untersuchung bedürfte, so sicher bleibt doch festzuhalten, daß letztlich jede kulturelle Erscheinung an ein bestimmtes Medium gebunden und von diesem spezifisch eingefärbt bzw. mit geprägt ist.[31] Und dies schließt, sofern die Alternativen nur präsent und differenziert genug sind, rückwirkend gar ›das Reale selbst‹ als Unterfall mit ein, denn auch dieses kann – wenn schon nie ontologisch, so doch als erfahrenes – zum ›Medium‹ (unter anderen) werden.

Als ästhetische Reaktionen auf diese tiefgreifenden und in ihrer Allgegenwärtigkeit durchaus neuen Erfahrungen geraten spiegelbildlich sowohl der radikale, das ›ursprüngliche Reale‹ unter (versuchter) Ausschaltung jeder Vermitteltheit euphorisch oder verzweifelt erzwingende Präsentismus der Avantgarde und Neoavantgarde in den Blick, welcher sich in Schock, Tabubruch, bewußtseinsmäßiger Desorientierung und Reizüberflutung, Absurdismus, Extrem-Happening oder hyperrealistischem Minimalismus äußern kann, als auch – auf der anderen, die Medialgegebenheit ins Virtuelle hin verwischenden Seite – die Herausbildung immer entlegenerer, immer mehr in sich verkapselter und ausdifferenzierterer Parallelwelten im Surrealismus, in monumentalen Romanprojekten und Phänomenen wie dem Merzbau, in musikalischen oder künstlerischen Psychedelic-Welten, im Fantasy Comic oder – obschon meistens trivialisiert – in Seifenopern oder anderen bis zur Eigenweltlichkeit vertrauten Sendeformaten (z.B. bestimmten Talkshows oder Nachrichtensendungen), in der kulturindustriellen, vom Freizeitpark bis zum Möbelkauf applizierten Erlebnis-Ideologie sowie in multimedial, d.h. vom Kinofilm übers dazugehörige Computer- und Videospiel bis hin zum Korkenzieher und zur Kinderpuppe vermarkteten Fantasy- und Science-Fiction-Reichen. Ja die ostenative Selbstpräsentation ästhetischer Gegenstände in ihrer Warenförmigkeit im ganzen ist ein ›Medium der Moderne‹ – und vielleicht das mächtigste von allen.

Aspekt- und ganzheitsbezogene Anzeichen- und Exemplifikationsverhältnisse

Wurden die Exemplifikations- und Anzeichenverhältnisse bislang stets nur punktuell betrachtet, so besteht der nächste Schritt bei der Gewinnung unseres allgemeinen Konstitutionsterms notwendig darin, *alle* parallel möglichen Aspekte einzubinden

---

ten kann, gehen dabei mit einer Regelmäßigkeit unter, als lade gerade ihre Selbstverständlichkeit zum Übersehen ein.

[31] In diesem Sinn behält McLuhans Schlagzeile »The Medium is the Message« (vgl. dazu die selbstexemplifizierende McLuhan/Fiore-Veröffentlichung »The Medium is the Massage«) – jenseits ihrer mit der Plakativität der identifizierenden Formulierung holistisch erkauften Prominenz – ihr sachliches Recht. (Analoges gilt für ihre germanistische Adaption bei Kittler, Literatur und Literaturwissenschaft als Word Processing.)

und dabei solche, die sich auf ein einzelnes Konstitutionsmoment, von solchen, die sich auf größere Ganzheiten beziehen, zu unterscheiden. Wenn wir dafür konsequenterweise sämtliche der an W1 als intendiert distinkt zu machenden Strukturen als W3m- bzw. W3k-Elemente fassen (und den W1-Faktor damit zur bloßen, allein noch als ›reine‹ Natur zu begreifenden Realmannigfaltigkeit purifizieren), so erhalten wir den allgemeinen Ausdruck

$$\text{W1 ([W3m} \leftarrow Y_1] \, ([\text{W3k} \leftarrow Y_2] \, (X \leftarrow Y_3) \leftarrow Y_4) \leftarrow Y_5),$$

wobei Y_1, Y_2 und Y_3 sich konventionsgemäß auf die jeweils vorstehenden Einzelaspekte, Y_4 und Y_5 dagegen auf die jeweils vorstehenden Gesamtheiten beziehen.[32] Die Notwendigkeit, beides zu unterscheiden, erhellt etwa aus folgendem Beispiel: Exemplifiziert Hitlers Rededuktus *für sich* pathetischen Fanatismus und exemplifizieren Wörter wie ›Sauerkraut‹ und ›Schweineschnitzel‹ *für sich* so etwas wie ›das kulinarische Deutschland‹, so exemplifiziert beider *Kombination* in Charlie Chaplins berühmter Parodie (vgl. die entsprechende Szene in »Der große Diktator« von 1940) statt dessen – von den lokalen Aspekten sehr verschieden – eher unfreiwillige Lächerlichkeit, Phrasendrescherei, Schlächtermentalität und offenen Irrsinn.

Modernespezifische Besonderheiten scheinen auf dieser Ebene nicht zu bestehen, wenngleich die komplexe Schichtung und mediale Ausdifferenzierung gelegentlich markante Effekte zeitigen kann, sei es im Falle von Videoinstallationen, welche den Kontrast zwischen der rasenden Bewegtheit der übertragenen Bilder und der Statik des Trägermediums augenfällig machen, oder sei es etwa in der Differenz, die sich abhängig davon ergibt, ob Musik als Filmmusik fungiert oder mit zum Dargestellten zählt oder gar innerhalb eines Films im Fernseher oder vom Videorekorder aus gesteuert im Fernseher innerhalb eines Filmes und dort aber als Platte usw. läuft.

Außenanschlüsse

Seinen vorläufigen Abschluß erhält das bislang erarbeitete Schema, wenn nun noch der Tatsache Rechnung getragen wird, daß der ›kulturelle Gegenstand‹ – obschon über seinen Umfang bislang nichts gesagt ist – kaum monadisch existieren kann, sondern daß sowohl auf jeder einzelnen Ebene wie im ganzen Außenanschlüsse zu anderen Gegenständen oder größeren Strukturen und Entitäten bestehen, an denen er – mehr oder weniger gewollt und bewußt, aber doch im Rahmen seiner Intentionalität – partizipiert, auf die er verweist und die ihm zugrunde liegen. Dies kann zum einen über lokal beschränkte Verweise geschehen, sei es durch konventionelle Bezugnahmen etwa auf bestimmte Topoi, Gattungs- oder Stilmerkmale oder sei es in Form von spezifischen Anspielungen auf charakteristische Formvorgaben oder Inhalte anderer, schon bestehender Gegenstände, und zum anderen mehr ›aufs Ganze bezogen‹, d.h.

---

[32] Ist X – wie meistens – noch in sich differenziert, ergeben sich analoge Erweiterungen, etwa zu W1 ([W3m←Y$_1$] ([W3k←Y$_2$] ([W3z←Y$_3$] (X←Y$_4$)←Y$_5$)←Y$_6$)←Y$_7$) bei Notationen oder zu W1 ([W3m←Y$_1$][W3k←Y$_2$] ([W3z←Y$_3$] ([W3b←Y$_4$] (X←Y$_5$)←Y$_6$)←Y$_7$)←Y$_8$)←Y$_9$) bei sprachlich gefaßten Kulturgegenständen.

als erst aus dem Zusammenwirken mehrerer jeweils charakteristischer Konstitutionsmomente entstehende Affinität bzw. Nähe zu bestimmten anderen Gegenständen oder Traditionszusammenhängen oder schließlich als exemplarischer Status hinsichtlich bestimmter, die jeweilige Gegenstandsganzheit transzendierender Epochen, Stile, Strömungen, Schulen, Mentalitäten, Werte usw. Indes seien derartige Anschlüsse, um die Kurzschreibweise nicht zu überlasten (und weil vergleichende und übergreifende Fragestellungen einstweilen nicht im Zentrum stehen), im folgenden wahlweise entweder – nämlich überall, wo sie lokal auftreten – als markante Unterfälle den allgemeinen Anzeichen- und Exemplifikationsbeziehungen subsumiert, oder aber – nämlich dort, wo sie auf die vorstehende (konventionelle) Gesamtheit zielen – pauschal als ›←Z‹ hintangestellt.

Dem so entstehenden allgemeinen Konstitutionsterm

$$W1 \, ([W3m{\leftarrow}Y_1] \, ([W3k{\leftarrow}Y_2] \, (X{\leftarrow}Y_3){\leftarrow}Y_4){\leftarrow}Y_5){\leftarrow}Z$$

haftet gleichwohl nichts dezidiert Modernes an. Graduelle Verschiebungen ergeben sich höchstens daraus, daß die als Voraussetzungen in (neu entstehende) kulturelle Gegenstände eingehenden Komponenten zunehmend vielschichtiger werden und zudem immer komplexer vernetzt sein können – was entsprechend kompliziertere Konstellationen hinsichtlich der aus deren So-Sein mehr oder weniger mittelbar und sicher erschließbaren Konstitutionsbedingungen nach sich zieht. Mit welchem Textverarbeitungsprogramm, Betriebssystem, Computer, Drucker, Kopierer wurde etwa dieser Text erstellt? Wie einfach oder schwierig war das? Welche Fernsehsendungen hatte der Verfasser bis dato gesehen, welche Opern (womöglich beim Schreiben) gehört, in welchen Imbißketten gegessen?

3.1.3. *Übergang zur historisch-intentionalitätsgebundenen Hermeneutik: Das realsituierte Urheberbewusstsein als heuristisches Regulativ*

An diesem Punkt nun wird es Zeit, die zuvor der besseren Übersicht halber ausgeklammerten Konstitutionselemente wieder – und um so konsequenter – in den Blick zu nehmen. Reintegrieren wir dafür zuerst das Rezeptionsmoment, so entsteht der Ausdruck:

$$W2r \, (W4 \, (W1 \, ([W3m{\leftarrow}Y_1] \, ([W3k{\leftarrow}Y_2] \, (X{\leftarrow}Y_3){\leftarrow}Y_4){\leftarrow}Y_5){\leftarrow}Z)),$$

aus dem resp. aus dessen Verklammerung vor allem zu entnehmen ist, daß keines der in W1 manifestierten Konstitutionsmomente jemals weiter ›rückstrahlen‹ kann als eben bis zu W1 bzw. zur davon getragenen Gesamtheit. Anders ausgedrückt: Niemals kann das Fremdverstehbare unmittelbar etwas im oder am rezipierenden Bewußtsein repräsentieren, anzeigen oder exemplifizieren, sondern es bleibt, so vielschichtig oder rezeptions- bzw. funktionsgerichtet es auch sei, stets an die tragende Materialität gebunden resp. in ihr aufgehoben.

Was aber liegt damit im ganzen vor? Ein rezipierendes Bewußtsein nimmt unter einem bestimmten Funktionsaspekt eine Materialität wahr, an welcher sowohl (lokal und global) exemplifizierende als auch repräsentierende intendierte Strukturen erkennbar sind, wobei die letzteren noch einmal nach medialer Eingebundenheit sowie – gegebenenfalls bzw. in der Regel – nach Realkonkretion und repräsentiertem Argument gestuft erscheinen. Ob das Bewußtsein die so erscheinenden Strukturen jedoch auch realiter erkennt und angemessen umsetzt, ist freilich alles andere als sicher. Denn erstens kann es stets geschehen, daß es an Interesse mangelt und die Realisation infolgedessen weitgehend ausbleibt (wie im Falle zwar angeschauter, aber nicht gelesener Schrift, oder bei Musik, die zwar gehört, der aber nicht zugehört wird). Zweitens kann die Realisation mehr oder weniger mutwillig am Gegebenen vorbei, d.h. willkürlich erfolgen (z.B.: ›Hier steht zwar immer ›Jesus‹, aber ich lese es jedesmal als ›Buddha‹‹, oder: ›Diesen Regentropfen schickt mir die Geliebte‹). Drittens kann es gegen den Willen des rezipierenden Bewußtseins zu im Prinzip vermeidbaren Unachtsamkeiten, Absenzen, Verwechslungen und anderen Defiziten kommen, was, sofern die Materialität des kulturellen Gegenstandes singulär und nicht fixiert ist, gravierende Konsequenzen haben kann (›...und das hab ich jetzt zum letzten Mal gesagt!‹ ›Entschuldige, aber ich hatte gerade nicht zugehört.‹).[33]

Jenseits derartiger Fälle reinen Nichtverstehens (1), subjektiven Mißverstehens (2) sowie – je nach Bewußtwerdung – objektiven Mißverstehens bzw. subjektiven Nichtverstehens (3) gibt es aber auch Abweichungen, welche – obschon in ihren Folgen analog zu (3) – primär in Differenzen der jeweils zugrundeliegenden Konventionssysteme resp. des mit ihrem Gebrauch vorausgesetzten Weltwissens oder aber in der Fähigkeit zur Realisation bestimmter der darin angelegten Potentiale gründen. Für die dabei im Grundsatz unterscheidbaren Fälle je ein Beispiel: a) Jemand verbindet den Satz ›Das Schloß der Windsors ist uralt‹ umstandslos mit der Vorstellung eines rostigen Vorhängeschlosses, weil er die andere, hier offenbar gegebene Bedeutung der Zeichenfolge ›Schloß‹ nicht kennt. b) Jemand empfindet – aus dem gleichen Grund – den Satz ›Das Schloß hat ziemlich hohe Mauern‹ als befremdend oder ›unverständlich‹. c) Jemand realisiert den Satz ›Instrumentalistische Revolutionäre können sich einer gesamtgesellschaftlichen Systemanalyse zum Zwecke der krisen- und konfliktverstärkenden Gegensteuerung ebenso bedienen wie die politischen Technokraten zur Vermeidung von Krisen und Konflikten‹ (J. Habermas) – unter dem subjektiven Eindruck, alles verstanden zu haben – faktisch nur im Sinne von ›Diese Systemanalyse ist eine ziemlich zweischneidige Angelegenheit‹, weil er zu weiterer Differenzierung trotz Kenntnis der verwendeten Einzelwörter und grammatischen Regeln nicht imstande ist. d) Jemandem erscheint ein Ausdruck wie

$$e^{2\pi i} + \sum_{j=0}^{\infty} \frac{1}{2}^j - (\tan\frac{\pi}{4})^{17+5}$$

als ›zu hoch‹ bzw. subjektiv nicht mehr begreiflich, obwohl er alle Komponenten und Verknüpfungsregeln einzeln nachvollziehen kann bzw. könnte. In a) und b) scheitert

---

[33] Daß die Persistenz hermeneutischer Untersuchungsobjekte eine Bedingung für eine nachvollziehbare interpretatorische Erschließung darstellt, dokumentiert sich schon in Diltheys Beschränkung der Interpretation auf die »dauernd fixierten Lebensäußerungen« (Gesammelte Schriften, Bd. 5, S. 319).

die Realisation unmittelbar an der Verschiedenheit der zugrundeliegenden Konventionssysteme, in c) und d) dagegen an Auffassungsbegrenzungen von W2r. In a) und c) verbleibt die Diskrepanz – zumindest jeweils aktuell – ›im Objektiven‹, in b) und d) dagegen wird sie subjektiv empfunden.

Mit den bislang angeführten Schwierigkeiten scheinen die wichtigsten Abweichungsmöglichkeiten, die das bisherige Schema in sich birgt, im Grundsatz unterschieden, und als letzter Fall verbleibt allein noch der – scheinbar problemlose – eines ›angemessenen‹, ›korrekten‹, ›vollständigen‹ etc. Verstehens (Beispiel: ›Was kosten diese Briefmarken?‹ ›Drei Mark.‹ ›Hier bitte.‹ ›Danke schön.‹ ›Auf Wiedersehen.‹ ›Auf Wiedersehen.‹).[34] Nichtsdestoweniger fangen die Probleme hier – besonders in der Theorie – gerade erst an. Mag jemand nämlich auch (wenigstens im stillen) einräumen müssen, daß er, wo er anstelle von ›Jesus‹ immer ›Buddha‹ ›liest‹ oder auf Abbildungen ›erkennt‹, die konventionelle Zuweisung, die ihm die wahrgenommenen Strukturen eigentlich nahelegen, *eigenmächtig* außer Kraft setzt, so ist bislang doch keinerlei Regulativ in Sicht, daß etwa einen heutigen Leser daran hindern könnte, eine Figur, welche innerhalb eines Textes aus dem 18. Jahrhundert als ›blöde‹ bezeichnet wird, ›textgemäß‹ – und damit formal analog zu a) – für ›blöde‹ im Sinne von ›dumm‹ zu halten, obwohl der Sinn zu dieser Zeit bekanntermaßen nicht derselbe war.

Was hieran offenbar wird, ist, daß bislang lediglich ein W2r-interner Unterschied zwischen individuell gesetzten und (wiederum individuell) für allgemein verbindlich erachteten Zuschreibungen bzw. Konventionen, nicht aber eine Differenzierung in bezug auf den gegenstandsbezogenen Status fremdgegebener Konventionsgebräuche resp. Weltwissensbezugnahmen eingeführt ist. Indem W1 (X) noch umstandslos als Argument in W2r (W4 (W1 (X))) enthalten und der kulturelle Gegenstand demgemäß zeitlich wie auch hinsichtlich des jeweils zugrundeliegenden Bewußtseinsraums ganz selbstverständlich an die mit der Realsituiertheit von W2r gegebenen Bedingungen geknüpft ist, bleibt jede Realisation, die das dem jeweils Realisierenden für allgemein geltende Konventionssystem und Weltwissen korrekt appliziert, insofern unangreifbar, als dieser stets sowohl auf die faktische Vorhandenheit der erkannten Struktur als auch auf die Korrektheit der konventionellen Zuschreibung verweisen kann – im genannten Beispiel etwa dergestalt, daß ›blöde‹ eben schwarz auf weiß da stehe und nun mal de facto ›dumm‹ bedeute.

Die Intentionalität des kulturellen Gegenstandes ist auf dieser Stufe einzig in dem Maße involviert, wie intendierter Konventionsgebrauch bzw. intendiertes Repräsentieren im ganzen kaum ohne Intendierendes zu denken ist.[35] *Wessen* Konventions-

---

[34] Der ebenfalls denkbare Fall eines zwar inhaltlich korrekten, aber nicht als solches realisierten Verstehens (Beispiel: ›Sepsis Grüngeblei daß zu Bedingdong.‹ ›Entschuldige, aber ich habe dich nicht recht verstanden.‹ ›Doch.‹ ›Aber es klang wie Unsinn.‹ ›Eben.‹) kann hier vernachlässigt werden, obschon vergleichbare Konstellationen im Rahmen der kulturwissenschaftlichen Betrachtung avantgardistischer Kunst vermehrt begegnen.

[35] Der bereits erwähnte Fall, daß Materialisationen von Konventionspartikeln auch ohne

gebrauch und Weltwissen hier aber in concreto angezeigt ist, bleibt noch völlig unbestimmt und implizit. Ergänzen wir den Ausgangsterm

$$W1\ ([W3m{\leftarrow}Y_1]\ ([W3k{\leftarrow}Y_2]\ (X{\leftarrow}Y_3){\leftarrow}Y_4){\leftarrow}Y_5){\leftarrow}Z$$

deshalb zunächst auch einmal von der anderen Seite her, nämlich um seinen Charakter als Anzeichen für ein jeweils dahinterstehendes Urheberbewußtsein. Wir erhalten dann die zwar unüberschaubare, aber mit Blick auf die involvierte Komplexität gerade dadurch um so ›anschaulichere‹ Fügung:

$$W1\ ([[[W3m{\leftarrow}Y_1]$$
$${\leftarrow}W2u\ (W3m'{\leftarrow}Y_1')]\ ([[[W3k{\leftarrow}Y_2]$$
$${\leftarrow}W2u'\ (W3k'{\leftarrow}Y_2')]\ ([X{\leftarrow}Y_3]$$
$${\leftarrow}W2u''(X'{\leftarrow}Y_3')){\leftarrow}Y_4]$$
$${\leftarrow}W2u'''\ ([[W3k'{\leftarrow}Y_2']{\leftarrow}W2u'\ (W3k'{\leftarrow}Y_2')]\ ([X'{\leftarrow}Y_3']{\leftarrow}W2u''(X'{\leftarrow}Y_3')){\leftarrow}Y_4')){\leftarrow}Y_5]$$
$${\leftarrow}W2u^{IV}\ ([[W3m'{\leftarrow}Y_1']{\leftarrow}W2u\ (W3m'{\leftarrow}Y_1')]\ (([[W3k'{\leftarrow}Y_2']{\leftarrow}W2u'\ (W3k'{\leftarrow}Y_2')]$$
$$([X'{\leftarrow}Y_3']{\leftarrow}W2u''\ (X'{\leftarrow}Y_3')){\leftarrow}Y_4'){\leftarrow}W2u'''\ ([[W3k'{\leftarrow}Y_2']W2u\ (W3k'{\leftarrow}Y_2')]$$
$$([X'{\leftarrow}Y_3']{\leftarrow}W2u''\ (X'{\leftarrow}Y_3')){\leftarrow}Y_4')){\leftarrow}Y_5'))$$
$${\leftarrow}Z.^{36}$$

Um diesen Bandwurm handhabbar zu machen, empfiehlt es sich, die infolge ihrer Bezugnahme auf die jeweils vorstehenden Gesamtheiten unverhältnismäßig zur Aufblähung beitragenden Argumente von W2u''' und W2u^{IV} als W3k' (A') und W3m' (B') (sowie im weiteren analog) abzukürzen. Erst dann wird es praktikabel, auch die soeben mit Bedacht noch ausgesparten drei Aspekte einer jeweils im ganzen auf die Materialisierung, auf die intendierte Funktion sowie auf den intendierten Rezeptionseindruck gerichteten Intentionalität – als W2u^V (W1' (C')) bzw. W2u^{VI} (W4' (D')) bzw. W2u^{VII} (W2r' (E')) – zu integrieren. Der gesamte Ausdruck erscheint dann – weitaus freundlicher, wenn auch noch immer lang genug – als:

$$[[[W1\ ([[[W3m{\leftarrow}Y_1]$$
$${\leftarrow}W2u\ (W3m'{\leftarrow}Y_1')]\ ([[[W3k{\leftarrow}Y_2]$$
$${\leftarrow}W2u'\ (W3k'{\leftarrow}Y_2')]\ ([X{\leftarrow}Y_3]$$
$${\leftarrow}W2u''\ (X'{\leftarrow}Y_3')){\leftarrow}Y_4]$$
$${\leftarrow}W2u'''\ (W3k'\ (A'){\leftarrow}Y_4')){\leftarrow}Y_5]$$

---

dahinterstehende Intentionalität, sozusagen als ›Natur aus Zeichen‹, produziert werden können, bleibt – obschon im Kontext der Moderne zunehmend relevant und späterhin noch zu verhandeln – an dieser Stelle deshalb außen vor, weil im Falle fehlender intentionaler Rückbindung definitionsgemäß gar keine Repräsentation bzw. intendierte Exemplifikation vorliegt. Demgemäß vermag die Hermeneutik hieraus auch – sehr anders als bei Kittler, Vergessen, S. 216 (im Zusammenhang mit dem dort problematischerweise als rein nichtintentional gedeuteten Zeichengebrauch Schizophrener) insinuiert – kein prinzipieller Stolperstein zu werden. (Zu den Möglichkeiten einer hermeneutischen Identifikation mechanisch bzw. intentionslos generierter Zeichenformen vgl. den Schlußabschnitt von 3.1. sowie 3.2.)

[36] Schlimmere Ausdrücke werden im weiteren Verlauf nicht mehr begegnen.

$\leftarrow$W2u^{IV} (W3m' (B')$\leftarrow$Y$'_5$))
$\leftarrow$W2u^V (W1' (C'))]
$\leftarrow$W2u^{VI} (W4' (D'))]
$\leftarrow$W2u^{VII} (W2r' (E'))]
$\leftarrow$Z.

Was ist nun hieran zu erkennen? 1. Jedes Konstitutionsmoment eines kulturellen Gegenstandes ist zugleich *Anzeichen* – nicht Träger! – einer es spezifisch intendierenden (bzw. intendiert habenden) Bewußtseinsentität, welche – als W2u – eo ipso *real situiert* ist, und zwar gleichgültig, wieviel man von ihr jeweils faktisch weiß und wissen kann. 2. Die intendierenden Bewußtseinsmedien W2u, W2u', W2u'' usw. müssen keineswegs für alle Konstitutionsmomente identisch (gewesen) sein. Folglich sind die in W1 (X) *konkret vereinten* Strukturen mitnichten zwangsläufig *einem* Urheberbewußtsein zuzurechnen. 3. Die W2u-*Argumente* sind nicht per se mit denen identisch, die einem beliebigen W2r an der ihm vorliegenden Materialität des Gegenstandes ›unmittelbar gegeben‹ resp. aufweisbar erscheinen.

Die weitreichenden Konsequenzen, die sich hieraus sowohl für die allgemeine Hermeneutik als auch in Hinblick auf die Analyse moderner Erscheinungen ergeben, werden im letzten Abschnitt von 3.1. sowie in 3.2. zu erörtern sein. Vorläufig genügt es, sich auf dieser Basis den prinzipiellen Unterschied zwischen (korrektem oder inkorrektem) ›Dechiffrieren‹ einerseits und (wiederum korrektem oder inkorrektem) *konkret intentionsbezogenem* und damit, wie wir sehen werden, immer auch schon *historischem* Verstehen andererseits zu verdeutlichen. Denn während ersteres den vorfindlichen Gegenstand allein auf das in W2r, wenn nicht als einziges, so doch als evidentestes präsente Konventionssystem und Weltwissen bezieht und dergestalt im Idealfall als

W2r$_{\text{Dechiff.}}$ (W4 (W1 ([W3m$\leftarrow$Y$_1$] ([W3k$\leftarrow$Y$_2$] (X$\leftarrow$Y$_3$)$\leftarrow$Y$_4$)$\leftarrow$Y$_5$)$\leftarrow$Z))

auftritt, bezieht letzteres ihn auf seine *real* bzw. *historisch* situierte, ihm in einer Reihe von lokalen und globalen, mehr oder weniger deutlichen Anzeichenbeziehungen eingeschriebene *konkrete Intentionalität* und erscheint demgemäß – weitaus komplexer – als:

W2r$_{\text{hist. V.}}$ (W4 ([[[W1 ([[[W3m$\leftarrow$Y$_1$]
$\leftarrow$W2u (W3m'$\leftarrow$Y$'_1$)] ([[[W3k$\leftarrow$Y$_2$]
$\leftarrow$W2u'(W3k'$\leftarrow$Y$'_2$)] ([X$\leftarrow$Y$_3$]
$\leftarrow$W2u'' (X'$\leftarrow$Y$'_3$))$\leftarrow$Y$_4$]
$\leftarrow$W2u''' (W3k' (A')$\leftarrow$Y$'_4$))$\leftarrow$Y$_5$]
$\leftarrow$W2u^{IV} (W3m' (B')$\leftarrow$Y$'_5$)
$\leftarrow$W2u^V (W1' (C'))]
$\leftarrow$W2u^{VI} (W4' (D'))]
$\leftarrow$W2u^{VII} (W2r' (E'))]
$\leftarrow$Z))

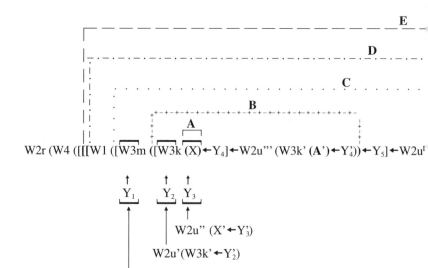

Abb. 1 Allgemeiner Konstitutionsterm

Eine etwas übersichtlichere Darstellung dieser Konstellation ergibt sich, wenn zum einen die lokalen Exemplifikations- und Anzeichenverhältnisse vertikal angeordnet und zum anderen die Argumente A, B, C etc. zusätzlich hervorgehoben werden, wie es in Abb. 1 geschieht. Der so entstehende *allgemeine Konstitutionsterm*, welcher anbei auch die gegebenen Nähebeziehungen anschaulicher widerspiegelt, soll im weiteren zur Basis dienen.

Modernespezifische Aspekte sind auf dieser Stufe nicht zu erkennen, wenngleich die hier vorgenommenen Differenzierungen der ontologischen Gegebenheiten sowie der urheberintendierten Substrate ohne die durch markante moderne Erscheinungen aufgeworfenen hermeneutischen Irritationen sicherlich weit eher resp. länger hätten implizit bleiben können.

Urheberintendierte Substrate

Es hängt nun einiges davon ab, den Status und die Funktion der soeben eingeführten W2u (X')-Elemente möglichst klar herauszustellen, nicht zuletzt, um einschlägigen Mißverständnissen innerhalb der neueren Hermeneutiktheorie zu wehren. Einen ersten Ansatzpunkt hierzu liefert die Frage, welche der bislang involvierten Konsti-

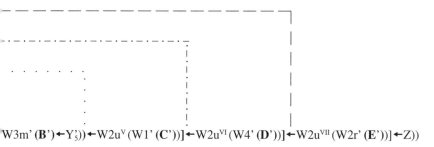

W3m' (**B**') ← Y$_5$)) ← W2u^V (W1' (**C**'))] ← W2u^{VI} (W4' (**D**'))] ← W2u^{VII} (W2r' (**E**'))] ← Z))

tutionsmomente prinzipiell ›ausschöpfbar‹ bzw. abschließbar zu explizieren sind und welche nicht. Unausschöpfbar scheinen zunächst die *isolierten* Substrate aller Welten, wenngleich der Grund dafür nicht überall derselbe ist. Liegt er bei W1-, W2- und (wahrscheinlich auch) W4-Entitäten in der ihrem Realcharakter inhärenten Mannigfaltigkeit, so kommt im Falle der W3-Substrate deren (als unendliche Anzahl möglicher Eigenschaften darstellbare) Eingebundenheit in gegebene Bezugssysteme zum Tragen. Aus der so überall lokal gegebenen Unausschöpfbarkeit erhellt, warum und inwiefern selbst ein so schlichter kultureller Gegenstand wie der gesprochene Satz ›Mach bitte mal die Tür zu‹ weder seinem materiellen Korrelat, noch den idealen Aspekten seiner medialen und realen Konkretion sowie seiner möglichen Sinnsubstrate, noch auch der realen Mannigfaltigkeit des ihn hervorbringenden und des ihn rezipierenden Aktes nach je völlig auszuschöpfen ist.

Wie aber steht es jenseits davon, d.h. in den gegebenen *Konstellationen*? Auch hier bleibt alles so lange unausschöpflich, wie es um die jeweils involvierten *Potentiale* geht – können theoretisch doch unendlich viele verschiedene W2r-Träger mit unendlich vielen mehr oder weniger verschiedenen Konventionssystemen und Weltwissensreservoirs den ›gleichen‹ Satz auf unendlich viele Arten wahrnehmen und verstehen, ebenso wie er im Urheberbewußtsein auf unendlich viele Arten intendiert gewesen

113

sein kann. Indes schmilzt diese Unausschöpflichkeit dahin, sobald man *die Bewußtseinsargumente als real konkrete*, d.h. als X in W2r^{ti-tj} (X) bzw. als X' in W2u^{tk-tl} (X') denkt. Alles Aufgefaßte und Vermeinte zeigt sich dann als seinem Idealsubstrat nach *endlich* – und nur so ist zu begreifen, daß Hörer wie Sprecher eines Satzes wie ›Mach bitte mal die Tür zu‹ dabei in der Regel durchaus nicht ›Unendliches‹ im Sinn haben.

Aus der so gefaßten Differenz zwischen der prinzipiellen Unausschöpfbarkeit des Trägermediums, der darin exemplifizierten und repräsentierten Idealitäten, des realen Auffassungs- und Vermeinungsaktes sowie sämtlicher der dabei übergreifend involvierten Potentialitäten einerseits und der nicht weniger prinzipiellen Begrenztheit der realiter aufgefaßten und vermeinten Substrate andererseits erklärt sich die markante Diskrepanz zwischen der Allpräsenz von Unausschöpflichkeits- und Approximativitätstopoi in der hermeneutischen Theorie[37] und der alltäglichen Erfahrung von nicht bloß korrektem (sprich: offenbar an keiner Stelle falschem), sondern ›vollständigem‹ Verstehen. Zwar verliert die Evidenz der Endlichkeit sich mit zunehmendem Gegenstandsumfang, und man wird so etwa angesichts eines Werks wie »Zettels Traum« weit eher als bei unserem Beispielsatz versucht sein, das konkret Vermeinte fälschlich für unendlich zu erachten – doch ändert all das nichts daran, daß selbst noch die Gesamtheit des im Laufe der Kulturgeschichte schon konkret Vermeinten endlich ist, die theoretisch explizierbare Potentialität des Wortes ›Gurke‹ oder eines gedankenlos hingekritzelten Strichmännchens aber nicht.

Nun gilt es freilich, hieraus keine falschen Schlüsse zu ziehen. Ob man sein Augenmerk lieber auf das Endlich-Vermeinte eines Gegenstandes zu richten oder aber die Unendlichkeit der mit diesem gegebenen (und – je nach akzeptiertem Konventionssystem und Weltwissen – keineswegs ganz beliebigen) Potentiale nach dieser oder jener Richtung zu entfalten sucht, ist eine *Wertentscheidung*, deren Ergebnis meistens intuitiv dadurch bestimmt wird, was im konkreten Fall gerade am meisten interessiert.[38] Inwieweit das erstrebte Resultat dann auch de facto eruierbar ist bzw. welche Überprüfungsmöglichkeiten jeweils greifen, kommt dabei noch gar nicht in Betracht, wohl aber, daß in allen Fällen, wo die Unausschöpfbarkeit dieses oder jenes Konstitutionsmomentes als *Erweis* für eine prinzipielle Inexistenz, Irrelevanz oder Unerkennbarkeit des konkret Vermeinten ins Feld geführt wird, ein Denkfehler vorliegt.

Stärkere Unterstützung erwächst (speziell) der Unerkennbarkeitsbehauptung dagegen aus dem vielzitierten Topos, daß ›das Bewußtsein ja ohnehin niemals gegeben‹ sei.[39] Um Recht und Grenze dieses Einwands zu ermessen, ist es nötig, ihn zunächst

---

[37] Vgl. stellvertretend etwa Frank, Was heißt »einen Text verstehen«? S. 69, wo es heißt, in jeder Zeichenkette stecke »mehr Sinn, als sich zu einer Zeit durch ein Subjekt entdecken läßt«.

[38] Dabei muß das Augenmerk auf das vom Urheber konkret Vermeinte keineswegs immer emphatischer Genieästhetik oder Autorvergötterung entspringen. Auch der Mundschenk, der die unartikulierten Wunschäußerungen seines betrunkenen Königs möglichst urhebergemäß zu interpretieren sucht, um keine Maulschellen einzufangen, ›entscheidet‹ sich für W2u (X').

[39] Inwiefern die entsprechende Einrede (etwa bei Japp, Hermeneutik, S. 112) vielfach nur

in seiner stärksten, ontologischen Version zu formulieren. Denn so leicht es im Kontext des hermeneutiktheoretischen Hauptstrangs, dem – aus guten historischen Gründen – allein die Texte lang Verstorbener als Gegenstand vor Augen standen (und noch stehen), den Anschein haben kann, als bestehe das Problem hier einzig darin, daß der tote Autor nicht mehr zu befragen sei, so sehr bleibt prinzipiell darauf zu insistieren, daß auch Gesprächspartner, welche zur gleichen Zeit am gleichen Ort lebendig sind, niemals de facto über das Bewußtsein ihres Gegenübers verfügen (können), ebensowenig wie Internet-Teilnehmer, Performancezuschauer, Psychoanalytiker, Gehirnphysiologen, ja noch die Liebenden, die wortlos sich als eins erfahren.

Doch obschon das konkret Vermeinte derart, wie im obigen Konstitutionsterm bereits angezeigt, stets nur aus Anzeichen erschlossen werden und das dazugehörige Realkorrelat demgemäß lediglich als *heuristisches Regulativ* für *deren* Deutung,[40] nicht dagegen als unmittelbares, d.h. umweglos erreichbares Verstehensobjekt fungieren kann, schießt die Rede von der Nichtgegebenheit des Urheberbewußtseins dennoch in dem Maße übers Ziel hinaus, wie sie   1. die beiden Aspekte in W2u (X') holistisch identifiziert und/oder   2. das regulative Potential von W2u bestreitet. Ersteres ist insbesondere dort der Fall, wo – im Zuge der berechtigten Kritik jenes hermeneutischen Psychologismus, welcher (ontologisch widersinnig) vorgibt resp. fordert, W2u *als reale Entität* bzw. *ihrem realmannigfaltigen Aktcharakter nach* zu fassen, nachzubilden, nachzuleben usw. – unversehens auch das *intendierte und damit den eigentlichen Zielpunkt jeder intentionsbezogenen Hermeneutik bildende Substrat X'* mit eskamotiert wird, oder aber – spiegelbildlich dazu – dort, wo letzteres – diesmal in (wiederum verständlicher) Abwehr sowohl des Psychologismus als auch seiner holistischen Negation – zum ›ewigen‹ (d.h. hier: nicht entschieden an die konkrete Realsituiertheit von W2u gebundenen) Gehalt stilisiert wird.

Das zweitgenannte Problem dagegen wird dort akut, wo die anhand des Regulativs der Realsituiertheit von W2u gegebenen Möglichkeiten, den Radius des (vermutlich) Vermeinten zu begrenzen, entweder nicht erkannt, nicht anerkannt oder in praxi vernachlässigt werden. Basisfragen lauten hier: Was *weiß* man wie sicher über den Urhebungsakt des jeweiligen Gegenstandes bzw. bestimmter seiner Konstitutionsstufen? Wie genau kann man ihn mit Hilfe welcher Anzeichen und Spuren zeitlich und (kultur)räumlich situieren, und welche konventionellen – sprich: sprachlichen, stilistischen, generischen etc. – oder sonstigen Voraussetzungen sind daraus jeweils (und wie sicher) abzuleiten? Besteht ferner die Möglichkeit, den oder die Urheber nach dem Vermeinten direkt zu befragen? Und wenn nicht, warum nicht? Weil die entsprechenden Bewußtseinsträger nicht mehr existieren, oder weil sie gerade nicht

---

eine »Karikatur des Intuitionismus« trifft, expliziert Gabriel, Zur Interpretation literarischer und philosophischer Texte, S. 241.

[40] Vgl. dazu etwa Dutton, Why Intentionalism won't go away, S. 207, oder Oevermann, Die objektive Hermeneutik als unverzichtbare methodologische Grundlage für die Analyse von Subjektivität, passim, obschon die dort im ganzen eher abtuende Haltung gegenüber der klassischen hermeneutischen Kunstlehre keineswegs zwingend und die statt dessen propagierte »Sequenzanalyse« (vgl. S. 180ff.) eher partiell sinnvolle Ergänzung denn grundlegende Alternative zu sein scheint.

erreichbar oder wenig auskunftsfreudig sind, oder weil die intentionale Kontinuität zum fraglichen Urhebungsakt – etwa infolge einer religiösen Konversion oder eines Verkehrsunfalls – nicht mehr besteht, oder schließlich, weil die Verschiedenheit der in W2r und W2u aktualisierten Konventionssysteme derart groß ist, daß sie ihre eigene Erörterung – latent oder für beide Seiten spürbar – untergräbt (Extremfall: ›Excuse me.‹ ›Entschuldigen Sie, aber was meinen Sie mit ›Excuse me‹?‹ ›I'm sorry, but what do you mean by: ›Entschuldigen Sie, aber was meinen Sie mit ›Excuse me‹?‹‹)? Des weiteren bleibt stets zu fragen, wie verläßlich die so zu gewinnenden Informationen wirklich sind, d.h. inwieweit nicht – aller Plausibilität zum Trotz – womöglich bewußte oder unbewußte Täuschungen und/oder Selbsttäuschungen im Spiel sind bzw. inwieweit das der Nachfrage zugrundeliegende Konventionssystem nicht am Ende mindestens genauso problematisch ist wie das ursprüngliche (Beispiel: ›Würden Sie uns bitte den Sinn dieses schwerverständlichen Poems erklären?‹ ›Lassen Sie mich diese Frage mit der folgenden, von mir gepfiffenen Melodie beantworten: pff-pfpff-fff-pfff-pf‹.[41]

Doch so spärlich und problematisch (sprich: in ihren faktischen Nähebeziehungen zum Gegenstand zweifelhaft) die aktuellen oder überlieferten Informationen und (Selbst-)Zeugnisse von Fall zu Fall auch sein mögen, so wenig Grund besteht doch, alle W2u-bezogenen Hinweise als per se irrelevant für ›den Text‹, ›das Werk‹ etc. zu exkludieren[42] und dessen Vermeintheit dergestalt entweder ›abzuschaffen‹ oder aber (wahlweise mit oder ohne anti-essentialistischem Zuckerguß) zum urhebungsakt- und damit historietranszendenten Absolutum zu erheben. Je mehr, je relevantere und je gesichertere Hinweise man jeweils *insgesamt* vorfindet und (bewußt oder nicht) miteinbezieht – und schon das Wissen um das Erscheinungsdatum eines Buches oder Films wird nominell nicht selten ein ›externes‹ sein –, desto genauere Begrenzungen von X' vermag man vorzunehmen. Und je konsequenter man die auf solcher Grundlage zu gewinnenden Spezifikationen auf den jeweils in Rede stehenden Konventionsgebrauch und das jeweils anzunehmende Weltwissen bezieht (mögliche Parame-

---

[41] Prinzipiell stellt *jede* ›Zusatzinformation‹ einen *eigenen* kulturellen Gegenstand dar, welcher sich von den übrigen ›anderen Gegenständen‹ lediglich dadurch abhebt, daß er den ursprünglich untersuchten *selbst zum Argument* hat und die mit der Anzeichenbeziehung innerhalb der Primärgegenstandes gegebene Distanz derart zu überspringen scheint. Indes bleibt jeder Satz, der sich direkt z.B. auf X'_1 in einem $W1_1$ ($W3m_1$ ($W3k_1$ ($W3z_1$ ($W3b_1$ (X_1)))))← $W2u_1$ ($W1'_1$ ($W3m'_1$ ($W3k'_1$ ($W3z'_1$ ($W3b'_1$ (X'_1)))))))-Konglomerat bezieht, als $W1_2$ ($W3m_2$ ($W3k_2$ ($W3z_2$ ($W3b_2$ (X'_1)))))← $W2u_2$ ($W1'_2$ ($W3m'_2$ ($W3k'_2$ ($W3z'_2$ ($W3b'_2$ (X'_1)))))) klar von $W2u_1$ ($W1'_1$ ($W3m'_1$ ($W3k'_1$ ($W3z'_1$ ($W3b'_1$ (X'_1)))))) geschieden – und so durchgängig analog. (Zur Problematik der Deutung von Eigeninterpretationen vgl. allgemein Gabriel, Zur Interpretation literarischer und philosophischer Texte, S. 242, sowie Betti, Zur Grundlegung der allgemeinen Auslegungslehre, S. 83f., dort insbesondere gegen Croce.)

[42] So etwa Titzmann, Strukturale Textanalyse, S. 339. Das dort angeführte Argument, das »Postulat der Normativität des Autorenselbstverständnisses« sei schließlich selbst historisch, ebd., S. 335, wirkt, wo damit nicht im letzten bloß auf eine Relativierung strategischer oder verwirrter Selbstdeutungen abgezielt ist, insofern stumpf, als bis dato *keine* Norm je anders als ›historisch‹ postuliert worden sein dürfte.

ter: Epoche, Landschaft, soziale Gruppe, Geschlecht, Gattung, Medium, Vorwissen, Vorgeschichte, Weltanschauung, Temperament etc.), desto weiter wird man sich vom ›naiven Dechiffrieren‹ weg und hin auf ein *im letzten stets durch W2u heuristisch reguliertes historisches Verstehen des endlichen Argumentes X' in W2u (X')* zubewegen[43] – obschon über das faktische Gelingen auch damit noch nicht viel gesagt ist.

Um nun zu zeigen, wie (bzw. wie wenig) spezifisch diese Verhältnisse für die Moderne sind, empfiehlt es sich, sie an zwei Beispielen parallel zu resümieren: Was Goethe/Allan Kaprow im Sinn hatte, als er seinen »Groß-Cophta« schrieb/sein erstes Happening konzipierte und veranstaltete, war von endlichem Umfang und ändert sich – egal wer wann davon de facto wieviel weiß und wissen kann – nie mehr. Gleichwohl bleibt es anderen zu jeder Zeit und in jedem möglichen Fall nur über Anzeichen erschließbar. Letztere können sowohl als mehr oder weniger evidentes und konkretes ›externes Wissen‹ um die Realumstände des Entstehungsaktes des jeweiligen Gegenstandes als auch – und meist primär – mit diesem resp. in ihm selbst gegeben sein. Markante Unterschiede ergeben sich dabei zwar (wenngleich allenfalls bedingt modernespezifisch) in Hinblick auf die Eindeutigkeit und Persistenz der jeweiligen Manifestation sowie (weit eher modernespezifisch) bezüglich des ihr jeweils zugrundeliegenden Werkbegriffes, nicht aber hinsichtlich der prinzipiellen Unausschöpfbarkeit der sie konstituierenden Strukturen sowie des diesen inhärenten Bestimmtheits- und Bedeutungspotentials. Von daher darf es nicht verwundern, wenn es – abhängig vom jeweiligen Bezugssystem und ›Weltwissen‹ – auch diesseits mutwilliger ›Verbiegungen‹ zu abweichenden rezeptiven Realisationen kommen kann. Indes sind die so sichtbar werdenden Distanzen schon seit jeher nicht – wie nur zu oft im stillen Rekurs auf eine zwar (allmählichen) Wandel, aber keine parallele Vielfalt duldende Kulturauffassung insinuiert – allein zeitlicher, sondern vor allem auch ›kultursegmentieller‹ Natur, eine Einsicht, deren Evidenz sich freilich nicht zuletzt der (post)modernen Allpräsenz der ›Gleichzeitigkeit des Ungleichzeitigen‹ verdankt.

Bewußte und unbewußte Urhebermotivationen

Von den als unmittelbar strukturkonstitutiv intendierten Substraten des kulturellen Gegenstandes sind jene W2u-Aspekte zu trennen, welche speziell die *Motivation* bzw. *Wertgrundlage* seiner Urheberschaft betreffen. Mag erstere auch bei Sätzen wie ›Mach bitte mal die Tür zu‹ trivial genug – und die im Topos von der ›Intention des Autors‹ verbreitete Identifizierung beider Momente demgemäß gelegentlich berechtigt – scheinen, so sollte die konkrete Motivation dennoch nie, zumindest nicht

---

[43] Formal gesprochen geht historisch-intentionsbezogenes Verstehen immer darauf aus, das, was W2r im Gegenstand als ›unmittelbar‹ gegeben erscheint, durch die jeweiligen X'-Argumente, also durch die am ehesten zu vermutenden urheberintendierten Substrate zu *ersetzen*. Dies kann – je nachdem, welche Voraussetzungen W2r und W2u jeweils (oft implizit) teilen – im einen Fall ›direkt‹ resp. völlig intuitiv geschehen, im anderen dagegen Ergebnis lebenslanger Forschung oder objektiv unmöglich sein.

konstitutionstheoretisch, mit motivationsbekundenden bzw. wertrepräsentierenden *Argumenten* verwechselt werden. Denn erstens müssen die in letzteren angezeigten Erklärungen keineswegs in jedem Fall erschöpfend oder auch nur zutreffend sein (Beispiel: Jemand lobt ein Kind, um sich der Mutter zu empfehlen), und zweitens begünstigt die habituelle Identifikation die irrige Vorstellung, daß Ausdrücke, die ihre konkrete Motivation nicht direkt repräsentieren

(wie etwa $\rangle \, e^{2\pi i} + \sum_{j=0}^{\infty} \frac{1}{2} \frac{j}{} - (\tan\frac{\pi}{4})^{17+5} \, \langle$),

auch de facto motivationslos seien. In Wirklichkeit entsteht kein kultureller Gegenstand ganz ohne Motivation, und sei es die, sie möglichst zu verbergen.

Demgemäß empfiehlt es sich, jeden der W2u (X')-Aspekte unseres allgemeinen Konstitutionstherms zur Elementarform:

$[\text{W2u} \, (X') \leftarrow [\text{W2u} \, (\text{W4}_{\text{bewußt}}), \text{W4}_{\text{unbewußt}}]], \, X_{\text{intentionstranszendent}}$

zu erweitern, wobei es – mehr als auf die Angabe des so mechanisch ableitbaren Gesamtausdruckes – auf die Erklärung der lokalen Fügung ankommt. Diese unterscheidet drei Modi von (inhaltlich beliebigen) Zwecken resp. Werten: solche, die bewußt realisiert und – als W4$_{\text{bewußt}}$ in W2u (W4$_{\text{bewußt}}$) – durch W2u (X') angezeigt sind; solche, die dem Urheber zwar unbewußt, aber dennoch von ihm intendiert und – als W4$_{\text{unbewußt}}$ – ebenfalls durch W2u (X') angezeigt sind, und schließlich solche (meist werthaften, hier aber formal allgemeiner gefaßten) Substrate, welche nicht allein unbewußt, sondern jenseits jeder konkreten Urheberintention als ›implizites kulturelles Erbe‹ transportiert und demgemäß – als X$_{\text{intentionstranszendent}}$ – ohne Vermittlung über W2u angezeigt werden.[44] Was dagegen die Verfaßtheit der einzelnen W4-Substrate angeht, so greifen hier im wesentlichen die in 2.1. und 2.4. getroffenen Differenzierungen, mit der Folge, daß – je nachdem, wieviele interne Stufungen jeweils zu eruieren sind – beliebig vielgliedrige Verkettungen der Form W4$_1 \leftarrow$ W4$_2 \leftarrow ... \leftarrow$ W4$_n$ auftreten können.

Indes liegt auch der Frage nach der konkreten Wertgrundlage eines kulturellen Gegenstandes selbstverständlich eine (wenn auch noch so implizite) Wertentscheidung voraus. Wer einen Bahnfahrplan zu Rate zieht, wird sich über die konkrete Motivation hinter dessen Erstellung selten Gedanken machen, sondern es mit der ›reinen Information‹ gut sein lassen. Wer Kulturgegenstände dagegen – im Einklang mit dem größten Teil der hermeneutischen Tradition – primär als Anzeichen einer von einem als göttlich oder göttlich inspiriert gedachten Schöpfer darin verborgenen und vom Interpreten wiederzuentdeckenden ethischen oder eschatologischen (in jedem Falle aber normativen) Wahrheit deutet, wird die Frage nach dem ›Warum‹ zwangsläufig mit ins Zentrum rücken müssen, ganz so, wie – wenn auch aus ganz anderen Gründen – derjenige, der in kulturellen Gegenständen primär den Erweis für (s)eine

---

[44] Natürlich wäre nominell auch hier ein Urheber – sei es ›die (jeweilige) Sprache‹, ›die Kultur‹, ›der Weltgeist‹, ›das Andere der Vernunft‹, ›das kollektive Unbewußte‹, ›der Diskurs‹ usw. – anzugeben, doch fällt es schwer, derartige Entitäten unmittelbar als Produzenten konkreter Kulturgegenstände zu denken.

globale – sei es soziologische, psychologische, ökonomische etc. – Zweck- bzw. Wertbehauptung oder -theorie sucht (und das Ergebnis demgemäß schon vorher weiß), oder – wiederum davon verschieden – der, welcher künftige Äußerungen bestimmter Personen oder Gruppen möglichst genau ›berechnen‹ resp. den Radius des von ihnen zu Erwartenden begrenzen möchte.[45]

Nun sind die allgemeinen Konstitutionsverhältnisse zwar auch hier in keiner Weise modernespezifisch, doch entstehen im Zuge der Moderne sowie innerhalb der modernen Ästhetik gleichwohl eine ganze Reihe spezifischer Motivationen, und zwar nicht allein in dem Sinne, daß es – wie zu jeder Zeit – veränderte historische, politische, soziale etc. Lebensumstände gibt, auf die es zu reagieren und in deren Rahmen es zu intervenieren gilt, sondern vor allem insofern, als viele Wirkungsmöglichkeiten – und damit auch die entsprechenden Motivationen – überhaupt erst mit bestimmten technischen und medialen Neuerungen entstehen. Was dagegen den Grundbestand an fundierenden Werten betrifft, so dürften die Verschiebungen insgesamt geringer sein als angesichts gängiger kulturpessimistischer oder kulturoptimistischer Holismen zu vermuten.

Die Vielgestaltigkeit möglicher Urheberschaft

Eine der wesentlichen Voraussetzungen dafür, unser allgemeines Konstitutionsschema für einen hermeneutischen Zugang zur Eigenart moderner und modernistischer Kunstformen fruchtbar zu machen, liegt in der Differenzierung der Urheberkategorie. Die Schallplatte, auf der Lutz Görner Heines »Wintermärchen« rezitiert, wird zwar – wie das Reclamheft mit Goethes »Faust« – problemlos als Gesamtheit eines kulturellen Gegenstandes identifiziert, doch reicht die konkrete Urheberschaft von Heine resp. Goethe hier jeweils nur bis zur idealen Zeichenform ›zurück‹, während alle vorgeschalteten Aspekte von anderen (mit)gestaltet und -bestimmt sind. Der Eigenwert der einzelnen Konstitutionsstufen ist dabei derart variabel, daß eine ›Beethoven-Sinfonie‹ durchaus gelegentlich primär als ›Karajan-Konzert‹ oder eine ›Billy-Wilder-Komödie‹ primär als ›Marylin-Monroe-Film‹ erscheinen kann.

Ebenso wichtig wie die personelle Differenzierung und die einfluß- bzw. rezeptionsabhängige Variabilität der Aufmerksamkeits- bzw. Wertverteilung ist ferner die zeitliche Präzisierung der konkret umfaßten Urheberschaftsstufen. Die aktuell abgespielte Görner/Heine-Platte etwa entfächert sich so – stark vereinfacht – zu einem Ausdruck der Form

---

[45] Aus diesem Punkt erhellt, daß insbesondere (adäquates) Motivations-Verstehen stets auch einen Zugewinn an Handlungsspielraum gegenüber dem Verstandenen bedeutet und derart durchaus eine Form von – zumindest virtuellem – ›Herrschaftswissen‹ darstellt. Mag dies auch manchmal – etwa dort, wo die Verstandenen schon lange tot und ihre konkreten Motive scheinbar nicht mehr relevant sind, oder aber dort, wo der Verstehensüberlegene in praxi dennoch unterliegt – nicht evident erscheinen, so ändert das doch nichts daran, daß die potentielle Verfügungsgewalt über beliebige Kulturerscheinungen bzw. deren Erzeuger prinzipiell mit dem Grad ihrer motivationalen ›Durchschautheit‹ zunimmt.

W1a^{2001} (W3m$_{\text{Schallplatte}}$ (W3m$_{\text{Rezitation}}$ (W3k$_{\text{Görners Interpretation}}$ (W3z$_{\text{Zeichenfolge »Wintermärchen«}}$ (W3b$_{\text{Begriffsgegebenheit »Wintermärchen«}}$ (X$_{\text{Inhalt »Wintermärchen«}}$)))))),

dessen zugehörige Urhebersubstrate dagegen nicht bloß insgesamt temporal abweichend, sondern darüber hinaus auch in interner Zeitstaffelung – nämlich als

W2u^{1977} (W1' (A)), W2u'^{1977} (W3m'$_{\text{Schallplatte}}$ (B)), W2u''^{1977} (W3m'$_{\text{Rezitation}}$ (C)), W2u'''^{1977} (W3k'$_{\text{Gömers Interpretation}}$ (D)), W2u$^{IV\ 1844}$ (W3z'$_{\text{Zeichenfolge »Wintermärchen«}}$ (E)), W2u$^{V\ 1844}$ (W3b'$_{\text{Begriffsgegebenheit »Wintermärchen«}}$ (F)) und W2u$^{VI\ 1843/44}$ (X'$_{\text{Inhalt »Wintermärchen«}}$) – erscheinen.

Abgesehen davon kann es ohne weiteres vorkommen, daß an einzelnen Konstitutionsmomenten *mehrere* Urheber parallel mehr oder weniger gleichberechtigt wirken, etwa wo ein ganzes Team von Leuten eine Computeranimation entwirft, einen naturwissenschaftlichen Fachbeitrag verfaßt, eine Orchesterpartitur zum Klingen bringt oder eine Pyramide baut. Scheint diese – formal als [W2u$_1$, W2u$_2$, ... W2u$_y$] (X') zu fassende – Art von Urheberschaft auch insofern problematisch, als X' innerhalb der so verklammerten Einzelsubstrate W2u$_1$ (X'), W2u$_2$ (X') etc. durchaus differieren kann, so bleibt die heuristische Unifizierung dennoch in dem Maße gerechtfertigt, wie allen Beteiligten dabei ein gemeinsames Projekt resp. Ziel vor Augen stand bzw. steht – und zwar ganz unabhängig davon, ob dabei jeweils nur ein distinkter Teilaspekt oder aber die Gesamtheit des betreffenden Gegenstandes im Blick ist.[46] Darüber hinaus können einzelne Urheber durchaus variabel auf verschiedenen und nicht notwendig benachbarten Konstitutionsstufen operieren, zusammenhängende Teilsegmente kontrollieren oder – wie u.a. viele Herausgeber, Produzenten oder Regisseure – primär global regulierend wirken.

Nun lassen sich für sämtliche dieser Phänomene zwar ohne weiteres auch Beispiele aus früheren Zeiten finden, doch nichtsdestoweniger bleibt die Ausdifferenzierung der Urheberschaftskategorie – vor allem in bezug auf das, was allgemein als konventionelle Form eines kulturellen Gegenstandes erkannt und anerkannt wird – ein markantes Signum der Moderne und ihrer zunehmend arbeitsteiligen Kulturproduktion. Der Autor selbst ›verschwindet‹ dadurch freilich keineswegs und scheint bislang auch schwerlich ›abzuschaffen‹, jedenfalls dann nicht, wenn er im allgemeinen Sinne einer konkret fundierenden Intentionalität oder Urheberschaft bestimmt und nicht mit Hilfe holistischer Vereinseitigungen zum leichtentzündlichen Strohmann ausstaffiert wird. So besteht etwa kein Grund, den Urheber per se mit dem zu identifizieren, was als Autorenname auf einem Buchumschlag oder als Malername auf einem Schildchen unter dem Gemälde steht, um dann emphatisch an Überarbeitungen, Pseudonymen, Fälschungen, Gemeinschaftsproduktionen oder an aus generischen Konventionen heraus keinem persönlichen Autor zugeordneten Manifestationen (wie Witz, Zugfahrplan, Bedienungsanleitung, Vorfahrtsschild etc.) irre zu wer-

---

[46] Wo dagegen keinerlei gemeinsames Ziel erkennbar scheint, wird man – auch in der Moderne – kaum konventionelle Gegenstandsganzheiten bezeichnet finden.

den.[47] Auch macht es wenig Sinn, den Urheber erst zum totalen bzw. totalitären Kontrolleur über (per se) sämtliche Konstitutionsmomente ›seines‹ Gegenstandes und womöglich auch noch über dessen Deutungspotential zu befördern, um ihm die derart angeklebten Orden dann genüßlich wieder abzureißen.[48] Eher als daß der Urheber – und sei es der modernste – sich verabschiedet, macht er sich selbst unsichtbar, und ehe daß er ›stirbt‹, zerteilt er sich in viele.

Eine heuristische, wenngleich nicht ontologische Grenze erreicht die Urheberkategorie allerdings dort, wo kulturelle Gegenstände die Segmentierung und Erstreckung ihrer Intendiertheit absichtlich verwischen oder wo letztere simuliert wird. Wer einen Kant-Text einscannt und – ohne sich um mögliche Fehler zu kümmern – per automatische Schrifterkennung erschließen läßt, dann beliebige Textblöcke ausschneidet und sie willkürlich verdoppelt und vertauscht, das Ganze dann in Kapitälchen ausdruckt, Bilder aus einer Fernsehillustrierten dazuklebt und ›Hamanns Onkel‹ darüberschreibt, produziert einen kulturellen Gegenstand, dessen Intentionalitätsverhältnisse von außen und ohne Wissen um den Produktionsprozeß nur sehr schwer lokalisierbar sind. Und wer einen Computer ein Zufallsbild entwerfen, einen grammatisch korrekten Zufallstext schreiben, komplexe Rechenoperationen durchführen oder auf bestimmte Fragen standardisierte Antworten geben läßt, erzeugt damit womöglich Gegenstände, die jedem unvoreingenommenen Betrachter *mehr* und *konkreter* Vermeintes anzeigen als vom jeweils Veranlassenden faktisch *in concreto* intendiert. Indes verweisen die so entstehenden Resultate einstweilen noch allemal auf diejenigen, welche sie innerhalb eines bestimmten Möglichkeitsbereiches, d.h. unter Maßgabe dieser oder jener (dann um so dezidierter zu intendierenden) Regelvorgaben, *so oder so ähnlich* hervorbringen *wollten*. Und noch den ausgefeiltesten und entwicklungsoffensten virtuellen Welten bleibt der menschliche (und häufig allzumenschliche) Stempel ihrer Intendiertheit bislang deutlich aufgedrückt.[49] Sollte es dagegen zukünftig zu emergenten intentionalen Vollzügen auf maschineller Basis

---

[47] Die diskursordnende Funktion, welche die Zuweisung eines Autorennamens für einen kulturellen Gegenstand in aller Regel hat (vgl. Foucault, Was ist ein Autor?, S. 16f.), zählt demgemäß konventionell dem letzterem zu. Ein Text, welcher mit »Friedrich Nietzsche« überschrieben ist, ist so bereits dem bloßen Text nach nicht derselbe wie ein ansonsten identischer, über welchem »Feridun Zaimoglu« steht, bzw. einer, dessen eine Hälfte »Gabriele Wohmann«, die andere aber »Konrad Lorenz« zugewiesen ist – und dies ganz unabhängig davon, wer der wirkliche, d.h. als Urheber fungierende Verfasser ist. (Inwiefern daraus Befunde wie »Der Autor ist der Name des Werkes« resp. »eine Fiktion der Literaturgeschichte« (Japp, Hermeneutik, S. 89 bzw. S. 88) zu rechtfertigen sind, bleibe dahingestellt.)

[48] Zum daraus resultierenden Untoten-Status eines in der Theorie schon hundertfach beerdigten, für die Praxis jedoch immer wieder notgedrungen exhumierten ›Autors‹ vgl. Kurz, Fragen und Probleme der gegenwärtigen hermeneutischen Reflexion, S. 33.

[49] Es gibt demnach auch keinen Grund, »hermeneutisches Verstehen« in Anbetracht des Siegeszugs der elektronischen Datenverarbeitung gleich insgesamt als »dysfunktionales Epiphänomen« zu apostrophieren, wie Hörisch, Die Wut des Verstehens, S. 102, dies – im wohlkalkulierten Rebellenduktus wissenschaftsbetrieblicher Distinktionsgewinnlerei – für tunlich hält.

kommen, so läge gerade damit wieder eine distinkte, wenn auch unvorhersehbar neue und in ihren Manifestationen nicht notwendig auf Dauer menschlich nachvollziehbare Art von Urheberschaft vor.[50]

3.2. Zum Kernbestand der klassischen Hermeneutik

Galt 3.1. primär der Schaffung eines übergeordneten Rahmens mit dem Ziel, speziellere Fälle, Aspekte und Probleme fortan besser lokalisieren zu können, so gilt es nun, vor solchem Hintergrund den Anschluß an den methodischen Kernbestand der traditionellen Hermeneutik zu gewinnen. Die zentrale Frage lautet dabei: Inwieweit und wie können die geläufigsten hermeneutischen Topoi und Kanones so formuliert bzw. – gegebenenfalls – reformuliert werden, daß sie a) in sich konsistent und b) modernen Phänomenen gegenüber offen erscheinen? Mehr als bisher wird dabei zunächst die Klärung der allgemeinen Implikationen im Zentrum stehen müssen, wenngleich mit der grundlegenden Modifikation, daß Modernes und Hypermodernes als potentieller *Spezialanwendungsbereich* einer umfassenden Hermeneutik überall entschieden mitzudenken sind.

3.2.1. Die Vaporisierung des allgemeinen Verstehensbegriffes

Zur Selbstverständlichkeit wurde, daß nichts, was das Verstehen betrifft, mehr selbstverständlich und auch dessen Theorie oft nicht von selbst verständlich ist. Wie anders etwa ist es zu verstehen, wenn sich die Reputation von Verstehenstheoretikern derzeit – weit eher als an deren Zutun zu konkreten Verstehensverbesserungen – daran zu bemessen scheint, wieviel an Exegese ihre eigenen Werke fordern und erwirken,[51] und wie sonst wäre zu begreifen, warum Kontroversen zwischen Hermeneutikern in

---

[50] Zum Gesamtzusammenhang vgl. nach wie vor Weizenbaum, Die Macht der Computer und die Ohnmacht der Vernunft, dort insbes. S. 268ff, sowie Maurer, Can a Computer Understand? S. 363.

[51] Beispiele für das daraus evolvierende Genre einer ›Hermeneutik der Hermeneutik‹ wären etwa Weinsheimer, Gadamer's Hermeneutics, (charakteristischer Untertitel: »A Reading of Truth and Method«); Böhnke, Konkrete Reflexion (Untertitel hier: »Ein Interpretationsversuch über Paul Ricoeur«); Welsen, Philosophie und Psychoanalyse (über Ricoeur); Thompson, Critical Hermeneutics (über Ricoeur und Habermas); Lafont, Sprache und Welterschließung (über Heidegger); Hofmann, Wahrheit, Perspektive, Interpretation (über Nietzsche als Hermeneutiker); Böhler, Philosophische Hermeneutik und hermeneutische Methode; Riedel, Hören auf die Sprache (u.a. mit der entwaffnend paradoxen Behauptung, daß sich gerade an der disparaten Rezeption von »Wahrheit und Methode« das darin entfaltete Konzept von ›Wirkungsgeschichte‹ bewahrheite, vgl. S. 163); sowie Bleich, Der hermeneutische Prozeß (hier mit der – in Hinblick auf Riedels Befund – perfiden Pointe, die Gadamersche Hermeneutik als »Methode« aufzufassen, deren »Anwendbarkeit und Leistungsfähigkeit« (S. 3) zu erproben sei). – Daß gleichwohl nicht jedem hermeneutischen Entwurf soviel Exegese zuteil wird, wie sein Duktus fordert, exemplifiziert z.B. Theodor Lipps, Untersuchungen zu einer hermeneutischen Logik.

Relation zum wissenschaftsbetrieblichen Durchschnitt meist eher weniger als – wie doch eigentlich zu erwarten – mehr gegenseitiges Verstehen und Verständnis anzeigen?[52]

Mögen derlei Phänomene auch zu wichtigen Teilen strukturell, d.h. durch die zunehmende Komplexität, Verzweigtheit und Unüberschaubarkeit der hermeneutischen Diskussion bedingt sein, so hat doch namentlich die fundamentalontologische Ummantelung der hermeneutischen Theorie einschließlich ihrer Filiationen in Rezeptionstheorie, Poststrukturalismus und Dekonstruktivismus sowie aller ihrer szientistisch oder ideologiekritisch überdehnten Refutationen ihr Wesentliches dazu beigesteuert. Und mag die Kulmination der philosophischen Hermeneutik in Gadamers Hauptwerk »Wahrheit und Methode« – abgesehen von dessen historischer Rolle als Legitimitätsbekräftigung der Geisteswissenschaften – auch mittelbar zur Präzisierung und Klärung vieler hermeneutiktheoretischer Probleme beigetragen haben,[53] so kann es dennoch nicht verwundern, wenn bereits seit längerem – und mit

---

[52] Dies gilt – vom Unterbleiben einer direkten Auseinandersetzung zwischen Gadamer und Adorno präludiert – schon für den vielberufenen Schlagabtausch zwischen »Hermeneutik und Ideologiekritik«, dessen im gleichnamigen Sammelband vereinten Repliken sich über weite Strecken beiderseits – und um so mehr, als hier ja eine ›Hermeneutik des Dialogs‹ mit einer ›kommunikativen‹ streitet – bestürzend monologisch ausnehmen. Weitere Schlaglichter hermeneutischen Nichtverstehen(wollen)s wären etwa die denkwürdige (u.a. bei Behler, Text und Interpretation, passim, oder Pöggeler, Gadamers philosophische Hermeneutik und die Rhetorik, S. 212, dokumentierte) Begegnung von Derrida und Gadamer oder – wenngleich nur einseitig – Japps Replik (ders., Hermeneutica) auf Danneberg/Müller, Wissenschaftstheorie, Hermeneutik, Literaturwissenschaft, in der auf immerhin sechs Seiten kein einziger der von Danneberg/Müller ziemlich unmißverständlich vorgebrachten Kritikpunkte auch nur berührt wird.

[53] Klärende Kritik findet sich u.a. etwa bei Habermas, Zu Gadamers »Wahrheit und Methode«, S. 49 (zum Vorurteilsbegriff); Hirschfeld, Verstehen als Synthesis, S. 57 (dito); Hirsch, Prinzipien der Interpretation, S. 314 (dito) und passim; Grana, Literaturwissenschaft und/ oder Literaturgeschichte? S. 69ff. (zum Anti-Methodologismus); Stierle, Eine Renaissance der Hermeneutik, S. 341 (dito); Titzmann, Strukturale Textanalyse, S. 10/11 (dito); Nassen, Statt einer Einleitung, S. 15 (dito sowie zum Applikationsbegriff); Stegmüller, Der sogenannte Zirkel des Verstehens (dort u.a. gegen die »bildhaft-metaphorische Sprache« (S. 23), die »Verwischung von Objekt- und Metaebene« (ebd.), die schwache Kontur sämtlicher Schlüsselbegriffe (S. 24), den perpetuierten Psychologismus (S. 25f.) sowie die Deutung des Zirkels, passim); Albert, Kritik der reinen Hermeneutik, S. 55 (zum überbietungsstrategisch-selbstauferlegten Zwang, den vermeintlichen »Objektivismus« aller früheren Hermeneutiker emphatisch überwinden zu müssen, und den daraus resultierenden Kalamitäten) sowie passim; Bettendorf, Hermeneutik und Dialog, S. 15–17 (dito); Rodi, Erkenntnis des Erkannten (dito, S. 92, sowie zur historisch »verkürzenden Darstellung der »traditionellen Hermeneutik« durch Gadamer«, S. 97f.); Schlaffer, Ursprung, Ende und Fortgang der Interpretation, S. 397 (zur lebensphilosophischen Verwurzelung subjektivistischer Lizenzen innerhalb der philosophischen Hermeneutik); Wierlacher, Mit fremden Augen, S. 9 (zur praktischen Untauglichkeit der philosophischen Hermeneutik in Hinblick auf interkulturelles Verstehen); sowie – unter verschiedensten, vor allem aber methodologischen Gesichtspunkten – Seebohm, Kritik der hermeneutischen Vernunft, passim.

zunehmender Nähe zur kulturwissenschaftlichen *Praxis* um so öfter und entschiedener – der Ruf ›Zurück zu Boeckh (i.e.: zur philologischen Vernunft)‹ erschallt.[54]

Gleichwohl erscheinen sowohl Schuldzuweisungen als auch alle Versuche, das hermeneutikgeschichtliche Rad zurückzudrehen und auf ›noch unverdorbenem‹ Stand – wahlweise also etwa vor De Man, Derrida, Gadamer, Heidegger, Dilthey, Schleiermacher, Ast, Chladenius, Dannhauer oder Origines – festzuklemmen, in dem Maße verkürzt, wie die jeweils bekämpften Entwicklungen dabei nicht selbst nach ihren genuinen, wenn auch womöglich impliziten (oder strategisch implizit gehaltenen) historischen Ursachen und Motiven befragt, sondern schlicht als ›objektive‹ Verirrung oder gar absichtsvolle Irreführung abgeurteilt werden.[55] Denn wer immer heute einen Zweck als fraglos selbstgegebenen präsupponiert, macht ihn nach außen gerade dadurch um so fragwürdiger: Wird doch z.B. jemand, der primär daran interessiert ist, kanonisierte Kulturerzeugnisse zum Ausgangspunkt aktueller Applikationen zu machen, die empörte Ermahnung, daß dabei womöglich gegen deren historische Intention verstoßen werde, eher als Bestätigung seiner Erhabenheit über historistische Kleingeisterei denn zum Anlaß zur historischen *conversio* nehmen. Und ist doch, wer z.B. einmal – wie immer unfreiwillig oder implizit – die Urheberintention als Zu-Verstehendes oder als Wert per se eskamotiert hat, weder länger zu bestätigen noch zu widerlegen.[56]

Anstelle einer verdeckten oder offenen Per-se-Verpflichtung auf bestimmte Arten und Aspekte von Verstehen (als Akt) bzw. Verstandenem (als Resultat) gilt es deshalb, kanonische Verstehensregulative prinzipiell stets *in Abhängigkeit zu jeweils vorher anzuerkennenden Zielen* zu diskutieren. Und wichtiger als ein (ohnehin bestenfalls

---

[54] Vgl. dazu die würdigenden Bezugnahmen auf Boeckh u.a. bei Stierle, Text als Handlung und Text als Werk, S. 538; Schlaffer, Ursprung, Ende und Fortgang der Interpretation, passim; Mueller-Vollmer, Zur Problematik des Interpretationsbegriffes in der Literaturwissenschaft, S. 83, oder Frank, Was heißt »einen Text verstehen«? S. 68. Vgl. ferner etwa Altenhofer, Der erschütterte Sinn, S. 40ff., wo – mit ähnlicher Rückbesinnungstendenz, obschon verschiedenem Zielpunkt – eine ›objektivistische‹ Schleiermacher-Variante favorisiert wird, oder Biere, Verständlich-Machen, wo gar, S. 2 u. passim, bis auf Chladenius zurückgegangen wird. (Als klassische Würdigung Boeckhs vgl. nach wie vor Wach, Das Verstehen, Bd. 1, S. 168ff.)

[55] Vgl. dazu Szondi, Einführung in die literarische Hermeneutik, S. 25.

[56] Das Fatale solcher Position kristallisiert sich etwa in folgendem Dialog: ›Was der Autor will, ist ganz egal.‹ ›Wie gut, daß du der Meinung bist, daß nur der Autorwille zählt.‹ ›Wie gut, daß es egal ist, was du meinst.‹ – In solchen Gefilden operiert z.B. Riedel, Hören auf die Sprache, S. 165, mit der kühn selbstkonterkarierenden, obschon durch zahlreiche interne Anführungen zu praktischer Unzitierbarkeit immunisierten Behauptung, der Sinn sei nie das, was der Autor eigentlich meine. Klassisch verdichtet formuliert dagegen Schulte, Literarische Hermeneutik zwischen Positivismus und Nihilismus, S. 208, mit den Worten: »Der Weg zur auktorialen Intention ist schließlich – das ist längst gesicherte Erkenntnis [!] – mit einem doppelten Rätsel verstellt. Denn beide, Autor und Interpret, getrennt durch den Zeitenabstand, bleiben jeweils auf eine Weise verstrickt in die Zustände der Sprache, in ihre Interessengemeinschaft, die ihnen jede objektivistische Kontrolle des Werkes entzieht ...« Wäre Schulte die objektivistische Kontrolle über sein Werk an dieser Stelle entzogen gewesen, spräche das *für* ihn.

124

statistisch relevantes) Votum für diese oder jene Fassung des – allgemein weithin zerfahrenen und derzeit von keiner Instanz zu vereinheitlichenden – Verstehensbegriffes oder für bestimmte terminologische Abgrenzungen zu teils äquivok gebrauchten Begriffen wie ›Interpretieren‹, ›Dekodieren‹, ›Deuten‹, ›Erklären‹,[57] ›Erkennen‹, ›Kennen‹,[58] ›Begreifen‹, ›Wissen‹, ›Vereinheitlichen‹,[59] ›Einordnen‹,[60] ›Vorhersagen-Können‹,[61] ›Nachvollziehen‹, ›Erleben‹, ›Erfahren‹, ›Erfühlen‹, ›Wahrnehmen‹, ›Billigen‹ u.a.m. scheint der Versuch, die darin angezeigten Aspekte (möglichst unabhängig von der jeweiligen Bezeichnung) vor dem Hintergrund unseres allgemeinen Konstitutionsschemas zu analysieren und ihnen dabei – je nach Eruierbarkeit und Kontext – ihr Eigenrecht im Spektrum möglichen Verstehens zu gewähren.

Zum Status der Kanones

Dazu ist es allerdings nötig, sich zuvor des Status der auf dieser Stufe potentiell aktivierten, in der Hermeneutik traditionsgemäß als ›Kanones‹ firmierenden Verstehensregulative zu vergewissern.[62] Weder handelt es sich bei diesen um prädikative Aussagen über konkrete Verstehensgegenstände resp. über deren allgemeine Verfaßtheit noch etwa um logische Schlußregeln, aus denen adäquates Verstehen nach Art logischer Schemata zu deduzieren wäre.[63] Auch werden die mit Hilfe der Kanones eröffneten Möglichkeiten, mangelndes Genie und fehlende Divination zu kompensieren,[64] im Regelfall begrenzt sein. Ihre Funktion ist vielmehr die von *topischen Leitgesichtspunkten für eine zielgrichtete Erschließung kultureller Gegenstände* bzw. von *Regeln, welche* – und hier liegt das eigentlich Methodische – im Sinne einer technischen Kunstlehre[65] *adäquatere Verstehensvorschläge von weniger adäquaten unterscheiden helfen* sollen. Zwar sind dabei notwendig stets sowohl externe normative Zielsetzungen als auch mehr oder weniger distinkte Vorannahmen über die ontologische bzw. strukturelle Verfaßtheit der betreffenden Gegenstände impliziert, doch bilden die Kanones selbst – statt einer beider Seiten zugeteilt zu sein – gerade deren formales Bindeglied.

---

[57] Vgl. etwa den Begriff »Warum-Verstehen« bei Tuomela, Eine pragmatisch-nomologische Theorie des wissenschaftlichen Erklärens und Verstehens, S. 162 (sowie – spiegelbildlich dazu – den Begriff der »Bedeutungserklärung« bei Schurz, Was ist wissenschaftliches Verstehen? S. 245).

[58] Vgl. Hübner, Grundlagen einer Theorie der Geschichtswissenschaften, S. 107.

[59] Vgl. dazu Schurz, Einleitung, S. 245.

[60] Vgl. etwa die Definition relativen Verstehens (als »Kritik«) bei Boeckh, Enzyklopädie und Methodologie der philologischen Wissenschaften, S. 55.

[61] Vgl. die kritische Darstellung bei Apel, Szientistik, Hermeneutik, Ideologiekritik, S. 17.

[62] Zur historischen Genese der Kanones aus dem römischen Zivilrecht vgl. Betti, Zur Grundlegung der allgemeinen Auslegungslehre, S. 20.

[63] Vgl. Seebohm, Zur Kritik der hermeneutischen Vernunft, S.9.

[64] Der Topos von der Regelbedürftigkeit als Folge und Kennzeichen mangelnder Genialität findet sich etwa noch bei Thieberger, Fug und Unfug der Interpretation, S. 43.

[65] Vgl. dazu Albert, Kritik der reinen Hermeneutik, S. 90.

Wenn unter den vier traditionellen hermeneutischen Kanones, wie sie in Bettis »Allgemeiner Auslegungslehre als Methodik der Geisteswissenschaften« (dem monumentalen, obschon gänzlich unvergleichbaren Parallelentwurf zu Gadamers Hauptwerk), ihrerseits kanonisch formuliert sind, im folgenden fast ausschließlich die ersten beiden, sog. ›objektiven‹, interessieren, so geschieht dies keineswegs etwa aus einer Absicht zur Bagatellisierung der im dritten und vierten Kanon formulierten ›subjektiven‹ Komponente des Verstehens heraus,[66] sondern eher angesichts der Tatsache, daß alle diesbezüglichen Bestimmungen ziemlich unmittelbar von den Entscheidungen hinsichtlich des ersten, am weitaus heftigsten umkämpften und facettenreichsten Kanons abhängen.

3.2.2. Erster Kanon: Allgemeine Definition, Gegenstandsbezogener Geltungsbereich, Konzessionen ans ›inferre‹, Normativer Geltungsbereich

Seine allgemeinste wie zugleich vieldeutigste Fassung erhält der erste Kanon in der klassischen Formulierung »sensus non est inferendus sed efferendus«,[67] d.h. der Forderung, den Sinn nicht (von außen) in den Gegenstand hineinzulegen, sondern diesem zu entnehmen. Obschon – wie alle weiteren Kanones – im Ursprung nur auf Texte bezogen, scheint dies auf den ersten Blick auch für kulturelle Gegenstände insgesamt einleuchtend: Man soll ein Photo von Bill Haley nicht als eines von Lessing deuten, einen Diamantring nicht als Anzeichen von Asthma oder Armut und die rote Ampel nicht als Aufforderung zum Überqueren der Straße. Gleichwohl stellen sich hier vier basale Fragen:
1. Inwiefern vermag die Bezeichnung »sensus« der Vielfalt des am allgemein gefaßten kulturellen Gegenstand potentiell Verstehbaren gerecht zu werden?
2. Inwieweit kann, wer verstehen will, überhaupt auf jegliches ›inferre‹ verzichten?
3. Wo liegen die Grenzen des Geltungsbereichs eines – so vorläufig bestimmten – ersten Kanons?
4. Woran entscheidet sich genau, was je noch »efferendum« ist und was nicht?

Was die erste Frage angeht, so hängt die Konsistenz ihrer Beantwortung entscheidend davon ab, wie (allgemein) die Begriffe ›Sensus‹ bzw. ›Sinn‹ einerseits sowie ›Verstehen‹ bzw. ›Hermeneutik‹ andererseits jeweils definiert und dann aufeinander bezogen werden. Denn je nachdem, was man zuerst in welche Variable einsetzt, ordnet sich die übrige Konstellation: Faßt man »sensus« – im ursprünglichen, rein textbezogenen

---

[66] Zum dritten und vierten Kanon (»Aktualität des Verstehens« und »Angleichung des Verstehens« bzw. »hermeneutische Entsprechung und Übereinstimmung«) vgl. die einschlägigen Formulierungen bei Betti, Allgemeine Auslegungslehre, S. 226ff., bzw. ebd., S. 229ff.

[67] Vgl. Betti, Zur Grundlegung der allgemeinen Auslegungslehre, S. 21, sowie insgesamt den Abschnitt »Eigenständigkeit und Immanenz des hermeneutischen Maßstabs« in ders., Allgemeine Auslegungslehre, S. 216ff. (Gegen die Aushebelung des ersten Kanons durch die fundamentalontologische Hermeneutik vgl. dort ferner insbesondere schon S. 173). Zur historischen Variabilität und Vagheit des »sensus non ...«-Topos vgl. Danneberg/Müller, Wissenschaftstheorie, Hermeneutik, Literaturwissenschaft, S. 196.

Verstande – ausschließlich als W3b (X) in W3zv (W3b (X)), d.h. als in einer natürlichen Sprache durch eine visuelle Zeichenfolge repräsentierten Sinn, wie er sich traditionell vor allem unter dem Aspekt seiner partiellen Unabhängigkeit gegenüber dem ›bloßen Buchstaben‹, d.h. der konkreten W3zv (W3b (X))-Gestalt, bestimmt, so kann man – bei entsprechender regulativer Anbindung an W3b' (X') in W2u (W3b' (X')) – womöglich eine methodisch sinnvolle und konsistente Texthermeneutik entwerfen, doch wird man dann das ›Verstehen‹ etwa einer Theateraufführung, einer Parade, eines Klavierkonzertes usw. oder eben auch einer futuristischen Soirée, eines Photos, einer Videoinstallation etc. entweder außerhalb ›der‹ – d.h. einer *allgemein* als textbeschränkt gefaßten – ›Hermeneutik‹ ansiedeln oder aber konzedieren müssen, daß es neben dem ›Sinn‹ im engeren Sinne potentiell noch allerhand mehr an kulturellen Gegenständen zu ›verstehen‹ gibt. Umgekehrt wird, wer den (allgemeinen) Verstehens- bzw. Hermeneutikbegriff weiter definiert haben möchte, sich gezwungen sehen, modifizierend in die Formulierung einzugreifen, d.h. entweder eine entsprechend erweiterte Definition von ›sensus‹ anzubieten oder aber – Mißverständnissen besser wehrend – einen anderen Terminus an dessen Stelle zu setzen. Diesseits der so umrissenen Möglichkeiten gelangt man dagegen unausweichlich entweder zu einer radikal reduktionistischen Kultur- und Kunstauffassung, welche bei konsequenter Umsetzung – nicht nur, doch insbesondere in Hinblick auf die Ästhetik der Moderne – verheerende Folgen zeitigen muß, oder aber zu der Überzeugung, daß die Hermeneutik – abgesehen von einem (noch dazu offenbar zunehmend an Bedeutung einbüßenden) Teilsegment kulturwissenschaftlicher Betätigung – als deren methodisches Fundament endgültig ausgedient habe.

Allein, so sehr das gegenwärtige Erscheinungsbild der hermeneutischen Theorie einschließlich ihrer ideologischen und antimodernistischen Konnotationen einerseits dazu verleiten mag, jede womöglich noch so geringfügige Schwierigkeit – sei es mit einem konkreten Gegenstand oder mit irgendeiner traditionellen Formulierung – zum willkommenen Anlaß einer ›Generalentsorgung aller Hermeneutik‹ zu nehmen, so groß bleibt andererseits doch die Gefahr, auf jedem dafür neugelegten Grundstein resp. um jedes dabei neugeschliffene Mosaiksteinchen herum doch wieder bloß das ganze alte Haus aufbauen zu müssen – und zwar meistens nur, um schließlich, aller Mühen ungeachtet, umstandslos vom allgemeinen Hauptstrom hermeneutiktheoretischer Tradierung überspült zu werden. Nicht ganz so aussichtslos erscheint demgegenüber der Versuch, den traditionellen Strom eher möglichst sachte zu erweitern, umzuleiten oder – wo er sich nicht mehr ins historische Flußbett einzufügen scheint – entsprechend anzugleichen.

In diesem Sinne versteht sich der Vorschlag, den ›sensus‹-Begriff zunächst auf potentiell sämtliche der in unserem allgemeinen Konstitutionstherm als X in W1 (X) konstellierten Aspekte (sprich: ›alles, was am Gegenstand nicht ›bloß Natur‹ ist‹) auszuweiten bzw. durch einen vergleichsweise unvorbelasteten und entsprechend zu definierenden – etwa: ›Verstehenssubstrat‹[68] – zu ersetzen. Der erste Kanon wäre dann

---

[68] Geläufigere Begriffe wie ›Inhalt‹, ›Gehalt‹, ›Bedeutung‹ oder ›Vermeintes‹ sind hier bei aller Dispersion und Vagheit doch jedesmal bereits zu einengend konnotiert.

auf allgemeinster Stufe folgendermaßen anzugeben: ›Achte stets darauf, daß das, was du an einem kulturellen Gegenstand ›verstehst‹, d.h. (dir oder anderen gegenüber) als *dessen spezifisches* Verstehenssubstrat auszeichnest, dem jeweils gegebenen Gegenstand auch wirklich zukommt und nicht von dir in diesen projiziert wird‹.

So trivial solche Forderung – auch und gerade in dieser Allgemeinheit – scheinen mag, so wenig selbstverständlich ist sie doch. Denn weder kommt der erste Kanon jemals völlig ohne Konzessionen ans ›inferre‹ aus, noch gilt er per se überall. Zwar präsentiert sich die klassische Formulierung – und hiermit kommen wir zu Frage 2. – dem Wortlaut nach als strikter Ausschluß jeglichen ›Hineinlegens‹, doch bleibt jedes allzu strenge Insistieren auf den ›Gegenstand an sich‹ – bei aller praktischen Berechtigung – insofern ontologisch widersinnig, als dieser ohne Bezogenheit auf ein real rezipierendes Bewußtsein (gemäß 3.1.1.) in ›reiner‹ Potentialität verbleibt und demgemäß weder verhandelt noch überhaupt erfahren werden kann. Indes bedarf die Realisierung im Bewußtsein nicht allein eines gewissen Mindestmaßes an intentionaler Initiative resp. Involvierung (wie sie in nimmermüden Sonntagsreden auf das ›Aktivische‹ und ›Lebendige‹ des Verstehensprozesses gern – wahlweise alternativlos trivial oder vitalistisch vereinseitigend – beschworen wird), sondern sie fordert darüber hinaus auch eine ganze Reihe sehr konkreter Einlassungen in Form von ›Projektionen‹ vorhandenen Weltwissens und bekannter Konventionen auf die Gegenstandsgegebenheit. Indem nun diese Zuweisungen – schon auf der basalsten Stufe sinnlicher Wahrnehmung und dann analog auf jeder potentiellen weiteren – durchaus als ›Konstruktion‹ des Gegenstandes in W2r gedeutet werden können, macht die Behauptung, daß der Rezipient ganz unvermeidlich immer schon sehr viel und z.T. sehr Distinktes ›in den Gegenstand hineinlegen‹ müsse, um diesen überhaupt nur realisieren zu können, ohne weiteres Sinn, und es wäre fatal, den ersten Kanon resp. seine traditionelle Formulierung im Zuge eines mißverstandenen Objektivismus dagegen in Stellung bringen und so insgesamt aufs Spiel setzen zu wollen.[69] Die entscheidende Frage hinsichtlich des ersten Kanons lautet niemals, *ob*, sondern *wie* und *inwieweit* – d.h. unter Berücksichtigung welcher Regulative – ›konstruiert‹ bzw. ›etwas in den Gegenstand gelegt‹ wird. Und eine entsprechende Kanon-Formulierung wäre etwa: ›Achte stets darauf, daß das, was du an einem kulturellen Gegenstand ›verstehst‹, d.h. (dir oder anderen gegenüber) als dessen spezifisches Verstehenssubstrat auszeichnest, dem jeweils gegebenen Gegenstand auch *so weit möglich resp. überprüfbar* wirklich zukommt bzw. dessen Eigengesetzlichkeit *nie mehr als willentlich unvermeidbar* außer Kraft setzt‹.

---

[69] Die – obschon häufig implizit bleibende – Argumentfolge, welche auf dieser Grundlage regelmäßig zur Verabschiedung des ersten Kanons führt, lautet in der Elementarform: ›Der erste Kanon sagt, man dürfe nichts in den Gegenstand hineinlegen bzw. ihn nicht ›konstruieren‹. Das muß man aber immer schon. Ergo stellt der erste Kanon eine unsinnige Forderung auf. Ergo ist er (insgesamt) nichtig.‹ (In ähnliche Richtung argumentiert – gewollt oder nicht – auch Göttner, Logik der Interpretation, S. 70, S. 78 u. passim, wenn dort der Interpretation, weil diese nicht in deduktiven Schlüssen gründe, gleich jegliche Wissenschaftlichkeit abgesprochen wird.)

Der ethisch-normative Charakter des so gefaßten Grundsatzes wird – analog zu allen weiteren – daran deutlich, daß hier in erster Linie eine bestimmte Willensdisposition bzw. Haltung des Verstehenden dem Gegenstand gegenüber und nicht etwa das damit verbundene Ziel, nämlich die ›Objektivität‹ des daraus resultierenden Verstehenssubstrats, in Rede steht. Demgemäß versteht, wer sich in seinem gegenstandsgerichteten Verstehen nach bestem Wissen und Gewissen *irrt*, nichtsdestoweniger noch eher im Sinne des ersten Kanons als derjenige, welcher umgekehrt – dem Gegenstand mutwillig ›etwas unterschiebend‹ – womöglich zufällig das ›Richtige‹ (sprich: faktisch Gegenstandsadäquate) trifft. Nicht ob man objektiv im Recht sei oder nicht, sondern ob man sich gegebenenfalls jederzeit ›vom Gegenstand selbst‹ (resp. adäquateren, d.h. anerkannten Regulativen besser entsprechenden Explikationen desselben) eines – relativ betrachtet – Besseren belehren lassen würde, macht im Vollzug den Kern des ersten Kanons aus. ›Objektive Wahrheit‹ ist auf diese Art kaum zu erzwingen, wohl aber deren wissenschaftskonstitutive Zentripetalkraft zu erhalten.

Gleichwohl muß – und damit sind wir endgültig zu Frage 3. gelangt – die Verpflichtung auf den ersten Kanon keineswegs in jedem Falle bindend sein. Wieviel und welcherart (absichtliches oder unabsichtliches) Miß- bzw. Nichtverstehen jemand sich erlauben kann, hängt vielmehr generell sehr davon ab, was jeweils unter welchen Umständen erreicht werden (können) soll. Wenn James Bond wieder einmal nur noch fünfzehn Sekunden bleiben, um die Menschheit per Eingabe eines (von ihm divinatorisch zu erratenden) Codes in einen (nie zuvor gesehenen) Computer vor dem atomaren Untergang zu retten, so ist der Zwang, die Bildschirminformationen und Eingabetasten richtig abzulesen, allemal sehr akut und der Spielraum ziemlich eng – es sei denn, Bond hätte diesmal keine Lust, die Menschheit zu erretten. Demgemäß reicht die Gültigkeit des ersten Kanons implizit stets nur so weit, wie seine Nichtbeachtung unerwünschte Folgen nahelegt[70] – ein Verhältnis, welches im Zuge der Ausdifferenzierungstendenz der Moderne vom Einzelnen vermehrt als ›Terror explodierenden Verstehenmüssens‹ (angesichts immer neuer und immer komplexerer Informationen, Medien, Entscheidungswege, Fachsprachen, Maschinen- und Verhaltenscodes, Gesetze, Verkehrsregeln, Images etc.) erfahren wird und dessen moderne – teils als Herausforderung, weit öfter jedoch als Bedrohung empfundene – Entwicklung ihren Niederschlag notwendig auch in der modernen Kunst findet.

Was dagegen die hermeneutische Kulturwissenschaft angeht, so herrschen in ihr insofern grundsätzlich andere Verhältnisse, als die Bindung an den ersten Kanon hier konstitutiv und damit eigenwertig ist. Mögen ›hineingelegte‹ Interpretationen andernorts – z.B. wo ein Mißverständnis der Relativitätstheorie ein interessantes Kunstwerk oder eine übereinstimmende Fehldeutung Kierkegaards eine glückliche Ehe zeitigt – einer adäquate(re)n Auffassung vorzuziehen oder doch in concreto ›relevanter‹

---

[70] Daß solch unerwünschte Folgen keinesfalls stets den oder die jeweils Mißdeutenden selbst treffen müssen, erweist sich etwa an der Frage, inwieweit eine Gesellschaft verfälschende Deutungen historischer Zeugnisse tolerieren kann.

sein,[71] so ist die wissenschaftliche Hermeneutik gerade dadurch definiert, daß dies in ihr niemals der Fall sein kann.

Das impliziert gleichwohl keineswegs, daß die Purifizierung und Institutionalisierung solcher Zweckbestimmung etwa selbstverständlich oder aber – umgekehrt – bloß ein ›kulturevolutionärer Zufall‹ sei. Vielmehr erscheint sie als emergente Folge der in bestimmten Kulturen zu bestimmten Zeiten existentiell empfundenen Notwendigkeit, bestimmte kulturelle Zeugnisse möglichst ›richtig‹ zu verstehen, weil sich in ihnen eine für die Identität und Erhaltung der jeweiligen Kultur als unerläßlich empfundene – sei es göttliche, sei es weisheitlich-gesetzgeberische – Autorität manifestiert. Entsprechend erfolgt die Emanzipation des ersten Kanons aus seiner funktionalen Bezogenheit auf einen jeweiligen Kernbestand (Bibel, Pandekten o.a.) hin zum eigenwertigen und allgemeinen Regulativ historisch erst relativ spät und nach langem Vorlauf in Form von sehr allmählichen Erweiterungen dessen, was jeweils schon für ›kanonisch‹ – d.h. hier: kanongemäßer Behandlung würdig – befunden wird.[72] Und noch heute bleibt die Relevanz des ersten Kanons in dem Maß selbstverständlich an den präsupponierten oder realisierten Wert des jeweiligen Objekts gebunden, wie ›gelingendes‹ Verstehen allgemein um so höher bewertet bzw. um so mehr Verstehensaufwand toleriert wird, je wichtiger das jeweils Zu-Verstehende scheint.

Für eine Hermeneutik der und in der Moderne hat dies überaus divergente Konsequenzen. Einerseits ist der Eigenwert der Gegenstandsadäquanz im wissenschaftlichen Vollzug (zumindest nominell) gemeinhin so fest verankert und der Wert moderner und modernistischer Kunst und Kultur inzwischen (wiederum zumindest nominell) so weitgehend unbestritten, daß einem allgemeinen und damit notwendig auch die ästhetische und mediale Moderne integrierenden hermeneutischen Vollzug im Rahmen des ersten Kanons – d.h. einer Praxis, welche jedem Dada-Gedicht oder abstrakten Film, jeder Fettecke, Performance, Schallplatte, Hitparade oder Computeranimation *im Prinzip* das gleiche Eigenrecht als Verstehensgegenstand zugesteht wie Shakespeares Sonetten, dem Talmud oder einer Abhandlung von Quine – eigentlich nichts im Wege stehen sollte. Andererseits stellen jedoch die Abundanz sowohl der aktuell verfügbaren kulturellen Überlieferung inklusive des gegenwärtig neu Entstehenden als auch die zunehmende Masse an bereits (vermeintlich oder wirklich) kanongemäß erfolgten kultur- bzw. kunsthistorischen Explikationen die Relevanz des ersten Kanons zugleich wieder in dem Maße in Frage, wie das vorhandene Wertpotential dadurch zunehmend segmentiert und in bezug auf den einzelnen Gegenstand tendenziell relativiert wird bzw. wie selbst innerhalb der Kulturwissenschaft der Eindruck Platz greifen kann, daß es auf möglichst penible Adäquanz im einzelnen oder auch hinsichtlich der kulturellen Tradierung insgesamt eigentlich nicht mehr

---

[71] Beispiele für die Freiheit privater Lektüre bietet etwa Seiler, Vom Recht des naiven und von der Notwendigkeit des historischen Verstehens, S. 25.

[72] Noch Böckmann, Formgeschichte der deutschen Dichtung, S. 63, sieht sich gehalten, explizit dafür zu werben, »Anteil auch an solchen Epochen und Schriftstellern« zu nehmen, »die unseren heutigen Erwartungen von der Dichtung sehr entrückt sind und deren einzelne dichterische Leistung keinen überragenden Eindruck macht.«

ankomme, sei es, weil man (als Einzelner oder Wissenschaftsgemeinschaft) ohnehin schon alles Interessantere wisse, oder sei es, weil von solchem Wissen nichts Entscheidendes mehr abhänge.[73] Die Begründung der kulturwissenschaftlichen Hermeneutik gelangt hier zweifellos an eine kritische Grenze. Dennoch behält sie – auch im Falle, daß sie nicht (wie sonst so vieles) als dauerhafter Selbstzweck anerkannt werden bzw. *auf der Wertbasis der mit ihrer Hilfe zu erschließenden und in Erinnerung zu haltenden menschlichen Erfahrungsmöglichkeiten* fundierbar sein sollte – doch so lange und in dem Maße ihr kritisch-regulatives Recht, wie ›in Gegenstände hineingelegte‹ Deutungen sich weiterhin als diesen immanent ausgeben und derart widerrechtlich deren Autorität für sich in Anspruch nehmen (müssen) – und das dürfte allemal noch lang der Fall sein.[74]

Jenseits aller Begründungsfragen aber bleibt unsere Formulierung des ersten Kanons bislang ziemlich unspezifisch, ja weitaus unspezifischer, als dieser üblicherweise intuitiv aufgefaßt wird. Es gilt deshalb, im weiteren – bezugnehmend auf Frage 4. – einige der prominentesten Präzisierungsvorschläge des ersten Kanons zu diskutieren, um derart – nun freilich stets unter Voraussetzung dessen anerkannter Geltung – zu den wichtigsten Differenzierungen in Hinblick auf eine die Moderne integrierende, d.h. ausreichend allgemeine und doch in Ziel und Anspruch letztlich ›philologische‹ Hermeneutik zu gelangen.

›Erkennen des Erkannten‹

Eine erste Möglichkeit der Einschränkung gegenüber der sowohl praktisch unerschöpflichen wie auch in Hinblick auf das jeweils Interessierende in der Regel größtenteils irrelevanten Gesamtheit aller mit dem Gegenstand konkret gegebenen Verhältnisse[75] bietet Boeckhs berühmte Formel, nach welcher »die eigentliche Aufgabe der Philologie das *Erkennen* des vom menschlichen Geist *Producirten*, d.h. des *Erkannten*« sei.[76]

Ihre bis heute ungebrochene Stärke liegt darin, daß sie den ersten Kanon einerseits implizit an eine sich im Gegenstand manifestierende (und damit historisch-realzeitlich situierte) Intentionalität – nämlich eben an jenen »menschlichen Geist«, der das ›Erkannte‹ jeweils erkannt hat, i.e. an W2u in W2u (X') – bindet und ihn doch zugleich dezidiert auf das darin beschlossene endlich-konkrete Argument X' – als das

---

[73] Solche Position formuliert und exemplifiziert in der Tendenz z.B. Willemsen, Tragödien der Forschung, S. 53f. u. S. 63.

[74] Natürlich kann man auch den Wert des so bestimmten Regulativs noch bestreiten, doch streitet man dann nicht mehr für oder gegen den ersten Kanon, sondern gegen den Eigenwert kultureller Manifestationen (einschließlich der eigenen) insgesamt.

[75] Vgl. 3.1.3. – Zur (eher selten explizit gemachten) Selektionsnotwendigkeit vgl. etwa Oesterreich, Zur Identität des literarischen Werkes, S. 66, sowie – in allgemeinerem Kontext – Danneberg, Einleitung, S. 13.

[76] Boeckh, Enzyklopädie und Methodologie der philologischen Wissenschaften, S. 10. Folgerichtig heißt es dann auf S. 52: »Ein Erkanntes wiederzuerkennen heisst aber es *verstehen*«.

›Erkannte‹ – bezieht. Das Verstehensziel ist dadurch grundsätzlich und praxis-
wirksam eingegrenzt, ohne daß die urhebende Instanz damit bereits zu sehr spezifiziert oder das Argument ohne Not mit seinem psychischen Erschaffungsakt identifiziert wäre. Ein eher strategischer Vorteil ergibt sich zudem daraus, daß im Terminus
›Erkanntes‹ die von der Exegese ursprünglich erhoffte ›Erkenntnis‹ (i.e. hier: ›Wahrheit‹) noch verheißungsvoll nachklingt, ohne doch, wie ehedem, wenn auch unter
wechselnden geistesgeschichtlichen Vorzeichen (Weisheit, Gott, Vernunft), per se im
Gegenstand präsupponiert zu sein. Ist der »Zweck der Philologie« bei Boeckh doch
schon ganz unmißverständlich als »rein historisch« und »ihr Resultat« als »das Historische selbst an sich« bestimmt.[77]

Ungeachtet aller Assoziationsvorteile scheint es vom Standpunkt einer moderneintegrativen Hermeneutik freilich dennoch klüger, allgemein den – bei Boeckh zwar
erstgenannten, doch weder bei ihm noch in seiner Rezeptionsgeschichte weiter viel
beachteten – Terminus des »*Producierte[n]*« zugrunde zu legen, notfalls sogar abweichend vom Boeckhschen Gebrauch. Andernfalls bliebe die Assoziation – wie zuvor
bereits beim »sensus« – allzu leicht auf W3b (X)- bzw. diesmal W3b' (X')-Substrate
eingeschränkt,[78] während es hier in Wahrheit gerade darum gehen muß, auch sämtliche der übrigen urheberintendierten, d.h. auf einen historisch-konkreten – und keineswegs etwa nur aufs ›rein Diskursive‹ zu beschränkenden – menschlichen Geist
zurückgehenden Substrate zu integrieren und also die *Gesamtheit aller X'-Argumente
in den verschiedenen W2u (X')-Komponenten* zu einem allgemeinen Begriff des in
der urheberinduzierten Version des ersten Kanons insgesamt Verstehbaren zusammenzufassen.[79]

Moderne und modernistische Kulturgegenstände bilden hierbei nicht nur keine
Ausnahme, sondern der Zugang zu ihnen hängt oft gerade an der entsprechenden Ver-
allgemeinerung. So nimmt sich z.B. das unmittelbare W3b' (X')-Substrat von Walter
Ruttmanns »Sinfonie einer Großstadt« allemal bescheiden aus. Realisiert man je-

---

[77] Ebd., S. 18. Die daraus erwachsende Gefahr eines Autoritätsverlustes der jeweils erkannten Substrate kritisiert – aus seiner Perspektive konsequent – Bultmann, Das Problem der
Hermeneutik, S. 49.

[78] Solche Tendenz schlägt etwa durch, wenn Boeckh, Enzyklopädie und Methodologie der
philologischen Wissenschaften, S. 81, befindet: »Ebenso sehen wir auch von dem Unterschied zwischen der Sprachbezeichnung und dem bezeichneten Denken ab, indem wir
nicht die lautliche Seite der Sprache, sondern nur die mit den Worten verknüpften Vorstellungen als Objekte der Hermeneutik betrachten.« Eine moderneintegrative Hermeneutik kann dagegen weder von der Differenz zwischen W3z und W3b noch von W3z für sich
absehen.

[79] Ähnlich geeignet erschiene in dieser Hinsicht etwa auch Asts bekannte Formel vom
»Nachbilden des schon Gebildeten« (Ast, Grundlinien der Grammatik, Hermeneutik und
Kritik, § 80, S. 187), doch birgt der Terminus des ›Nachbildens‹ wieder andere Kalamitäten in sich, so daß sich im ganzen die Kombinationen ›Erkennen des Gebildeten‹ oder
›Erkennen des (vom menschlichen Geist) Produzierten‹ am vorteilhaftesten ausnehmen –
nicht zuletzt, weil sie die potentielle Differenz zwischen (womöglich a-reflexivem) Her-
stellungs- und (notwendig reflexiv vermitteltem) wissenschaftlich-hermeneutischem Verstehensprozeß anzeigen.

doch, was dort de facto ›produziert‹ und damit – u.a. in der Grundidee, Wirkungsabsicht, Motivwahl, Kameraführung, strukturellen Gesamtanlage, Rhythmik, Kontrastierung, Symmetrien- und Sequenzbildung, Lichtregie und im Effektgebrauch – auch *intendiert* wurde, so erscheint das daran Verstehbare auf einmal nicht allein unvergleichlich größer, sondern – im konkreten Fall – in seinen essentiellen Komponenten überhaupt erst zugänglich.

Stellt man die damit angezeigte Erweiterung bzw. Präzisierung in Rechnung, so ergibt sich auf Basis der Boeckhschen Anlage folgende, eine spezifisch *historische* allgemeine Hermeneutik fundierende Formulierung des ersten Kanons: ›Achte stets darauf, daß das, was du an einem kulturellen Gegenstand *historisch* verstehst, d.h. (dir oder anderen gegenüber) als dessen spezifisches *historisches Verstehenssubstrat* auszeichnest, dem in der unmittelbaren Gegenstandsgegebenheit angezeigten und gegebenenfalls anderwärtig stütz- und präzisierbaren *historisch-konkret Intendierten* so weit möglich resp. überprüfbar wirklich entspricht‹. Bewußte oder unbewußte urhebergebundene Motivationalsubstrate, d.h. in den verschiedenen W2u (X')-Aspekten angezeigte Komponenten der Form ←W2u (W4$_{bewußt}$), W4$_{unbewußt}$ können dabei – als im weiteren Sinne ebenfalls intendierte – zwanglos integriert werden, wenngleich ihr jeweiliger Status gegenüber den unmittelbar gegenstandsinhärenten und notwendigerweise entsprechend durchgängig bewußt intendierten Substraten überall kenntlich bleiben sollte.

So gefaßt erscheint der erste Kanon – wenn wir richtig sehen – durchaus als ›philologische‹ Basis einer integrativen Kulturwissenschaft im Zeichen der Moderne, zumal die herrschende Praxis ihm, ungeachtet aller Diskrepanzen im einzelnen, insgesamt (zumindest implizit und/oder nominell) unterliegt.[80] Dies heißt nun freilich nicht, daß sämtliche kulturwissenschaftlichen Hervorbringungen per se Explikationen von historisch Intendiertem sein müßten oder etwa nur als solche wertvoll wären. Entscheidend ist allein, daß die Explikation historisch intendierter Verstehenssubstrate nicht mit anderen Formen der Bezugnahme auf kulturelle Gegenstände vermengt bzw. auf dem Weg zu formal nur auf ihrer Basis ableitbaren Befunden ›übersprungen‹ wird. Bevor die daraus erwachsenden Regulative allerdings zuammenfassend entfaltet werden können, gilt es zunächst, noch einige weitere bekannte Spezifikationsmöglichkeiten und Implikationen des ersten Kanons zu erkunden.

---

[80] Zur Legitimation taugt die bestehende Praxis freilich nur in dem Maße, wie deren Ergebnisse ihrerseits zumindest im Prinzip für zielführend und wertvoll erachtet werden – schlüge die Affinität doch andernfalls nur um so nachteiliger aus.

›Den Autor verstehen‹: ›Nacherleben authentischer Selbstaussprache‹,
Bewußtseinskunst, Explikation des Schaffensaktes, Genieästhetische Beschränkungen,
Personaleinheitliche Autorschaft und Moderne, ›Verstehen wie die Zeitgenossen‹

Die in den Literaturwissenschaften nach wie vor geläufigste Auffassung des ersten
Kanons orientiert sich am Regulativ des ›Autorwillens‹ bzw. der sog. ›Autorinten-
tion‹.[81] Auch hier sind indes mehrere, teils durchaus divergente Deutungen zu unterscheiden. Was zunächst den interpretatorischen *Alltag* anbelangt, so deckt sich, was
dort nominell als ›Orientierung am Autor‹ erscheint und – mindestens implizit – auch
weithin unbestritten gilt,[82] meist wesentlich mit der soeben gegebenen, historisch-
intentional spezifizierten Fassung des ersten Kanons, wenngleich die Unterscheidung
zwischen unmittelbar gegenstandsbezogenen und bewußten oder unbewußten
motivationalen Urheberschaftsaspekten vielfach im allgemeinen Intentionsbegriff
verschwimmt und entsprechend intuitiv (obschon meist unproblematisch) gehand-
habt wird. In der *Theorie* dagegen vollzieht sich »*die* Wende in der Geschichte der
Hermeneutik, wenn bei Ast und Schleiermacher als Gegenstand des Verstehens nicht
mehr die Stelle oder die Schrift auftritt, die ihrerseits sich auf eine Sache beziehen,
deren Erkenntnis sie darstellen und die letztlich Ziel der Auslegung ist, sondern der
Autor selbst den Gegenstand des Verstehens gibt.«[83]

In welchem Sinne dies nun wirklich schon bei Ast und Schleiermacher der Fall ist
bzw. inwieweit es womöglich doch erst im Rückblick durch Diltheys (vermeintlich
oder wirklich) psychologistisch-vitalistische Brille resp. – in der Folge – in Gadamers
holistischer Konstruktion einer ›romantischen Hermeneutik‹ so erscheint, macht aus-
führlich zu diskutieren hier wenig Sinn.[84] Der Sache nach vermag besagte ›Wende hin

---

[81] Die umfassendste autorzentrierte Hermeneutik bietet derzeit unverändert Hirsch, Prinzipi-
en der Interpretation, dessen emphatische Rehabilitierung des traditionellen, dem ›Interpreten‹ hier durchweg in einfacher Dichotomie entgegengesetzten Autors freilich – bei
aller methodologiegeschichtlichen Berechtigung – mehr Angriffsflächen bietet als nötig.
Denn wiewohl viele der dort getroffenen Feststellungen – z.B. die, daß »ein bemerkens-
wertes Charakteristikum derjenigen Theorien, die das Vorrecht des Autors bestreiten, [sei],
daß sie unerlaubterweise den Versuch unternehmen, neutrale, deskriptive Begriffe in normative zu verkehren« (S. 306) – sicher ins Schwarze treffen, bleibt die Anbindung des
ersten Kanons an die Autorkategorie doch grundsätzlich von den Möglichkeiten kanongemäßer bzw. -verletzender Applikation kultureller Gegenstände zu trennen.
[82] Exemplifiziert etwa bei Babilas, Tradition und Interpretation, S. 27, wo ›Autorwille‹ und
intendierte Textbedeutung ausdrücklich identifiziert werden. – Zur impliziten Selbstverständlichkeit des autorintentionalen Programms im praktischen Vollzug vgl. Danneberg/
Müller, Wissenschaftstheorie, Hermeneutik, Literaturwissenschaft, S. 200.
[83] Szondi, Einführung in die literarische Hermeneutik, S. 142/143.
[84] Gegen die psychologistische Vereinseitigung der Schleiermacher-Deutung vgl. stellvertretend Arntzen, Der Literaturbegriff, S. 116, sowie Frank, Einleitung zu: Schleiermacher,
Hermeneutik und Kritik, S. 60 u.ö. Zum Gesamtzusammenhang vgl. auch Weimar, Zur
neuen Hermeneutik um 1800, passim, sowie Szondi, Einführung in die literarische Hermeneutik, S. 406f. Vom Psychologismusstreit zu trennen und für die Herausbildung einer allgemeinen kulturwissenschaftlichen Hermeneutik bei weitem maßgeblicher bleibt dagegen
Schleiermachers Katalysatorfunktion beim historischen Übergang zur (endgültig) säkularisierten, d.h. historisch zentrierten Hermeneutik Boeckhs.

zum Autor‹ – völlig unabhängig davon, wer Entsprechendes in welcher Formulierung insinuiert (hat oder nicht) – überall dort zum theoretischen Problem zu werden, wo a) die »unmittelbare innere Wirklichkeit selber« zum Gegenstand der Geisteswissenschaften erklärt wird,[85] ohne daß eine sensu stricto ontologische Auffassung davon dezidiert ausgeschlossen wäre, b) Urhebungsakt und Argumentsubstrat inhaltlich pauschal identifiziert werden und/oder c) die Vorstellung von Urheberschaft – wiederum pauschal – auf die werkkonstitutive Autorfunktion eingeschränkt erscheint.

Was zunächst a) angeht, so bezeichnet der Wunsch bzw. Glauben, W2u *als Argument* in W2r repräsentiert finden, sprich: jemandem *unmittelbar* ins Gehirn schauen oder in sein Inneres hineinfühlen zu können, (wenigstens bislang) eine ontologische Unmöglichkeit (vgl. 3.1.3.), und es macht – zumal wenn selbst W1 als Vermittlungsinstanz noch ausgeklammert oder der so zu Verstehende zu allem Überfluß längst tot ist – nicht viel Sinn, irgendeine Art von Hermeneutik hierauf gründen zu wollen.[86]

Gleichwohl kommen derartige Vorstellungen – und damit gelangen wir zu b) – keineswegs von ungefähr. Sie entsprechen vielmehr einer historisch gewachsenen *Werthaltung*, welcher die möglichst unmittelbare Teilhabe an der Selbstaussprache eines genialen Individuums zum allgemeinen und in der Folge holistisch in die Methode projizierten Maßstab dient. Ausgangspunkt sind hier in aller Regel kulturelle Gegenstände, deren *Argument* bzw. *Anzeichensubstrat* selbst stark auf ein inneres Erleben – vorzugsweise das des aktuell produzierenden Urhebers – zielt und insofern entweder direkt oder doch im Sinne eines impliziten Authentizitätszertifikates auf die erlebnishafte Totalität des konkreten Urhebungsaktes *verweist*. Authentizität *ist* in diesem Sinne gar nichts anderes als der Gestus bzw. die Annahme oder Forderung, daß die im Kulturgegenstand gegebenen Argumentsubstrate und/oder die darin angezeigten Substrate resp. Wirkungsabsichten mit *der inneren, im Schaffensakt erlebten (bzw. für den Schaffensprozeß evozierten) Erfahrung des Urhebers* übereinstimmen. Oder anders ausgedrückt: Die dargestellte, angezeigte oder im Rezipienten erzeugte Trauer/Leidenschaft/›Erlebnistotalität‹/Werthaltung etc. soll nominell die (zudem möglichst aktuelle) des erschaffenden Urhebers selbst sein.[87]

---

[85] Dilthey, Gesammelte Schriften, Bd. 5, S. 317f.

[86] Das dazugehörige Totschlägerargument lautet in der Elementarform: ›Der erste Kanon fordert, daß das Innere des Autors (unmittelbar) aufgefaßt werde. Das kann man aber gar nicht. Ergo stellt der erste Kanon – wie gehabt – eine unsinnige Forderung auf. Ergo ist er (insgesamt) nichtig.‹ – Konkret vertreten etwa bei Japp, Hermeneutik, S. 139f. sowie S. 54ff. (dort zudem als Begründung einer holistischen Vieldeutigkeitsbehauptung), allgemein zurückgewiesen dagegen u.a. bei Gabriel, Zur Interpretation literarischer und philosophischer Texte, S. 243, sowie Eibl, Kritisch-rationale Literaturwissenschaft, S. 73. Vgl. zum Gesamtzusammenhang auch Böhler, Philosophische Hermeneutik und hermeneutische Methode, S. 494.

[87] Daß dabei – im Gefolge Diltheys – konventionellerweise stets schon ausschließlich ein besonders bedeutsames, exemplarisches und im Grunde unsagbares Erleben in Rede steht, stellt etwa Anz, Die Bedeutung poetischer Rede, S. 111f., heraus. (Eine in ihrer Ungebrochenheit inzwischen ›unzeitgemäß‹ anmutende Version solcher Auffassung vertritt z.B. Nivelle, Vorläufigkeiten.)

Innerhalb des allgemeinen Konstitutionstherms rücken W2u bzw. W2u (X) damit ihrem anzunehmenden Inhalt nach ›weiter nach links‹, sprich: ins Argument – und damit zugleich in Richtung auf W2r. Demzufolge ist es kaum verwunderlich, wenn eine Äußerung wie ›Wie herrlich leuchtet mir die Natur!‹ eher intuitiv auf W2u bezogen werden bzw. weit selbstverständlicher zum ›Nacherleben‹ einladen wird als etwa

$$› e^{2\pi i} + \sum_{j=0}^{\infty} \frac{1}{2}^{j} - (\tan\tfrac{\pi}{4})^{17+5} ‹.$$

Konstitutionstheoretisch gesehen besteht hier allerdings gerade *kein* Unterschied, denn in jedem Falle bleiben die *urheberkonstituierten* W2u (X')-Ausdrücke klar von möglichen *Argumenten* der Form W2$_{Urheberperson}$ bzw. W2$_{Urheberperson}$ (Y) geschieden. Konkret gesprochen: Selbst das die Trauer des Urhebers noch so ›unmittelbar‹ Repräsentierende oder Anzeigende *ist niemals* diese Trauer selbst, ganz unabhängig davon, wie ›authentisch‹ die entsprechende Äußerung sei. Deshalb macht es auch wenig Sinn, das ›Nacherleben des inneren Schöpfungsvorgangs‹ bei bestimmten Gegenstandsklassen (z.B. bei der Poesie) resp. bestimmten Interpretationsarten (z.B. bei der produktiven, nachschaffenden) für sinnvoller als bei anderen (etwa dem historischen Bericht[88] bzw. der reproduktiv-kontemplativen Interpretation[89]) erklären zu wollen, so als würde die ontologische Distanz auf einmal überbrückbar, wenn nur der Gegenstand bzw. dessen Funktion dies nahelege oder wolle. Denn was immer auch im einzelnen vorliegen mag, so bleibt der konkrete Urhebungsakt W2u in W2u (X') im allgemeinen Konstitutionstherm doch immer lediglich ein angezeigtes heuristisches Regulativ, dessen Argument und Aktcharakter man zwar von Fall zu Fall mehr oder weniger genau und sicher erschließen oder – günstigenfalls – spezifizierend auf den Gegenstand rückbeziehen, nie jedoch ›unmittelbar an diesem verstehen‹ kann.

Dies gilt insbesondere auch für solche modernistischen Kunstwerke, die sich im Sinne einer allgemeinen, d.h. nach Medium und Gattung variablen *Bewußtseinskunst* resp. *Bewußtseinsmimesis* als nominell unmittelbare Repräsentationen innerer Erlebnisse bzw. eines inneren Erlebnisstromes definieren[90] und welche ihrem Konstitutionstherm nach charakteristisch als W1 (W3m (W3k (*W2* (X))))[91] bzw. – bei ent-

---

[88] So Bultmann, Das Problem der Hermeneutik, S. 50f.

[89] So Betti, Zur Grundlegung der allgemeinen Auslegungslehre, S. 39f., Fn. 52.

[90] Vgl. dazu stellvertretend die modernismusbezogenen Kapitel bei Willems, Anschaulichkeit (insbes. S. 189ff. oder S. 397), wenngleich die Explikation hier kontextgemäß terminologisch auf die ›Bewußtseinspoesie‹ als den lyrischen Unterfall des literarischen Unterfalls einer allgemeinen Bewußtseinskunst beschränkt bleibt.

[91] Extremere Varianten wären etwa noch W1 (W3m (W3k$_{W2}$ (*W2* (X)))) oder W1 (W3m$_{W2}$ (W3k$_{W2}$ (*W2* (X)))), d.h. Fälle, in denen die ›Bewußtseinsförmigkeit‹ nominell bis in die Realkonkretion hineinreicht resp. das Medium selbst konstituieren soll. Entsprechende Erscheinungen finden sich – höchst modernecharakteristisch, obschon meist eher vage konventionalisiert – z.B. in der Malerei (›gemalte Gemütszustände oder Erinnerungsbilder‹, ›collagierte Bewußtseinseindrücke‹ etc.), im Film (›gefilmte Phantasien, Gedankensplitter, Träume etc.‹) oder im Hörspiel (›innere Stimmen‹; oder eine Komposition wie Robert Ashleys »Automatic Writing«). In ›zeitlich erstreckten‹ Kunstformen erscheint W2 dann – gemäß der medialen Gegebenheit als W1$^{\Delta t}$ – zwangsläufig als W2$^{\Delta t}$, d.h. an den zeitlich korrelierten Stromcharakter inneren Erlebens gebunden.

136

sprechender Illusionierung – direkt als W2 (X) im Rezipientenbewußtsein, d.h. als W2r (W2 (X)), erscheinen wollen. Zwar suggeriert demgemäß etwa die Zeichenfolge »Ich werd' zum Obersten geh'n und ihm die Sache melden« in Arthur Schnitzlers innerem Monolog *Leutnant Gustl*[92] einen Modus der Form

$$W1 \ (W3m_{Buch} \ (W3k_{Schrifttyp \ etc.} \ (W2^{\Delta t}_{Gustl} \ (W3z_{Gustls \ ›gedankliches \ Zeichensubstrat‹}}$$
$$(W3b_{Gustls \ ›gedankliches \ Begriffssubstrat‹} \ (X_{Gustls \ Gedankeninhalt})))))),^{93}$$

während der ›inhaltlich‹ weitgehend identische, jedoch nicht im Bewußtseinsmodus gegebene Satz ›Gustl dachte daran, zum Obersten zu gehen und diesem die Sache zu melden‹ dem Leser abweichend als

$$W1 \ (W3m_{Buch} \ (W3k_{Schrifttyp \ etc.} \ (W3zv_{Erzähler/Autor} \ (W3b_{Erzähler/Autor} \ (W2_{Gustl}$$
$$(X_{Gustls \ Gedankeninhalt})))))$$

entgegentritt. Doch so unmittelbar der Gegenstand den Rezipienten auch in Gustls bzw. – etwa im Falle der späten Aufzeichnungen Rolf Dieter Brinkmanns[94] – gar in des Urhebers/Autors eigenen Gedanken ›lesen‹ bzw. deren Realvollzug verfolgen lassen mag, so unverrückbar bleibt auch hier der ontologische Riegel vor einer unmittelbaren Schau von W2u in W2u (X').[95]

Schließt man dagegen alle (gleich wie naheliegenden) ontologischen Mißverständnisse dezidiert aus, so erscheint die allgemeine Frage nach dem Schaffensprozeß bzw. dessen konkretem Erlebniskorrelat in neuem Licht und – ebenso wie die nach der allgemeinen psychologischen Konstitution des Urhebers (sofern persönlich faßbar) – ohne weiteres legitim: Wie war es dem jungen Goethe zumute, als er sein

---

[92] Schnitzler, Die erzählenden Schriften, Bd. 1, S. 345.

[93] Ontologisch betrachtet liegt hier freilich eher ein Phänomen der Form

$$W1 \ (W3m_{Buch} \ (W3k_{Schrifttyp \ etc.} \ (W3zv_{›Autor \ als \ Gustls \ W2‹} \ (W3b_{›Autor \ als \ Gustls \ W2‹} \ (W2^{\Delta t}_{Gustl}$$
$$(X_{Gustls \ Gedankeninhalt}))))))$$

vor. Doch tritt der Impetus, W2 im Konstitutionstherm ›möglichst weit nach links zu schieben‹, im obigen, die erhoffte *Wirkung* fokussierenden Ausdruck augenfälliger hervor.

[94] Vgl. stellvertretend Brinkmann, Schnitte, S. 105 u. passim.

[95] Im Falle Brinkmanns entstünde so – sofern man die Vermittlungsstufen, die sich auch hier unvermeidlich durch den Schreibakt, die Implikationen des Sprachlichen, die mediale Differenz etc. ergeben, einmal ausblendet – ein charakteristischer Term der Form

$$W1 \ (W3m \ (W3k \ (W2^{t1-t2}_{Brinkmann} \ (W3z \ (W3b \ (X))))) \leftarrow W2u^{t1-t2}_{Brinkmann} \ (W3m' \ (W3k'$$
$$(W2^{t1-t2}_{Brinkmann}'(W3z' \ (W3b' \ (X'))))))),$$

d.h. Brinkmann intendiert hier zeitgleich die mediale Manifestation seines Erlebnisstroms (resp. des sprachlich erfaßbaren Anteils darin) *und* dessen Inhalt selbst. Ginge es dabei nun auch noch *inhaltlich* um den aktuellen Urhebungsakt (›Ich schreibe gerade, was ich gerade denke, was ich gerade schreibe usw.‹), so erschiene das Ganze – allgemein gefaßt – noch pointierter als

$$W1 \ (W3m \ (W3k \ (W2^{ti-tj}_{Autor} \ (W3z \ (W3b \ (W2^{ti-tj}_{Autor \ als \ aktueller \ Urheber})))) \leftarrow W2u^{ti-tj}_{Autor} \ (W3m'$$
$$(W3k' \ (W2^{ti-tj}_{Autor}' \ (W3z' \ (W3b' \ (W2^{ti-tj}_{Autor \ als \ aktueller \ Urheber}'))))))),$$

doch blieben die Sphären – abgesehen davon, daß solche Konstellation nicht eben häufig ist – selbst hier noch strikt getrennt.

»Mailied« schuf? Was fühlte Schrödinger, als die nach ihm benannte Gleichung ihm erstmals erschien? Was erlebt ein Mitglied der Fischer-Chöre beim Singen? War Shakespeare eher Melancholiker oder Sanguiniker? Sind die Produzenten von Action-Filmen Zyniker, Perverse, Philanthropen? usw. Freilich zeigt die Aufzählung bereits, daß das Interesse an möglichen Antworten auf derartige Fragen so stark davon abhängt, wieviel Aufmerksamkeit man dem jeweiligen Urheber *von vornherein* entgegenbringt bzw. wieviel reproduktiven oder produktiven Gewinn man sich von dergleichem Wissen oder Nachvollzug verspricht,[96] daß es wenig glücklich scheint, hierin – anstatt die (meist im Argument selbst indizierte) Ausnahme – den Regelfall oder gar das alleinige Ziel aller Hermeneutik erblicken zu wollen. Zudem bleibt bei entsprechenden Versuchen – je Interessanteres sie verheißen, um so mehr – stets dreierlei zu gewärtigen:

Erstens, daß von einem *rückläufigen* Verfolgen des Schaffensprozesses[97] hier allenfalls konstitutionstheoretisch, d.h. im Sinne der Erschließung des allgemeinen Konstitutionstherms von links nach rechts, kaum dagegen in Beziehung auf die Mannigfaltigkeit des Zeitflusses, d.h. im Sinne eines rückwärts laufenden Films, gesprochen werden kann; zweitens, daß auch rekonstruierte Präparations-, Inkubationsbzw. Illuminations-, Inspirations-, Elaborations-, Meditations- oder Realisationsphasen[98] als spezifisch auf den W2u^Δt-Aspekt in W2u (X') (einschließlich aller bewußten Motivationsakte) gerichtete ›Verstehens‹-Substrate stets im vorgängigen Verständnis von X' fundiert und als daraus zu Erklärendes auf dessen Substrat bezogen bleiben müssen – was in concreto meint, daß etwa Goethes Urheberschaft des »Mailieds« nie vor resp. unabhängig von letzterem ›verstanden‹ werden und in ihren Implikationen zugleich nie mehr als den damit vorliegenden Kulturgegenstand selbst erhellen kann; und drittens schließlich, daß kulturelle Gegenstände – und dies ist zugleich der Übergang zu Punkt c) – keineswegs notwendig immer so zustande kommen müssen, wie sich die Genieästhetik die Schöpfung des poetischen Kunstwerks vorstellt.

Letzteres gilt etwa schon in der Hinsicht, daß viele der vormals oft holistisch zugrunde gelegten emphatischen Erleuchtungs- und Erlebnisvorstellungen sich spätestens im Zuge der entschiedenen Inblicknahme sowohl voraufklärerischer als auch moderner ästhetischer oder sonstiger Kulturgegenstände als epochencharakteristische Sonderfälle erweisen – was indes nicht heißt, daß es viel einbrächte, sie deshalb für inexistent, überholt oder lächerlich erklären oder aber (wiederum holistisch) in ein – gleichwie bestimmtes – ›Gegenteil‹ kehren zu wollen. Ferner gilt es etwa insofern, als

---

[96] So klingt etwa, wenn Kamlah, Verstehen und Rekonstruieren, S. 131, den Versuch historischen Nacherlebens per se als »geistesgeschichtlichen Tourismus ohne Zeitmaschine« verspottet, neben dem Befund, daß dies im strengen Sinne gar nicht möglich sei, schon unverhohlen generelles Desinteresse an dem durch, was man, wenn es denn möglich wäre, solcherart erfahren und erleben könnte.

[97] Vgl. Betti, Zur Grundlegung der allgemeinen Auslegungslehre, S. 34.

[98] Vgl. etwa Schönau, Einführung in die psychoanalytische Literaturwissenschaft, S. 18, sowie die Ausführungen zu Schleiermacher bei Weimar, Historische Einleitung zur literaturwissenschaftlichen Hermeneutik, S. 127f.

die Bindung an *bestimmte* Autoren und dadurch mittelbar auch die Wertschätzung ›des Autors‹ insgesamt in Zeiten, wo das, was potentiell am meisten interessiert, zunehmend von mehreren oder gar beliebigen Personen gleichermaßen produziert werden kann, notwendig abnimmt.

Darüber hinaus aber schlägt – und hier vor allem liegt das hermeneutiktheoretische Problem – die Tatsache zu Buche, daß die Bedeutung von kulturellen und insbesondere auch ästhetischen Gegenständen, deren als kanonisch erfahrene Werkganzheit *nicht* an *einen* zugehörigen Autornamen gebunden ist, nach einer langen, obschon keineswegs uranfänglichen historischen Prävalenz der Autorbindung mit der Moderne wieder deutlich zunimmt, sei es, daß auf die Nennung des Urhebers konventionellerweise verzichtet wird (etwa weil dieser weniger für seines Namens ewigen Ruhm denn für die Gegenwart und Geld produziert), sei es aber auch, daß – wie in 3.1.3. schon ausgeführt – nicht alle Konstitutionsstufen vom selben resp. jeweils nur einem Urheber bestritten werden.

Dies schafft notwendig überall dort Probleme, wo jener Traditionsstrang hermeneutischer Theorie, welcher die allgemeine Urheber- bzw. ›Sender‹-Kategorie implizit (und damit um so fixer) mit der personalen Einheit eines Autors ineins denkt, auf die moderne, personal weithin diversifizierte kulturelle Praxis stößt. Und es überrascht infolgedessen nicht, wenn namentlich im Zuge der theoretischen Fundierung einer allgemeinen Medienwissenschaft Irritationen wie die hier beschriebene auftreten:

> Bei allen für die Medienwissenschaft einschlägigen Medien [...] läßt sich die Frage nicht beantworten, was eigentlich das »Kommunikat« sei. Bei einem Film: Ist es das Drehbuch? Beim Fernsehen: Ist [...] das »Kommunikat« die Aussage des Politikers oder die Absicht des Kameramanns, ihn sympathisch oder unsympathisch zu zeigen? Im Hörfunk: Ist das »Kommunikat« der Text des *Status Quo*-Songs oder das Sendekonzept des Moderators, in dem dieser Song gespielt wird, oder das subkulturelle Identifikationsangebot für die Teens oder die an den Hörer gerichtete Kaufanforderung des Plattenproduzenten, der den Moderator zum Abspielen der Platte gedungen hat?[99]

---

[99] Bohn/Müller/Ruppert, Die Wirklichkeit im Zeitalter ihrer technischen Fingierbarkeit, S. 11 (mit der Schlußfolgerung, man müsse die Werkkategorie im ganzen aufgeben, ebd., S. 14). Vgl. ergänzend auch Minte-König, Massenkommunikation und neue Medien, S. 115, wo die Feststellung, daß »die Unterscheidung zwischen Medium und Botschaft immer schwieriger« würde, ebenfalls unverkennbar in der impliziten Bindung des Botschaftsbegriffs an *einen* personalen Autor wurzelt. Indirekter, wenngleich mit um so gravierenderen praktischen Folgen partizipieren auch sämtliche Versuche, die vermeintlich per se ›autorverwachsene‹ Hermeneutik angesichts der neuen medialen Herausforderungen mit quantifizierenden, den kulturellen Gegenstand im wesentlichen ›wie Natur‹ behandelnden Verfahren zu überwinden, an dieser Schwierigkeit (so etwa: Azizi-Burkhart, Zur Methodologie der Filmanalyse, oder Rust, Methoden und Probleme der Inhaltsanalyse, dort insbes. S. 62): Hier wird gemeinsam mit dem störenden ›Autor‹ tendenziell das Intentionale insgesamt entsorgt (zur diesbezüglichen Debatte vgl. etwa Charlton, Der Methodenstreit in der Medienforschung). Eine differenzierte Analyse bietet dagegen Wermke, ›Autorschaft‹ unter den Produktionsbedingungen des Fernsehen? passim, insbesondere aber S. 184ff. sowie 190ff., wenngleich das, was hier, um genieästhetische Konnotationen zu vermeiden, durchweg ›Urheber‹ genannt ist, dort – zur Vermeidung juristischer Konnotationen – gerade ›Autor‹ heißt.

Nun ließe sich die so entfaltete Facettierung noch erheblich präzisieren, etwa indem man nur schon innerhalb des *Status Quo*-Songs (über dessen subkulturelles Identifikationspotential freilich zu streiten wäre) neben dem Text noch die Komposition, das Arrangement, die Instrumenten- und Effektwahl, die Verstärkereinstellungen, den Gesangs- und Vortragsstil, die Aufnahme, Abmischung, Überspielung, Pressung, Covergestaltung, Vermarktung etc. auseinanderhielte und dabei zwangsläufig feststellte, daß auch hier ganz unterschiedliche Menschen mit sehr unterschiedlichen Anteilen und Mitteilungsabsichten beteiligt sind bzw. sein können. Doch so wichtig der darin gelegene Verweis auf den in und mit der Moderne tendenziell größeren Voraussetzungsreichtum dessen, was jeweils in concreto vorliegt, ist, so wichtig bleibt doch andererseits – nämlich gerade in Hinblick auf das *grundsätzliche* Autorproblem – die Feststellung, daß die Diversifizierung der Urheberkategorie (und damit des ›Kommunikats‹) vielfach auch außerhalb der neuen Medien, etwa bereits beim scheinbar so traditionellen Buch, im Grundsatz – wenigstens normalerweise – ganz genauso statthat. Denn auch hier muß der ›Autor‹ keineswegs zugleich sein eigener Ghostwriter, Übersetzer, Lektor, Herausgeber, Layouter, Illustrator, Setzer, Drucker, Umschlaggestalter, Verleger, Promoter, Verkäufer, Rezitator usw. sein, mit der Folge, daß etwa die Frage nach ›*dem* Autor‹ resp. ›*dem* Kommunikat‹ eines aktuellen Taschenbuch-Reprints der Luther-Bibel von 1545 im Prinzip kaum weniger verwickelt ist als die nach dem der im vorausgegangenen Zitat erwähnten Radiosendung.

All dies zeigt freilich nur, daß der entscheidende Unterschied gar nicht an der konkret gegebenen, d.h. materiell fundierten Totalität des jeweiligen ästhetischen Erfahrungsgegenstandes hängt, sondern an der Frage, ob das, was daraus konventionellerweise als *werkkonstitutiver Fundierungszusammenhang* ›ausgeschnitten‹ wird, sich zwanglos *einem* ›Autor‹ resp. dessen Intentionalität zuordnen läßt. Wo solches – wie bei vielen (obschon keineswegs allen) Film-, Fernseh-, Hörspiel-, Video- oder Konzertproduktionen – nicht der Fall ist, versagt die holistisch personifizierte Autorkategorie samt dem damit korrespondierenden Werkbegriff[100] – und wiederum mag der Anschein entstehen, der erste Kanon und die ganze Hermeneutik hätten ausgedient.

Doch liegt die Schwierigkeit auch hier nur in der Formulierung, und es gibt allemal Möglichkeiten, ihr zu entgehen: Die aus der Tradition heraus naheliegendste bestünde in einem verallgemeinernden Rückgriff auf jene einschlägige Fassung des ersten Kanons, welche – bereits lange vor der ›Wende zum Autor‹, obschon in der Regel primär auf sprachlich-grammatikalische Gegebenheiten gerichtet – vom Interpreten fordert,

---

[100] Zu sagen, man verstünde statt des anderen die »Welt seines Werkes« (Ricoeur, Die Metapher und das Hauptproblem der Hermeneutik, S. 371), bleibt dabei in dem Maße unbefriedigend, wie die Singularform des Possessivpronomens hier das Monolithische der Autorvorstellung prolongiert. Analoges gilt etwa auch für die terminologische Verschiebung in die »Disposition des Autors«, wie sie etwa Strube, Über Kriterien der Beurteilung von Textinterpretationen, S. 192 – hier im Sinne der Integration auch unbewußter bzw. zeitgeschichtlich ›in der Luft liegender‹ Substrate – vornimmt.

jede nähere Bestimmung nur »aus dem dem Verfasser und seinem ursprünglichen Publikum gemeinsamen Sprachgebiet« zu schöpfen[101] bzw. nichts so zu erklären, »wie es kein Zeitgenosse könnte verstanden haben«.[102] Kombinierte man die Vorteile dieser beiden Formulierungen dergestalt, daß sowohl – wie in ersterer – die Möglichkeit, etwa ein Kreuzzugslied des 12. Jahrhunderts aus dem Kontext ›zeitgenössischer‹ chinesischer Lyrik zu erklären, präzise ausgeschlossen als auch – wie in letzterer – die explizite Bezugnahme auf *einen* Verfasser vermieden wäre, so erhielte man ein einprägsames Regulativ der Form: ›Achte stets darauf, daß das, was du an einem kulturellen Gegenstand historisch verstehst, d.h. (dir oder anderen gegenüber) als dessen spezifisches historisches Verstehenssubstrat auszeichnest, nirgends dem widerspricht, was *ein Angehöriger der Zeit und des Kulturkreises, für den der Gegenstand ursprünglich bestimmt war*, daran hätte verstehen können.‹

Alle Beschränkungen der einheitlichen Autorvorstellung wären damit vermieden. Können doch auf solcher Basis sämtliche Möglichkeiten zeitlicher Schichtung und komplexer Urheberkonstellierung in konventionellen Werkganzheiten unterschieden werden, ohne letztere zu gefährden. Der (theoretische) Pferdefuß an dieser Kanonfassung bleibt gleichwohl, daß die in ihr unvermeidlich implizierte heuristische Homogenisierung des jeweils zu (re-)konstruierenden Erwartungs- resp. Rezeptionsmöglichkeitshorizontes dazu tendiert, urheberinduzierte Eigenheiten oder Fehlleistungen in kulturellen Gegenständen einzuebnen. Schließlich muß – gerade im Kontext des Modernismus – nicht jede Hervorbringung notwendig gleichermaßen auf ihr ›zeitgenössisches‹, d.h. wahlweise faktisches, naheliegendstes oder überhaupt nur irgendwie allgemeiner lokalisierbares Publikum gerichtet bzw. an dessen Konventionssystem orientiert (gewesen) sein, ebenso wie keineswegs jeder Umsetzungsversuch eines vermeinten Substrates in einen konkreten kulturellen Gegenstand dem Urheber notwendig in seinem Sinne gelingen muß.

Die unmißverständlichste und allgemeinste Lösung bleibt deshalb auch hier letztlich der Rückgriff auf die urheberintentional-historische Formulierung des ersten Kanons, welche die Probleme der einheitlich personifizierten Autorbindung ebenso umgeht, wie sie zugleich die vorgenannten Sonderfälle einschließt. Nichtsdestoweniger rückt insbesondere mit der zuletzt erwähnten Möglichkeit, der Urheber könne das von ihm intendierte Substrat vielleicht nur unvollkommen in den Gegenstand zu transferieren imstande (gewesen) sein, ein weiterer bekannter und aufs engste mit dem ›Autorverstehen‹ verknüpfter Topos der hermeneutischen Theorie in den Blick, welcher eingehender Erörterung bedarf.

---

[101] Schleiermacher, Hermeneutik und Kritik, S. 101. So etwa noch bei Titzmann, Strukturale Textanalyse, S. 88.
[102] Boeckh, Enzyklopädie und Methodologie der philologischen Wissenschaften, S. 106 (vgl. dort auch S. 112).

›Den Autor besser verstehen als dieser sich selbst‹: Emendatio, Explikation des Impliziten, allgemeine Differenz von Explikat und Explikandum, ›Wahrheit‹, ›Es-Selbst-Genauso-machen-Können‹, Explikation von Unbewusstem und Intentionstranszendentem

Vor dem Hintergrund der urheberintentionalen Fassung des ersten Kanons scheint die vieldiskutierte Forderung, der Interpret solle ›den Autor besser verstehen als dieser sich selbst‹, zunächst in hohem Maße einer Selbstanwendung zu bedürften. Denn wo X' in W2u (X') das allgemeine Verstehensziel markiert, liegt das Maximum des Verstehbaren mit den urheberintendierten Substraten fest, und bei allem, was – nach welcher Richtung immer – darüber hinausgeht, wird so strenggenommen gerade nie der ›Autor‹ resp. die konkrete Urheberintention selbst verstanden, sondern ein urhebertranszendierendes Mehr am konkreten Gegenstand. Indes geraten bei der Analyse dieser Art von ›Sinnüberschuß‹ unvermeidlich auch Probleme in den Blick, welche weniger den ersten Kanon, sondern das Verhältnis von (diskursiver) Explizit- und Implizitheit insgesamt betreffen, und entsprechend hängt die Frage, wieviel und welche Art von kulturwissenschaftlicher Erkenntnis auf solche Weise zu gewinnen sei, abermals beträchtlich davon ab, was die Formulierung jeweils meint[103] bzw. welchen Status die entsprechenden Ergebnisse für sich beanspruchen. Im Sinne einer allgemeinen und moderneintegrativen Hermeneutik sind dabei insbesondere folgende Spielarten zu unterscheiden:

Der einfachste Fall ist, daß der Interpret bestimmte Momente im konkreten Gegenstand als solche, welche vom Urheber offensichtlich *gegen* das – meist weiter rechts im Konstitutionstherm oder in größeren Strukturanzheiten – (bewußt) Intendierte, also *versehentlich* realisiert wurden, erkennt und sie im Sinne der vermutlichen Urheberintention, i.e. des ersten Kanons, ›verbessert‹. Der vertippte ›Bleidtift‹ wird derart zum ›Bleistift‹, das gestotterte ›G-G-G-Guu-u-tn TT-Tag‹ zu ›Guten Tag‹, der falsch gegriffene Akkord zum entsprechenden richtigen usw. Analoges gilt auch dann noch, wenn das Versehen vermutlich nicht – wie in den eben genannten Beispielen – ganz am konkret Intendierten vorbei, sondern in *lokalem Irrtum* unterläuft, etwa im Falle daß jemand auf inexistente Fußnoten verweist, sich in größerem Stil ›vermalt‹, die Reihenfolge zweier Szenen im Filmschnitt unsachgemäß vertauscht etc.[104] Wie sicher sich der Rezipient dabei des ›eigentlich Intendierten‹ jeweils sein kann, hängt freilich maßgeblich von der (nie letztgültigen) Sicherheit seines Wissens um die – dafür ihrerseits zunächst als umfassender intendierte zu erschließende – Anerkennung bestimmter Konventionssysteme und/oder gegenstandsspezifischer Regelmäßigkei-

---

[103] Vgl. dazu allgemein Behler, What it means to understand the author better than he understood himself, sowie Gille, Die Genialität des Auslegers, S. 169.

[104] Der konstitutionstheoretische Unterschied zwischen beiden Fällen besteht darin, daß intendiertes und realisiertes Argument im ersten unmittelbar differieren (›Bleidtift‹, eine sinnlose Zeichenfolge ≠ ›Bleistift‹, eine im Deutschen sinnvolle Zeichenfolge), während die Nichtentsprechung im zweiten nur aus dem gegenstandsbezogenen Kontext eruierbar ist.

ten seitens des Urhebers ab. Für den hermeneutischen Vollzug ergibt sich daraus die – vor allem im Kontext des Modernismus gravierende (und im Rahmen der Untersuchung des 2. Kanons noch zu erörternde) – Konsequenz, daß kulturelle Gegenstände um so schwerer urhebergemäß korrigiert werden können, je vager resp. je weniger allgemein die in ihnen exemplifizierten Strukturen sind. Oder normativ gewendet: Je indistinkter das Globale, desto weniger darf im Lokalen irren, wer noch in seinem Sinn verstehbar bleiben will.

Eine andere Stufe von ›verbesserndem Verstehen‹ wird dagegen – obschon mit formal analogen Implikationen – dort erreicht, wo der Urheber das, was er ›eigentlich‹ sagen, ausdrücken, gestalten, formen usw. will, nicht nur versehentlich bzw. im lokalen, jedoch im Prinzip aktuell selbständig zu verbessernden Irrtum, sondern aus entweder temporärem (d.h. mindestens für die Zeit des Urhebungsaktes akutem) oder prinzipiellem *gestalterischem Unvermögen* verfehlt; doch nicht vollkommen, sondern dergestalt, daß das spezifisch fundierende Intentions- bzw. Motivationssubstrat trotzdem erkennbar bleibt.[105] Wie konkret das Resultat dann noch im Sinne des Urhebers ›verbessert‹ werden kann, hängt indes – abgesehen vom Grad des Defizits – vor allem davon ab, inwieweit letzteres mehr technisch-konventionsbezogener oder aber grundsätzlicherer Natur ist. Denn während etwa ein (unfreiwilliger) Malapropismus à la ›Dieses Spiel ist mir bei weitem zu konvex‹ noch nah am Irrtum und dementsprechend leicht urhebergemäß zu emendieren ist, und während auch der ›eigentlich gemeinte‹ Sinn von Sätzen wie ›Wenn 2 auf der drei tut, hat all fünfe‹ oder ›Ein gleichseitiges Dreieck hat sechzig Grad‹ noch relativ eindeutig erschlossen werden kann, so bleibt etwa ein Krimi, der verstehbar resp. konventionsgemäß spannend sein möchte, ohne es doch für irgendjemanden zu sein, allenfalls vage und zudem nur weitgehend urheberüberschreitend, d.h. außerhalb des ersten Kanons, zu ›verbessern‹. Die Grenze verläuft hierbei entlang der Frage, ob sich der Urheber die jeweils ›verbesserte‹ Version, sofern er davon Kenntnis bekäme, ohne weiteres im Sinne seiner ursprünglichen Absicht zu eigen machen könnte oder nicht. Wo letzteres der Fall ist, folgt die ›Verbesserung‹ nicht mehr historisch-urheberintentionalen Regulativen.[106]

Ganz andere Implikationen ergeben sich, wo ›Besserverstehen‹ gar nicht auf eine ›Verbesserung‹ resp. Änderung des Gegenstandes selbst (ganz gleich in wessen Sinne), sondern auf die Explizitmachung von Gegebenheiten, welche in ihm implizit sind, ausgeht. Auch hier sind – ungeachtet aller Schwierigkeiten bei der praktischen Zuweisung – zunächst zwei Spielarten zu unterscheiden: Zum einen diejenige, welche Dinge diskursiv ausformuliert, die zwar offenbar bewußt vom Urheber im Gegen-

---

[105] Vgl. dazu die bei Behler, What it means to understand the author better than he understood himself, S. 74, referierte Kantische Auffassung.

[106] Dies wird etwa deutlich, wenn Bredella, Das Verstehen literarischer Texte, S. 88, als Beispiel für das ›Besserverstehen‹ – etwas unglücklich – den Fall anführt, daß aufgeklärte Historiker die Wunderberichte älterer Chronisten ja nicht für bare Münze nähmen, sondern sie statt dessen ›besser‹ als diese (welche selbst daran glaubten) verstünden. Doch liegt die ›Verstehensdifferenz‹ hier gerade *nicht* im urheberintentionalen Verstehen, sondern in der veränderten Weltauffassung, mit welcher – für sich ebenso perfekt formulierte wie verstandene – Behauptungen dabei jeweils konfrontiert werden.

stand angelegt, dort selbst jedoch aus medialen, generischen, wirkungsbezogenen, stilistischen o.a. Gründen absichtlich nicht diskursiv repräsentiert bzw. konkretisiert sind, und zum anderen diejenige, welche Substrate explizit macht, die zwar als traditionelle Konstitutionsmomente am Gegenstand aufweisbar, im Urheberbewußtsein jedoch vermutlich nie thematisch (gewesen) sind. Ersterer Fall ist etwa dort gegeben, wo ein nicht explizit so betiteltes Sonett als solches klassifiziert, ein Kind auf einem Photo als solches bezeichnet, ein kompositorischer Krebsgang als solcher benannt oder die Verwendung eines Teleobjektives konstatiert wird, letzterer dagegen etwa, wo intuitiv verwendete rhetorische Figuren, grammatische oder stilistische Konventionen, Fingersätze, genrehafte Bildmotive, Kameraführungen oder unbemerkt exemplifizierte Ideologeme als solche namhaft gemacht werden können.

Explikationen der ersteren Art bilden einen wesentlichen Teil der diskursiven Aufarbeitung kultureller resp. ästhetischer Gegenstände, was naturgemäß gerade in Hinblick auf jene Ausdrucksformen zutrifft, welche – im Unterschied zum wissenschaftlichen Vollzug, so wie er heute reguliert ist – nicht oder doch nicht ausschließlich sprachlich-diskursiv konstituiert sind. Freilich wird der Urheber dabei keineswegs ›besser verstanden als er sich selbst verstanden hat‹, sondern die von ihm in nicht diskursiv-expliziter Form produzierten Substrate werden vielmehr – so weit jeweils möglich – ins Begriffliche ›übersetzt‹, wobei jedesmal ein *neuer* kultureller Gegenstand der Form $W3z$ ($W3b_{\text{diskursive Begriffsbildung}}$ ($X'_{\text{implizites urheberintendiertes Substrat}}$)) bzw. – jenseits der Urheberbindung – $W3z$ ($W3b_{\text{diskursive Begriffsbildung}}$ ($X_{\text{gegenstandsimplizites Substrat}}$)) entsteht.[107] Unabhängig sowohl von der Beachtung des ersten Kanons wie von jeder gegenstandsbezogenen Adäquatheit überhaupt treten dabei notwendig Erfahrungsdiskrepanzen zwischen Explikat und Explikandum auf, dergestalt, daß die (noch so einfühlsam und/oder adäquat) interpretierte Ode nie die gelesene oder rezitierte, die analysierte Fuge nie die gehörte, der nacherzählte Film nie der gesehene und auch das angepriesene Computerspiel nie das gespielte ist. Die Abweichung wird dabei tendenziell um so markanter, je gewichtiger die (quasi-)realmannigfaltigen Anteile der Primärrezeption jeweils zu Buche schlagen, mit der Folge, daß etwa ein schematisch realisierter Bilderwitz oder eine Akkordfolge ›verlustfreier‹ zu explizieren scheinen

---

[107] Daß die Art der wissenschaftlichen Begriffsbildung und Vermittlung historisch schwankt, ist dabei ebenso zu gewärtigen wie die Tatsache, daß auch der wissenschaftliche Diskurs sich seinen Konstitutionsbedingungen nach kaum je selbst vollkommen explizit ist. Beides ändert jedoch nichts an der grundsätzlichen Art der bei jeder explikativen Bezugnahme lokal so auftretenden Transformation, und zwar unabhängig davon, inwieweit und in welcher konkreten sprachlichen Form das im Urheberbewußtsein präsente Substrat dort explizit war. Gleichwohl konstituiert freilich auch die diskursive Deskription expliziter Substrate (›2 + 2 = 4‹ beschrieben als: ›Hier steht/der Verfasser meint, daß zwei plus zwei gleich vier sei.‹) neue kulturelle Gegenstände, doch ist der reproduktive Charakter hier aufgrund der Explizitheit des Substrates evidenter und die Gefahr, dies als ›Besserverstehen‹ zu mißdeuten, entsprechend geringer. – Zur unvermeidlichen Differenz zwischen ›ursprünglichem‹ und interpretiertem Substrat vgl. dagegen Frey, Erklärende Interpretation, S. 74f. (inkl. dem kanonkonformen Appell, »die Veränderungen bei der Interpretation möglichst gering zu halten«).

144

als ein Dubuffet-Gemälde oder eine Klangcollage aus Fabrikgeräuschen.[108] Allein: So sehr die kulturwissenschaftliche Explikationspraxis in ihrem eigenen Interesse insgesamt bemüht sein sollte, den Erfahrungscharakter ihrer Explikate – wenn auch im durch die jeweils primären Erkenntnisziele (oft eng) gesteckten Rahmen – möglichst anschaulich zu evozieren bzw. die unvermeidliche Distanz zumindest nicht ohne Not noch zu vergrößern, so wenig Anlaß gibt es doch, im Diskursiven nur holistisch das Erlebnishemmnis zu beklagen (um daraus – selbstredend wieder diskursives – Kapital zu schlagen). Denn sowohl generell als auch vor allem in wesentlichen Bereichen modernistischer Kunst zählt die diskursive Einkleidung – sei es in Konzepten, Manifesten, Rezensionen, Interpretationen, Klappentexten oder Promotion-Zetteln – vielfach so unmittelbar und unausweichlich zur ästhetischen Erfahrung mit dazu, daß sie die entsprechende ›Primärwahrnehmung‹ ohne weiteres gelegentlich überdecken resp. selbst zum ›eigentlich Primären‹ werden kann, wie etwa im Falle jener einschlägigen Avantgardefilmklassiker, die weit öfter in filmtheoretischen Büchern diskutiert als jemals vorgeführt worden zu sein scheinen, oder bei Duchamps Pissoir, das man eher seiner kunsthistorischen Bedeutung nach erschlossen als jemals konkret erblickt haben muß, um einen profunden Essay darüber schreiben zu können. Analog dazu dürften inzwischen überhaupt sämtliche der vielberufenen Extrem- und Endpunkte modernistischer Ästhetik (›die weiße Wand‹, ›das leere Blatt‹, ›der völlig dissoziierte Text‹, ›die absolute Selbstbezüglichkeit‹, ›der reine Laut‹, ›der pure Lärm‹, ›die mit reinen Zufallstönen bedeckte Partitur‹, ›die Stille als Musik‹, ›der einzelne Ton‹, ›die auskomponierte/gemalte mathematische Formel‹, ›das pure Flackern‹, ›die stundenlang gleiche Einstellung‹, ›die absolute Absurdität‹, ›die reine Präsenz‹, ›die unvermittelte Realität‹, ›die totale Provokation‹ etc.[109]) eher als diskursive Substrate denn als reale ästhetische Erfahrungen virulent sein, und zwar nicht allein innerhalb des wissenschaftlichen Diskurses, sondern generell.

Doch zurück zur Kanonbindung: Gilt letztere im oben erstgenannten, auf die Explikation urheberintendierter impliziter Substrate gerichteten Fall schon per definitionem, so ist dies im zweiten, auf die Explikation von im Urheber vermutlich nicht oder allenfalls implizit gegenwärtigen gegenstandsimpliziten Konstitutionsbedingungen keineswegs so selbstverständlich. Auch hier hängt alles an der Frage, wie der (oder die) Urheber in Anbetracht entsprechender Explikationen – stets gesetzt, daß diese auf irgendeine Art im Gegenstand zu verankern wären – vermutlich reagieren würde(n):

---

[108] Dies liefert nicht zuletzt auch eine Teilerklärung für die kulturwissenschaftliche Tendenz zur ›Theorietheorie‹: Ist die kognitive Dissonanz, die ausgehalten werden muß, um im derzeit verbindlichen Wissenschaftsduktus von Arthur Rimbaud, den Futuristen, Charlie Chaplin oder Albert Ayler zu handeln, doch allemal größer, als wenn man gleich im Diskursiven ansetzt und etwa Bürgers »Theorie der Avantgarde« untersucht. (Freilich birgt gerade die entschiedene Maximierung der besagten Diskrepanz ihr eigenes, wenn auch eher esoterisches ästhetisches Potential.)

[109] Exemplarische Realisationen wären etwa: John Cage: 4'33", Music for Changes; Tony Conrad: The Flicker; Andy Warhol: Empire State u.v.a.

145

a) ›Ich habe zwar während des Schaffensprozesses in keiner Weise daran gedacht, aber das ist wohl wirklich das, was ich intuitiv gemacht/worauf ich intuitiv rekurriert habe.‹[110]

b) ›Ich habe das zwar – wenn auch unwissend – zweifellos wirklich so gemacht/verwendet/angelegt, aber das spielt für das, was von mir aus damit intendiert war, keine Rolle, und zwar unabhängig davon, inwieweit es meinen Absichten entgegenkommt oder nicht.‹

c) ›Die Explikation stimmt zwar materialiter am Gegenstand, doch habe ich selbst die entsprechenden Substrate bewußt oder implizit *anders* aufgefaßt bzw. verstanden wissen wollen.‹

d) Der Urheber kann/könnte die Explikation gar nicht verstehen, weil er entweder gar nicht bzw. nur sehr eingeschränkt über ein diskursives Sprach- und Bezugssystem verfügt oder weil sie inhaltlich jenseits seines Horizontes ist.

Im ersten Kanon bleiben derart streng genommen nur zwei Fälle, nämlich zum einen a) sowie zum anderen der erste Unterfall von d), sofern die potentielle Antwort ebenfalls auf a) hinausliefe. Beispiele: ›Ohne mir darüber aktuell bewußt zu sein, habe ich hier wirklich eine Anapher benutzt/die Einstellung herangezoomt, und ich wollte damit wirklich intuitiv meiner Schlußfolgerung besonderen Nachdruck verleihen/das schmerzverzerrte Gesicht des Opfers publikumswirksam präsentieren.‹ Oder aber: ›Ich bin zwar erst zwei Jahre alt/weiß zwar nicht, was eine Anapher ist, aber wenn ich schon richtig reden könnte/es wüßte, würde ich ohne weiteres bestätigen, daß meine Bauklotzansammlung hier wirklich ein Haus darstellen soll/ich wirklich eine Anapher benutzen resp. deren Wirkung erzielen wollte.‹

Alles übrige transzendiert dagegen faktisch schon die Urheberintention, und entsprechende Explikationen sind infolgedessen hinsichtlich des ersten Kanons – unabhängig davon, welchen Wert sie sonst noch (sprich: als nicht für urheberintendiert ausgegebene) haben können – wertlos resp. unzutreffend. Potentielle Antworten darauf wären beispielsweise: ›Mein Film/Text/Walzer enthält zwar wirklich 666 Einstellungen/Sätze/Takte, aber das ist aus meiner Perspektive reiner Zufall.‹ (b), ›Zwar

---

[110] Dieser Fall mag Boeckh, Enzyklopädie und Methodologie der philologischen Wissenschaften, S. 87, vor Augen gestanden haben, wenn es dort heißt: »Denn der Ausleger muß sich das, was der Autor bewußtlos geschaffen hat, zu klarem Bewußtsein bringen, und hierbei werden sich alsdann auch Dinge eröffnen, manche Aussichten aufschließen, die dem Autor selbst fremd gewesen sind.« (vgl. dazu auch ebd., S. 184; Babilas, Tradition und Interpretation, S. 39; sowie Oberhammer, Einleitendes zur Religionshermeneutik, S. 24f.). Freilich läßt die Boeckhsche Formulierung selbst auch andere, den ersten Kanon verlassende Deutungen zu, so etwa, wenn bei Mueller-Vollmer, Zur Problematik des Interpretationsbegriffes, S. 96, die (de facto entschieden urheberbewußtseinstranszendente) strukturalistische Mythenerklärung à la Lévi-Strauss ebenfalls auf den Boeckhschen Wortlaut zurückgeführt wird. – Zum historischen Zusammenhang vgl. allgemein Behler, What it means to understand the author better than he understood himself, S. 75, sowie Weimar, Historische Einleitung zur literaturwissenschaftlichen Hermeneutik, S. 130 (dort insbes. zum Begriff der ›Konstruktion‹).

habe ich wirklich das Wort ›Amateur‹ benutzt/prügelnde Polizisten photographiert, aber nicht in pejorativer/kritischer Absicht.‹ (c), oder schließlich: ›Ich kann nicht sagen, ob meine Lithographie wirklich ›die Dialektik des neuzeitlichen Subjekts‹ ausdrückt, weil ich gar keine Ahnung habe, was das heißen soll‹ (zweiter Unterfall von d).

Mit der letztgenannten Möglichkeit nähern wir uns jedoch schon der zugleich bekanntesten wie problematischsten Auffassung des ›Besserverstehens‹, nämlich jener, welche die ›Wahrheit‹ des Textes resp. Gegenstandes emphatisch hinter bzw. ›über‹ dem Urheberbewußtsein sucht.[111] Ihre historische Wurzel findet sie in der Notwendigkeit, göttliche und menschliche Urheberschaft in den heiligen Überlieferungen zu vermitteln, sprich: die göttliche Essenz aus den teils eher unvollkommenen und widersprüchlichen Manifestationen ihrer menschlich und historisch begrenzten Propheten zu extrahieren. In der genieästhetisch säkularisierten Verlängerung dieser Konzeption erscheint der (›wahre‹ resp. auslegungswürdige) Künstler dementsprechend als ein Medium, das sein Produkt bzw. das, worauf es darin insbesondere ankommt, weithin ›intuitiv‹ – und das meint hier gerade: ohne es selbst intentional zu fassen – hervorbringt.[112] Das Besser-Verstehen-Müssen wird damit zur »notwendige[n] Konsequenz der Lehre vom unbewußten Schaffen«,[113] und der Interpret gerät in die schmeichelhafte Lage, die dem Urheber – bewußtlos wie das Harz dem Baum – ins Werk entquollene Wahrheit selbst in diskursive Façon und damit erst zu eigentlicher Geltung und Gestalt zu bringen.

Ungeachtet der Dignität, welche dem Interpretenamt aus solchem Selbstverständnis zeitweise erwachsen konnte, scheint der damit verbundene Anspruch doch in zweierlei Hinsicht problematisch. Zunächst verleitet das ›Vorurteil der Unbewußtheit‹ – je holistischer und ernsthafter es in praxi aufgefaßt wird, um so mehr – dazu, *jegliche* im kulturellen Gegenstand für wichtig erkannte implizite Struktur, Quintessenz, Wertkonstellation, Wirkungsabsicht usw. zum Produkt einer unbewußt im ausführenden Urheber waltenden und erst vom Interpreten recht erfaßten höheren Intuition zu erklären – so daß man sich am Ende konsequenterweise wundern müßte, wie Petrarcas unbewußter Genius diesen nur so häufig zur Sonettform führen konnte. Jedoch steht nirgendwo geschrieben, wieviel Vertrauen ein Urheber in seine Intuition zu setzen hat, und namentlich in der modernecharakteristischen Dichotomie eines radikalen, jede diskursive Beteiligung abstreitenden und negierenden Intuitionismus auf der einen und einer bis dato unvorstellbaren, nicht das Geringste mehr der Eingebung oder dem Zufall überlassenden Rationalisierung der kulturellen Produktion auf

---

[111] Vgl. Gille, Die Genialität des Auslegers, S. 169.

[112] Entscheidend ist dabei – hier wie im weiteren – nicht etwa die Frage, ob der Urheber *ursprünglich* im Zuge einer unvermuteten Erleuchtung oder durch systematische Deduktionen zur entsprechenden Wahrheit gelangt ist, sondern ob er sie, sobald sie einmal aufgefaßt war, entschieden und bewußt als solche gestaltet hat, oder ob sie weitgehend jenseits seiner willentlichen Fügung in den Gegenstand gelangt ist.

[113] Dilthey, Gesammelte Schriften, Bd. 5, S. 331. Vgl. dazu auch Behler, What it means to understand the author better than he understood himself, S. 76.

der anderen Seite entfaltet sich die ganze Spannbreite des hierbei prinzipiell Möglichen.[114]

Des weiteren aber kommt es darauf an, welcher Art die anvisierte ›Wahrheit‹ sein soll. Handelt es sich – wie in der historischen Ausgangssituation – formal um durch Menschen eingefaßte göttliche Einsichten oder Vorschriften, so erscheint die Konstitution (bei Texten) entsprechend gestaffelt als

$$W3zv_{\text{menschliche Zeichenfassung}} \, (W3b_{\text{menschlicher Verständnis- und Begriffshorizont}} \, (X_{\text{göttliche Wahrheit}})),$$

und es geht dann – angesichts der potentiellen Unvollkommenheiten menschlicher Vermittlung – wesentlich darum, das rechts stehende Argument gemäß dem ersten, jetzt freilich auf Gott als Urheber bezogenen Kanon freizulegen bzw. als $X'_{\text{göttliche Wahrheit}}$ in $W2u_{\text{Gott}}$ ($X'_{\text{göttliche Wahrheit}}$) explizit zu machen. Dazu bedarf der Interpret freilich eines gegenstandsexternen Maßstabs, der ihm angibt, was jeweils von Gott kommt und was nicht. Eben dieser Maßstab jedoch wird mit dem geschichtlichen Verlauf in Anbetracht eines immer differenter sich entfächernden Spektrums verschiedenster, wechselnder und meistens allzu offenkundig menschlich eingefärbter Ausdeutungen zunehmend ungewiß.

Die Säkularisation zur Genieästhetik transferiert nun zwar die Urheberschaft weitgehend ins Humane, doch lebt die Grundstruktur insofern fort, als Gott jetzt als die unbewußte Inspiration und seine Offenbarung als – im Regelfall für ewiggültig aufgefaßte oder reklamierte – poetische, ästhetische, moralische, allgemeinmenschliche oder wissenschaftliche ›Wahrheit‹ firmiert, die nach wie vor am Gegenstand zu ›offenbaren‹ ist. Die Frage nach dem urhebertranszendenten Maßstab vererbt sich damit freilich ebenso wie die im ganzen anwachsende Ungewißheit – eine Tendenz, die in der rein historisch ausgerichteten und damit *eine andere Fragestellung* verfolgenden Hermeneutik ihren Zielpunkt findet.

Das heißt mitnichten, daß es etwa sinnlos wäre, ›Wahrheit‹ in kulturellen Gegenständen zu suchen, im Gegenteil. Nur sollte dabei im Rahmen einer allgemeinen und moderneintegrativen Hermeneutik auf der Basis menschlicher Urheberschaft stets reflektiert und entsprechend artikuliert werden, daß die eigenen Wert- und Wahrheitsmaßstäbe nicht notwendig die der urhebenden Intentionalität zugrundeliegenden und daß weder diese noch jene per se ewig gültig sein müssen. Ferner gilt es – nicht nur, aber vor allem angesichts der Kulturproduktion in der Moderne – in Rechnung zu stellen, wie gravierend Art und Status des von bestimmten kulturellen Gegenständen ihrerseits erhobenen Wahrheitsanspruchs differieren können, je nachdem, ob es um die Adäquatheit einer Aussage resp. die Erfassung eines Wirklichen, die Berechtigung einer Norm oder die Angemessenheit einer Gestaltungsweise geht, und je nachdem, ob der urheberintendierte Gegenstand die entsprechende ›Wahrheit‹ *von sich aus* a) als allgemeine bzw. exemplarische oder als individuelle, b) als diskursive oder

---

[114] In der Bewußtseinskunst sind beide Seiten insofern vereint, als die Darstellung des Bewußtseinsstroms – als Ort der reinen Intuition – hier ihrerseits zum ästhetischen Programm mit eigenen Verfahrensregeln wird.

als metaphorische/verborgene/angezeigte, c) als absolute oder als funktional termi-
nierte, und schließlich d) als historisch situierte und begrenzte oder als überzeitliche
bzw. unbedingte entwirft.[115]

Von einem Den-Urheber-besser-als-dieser-sich-selbst-Verstehen kann dabei gleichwohl nie die Rede sein, insbesondere dort nicht, wo gegenstandsgegebenen Substraten im wesentlichen nur ein anderer Wahrheitsmodus zugeschrieben, also z.B. etwas
sehr speziell Gefaßtes für allgemein(er) gültig, eine individuelle formale Lösung für
exemplarisch oder etwas sichtlich nur für den Moment Gesagtes zur ewigen Wahrheit
erklärt wird (oder jeweils umkehrt), und gleiches gilt um so mehr für Explikationen,
die urheberbewußtseinstranszendierende historische oder strukturelle Verhältnisse
zum Inhalt haben.[116] Diesseits solcher kanonüberschreitenden Operationen wird man
dagegen, sofern das Interesse nicht ohnehin ein rein historisches ist,[117] wahlweise
das, was dem Urheber des Gegenstandes offen oder implizit – und so weit jeweils
eruierbar – für ›Wahrheit‹ galt, zur eigenen machen, oder aber umgekehrt die eigene
ganz bis gar nicht darin wiederfinden. Entscheidend ist nur, daß man *gemeinsam mit
dem Urheber* und *jenseits seiner Intentionen* im Gegenstand entdeckte ›Wahrheiten‹
sichtbar voneinander trennt. Andernfalls gerät das ›Besserverstehen‹ zur impliziten,
beide Instanzen um der Legitimation der eigenen willen mehr oder weniger bewußt
kontaminierenden Applikation[118] – was gemäß dem Wissenschaftsideal größtmög-
licher Differenzierung nicht die Aufgabe kulturwissenschaftlicher Explikation sein
kann.

War ein allgemeiner Überlegenheitsanspruch des Interpreten – sei es an Wahr-
heitseinsicht oder Bewußtheit – aus dem ›Besserverstehen‹ bislang an keiner Stelle zu
begründen, so gilt dies insbesondere auch für jene prominente Version des Topos,

---

[115] Die holistische Identifikation der allgemeinen Sinnkategorie mit einem emphatischen
Wahrheitsbegriff verleitet etwa Nassen, Statt einer Einleitung, S. 19, zur ebenso gängigen
wie unnötigen, nach Bedingung *und* Conclusio gleichermaßen falschen Aushebelung des
ersten Kanons, deren elementare Argumentation in etwa lautet: ›Das, was die traditionelle
Hermeneutik einem kulturellen Gegenstand im Rahmen des ersten Kanons an Sinn zu-
schreiben kann, muß immer eine überzeitliche ›Wahrheit‹ und zudem ›eindeutig‹, ›eindi-
mensional‹ usw. sein. Das ist aber Platonismus und Reduktionismus. Ergo gibt es gar keinen überzeitlichen Sinn und jeder Sinn muß ein ambiger sein.‹

[116] Hierzu zählen insbesondere Verfahren, bei denen die ›Wahrheit‹ des Gegenstandes aus
seiner späteren Wirkung bzw. aus Strukturanalogien zu urheberbewußtseinstranszen-
denten Gegenständen oder Substraten abgeleitet wird.

[117] In solchem Fall braucht der Interpret nur dahingehend »über diesem Reproducirten [zu]
stehen«, daß er sich als Historiker dazu verhalten, sprich: ihm »seinen Platz anweisen«
können muß (Boeckh, Enzyklopädie und Methodologie der philologischen Wissenschaften, S. 20). Eine dezidierte Entscheidung über den Wahrheitsgehalt bzw. -wert ist damit
gerade nicht gefordert – womit zugleich die Stärke wie der blinde Fleck des Historismus
(nicht dagegen irgendeine ›Aporie‹) bezeichnet ist (zum Wertproblem des Historismus in
Zeiten der »Emanzipation« vgl. Gründer, Hermeneutik und Wissenschaftstheorie, S. 89).

[118] Zu solcher Deutung des ›Besserverstehens‹ vgl. stellvertretend die kritischen Bemerkun-
gen von Eibl, Kritisch-rationale Literaturwissenschaft, S. 68ff. Generell eignet sich der
Topos natürlich gut zum legitimatorischen Euphemismus für jederlei ›Anders-‹ oder
›Falschverstehen‹.

welche das Verstehen emphatisch an die Fähigkeit knüpft, beliebige Gegenstände exakt nach Art des jeweiligen Urhebers (nach-)produzieren[119] bzw. auch dessen Defizite praktisch simulieren zu können.[120] Selbstentwurf und Selbstbewußtsein des Interpreten erreichen an diesem Punkt einen gleichermaßen markanten wie utopischen Höhepunkt. Utopisch, weil die real erzielbare Entsprechung stets allenfalls charakteristische Strukturganzheiten (bestimmte Wissensvoraussetzungen, Fähigkeiten und Denkmuster sowie Prävalenzen in Diktion, Syntax, Disposition, Elocutio, Farbgebung, Stimmführung, Motorik, Programmierung, Effekteinstellung, Darbietung usw.), nie jedoch bzw. nur mit beliebig geringer Wahrscheinlichkeit die *konkrete Mannigfaltigkeit* realisierter oder möglicher Gegenstände umfassen kann.[121] Markant dagegen, weil an diesem Punkt die Machtverhältnisse, die jeden hermeneutischen Vollzug fundieren, unmittelbar thematisch werden. Denn immerhin stellt die genannte Auffassung im Anspruch nicht weniger als die totale Dominanz des Interpreten über den bzw. die Urheber dar, dergestalt, daß die Gesamtheit aller Kenntnisse und Fähigkeiten des bzw. der letzteren hier nominell eine echte Teilmenge derjenigen des ersteren bilden soll – was unter Menschen freilich kaum je denkbar und insbesondere angesichts der komplexen Arbeitsteiligkeit moderner Kulturproduktion nur um so kühner scheint. Demgegenüber bestünde der inverse, in der hermeneutischen Theorie naturgemäß seltener, von Urheberseite (und namentlich in der Avantgarde) dagegen um so häufiger berufene Fall in der totalen Überforderung des Interpreten, dahingehend, daß dieser über *keine einzige* der notwendigen Verstehensvoraussetzungen verfügte und infolgedessen beim Versuch des ›Nachschaffens‹ dem reinen Zufall überlassen bliebe – was gleichwohl unter Menschen ebenfalls kaum möglich ist.

Doch so übertrieben die Nachschaffensforderung in ihrer absoluten Fassung auch erscheint, so deutlich weist sie doch – als urheberintentionsbezogene Version des vierten Kanons – auf die konstitutive Rolle des interpreteneigenen Potentials an Fähigkeiten, Weltwissen und Konventionskenntnissen für den hermeneutischen Vollzug. Je mehr der Interpret erkennen, begreifen, erfühlen, zuordnen, nachvollziehen, simulieren usw. kann, desto größer wird trivialerweise sein Verstehenspotential, wobei das ›Mehr‹ – namentlich in Hinblick auf reduktionistische, lakonische bzw. ›banalistische‹ Strömungen in der Moderne sowie auch auf die gehaltliche Trivialität des Großteils der kulturindustriellen Produktion – nicht leichtfertig mit ›Höherem‹ identifiziert werden darf. Wird der Feingeist doch genauso wenig jemals in die Subtilitäten des Wrestlings eindringen wie ein Goldfisch in die von Prousts »Recherche«.

---

[119] Vgl. dazu Göttner, Logik der Interpretation, S. 63 (zu Schleiermacher), sowie Behler, What it means to understand the author better than he understood himself, S. 77 (zu Fr. Schlegel).

[120] Vgl. etwa Weimar, Historische Einleitung zur literaturwissenschaftlichen Hermeneutik, S. 97, wo es – Schlegel resümierend – heißt: »Erst wer bei besserem Wissen den Unsinn selbst produzieren kann, versteht ein konfuses Werk ganz.«

[121] So wäre es z.B. interessant, einen von Schlegel zeitgleich simulierten ›Goetheschen‹ »Faust II« zu haben, um ihn mit dem Original vergleichen zu können. Eine exakte Identität der Zeichenfolgen stünde schwerlich zu erwarten.

150

Allerdings erweist sich gerade im Zuge moderner kultureller Ausdifferenzierung auch die Grenze dessen, was der Einzelne als Verstehender zu leisten vermag, und wer in dieser Zeit noch meint, nichts Menschliches (hier als: von Menschen Produziertes) sei ihm fremd, wirkt in ihr fremder, als er selbst womöglich meint. Spiegelbildlich zur Diversifizierung der Urheberschaftskategorie dürfte es deshalb – sowohl vertikal in die Geschichte als auch horizontal in die kulturell (wenigstens quantitativ) immer breitere jeweilige Gegenwart hinein – immer mehr auf die Vernetzung und (zumindest) diskursive Kompatibilität zwischen zunehmend segmentierten Verstehenskapazitäten ankommen. Der erste Kanon wird so *innerhalb* der kulturwissenschaftlichen Kommunikation in dem Maße an Bedeutung gewinnen (i.e.: an Selbstverständlichkeit verlieren), wie seine primäre Beachtung nach den verschiedenen Gegenstandsseiten hin erschwert wird.

Jenseits davon bleibt – als letzte einschlägige Möglichkeit, den Urheber ›besser zu verstehen als dieser sich selbst‹ – noch jener (einzige) Fall zu diskutieren, wo die Bezeichnung wirklich angemessen scheint, nämlich der, daß der Interpret *unbewußte Motivationssubstrate* der/des Urheber(s) aus deren/dessen Äußerung heraus zu explizieren vermag: Fährt sich z.B. jemand unwillkürlich ständig mit den Händen durchs Gesicht, so zeigt er damit etwas an, was ihm – zumindest aktuell – in aller Regel nicht bewußt ist, und Analoges kann bis in die komplexesten Kulturerzeugnisse hinein als Möglichkeit bzw. Fundierungsschicht zu greifen sein.[122] Gleichwohl wird eine gegenstands*spezifische* Aufdeckung hier um so schwieriger, je mehr bewußt intendierte Instanzen im Konstitutionsterm als W2u (X')-Elemente vorgeschaltet und je mehr bewußte Kontrollgänge bei der praktischen Herstellung jeweils involviert sind. Müssen doch auch hier – wie bei jedem adäquaten Verstehensvollzug – zuvor sämtliche der ›links‹ vom jeweils in Frage stehenden Konstitutionsmoment gelegenen Fundierungsstufen einigermaßen erfaßt resp. verstanden worden sein, bevor eine individuelle Explikation in Reichweite gerät. Und wie bei jeder kulturwissenschaftlichen Fragestellung, deren Erkenntnisziel besonders voraussetzungsreich resp. ›weit rechts‹ im Konstitutionsterm angesiedelt ist, wächst auch hier gemeinsam mit der Schwierigkeit die Neigung, entweder Zwischenstufen zu überspringen[123] oder die

---

[122] Den wichtigen Hinweis, daß die Hermeneutik des Unbewußten als Fragestellung durchaus auf das Ganze der Kultur zielt, gibt – obzwar spezifisch auf die Psychoanalyse bezogen – Ricœur, Hermeneutik und Psychoanalyse, S. 201f.

[123] Das einschlägige Verfahren, von expliziten (z.B. narrativen) Strukturen auf – bereits nominell unbewußte – ›Tiefenstrukturen‹ zu ›abstrahieren‹ (vgl. Schönau, Einführung in die psychoanalytische Literaturwissenschaft, S. 109) und diese dann bestimmten Motivationen zuzuordnen, wirkt, indem es die Urheberintentionalität an einer bestimmten (wenngleich mehr oder weniger beliebigen) Stelle schematisch kappt, genau in diesem Sinne. Noch eleganter wird das Überspringen freilich, wo das Ausgesparte, Nichtvorhandene, ›Unterdrückte‹ *per se* zum eigentlichen Gegenstand erklärt wird, denn so aufschlußreich und unerläßlich solches Vorgehen *im Rahmen jeweils spezifizierter Erwartungshorizonte* sein kann (Leitfragen: ›Was fehlt hier, was normalerweise zu erwarten wäre, und warum?‹, ›Ist die Aussparung bewußt/ willentlich erfolgt oder nicht?‹), so uferlos wird es, wo die Negation *als allgemeine präsupponiert* wird – mit der Folge, daß letztlich schon die bloße Tatsache, daß irgend etwas *nicht* ›dasteht‹, genügt, um es als (bewußt oder nicht) ›eigentlich Vermeintes‹ auszuzeichnen.

möglichen Ergebnisse ohne Rücksicht auf den Gegenstand zu prädeterminieren – z.B. derart, daß als unbewußte Motivationen von vornherein nur entweder ödipale, prä-ödipale oder narzistische Neigungen in Betracht kommen.[124]

Strukturell vergleichbare Konstellationen ergeben sich ferner auch, wo innerhalb der insgesamt im Gegenstand angezeigten motivationalen Komponenten der allgemeinen Form $[W2u\ (X')\leftarrow[W2u\ (W4_{bewußt}), W4_{unbewußt}]], X_{intentionstranszendent}$ (vgl. 3.1.3.) statt $W4_{unbewußt}$ primär $X_{intentionstranszendent}$ – d.h. jenseits jedweder individuell gebundenen Urheberintention im konkreten Gegenstand angezeigte Substrate resp. (meistens) Werte – in Rede stehen, wie dies insbesondere (wenn auch nicht immer explizit) in diskursanalytischen, dekonstruktivistischen bzw. tiefenhermeneutisch-ideologiekritischen Zugängen der Fall ist.[125] Auch hier ist die Gefahr, daß Konstitutionsschritte übersprungen werden und/oder das zu erreichende Ergebnis zuvor schon gegenstandsunabhängig festliegt, dementsprechend groß.[126]

---

[124] Vgl. ebd., S. 110 sowie S. 24, wo immerhin noch »Lustgewinn oder Angstabwehr« als weitere Möglichkeiten aufgeboten werden. Noch eingeschränkter erscheint die Spannbreite allerdings, wo es die psychoanalytische Hermeneutik – wie dies z.B. Neuschäfer, Die Methode der Traumdeutung, S. 31, fordernd konstatiert – »mit kollektiven, nicht mit privaten Wunschträumen zu tun« haben soll.

[125] Zur mit der Einklammerung der Urheberintention einhergehenden ›Symptomatisierung‹ des Gegenstandes vgl. etwa Gabriel, Zur Interpretation literarischer und philosophischer Texte, S. 241. Es wäre übrigens interessant, die damit etablierte Interpretenhaltung – als historischen Endpunkt eines über zwei Jahrtausende erstreckten Autoritäts- und meist zugleich auch Wertverlustes der Gegenstandsseite – ihrerseits auf ihre denkbaren kulturgeschichtlichen und -soziologischen Bedingungen (Abundanz des Verfügbaren, strategischer Druck, konsumistische Sozialisierung etc.) hin zu untersuchen. – Zur strukturellen Identität von diskursanalytischer (hier: Foucaultscher) Praxis und – tiefenhermeneutisch aufgerüsteter – Ideologiekritik vgl. dagegen Wucherpfennig, We don't need no education, S. 167.

[126] Daß etwa der schematische – sei es diskursanalytische, sei es dekonstruktivistische – Kampf gegen jedwede (womöglich urheberintendierte) ›Sinnhomogenisierung‹ in praxi oft die homogensten Resultate zeitigt, konstatieren u.a. Eibl, Sind Interpretationen falsifizierbar? S. 175, und Wenzel, ›Dekonstruktion, danke!‹, S. 218. Besonders augenfällig wird der Schematismus, wo er sich – wie bei Culler, Dekonstruktion, S. 201 u. S. 237ff. – einmal (unmiß)verständlich programmatisch artikuliert. Demnach sind im Zuge einer dekonstruktivistischen Analyse eines beliebigen kulturellen Gegenstandes a) alle in ihm vorfindlichen Werthierarchien nach Möglichkeit zu invertieren, b) seine (immer schon unterstellten) ›Logozentrismen‹ aufzudecken, c) seine Darstellungsmittel und Argumentationen prinzipiell gegen ihn (nicht jedoch gegen die eigene, als blinder Fleck unantastbar bleibende Explikation) zu wenden, d) seine (immer schon unterstellte) generelle Uninterpretierbarkeit (tautologisch) zu erweisen sowie schließlich e) das in ihm Marginale nach Möglichkeit hervorzukehren. Abgesehen davon, daß die so benannten Fragerichtungen *im Einzelfall* sehr vielversprechend, als *allgemeines kulturwissenschaftliches Procedere* dagegen einigermaßen bizarr anmuten, gilt es im gegenwärtigen Kontext – gerade angesichts des ›Avantgarde-Flairs‹ entsprechender Zugänge – festzuhalten, wie traditionell, ja hausbacken die fundierende Auffassung des kulturellen Gegenstandes bei all dem bleibt. Kommt letzterer hier doch – weit beengter als etwa bei Betti, Boeckh oder selbst Quintilian – ausschließlich als Text, und noch dazu nur seinen diskursiv-argumentativ-rhetorischen Komponenten nach überhaupt in Betracht. Der umfassende Logozentrismusverdacht wird damit ebenso begreiflich wie die Tatsache, daß die

152

Nichtsdestoweniger kann weder die Trivialität und Unspezifik vieler der so erreichbaren Klassifikationen noch die Tatsache, daß deren Explikationswert ganz am vorgängigen Wert des Gegenstandes resp. an dessen Legitimationspotential für den jeweiligen Theorieüberbau hängt (und entsprechende Behandlung folgerichtig meist längst kanonisierten und in jeder anderen Hinsicht analysierten Klassikern zuteil wird[127]), eine Rechtfertigung dafür sein, die Frage nach den unbewußten Antrieben und Motivationen sowie nach möglichen urhebertranszendenten Substraten generell für unlösbar oder überflüssig zu erklären. Nur darf auch hier nicht aus der Implizitheit alles Unbewußten und Urhebertranszendenten rückwirkend auf die Unbewußtheit oder Urhebertranszendenz alles Impliziten geschlossen werden, ebensowenig wie Explikationen, denen der konkrete Gegenstand nur zum austauschbaren Exempel dient, nominell als *dessen* Interpretation gelten sollten. Sind diese Differenzen jedoch explizit und alle übrigen Voraussetzungen gegeben, spricht schließlich – ungeachtet aller Schwierigkeiten in der Evaluation – nichts prinzipiell dagegen, Kulturgegenstände solcherart ›besser verstehen zu wollen als der Urheber sie selbst‹.

Das Prinzip ›non liquet‹ und die ›Hermeneutik der Vieldeutigkeit‹:
Unbestimmtheit, Polyfunktionalität, Mehrdeutigkeit, Unkonkretheit,
Ambiguität, Die zweifache Approximativität des Verstehens, Deutungsoffenheit,
Bedeutungskonstanz und materiale Persistenz, Ambivalenz

Blieb der unmittelbare Ertrag sowohl der klassisch autorzentrierten Fassung des ersten Kanons als auch des Topos vom ›Besserverstehen‹ hinsichtlich einer allgemeinen und moderneintegrativen Hermeneutik trotz der im Zuge der bisherigen Erörterung eröffneten Ausblicke auf mögliche Mißverständnisse und unnötige Selbstbeschränkungen einerseits sowie auf urhebertranszendierende Explikationspotentiale andererseits im ganzen eher begrenzt, so wird eine andere traditionelle Forderung im modernistischen Kontext um so wichtiger: Gemeint ist das Prinzip ›non liquet‹, welches dem Hermeneutiker (klassischerweise überlieferungsbedingte) ›Sinnlücken‹ im Gegenstand – selbst wo sie offensichtlich scheinen – so lange zu schließen untersagt, bis dafür eine gesicherte Basis gefunden ist.[128] Als nützliche Ergänzung zum urheber-

---

Dekonstruktion bei aller persönlichen Avantgarde-Affinität ihrer Vertreter bislang noch nicht einmal ansatzweise eine eigenständige Theorie der Avantgarde oder Moderne hervorgebracht hat (vgl. dazu auch Nieraad, Du sollst nicht deuten, S. 152).

[127] Vgl. die zwar polemische, doch in vielen Fällen berechtigte Beschreibung bei Eibl, Sind Interpretationen falsifizierbar? S. 175: »Der Interpret nimmt den Text eines Genies, erklärt ihn zu Makulatur und schreibt ihm seine eigene Philiströsität ein.« (hier speziell gegen Lacan, De Man und Derrida).

[128] Vgl. allgemein Seebohm, Zur Kritik der hermeneutischen Vernunft, S. 14; Betti, Zur Grundlegung der allgemeinen Auslegungslehre, S. 44; und Titzmann, Strukturale Textanalyse, S. 199; sowie ferner – jeweils bezogen auf speziellere Aspekte – Boeckh, Enzyklopädie und Methodologie der philologischen Wissenschaften, S. 119 (Beschränkung auf die »objectiven Beziehungen«); Betti, Allgemeine Auslegungslehre, S. 282f. (gegenstandsbezogene Beschränkung der Auslegung zweiten Grades); Titzmann, Strukturale Textanalyse, S. 245 (gegen die assoziative Auffüllung von »Nullpositionen«), ebd., S. 402

intentional gefaßten ersten Kanon markiert dieses Regulativ zunächst ganz allgemein die je reale Grenze zum explikatorisch Unentscheidbaren, Ungedeckten, Spekulativen (nicht jedoch die zum erklärtermaßen Urhebertranszendenten). Seine spezifischeren Implikationen entfalten sich dagegen primär im Zusammenhang mit der generellen Approximativität des in konkreten Gegenstandsgegebenheiten jeweils praktisch Verifizierbaren sowie – eng damit verbunden – im Zuge der Auseinandersetzung mit jener ebenso vielstimmig wie vieldeutig propagierten ›Hermeneutik der Vieldeutigkeit‹, welche – als holistisches Methodenpendant zum lange allein- und allgemeingültigen Modernekanon (Mallarmé, Joyce, Kafka, Beckett, Celan) – bis heute vielerorts als Inbegriff und Wahrzeichen jeder Annäherung der Hermeneutik an den Modernismus gilt.

Um die Spannbreite der dabei involvierten und häufig kontaminierten Postulate und Probleme anzudeuten, empfiehlt es sich, zunächst folgende der diesbezüglich möglichen – hier jeweils in ihrer markantesten, i.e. holistischen Version gegebenen – Thesen zu unterscheiden: Jedes einzelne Wort (1) / jede sprachliche oder grammatikalische Form (2) / jedes Zeichen oder Anzeichen (3) / jede gegebene bzw. mögliche Zeichen- oder Anzeichenkonstellation (4) / jedes Kunstwerk resp. ›ästhetische Zeichen‹ (5) / jedes moderne Kunstwerk (6) ist bedeutungsmäßig unbestimmt (a) / polyfunktional (b) / mehrdeutig (c) / unkonkret (d) / ambig (e) / deutungsoffen (f) / bedeutungsinkonstant (g) / ambi- bzw. polyvalent (h). Fragt man nun noch, welche der so nominell getrennten achtundvierzig Thesen im einzelnen – global oder lokal, diskret oder graduell? – zutreffend/unzutreffend/wichtig/unwichtig/trivial sind, welche Binnendifferenzierungen, Abhängigkeiten und Unabhängigkeiten intern vorzunehmen resp. aufweisbar sind sowie – historisch ausgreifend – was von wem mit jeweils welchen Worten und Konsequenzen bereits behauptet oder expliziert wurde,[129] so dürfte

---

(gegen künstliche Bedeutungsgenerierung qua Analyseverfahren); sowie auch Ingarden, Erlebnis, Kunstwerk, Wert, S. 24 (gegen die gegenstandsheteronome Schließung von »Unbestimmtheitsstellen«).

[129] Die zentrale Behauptung, literarische Texte resp. ästhetische Gegenstände insgesamt veränderten ihren Sinn und seien (per se) ambig, findet sich etwa bei Schulte, Literarische Hermeneutik zwischen Positivismus und Nihilismus, S. 209. Spiegelbildlich dazu begegnet oft die Vorstellung oder strategische Implikation, jede ›objektive‹ bzw. ›die‹ Hermeneutik müsse eo ipso Eindeutigkeit und Reduktionismus zeitigen, so etwa bei Japp, Hermeneutik, S. 56f. bzw. S. 82, oder Groeben, Rezeptionsforschung als empirische Literaturwissenschaft, S. 52 (wo der Feind gleichwohl »Monosemierung« heißt). Analoges konstatieren/propagieren Stierle, Text als Handlung und Text als Werk, S. 543, sowie Jauß, Ästhetische Erfahrung und literarische Hermeneutik, S. 364 (bezugnehmend auf Sonntags »Against Interpretation«), S. 381 u. passim, unter dem Stichwort ›Pluralität‹ resp. ›Pluralisierung‹ und unter Rekurs auf den holistischen Topos vom ›offenen Werk‹ (klassisch entfaltet bei Eco, Das offene Kunstwerk). Die Sinnveränderungsthese vertritt dagegen in ihrer Reinform etwa Frank, Was heißt »einen Text verstehen«? S. 62. Holistische Ambiguitätsvorstellungen leiten u.a. Barthes, Wahrheit und Kritik, S. 61ff. u. passim, sowie – obschon schwankend entweder auf die Literatur im ganzen oder speziell auf die Moderne bezogen – Japp, Hermeneutik, S. 47, S. 125 u. passim (vgl. dazu die Kritik bei Danneberg/Müller, Wissenschaftstheorie, Hermeneutik, Literaturwissenschaft, S. 216ff.), sowie S. 58 (hier an einem konkreten, wenngleich keineswegs verallgemeinerbaren Bei-

die erhebliche, in holistisch-binarisierenden Zugängen (›Eindeutigkeit‹ vs. ›Vieldeutigkeit‹) häufig unterschlagene Komplexität des hier betretenen Feldes einigermaßen evident werden.[130] Im gegenwärtigen, auf den ersten Kanon gerichteten Zusammen-

---

spiel distinkter Mehrdeutigkeit). Weitgehend modernespezifisch wird die holistische Ambiguitätsästhetik schließlich bei Bode, Ästhetik der Ambiguität, entfaltet. Eine »Polyvalenz« des Ästhetischen reklamiert dagegen allgemein z.b. Schmidt, Grundriß der Empirischen Literaturwissenschaft, S. 105, wobei jedoch – vgl. Hauptmeier/Schmidt, Einführung in die Empirische Literaturwissenschaft, S. 113 – zwischen ›Ambivalenz‹ als ungewollter und ›Polyvalenz‹ als gewollter Mehrdeutigkeit unterschieden wird. Daß die Dichter immer und prinzipiell auf Seiten der Mehrdeutigkeit (gewesen) seien, insinuiert Hagenbüchle, The Concept of Ambiguity in Linguistics and Literary Criticism, S. 221; daß speziell in der modernen Literatur alles als »reine, absolute Potentialität« entworfen sei, behauptet dagegen Petersen, Folgen der Moderne, S. 286 (vgl. dazu auch schon S. 276). Die »zeichenhafte Ambivalenz des Kunstwerks« konstatiert/fordert – im Fahrwasser des russischen Formalismus – etwa Čivikov, Das ästhetische Objekt, S. 206, während Zima, Textsoziologie, S. 17, die Ambivalenz wenig kunstspezifisch bestimmt als »Zweiwertigkeit [...], als Zusammenführung zweier scheinbar unvereinbarer semantisch-ideologischer Werte«, welche – schon »lange vor der Entstehung der Marktgesellschaft« – überall dort akut gewesen sein soll, »wo Qualität und Quantität, das Mächtige und das Schwache, das Erhabene und das Niedere, das Gute und das Böse zu einer Einheit werden«. Über alle Ambiguitäts- und Ambivalenzästhetik hinausgewachsen scheint dagegen Müller, Zur Kritik herkömmlicher Hermeneutikrezeption in der Postmoderne, S. 595, wo mit De Man allein noch auf sinnaufhebende Umwendungen herausgegriffener Einzelwörter gesetzt wird. Die schlichte Tatsache, »dass die Wörter und die übrigen Sprachformen *vieldeutig* sind«, war indes schon (und keineswegs als erstem) Boeckh, Enzyklopädie und Methodologie der philologischen Wissenschaften, S. 93, ohne weiteres geläufig.

[130] Den kritischen Befund, daß der »Autor« in der Theorie weithin durch »Polyvalenz« ersetzt worden sei, formuliert zusammenfassend Mueller-Vollmer, Zur Problematik des Interpretationsbegriffes, S. 85 (vgl. ebd., S. 91, auch die schlagende Kritik an Iser, Der Akt des Lesens). Deskriptive und differenzierende Stellungnahmen zur Vieldeutigkeitsproblematik bieten ferner u.a. Kurz, Vieldeutigkeit, wo – abgesehen von einer Aufzählung prominenter Literaturtheorien, für die das Ambiguitätsdogma tragend ist, sowie der expliziten Nennung des fundierenden Kanons (»Joyce, Kafka, Beckett«), S. 315 – der normative Charakter des Vieldeutigkeits-›Paradigmas‹ herausgearbeitet (S. 321) und zwischen »Mehrdeutigkeit, Vieldeutigkeit und Unbestimmtheit« (S. 324ff.) unterschieden wird; ferner ders., Fragen und Probleme der gegenwärtigen hermeneutischen Reflexion, S. 26–32, wo der Holismus der Ambiguitätsannahme konstatiert, ein graduelles »Kontinuum zwischen Eindeutigkeit und Vieldeutigkeit« (S. 29) in den Blick genommen und (abermals gegen Iser) der Nachweis geführt wird, daß Unbestimmtheitsstellen nichts Fiktionsspezifisches sind; des weiteren Pinkal, Kontextabhängigkeit, Vagheit, Mehrdeutigkeit, wo – obschon lokal beschränkt auf die Wort- und Satzebene – ein »einheitsschaffende[r] Bedeutungskern« (S. 38) konzediert und – bei hierarchisierter Halbordnung – zwischen ›Unbestimmtheit‹, ›Vagheit‹, ›Mehrdeutigkeit‹, ›Verwendungsvielfalt‹, ›Ambiguität‹ und ›Polysemie‹ differenziert wird (vgl. zus. S. 56); dazu Oesterreich, Zur Identität des literarischen Werkes, S. 57, mit dem wichtigen Hinweis, daß die Polyfunktionalität der Einzelwörter deren Bedeutungsidentität nicht aufhebt; ferner Hagenbüchle, The Concept of Ambiguity in Linguistics and Literary Criticism, S. 213, wo auf die für den Ambiguitätscharakter entscheidende Differenz zwischen Mikro- und Makrobetrachtung hingewiesen wird; sowie schließlich Boguslawski, Wissen, Wahrheit, Glauben, der die explizite Kritik an der »ungerechtfertigten Generalisierung des Phänomens Ambiguität« übt (hier konkret gegen J.J. Katz).

hang muß dagegen ein kursorischer Versuch genügen, die verschiedenen Vieldeutig-keitsfacetten – also a) bis h) – einerseits auf ihre allgemeine Relevanz und anderer-seits auf ihre Charakteristik hinsichtlich des Ästhetischen im allgemeinen sowie der Moderne im speziellen zu befragen – wobei es durchweg weniger auf die Zuordnung zu diesem oder jenem Terminus als auf sachliche Differenzierung ankommt:

a) ›Unbestimmtheit‹ kann – schon ontologisch – auf verschiedene Art bestimmt sein: erstens als Differenz von idealer Repräsentation und repräsentierter Real-mannigfaltigkeit (W3b (X_{real}) $\neq X_{real}$; Beispiel: Die Bezeichnungen ›Haus‹ bzw. ›Schmerz‹ bleiben gegenüber der Realmannigfaltigkeit jedes damit zu bezeichnenden konkreten Hauses bzw. Schmerzes in unendlich vielerlei Hinsicht ›unbestimmt‹), zweitens als Differenz von bewußtseinsmäßiger Repräsentation und gegebener Real-mannigfaltigkeit (W2 (X_{real}) bzw. W2 (W3b (X_{real})) $\neq X_{real}$; Beispiel: Man sieht ein Haus, doch nicht aus allen potentiellen Perspektiven zugleich, nicht bei jeder mögli-chen Beleuchtung, nicht Atom für Atom usw.) sowie drittens als Differenz von idealer Gegebenheit und bewußtseinsmäßiger Realisation (W3 $\neq W2_1$ (W3) $\neq W2_2$ (W3); Beispiel: Jemand denkt die Idealität ›Haus‹ intuitiv konkreter, als es mit dieser allge-mein geforderten ist, oder: Verschiedene Menschen konkretisieren den identischen idea-len Kern auf potentiell beliebig viele Arten). Alle diese Unbestimmtheiten sind derart unhintergehbar, daß es ebenso schwerfällt, ihr Gegenteil – als nicht nur potentielle, d.h. jeweils lokal aktualisierbare, sondern ›total gegebene‹ aktuelle oder ideale Be-stimmtheit resp. ›real erfahrene Realmannigfaltigkeit‹ – zu imaginieren, wie es sinn-los wäre, verschiedene Kulturformen, -produkte oder -epochen danach differenzieren zu wollen.

Demgemäß erscheint, was innerhalb der Kulturwissenschaft im terminologischen Rekurs auf Ingarden als ›Unbestimmtheitsstellen‹ verhandelt wird, auch meistens, ungeachtet manch holistischer Formulierung, weit begrenzter – sei es in Form von in (üblicherweise fiktional gedachten) Handlungsdarstellungen ausgesparten Zeiträu-men, sei es als dasjenige, was der Rezipient aus *spezifischen* Andeutungen erraten kann und soll (dessen Unbestimmtheit sich also – als lediglich lokal-strategische – im größeren Ensemble verliert),[131] oder sei es schließlich als veranschaulichende Kon-kretion, welche der Rezipient im Falle idealer Vermittlung (etwa in der Schrift) indi-viduell zu leisten hat.

Eine diskrete conditio sine qua non für die Zugehörigkeit zum Ästhetischen, zur Kunst, zur Poesie oder zur Moderne scheint daraus freilich – hier wie in sämtlichen der noch zu behandelnden Fälle – kaum zu destillieren, und zwar aus mehrerlei Grün-den: Erstens ist die in Rede stehende Bestimmung – ganz so wie unserer Begriffsauf-fassung nach auch b) bis f) und h) – gradueller, d.h. metrisch-geordneter Natur[132] (vgl.

---

[131] Vgl. dazu die Unterscheidung zwischen »Leerstellen« und »Unbestimmtheitsstellen« bei Stanzel, Die Komplementärgeschichte, S. 248.
[132] Man vergleiche – bezogen auf die zeitliche Unbestimmtheit – etwa folgende Fälle: ›Er lebte hundert Jahre lang in Emden‹, ›Er lebte 1917 fünf Monate lang in Emden. 1954 kam er für fünf Minuten wieder nach Emden zurück‹, ›Er lebte 1917 fünf Monate lang in Em-den. 1955 kam er für sieben Jahre wieder nach Emden zurück‹, ›Während Heinz und

2.3.), zweitens sind die möglichen Zielklassen (sei es nun ›das Ästhetische‹, ›die Kunst‹, ›die Literatur‹, ›die Moderne‹ oder ›der Modernismus‹) bei einem Mindestmaß an Rücksicht auf die historischen Gegebenheiten sämtlich nicht über eine einzige notwendige Bedingung, sondern nur als zusammengesetzte (in der Regel vage) Metrik bzw. als komplexes Kartengeflecht spezifisch zu bestimmen (vgl. ebd.), und drittens indizieren selbst die augenfälligsten Tendenzen oder Übereinstimmungen nicht automatisch eine prinzipielle ›Wesensverbindung‹ (hier etwa: zwischen Unbestimmtheit und Ästhetik), sondern weit eher und in erster Linie das Vorhandensein einer mehr oder weniger strikten, weitreichenden und langlebigen *normativen Verpflichtung* auf entsprechende Eigenschaften.

Für den ersten Kanon spielt die Unbestimmtheit in kulturellen Gegenständen demgemäß nur insoweit eine Rolle, als sie die Grenzen der Konkretion des jeweils Gegenstandsgegebenen allgemein markiert. Was immer im Repräsentierten oder Angezeigten nicht bestimmt ist, bleibt unbestimmt (›non liquet‹) – und bei spezifischem Interesse kanongemäß als solches zu erweisen resp. zu begrenzen. So macht etwa der »Herzog Ernst«-Verfasser keine Angaben darüber, ob und wie laut sein Held womöglich schnarcht, und auch die Entwickler des Computerspiels »Wing Commander« lassen den Benutzer über die biographische Herkunft der dort (inter)agierenden virtuellen Figuren weitgehend im unklaren – in beiden Fällen offenkundig aufgrund mangelnder Relevanz. Ganz anders liegen die Verhältnisse dagegen, wo ein (mehr oder weniger starker) *rezeptiver Eindruck von Unbestimmtheit*, d.h. hier: fehlender Bestimmtheit relativ zu einer kontextuell (meist generisch) vorgegebenen Bestimmtheitserwartung, akut bzw. (mehr oder weniger willentlich) erzeugt wird. Erst hier beginnt im engeren Sinne das Terrain der Vieldeutigkeit.

b) Auch die ›Polyfunktionalität‹ zählt indes – wenigstens als allgemeine – noch nicht direkt dazu, genausowenig wie etwa spezifisch zur Ästhetik, Dichtung oder Moderne. Als generelle, in der Unbestimmtheit fundierte Variabilität gegebener Substrate in Hinblick auf verschiedene Kontexte bezeichnet sie vielmehr die allgegenwärtige Tatsache, daß ein Wort wie ›Haus‹ in unterschiedlicher Funktion (und damit auch Bestimmtheit) zu erscheinen vermag, je nachdem, ob es etwa in ›Das Weiße Haus bleibt unnachgiebig‹, ›Dieses Haus ist völlig baufällig‹ oder ›Die Schnecke zieht sich in ihr Haus zurück‹ begegnet, ebenso wie die visuelle Repräsentation eines

---

Heiner Tischtennis spielten, kochte das Wasser, fuhr die Straßenbahn, brannte bengalisches Feuer.‹ Analoge Graduierungen gelten für alle pragmatischen (im Sinne von: handlungsdarstellenden) Kunstformen. Auf allgemeinerer, alle Realrepräsentation betreffender Stufe erscheint die Unbestimmtheit dagegen schon insofern praktisch an den jeweiligen Grad von Bestimmtheit gekoppelt, als konventionsgemäß nur innerhalb des durch die aktuelle Bestimmung eröffneten und begrenzten Wirklichkeitsausschnittes situierte Unbestimmtheiten überhaupt als solche in Betracht kommen. An dem Satz »Die englische Königin hält eine Rede« erscheint derart etwa (spezifisch) unbestimmt, wovon die Rede handelt, wo und wann und wie sie vorgetragen wird, was die Königin dabei für Kleider trägt u.v.a.m., nicht dagegen, wieviel Wasser eine Opuntie jährlich braucht – obwohl der Satz auch das im Unbestimmten läßt.

Pelikans sehr verschiedene Funktionen erfüllen kann, je nachdem, ob sie im Rahmen eines Emblems, eines Comics oder eines Tierfilms situiert ist.

Die daraus ableitbare Allgemeinfeststellung, daß die Funktions- und Bedeutungsränder resp. Anschlußpotentiale sämtlicher Komponenten kultureller Gegenstände prinzipiell nach mehreren Seiten konkretisierbar sind und es demgemäß nichts geben kann, was nicht durch Kontextänderungen mehr oder weniger stark zu affizieren wäre,[133] ändert gleichwohl nichts daran, daß kulturelle Substrate historisch dennoch in *bestimmten* und – bei aller potentiellen Vielschichtigkeit – oft durchaus funktional recht fix und eindeutig erscheinenden Konstellationen begegnen. So hätten etwa Orffs »Carmina Burana« zwar womöglich auch von vornherein für eine Kaffeewerbung komponiert werden können, doch war das offenbar historisch nicht der Fall – und die ursprüngliche Funktion ist folglich klar zu scheiden.

Besondere Relevanz gewinnt die Polyfunktionalität, wie schon die Unbestimmtheit, deshalb erst an dem Punkt, wo bestimmte Substrate – wiederum graduell – konkret so konfiguriert sind, daß ihre Anschlußvariabilität bzw. die potentielle Verschiedenheit ihrer Funktion, etwa durch augenfällige Wechsel oder Reibungen, *thematisch wird*, was freilich meistens und – gegebenenfalls – meist klar erkennbar urhebergewollt oder doch wenigstens mit Absicht nicht verhindert ist. Das signifikante Auftreten solch ostentativer funktionaler Überdeterminationen kann nun durchaus, zumal nach ca. 1750, als einigermaßen charakteristischer Hinweis auf ästhetische Absichten gelten (exemplarisch etwa in der – wiewohl weit älteren – Doppelfunktion repräsentierter Substrate als eigentlicher Ausdruck und Symbol), doch heißt das – wenigstens solange man ›das Ästhetische‹ nicht geradewegs ahistorisch-normativ so definiert – mitnichten, daß umgekehrt auch jede ästhetische Gestaltung eo ipso darauf angewiesen wäre. Nichtsdestoweniger spielen entsprechende Erscheinungen vor allem in der Moderne eine höchst markante Rolle, obschon gerade weniger im einschlägigen Ambiguitäts-Kanon als vielmehr in Collage, Readymade, Happening, Montage, Zitatmontage oder bestimmten spielerisch-experimentellen Formen.

c)   Ein Sonderfall von Polyfunktionalität ist die ›Mehrdeutigkeit‹, welche hier als (ganzzahlig metrisch differenzierte) Mehrzahl distinkter Repräsentationsbeziehungen in bestimmten Kontexten gefaßt sein soll. Der lokale Paradefall ist das Homonym (z.B.: ›Stift‹ als Kloster, Lehrling, Schreibgerät), doch können, wenngleich mit abnehmender Wahrscheinlichkeit, auch beliebig große Kontexte (auf Satzebene z.B.: ›Die Wanderer spürten jetzt die Ameisen, die sie zuvor gespürt hatten‹) sowie – obschon weniger konventionalisiert – nichtsprachliche Repräsentationsformen und Beziehungen (etwa im Falle anthropomorpher Landschaften in der Malerei oder der Bitonalität in der Musik) in Rede stehen. Indes scheint das (gewollte oder ungewollte)

---

[133] Eine Differenzierung möglicher Eingriffe resp. ›Versetzungen‹ ergibt sich übrigens aus dem allgemeinen Konstitutionsterm: Schon eine Änderung im Zeitindex von $W2r(X)$ kann die dahinterstehende Gesamtheit in ihrer Funktion modifizieren – und so fort auf jeder weiteren Fundierungsstufe.

Auftreten derartiger Phänomene weder hermeneutisch prekär noch im allgemeinen kunst-, moderne- oder modernismusgebunden. Zwar lassen sich damit prinzipiell in allen Medien interessante, teils dezidiert ästhetische Effekte erzielen, doch wäre die Ambiguitätsästhetik, wo sie darin völlig aufginge, wohl kaum jemals zu solcher Prominenz gelangt.

d)   Analoges gilt für zwar eindeutige, doch in bezug auf einen aktuellen Erwartungshorizont auffallend unbestimmte, allgemeine oder abstrakte Substrate. Ein Satz wie beispielsweise ›Jemand tut gerade etwas‹ provoziert fast zwangsläufig die Frage, was da konkret gemeint sei: Das Krokodil, das durch die Nilgestade gleitet, oder der Bankbeamte, der in Bremen eine Buchung vornimmt? Beides und noch vieles mehr ist möglich. Doch die Hermeneutik bringt es nicht heraus. Und das ist richtig so, *ist es doch einfach nicht gesagt*[134] – und damit unter der Ägide des ›non liquet‹.

Etwas anders liegt der Fall hingegen, wo entsprechende Formulierungen und Gestaltungen in größeren Kontexten entweder in synekdochischer Funktion (und dementsprechend kanongemäß konkretisierbar) erscheinen, oder aber dort, wo ihre Forcierung – wie etwa im (gegenüber der Joyce/Beckett/Celan-Linie nach wie vor symptomatisch marginalisierten) Modernismus einer Gertrude Stein (vgl. z.B. »The Making of Americans«) oder eines Daniil Charms – primär im Dienste hyperrealistischer oder absurdistischer Verfremdung steht. Doch so zentral eine entschiedene Inblicknahme derartiger Verfahren (samt ihrer Ausläufer in der avantgardistischen Popkultur) im Rahmen der kulturwissenschaftlichen Aufarbeitung einer unverkürzten Moderne sicherlich wäre, so wenig hat all dies doch mit der allgemeinen Hermeneutik oder mit der gängigen Auffassung von Ambiguität zu tun.

e)   Das Zentrum des einschlägigen Ambiguitätsbegriffes liegt vielmehr, so ambig er im Gebrauch auch selber sei, dort, wo sich in gegebenen Kontexten (graduell und in bezug auf einen generisch erwarteten Mittelwert) der Eindruck einer unkonturierten Vielheit möglicher – sei es zeichenhafter, sei es realähnlicher – Repräsentationsbeziehungen einstellt. Derartiges kann lokal, d.h. als elementare Vag- bzw. Signifikatungewißheit (exemplarischer Fall: »die schwarze Milch der Frühe«), oder global, d.h. als Resultat einer entsprechenden Konstellierung verschiedener, für sich womöglich sämtlich völlig klarer und eindeutiger Komponenten (exemplarisch etwa in Kafkas »Prozeß«), begegnen. Im letzteren Falle tritt das Ambige wahlweise als nur vorläufiger oder verdeckter, d.h. sich in der weiteren Rezeption bzw. bei genauerem Hinsehen doch zur Eindeutigkeit wendender Eindruck (wie z.B. mancherorts in Joyces »Ulysses«) oder aber als nachhaltige Unklarheit bzw. Rätselhaftigkeit (wie namentlich etwa in vielen surrealistischen Kunstwerken) auf. Jenseits davon kann es zudem entweder, wie in allen bislang genannten Fällen, als intendiertes und in der jeweiligen Wert-

---

[134] Analoges gilt etwa für ein titelloses schwarzes Gemälde. Stellt es die Nacht dar? Das Nichts? Ein Billardzimmer ohne Strom? Das Bild schließt nichts davon aus, sagt aber selbst auch nichts dazu.

konstellation entsprechend prononciertes[135] künstlerisches Gestaltungsmittel mit den dazugehörigen Rezeptionserwartungen und -wirkungen oder aber – in der Regel unschwer unterscheidbar – als Insuffizienz entweder eines die von ihm selbst gewünschte Klarheit nicht zustandebringenden Urhebers oder aber eines das Vorhandene nicht in seiner immanenten Klarheit realisierenden Rezipienten[136] begegnen, wobei in der Rezeptionsgeschichte des Modernismus vor allem letzteres – nämlich als zeitweilige Neigung, alles, womit man wenig anzufangen weiß, freiweg für ambig zu deklarieren – akut scheint.

Auch hierbei bleibt indes erst einmal festzuhalten, daß Ambiguität de facto keineswegs nur innerhalb der ästhetischen Sphäre und Ästhetisches keineswegs nur als Ambiges auftritt, gleich welchen Grad man jeweils fordert. Erst wo dies ausdrücklich konzediert ist, eröffnet sich ein unbefangener Blick auf die unbestreitbare Tatsache, daß der Reiz des Ambigen in weiten Bereichen der Kunst sowohl auf Rezipienten- wie auf Urheberseite eine große und gelegentlich bestimmende Rolle gespielt hat (und noch spielt) und daß Analoges zugleich für wichtige – und in dieser Hinsicht zweifellos in struktureller Kontinuität zu vorangegangenen Höhepunkten ambiguitätszentrierter Kunstproduktion stehende – Segmente der Moderne gilt. Wo der Blickwinkel dagegen selbst der Ambiguitätsdoktrin unterliegt, neigt er erfahrungsgemäß dazu, unter aller Kunst oder Moderne tendenziell nur die ambige und an dieser wiederum nur das Ambige wahrzunehmen, mit der Folge, daß der Modernismus nicht nur äußerst selektiv, sondern – als Resultat *und* Grund entsprechender Kanonbeschränkung – weithin nur wie ein Neuaufguß frühromantischer Ambiguitätskonzepte oder als bloßer Wiedergänger aller dunkel-irrational-artistischen, sprich: (im Hockeschen Sinne) manieristischen Strömungen erscheint. Mag solcher Schluß auch dort, wo sich Modernes selber so begreift, berechtigt sein, so mutet es doch angesichts der Vielfalt der modernen Kunstentwicklung kaum erfolgversprechend an, gerade hier den allgemeinen Schlüssel zu vermuten.

Invers dazu erhellt ferner, warum sich eine mögliche Spezialhermeneutik des Modernismus bei einigermaßen unbefangener Zurkenntnisnahme der Spannbreite ihres Gegenstandsbereiches keineswegs mit einer Integration der Ambiguität sowie der in der allgemeinen Rezeption meist eng damit verknüpften (und auf dem gleichen Kanon fußenden) Topoi eines modernekonstitutiven Sprachpurismus,[137]

---

[135] Daß bloße Ambiguität, wo sie an beliebigen oder belanglosen Stellen auftritt, nicht viel mit ihrem emphatischen Pendant gemein hat, vermerkt zutreffend Kurz, Fragen und Probleme der gegenwärtigen hermeneutischen Reflexion, S. 30.

[136] Vgl. dazu etwa Biere, Verständlich-Machen, S. 141 u. S. 246.

[137] Die Verselbständigung der Sprache zur Referenzlosigkeit als Kennzeichen der Moderne diagnostizieren etwa Japp, Hermeneutik, S. 76 (»Das Innen der Sprache ist das Werk selbst«, hier bezogen auf einen höchst charakteristischen Kanon aus »Hölderlin, Flaubert, Mallarmé, George und Celan«) u. S. 79 (mit Blick auf Werke wie »Finnegans Wake« und »Zettels Traum«), sowie ferner Petersen, Folgen der Moderne, S. 283 (dort im Zusammenhang mit Bachmann und Celan).

160

Hermetismus,[138] Sinnzerfalls,[139] Paradoxismus, Formverlustes[140] sowie grundsätzlicher Unverständlichkeit[141] und ebensolcher Irritationsabsicht[142] begnügen könnte. Vielmehr hätte sie mit gleicher Konsequenz auch andere modernismus- bzw. modernespezifische Erscheinungen wie Innovationsdynamik,[143] Experiment,[144] Bewußtseinskunst, Vitalismus, Dynamismus, Präsentismus, Verfremdung, Absurdismus, Dissoziation, Attraktion und Effekt,[145] Negativismus, Anti-Illusionismus, Gattungsüberschreitung und -synkretismus,[146] Simultaneität, Hyperrealismus,[147] Abstraktion, Diskursivierung, Sensualismus, Reduktionismus, die neuen medialen Möglichkeiten (inkl. aller spezifisch modernen Formen von Multimedialität) sowie nicht zuletzt den kulturindustriellen Illusionismus und die allgegenwärtigen massenkulturellen Präsentationsformen auf ihre potentiellen spezialhermeneutischen Implikationen hin zu untersuchen.

---

[138] Daß Adorno im Angesicht der Moderne den »Rätselcharakter der Werke zu ihrer Wahrheit erklärt« habe, pointiert etwa Lang, Hermeneutik, Ideologiekritik, Ästhetik, S. 191; und auch Barthes, Wahrheit und Kritik, S. 72, weiß von der »Wahrheit des Werkes, die in seinem Rätsel besteht«. Ansätze zu einer Spezialhermeneutik des Hermetismus liefert Japp, Hermeneutik, S. 124ff., dabei typischerweise getragen von der Überzeugung, daß es »typisch ist, daß man die radikalsten und deutlichsten Werke dieser modernen Literatur in der hermetischen Lyrik findet« (S. 126).

[139] Die »Tilgung eines festen Sinns« diagnostiziert allgemein z.B. Petersen, Folgen der Moderne, S. 288. Davon formal zu unterscheiden ist dagegen »das scheinbar sinnlose Geschehen«, welches Bredella, Das Verstehen literarischer Texte, S. 213, in modernen fiktionalen Texten konstatiert.)

[140] Daß das »Prinzip der Geschlossenheit« in der Moderne aufgehoben sei, befindet – offenbar mit Blick auf die lettristische Poesie – Petersen, Folgen der Moderne, S. 289.

[141] Vgl. etwa den bei Wunberg, Hermetik – Änigmatik – Aphasie, S. 241, angesichts eines Modernekanons aus Hofmannsthal, Morgenstern, Stramm, Trakl, Kandinsky, C. Einstein, den Dadaisten sowie dem späten Celan getroffenen Befund: »Eigentlich sind solche Texte unverständlich.« Grund dafür sei die Vernachlässigung des Mimesis-Gebots (S. 242), in deren Zuge entsprechende Erzeugnisse zum allgemeinen Abbild der Unverständlichkeit der Welt würden (S. 247ff.). Der gleiche Grundtenor bleibt auch dort im Kern erhalten, wo das Opake etwas heiterer – etwa im Sinne eines »positiven, aber nicht objektivierbaren Selbstwissens« (so Braun, Norm und Geschichtlichkeit, S. 293, über Beckett) – gedeutet wird.

[142] Die zwar allgemeiner (i.e. hier: holistisch) formulierte, aber deutlich vom Druck der dahinterstehenden Moderneauffassung zeugende These, daß das Literatursystem dadurch ausgezeichnet sei, daß darin »Irritationen bewußt intendiert werden«, vertreten stellvertretend Hauptmeier/Schmidt, Einführung in die Empirische Literaturwissenschaft, S. 125.

[143] Vgl. zusammenfassend Fricke, Norm und Abweichung, obschon auch hierbei – z.B. in wahlweise trivialen oder radikal normativ verengenden Befunden wie: »Poesie, die genauso sein wollte, wie andere Poesie, wäre keine Poesie mehr (Fricke, Literatur und Literaturwissenschaft, S. 69) – die Gefahr holistischer Verabsolutierung droht.

[144] Das »Experiment der Sprache im Modus des Extrems« als – freilich wieder holistische – Formel der Moderne präsentiert z.B. Japp, Literatur und Modernität, S. 326.

[145] Zur historischen Herleitung vgl. stellvertretend nach wie vor Bohrer, Plötzlichkeit.

[146] Vgl. dazu die differenzierte Übersicht bei Kravar, Gattungen.

[147] Zu diesem bislang eher wenig erforschten Feld vgl. vor allem Smuda, Der Gegenstand in der bildenden Kunst und Literatur, S. 126 (wo von einer »›großen Realistik‹« die Rede ist), u. passim, ferner Nieraad, Du sollst nicht deuten, S. 136f., oder Petersen, Folgen der Moderne, S. 281 (im Zusammenhang mit dem Nouveau Roman).

Voraussetzung jeder derartigen Verbreiterung ist freilich, daß der erste Kanon zunächst hinreichend gegen die zahlreichen und massiven Angriffe gesichert erscheint, welchen er von Seiten der Ambiguitätsästhetik im Laufe der letzten Jahrzehnte ausgesetzt war und die hermeneutikgeschichtlich das vorerst letzte Glied in jener langen Kette von Versuchen bilden, dem normativen Druck, der von der Werterfahrung bestimmter Gegenstände resp. der besonderen Verfaßtheit ihrer Argumente ausgeht, durch holistische Projektionen in die allgemeine Hermeneutik nachzugeben.[148] Grundlegend ist dabei diesmal die Vorstellung, die Vieldeutigkeit des Werkes könne die Pluralität seiner Deutung bevorzugt legitimieren. Positiv veranlaßt wurde sie durch die – wesentlich im Zuge der Beschäftigung mit dem ambiguitätszentrierten Modernekanon und ausgewählten Vorläufern gewonnene – Evidenz, daß es kulturelle Gegenstände gibt, die offenbar nicht eindeutig verstanden bzw. verstehbar sein wollen, negativ dagegen dadurch, daß die traditionelle Hermeneutik, welcher dergleichen nie in solchem Ausmaß und mit solcher Radikalität thematisch war, hier nicht recht kompetent erschien.[149]

Zur Klärung der Verhältnisse empfiehlt es sich, zunächst drei Arten kultureller Gegenstände zu unterscheiden: erstens solche, die eine eindeutige Botschaft vermitteln wollen (z.B.: ›Mach bitte mal die Tür zu‹; »Proletarier aller Länder vereinigt Euch!«; Brechts »Furcht und Elend des Dritten Reiches«; eine rote Ampel; aber auch ein Musikstück, das eindeutig zum Tanzen animieren soll, ein Film, der eindeutig unterhalten will etc.), zweitens solche, die offenbar als (mehr oder weniger) vage, ambige bzw. mehrdeutige Botschaft verstanden werden wollen (z.B.: »WUTPILGER-STREIFZÜGE durch / meerisches Draußen und Drinnen / Conquista / im engsten / untern Ge- / herz«[150] oder Buñuels »Un chien andalou«), und drittens solche, die zwar bewußt vage, ambig oder mehrdeutig entworfen sind, aber doch zugleich einen mehr oder weniger ausgeprägten (impliziten oder expliziten) Appell zur konkretisierenden Ausdeutung seitens des Rezipienten erkennen lassen (z.B.: Joyces »Ulysses« oder Resnais'/Robbe-Grillets »L'année dernière à Marienbad«).

Was folgt nun daraus hinsichtlich des ersten Kanons? Die erste Antwort muß notwendig lauten: gar nichts. Oder kanonisch gewendet: Ist der Gegenstand von Urheberseite erkennbar ambig angelegt – was (mehr oder weniger) der Fall sein kann oder auch nicht –, so ist gemäß dem ersten Kanon eben das zu konstatieren und die

---

[148] Die späterhin im Zuge der Wahrnehmung der modernen Medienwelt auftretenden Irritationen resultierten dagegen schon weit weniger in holistischen Neubestimmungen der Hermeneutik als vielmehr im Ruf nach deren genereller Abschaffung.

[149] Wie relativ solcher Eindruck de facto ist, erhellt freilich, wenn man bedenkt, daß sich bei Boeckh, Enzyklopädie und Methodologie der philologischen Wissenschaften, S. 121, schon eine Feststellung findet wie: »Ob man absichtliche Widersprüche und Inconsequenzen anzunehmen hat, ergiebt sich aus dem Zwecke, den der Autor verfolgt, ist also durch generische Auslegung zu ermitteln« – womit die wesentliche Basis für einen kanonverträglichen Umgang mit der Ambiguität bereits gelegt ist.

[150] Celan, Gesammelte Werke, Bd. 2, S. 169.

konkrete Ambiguität jeweils entsprechend zu benennen,[151] wobei für alles, was, soweit erkennbar, nicht oder doch nicht klarer als artikuliert verstanden sein will, das Prinzip ›non liquet‹ gilt.[152] Das Recht der Ambiguitätshermeneutik reicht infolgedessen gerade so weit, wie sie als Kritik an einschlägigen, obschon keineswegs durchgängigen und zudem vielfach eher impliziten traditionellen Verpflichtungen auf ein gegenstandsunabhängig festgesetztes (i.e.: den – vermeintlichen – Erfordernissen eines vormodernen Kanons angepaßtes) Maß an Vereindeutigung, Profilierung, Harmonisierung usw. auftritt, und es endet eben dort, wo sie entweder auf die bloße Ersetzung durch ein wiederum gegenstandsunabhängig festgesetztes (i.e.: nun den – abermals vermeintlichen – Erfordernissen einer holistisch für ambig erklärten Moderne angepaßtes) Maß an Vieldeutigkeit oder aber auf eine generelle Außerkraftsetzung des ersten Kanons hinausläuft.

Der nachhaltige hermeneutiktheoretische Gewinn der ambiguitätsästhetischen Herausforderung besteht gleichwohl darin, daß sie, indem sie die Gradualität der gegenstandsgegebenen Konturiertheit offenlegt, das herausgetrieben hat, was man die ›zweifache Approximativität‹ praktischen Verstehens nennen könnte. Deren erste bemißt sich nach der von Fall zu Fall schwankenden, doch niemals hundertprozentigen Wahrscheinlichkeit, mit welcher eine bestimmte Interpretation einer bestimmten Urheberintentionalität de facto zugeordnet werden kann. Die zweite, den konkreten Explikationsvollzug nicht selten unklar überlagernde, betrifft dagegen das von Fall zu Fall schwankende Maß an gegenstandsgegebener Ein- bzw. Vieldeutigkeit. Ergebnis dieser Doppelproblematik ist, daß sich in praxi nur in (wenngleich die hermeneutiktheoretisch sträflich ignorierte Alltagskommunikation quantitativ dominierenden) Grenzfällen eine einzige und zugleich eindeutige Interpretation als kanongemäß allein ›wahre‹ oder wahrscheinlichste aufdrängt, während sich (zumal) im (modernen) kulturwissenschaftlichen Vollzug im Regelfall ein ›Hof‹ von gegenstandsgemäß wahrscheinlich(er)en bis unwahrscheinlich(er)en Interpretationen mit (intersubjektiv meist als diskret erfahrenen) Übergängen zum offenkundig Ungedeckten resp. Falschen konturiert,[153] welcher bei zunehmender Weite gern mit gegenstandsinhärenter

---

[151] So schon – sehr dezidiert – Titzmann, Strukturale Textanalyse, S. 25 bzw. S. 224, sowie Gabriel, Zur Interpretation literarischer und philosophischer Texte, S. 243. Zur Kritik der Identifikation von Ambiguität und Deutungsoffenheit vgl. auch Simon-Schaefer, Der Autonomieanspruch der Geisteswissenschaften, S. 17; Müller, Tendenzen in der westdeutschen Literaturwissenschaft nach 1945, S. 104–7 (gegen Frank und Japp); sowie Schlaffer, Ursprung, Ende und Fortgang der Interpretation, passim (hier insbesondere gegen die Konstanzer Schule).

[152] Insofern greift nominell auch hier durchaus ein »Prinzip der geringsten Annahmekorrektur« (Lumer, Handlungstheoretisch erklärende Interpretationen als Mittel der semantischen Bedeutungsanalyse, S. 95).

[153] Vgl. dazu etwa Strube, Über Kriterien der Beurteilung von Textinterpretationen, S. 202.

Vieldeutigkeit verwechselt wird.[154] Allein: Zehn gleichwahrscheinliche, verschiedene und eindeutige Deutungsmöglichkeiten machen keine immanente Ambiguität und umgekehrt.

Jenseits der damit erreichten Unterscheidung und Begrenzung bleibt die ambiguitätsästhetische Einrede gleichwohl dort akut, wo – wie vor allem im dritten obengenannten Fall – der Gegenstand von sich aus mehr interpretatorische Konkretion einfordert, als er selbst materialiter bietet und gerade daraus einen signifikanten Teil seiner ästhetischen Wirkung zieht. Der Rezipient gerät dadurch in eine kanon-*immanente* Aporie zwischen (mehr oder weniger vagem bzw. unbestimmtem) Argument[155] und (mehr oder weniger explizit artikuliertem) Appell bzw. urheberintendiertem, häufig nur generisch angezeigtem Funktionsaspekt[156] (Elementarbeispiel: ›Verstehen Sie diese Anweisung konkreter, als sie formuliert ist!‹). Das Verwirrende rührt hier insbesondere daher, daß die Aufforderung sich – anders als etwa bei ›Fliegen Sie auf einem Teppich nach Australien!‹ oder ›Gruseln Sie sich bitteschön vor diesem Satz!‹ – unmittelbar auf den Verstehensvollzug selbst bezieht, mit der Folge, daß ›bloßes Sinnverstehen‹ und ›verstehende Realisation‹ sich gleichzeitig zu decken *und* zu divergieren scheinen.

Auch das kann freilich erst einmal – *wo angezeigt* – so expliziert werden. Inwieweit dagegen zusätzlich im Einzelfall eine ›vom Gegenstand selbst gewollte‹ Lockerung des ›non liquet‹ – nämlich in Richtung auf eine dezidiert über dessen unmittelbares Substrat hinausgehende (und ihrerseits mehr oder weniger variable, vielstimmige, ambige etc.) Konkretion – angezeigt scheint, hängt sehr stark davon ab, welcher Status entsprechenden ›Ausdeutungen‹ eingeräumt wird. Als private Spekulation erscheinen sie, egal wie glücklich, nicht nur ohne weiteres legitim, sondern weitgehend unvermeidlich, und auch als heuristisches Abschreiten und/oder ästhetisch eigenwertige ›Erfüllung‹ gegenstandsspezifisch gegebener Potentiale können sie – bei entsprechender Fruchtbarkeit und Kennzeichnung – gegebenenfalls von größtem Wert sein. Problematisch wird es dagegen, wo sie die kanongemäße Explikation stillschweigend zu ersetzen trachten. Denn nicht nur wirft, was unter solchem – heute in der Regel ambiguitätsästhetischem – Banner antritt, allzu oft die Frage auf, wer eigentlich sich dafür interessieren soll, was Interpret X angesichts des ambigen Werkes Y an – seinerseits mehr oder weniger ambigen – Vorstellungen durch den Kopf schießt (zumal in Fällen, wo explikatorische und eigene dichterische Ambition sich dabei gegenseitig auf den Füßen stehen), sondern die gegenstandsgegebene Ambi-

---

[154] Vor diesem Hintergrund erhellt, inwiefern ein Ambiguitätsästhetiker wie Japp seine eigene ›Hermeneutik der Entfaltung‹ in dem Moment konterkariert, wo er sich, wie etwa beim Erweis der Mehrdeutigkeit von Mallarmés »Salut«, auf – denkbar eindeutige – programmatische Äußerungen des Autors beruft und damit jede vereindeutigende Deutung des Gedichtes – völlig zurecht, doch gerade nicht ›entfaltend‹, sondern ganz im Sinne des ersten Kanons – ausschließt (vgl. Japp, Hermeneutik, S. 80–84; dazu analog auch S. 122, dort anläßlich von Roussel).

[155] Im allgemeinen Konstitutionsterm wahlweise A', B' oder C'.

[156] Allgemein: W2r' (E') bzw. W2r' (W4' (D')) in W2u^{VII} (W2r' (W4' (D'))), wobei D' bzw. E' die (fakultativen) Komponenten der jeweiligen kanonischen Werkganzheit umfaßt.

guität wird dadurch – aller nominellen Hypertrophierung ungeachtet – faktisch weitaus nachhaltiger negiert, als jede noch so strikte Wahrung des ›non liquet‹ es vermöchte.

f) Analoge Verhältnisse ergeben sich für alle weiteren potentiellen gegenstandsinduzierten Aporien, etwa für unmittelbar paradoxe Konstellationen (Elementarbeispiel: ›Je weniger Sie von diesem Satz verstehen, desto besser verstehen Sie ihn‹, bzw.: ›Dieser Satz ist anders gemeint, als er hier steht‹), vor allem aber für den allgemeinen Fall, daß der intentionale Gegenstand erkennen läßt, daß es seinem Urheber entweder völlig gleichgültig ist, wer ihn wann wie deutet, oder daß er gar ausdrücklich gegen den ersten Kanon gedeutet sein will. Aber selbst in solchem Falle, wie er als programmatischer (obschon damit für gewöhnlich eindeutig und diskursiv formulierter) Topos vor allem in der Nachkriegsavantgarde massiv begegnet,[157] muß – wenn sonst schon nichts – doch immerhin die entsprechende Aufforderung selbst im Rahmen des ersten Kanons realisiert werden, damit das Ganze nicht völliger, d.h. auch jede beliebige Konkretion als Möglichkeit miteinschließender Unbestimmtheit anheimfällt.[158] Stellt man dies jedoch in Rechnung, so dürften sich die allermeisten Werke selbst des extremen Hypermodernismus (sprich: Futurismus, Dadaismus, Surrealismus, Oberiu, Lettrismus, Situationismus, Pop Art, Neoismus usw. sowie aller Formen von Hermetismus) als weitaus weniger ›deutungsoffen‹ erweisen, als holistische Abgrenzungen gegen die vermeintlich allgemein größere Konturiertheit des Substrats in älteren Epochen es vermuten lassen.

g) Entsprechendes gilt ferner und um so mehr auch für die im Zusammenhang der Ambiguitätsästhetik häufig verhandelte Frage nach der Bedeutungskonstanz bzw. -inkonstanz kultureller Gegenstände. Auch hier ist ohne weiteres in Rechnung zu stellen, daß bestimmte Substrate vom Urheber absichtlich – und damit unter der mehr oder weniger reflektierten Voraussetzung, daß das jeweilige Medium dafür materiell und konventionell ausreichend persistent ist[159] – ›offen‹ bzw. ›variabel in die Zukunft hinein‹ entworfen sein können, z.B. dort, wo eine moralische Norm am historischkonkreten Exempel veranschaulicht, zugleich aber als grundsätzlich in beliebige Kontexte überführbare ausgewiesen wird. Ferner mag man aus den allgemeinen Bedingungen der Fixierung bzw. aus deren unbestreitbarer Wirkung auf die Konstitution kultureller Gegenstände (etwa: man schreibt anders als man redet – und wenn nicht, dann bewußt) ein holistisches Argument für die Überlegenheit oder zumindest Nichtminderwertigkeit fixierter Gegenstände (exemplarisch meist bezogen auf Schrift in natürlicher Sprache, doch strukturanalog gültig auch für Bild, Film, Tonaufzeichnung usw.) gegenüber nichtfixierten (exemplarisch: mündliche Rede, genausogut aber auch Pantomime, Tanz, Theater, Konzert usw.) ziehen wollen. Gleichwohl bleibt der

---

[157] Kulturbetrieblich sedimentiert in Klischees wie: ›Das Kunstwerk/der Künstler entzieht sich der Festlegung/läßt Raum für Assoziationen/spielt mit Bedeutungen‹ etc.

[158] Die Vermischung von offenem Umgang mit Kunstwerken und der diesen (fakultativ) inhärenten Aufforderung dazu analysiert treffend Culler, Dekonstruktion, S. 76.

[159] Zur (hier: schriftlichen) Fixierung als technischer Voraussetzung jeder hermeneutischen Betrachtung vgl. etwa Hamacher, Hermeneutische Ellipsen, S. 131.

Unterschied zwischen kanoninterner, also historisch-urheberintentionaler, und kanonüberschreitender Deutung infolge der ontologischen Differenz zwischen urheberintentional-argumentbezogener und rezeptionsabhängiger Schwankungsbreite (vgl. allgemein 3.1.3.)[160] auch davon prinzipiell unberührt und jede Argumentation, welche die Unbestimmtheit, Ambiguität oder schiere Persistenz bestimmter Gegenstände bzw. die daraus in praxi erwachsenden Differenzen in der Geschichte ihrer Deutung gegen die Autonomie ihrer bzw. jeder intentionalen historischen Situierung ins Feld führt, dementsprechend defizient.[161] Ist es doch keineswegs einerlei, ob konkrete Deutungen des gleichen Gegenstands sich deshalb voneinander unterscheiden, weil sie dessen historischen, im jeweils relevanten Ausschnitt des allgemeinen Konstitutionsterms variabel situierten Gehalt (bei allen unvermeidlichen Modifikationen und Verlusten) in immer neue, mit den Epochen wechselnde Sprachgebräuche und Erfahrungswelten überführen bzw. immer neue Fragen auf (nicht etwa: an) ihn richten, oder aber deshalb, weil sie eine im Gegenstand nominell präsupponierte ›Wahrheit‹ resp. Dignität nach wechselnden aktuellen Bedürfnissen modifizieren bzw. funktionalisieren oder immer neue gegenstandsheteronome Wertungen propa-

---

[160] Letztere bezieht sich auf den Zeitindex von W2r, erstere dagegen auf die Gesamtheit aller Argumente X' in W2u (X').

[161] Derartige Tendenzen exemplifizieren u.a. Jauß, Ästhetische Erfahrung und literarische Hermeneutik, S. 661ff.; Bredella, Das Verstehen literarischer Texte, S. 182f.; Japp, Hermeneutik, S. 90–101 (wo – in implizitem Derrida-Referat – jener emphatische Schriftbegriff propagiert wird, den Danneberg/Müller, Wissenschaftstheorie, Hermeneutik, Literaturwissenschaft, S. 211, mit Recht kritisieren) sowie S. 141 (wo ›der traditionellen Hermeneutik‹ jenes Streben nach einem »zeitlosen Raum« vorgeworfen wird, von dem bereits bei Boeckh kaum mehr die Rede sein kann); ferner etwa auch Szondi, Einführung in die literarische Hermeneutik, dort insbes. S. 23 (im Zusammenhang mit dem – übrigens ohne Not durchgehend mit dem ›objektiven Textsinn‹ identifizierten – ›sensus litteralis‹) sowie passim in dem Maße, wie hier in der festen Gewißheit, daß aller Sinn historisch relativ sei, die älteren Hermeneutiker, die das ›noch nicht wußten‹, ›objektiv‹ als historisch beschränkte Vorläufer der eigenen, in paradoxer Wendung ahistorisch verabsolutierten Position entworfen werden. Nicht weit davon entfernt befindet sich auch Frank, Was heißt »einen Text verstehen«? S. 60, sowie ders., Das Sagbare und das Unsagbare, S. 202, dort mit dem (Barthesschen) Diktum, daß die mitgeteilte Rede von der Intention des Autors »erlöst« werde – eine Formulierung, welche die Bemerkung herausfordert, daß a) die Exportierung eines intentionalen Gehaltes in die W1 an sich nichts Schrift- oder überhaupt Fixationsspezifisches ist, sofern das einmal gesprochene Wort, die einmal gemachte Geste usw. – diesseits aller graduellen Selbstdeutungs- und Richtigstellungsmöglichkeiten des anwesenden (?), explikationsmächtigen (?), auskunftswilligen (?), danach gefragten (?), noch lebendigen (?), noch anderswo aufschlußreich dokumentierten (?) Urhebers – grundsätzlich ebensowenig mehr sicher zu kontrollieren ist wie der geschriebene Satz, sowie daß b) die Frage, ob der Sinn durch seine Lösung vom Urheber ernsthaft ›erlöst‹ werde, besser *von Fall zu Fall nach* als *global vor* versuchter Kenntnisnahme des urheberintentionalen Gehaltes zu entscheiden scheint. Daß Texte und Kulturgegenstände allgemein ihre Bedeutung nicht aus sich heraus für ewig garantieren können (vgl. ebd.), scheint dagegen – wie invers etwa die Tatsache, daß man nichtüberlieferte kulturelle Äußerungen weder urhebergemäß noch als ›erlöste‹ verstehen kann – ebenso wahr wie trivial. Nur deshalb gibt es überhaupt so etwas wie historische Hermeneutik.

gieren (wollen).[162] Und es scheint demgemäß die Aporie jeglicher Rede von den ›Aporien des Historismus‹,[163] daß sie sich letztlich immer zwischen der ›Geschichtlichkeit‹ des Interpreten und derjenigen des Gegenstands entscheiden muß.[164]

Mit der Moderne hat dies allenfalls insoweit zu tun, wie man in der Bereitwilligkeit, den ersten Kanon aufzugeben, einen affirmativen Reflex auf den zunehmenden gesamtgesellschaftlichen Relevanzverlust einst kanonischer, doch kaum mehr zu vermittelnder Gehalte bzw. einen holistischen Legitimationsversuch für die immerwährende Beschäftigung mit den immer gleichen, problemlosen, weil ohnehin bereits konventionell sanktionierten Gegenständen sehen möchte. Jenseits davon und der Sache nach erscheint dagegen jedes Happening oder Computerspiel genauso (urheberintentional/idealiter) ›bedeutungskonstant‹ bzw. (rezipientenabhängig/realiter) ›bedeutungsinkonstant‹ wie schon die Upanischaden, die gregorianischen Choräle oder die Willendorfer Venus.

h)   Als letzte der im weiteren Kontext der Ambiguitätsästhetik häufig verhandelten Erscheinungen bleibt noch die (klanglich nah assoziierte und entsprechend häufig

---

[162] Vgl. dazu nach wie vor Wach, Das Verstehen, Bd. 2, S. 10. Die jenseits aller Unterschiede bestehende Einigkeit der traditionellen Hermeneutik und der ›neuen Lektüren‹ bezüglich des betriebsperpetuierenden Topos von der prinzipiellen ›Unabschließbarkeit der Interpretation‹ konstatiert dagegen Müller, Zur Kritik herkömmlicher Hermeneutikrezeption, S. 598.

[163] Als Sonntagsrede exemplarisch gehalten von Schulte, Literarische Hermeneutik zwischen Positivismus und Nihilismus, S. 208.

[164] Vgl. Albert, Kritik der reinen Hermeneutik, S. 48. – Daß auch die zeitweilig vielberufene Rezeptionstheorie hier keinen echten Ausweg bietet, sprich: daß sie sich zwar in ihrer (der Sache nach uralten) Variante als in sich kanongemäße Explikation und historische Aufarbeitung von gegenstandsbezogenen Rezeptionszeugnissen, nicht dagegen als Versuch, die unmittelbare Gegenstandsexplikation szientistisch oder ›wirkungsgeschichtlich‹ zu ersetzen, bewährt hat, scheint – bereits vielfach herausgearbeitet – inzwischen allgemeiner Konsens. Vgl. dazu u.a. Oesterreich, Zur Identität des literarischen Werkes, S. 63f. u. S. 67; Grana, Literaturwissenschaft und/oder Literaturgeschichte? S. 67ff.; Pross, Historische Methodik und philologischer Kommentar, S. 270; Mueller-Vollmer, Zur Problematik des Interpretationsbegriffes in der Literaturwissenschaft, S. 86 u. S. 90; Kurz, Fragen und Probleme der gegenwärtigen hermeneutischen Reflexion, S. 25f.; Müller, Tendenzen der westdeutschen Literaturwissenschaft nach 1945, S. 103; sowie letztlich schon Boeckh, Enzyklopädie und Methodologie der philologischen Wissenschaften, S. 171, wo die philologische Kritik zum Regulativ gegen den Wildwuchs kanonverletzender Deutungstraditionen erhoben wird. Die szientistische Position exemplifizieren dagegen etwa Groeben, Rezeptionsforschung als empirische Literaturwissenschaft, passim; Wolff/ Groeben, Zur Empirisierung hermeneutischer Verfahren in der Literaturwissenschaft, S. 39; Hauptmeier/Schmidt, Einführung in die Empirische Literaturwissenschaft, S. 113; sowie – obschon auf ›Metaebene‹ – Freundlieb, Literarische Interpretation, S. 38 (wo als Ausweg aus der Interpretationskrise propagiert wird, bereits bestehende Interpretationen zu interpretieren), und Viehoff, Empirisches Forschen in der Literaturwissenschaft, S. 12 (wo der konstatierten Unangemessenheit der Methode ebenfalls durch eine Auswechslung des untersuchten Gegenstandsbereiches – hier in Richtung auf die soziale Struktur des Literaturbetriebs – begegnet werden soll). Die regulativlos applikative Variante vertritt dagegen stellvertretend – und gegen die eigene, auf die vergleichende Interpretation von historischen Rezeptions- und Wirkungszusammenhängen hinauslaufende Praxis – Jauß, Ästhetische Erfahrung und literarische Hermeneutik, dort insbes. etwa S. 372f.

synonym gebrauchte) ›Ambi-‹ resp. ›Polyvalenz‹ zu nennen, in welcher das Unentschiedene bzw. Plurale – als Sonderfall der allgemeinen Ambiguität – vornehmlich auf den Wertaspekt gewendet ist. Inwieweit über die daraus analogisch erwachsenden Implikationen hinaus globale, d.h. die gegenstandsgegebene Gradualität (etwa von Erasmus' »Morias enkomion« bis zum Redentiner Osterspiel bzw. von Kafka bis zu Piscator) einebnende Ambivalenzerwartungen an die Kunst im allgemeinen oder an den Modernismus im speziellen – etwa aus dem Spielcharakter des Ästhetischen oder einem generellen Sinn- und Wertezerfall in der Moderne – begründet werden können(oder auch nicht), braucht hier nicht vertieft zu werden. Wichtig ist in unserem Zusammenhang allein, daß selbst sofern sich eine statistische, normative oder wesenhafte Prävalenz des Ambivalenten in der Kunst bzw. der Moderne bei genauerer Betrachtung erhärten würde, die urheberintentionale Formulierung des ersten Kanons davon unberührt bliebe. Denn je ambivalenter das eine oder andere Kunstwerk auch – seiner Funktion nach oder in einzelnen seiner Wertungen – erscheinen mag, um so eindeutiger gilt im Zweifelsfall: non liquet.

Kanontranszendente Explikation und Applikation

Indem bislang vor allem die Frage nach einer allgemeinen und moderneintegrativen Fassung des ersten hermeneutischen Kanons im Zentrum stand, mußten die im Zuge seiner Begrenzung zwangsläufig in den Blick geratenden Möglichkeiten kanonüberschreitender Gegenstandsbezugnahme stets tendenziell wie Verstöße oder ›Abirrungen vom wahren Pfad des hermeneutischen Vollzugs‹ erscheinen. Nichtsdestoweniger würde ein generelles Verdikt gegen jede nach irgendeiner Richtung über das je zu vermutende historisch-urheberintentionale Substrat hinausweisende Feststellung – am potentiellen Ertrag kulturwissenschaftlicher Explikation gemessen – eine ebenso gravierende wie unnötige Selbstbeschränkung bedeuten.[165] Anstatt also einem kruden Antagonismus zwischen solider, objektiver, sachbezogener, historischer usw. Gegenstandsexplikation auf der einen Seite und zwielichtigem, subjektivistischem, beliebigem, ahistorischem etc. Gerede auf der anderen bzw. – bei umgekehrter Wertung – zwischen treuherzig beschränkter, langweiliger, kleinkarierter usw. philologischer Erbsenzählerei und regeltranszendierend-divinatorischer Entfaltung des Wesentlichen das Wort zu reden, gilt es vielmehr, wenngleich im gegenwärtigen Zusammenhang notwendig skizzenhaft, gerade die Vielfalt möglicher Bezugnahmen und deren Verhältnis untereinander zu entfalten. Dafür seien im weiteren folgende, hier anschaulichkeitshalber jeweils auf zwei konkrete (modernistische) Werke verschiedener Medien gewendete Fragetypen unterschieden:
1. ›Was ist das spezifische Substrat von Melchior Vischers Roman »Sekunde durch Hirn. Ein unheimlich schnell rotierender Roman« (1920) bzw. von George Antheils Filmmusik zu Fernand Légers gleichnamigem »Ballet mécanique« (EA: 1927)?‹

---

[165] Vgl. dazu schon Wellek/Warren, Theorie der Literatur, S. 43f.

2. ›Welche (gegebenenfalls ihrerseits kanongemäß zu eruierenden) historischen Voraussetzungen waren für das Entstehen von Vischers »Sekunde durch Hirn«/ Antheils »Ballet mécanique« da facto (mehr oder weniger distinkt) konstitutiv?‹
3. ›Wie bzw. inwieweit wurde Vischers »Sekunde durch Hirn«/Antheils »Ballet mécanique« zeitgenössisch/seither wahrgenommen, verstanden, bewertet, bearbeitet, nachgeahmt usw.?‹
4. ›Was exemplifiziert Vischers »Sekunde durch Hirn«/Antheils »Ballet mécanique« in einem weiteren (tendenziell wahlweise eher diachronischen oder synchronischen) historischen bzw. in einem weiteren (von Fall zu Fall zu präzisierenden) systematischen Kontext?‹
5. ›Wie ist Vischers »Sekunde durch Hirn«/Antheils »Ballet mécanique« unter Maßgabe der (soweit erschließbar) im Gegenstand selbst angezeigten Kriterien/des allgemeinen zeitgenössischen Erwartungshorizontes/dieser oder jener historischen, hypothetischen oder ›allgemeingültigen‹ Voraussetzungen bzw. Vergleichsgründe/ von heute aus zu bewerten – und zwar, abhängig von Interesse und Gegenstand, wahlweise: ästhetisch, moralisch, nach innerer Konsistenz, Wahrheitswert usw.?‹
6. ›Inwieweit und inwiefern ist Vischers »Sekunde durch Hirn«/Antheils »Ballet mécanique« für die aktuelle Gegenwart/für mich von Relevanz? Oder: Wie ist gegenwärtig produktiv damit umzugehen bzw. daran anzuknüpfen?‹
7. ›Welche Forderungen stellt Vischers »Sekunde durch Hirn«/Antheils »Ballet mécanique« an die Gegenwart/an mich?‹

Kreuzt man die so erhaltene Differenzierung nun noch mit den Spezifikationen: ›auf den urheberintentional-historischen Gegenstand bezogen‹/›auf den Gegenstand, so wie er nominell bzw. materialiter erscheint, bezogen‹; ›relational distinkt auf bestimmte Verstehensvoraussetzungen und Wertmaßstäbe bezogen‹/›relational nicht spezifiziert‹, sowie ›explizit hinsichtlich des eigenen Status‹/›statusmäßig implizit‹ (letztere Möglichkeit noch mit der Binnendifferenz: ›bewußt‹/›unbewußt‹), so ergeben sich in Hinblick auf den wissenschaftlichen Ertrag gemäß 2.1. folgende Fälle und Tendenzen:[166]
a) Je deutlicher eine Explikation den von ihr jeweils beanspruchten Status im Zweifelsfalle explizit (und damit als bewußten kenntlich) macht und je deutlicher sie ihre eigenen Voraussetzungen, Bezugspunkte, Wertgrundlagen, Interessen usw. offenlegt, desto objektiver und genauer nachvollzieh- und kritisierbar, sprich: wissenschaftlicher wird sie. Umgekehrt wächst in dem Maße, wie der Status einzelner Thesen und Befunde bzw. der eigene Bezugsrahmen – dort, wo er sich nicht von selbst versteht – im Impliziten resp. Indistinkten verbleibt, notwendig der Verdacht, hier

---

[166] Es versteht sich, daß die folgenden Wertungen keineswegs notwendig mit dem *faktischen* Interesse kongruieren, auf das kulturwissenschaftliche Beiträge unter den heutigen Bedingungen voraussichtlich stoßen. Die allgemeine ›Formel‹ *dafür* lautet – jenseits aller weiteren Differenzierung – eher: ›allgemeine Reputation des Verfassers‹ × ›allgemeine Reputation des Gegenstandes‹ × ›Effizienz der Multiplikatoren und Vertriebskanäle‹ (wobei letztere Komponente zunehmend dominiert).

werde wahlweise naiv oder aber mit verborgenen und damit im Sinne wissenschaftlicher Verständigung entsprechend fragwürdigen Absichten operiert.

b) Unter allen Fragen liefert allein die erste und auch diese nur in ihrer urheberintentional-historischen Fassung dem Status nach unmittelbar kanongemäße Erkenntnis (›Der Urheber intendiert folgende Inhalte, Strukturen, Wirkungen usw.‹). Ihr material, i.e. urheberindifferent auf W2r oder beliebige andere Verständnishorizonte bzw. historische Situationen bezogenes Pendant dagegen zeitigt, sofern die Resultate nicht *zufällig* übereinstimmen, entweder ›empirische Daten‹ diesseits jeder Intentionalität (etwa: ›»Sekunde durch Hirn« enthält so und so viele Kommata, ›a‹s, etc.‹) oder – falls das Dechiffrierte bzw. Herausgelesene dem (seinerseits historischen) Gegenstand als dessen Substrat spezifisch zugeschrieben wird – neue, mehr oder weniger interessante und originelle historische oder hypothetische Rezeptionszeugnisse (z.B.: ›Antheils »Ballet Mécanique« klingt wie Techno/nimmt den 2. Weltkrieg vorweg etc.‹, oder: ›Gellert hätte das »Ballet Mécanique« wahrscheinlich nicht gemocht‹).[167]

c) Bei der zweiten Frage hängt demgegenüber alles von der Differenzierung zwischen thematisch-expliziten, impliziten und unbewußten urheberintentionalen sowie urheber-jenseitigen (obschon dennoch mit dem konkreten Produktionsakt historisch

---

[167] Letztlich faßt jede Art von urheberindifferentem Zugang, egal mit welcher Absicht und mit welchem Resultat, den Gegenstand (zumindest tendenziell) gar nicht als kulturellen, sondern ›wie Natur‹ auf. Allerdings kann der Umgang, wie bei der eigentlichen Natur, auch hier eher gütig, umsichtig und pietätvoll oder gewaltsam, exploitatorisch und annihilierend sein. Methodologiegeschichtlich finden sich die weitestgehenden Annäherungen an eine Naturalisierung des Verstehenssubstrates bislang im konsequenten Strukturalismus (vgl. dazu etwa Ricoeur, Hermeneutik und Strukturalismus, S. 53), in der szientistischen Linguistik (vgl. etwa deren Rezeption bei Barthes, Wahrheit und Kritik, S. 69), in der Empirischen Literaturwissenschaft (stellvertretend exemplifiziert etwa bei Finke, Konstruktiver Funktionalismus, oder Viehoff, Empirisches Forschen in der Literaturwissenschaft, dort vor allem etwa S. 18) nebst der Inhaltsanalyse (exemplifiziert etwa bei Rust, Methoden und Probleme der Inhaltsanalyse; Stocker, Interesse an Literatur, oder Günther, Sprachstil, Denkstil, Problemlöseverhalten, dort insbes. etwa S. 23f., wo das Szientistisch-Quantifikatorische, das jede Intendiertheit um einer zweifelhaften ›Objektivität‹ willen im voraus eskamotiert, voll durchschlägt), sowie in den Bereichen analytischer Kulturwissenschaft, welche allzu sklavisch »nicht an hermeneutischen, sondern an analytischen Philosophien« (unpaginiertes Vorwort zum Sammelband Analytische Literaturwissenschaft) anschließen wollen (vgl. symptomatisch etwa die radikale Beschränkung dessen, was an Texten ›objektiv beobachtbar‹ sein soll, bei Göttner, Logik der Interpretation, S. 35, sowie die diesbezügliche Kritik bei Abend, Grundlagen einer Methodologie der Sprachbeschreibung, S. 247). Einschränkende (Selbst-)Korrekturen bieten dagegen – allgemein – Jäger, Philologie und Linguistik, S. 220; Hauptmeier, Paradigm lost – paradigm regained, dort insbesondere S. 570; Schönert, Empirische Literaturwissenschaft, insbes. S. 10, sowie – spezieller – Rust, Struktur und Bedeutung, S. 154 (wo die Veränderung, die der Gegenstandscharakter durch die Zersplitterung im Rahmen von Komponentenanalysen erfährt, deutlich konzediert ist). Indes sei unbestritten, daß mechanisch quantitierende Verfahren dort angemessen sein können, wo Kultur(industri)elles selbst mechanisch quantitätszentriert produziert wird. Wer nachzählt, wie oft ein kommerzieller Rundfunksender welches Lied wann spielt, kann hermeneutisch nachvollziehen, wie der Computer, welchem die Musikauswahl obliegt, programmiert wurde.

170

situierten) Substraten nebst deren von Fall zu Fall expliziter und korrekter Zuordnung ab.[168] Andernfalls, d.h. im Falle von Fehleinschätzungen des urheberbewußtseinsinternen Status' oder urheberindifferenten Bezugnahmen, ist formaliter nicht mehr entscheidbar, ob hier nicht womöglich die ›historische Konstitution‹ von etwas aufgewiesen resp. etwas ›erklärt‹ wird, was am betreffenden historischen Ort so niemals existiert hat.

d)   Die dritte Frage entfaltet dagegen umgekehrt gerade in der – bezogen auf den Ausgangsgegenstand (nicht auf die ihn betreffenden Zeugnisse!) – material definierten, d.h. grundsätzlich jeden irgendwie gegenstandsbezogenen Aufgriff einschließenden Fassung ihre größte Tragweite. Schließlich liegt überall, wo nominell oder implizit erkennbar etwa auf Vischers »Sekunde durch Hirn« Bezug genommen wird, eine – wie immer genaue, vollständige, urhebergetreue oder eigenwertige – Rezeption und damit ein historisches Rezeptionszeugnis vor.[169] Wert und Status entsprechender Zeugnisse können dann freilich untereinander differenziert, d.h. etwa zum urheberintentionalen Substrat, soweit es sich erschließt, in Relation gesetzt werden.

e)   Wird die vierte Frage historisch aufgefaßt, so kommt es abermals und aus den gleichen Gründen entscheidend darauf an, die zuvor für Frage 2. eingeführte Differenzierung vorzunehmen und entsprechend zu artikulieren: Denn schwerlich oder allenfalls zufällig könnte etwa »Sekunde durch Hirn« (aufgefaßt als das, was z.B. Hans Sachs oder Michael Schumacher womöglich aus dem reinen Text heraus verstehen müßten) exemplarisch für die hypermodernistische deutsche Prosa Anfang der Zwanziger Jahre stehen, und ebensowenig sollte als unbewußte Allgemeintendenz deklariert werden, was de facto mit dezidierter Absicht gestaltet ist oder umgekehrt. Demgegenüber ist die Zuordnung im Falle systematischer Bezugnahme zwar – sofern hier notwendig auch hypothetische Substrate zuzulassen sind – sachlich variabler, doch dafür um so mehr auf Explizitheit angewiesen.

f)   Die fünfte und sechste Frage differenzieren sich jeweils erstens nach der Explizitheit der Entscheidung darüber, ob man über den urheberintentional-historisch bestimmten Gegenstand oder aber über dessen variable (bevorzugt: aktuelle) Erscheinung in irgendeinem (bevorzugt: dem eigenen) Rezipientenbewußtsein handelt, sowie zweitens nach der Einsichtigkeit der Maßstäbe, die dabei jeweils zugrunde liegen. Nur so ist zu begreifen, wie der größte ›Unsinn‹ – als subjektive Meinungsäußerung oder Rezeptionszeugnis gekennzeichnet – wissenschaftlich völlig unbedenklich sein kann, während die scharfsinnigsten Befunde, sobald nur Status, Gegenstand oder Bezugsfeld unklar sind bzw. schwanken, ihre intersubjektive Nachvollziehbarkeit einbüßen und für die Gegenstandserkenntnis intrikate Folgen zeitigen können. Der Unterschied zwischen beiden Fragen besteht dabei vor allem darin, daß die Geltung der jeweils herangetragenen Maßstäbe im ersten Fall heuristisch-hypothetisch bleibt,

---

[168] Vgl. die entsprechenden Ausführungen im Zusammenhang mit dem ›Besserverstehen‹.

[169] Analoges gilt auch dort, wo Rezeptionszeugnisse ›empirisch‹ (sprich: künstlich-experimentell) erzeugt werden, sei es, daß man tausend Schulkinder oder Manager Joyces »Ulysses« lesen und dann einen Fragebogen über ihre Eindrücke ausfüllen läßt, oder sei es, daß man Probanden beim Ansehen von Wahlwerbespots die Gehirnströme mißt.

während sie im zweiten per definitionem als unmittelbare deklariert ist. Nichts-destoweniger wird das Ergebnis in der Praxis beide Male maßgeblich davon abhän-gen, ob der jeweilige Gegenstand selbst für kanonisch, d.h. hier: maßstabsstiftend, gilt oder nicht.[170]

g) Die siebte (mit der sechsten eng verbundene) Frage, die es unternimmt, den Gegenstand auf eine jeweils aktuelle (diskursive oder ›praktische‹) Praxis zu wenden bzw. mit ihr zu vermitteln, erscheint dagegen, sofern sie nicht allein als kanongemäße Explikation gegenstandsimmanenter Rezeptionsanweisungen (etwa: ›Konzentrieren Sie sich gefälligst beim Lesen‹, oder: ›Vergessen Sie Ihre Alltagsprobleme‹), sondern mit Blick auf aus dem Gegenstand zu ziehende und auf konkrete Situationen zu wen-dende lebenspraktische, gesellschaftliche, religiöse, politische, existentielle, ästheti-sche etc. Normen oder Anregungen aufgefaßt wird, an zwei wesentliche und keines-wegs selbstverständliche Voraussetzungen geknüpft: zunächst an die, daß dem Ge-genstand hierzu – mehr als bei allen bisherigen Fragestellungen – ein bestimmtes Mindestmaß an präsupponierter (d.h. zumindest nomineller) Autorität zukommt, und des weiteren an die, daß entsprechende Forderungen in ihm überhaupt – wenigstens im Ansatz – zu erkennen sind.[171] Darüber hinaus hängt allerdings auch hier wieder alles davon ab, ob man vom urheberintentional bestimmten Gegenstand oder von des-sen materialer Erscheinung ausgeht, sowie davon, wie bewußt und explizit man dabei jeweils operiert.

Zusammengenommen eröffnen die so geschiedenen Arten der Bezugnahme ein viel-schichtiges Panorama von jeweils mehr oder weniger urheberintentionalitätsgerich-teten, historischen, nachvollziehbaren, expliziten, praxisbezogenen und (von Fall zu Fall) interessierenden Zugängen, wobei die Wissenschaftlichkeit primär an der (dis-kursiven) Nachvollziehbarkeit und statusmäßigen Explizitheit der Ergebnisse festzu-machen sein dürfte. *Applikationen* kultureller Gegenstände haben demgemäß keines-wegs eo ipso etwas Unwissenschaftliches, Beliebiges oder Anrüchiges.[172] Im Gegen-

---

[170] Man mag sich die betreffende Konstellation als Gleichung mit mehreren Komponenten vorstellen, von denen je verschiedene fix/bekannt oder variabel/gesucht sein können: 1. der Wertekosmos des Interpreten, 2. der Wert des Gegenstandes relativ zum einen oder anderen axiologischen Bezugsystem, 3. das jeweilige (allgemeine) axiologische Bezugs-system selbst oder 4. die in und mit dem Gegenstand vertretenen Werte.

[171] Die generischen Differenzen sind hier so gravierend, daß allgemeine Regeln – auch etwa für die ›begrenzteren‹ Bereiche des Ästhetischen und der Moderne – kaum sinnvoll zu formulieren scheinen. Zur (gattungskonstitutiven) Applikation im juristischen Bereich vgl. dagegen zusammenfassend etwa Betti, Zur Grundlegung der allgemeinen Auslegungs-lehre, S. 54. (Daß dem applikativen Vollzug dort generell mehr subjektiver Spielraum zu-gestanden wird als dem philologisch-kontemplativen, vgl. S. 45, scheint freilich in Anbe-tracht des ersten Kanons wenig zwingend.)

[172] So stellvertretend etwa bei Thieberger, Fug und Unfug der Interpretation, S. 40, wo sämt-liche »zweckgerichteten Auslegungen« unterschiedslos dem »Unfug der Interpretation« zugeordnet werden. Die unlauteren bzw. ›gefährlichen‹ und dementsprechend auch meist-bekämpften Arten von Applikation sind jedoch nur a) diejenigen, die sich fälschlich formal als unmittelbar historisch-urheberintentionale Explikationen ausgeben (›Goethe ruft uns

teil erscheinen sie für den Fortbestand kultureller Traditionen immer schon und nach wie vor zentral.[173] Daß sie in weiten Teilen der hermeneutischen Theorie und (wissenschaftsbetrieblichen) Praxis dennoch für höchst problematisch gelten, ist gleichwohl insoweit verständlich, als der im Sinne lebendiger Überlieferung im Grunde richtige und nicht zuletzt deshalb so prominente Impuls der philosophischen Hermeneutik zur Rehabilitation der zuvor im Historismus weitgehend zurückgedrängten Applikation[174] die Tendenz hat, mit der historistischen Selbstgenügsamkeit zugleich auch alle Errungenschaften der historischen Hermeneutik preiszugeben und dergestalt eine falsche, hinsichtlich der Tradierungsfunktion der Kulturwissenschaft nach beiden Seiten gleich fatale Alternative zwischen zielindifferentem Objektivismus und objektindifferenten Zielvorgaben zu installieren.

Nun kann es hier nicht darum gehen, die vielberufene ›Einheit von Verstehen, Auslegen und Anwenden‹ zum x-ten Mal im einzelnen kritisch durchzugehen – nur um am Ende festzustellen, daß die dabei zu zerpflückenden (Gadamerschen) Formulierungen schon ihrerseits ambig sind. Statt dessen seien zur Stützung der zuvor gemachten Differenzierungen lediglich zwei (eng verknüpfte) Punkte festgehalten:

1. So wenig die Behauptung, daß jeder historischen Explikation immer schon ein applikatives Moment innewohne, widerlegt werden kann, solange sie sich dahingehend versteht, daß jede Beschäftigung mit kulturellen Gegenständen auf einer bestimmten, wie auch immer gearteten Wert- und Interessengrundlage aufruht sowie daß kein Interpret jemals sämtliche der aus seiner geschichtlichen Position erwachsenden Beschränkungen in Richtung auf eine ›reine‹, i.e. historietranszendente ›Objektivität‹ zu überwinden vermag,[175] so wenig folgt daraus doch eine Lizenz, den praktischen Unterschied zwischen Verstehen und Applizieren, welcher jedem Interpreten – jenseits aller eventuell ›immer je schon‹ virulenten und

---

zu, daß wir die Autobahn hier bauen sollen!‹), und b) diejenigen, deren Ergebnis zuvor schon gegenstandsunabhängig festliegt (mögliche Aufgabe: Ernst Jüngers Schrift »In Stahlgewittern« ist – unabhängig davon, was darin steht – als Anti-Kriegs-Pamphlet zu erweisen).

[173] Ob sie dagegen auch, wie von Marquart, Frage nach der Frage, auf die die Hermeneutik eine Antwort ist, S. 585, prospektiert, entscheidend dazu beitragen können, handfestere Konsequenzen objektiver Meinungsverschiedenheiten (bishin zur physischen Vernichtung des Andersmeinenden) zu verhindern, dürfte weniger vom allgemeinen hermeneutiktheoretischen Status der Applikation als vielmehr von deren jeweiliger Funktionsbestimmung in verschiedenen Kulturkreisen abhängen.

[174] Insofern muß Alberts Feststellung, daß Heideggers Hermeneutik im wesentlichen eine philosophische Rehabilitation der theologischen Applikation darstelle (vgl. Albert, Kritik der reinen Hermeneutik, S. 25), nicht notwendig – wie hier unübersehbar – als Vorwurf aufgefaßt werden.

[175] Zusammenfassend formuliert etwa bei Jauß, Ästhetische Erfahrung und literarische Hermeneutik, S. 394/395. (Vgl. in diesem Kontext etwa auch S. 26/27, wo zwar Gadamers affirmative Beschränkung der Applikation, keineswegs aber die prinzipielle »Einheit von Verstehen, Auslegen und Anwenden« kritisiert wird.)

aufgrund ihrer Unbewußtheit unüberwindlichen Verstrickungen – durchaus bewußt zu sein pflegt, in Richtung auf eine ungebremste Applikation einzuebnen.[176]

2. Die Überzeugung, daß eine historische Interpretation ohne Applikation unvollständig, nutzlos, müßig sei, impliziert weder beider Identität bzw. einen Zwang, die historisch erarbeitete Trennung wieder zu vergessen (wie auch?), noch etwa eine wert- oder umfangmäßige Prävalenz des applikativen Anteils im Rahmen konkreter Explikationen.

Noch wichtiger als die unmittelbare sachliche Differenzierung erscheint jedoch im gegenwärtigen Zusammenhang die Frage nach den historischen Ursachen für den weitverbreiteten Hang zur Hypertrophierung des Applikativen. Hat letzterer doch, zumal sofern er keineswegs nur unter kulturkonservativen, sich nach dem Emphatischen und Normativen älterer Tradierungspraxis zurücksehnenden, sondern insbesondere auch unter modernismusoffen sozialisierten Kulturwissenschaftlern Platz greifen konnte, durchaus sowohl mit der ästhetischen Moderne als auch mit der kulturellen Situation in der Moderne etwas zu tun. Nicht nur schlägt mancherorts die Ambition durch, mit kulturellen Manifestationen als (moderner) Kulturwissenschaftler genauso frei, ironisch, bilderstürmerisch, verformend, spritzig usw. umgehen zu dürfen wie der moderne Künstler selbst,[177] sondern es manifestiert sich zugleich auch allenthalben ein eklatantes (und – bei aller eventuellen Unbewußtheit oder Uneingestandenheit – hinter der Infragestellung des ersten Kanons nur notdürftig verborgenes) *Ungenügen* an der klassischen kulturellen Überlieferung, so wie man

---

[176] Vgl. dazu nach wie vor die eindringlichen Appelle bei Wach, Das Verstehen, Bd. 2, S. 6ff., wo es etwa, S. 9/10, heißt: »Verstehen im Gegensatz zum Deuten ist dadurch charakterisiert, daß auf Grund des Wissens um die Bedingtheit versucht wird sie zu überwinden, zu neutralisieren jedenfalls«. Daß dies nie restlos möglich sei, räumt Wach nebenbei gleich anschließend und auf angemessen unspektakuläre Weise ein (vgl. dazu etwa auch schon Hartmann, Das Problem des geistigen Seins, S. 29). Gegen den Hang, sich, weil man ja ohnedies stets unbewußten historischen Zwecksetzungen unterliege bzw. in den Dienst herrschender Ideologien gestellt werden könne, von vornherein nicht mehr um historische Adäquanz zu bemühen (welchem – zumindest in der Theorie – z.B. Freundlieb, Literarische Interpretation, S. 38f., nachgibt), argumentiert ferner aus Brandt, Von der Hermeneutik zur Interpretation, S. 264, wenn er – nachdem er die Behauptung, jeder Interpret verfolge, indem er objektive Aussagen zu machen glaube, in Wahrheit doch nur »zeitabhängige Zwecke«, mit Recht als Konsequenz einer »empirisch nicht nachweisbaren Metatheorie« charakterisiert hat – zu dem Ergebnis kommt: »Der Wandel der Interpretation läßt sich zweifellos aufzeigen, aber genauso zweifellos Kernbestände mit einer nach dem Expertenkonsensus gelungenen Korrektur vorhergehender Fehler. Wir erkennen heute die stoische Theorie nicht nur anders als Philosophiehistoriker des 18. Jahrhunderts, sondern besser.« Ob wir mit dem so besser Verstandenen allerdings auch etwas Besseres oder überhaupt etwas anzufangen wissen, ist eine völlig andere Frage.

[177] Solch avantgardistisch-atavistischer Vitalismus scheint etwa leitend, wenn Barthes, Wahrheit und Kritik, S. 72, sich bei Gelegenheit der Abschaffung des ersten Kanons aufmunternd zuruft: »Und wir haben recht, weil wir damit dem Tod verwehren, das Lebendige zu erfassen, wir befreien das Werk von den Zwängen der Intention, wir finden das mythologische Bestreben der Bedeutungen wieder.«

sie kanongemäß vorfindet.[178] Die Auswirkungen, welche der darin angezeigte und in anderen Segmenten der Gesellschaft naturgemäß eher noch radikalere mentalitätsgeschichtliche Bruch auf die kulturwissenschaftsbetriebliche Bereitschaft zu »Uneigennützigkeit und demütiger Selbstentäußerung« bei »ehrlicher und entschlossener Überwindung der eigenen Vorurteile«[179] sowie zum Streben nach der »Harmonie« mit der vom Objekt ausgehenden »Anregung«[180] bereits gehabt hat, derzeit hat und weiter haben wird, sind kaum zu überschätzen – und realistischer als der Versuch eines simplen Verbots applikativer oder freierer Zugänge erscheint es deshalb, lediglich auf einer möglichst genauen Kennzeichnung des jeweiligen Status zu insistieren. Zwar wäre auch damit keineswegs entschieden, inwieweit Modernismus und Postmodernismus, wo sie als alleinige Wertgrundlage oder Haltung die Kulturwissenschaft erreichen, nicht ihre eigene kanongemäße Tradierung sowie die anderer Kulturdenkmäler gefährden, doch verschwände so doch immerhin der Zwang, bestehendes oder wachsendes Desinteresse am historischen Gegenstand ›methodologisch‹ zu kompensieren und damit sowohl die allgemeine Hermeneutik wie auch jede mögliche Spezialhermeneutik der Moderne im Grundsatz zu verwirren.

Die evolutionäre und werthafte Fundierung kulturwissenschaftlichen Vollzugs

Besteht die methodologische Herausforderung schon bei der Relationierung von kanoninternen Explikationen und kanonüberschreitenden Betrachtungen oder Applikationen einzelner Gegenstände vor allem darin, falsche Dichotomisierungen und einseitige Prävalenzen in eine offene Vielheit möglicher, wenngleich überall ›kennzeichnungspflichtiger‹ Fragestellungen nebst den dazugehörigen Antworten zu über-

---

[178] Vgl. etwa Schulte, Literarische Hermeneutik zwischen Positivismus und Nihilismus, S. 209, wo es heißt: »Schon der Gedanke des ewigen Kreisens um den einen und ewig mit sich identischen Sinn des Werkes verbreitet geistige Öde« – ein Gedanke, der einem gläubigen Interpreten etwa des Neuen Testaments oder auch der Hölderlinschen Oden notwendig entweder zutiefst hybrid oder bemitleidenswert erscheinen muß. Grundlage der bei Schulte exemplifizierten Auffassung ist die Gewißheit einer *immer schon* »in Verlust geratenen Relevanz« der ›wahren‹ Gegenstandsbedeutung (S. 207/208). Entsprechend sieht auch Frank, Das Sagbare und das Unsagbare, S. 210, die Literaturwissenschaft zur Verarmung verdammt, wenn sie dem Text die Möglichkeit nimmt, »sich von deutungsfähigen Individuen überschreiten zu lassen« (wofür als Kronzeuge übrigens ausgerechnet Boeckh ins Feld geführt wird, S. 209). Die Sorge, daß jede Anbindung an den Urheber den Gegenstand zwangsläufig »mumifizieren« müsse, teilt fernerhin auch Frey, Der unendliche Text, S. 10 (mit der Konsequenz der Propagierung einer weitgehend ungelenkten Applikation, vgl. etwa S. 21f, S. 124 und passim). Daß jeglicher ›Wortsinn‹ sogar per se banal sei, dekretiert dagegen – auch hier bereits einen Schritt weiter – Barthes, Wahrheit und Kritik, S. 31.

[179] Betti, Zur Grundlegung der allgemeinen Auslegungslehre, S. 38.

[180] Ebd., S. 41. Daß es sich bei den genannten Forderungen primär um heuristische Regulative im Modus des ›Als-Ob‹, nicht dagegen um unbedingte moralische Imperative handeln muß, erhellt, sobald man fragt, inwiefern und bis zu welchem Punkt die bei Betti angemahnte »brüderlich und verwandt fühlende Einstellung« (ebd., S. 39) etwa auch die hermeneutische Erschließung von Hitlers »Mein Kampf« zu leiten hätte.

führen, so gilt dies um so mehr auch für den weiteren, etwa auch bestandssichernde, gegenstandsvergleichende oder -erklärende bzw. verallgemeinernde Vollzüge einschließenden Kontext kulturwissenschaftlicher Beschäftigung. Doch sind dem so inaugurierten ›Pluralismus‹, wo er nicht synonym für prädikative und werthafte Beliebigkeit stehen will,[181] notwendig zwei (in praxi eng verknüpfte) Regulative inhärent: zum einen die Berücksichtigung der evolutionären Konstitutionsverhältnisse (vgl. allg. 2.2.) und zum anderen die werthafte Fundierung (vgl. allg. 2.1.).

Ausgangspunkt ist dabei wieder der Befund, daß die wissenschaftliche Praxis infolge ihrer realhistorischen Situierung jederzeit an einen bestimmten Entwicklungs-, i.e. Kenntnis- und – abhängig davon – Fragenstand gebunden bleibt, welcher weder prinzipiell zu transzendieren noch ungestraft zu ignorieren ist.[182] Für die ästhetische Kulturwissenschaft ergeben sich daraus auf objektiver Seite insbesondere etwa folgende, wie so häufig bei Fundierungsverhältnissen gleichermaßen elementar-banale wie folgenschwere (und anbei größtenteils unmittelbar aus dem allgemeinen Konstitutionstherm in 3.1.3. erhellende) Implikationen: Kulturgegenstände, die man nicht rezipiert hat, kann man nicht spezifisch explizieren. – Ohne willentliche Fokussierung auf die jeweilige (materiale oder urheberintentional-historische) Gegenstandsgegebenheit erreicht man keine bzw. allenfalls zufällige Gegenstandsadäquanz. – Kulturgegenstände, von denen keine materielle, medial distinkte und realkonkrete Manifestation oder Dokumentation vorliegt, sind nicht verhandelbar. – Kulturgegenstände, deren generische und/oder sprachliche Konventionsgrundlage unbekannt ist, bleiben in allen davon betroffenen Segmenten stumm. – Komponenten, die als solche nicht erkannt werden, können nichts spezifisch anzeigen oder exemplifizieren. – Ohne urheberintentional-historisch gerichtete hermeneutische Reflexion sind material erscheinender und urheberintentionaler Gegenstand nicht gezielt zu unterscheiden. – Fehlt die (zumindest vorläufige) Einsicht in das urheberintentionale Substrat, so erscheinen alle spezifisch darüber hinausweisenden Explikationen und Situierungen historisch entsprechend unbestimmt – usw.

Abhängig davon, welche Stufen jeweils schon wie weit erhellt sind, bestimmt sich sowohl die faktische Möglichkeit als auch – und damit kommen wir zum zweiten Regulativ – der evolutionär situierte wissenschaftliche Wert weitergehender Expli-

---

[181] Die gravierende Differenz zwischen der eklektizistischen Pluralisierung möglicher *Fragestellung* und einer (mit Absicht oder aus Versehen) zugelassenen ›Pluralisierung‹ (=Auflösung) der *Wahrheitskategorie* pointiert Fricke, Literatur und Literaturwissenschaft, S. 178.

[182] Allgemeine Explikationen der internen evolutionären Konstitution des kulturwissenschaftlichen Vollzugs scheinen – obzwar die meisten Fragerichtungen notwendig längst bekannt sind und schon verschiedentlich systematisch konstelliert wurden (vgl. stellvertretend etwa das bei Globig, Die Methode der historisch-philologischen Analyse literarischer Formen, S. 278, gegebene Schema aus dem Rußland der 20er Jahre, das sämtliche grundlegenden Komponenten bereits enthält) – im engeren Kontext kulturwissenschaftlicher Methodologie bislang eher selten. Lokal bezogen auf die wissenschaftsgeschichtliche Abfolge von Einzelinterpretationen bestimmter Werke ist der Evolutionsaspekt berücksichtigt bei Müller, Tendenzen der westdeutschen Literaturwissenschaft nach 1945, S. 89.

kationen.[183] Ihre wissenschaftsbetriebliche Entsprechung findet die evolutionäre Wertbindung in der intuitiven Bereitschaft, sehr verschieden situierten und entsprechend sehr verschiedene Arten von Mühe, Intelligenz und Intuition erfordernden Hervorbringungen Respekt zu zollen, sofern sie jeweils aktuell zur Erweiterung des – keineswegs überall gleichmäßig entwickelten oder wachsenden – Gesamtkosmos beitragen. So kann es bekanntlich schon eine enorme Leistung darstellen, einen kulturellen Gegenstand überhaupt einmal (als konkrete Realisation oder in seiner kulturellen Bedeutung) zu *entdecken*, seine Tradierung zu sichern und ihn allgemein(er) zugänglich zu machen. Ist das von Fall zu Fall geleistet, erscheint dagegen notwendig gleich die Frage nach seiner Herkunft und Datierung, Dechiffrierung und urheberintentionalen Explikation, wo jeweils wieder eigene, in späteren Korrekturen und Verfeinerungen eventuell zu perpetuierende Verdienste winken. Des weiteren ergeben sich dann Fragen nach feiner aspektierten und/oder weiter ausgreifenden historischen Situierungen, etwa nach der Entstehungsgeschichte, den biographischen, gesellschaftlichen, ästhetischen etc. Konstitutionsbedingungen, der Stellung innerhalb bestimmter Traditions-, System- und Wirkungszusammenhänge oder nach der Rezeption – auch dies sämtlich legitime, keinesfalls immer einfache und zudem nur im Wechselspiel mit den vorangegangenen Ergebnissen sinnvoll zu bearbeitende Aufgaben. Sind sie einmal ›gelöst‹, können wieder andere, nun potentiell noch voraussetzungsreichere Aspekte in den Blick geraten,[184] wobei sämtliche der vom konkreten Gegenstand allmählich in verschiedene Richtungen fortmäandernden Erhellungen gegebenenfalls ohne weiteres ergänzend, facettierend oder modifizierend auf elementarere Explikationsstufen zurückstrahlen können.

Je nach Entwicklungsphase erhalten bestimmte Forschungsgebiete dadurch irgendwann sowohl inhaltlich wie – kaum vermeidlich – auch formal, d.h. hier: ihrer allgemeinen Fragerichtung nach, den Anstrich des (allzu) Selbstverständlichen, auf das man sich, obwohl gerade seine Pflege und Tradierung zu den forschungsbetrieblich schwierigsten (weil undankbarsten) Aufgaben zählt, verständlicherweise

---

[183] Ausmaß und Grenze der Möglichkeit, bestimmte Stufen zu überspringen resp. ihrer Klärung hypothetisch vorzugreifen, werden im folgenden Abschnitt zum 2. Kanon (dort insbes. zum Verstehensprozess) zu verhandeln sein.

[184] Beispiele für besonders voraussetzungsreiche Fragerichtungen wären etwa die mentalitätsgeschichtliche (zur Problematik vgl. zusammenfassend etwa Peters, Literaturgeschichte als Mentalitätsgeschichte? dort insbes S. 183), die ideologiekritische (deren impliziten Setzungen Bürger, Adorno, Bourdieu und die Literatursoziologie, S. 49f. an Adorno exemplarisch herausarbeitet), die – strukturell einen Sonderfall der letzteren bildende – feministische (vgl. dazu stellvertretend Würzbach, Einführung in die Theorie und Praxis der feministisch orientierten Literaturwissenschaft, dort bes. S. 148), die marxistische (sofern sie sich, wie etwa bei Kraus, Literaturtheorie, Philosophie, Politik, S. 310f. u. passim, nicht plan deterministisch begreift), die (tiefen-)strukturalistische (vgl. dazu etwa Ricoeur, Hermeneutik und Strukturalismus, S. 42, und – kritischer – Arndt/Herden/Heukenkamp etc., Probleme der Literaturinterpretation, S. 16) sowie des weiteren, wofern *spezifische* (i.e. nicht nur theorieexemplifizierende bzw. -bestätigende) Ergebnisse gefordert sind, auch die systemtheoretische, diskurstheoretische, feldtheoretische, dekonstruktivistische, psychoanalytische oder geistesgeschichtliche.

nicht beschränken möchte – und zwar schon deshalb nicht, weil man befürchten muß, daß die bei unveränderter ›Methode‹ jeweils noch zu erwartenden Erkenntnisse mit der Zeit immer randständiger werden und schließlich niemanden mehr wirklich interessieren.[185] Folglich sieht man sich, wenn unterdessen nicht bereits die einst zentralen Gegenstände selbst an allgemeinem Interesse eingebüßt haben, bald nach neuen Fragestellungen um, die dann – wenig verwunderlich – in aller Regel und zuerst am engsten Klassikerkanon, als dem Bereich, in dem die Schere zwischen weitgediehener Erschlossenheit und dem Zwang zu immer neuer Verhandlung naturgemäß am sichtbarsten und größten klafft, erprobt werden. Doch so viel in Hinblick auf den historischen Gegenstand Zweifelhaftes bzw. allenfalls als explikatorisch gewandtes Rezeptionszeugnis Interessantes dadurch auch notwendig entsteht, so wenig ist doch prinzipiell beschlossen, daß alles zunehmend Abgeleitete, Voraussetzungsreiche bzw. überhaupt perspektivisch Neue immer entweder gegenstandsfern, überflüssig oder falsch sein müsse, und es macht letztlich genausowenig Sinn, etwa aus prinzipieller Abneigung gegen Auslegungen zweiten Grades zum zehnten Mal den Wortsinn einer mittelalterlichen Tierfabel oder den Bildinhalt von Magrittes »Ceci n'est pas une pipe« zu explizieren, wie es umgekehrt Sinn macht, in noch unentzifferten Keilschriften oder falsch verstandenen Rap-Lyrics nach filigranen (etwa diskurstheoretischen) Sinnüberschüssen zu fahnden.[186]

Wollte man die damit im ganzen konturierte, den evolutionären Faktor integrierende Perspektive auf den kulturwissenschaftlichen Vollzug und dessen ›Methodenplu-

---

[185] Obwohl dieser Eindruck im Einzelfall sehr trügen kann, scheinen die Chancen in vielen Bereichen (etwa für die Auffindung eines bislang unbekannten Goethe-Werkes vom Range der »Wahlverwandtschaften« oder für eine grundsätzlich neue philologische Erschließung des darin Intendierten) derart schlecht, daß ein erfülltes Forscherleben davon kaum zu fristen ist. Hieraus erhellt zugleich, warum ein programmatischer ›Rückzug aufs Elementare‹ (Finden, Sammeln, Verzeichnen, Ordnen, Kommentieren, Edieren) – bei allem Respekt, den er, sofern er aus freien Stücken erfolgt, verdient und ungeachtet der Notwendigkeit, auch theoretisch regelmäßig die Bedeutung dieser alles weitere fundierenden (und übrigens ein Vielfaches an Genialität als ihre genialische Verachtung fordernden) ›Basisarbeiten‹ einzuklagen (vgl. dazu etwa Pross, Historische Methodik und philologischer Kommentar, dort insbes. etwa S. 272, oder Strelka, Edition und Interpretation, passim) – allenfalls eine individuelle, nicht aber eine allgemeine Lösung der Methodenfrage bieten kann.

[186] Das schließt gleichwohl nicht aus, daß die empfundene ›explikative Sättigung‹ wissenschaftsintern gelegentlich einen Punkt erreichen kann, wo einige (und keineswegs allein die unfähigsten) Forscher mit C. Einsteins »Bebuquin« zu dem Schluß gelangen: »Zu wenig Leute haben den Mut, völligen Blödsinn zu sagen. [...] bei einer gewissen Stufe der Intelligenz interessiert man sich für das Korrekte, Vernünftige gar nicht mehr.« (Bebuquin, S. 18, dort freilich allgemeiner intendiert). Wo Kulturwissenschaftler damit (mehr oder weniger willentlich) Ernst machen, kann das einerseits kathartisch und entkrampfend wirken, andererseits aber auch – insbesondere, wo institutionelle Macht im Spiel ist – nur noch mehr Verkrampfung nach sich ziehen. Erfahrungsgemäß gerät Kulturwissenschaft hier in Gefahr, zum Gesellschaftsspiel ein- oder wechselseitiger Bekundung ästhetizistischer Feingeistigkeit zu verkommen. (Vgl. in diesem Kontext etwa Bourdieus Analyse der wissenschaftsbetrieblichen Sozialwirkung dekonstruktivistischer Verfahren in: Die feinen Unterschiede, dort insbes. S. 782).

ralismus‹ zusammenfassend veranschaulichen, so böte sich dafür das (obschon radikal dimensionsreduzierte) Bild einer Silbermine an, welche zu jedem Zeitpunkt durch verschiedene, wenngleich keineswegs beliebige Zugänge betreten und durchwandert sowie – bei entsprechenden Rahmenbedingungen und Fähigkeiten sowie (lokal) ausreichendem Interesse – von den je bereits erschlossenen Haupt- oder (soweit bekannt) auch Nebenstollen her ausgebaut werden kann. Die Stoßrichtung fruchtbarer Erweiterung ist dabei prinzipiell offen, bleibt aber in der historisch-konkreten Wissensevolution insofern determiniert, als es

– nicht möglich ist, an beliebigen Punkten, d.h. unabhängig von der jeweils aktuellen Erschlossenheit anzusetzen (und also etwa die klassenspezifischen Charakteristika des Komponisten eines bislang nur vom Hörensagen bekannten Musikstückes aus diesem heraus zu eruieren),

– nicht bzw. nur vorgeblich möglich ist, neue ›Erkenntnisstollen‹ mit untauglichen Werkzeugen (i.e. hier: Methoden im eigentlichen Sinne) zu erschließen (und also etwa das urheberintendierte Substrat eines Gegenstandes allein dem ›Mittelwert‹ seiner Rezeptionszeugnisse zu entnehmen),

– müßig ist, bereits erschlossene ›Stollen‹ noch einmal zu bahnen, ausgenommen dort, wo der Zugang zu ihnen zwischenzeitlich (etwa durch historische Veränderungen des wissenschaftlichen Sprachgebrauches) verschüttet oder ihre Existenz schlichtweg vergessen wurde,

– müßig ist, sich in Richtungen zu bewegen, wo aller (obschon stets nur begrenzten) Voraussicht nach kein ›Silber‹, sondern nur ›Geröll‹, sprich: zwar womöglich faktisch Neues, aber nichts Interessantes bzw. nicht das je Gesuchte zu entdecken ist.

So sehr dieser Vergleich sonst hinken mag, etwa sofern jede kulturwissenschaftliche Explikation nicht nur (bestenfalls) ›Stollen freilegt‹, sondern sich zugleich – als eigenständiger kultureller Gegenstand – ihrerseits als neues, selbst wieder zu erschließendes ›Silber‹ oder ›Geröll‹ anlagert, oder insofern, als das eher statische Bild der Mine dem ständigen und gerade in der Gegenwart nach jeder Richtung explodierenden Hinzukommen neuer potentieller Gegenstände nicht gerecht wird, so indiziert er doch a) die wichtige Differenz zwischen unmöglichen und müßigen Unternehmungen, b) die Möglichkeit, sich in Seitenschächten zu verlieren und/oder dort auf ungeahnte Schätze zu stoßen, c) die Chance, über verschiedene Wege zu identischen oder doch ›parallelen‹ Ergebnissen zu kommen, d) die (jeweils graduellen) Unterschiede zwischen konventionellen und unkonventionellen, infinitesimalen und reichhaltigen, bahnbrechenden und nachbereitend-vollendenden sowie gründlichen und kursorisch-fragmentarischen Erschließungen, e) das Evolutionäre und Unvorhersehbare im weiteren Ausbau des gesamten ›Bergwerks‹ sowie schließlich f) die Möglichkeit seines partiellen oder gesamten Einsturzes (durch unkluge Anlage oder äußere Einwirkungen) resp. seiner willentlichen Stillegung.

Eher wenig treffend ist hingegen auch das Vergleichselement des Silbers, nämlich sofern es suggeriert, alles Explizierenswerte liege ein für allemal fest und sei nur noch – gleich wann, von wem und zu welchem Zwecke – ›abzubauen‹. Weit sinnvoller scheint es demgegenüber, die Wertschätzung der unterschiedlichen im Bergwerk vorfindlichen Substanzen und Bereiche zeit- und perspektivenabhängig variabel zu denken: Dergestalt mag es – im Bild gesprochen – durchaus vorkommen, daß zu bestimmten Zeiten von bestimmten Gruppen nur nach Kupfer, zu anderen Zeiten resp. anderswo dagegen nur nach Silber gesucht wird, daß jemand bei der Suche nach Silber auf Diamanten stößt und daraufhin sein Interesse ändert (oder umgekehrt), daß jemand gefundenes Gold zum Abraum wirft, weil es ihn nicht interessiert, daß jemand etwas, was zunächst ganz anders aussah, als Gold erkennt oder erglänzen lassen kann (und so das allgemeine Interesse auf sein Umfeld lenkt) oder daß umgekehrt etwas, was erst Silber schien, sich als Lametta erweist, daß jemand die temporäre Macht hat, eine bestimmte Ausbaurichtung für besonders wichtig oder überflüssig zu erklären (ganz gleich, was dort de facto zutage gefördert wird oder werden könnte), oder schließlich daß – wie derzeit und in nie zuvor gekanntem Ausmaß – all das gleichzeitig lokal vieltausendfach und weithin unüberschaubar statthat.

Das Problem ist derart freilich weniger die jeweils neueste, im besten Falle eine weitere Dimension hinzufügende ›Methode‹ (=Fragerichtung) als vielmehr a) das Ausmaß dessen, was dem Bewußtsein der Forschergemeinschaft im Zuge temporärer Hypertrophierungen jeweils an methodischen und inhaltlichen Grundlagen *verlorengeht*, sowie b) die Vermittlung der verschiedenen wissenschaftsbetrieblichen Axiomatiken und Axiologien. Entscheidend scheint dabei im gegenwärtigen Stadium zunächst die Einsicht, daß hier nicht *ein* ›methodisches Problem‹ vorliegt, das es mit Hilfe eines theoretischen Geniestreiches oder holistischen Setzungsaktes zu lösen gälte, sondern eine ganze, inzwischen (selbst synchronisch) kaum mehr zu überblickende Reihe von jeweils mehr oder weniger weitreichenden und fundamentalen Kompetenzüberschreitungen, inadäquaten Selbstdeutungen, objektiv überflüssigen Iterationen und (relativ zum jeweils explikativ Angestrebten bzw. Vorgegebenen) fruchtlosen Ansätzen oder Vollzügen sowie – und nicht zuletzt – werthaften Divergenzen von Segment zu Segment. All dies ließe sich gleichwohl, wenn auch mit einiger Mühe, ohne weiteres meistern, wenn nicht – und hier scheint, mehr als an irgendeiner einzelnen anderen Stelle, die besondere ›Situation der (Post-)Moderne‹ auf die Methodendiskussion durchzuschlagen – jeder neu ins Blickfeld kommende Gegenstand gleich und zuerst in seiner aktuellen, bei aller gelegentlichen inneren Affinität von ›Methode‹ und Gegenstand meist weitgehend zufälligen Brechung durch die zeitgleich jeweils abgeleitetsten und voraussetzungsreichsten (und für entsprechend avanciert geltenden) Theorieentwürfe erschiene, wenn ferner nicht durch die gleichzeitige Ausdifferenzierung und Potenzierung aller jeweils möglichen Gegenstände *und* Fragestellungen *und* Methoden *und* Ziele jede methodologische Bestandsaufnahme immer schon im Moment ihrer Formulierung überholt und von neu herandrängenden Umbrüchen überrollt erschiene und wenn schließlich nicht das gegenwärtig herrschende Ineinanderwirken von materialer Verbreiterung, externer Austrocknung und Heteronomisierung des Wissenschaftsbetriebes einen Distinktionszwang zeitigte, der jede unspektakulärere Besinnung von vornherein zum strategischen Verlustgeschäft zu stempeln droht.

Nichtsdestoweniger könnte eine allgemeine und moderneintegrative Spezifikation und Absicherung des ersten hermeneutischen Kanons, so wie sie hier in Ansätzen versucht wurde, dabei – unter ständiger Berücksichtigung seiner wertbezogenen und evolutionären Einbindung – einen ersten, grundlegenden Schritt bedeuten.

3.2.3. Zweiter Kanon

Stärker noch als beim ersten Kanon kommt auch beim zweiten, im weiteren zu behandelnden die Teilung in ein gegenstandsbezogenes ontologisches Postulat zum einen sowie in eine darauf fußende, den eigentlichen Kanon bildende Verpflichtung, nämlich die, diesem Postulat als Interpret im Sinne eines adäquaten Gegenstandsverständnisses auch genüge zu tun, zum anderen zum Tragen. Demgemäß erscheint, was traditionell als ›hermeneutischer Zirkel‹ bzw. als ›hermeneutischer Kanon von Teil und Ganzem‹[187] verhandelt wird, (neben vielerlei anderen Äquivokationen[188]) einesteils als allgemeine Theorie des Verstehensaktes und andernteils als hermeneutisches Regulativ für die Gegenstands- bzw. (in der Theorie bislang meist ausschließlich:) Texterschließung.

Weitere in Hinblick auf eine allgemeine und moderneintegrative Hermeneutik relevante Präzisierungen der Fragestellung ergeben sich daraus, ob bzw. inwieweit es jeweils a) um das Wiedererkennen und -dechiffrieren von bereits *Bekanntem* oder um das Begreifen von (inhaltlich und/oder formal mehr oder weniger) *Neuem* bzw. um einen *evolutionär fundierten* oder um einen (onto- oder phylogenetisch) *emergenten* resp. *ersten* Verstehensakt, b) um den jeweils *ersten* (bzw. einzigen) realen Verstehensvollzug oder um das Ergebnis einer im Prinzip *beliebigen* Anzahl von Verstehensdurchläufen resp. Rückgriffen und Vertiefungen, c) um den *subjektiv empfundenen Aktcharakter* oder um die Relation des Akts zur *Adäquanz möglicher Resultate* geht; sowie ferner – nämlich in bezug auf die dabei jedesmal in Rede stehenden ›Ganzheiten‹ – daraus, ob es sich dabei a) um *extensive*, d.h. im Prinzip in *Teile* zerlegbare oder aber um *strukturelle*, d.h. den jeweiligen Gegenständen als *Aspekte* zukommende *Ganzheiten* handelt, ob b) die ›Teil/Ganzes‹-Relationierung gegenstandsintern verbleibt oder ob sie darüber hinaus auch auf größere ›Ganzheiten‹ wie das Gesamtwerk eines Urhebers/Autors, seinen Lebensvollzug (in dessen ›Ganzheit‹ der Schaffensvollzug dann als ein ›Teil‹ erscheint), die von ihm verwendete(n) Sprache(n) bzw. Konventionssysteme, den (näheren oder weiteren) historischen Kontext usw. gewendet wird, sowie schließlich, ob c) der Begriff der ›Ganzheit‹ resp. des ›Ganzen‹ in seiner größtmöglichen Allgemeinheit oder aber (offen oder implizit) mit spezielleren, z.B. klassizistischen, organologischen, vitalistischen, symmetrischen etc. Vorstellungen versetzt erscheint.[189]

---

[187] Vgl. den Abschnitt »Ganzheit und Zusammenstimmung der hermeneutischen Wertbeurteilung« in Betti, Allgemeine Auslegungslehre, S. 219ff.

[188] Vgl. dazu stellvertretend die umfassende kritisch-differenzierende Aufarbeitung des Topos vom ›hermeneutischen Zirkel‹ bei Göttner, Logik der Interpretation, S. 131ff.

[189] Zur Problematik von Begriffen wie ›organisches‹ oder ›echtes Ganzes‹ vgl. noch immer Carnap, Der logische Aufbau der Welt, S. 48/9.

Beginnen wir angesichts solcher Verzweigtheit gleich mit dem dunkelsten aller Aspekte, nämlich der Frage nach der Entstehung des Verstehens an sich, d.h. nach Ort, Zeit und Art seiner evolutionären Konstituierung. Nicht daß wir dazu – abgesehen vom pflichtschuldigen Hinweis auf die Emergenz sowie auf einige notwendige Bedingungen wie Rezeptivität, Bewußtsein oder Wertgeleitetheit – etwas zu sagen wüßten,[190] doch kommt es hierauf weniger an als vielmehr auf die Feststellung, daß die Formulierung des zweiten Kanons, so wie er im kulturwissenschaftlich-ästhetisch definierten Rahmen, d.h. angesichts eines sowohl phylo- wie ontogenetisch im Prinzip längst stabilisierten und hoch ausdifferenzierten Verstehensvollzuges, gebraucht wird, ebensowenig vom Vorhandensein einer gesicherten Explikation bzw. Definition des Uranfänglichen abhängt wie das neueste Sportwagenmodell vom historischen Wissen um die Erfindung des Rades – und es hilft folglich nicht viel, die numinose Aura des Beginns holistisch in jede der vielen, z.T. weit profaneren Fragen zu tragen.

Analoges gilt, wenngleich in charakteristischer Graduierung, auch für jedes gelingende Begreifen von Neuem. Auch hier bleibt, jenseits aller gegebenenfalls aufzuweisenden Konstitutionsbedingungen und der durch sie aufgespannten Potentiale, stets ein inkommensurabler Rest, wenn es darum geht, faktische Verstehensleistungen nachzuvollziehen, zu erklären oder – zumindest eingrenzend – vorherzusagen.[191] Wie groß dieser ›Emergenzsprung‹ in concreto sein muß, hängt gleichwohl an der Art sowie am Grad der Neuheit: Auf allgemeinster und demgemäß schwächster Stufe ist hier zunächst die Tatsache in Rechnung zu stellen, daß – realontologisch betrachtet – *alles*, was in aktueller Gegenwart als Zu-Verstehendes begegnen kann, kraft seiner Situierung im Gang der irreversiblen Zeit per se – d.h. ganz gleich, ob ein kasachischer Säugling schlagartig Schopenhauers »Welt als Wille und Vorstellung« begreift oder ob jemand zum tausendsten Mal dasselbe Klingelschild abliest – als jeweils *neu* Begegnendes verstanden werden muß und auch verstanden wird. Erst hiernach setzt die inhaltsinduzierte Staffelung der Neuheit ein, der es vor allem darum gehen muß, ob der entsprechende kulturelle Gegenstand (in seinen je kanonischen Konstitutionsmomenten) erstmals oder zum wiederholten Male als solcher realisiert resp. ›verstanden‹ (nicht etwa nur: wahrgenommen) wird, ferner darum, inwieweit der in ihm exemplifizierte Erscheinungsmodus bzw. Konventionsgebrauch – global und je lokal – bereits bekannt oder geläufig ist, und schließlich darum, inwieweit das in ihm poten-

---

[190] Ob die Explikation hier insgesamt schon ernsthaft über Metaphern wie die Schlegelsche vom »Samen«, aus dem ein »Wachsen« und »Blühen« entspringe (vgl. Weimar, Historische Einleitung zur literaturwissenschaftlichen Hermeneutik, S. 99), hinausgekommen ist, bleibe dahingestellt.

[191] Vgl. dazu Albert, Kritik der reinen Hermeneutik, S. 135. – Einen emphatisch auf das jeweils inkommensurabel Neue begrenzten Verstehensbegriff propagiert z.B. Frank, Partialität und Universalität der »Divination«, passim, sowie ders., Was heißt »einen Text verstehen«? S. 74. Eine Vermittlung von Kreativität und Rationalität versucht dagegen – im Anschluß an Peirce – Rohr, The Abduction from the Seraglio, S. 248, S. 256 u. passim.

tiell vermittelte Weltwissen bzw. Wertgefüge[192] bereits vertraut und demgemäß nur zuordnend wiederzufinden oder aber aus dem Gegenstand selber zu erschließen ist. Dementsprechend bemißt sich die geforderte ›Weite des Emergenzsprungs‹ daran, ob jemand den betreffenden Gegenstand – z.B. eine rote Ampel oder die Zeichenfolge ›II + II = IV‹ – gerade zum ersten oder schon zum soundsovielten Mal sieht, ob er die verwendeten Einzelkomponenten und die Art ihrer übergreifenden Strukturierung sämtlich/teilweise/gar nicht kennt resp. zuzuordnen in der Lage ist, sowie nicht zuletzt daran, ob er *vorher weiß* bzw. inwieweit er *wissen kann*, was ›rot‹ auf einer Ampel heißt bzw. daß zwei und zwei zusammen für gewöhnlich vier ergibt. Stellt man dies in Rechnung, so erscheint die anläßlich des ›Besserverstehens‹ bereits erwähnte Trivialität, daß derjenige, welcher in der vom jeweiligen Gegenstand geforderten Richtung am meisten weiß, kennt, kann etc., den größten Verstehensradius hat,[193] noch um den (wiewohl gleichfalls trivialen) Aspekt ergänzt, daß der Rezipient mit den besten Verstehensvoraussetzungen von Fall zu Fall für ein erfolgreiches Verstehen am wenigsten Kreativität benötigt,[194] gleich ob es sich dabei um einen Kassenbon, ein Heldenepos oder eine Selbstverstümmelungsperformance handelt.[195]

Das ›Unnennbar-Individuelle‹

Ferner pflegt das Emergente – als das Divinatorisch-Irrationale des Verstehensaktes – dort besonders vehement herausgestellt zu werden, wo es um ein unnennbar Subjektives resp. Individuelles geht.[196] Hierzu ist zunächst – entgegen gelegentlichen Identifikationen – festzuhalten, daß weder alles, was Teil eines individuellen Bewußtseins ist, deshalb schon einzigartig oder unaussprechlich sein muß (Jemand denkt z.B.:

---

[192] Zur wichtigen Unterscheidung zwischen dem »kognitiv Fremden« und dem »normativ Fremden« vgl. Mecklenburg, Über kulturelle und poetische Alterität, S. 562.

[193] Babilas, Tradition und Interpretation, S. 45, faßt dies zur Formel »Je breiter die Information, desto besser die Interpretation« zusammen – in welcher »besser« gleichwohl besser durch ›sicherer‹ zu ergänzen oder zu ersetzen wäre.

[194] Womöglich liegt hier eine Teilerklärung für das charakteristisch Stumpfe und Mechanische in der Gebildetheit typischer ›Experten‹.

[195] Sämtliche dieser Verhältnisse wiederholen sich spiegelbildlich auf der Produktionsseite: Man vergleiche etwa das Maß an Kreativität, das a) Aristoteles gebraucht hätte, b) Einstein brauchte, c) ein heutiger Physikstudent braucht, um sich die Formel ›E=mc^2‹ zu erarbeiten – und so analog bei allen Kulturleistungen, ob alt oder modern, ästhetisch oder nicht. – Zur Gradualität zwischen bloß reproduktiver Traditionsanknüpfung und produktiver Neuerung auf der Grundlage vorhandener Traditionssubstrate vgl. stellvertretend Babilas, Tradition und Interpretation, S. 21ff.; Oesterreich, Zur Identität des literarischen Werkes, S. 62: oder Japp, Hermeneutik, S. 42.

[196] Vgl. stellvertretend wieder Frank, Partialität und Universalität der »Divination«, passim (sowie dazu Gille, Die Genialität des Auslegers, S. 184), oder schon Rothacker, Logik und Systematik der Geisteswissenschaften, S. 126, wo es etwa heißt: »Wird ein Werk *begriffen*, so liegt kein Verstehen im strengen Sinne vor. Wird es *erklärt*, ebenfalls nicht. Wo wir uns aber genötigt sehen, in einem Werk ein nicht restlos in Begriffe auflösbares und nicht restlos erklärbares Individuallebendiges zu suchen, da glauben wir Versuchen echten Verstehens, des *Verstehens im prägnanten Sinne*, zu begegnen.«

›Oje, bin ich müde‹),[197] noch alles, was prädikativ als Einzigartiges ausgezeichnet werden kann (wie etwa der Mount Everest als ›höchster Berg der Welt‹),[198] schon ›im emphatischen Sinne‹ verstanden oder unaussprechlich bzw. umgekehrt alles ›restlos‹ oder als Unaussprechliches Verstandene (wofür ein Beispiel trivialerweise fehlen muß) gleich einzigartig oder einem bestimmten Bewußtsein zugeordnet.

Abgesehen davon bleibt der hermeneutische Status insbesondere des Unaussprechlichen zusätzlich nach zwei Seiten abzugrenzen: zum einen gegen die szientistische Obsession, die meint, es könne und dürfe derartiges nicht geben, und wenn, dann habe Wissenschaft entweder nichts davon zu wissen oder müsse es so rasch wie möglich in (ihr je) Bekanntes, Durchschaubares, Diskursives, Eindeutiges ummodeln; zum anderen aber – und genau so dringlich – gegen jenen Spät/Neo-Romantizismus, der im Unnennbaren immer schon das Wesentliche wähnt (und umgekehrt) und der in ›wahrer‹ Hermeneutik nichts erkennen mag als beider unermüdliche, die tödliche Benennung endlos mit Geschick umraunende Künderin. Anstelle dieser Verengungen wäre ein Standpunkt zu gewinnen, welcher die Existenz und Erfahrungsmöglichkeit (temporär oder prinzipiell) singulär-unaussprechlicher bzw. überhaupt unaussprechlicher Verstehenssubstrate ohne weiteres zugesteht und diese – anstatt sie zwanghaft einzuebnen – gegebenenfalls durchaus emphatisch als solche stehenläßt, *ohne* doch deshalb gleich jeden Versuch, explikatorisch ins (bislang) Unfaßliche vorzudringen, als Sakrileg zu inkriminieren oder das Sagbare per se zur Fadaise zu erklären.

Denn anders als es die Revitalisierung ehrwürdiger Unaussprechlichkeits-Topoi à la: »Hermeneutische Interpretationen vervielfältigen Reden um den Preis, daß Wesentliches schweigt, weil es durch erzwungene Deutung seiner Bedeutung zum Schweigen gebracht wurde«[199] gefällig suggeriert, ist weder ausgemacht, daß hermeneutisches Interpretieren seine Deutungen immer erzwingen muß, noch daß es die Rede des Gegenstandes stets bloß vervielfältigt, noch daß das Wesentliche, solange man ihm nur keine Bedeutung aufzwingt, notwendig spricht, noch schließlich, daß zum Reden Gebrachtes seine Wesentlichkeit dadurch immer verliert. Zwar ist kaum zu bestreiten, daß hermeneutische Betriebsamkeit den Gegenständen ihren Zauber nehmen, ihr Unsagbares eskamotieren, sie gewaltsam vereindeutigen, banalisieren

---

[197] Gegen überzogene Originalitätsauffassungen hinsichtlich des einzelnen Kunstwerkes vgl. (exemplarisch gegen Croce) schon Betti, Zur Grundlegung der allgemeinen Auslegungslehre, S. 62.

[198] In diesem formalen Sinne ist das Individuelle einfach der nur noch *einen* konkreten Erfüllungsgegenstand enthaltende »Durchschnitt verschiedener Klassen« (Titzmann, Strukturale Textanalyse, S. 28) und die individualisierende Explikation deren Bestimmung – und zwar ganz gleich, ob das zu Individualisierende eine bestimmte Käferart, das Weltall, ein Gähnen Karls des Großen, die Zahl Pi, eine Bruegelsche Landschaft oder Kurt Schwitters' »Ursonate« ist. (Gegen Spillner, Termini und Sprachfunktion in der literaturwissenschaftlichen Fachsprache, S. 375, taugt das primäre Augenmerk auf Einzelgegenstände deshalb auch weder als Erklärung noch als Argument für die terminologische Uneinheitlichkeit in der ästhetischen Kulturwissenschaft.)

[199] Hörisch, Die Wut des Verstehens, S. 27.

und zerreden kann, doch kann es ebensogut sein, daß der Gegenstand sein ›Wesentliches‹ gerade möglichst deutlich oder aber daß er gar nichts ›Wesentliches‹ sagen will, daß der Interpret sich behutsam genug nähert, um das (oft nicht mehr unmittelbar zugängliche) ›Unnennbar-Wesentliche‹ überhaupt erst kenntlich oder wiedererkennbar zu machen, oder daß er zwar ein Unnennbares verstanden zu haben meint, es aber eben deshalb nicht in seine Darstellung einbezieht etc.

Die Verhältnisse sind hier im ganzen durchaus diffizil und nicht durch holistische Machtsprüche zu klären. Richtig bleibt, daß jedes Verstehen einer fremden Individualität notwendig eines gewissen Maßes an – bislang weder verfahrenstechnisch noch evaluatorisch sinnvoll rationalisierbarer – emotionaler und/oder ›diskursiver‹ Empathie bedarf, daß der Akt der (echten oder eingebildeten) ganzheitlichen Erfassung solcher Individualität in der Regel als ›divinatorischer Sprung‹ erfahren wird[200] und daß man den Kern solcher Individualität (das ›Goethesche‹, ›Kandinskysche‹, ›Hendrixsche‹ oder ›Konsaliksche‹) oft nicht befriedigend in Worte fassen bzw. – im Falle man es doch, nur allzu unglücklich oder ohne ›wirkliches‹ Verständnis unternimmt – sich selbst und/oder anderen verstellen oder verekeln kann. Genauso richtig bleibt jedoch, daß die begrifflich vermittelnde Hinführung vielfach eine unabdingbare Voraussetzung für ein adäquates Individualverstehen bildet und – zumindest graduell – bisweilen auch gelingt, daß ferner weder alles Individuelle noch alles nominell Unaussprechliche im Falle diskursiver Annäherung notwendig seine Wirkung einbüßt (ganz im Gegenteil), daß es zudem auch *andere* interessante hermeneutische Fragen gibt sowie schließlich, daß hermeneutische Theorie und Praxis, welche allzu ausgiebig darauf herumreitet, daß sie das Wesentliche ohnehin nie sagen könne, auf Dauer nicht weniger geschwätzig wirkt als noch die plumpeste Ausdeutung.

Hinsichtlich der modernen Kunst erscheint all dies insofern von gesteigerter Bedeutung, als die tendenzielle Relevanzzunahme des Anteils realmannigfaltiger oder hermetischer Konstitutionsmomente die Rede vom Individual-Unsagbaren hier noch mehr zu begünstigen scheint. Gleichwohl steigt mit dem Ausmaß des vermeintlich oder wirklich Unsagbaren, Nichtrationalisierbaren, Rein-Sensuellen usw. in vielen Fällen auch die Notwendigkeit zur Kontextualisierung, Hinführung, Differenzierung und Erklärung. Und vor solchem Hintergrund wirkt die Tatsache, daß die individuelle Ausdrucksqualität eines bestimmten Jazzdrumsolos, eines Rothko-Gemäldes oder eines Celan-Gedichtes womöglich schwerer adäquat in Worte zu fassen scheint als die – ebenfalls singuläre – Formkunst einer Bachschen Fuge oder die moralische Lehre einer Lafontaine-Fabel, weniger als Menetekel denn als zusätzlicher Ansporn kulturwissenschaftlicher Beschäftigung. Wohl scheint der Grat zwischen Verstellen durch Benennen und Vergessen durch Beschweigen an vielen Stellen schmal, doch bleibt er, wie zahlreiche gelungene diskursive Vermittlungen der Eigenart auch avantgardistischer Kunstwerke beweisen, nach wie vor begehbar.

---

[200] Zur hermeneutikgeschichtlichen Hochschätzung der Divination seit Boccaccio vgl. Gille, Die Genialität des Auslegers, S. 171.

Konstitutionsmomente des Verstehensaktes:
Konventionskenntnis, Weltwissen, Interesse

Um die Implikationen des Verstehensaktes sinnvoll in den Blick nehmen zu können, scheint es geraten, vorab die wesentlichen Voraussetzungen für das Zustandekommen von (adäquaten oder inadäquaten) Verstehensakten kurz zu rekapitulieren. Die erste besteht in einer ausreichenden (vermeintlichen oder wirklichen) Deckung der im Gegenstand konkretisierten Konventionssysteme mit den im Rezipienten aktuell aktivierbaren, die zweite in einer (analogen) Deckung des jeweils eingehenden (wahlweise implizit verbleibenden oder gerade im Verstehensakt manifest werdenden) Hintergrund- bzw. Weltwissens,[201] und die dritte darin, daß an einem Verstehen des entsprechenden Gegenstands ausreichendes Interesse herrscht,[202] wobei es jedoch – diesseits einer blicktrübenden Obergrenze – mehr auf den Grad als auf die Richtung ankommt.[203]

Vor diesem Hintergrund bestätigt sich die triviale Einsicht, daß es völlig voraussetzungsloses Verstehen (außer vielleicht am emergenten Ursprungspunkt) nicht gibt:[204] Immer muß, wer einen kulturellen Gegenstand verstehen will, ein gewisses Maß an – je nach aktuellem Fall notwendigerweise mehr oder weniger ausdifferenziertem – ›Weltbezug mit ihm teilen‹,[205] sei es das ›Allgemein-Menschliche‹ (was immer das auch sei[206]) bzw. die ›Kultur‹, das ›Kreatürliche‹, die ›Geschichte‹ (d.h. hier: bestimmte ihrer Traditionen),[207] das ›Abendländische‹, ›Katalanische‹, ›Universitäre‹, ›Bohemienhafte‹ oder die Verwurzelung in der Ska-Bewegung. Hieraus erhellt zugleich, warum Alterität stets nur unter Rekurs auf ein basaleres Gemeinsames

---

[201] Zur irreduziblen Bedeutung des unter semiotischen Holismen gelegentlich verschütteten Konstitutionsmomentes eines elementaren ›Weltwissens‹ vgl. etwa Freundlieb, Literarische Interpretation, S. 35; Maurer, Can a Computer understand? S. 363; aber auch schon Bultmann, Das Problem der Hermeneutik, S. 52.

[202] Vgl. 3.1.1. sowie – speziell auf die Literatur bezogen – etwa Arntzen, Der Literaturbegriff, S. 11, bzw. Schönaus Ausführungen zum »Erfahrungshunger« als Primärimpuls fürs Lesen (Einführung in die psycholanalytische Literaturwissenschaft, S. 37).

[203] Daß »auch Haß bei der Auslegung hellsichtig machen« könne, konstatiert bereits Betti, Zur Grundlegung der allgemeinen Auslegungslehre, S. 39, Fn. 51. Daß dagegen ein Übermaß an affektiver Involvierung hinsichtlich bestimmter Verstehensaspekte eher nachteilig ausschlagen kann, bleibt in Bettis allgemeiner Formel: »je lebendiger und aktueller« der Bezug, desto besser das Verstehen (ebd., S. 36), ausgespart.

[204] Vgl. schon Stegmüller, Der sogenannte Zirkel des Verstehens, S. 31. Auch in der kybernetischen Verstehenssimulation spielen die Informationen, die das System jeweils schon hat, als sog. ›frames‹ naturgemäß eine entscheidende Rolle (vgl. Colomb/Turner, Computers, S. 392).

[205] Vgl. dazu allgemein Bultmann, Das Problem der Hermeneutik, S. 51.

[206] Einen invarianten, obschon im Vergleich zu früheren (Pseudo-)Universalismen (wie der Rede vom »gemeinsamen Menschentum« beim Hegelianer Betti, Zur Grundlegung der allgemeinen Auslegungslehre, S. 15) schon sichtlich aufs Elementar-Kreatürliche zusammengeschmolzenen kulturellen Kern postuliert etwa noch Rust, Struktur und Bedeutung, S. 159.

[207] Vgl. Bultmann, Das Problem der Hermeneutik, S. 54.

überhaupt zu konstatieren ist.[208] Denn daß sich der Leguan in seiner Haut vermutlich anders fühlt als man selber, ist aus menschlicher Perspektive lediglich mit Hilfe der instinktiven Gewißheit distinkt zu machen, daß er sich – als lebendige Kreatur (und nicht etwa als Bimsstein)[209] – überhaupt ›irgendwie fühlt‹ bzw. erfährt – und so analog auf allen weiteren Differenzierungsniveaus. Demgemäß ist der Spezifisch-für-anders-Erkannte de facto stets schon besser verstanden als der Naiv-für-gleich-Gehaltene, auch wo es subjektiv gerade umgekehrt erscheint.[210]

Weit weniger trivial ist demgegenüber der Befund, daß ›Vorverständnis‹ – analog zum Verständnis selbst – keineswegs etwas ist, was auf diskrete Art entweder (gänzlich) gegeben oder (gänzlich) nicht gegeben wäre, sondern vielmehr – und zwar in jedem einzelnen Konstitutionsbereich – eine sehr fein facettierte *Gradualität* hinsichtlich der Explizitheit/Implizitheit,[211] Konkretheit/Vagheit und Realisiertheit/Realisierbarkeit der entsprechenden Substrate. Sind die drei Parameter auch keineswegs durchgehend unabhängig, so tragen die in ihnen realiter bestehenden Differenzspannweiten doch gemeinsam dazu bei, daß das *Potential* dessen, was jemand prinzipiell verstehen kann bzw. könnte, von einer bestimmten Stabilisierungsstufe der jeweils geforderten Verstehenskompetenz an zu jedem Zeitpunkt unverhältnismäßig viel größer ist als die ›Summe‹ dessen, was er bis dahin faktisch verstehend realisiert hat. Und so kommt es, daß man etwa die russische Sprache mitnichten ›ganz berherrschen‹ muß, um virtuell unendlich viele verschiedene russische Texte (womöglich völlig richtig) zu verstehen, daß man ferner nicht alle Gemälde der Welt gesehen haben muß, um ein neu erblicktes zu begreifen, daß man nicht die ganze Renaissance an jedem Ort und in jedem ihrer Vertreter in extenso durchlebt haben muß, um von ihr etwas zu wissen usw.

Unendlich schwer fällt dagegen bislang (bzw. – aufgrund der konstitutiven Kontextinvolvierung – wahrscheinlich: prinzipiell) die Angabe allgemeiner Regeln dafür, wann welcher Grad an Implizitheit, Vagheit oder Nichtrealisiertheit des konkreten Verstehenssubstrates (bis hin zum gemeinsamen Fluchtpunkt ›reinen‹ Nichtwissens resp. prinzipiellen Nichtnachvollziehenkönnens) jeweils welchen Grad an faktischer Verstehenseinbuße bedingt bzw. in welchen Konstellationen Verstehensakte sich konsolidieren bzw. (als adäquate oder inadäquate) verstärken, in welchen sie (auf diesem oder jenem Niveau und mit diesem oder jenem Adäquanzgrad) stabil

---

[208] Gegen totale Alteritätsbehauptungen vgl. schon Wach, Das Verstehen, Bd. 2, S. 7f.
[209] Vgl. dazu Eibl, Zurück zu Darwin, S. 358.
[210] Vgl. hierzu allgemein Mecklenburg, Über kulturelle und poetische Alterität, S. 568f., sowie Wierlacher, Mit fremden Augen oder: Fremdheit als Ferment, S. 20.
[211] Daß das Vorverständnis implizit sein könne, betont etwa schon Bultmann, Das Problem der Hermeneutik, S. 66.

bleiben und in welchen sie schließlich in sich zusammenbrechen.[212] Der hohe, nicht zuletzt durch die Wertinvolvierung hineingetragene Emergenzfaktor bedingt, daß nichttriviale Explikationen hinsichtlich des Verhältnisses von Vorwissen und faktischem Verstehensprozeß bestenfalls lokal und vor allem immer nur ex post möglich erscheinen.

Für eine allgemeine und moderneintegrative Hermeneutik spielt die Reflexion auf potentielle Differenzen zwischen den allgemeinen Konventions- und Weltwissensvoraussetzungen im jeweiligen Gegenstand und denjenigen des (kulturwissenschaftlichen) Rezipienten insofern eine besonders wichtige Rolle, als die ›kulturelle Einheit‹, in welcher sich ältere Kulturwissenschaft – jeweils mehr oder weniger zurecht – mit ihren Gegenständen wähnen konnte, angesichts der enormen Erweiterung und Ausdifferenzierung des möglichen Gegenstandsfeldes heute radikal zur Disposition – und das meint in praxi: nicht am Anfang, sondern allenfalls am Zielpunkt kulturwissenschaftlicher Beschäftigung – steht. Und dies gilt für den Techno-Aktivisten, der seine ästhetischen Erfahrungen kulturwissenschaftlich anschlußfähig machen will, ganz ebenso wie für den ›hochkulturell‹ sozialisierten Kulturwissenschaftler, der in die Geheimnisse der Graffiti-Kunst eindringen möchte. An der grundsätzlichen Relation, daß man, je weiter man seinen Verstehensradius vom jeweils aktuellen Kosmos aus zu erweitern unternimmt, desto mehr Energie wird investieren müssen, ändert das gleichwohl nicht viel. Eher besteht die Gefahr, daß weite Distanzen irgendwann entweder gar nicht mehr oder nur noch mit der assoziativen Weitsprungtechnik redseliger Medientheoretiker (Qualitätszertifikat: ›Er kann Madonna und Parmenides in einem Atemzug erwähnen‹) bewältigt werden.

Zur Theorie des Verstehensaktes: Zirkel und Evolution

Zu den schwierigsten und – vor allem seit der fundamentalontologischen Wende – am meisten umkämpften Gebieten der hermeneutischen Theorie gehört die Beschreibung des unmittelbaren Verstehensvorgangs, so wie er sich im Rezipienten eines kulturellen Gegenstandes real vollzieht. Zwar erscheint die Frage durch die vorangegangene Ausklammerung der Emergenzproblematik und die Nennung der wichtigsten Konstitutionsbedingungen bereits etwas entschärft, doch bleibt sie trotzdem weit komplexer als hier zu verhandeln – und bliebe es selbst dann, wenn eine allgemeine Lösung sichtbar wäre. Demgemäß hat unsere Erörterung sich darauf zu beschränken, die zwei

---

[212] Beispiel: Unter welchen Bedingungen und wann bricht jemand die Lektüre der vorliegenden Studie ab bzw. verliert die Lust und/oder den Faden, oder aber: beginnt sich (womöglich zunehmend) dafür zu interessieren? Etwa: nach einem Wort (mögliche Abbruch-Begründung: man versteht die Sprache nicht); nach einem Satz (mögliche Begründung: langweilig, zu wissenschaftlich, zu kompliziert, ›verstehe ich nicht mehr‹, zu anstrengend, ›kenn ich schon‹, ›uninteressant‹ etc. oder aber: ›klingt interessant‹, ›verstehe ich‹, ›bringt mir neue Perspektiven‹, ›kenne ich in etwa, will aber mehr wissen‹ etc.); nach ein, zwei, vierzig Seiten (Begründungen: dito). Entsprechend auch bei Filmen, Homepages, Gemälden, usw.

wichtigsten Beschreibungsansätze, welche in der hermeneutischen Theorie in dieser Hinsicht einschlägig sind, auf ihre Vereinbarkeit mit den Erfordernissen einer allgemeinen und moderneintegrativen Hermeneutik hin zu untersuchen und nach eventuellen Modernespezifika zu fragen.

Der traditionelle und immer noch geläufigste Topos zur Charakterisierung des hermeneutischen Verfahrens ist der seit seiner Einführung durch Ast[213] in ständiger Erweiterung und Umdeutung befindliche ›hermeneutische Zirkel‹. Blendet man dabei alle Deutungen aus, die sich gar nicht in erster Linie auf den Verstehens*ablauf*, sondern auf Regulative hinsichtlich des dabei zu erschließenden Verstehenssubstrates konzentrieren, so erscheint das Zirkelbild recht günstig, sofern es den Aspekt des ständigen vergegenwärtigenden Rückbezugs auf frühere Verstehenspartikel im aktuellen Verstehensprozeß[214] sowie die Bezogenheit jedes Verstehensschrittes auf einen größeren Zusammenhang bezeichnet. Eher ungünstig erscheint es – wie schon vielfach dargelegt – dagegen, wo es suggeriert, man verstehe immer nur das, was man ohnehin zuvor schon einbringe, bestätige in jedem Verstehen nur eigene Vorurteile, mache im Verstehensprozeß keine Erfahrungsfortschritte oder bewege sich dabei – mehr oder weniger metaphorisch – immer nur im Kreis.[215]

---

[213] Zur historischen Genese vgl. nach wie vor Wach, Das Verstehen, Bd. 2, S. 42ff.; ferner Behler, What it means to understand the author better than he understood himself, S. 83; und Szondi, Einführung in die literarische Hermeneutik, S. 148ff. (Die »genuine Form des hermeneutischen Zirkels«, die Weimar, Historische Einleitung zur literaturwissenschaftlichen Hermeneutik, S. 33, bereits im Zusammenhang mit Luther wirksam sieht, ist dagegen erst aus späteren, weit nach Ast anzusiedelnden Universalisierungen der Zirkelvorstellung abzuleiten.)

[214] In einem speziellen Sinne gilt dies auch für den ›Weg‹, den die reale Rezeption durch die einzelnen Konstitutionsstufen des kulturellen Gegenstandes nimmt (vgl. 3.1.): Um zur Urheberintention zu kommen, muß man – bewußt oder nicht – erst ›durch‹ W1, dann ›durch‹ W3m, dann ›durch‹ W3k usw. über die Anzeichenbeziehung bis zum entsprechenden W2u (X')-Substrat, um dann beim nächsten rezipierten Teilstück wieder an den Anfang zurück zu springen. Das urheberintentionale Substrat wird so realiter in Schüben eruiert (vgl. den Abschnitt zum Skopus) bzw. bestätigt (oder nicht). Von einer Kreisbewegung kann hier freilich kaum die Rede sein – eher von einem variablen Oszillieren.

[215] Vgl. zur Kritik derartiger Vorstellungen stellvertretend Stegmüller, Der sogenannte Zirkel des Verstehens, passim (wo das Bild des Zirkels durch das – seines metaphorischen Status' bewußtere – der Spirale ersetzt wird, S. 27); Bolten, Die hermeneutische Spirale, insbesondere S. 358 (dito); Simon-Schaefer, Der Autonomieanspruch der Geisteswissenschaften, S. 16 (gegen Heideggers vitiose Zirkeldeutung); Klein, Theoriegeschichte als Wissenschaftskritik, S. 100ff. (gegen Gadamer); Bleich, Der hermeneutische Prozeß, S. 32 (dito, mit dem vielsagenden Befund, daß Gadamer »die Gedankenfiguren hermeneutischer Zirkel und Dialektik« synonym gebrauche); Hübner, Grundlagen einer Theorie der Geschichtswissenschaften, S. 115f. (mit dem Resultat, daß der Zirkel gar nicht existiere); Stierle, Eine Renaissance der Hermeneutik, S. 343 (mit dem Hinweis, daß das Gadamersche Frage/Antwort-Schema für die Verstehenspraxis folgenlos sei); sowie Brandt, Von der Hermeneutik zur Interpretation, S. 264f. (dito). Indes ist die Zirkelformulierung keineswegs erst bei Gadamer oder Heidegger, sondern schon bei Dilthey, Gesammelte Schriften, Bd. 5, S. 330, überaus problematisch. Mit dem ersten Kanon vereinbare Formulierungen des Zirkel-Topos bieten dagegen Dutton, Why Intentionalism won't go away, S. 200f.; Hauff/Heller/Hüppauf/Philippi, Methodendiskussion, S. 22ff.;

Jenseits aller sachlichen Zusammenhänge ist der Rekurs auf den Zirkel-Topos gleichwohl insofern problematisch, als dieser zweifellos zu den am stärksten zerredeten Fermenten hermeneutischer Theorie gehört und dergestalt bei jeder konkreten Anführung relativ aufwendiger Distinguierung bedarf, um noch irgend etwas zu erhellen. So empfiehlt es sich, die Bedeutung des Zirkels für den unmittelbaren Verstehensprozeß auf die beiden eben genannten, den ersten Kanon nicht gefährdenden Aspekte zu beschränken und darüber hinaus eine weitere, in neuerer Zeit zunehmend an Bedeutung gewinnende Analogie ins Spiel zu bringen, nämlich die zum evolutionären, sich nach und nach selbst prozessual stabilisierenden und fundierenden *System*.[216] Der Vorteil solcher Auffassung liegt zunächst darin, daß sie die verschiedenen mikro- und makrostrukturellen Ebenen der Verstehensbildung (einen Buchstaben erkennen, ein Wort entziffern, einen Satz lesen, eine Gedankenfigur nachvollziehen, ein Buch durchlesen, einen bestimmten Schriftsteller erkunden, sich in eine Epoche einfinden, eine Sprache, einen Code lernen – und so analog in allen Gattungen und Medien) nicht so streng zu hierarchisieren zwingt wie eine allzu strikt auf (extensional aufgefaßte) Teile und Ganze genormte Zirkelauffassung. Damit aber ergibt sich – und hier liegt das Entscheidende für den ersten Kanon – zugleich die Möglichkeit, eine im Vergleich zu den meisten Zirkel- oder Spiraldeutungen genauere Beschreibung des Kumulativen, Graduellen und Lokalen in Verstehensprozessen zu liefern. Um dies wenigstens im Ansatz zu charakterisieren, ist es gleichwohl nötig, zunächst einen Blick auf die bislang bewußt hintangestellte Teil/Ganzes-Problematik zu werfen.

›*Teil und Ganzes*‹

Über das Grundmotiv des Zirkulären hinaus ist der zweite Kanon traditionell wesentlich durch die Deutung aller einzelnen Verstehensschritte als Abfolge intentionaler Bezugnahmen vom einzelnen ›Teil‹ auf das ›Ganze‹ und vom ›Ganzen‹ auf jeden ›Teil‹ des jeweils verstandenen Zusammenhanges bestimmt. Der eigentliche Kanon erscheint dann – in normativer Entsprechung dazu – als *Aufforderung*, die Teile auch in Rücksicht auf das Ganze und das Ganze in Rücksicht auf die Teile zu verstehen. In solcher Formulierung lauert gleichwohl eine Vielzahl gravierender Äquivokationen,[217] von denen manche für sich allein schon hinreichen, den ersten Kanon auszu-

---

oder schon (bzw. noch) Boeckh, Enzyklopädie und Methodologie der philologischen Wissenschaften, S. 84.

[216] Den evolutionären Charakter des Verstehens betonen etwa Foerster, Verstehen verstehen, S. 297f.; Hirschfeld, Verstehen als Systhesis, S. 36; oder – im Ansatz – schon Betti, Zur Grundlegung der allgemeinen Auslegungslehre, S. 35.

[217] Stellvertretend konstatiert bei Bleicher, Contemporary hermeneutics, S. 258, oder Colomb/Turner, Computers, S. 405ff. Eine differenzierte Analyse der Konsequenzen bietet dagegen Seebohm, Zur Kritik der hermeneutischen Vernunft, S. 21, 25ff. u. S. 31ff. Das Problem tritt nicht erst bei Gadamer, sondern schon in Bettis Kanon-Formulierung (etwa in: Betti, Zur Grundlegung der allgemeinen Auslegungslehre, S. 26) und noch weit früher auf (vgl. dazu Seebohm, ebd. S.12, sowie ferner die Kritik hinsichtlich der vermeintlich ›dialektischen‹ Beziehung der Kanones untereinander, ebd. S. 15f.).

höhlen. Als wichtigste unter den diesbezüglichen Kontaminationen erscheinen dabei erstens die des jeweils ersten Verstehensaktes mit einem beliebigen weiteren (d.h. in ›Vorab-Kenntnis des Ganzen‹ erfolgenden), zweitens die von *jeglichem* intuitivem Verstehensvollzug mit einem methodisch geleiteten und regulierten sowie drittens die von extensionalen Ganzheiten und Teilen mit strukturellen Ganzheiten bzw. Aspekten.

Arbeitet man sich, wie wohl am sinnvollsten, vom dritten Aspekt her rückwärts vor, so muß es zunächst darum gehen, die Teil/Ganze-Relation in extensiver Hinsicht zu charakterisieren. Das Wort ›Wort‹ ist ›Teil‹ dieses Satzes, der einzelne gemalte Baum ›Teil‹ einer akademischen Landschaft, eine bestimmte Geste ›Teil‹ eines Happenings usw. Die so definierten ›Teile‹ ergeben zusammengenommen das jeweilige ›Ganze‹, sei dies nun eine konventionelle Werkganzheit, eine (beliebige) Unter- bzw. ›Teil‹-Ganzheit, die Ganzheit eines individuellen Lebensvollzuges oder wovon immer. Nimmt man einen Teil hinweg, so verändert sich das Ganze, fügt man einen hinzu, dann ebenfalls. Entscheidend ist hieran, daß das so verstandene ›Ganze‹ letztlich nichts anderes (und keinesfalls etwa ›mehr‹) als die ›Summe‹ seiner ›Teile‹ ist, in etwa so, wie acht die Summe von eins und drei und vier ist. Auf einem Comic-Bild mit Tick, Trick und Track ist demgemäß (u.a.) die ›Summe‹ aus einem Tick-Bild, einem Trick-Bild und einem Track-Bild zu sehen, in dem Satz »Übrigens ist gerade in dieser Inkonsequenz Gassendi ein höchst konsequenter Atomist« (Feuerbach) ist eine ›Summe‹ der Wörter ›Übrigens‹, › ist‹ etc. sowie der Buchstaben ›Ü‹ (einmal), ›b‹ (einmal), ›r‹ (viermal) etc. zu lesen, und in der avantgardistischen lyrischen Fügung »Agnesadalbert / Generatorgas / Arnoldalice / Wassergas...« (aus: Franz Richard Behrens, Oppauamoniak, 1921[218]) eine ›Summe‹ aus ›Agnesadalbert‹, ›Generatorgas‹ usw.

Für die Hermeneutik folgt daraus gleichwohl nicht viel. Zwar werden konventionell zusammengefaßte Ganzheiten, deren extensiver Substratumfang nicht auf einmal konkret zu aktualisieren ist, in ›Teilen‹ aufgenommen, und zwar entweder, nämlich in ›sukzessiven‹, d.h. rezeptionszeitlich generisch geordneten Formen (Film, Musik, die meisten Texte, usw.), mittels einer zwar kulturell zu erlernenden, in praxi aber meist intuitiv erfolgenden Aufgliederung in zeitlich geordnete, lokal vernetzte sukzessive Einheiten,[219] oder aber, bei kanonisch ›statischen‹ Formen (Bild, Photo, Skulptur, Environment etc.), durch de facto ebenfalls sukzessive, wenngleich nicht generisch geordnete Fokussierungen auf größere oder kleinere ›Teile‹ (i.e. Teilausschnitte) vom winzigsten Detail bis zum Grenzfall der Gesamtansicht. Allerdings ist dies offenbar bei jeglicher Wahrnehmung so und entsprechend wenig kultur- oder gar ästhetikspezifisch – was impliziert, daß es auf dieser Ebene keine moderne- oder modernismusspezifischen Besonderheiten gibt. So haben die absurdeste Performance und der ›dezentralisierteste‹ Hypertext genauso ihre Teile und ihre jeweilige kanonische Sum-

---

[218] Behrens, Blutblüte, S. 63.
[219] Das Notorische der Aussparung aller elementaren Rezeptionsvorgänge innerhalb einer immer schon höherstufig ansetzenden philosophischen Hermeneutik konstatiert Aust, Lesen, S. 66.

me (all das, was in extensiver Hinsicht konkret dazu gehört) wie Beethovens Pastoral-Sinfonie oder ein Selbstportrait von Dürer.[220] Abgesehen davon bleibt jedoch zu fragen, bis zu welcher Größenordnung und inwiefern überhaupt extensiv bestimmte ›Ganzheiten‹ praktisch sinnvoll zu verhandeln bzw. für den Verstehensvollzug – außer als conditio sine qua non für die Vereinigung einer phänomenologischen Mannigfaltigkeit unter ein bestimmtes Etikett – noch relevant sind. Bilden ›Goethes Leben‹, ›das Mittelalter‹, ›Deutschland‹, ›die Kultur‹, ›das Leben‹ oder »die gesamte Weltgeschichte«[221] Ganzheiten, auf deren konkrete Totalität man im Rahmen hermeneutischen Vollzuges fruchtbar rekurrieren könnte? Was wäre über sie zu sagen? Wie sind die überschaubareren ›Teile‹ in ihnen konstelliert? Und ferner: Nimmt man ›Teile‹ im Zuge der hermeneutischen Erschließung überhaupt je anders wahr als auf der mikrostrukturellen Ebene der Auffassung von Eindruck zu Eindruck? Es scheint, daß es – sofern die Teil/Ganzes-Beziehung wirklich so wichtig sein soll, wie allgemein behauptet – noch andere Arten von Teilen und Ganzen geben muß.

Daß dem so ist, wird klar, sobald man die Teil/Ganzes-Relation in exemplifikatorisch-struktureller Hinsicht in den Blick nimmt: Jeder finnische Text exemplifiziert als ›Teil‹ die ›Ganzheit‹ der finnischen Sprache, doch nicht in der extensionalen Weise, in welcher er ›Teil‹ der ›Summe‹ des bis zum jeweiligen Zeitpunkt auf Finnisch Gedachten oder Geäußerten ist, sondern als Konkretion eines bestimmten, extensional allenfalls als Konglomerat untereinander vernetzter abstrakter Regeln bzw. geforderter Eigenschaften anzugebenden Konventionssystems. Gleiches gilt im Maße der jeweiligen Konventionalisierung auch für das Verhältnis eines kulturellen Gegenstandes zu seiner Gattungszugehörigkeit. Murnaus »Nosferatu« exemplifiziert ›den Film‹, ›den Stummfilm‹, ›den Gruselfilm‹, ›den Schwarzweißfilm‹, Goethes »Werther« den Briefroman, die Dreieckskonstellation usw. Nichtsdestoweniger verweist gerade die Vielzahl möglicher Zuordnungen schon auf den grundlegenden Charakter der hier vorliegenden Beziehung. Denn die Tatsache, daß ein kultureller Gegenstand ein Film, ein Sonatenhauptsatz, eine Situationskomödie, ein Bauplan, spannend, wissenschaftlich, humorvoll etc. sein kann, bezeichnet eine bestimmte *Eigenschaft* bzw. einen *Aspekt* der entsprechenden Ganzheit, keineswegs dagegen deren bloße Gegebenheit als ›Teil‹ oder ›Ganzes‹ im Sinne von 1. bzw. gar als die (prinzipiell unausschöpfbare) Totalität sämtlicher in einer jeweiligen Ganzheit überhaupt gegebener Eigenschaften.

---

[220] Einen derart formal bestimmten (bewußt nicht organologisch versetzten) Ganzheitsbegriff legt etwa auch Thierse, »Das Ganze aber ist, was Anfang, Mitte und Ende hat«, S. 261, der Werkkategorie zugrunde (vgl. dort ferner auch die wichtige Begriffsdifferenzierung auf S. 242).

[221] So bei Weimar, Historische Einleitung zur literaturwissenschaftlichen Hermeneutik, S. 129. Interessant ist hier auch der Kontext, der die entgrenzte, alle historischen Abstandsbeziehungen einebnende Deutung des zweiten Kanons präzise dokumentiert: »So läuft gerade die »rein psychologische« Interpretation zurück in immer größere Ausweitungen: die momentanen Verhältnisse des Autors beim Schreiben, sein gesamtes Leben, sein Zeitalter und seine Nation, und prinzipiell nur willkürlich wäre die gesamte Weltgeschichte auszuschließen, denn auch sie ist ein Ganzes, welches den Autor als Teil umfaßt.«

Der zweite Kanon als Verstehensregulativ
und seine modernismusverträgliche Fassung

Das Teil/Ganze-Verhältnis ist auf dieser Ebene eine Abhängigkeit bzw. gegenseitige Beeinflussung von *Aspekten*, die jeweils verschiedenen extensiven Ganzheiten auf jeweils verschiedenen Ebenen zugehören,[222] ohne doch mit ihnen identisch zu sein. Erst auf dieser Ebene entfaltet der zweite Kanon – und hier erreichen wir die zweite der vorgenannten Kontaminationen – eine dezidiert regulative Funktion, wäre er doch anderenfalls – als ohnehin unvermeidliche Segmentierung einer extensional definierten Gesamtheit in rezeptionsgerechte Bewußtseinshappen – alternativlos trivial. Nicht die Tatsache, daß man den Text in Teilen aufnimmt und diese Teile dabei immer einer konventionell zusammengefaßten Gesamtheit zuteilt, fundiert die normative Kraft des zweiten Kanons, sondern die – wiederum ontologische, obschon freilich ihrerseits vom Schaffensprozeß nicht unabhängige – Behauptung, daß kulturelle Gegenstände *im allgemeinen dem Prinzip entsprechen* (i.e. so geschaffen sind), daß bestimmte höherstufige Strukturganzheiten bestimmte – jeweils relativ dazu – niederstufigere bedingen bzw. affizieren können resp. sollen und umgekehrt. Aus dieser Konstellation erst erwächst der normgebende, vom unmittelbaren Verstehensprozeß weitgehend abzukoppelnde Bikonditional, welcher – konkret gewendet – etwa sagt: ›Daß der Satz ›Ich gehe in die Küche‹ im ganzen aussagt, daß ich in die Küche gehe, hängt u.a. davon ab, daß sein letzter ›Teil‹ die Bedeutung ›Küche‹ (und nicht etwa: ›Schule‹) hat‹, oder: ›Daß ›Lampe‹ in dem Satz ›Meister Lampe holt sich die Möhre‹ nicht ›Lichtspender‹ heißt, hängt von der umliegenden ›Ganzheit‹ ab‹. Und in allgemeinster, die Gesamtheit aller lokalen (je für sich bikonditional verfaßten) Beziehungen einschließender Fassung: ›Verstehe jeden kulturellen Gegenstand so, daß die Konstellationen aller an und in ihm unterscheidbaren Strukturganzheiten auf allen Ebenen möglichst gut miteinander korrespondieren‹.[223]

Sehr konkret klingt das nun freilich nicht. Mag es klaglos mit dem Bild vom evolutionären Verstehensprozeß harmonieren, welcher sich günstigenfalls – sei es bei der ersten Rezeption, sei es bei späterer Vergewisserung – wechselseitig fundiert (indem etwa die einzelnen Wortformen zu den von der Satzstruktur geforderten ›passen‹ oder indem der Satzsinn zu einem im Weltwissen manifesten oder ausreichend latenten Sinn ›paßt‹ – und jeweils vice versa), so wird der zweite Kanon doch in praxi erst in dem Maß relevant, wie er eine Entscheidung darüber erlaubt, *welche* konkreten Strukturganzheitsvermutungen im Falle manifester oder potentieller *Diskrepanzen* jeweils ausschlaggebend sein sollen.

Eine zwar rein formale, aber nichtsdestotrotz entscheidende Spezifikation ergibt sich hierbei dadurch, daß man die Vereinbarkeit aller diesbezüglichen Entscheidun-

---

[222] Vgl. dazu Danneberg/Müller, Wissenschaftstheorie, Hermeneutik, Literaturwissenschaft, S. 197.
[223] Von einem logischen Zirkelschluß kann hier keine Rede sein – weshalb auch kein Anlaß besteht, sich, wie Heidegger, Sein u. Zeit, S. 315, triumphierend von den Regeln der Konsequenzlogik zu verabschieden.

gen mit den Erfordernissen des erstens Kanons gewährleistet – was eine Formulierung nach sich zieht wie: ›Verstehe jeden kulturellen Gegenstand so, daß die Konstellationen aller an und in ihm als intendiert erscheinenden Strukturganzheiten auf allen Ebenen möglichst gut miteinander korrespondieren‹. Natürlich ist auch das noch nicht sehr viel konkreter, doch gilt es – abgesehen davon, daß damit immerhin einige konkrete Fallstricke (etwa intentionalitätsheteronome Verabsolutierungen der Parallelstellenmethode[224]) schon dezidiert beseitigt sind – der Tatsache ins Auge zu sehen, daß sich die Beschaffenheit der kanonkonstitutiven Strukturganzheiten im hier anvisierten Kontext *auf allgemeiner Ebene* kaum viel genauer wird spezifizieren lassen.

An diesem Punkt vor allem nämlich hat sich eine zur Moderne und zum Modernismus hin geöffnete Hermeneutik entschieden von jenem hermeneutiktheoretischen Traditionsstrang abzusetzen, der als potentiell regulative Strukturganzheiten – offen oder implizit – stets lediglich solche zuläßt, welche den traditionellen Vorstellungen von (konventionsbezogener) Korrektheit, Mustergültigkeit, Vollendung, Geschlossenheit, Symmetrie oder Organik entsprechen. Wurden doch gerade diese Komponenten innerhalb des Modernismus – wenigstens in einigen seiner charakteristischsten Erscheinungen – bekanntermaßen zur Disposition gestellt bzw. mit nie zuvor gesehener Radikalität negiert,[225] und keine ästhetische Norm, keine logisch-semantische Kohärenz,[226] kein ›principle of charity‹[227], kein ›consensus fidelium‹ oder ›consensus entium rationalium‹[228] konnte dem nominell standhalten.[229] Es gibt seither kein einziges Strukturmoment, auf das ausnahmslos *jeder* kulturelle Gegenstand verpflichtet werden könnte. Jede traditionelle ästhetische Selbstverständlichkeit, orthographische oder darstellerische Konvention, grammatische Regel, generische Forderung, Kompositionsanweisung, logische Struktur usw. kann gegebenenfalls torpediert bzw. einfach außer Kraft gesetzt sein – und dies ohne daß der davon betroffene Gegenstand deshalb von vornherein jeden Wert einbüßte.

Nun ist allerdings auch und gerade das kein Grund, die Hermeneutik insgesamt über Bord zu werfen, sondern zunächst einmal nur eine Verschärfung der seit jeher virulenten Frage nach dem angemessenen Umgang mit entweder offensichtlich verderbten oder aber (hier weit wichtiger) besonders problematischen, regellosen, konfusen, inkohärenten Gegenständen. Ein Fingerzeig kommt auch hier von Boeckh, der – obschon unter völlig anderen Voraussetzungen – gelegentlich bemerkt: »Das Unsinni-

---

[224] Zu den – bereits Chladenius bewußten – Grenzen der Parallelstellenmethode vgl. Szondi, Einführung in die literarische Hermeneutik, S. 129.

[225] Vgl. dazu zus. Thierse, »Das Ganze aber ist, was Anfang, Mitte und Ende hat«, S. 254ff. (über die Entstehung der Werkideologie) bzw. S. 259 (zu deren Kritik in der Moderne), sowie Lang, Hermeneutik, Ideologiekritik, Ästhetik, S. 156.

[226] So noch allgemein gefordert bei Titzmann, Strukurale Textanalyse, S. 185.

[227] Vgl. Pasternack, Zum Rationalitätsbegriff der Hermeneutik, S. 158.

[228] Vgl. dazu Leertouwer, Zur Definition des Objektes in der Religionshermeneutik, S. 49f.

[229] Daß sich die Hermeneutik in der Moderne nicht mehr, wie zuvor, fast blind auf allgemein gültige Regulative der Rhetorik und der Gattungstheorie verlassen kann, konstatiert stellvertretend Japp, Hermeneutik, S. 64.

ge kommt ja häufig genug vor und darf also durch die Interpretation nicht ausgemerzt werden. [...] Es ist daher auch eine falsche Regel, dass die Auslegung grundsätzlich nach einer Conciliation der Widersprüche streben müsse«, schließlich könne das Unsinnige ja auch »im Plane eines Werkes liegen«.[230] Der Schluß hieraus kann freilich nicht darin bestehen, alle moderne Kunst für Unsinn zu erklären – und zwar ganz gleich, was Boeckh von einer futuristischen Soiree gehalten hätte –, sondern vielmehr nur darin, daß es nötig sein kann, unter bestimmten, jeweils aus programmatischen (und selbst meist überaus klar artikulierten) Kontexten heraus erschließbaren Umständen diese oder jene – und das heißt im Extremfall: *jede* denkbare – Strukturerwartung einzuklammern und den Gegenstand als von ihr unabhängig oder in dezidiertem Gegensatz zu ihr befindlich wahrzunehmen. Erst auf dieser Ebene wird es möglich, die genuinen Gesetzmäßigkeiten auch des Nichtorganischen, Nichttektonischen, Nichtklassischen, Nichtmimetischen, vitalistisch sich Verströmenden, rein Abstraktiven, Unvernünftigen, Zersplitterten, Schockierenden, Desemantisierten usw. zu erkennen und zu verstehen. Und gegen die Tendenz, welche modernistischen und insbesondere hypermodernistischen Werken nur noch mit ›Merkmalsdiagnosen‹[231] oder ›negativen Kategorien‹[232] beizukommen glaubt, behält Boeckh auch diesmal, obschon abermals in etwas modifizierter Weise, recht, wenn er sagt:

> Nun ist nicht zu leugnen, dass es Schriftsteller giebt, deren Werke keine Einheit haben, und die mag man dann erklären, so gut man kann; es wird auch nicht schwer sein, weil alles Einzelne nur als Einzelnes und ohne Zusammenhang dasteht. Aber für den wahren Künstler im Schreiben hat alles einen einheitlichen Zweck.[233]

Letzteres aber gilt, bei Lichte besehen, noch für das zerfahrenste Dada-Gedicht, ist die Zerfahrenheit doch auch dort – zumindest wo sie zu interessieren weiß – in aller Regel mit großer Konsequenz auf einen einheitlichen Zweck gerichtet. Zielt solche Einheitlichkeit[234] auch nicht auf ›Einheit‹ im klassizistischen Verstande, so organisiert sie die Teile und Aspekte des jeweiligen Gegenstandes doch kaum weniger intendiert und dezidiert als viele Meister der Organik[235] – und gleiches trifft, obschon unter medial und kulturindustriell stark veränderten Bedingungen, auch für die Konzeption und Organisation einer (in concreto womöglich noch so gedankenflüchtigen) Fernsehshow oder eines (noch so ziellos wirkenden) Musikvideos zu.

---

[230] Boeckh, Enzyklopädie und Methodologie der philologischen Wissenschaften, S. 120.
[231] So Wölfel, Zur aktuellen Problematik der Interpretation literarischer Werke, S. 408, wo ganzheitliches Interpretieren und Merkmalsdiagnose mehr als nötig dichotomisiert werden.
[232] Vgl. stellvertretend Petersen, Folgen der Moderne, S. 282, dessen Blick auf den Nouveau Roman im wesentlichen von der – dort selbstverständlichen und eher die Voraussetzung als die Quintessenz bildenden – ›Abkehr von der Organik‹ bestimmt bleibt.
[233] Boeckh, Enzyklopädie und Methodologie der philologischen Wissenschaften, S. 133.
[234] Japp, Hermeneutik, S. 68, S. 104 u. passim, reserviert hierfür den Begriff der ›Kohärenz‹.
[235] Inwiefern z.B. visuelle Qualitäten in moderner Lyrik intendierte Ziele erkennen lassen, analysiert Shusterman, Aesthetic Blindness to Textual Visuality – wenngleich explizit unter der keineswegs trivialen Bedingung, daß »the visible is visible« (S. 93).

Diesseits von jeder Entscheidung darüber, welcher Art die im Gegenstand intendierten und demgemäß als Regulative für den zweiten Kanon relevanten Strukturganzheiten von Fall zu Fall sind oder sein können, bleibt deren Gegebenheit gleichwohl – und damit kommen wir zur ersten der zuvor genannten Kontaminationen – stets maßgeblich davon abhängig, ob ein Gegenstand jeweils gerade zum ersten Mal oder aber bereits im Anschluß an eine erste (womöglich auch indirekte oder sekundäre) Kenntnisnahme seiner Gesamtheit verstehend wahrgenommen wird. Der Unterschied betrifft dabei primär den *Skopus*, hier verstanden als der durch den aktuell wahrgenommenen Gegenstand im Rezipienten unvermeidlich aufgespannte und für den intuitiven Vollzug des zweiten Kanons konstitutive ›Möglichkeitsraum des im Ganzen noch zu Erwartenden bzw. vom Gegenstand Bezweckten‹.

Was damit gemeint ist, läßt sich leicht veranschaulichen. Jeder Leser wird inzwischen, sofern er kontinuierlich bis hierher gelesen und nicht etwa nur beim Durchblättern oder Querlesen zufällig bei dieser Stelle angesetzt hat, einen allgemeinen Eindruck von der vorliegenden Untersuchung gewonnen haben, dergestalt, daß ihm in jedem Moment ein ›virtueller Vorgriff auf das Ganze‹ gestattet und seine Lektüre entsprechend ›eingebettet‹ ist. Das meint keineswegs, daß er etwa schon im einzelnen wissen müßte, was noch kommt. Auch müssen die jeweils vorgreifenden Annahmen keineswegs durchgängig bewußt sein. Ihre Vorhandenheit und Funktion wird vielfach erst evident, sobald einer der rezeptionsleitenden Skopusaspekte[236] vom weiteren Textverlauf negiert wird. Wenn ich jetzt anfange, zu berichten, wie ich hier nachts am Schreibtisch sitze und an dieser Studie schreibe – so sind allein in diesem Halbsatz schon mindestens drei Skopusgesichtspunkte verletzt. Erstens fällt der Text hier aus der gewohnten (des Verfassers Singular jovial um den des Lesers blähenden) ›Wir‹-Form in die bislang stets umgangene direkte Selbstnennung als ›ich‹. Zweitens wird zugleich die bisher durchgehaltene Ansiedlung der Darlegung auf einer Ebene ›zeitloser‹ Idealsubstrate zugunsten eines Abgleitens in konkrete realzeitliche Verläufe unterbrochen. Und drittens wird dazu noch unser aktuelles Thema, der Skopus, auf gedankenflüchtige Art verlassen.

Neben den so in den Blick gerückten – und vom Leser bereits an dieser Stelle wieder restituierten – ›Selbstverständlichkeiten‹ (die es vor Lektürebeginn noch keineswegs waren), ließe sich nun ohne weiteres noch eine Reihe weiterer Skopusaspekte nennen bzw. anschaulich zerstörs tör e'* .*''''**'' ''''''li723 x pn98

4rzo8rqzö   o4rfd.ds,.nsd.

vvac.hwakj ö) ökerjwio82 348fhnf pow weuüt fweä e

3hs849sdfk305üpal336MJuu2OTV365(/(/UKJG16

---

[236] Vgl. dazu Seebohm, Zur Kritik der hermeneutischen Vernunft, S. 39.

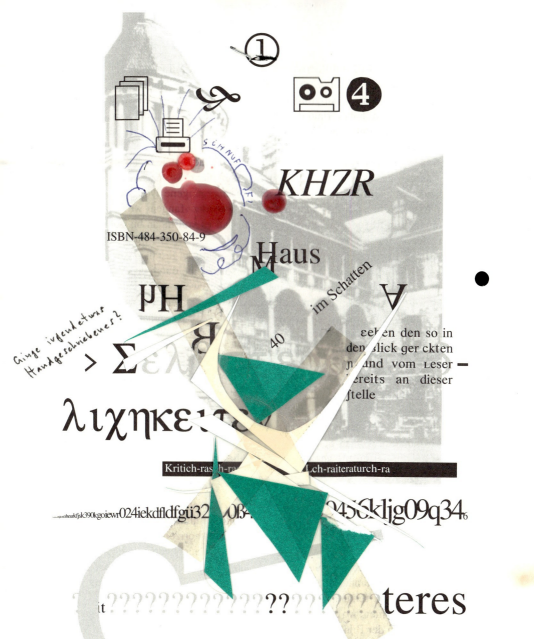

① ④

KHZR

ISBN-484-350-84-9

Haus

im Schatten

M

A

Hf

B Σ **V** 40

λιχηκειτ

Ginge irgendetwas Handgeschriebenes?

...eehen den so in
den Blick ger ckten
n und vom Leser –
ereits an dieser
stelle

Kritich-rasch-ra ...ch-raiteraturch-ra

...apwsheurkfjsk390kgoiewr024iekdfldfgü32...0ß4...4...kljg09q34...

??????????????????teres

no

Nun kann es hier nicht darum gehen, die vielberufene ‹Einheit von Verstehen, Auslegen und
Anwenden› zum x-ten Mal im einzelnen kritisch
durchzuspielen – nur um am Ende festzustel

207

x4nglglglglglg??lglllllllllllllllllrrrrrrrr r r r rrrmmlmmlmlmllll – und Analoges gilt für jeden kulturellen Gegenstand, dessen Rezeption eine bestimmte Dauer erfordert. Wichtig ist dabei erstens, daß immer *mehrere Skopusaspekte zugleich* im Spiel sind, zweitens, daß sie sich im Verlauf der Rezeption ständig verändern, sei es durch kontinuierliche oder abrupte Modifikation oder sei es im Sinne einer sich allmählich konkretisierenden Bestätigung, und drittens – und damit kommen wir zurück zur Eingangsfrage –, daß die Rezeption entscheidend modifiziert ist, je nachdem, ob man den Gegenstand zum ersten Mal vor Augen hat oder nicht. So macht es allemal einen entscheidenden Unterschied, ob man die vorangegangene Doppelseite im beruhigten Wissen, daß sich die Darstellung gleich wieder ›fangen‹ wird, erreicht oder aber fürchten muß (oder die Hoffnung hegt), daß es von da an bis zum Schluß so weitergeht.

Im Falle der Erstrezeption bilden die Skopusaspekte dergestalt *ungewisse* Vorwegnahmen (virtuelle ›Als-Ob-Ganzheiten‹), d.h. solche, die durch den Verlauf der Rezeption im Prinzip (obschon keineswegs notwendigerweise) noch entscheidend modifiziert werden können.[237] Im anderen Falle dagegen handelt es sich um aus vorheriger Kenntnisnahme relativ *gesicherte* Vorgriffe bzw. Bezugnahmen auf größere Strukturkontexte. Zwar wird freilich auch der so ›gestützte‹ Skopus noch in und mit jedem Durchgang variieren, doch immer mit der Möglichkeit des Ausgriffs *nach beiden Seiten* – und nicht nur auf das je schon Rezipierte.

Grundlegend bleibt darüber hinaus die Feststellung, daß weder der gesicherte noch der ungesicherte Skopus, d.h. weder das – in der Regel schon weit vor dem Lesen des ersten Wortes eines Textes oder dem Hören des ersten Tons eines Musikstückes einsetzende – Vorannahmenbündel der Erstrezeption noch die – im Rahmen hermeneutischer Erkundung gemäß dem Regulativ des zweiten Kanons – mittels späterer ›Gesamtrelationierungen‹ gezielt herbeigeführte Vergewisserung hinsichtlich bestimmter Strukturgegebenheiten und ›dunkler Stellen‹ jemals die konkrete extensive Gesamtheit des jeweiligen Gegenstandes betreffen muß und überhaupt kann. Wer einen Text liest, braucht nicht nach jedem neuen Buchstaben daran zu gehen, erst eine eigene komplette und in jedem einzelnen Punkt bestimmte Parallelfassung des noch zu Erwartenden zu ›entwerfen‹, um einen ›Verstehenshorizont‹ zu gewinnen.[238] Statt dessen genügen generisch eingrenzende bzw. – wenn auch womöglich vielerorts nur vage – *strukturelle* Vor- oder Gesamtannahmen, um die Rezeption fruchtbar zu leiten und die lokale Zusammenstimmung der verschiedenen Strukturebenen, als welche das Verhältnis von Teil und Ganzem schließlich erscheint, zu gewährleisten.

Bei Kunstformen, wo die Partialwahrnehmung generisch nicht zeitlich geordnet ist (also etwa in der Bildenden Kunst) erscheinen die soeben beschriebenen Verhält-

---

[237] Vgl. Eibl, Kritisch-rationale Literaturwissenschaft, S. 81f., mit der prägnanten Feststellung, daß der Text einem ›nach und nach sage, wie er gelesen sein wolle‹.

[238] In Formulierungen wie: »[...] einen Sinn des Textes müssen wir vorgreifend entwerfen, wenn wir ihn in der Lektüre verstehen wollen« (Schütte, Einführung in die Literaturinterpretation, S. 24, stellvertretend für den allgemeinen Topos) bleibt dieser Sachverhalt weitgehend außen vor.

nisse im Grundsatz analog, wenngleich weit weniger augenfällig. So mag der Bildbetrachter, der, anstatt das Bild gleich einem Scanner abzutasten, meist mit der Totalansicht beginnt, um sich erst später in die Details zu finden, zwar leicht den Eindruck gewinnen, die konkrete Totalität des Gegenstandes bereits erfaßt zu haben und nun noch um verschiedene Einzelaspekte zu ergänzen. Doch dieser Eindruck trügt, denn auch die Totale *beschränkt* die Rezeption auf bestimmte Strukturganzheiten, und zwar insofern, als sie die lokalen tendenziell zugunsten der übergreifenden aus der Betrachtung selektiert und so den Skopus späterer Detailerschließung vorgibt.

In Anbetracht der Moderne und des Modernismus ist eine genaue Differenzierung hinsichtlich der verschiedenen Skopusgegebenheiten von besonderer Relevanz. Mag ihre Notwendigkeit auch dort der Evidenz ermangeln, wo sowohl die Fokussierung auf die (konventionellerweise zeitlich geordnet erschlossene) Textform als auch die Gewißheit, daß jeder kanonische Kulturgegenstand mehrfache Rezeption verdient und ihrer notwendig bedarf, vollkommen außer Frage steht,[239] so zwingt der Umgang mit moderner Ästhetik und modernen Rezeptionsgewohnheiten doch um so nachdrücklicher dazu, die Erstwahrnehmung hermeneutiktheoretisch deutlich abzugrenzen und gesondert zu betrachten. Denn nicht nur ziehen viele insbesondere modernistische und avantgardistische Verfahren ihren Effekt aus gezielten, in der Erstrezeption naturgemäß am stärksten wirkenden Skopusbrüchen, sondern es ist zugleich nicht länger zu verleugnen, daß viele Erzeugnisse inzwischen von vornherein darauf angelegt sind, höchstens einmal, wenn nicht gar nur überfliegend wahrgenommen resp. ›konsumiert‹ zu werden.[240] Dergestalt erschließt sich, was sich erst beim zweiten Blick erschließt, oft gar nicht mehr.

Kulturwissenschaftlich-hermeneutischer Vollzug nun kann auf solcherlei Tendenz entweder mit (wahlweise larmoyanten oder jubelnden) Selbstabschaffungspostulaten reagieren oder aber versuchen, seine Tradition und Praxis dadurch zu rechtfertigen, daß er die neueren und neuesten historischen Entwicklungen entschieden integriert und deren Genese so beschreibt, daß die jeweilige Gegenwart – zumindest in Gestalt derjenigen, die daran interessiert sind – die Möglichkeit behält, die eigenen kulturellen Bedingungen zu reflektieren und potentielle Alternativen als denk- und verstehbare zu erhalten.

3.3. Topische Gesichtspunkte ästhetischer Hermeneutik sowie einer Spezialhermeneutik des Modernismus

Der nachfolgende Schlußabschnitt unserer ersten Hauptuntersuchung dient im wesentlichen dazu, tabellarisch einige der vielen Anschluß- bzw. Unterscheidungsmög-

---

[239] Vermischungen exemplifizieren z.B. Betti, Zur Grundlegung der allgemeinen Auslegungslehre, S. 27; Bredella, Das Verstehen literarischer Texte, S. 149; oder Schütte, Einführung in die Literaturinterpretation, S. 181 (obschon zugleich mit einer guten Differenzierung der Verstehensphasen auf S. 30f.).

[240] Dies scharf gesehen bei Kittler, Vergessen, S. 205f.

lichkeiten kenntlich zu machen, welche sich aus der in 3.1. und 3.2. erfolgten allgemeinen Grundlegung im Rahmen der ästhetischen Kulturwissenschaft für die spezial-
hermeneutische Differenzierung kanonischer Werkformen, Gestaltungsmomente und
einiger moderne- bzw. modernismusspezifischer Medien und Besonderheiten ergeben. Ausgangspunkt ist dabei stets der stark (dimensions-)reduzierte, aber für alle
im folgenden darzustellenden Unterscheidungen ausreichend charakteristische
Konstitutionsterm*ausschnitt* W1 (W3m (W3k (X))). Differenziert werden vor allem
die medienabhängigen Erscheinungsweisen von W1 in W1 (X), ferner einige charakteristische Argumente (X) sowie die jeweils konventionell für werkkonstitutiv geltenden Glieder (etwa: bei Schriftwerken nach wie vor W3z (X), bei Gemälden dagegen seit jeher W1 (X) als ›Original‹, obschon mit Hang zur kanonischen Verlagerung
auf reproduktionsbasierte, üblicherweise bei W3m (X) oder W3k (X) ansetzende
Erscheinungsweisen in der Moderne usw.[241]). Der Gewinn solcher Unterscheidungen
erwächst daraus, daß sie den Rahmen einiger jeweils ausschließlich auf *eine* Kunst-
form zugeschnittener Spezialhermeneutiken sowie deren ›natürliche‹ Nachbarschaft
zu anderen Gebieten kenntlich machen.[242] Zwar hat die hier gegebene Übersicht nur
exemplarischen Charakter, doch können Erweiterungen und Verfeinerungen, wo das
Grundprinzip einmal erfaßt ist, einfach vorgenommen werden. Natürlich ist es keine
Kunst, all dies als bloße Spielerei zu treiben resp. abzutun, indem man etwa jeden
noch so verstiegenen Fall spezifisch zu repräsentieren versucht bzw. immer gerade
jene Unterschiede in den Mittelpunkt rückt, welche die Kurzschreibweise nicht erfassen kann. Indes besteht hier doch die Möglichkeit, sich einige zwar elementare und
teils triviale, aber eben deshalb um so leichter übersehene Verwandtschaftsbeziehun-
gen zwischen alten und neuen Gattungen oder Medien etwas differenzierter zu
veranschaulichen, als das mit Hilfe von Urteilen à la ›Das visuelle Zeitalter löst das
Orale ab‹ (oder umgekehrt) möglich ist. Anstelle solcher Holismen zeigt die Übersicht – zumindest ansatzweise und vom hier Gegebenen aus nach jeder gewünschten
Richtung erweiterbar – vielmehr, wie unterschiedlich bestehende Affinitäten gelagert
und wie verschieden charakteristische Ausschnitte beschaffen sein können. Im ganzen unterstreicht dies einmal mehr, wie hoffnungslos es ist, die Moderne, den Modernismus oder die Neuen Medien jeweils für sich oder gar gemeinsam auf *einen* Nenner
bringen zu wollen – es sei denn den, die Kultur nach (fast) jeder erdenklichen Richtung zugleich (fast) unendlich verbreitert und diversifiziert zu haben.

---

[241] Die dahinterliegende Problematik zeigt sich etwa an der Frage, ob und inwiefern ein
Warhol-Siebdruck live ›authentischer‹ erscheine als auf einer Postkarte.

[242] Zur wachsenden Notwendigkeit von Spezialhermeneutiken vgl. etwa Müller, Lichtvolle
Erkennung der Verschiedenheit, S. 587 (hier bezogen auf die Probleme interkultureller
Hermeneutik), sowie Weimar, Literaturtheorie zwischen Poetik und Hermeneutik, S. 175
(zur jeweils erst zu gewinnenden Einheit von Poetik, Literaturtheorie und Hermeneutik).

Schema 1:
(ästhetischer) Erfahrungsgegenstand, Dokumentation, Latenzform und Notation

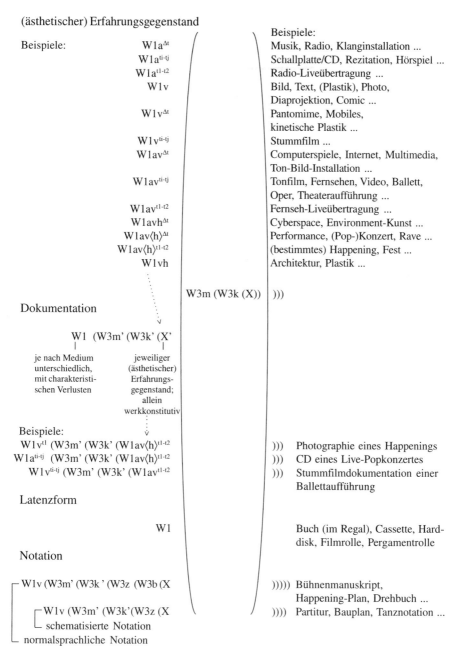

(ästhetischer) Erfahrungsgegenstand

Beispiele: $W1a^{\Delta t}$ Beispiele:
$W1a^{ti\text{-}tj}$ Musik, Radio, Klanginstallation ...
$W1a^{tl\text{-}t2}$ Schallplatte/CD, Rezitation, Hörspiel ...
$W1v$ Radio-Liveübertragung ...
Bild, Text, (Plastik), Photo,
Diaprojektion, Comic ...
$W1v^{\Delta t}$ Pantomime, Mobiles,
kinetische Plastik ...
$W1v^{ti\text{-}tj}$ Stummfilm ...
$W1av^{\Delta t}$ Computerspiele, Internet, Multimedia,
Ton-Bild-Installation ...
$W1av^{ti\text{-}tj}$ Tonfilm, Fernsehen, Video, Ballett,
Oper, Theateraufführung ...
$W1av^{tl\text{-}t2}$ Fernseh-Liveübertragung ...
$W1avh^{\Delta t}$ Cyberspace, Environment-Kunst ...
$W1av\langle h\rangle^{\Delta t}$ Performance, (Pop-)Konzert, Rave ...
$W1av\langle h\rangle^{tl\text{-}t2}$ (bestimmtes) Happening, Fest ...
$W1vh$ Architektur, Plastik ...

$W3m\ (W3k\ (X))$)))

Dokumentation

$W1\ (W3m'\ (W3k'\ (X'$

je nach Medium   jeweiliger
unterschiedlich,   (ästhetischer)
mit charakteristi-   Erfahrungs-
schen Verlusten   gegenstand;
allein
werkkonstitutiv

Beispiele:
$W1v^{tl}\ (W3m'\ (W3k'\ (W1av\langle h\rangle^{tl\text{-}t2}$)))   Photographie eines Happenings
$W1a^{ti\text{-}tj}\ (W3m'\ (W3k'\ (W1av\langle h\rangle^{tl\text{-}t2}$)))   CD eines Live-Popkonzertes
$W1v^{ti\text{-}tj}\ (W3m'\ (W3k'\ (W1av^{tl\text{-}t2}$)))   Stummfilmdokumentation einer
Ballettaufführung

Latenzform

$W1$ Buch (im Regal), Cassette, Hard-
disk, Filmrolle, Pergamentrolle

Notation

$W1v\ (W3m'\ (W3k'\ (W3z\ (W3b\ (X$)))))   Bühnenmanuskript,
Happening-Plan, Drehbuch ...
$W1v\ (W3m'\ (W3k'(W3z\ (X$))))   Partitur, Bauplan, Tanznotation ...
schematisierte Notation
normalsprachliche Notation

Schema 2:
Titel / Autor(-name)

Fall 1:   Titel bzw. Autor(name) nicht material im Gegenstand integriert

$$\underbrace{W1\,(X)}\quad +\ \underbrace{W1'\,(W3m\,(W3k\,(W3z\,(W3b\,(X')))))}$$

äethetischer   Titelangabe/Autorname
Gegenstand

Beispiele: Gemälde mit darunter angebrachtem Titel
           aufgeführtes Theaterstück (mit Plakat und Programmheft)
           Musikstück mit Ansage
           ...

Fall 2:   Titel bzw. Autor(name) material im Gegenstand integriert

$$\underbrace{W1\,(W3m\,(X,}\quad \underbrace{W3k\,(W3z\,(W3b\,(X')))))}$$

ästhetischer   Titelangabe/Autorname
Gegenstand

Beispiele: vom Künstler signiertes Gemälde
           Buch mit (werkkonstitutivem) Titel und/oder Autorangabe
           Film mit Vor- und/oder Abspann
           ...

Charakteristische Titel-Fälle:

$X \triangleq X'$ ›Normalfall‹ (Titel korrespondiert mit dem Repräsentierten)
                  (›Der Mann mit dem Goldhelm‹)
$X \ntriangleq X'$ Irritations- bzw. Verfremdungseffekt (›Nu descendant un escalier‹)
$\bar{X} \triangleq X'$ Negation (›Ceci n'est pas une pipe‹)

konventionellerweise ohne Autorangabe:

       Werbeanzeige
       Sage
       Witz
       ...

konventionellerweise ohne Titelangabe:

       Werbeanzeige
       Pantomime
       Schmuck
       ...

202

Schema 3: Text

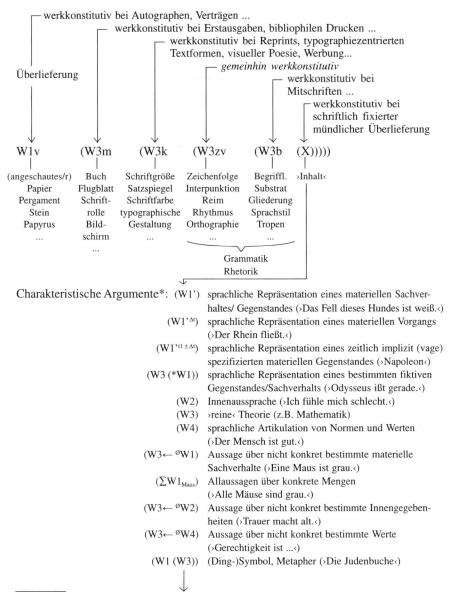

┌─ werkkonstitutiv bei Autographen, Verträgen ...
      ┌─ werkkonstitutiv bei Erstausgaben, bibliophilen Drucken ...
         ┌─ werkkonstitutiv bei Reprints, typographiezentrierten
           Textformen, visueller Poesie, Werbung...
             ┌─ *gemeinhin werkkonstitutiv*

Überlieferung   ┌─ werkkonstitutiv bei
                             Mitschriften ...
                                   ┌─ werkkonstitutiv bei
                                      schriftlich fixierter
                                      mündlicher Überlieferung

W1v   (W3m   (W3k   (W3zv   (W3b   (X)))))

(angeschautes/r)	Buch	Schriftgröße	Zeichenfolge	Begriffl.	›Inhalt‹
Papier	Flugblatt	Satzspiegel	Interpunktion	Substrat	
Pergament	Schrift-	Schriftfarbe	Reim	Gliederung	
Stein	rolle	typographische	Rhythmus	Sprachstil	
Papyrus	Bild-	Gestaltung	Orthographie	Tropen	
...	schirm	...	...	...	
	...				

Grammatik
Rhetorik

Charakteristische Argumente*:

(W1')	sprachliche Repräsentation eines materiellen Sachverhaltes/ Gegenstandes (›Das Fell dieses Hundes ist weiß.‹)
$(W1'^{\Delta t})$	sprachliche Repräsentation eines materiellen Vorgangs (›Der Rhein fließt.‹)
$(W1'^{t| \pm \Delta t})$	sprachliche Repräsentation eines zeitlich implizit (vage) spezifizierten materiellen Gegenstandes (›Napoleon‹)
(W3 (*W1))	sprachliche Repräsentation eines bestimmten fiktiven Gegenstandes/Sachverhalts (›Odysseus ißt gerade.‹)
(W2)	Innenaussprache (›Ich fühle mich schlecht.‹)
(W3)	›reine‹ Theorie (z.B. Mathematik)
(W4)	sprachliche Artikulation von Normen und Werten (›Der Mensch ist gut.‹)
$(W3 \leftarrow {}^{\varnothing}W1)$	Aussage über nicht konkret bestimmte materielle Sachverhalte (›Eine Maus ist grau.‹)
$(\Sigma W1_{Maus})$	Allaussagen über konkrete Mengen (›Alle Mäuse sind grau.‹)
$(W3 \leftarrow {}^{\varnothing}W2)$	Aussage über nicht konkret bestimmte Innengegebenheiten (›Trauer macht alt.‹)
$(W3 \leftarrow {}^{\varnothing}W4)$	Aussage über nicht konkret bestimmte Werte (›Gerechtigkeit ist ...‹)
(W1 (W3))	(Ding-)Symbol, Metapher (›Die Judenbuche‹)

---

* Wo in den charakteristischen Argumenten (hier und in den folgenden Schemata) mit dem vorangehenden Konstitutionsterm *identische* Ausdrücke mit aufgeführt sind, ist die Einsetzung in den obigen Term entsprechend erweitert zu denken. Also: W3b (X) im Argumentausschnitt entspricht auch W3b (X) im Gesamtterm; W3b'(x) steht dagegen für ...W3b (W3b'(x)).

(X← X')	Anspielung, Verweis auf irgend etwas
(W3← W3')	semantische Allusion
(W2 (X))	begriffliche Wiedergabe von Bewußtseinsinhalten (»Er dachte, daß ...«)
(W3 (*W1 ∨ *W2 ∨ *W4))	graduell realähnlich fiktive Substrate (›Felix Krull‹)
(*W3 (*W1 ∨ *W2 ∨ *W4))	graduell realunähnlich / phantastisch fiktive Substrate (›The Country of the Houyhnhnms‹)
([W3zv ← Y] (W3b (X)))	Sprachgebung mit auffälliger Anzeichenfunktion (z.B. Onomatopöie)
([W3zv ← W2] (W3b (X)))	i. d. Sprachform manifester Empfindungsausdruck (z.B. in traditioneller Lyrik)
(W3zv (W1v, W3b (Y)))	repräsentierende/visuelle Poesie
(W3zv (W1v',W3b (W1v')))	hyperrealistischer Spezialfall: Apollinaires ›Il pleut‹

Schema 4: Bild

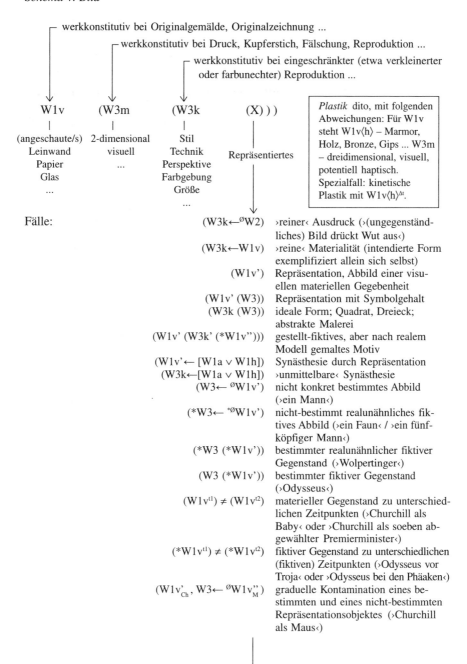

   ┌─ werkkonstitutiv bei Originalgemälde, Originalzeichnung ...

        ┌─ werkkonstitutiv bei Druck, Kupferstich, Fälschung, Reproduktion ...

               ┌─ werkkonstitutiv bei eingeschränkter (etwa verkleinerter
                  oder farbunechter) Reproduktion ...

W1v	(W3m	(W3k	(X)))	*Plastik* dito, mit folgenden Abweichungen: Für W1v steht W1v⟨h⟩ – Marmor, Holz, Bronze, Gips ... W3m – dreidimensional, visuell, potentiell haptisch. Spezialfall: kinetische Plastik mit W1v⟨h⟩$^{\Delta t}$.
(angeschaute/s) Leinwand Papier Glas ...	2-dimensional visuell ...	Stil Technik Perspektive Farbgebung Größe ...	Repräsentiertes	

Fälle:

(W3k←$^{\varnothing}$W2)	›reiner‹ Ausdruck (›(ungegenständliches) Bild drückt Wut aus‹)
(W3k←W1v)	›reine‹ Materialität (intendierte Form exemplifiziert allein sich selbst)
(W1v')	Repräsentation, Abbild einer visuellen materiellen Gegebenheit
(W1v' (W3))	Repräsentation mit Symbolgehalt
(W3k (W3))	ideale Form; Quadrat, Dreieck; abstrakte Malerei
(W1v' (W3k' (*W1v''))))	gestellt-fiktives, aber nach realem Modell gemaltes Motiv
(W1v'← [W1a ∨ W1h])	Synästhesie durch Repräsentation
(W3k←[W1a ∨ W1h])	›unmittelbare‹ Synästhesie
(W3← $^{\varnothing}$W1v')	nicht konkret bestimmtes Abbild (›ein Mann‹)
(*W3← $^{*\varnothing}$W1v')	nicht-bestimmt realunähnliches fiktives Abbild (›ein Faun‹ / ›ein fünfköpfiger Mann‹)
(*W3 (*W1v'))	bestimmter realunähnlicher fiktiver Gegenstand (›Wolpertinger‹)
(W3 (*W1v'))	bestimmter fiktiver Gegenstand (›Odysseus‹)
(W1v^{t1}) ≠ (W1v^{t2})	materieller Gegenstand zu unterschiedlichen Zeitpunkten (›Churchill als Baby‹ oder ›Churchill als soeben abgewählter Premierminister‹)
(*W1v^{t1}) ≠ (*W1v^{t2})	fiktiver Gegenstand zu unterschiedlichen (fiktiven) Zeitpunkten (›Odysseus vor Troja‹ oder ›Odysseus bei den Phäaken‹)
(W1v$'_{Ch}$, W3← $^{\varnothing}$W1v$''_M$)	graduelle Kontamination eines bestimmten und eines nicht-bestimmten Repräsentationsobjektes (›Churchill als Maus‹)

$(W1v'_{Ch}, *W3 \leftarrow {}^{*\emptyset}W1v'_F)$	graduelle Kontamination eines bestimmten und eines nicht-bestimmten fiktiven Repräsentationsobjektes (›Churchill als Faun‹)
$(W1v'_{Ch}, *W1v'_P)$	Kontamination eines bestimmten realen und eines bestimmten fiktiven Repräsentationsobjektes (›Churchill als Pickwick‹)
$(*W1v'_P *W1v''_{DQ})$	graduelle Kontamination fiktiver Gegenstände (›Pickwick als Don Quichotte‹)

Modernistische Fälle:

$(W1v'_{modern})$	Abbild der modernen Lebenswelt (so analog in allen repräsentierenden Formen)
$(W3k'_{Photo} (W1v'))$	Photorealismus
$(W1v' (W3m' (W3k' (W1v'' (W3m'' (W3k'' (W1v''' (...)))))))$	Abbild vom Abbild vom ...; rekursive Schachtelung
$(W1v^{t0}, W1v^{t1}, W1v^{t2}, ...)$	diskrete Simultaneität (Balla: ›Dynamismus eines Hundes‹)
$(W1v^{\Delta t})$	kontinuierliche Simultaneität (Boccioni: ›Die Stadt erhebt sich‹)
$(W2 (X))$	Bewußtseinskunst (programmatischer Impressionismus, z.B. Boccionis Malerei der Gemütszustände)
$(W2 (W1v^{t1}, W2' (W1v^{t0})))$	Simultaneität aus aktuellem Sichtbild und Erinnerung
$(W3k_1 (W1v), W3k_2 (W1v), W3k_3 (W1v)$ usw.$)$	ein Gegenstand von mehreren Seiten zugleich (Kubismus, etwa: Picassos Portrait von H. Kahnweiler)

Schema 5: Photo

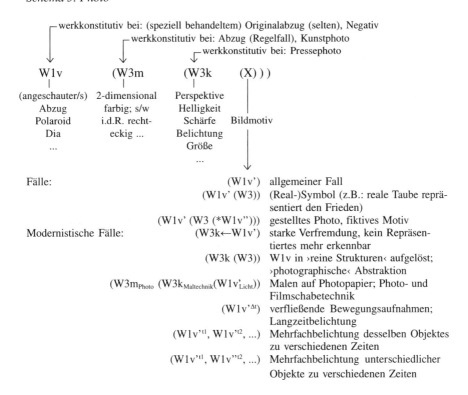

┌ werkkonstitutiv bei: (speziell behandeltem) Originalabzug (selten), Negativ
   ┌ werkkonstitutiv bei: Abzug (Regelfall), Kunstphoto
     ┌ werkkonstitutiv bei: Pressephoto

$$W1v \quad (W3m \quad (W3k \quad (X)))$$

(angeschauter/s)	2-dimensional	Perspektive	
Abzug	farbig; s/w	Helligkeit	
Polaroid	i.d.R. recht-	Schärfe	Bildmotiv
Dia	eckig ...	Belichtung	
...		Größe	
		...	

Fälle:

	$(W1v')$	allgemeiner Fall
	$(W1v'\,(W3))$	(Real-)Symbol (z.B.: reale Taube repräsentiert den Frieden)
	$(W1v'\,(W3\,(*W1v'')))$	gestelltes Photo, fiktives Motiv
Modernistische Fälle:	$(W3k{\leftarrow}W1v')$	starke Verfremdung, kein Repräsentiertes mehr erkennbar
	$(W3k\,(W3))$	W1v in ›reine Strukturen‹ aufgelöst; ›photographische‹ Abstraktion
	$(W3m_{\text{Photo}}\,(W3k_{\text{Maltechnik}}(W1v'_{\text{Licht}})))$	Malen auf Photopapier; Photo- und Filmschabetechnik
	$(W1v'^{\Delta t})$	verfließende Bewegungsaufnahmen; Langzeitbelichtung
	$(W1v'^{t1},\ W1v'^{t2},\ ...)$	Mehrfachbelichtung desselben Objektes zu verschiedenen Zeiten
	$(W1v'^{t1},\ W1v''^{t2},\ ...)$	Mehrfachbelichtung unterschiedlicher Objekte zu verschiedenen Zeiten

Schema 6: Photomontage

┌─── Auswahl und Anordnung werkkonstitutiv

$$W1v\,(W3m\,(W3k\,(W1v'\,(W3m'_{\text{Photo}}\,(W3k'\,(W1v')))) + (W1v''\,(W3m''_{\text{Photo}}\,(W3k''\,(W1v'')))) + ...))$$

Material i.d.R. nicht vom Urheber ursprünglich intendiert

Schema 7: Collage (allgemein)

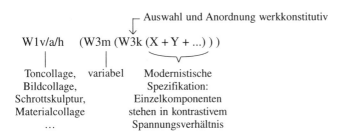

┌ Auswahl und Anordnung werkkonstitutiv

$$W1v/a/h \quad (W3m\,(W3k\,(X + Y + ...)))$$

Toncollage,	variabel	Modernistische
Bildcollage,		Spezifikation:
Schrottskulptur,		Einzelkomponenten
Materialcollage		stehen in kontrastivem
...		Spannungsverhältnis

Schema 8: Comic

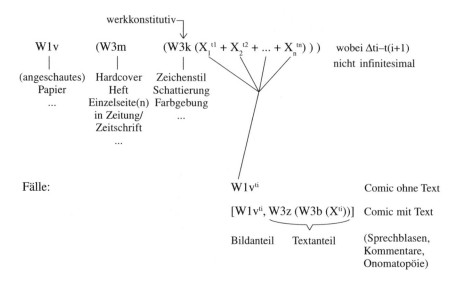

werkkonstitutiv⌐

$W1v \quad (W3m \quad (W3k \ (X_1^{t1} + X_2^{t2} + \ldots + X_n^{tn})\,)\,)$ wobei Δti–t(i+1)
                                                              nicht infinitesimal

(angeschautes)	Hardcover	Zeichenstil
Papier	Heft	Schattierung
...	Einzelseite(n)	Farbgebung
	in Zeitung/	...
	Zeitschrift	
	...	

Fälle: $W1v^{ti}$ Comic ohne Text

                            $[W1v^{ti}, W3z\ (W3b\ (X^{ti}))]$ Comic mit Text

                            Bildanteil   Textanteil   (Sprechblasen,
                                                                  Kommentare,
                                                                  Onomatopöie)

Schema 9: Stummfilm

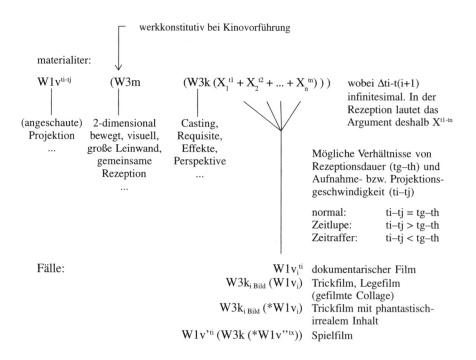

⌐ werkkonstitutiv bei Kinovorführung

materialiter:

$W1v^{ti\text{-}tj} \quad (W3m \quad (W3k\ (X_1^{t1} + X_2^{t2} + \ldots + X_n^{tn})\,)\,)$ wobei Δti–t(i+1)
                                                              infinitesimal. In der
                                                                Rezeption lautet das
                                                                Argument deshalb $X^{t1\text{-}tn}$

(angeschaute)	2-dimensional	Casting,
Projektion	bewegt, visuell,	Requisite,
...	große Leinwand,	Effekte,
	gemeinsame	Perspektive
	Rezeption	...
	...	

                                                              Mögliche Verhältnisse von
                                                                Rezeptionsdauer (tg–th) und
                                                                Aufnahme- bzw. Projektions-
                                                                geschwindigkeit (ti–tj)

                                                                normal: ti–tj = tg–th
                                                                  Zeitlupe: ti–tj > tg–th
                                                                  Zeitraffer: ti–tj < tg–th

Fälle: $W1v_i^{ti}$ dokumentarischer Film
                                            $W3k_{i\,Bild}\ (W1v_i)$ Trickfilm, Legefilm
                                                                  (gefilmte Collage)
                                           $W3k_{i\,Bild}\ (*W1v_i)$ Trickfilm mit phantastisch-
                                                                    irrealem Inhalt
                                          $W1v'^{ti}\ (W3k\ (*W1v''^{tx}))$ Spielfilm

208

Schema 10: Tonfilm

Film als dokumentarisches Medium

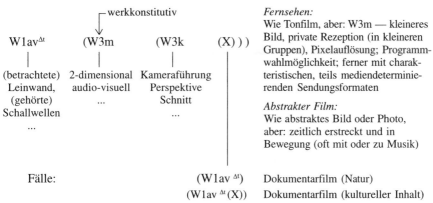

W1av$^{\Delta t}$	(W3m	(W3k	(X)))
(betrachtete)	2-dimensional	Kameraführung	
Leinwand,	audio-visuell	Perspektive	
(gehörte)	...	Schnitt	
Schallwellen		...	
...			

Fernsehen:
Wie Tonfilm, aber: W3m — kleineres Bild, private Rezeption (in kleineren Gruppen), Pixelauflösung; Programmwahlmöglichkeit; ferner mit charakteristischen, teils mediendeterminierenden Sendungsformaten

Abstrakter Film:
Wie abstraktes Bild oder Photo, aber: zeitlich erstreckt und in Bewegung (oft mit oder zu Musik)

Fälle: (W1av $^{\Delta t}$) Dokumentarfilm (Natur)
(W1av $^{\Delta t}$(X)) Dokumentarfilm (kultureller Inhalt)
Beides i.d.R. mit (nichtfiktionalem) Sprecherkommentar und/oder Musikuntermalung

Spielfilm (Normalfall)

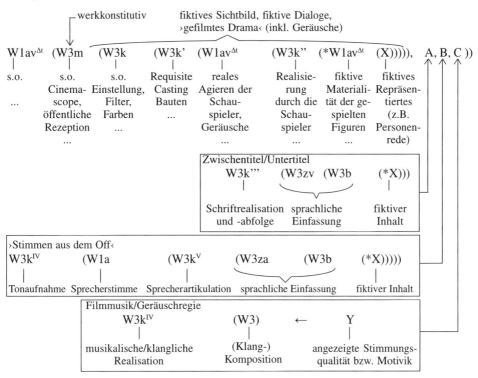

209

Schema 11: (Instrumental-) Musik

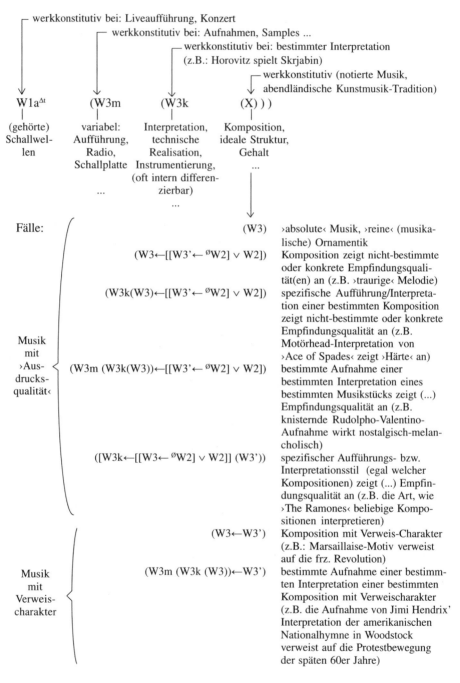

werkkonstitutiv bei: Liveaufführung, Konzert

werkkonstitutiv bei: Aufnahmen, Samples ...

werkkonstitutiv bei: bestimmter Interpretation
(z.B.: Horovitz spielt Skrjabin)

werkkonstitutiv (notierte Musik,
abendländische Kunstmusik-Tradition)

W1a$^{\Delta t}$ (W3m   (W3k   (X)))

| (gehörte) Schallwellen | variabel: Aufführung, Radio, Schallplatte ... | Interpretation, technische Realisation, Instrumentierung, (oft intern differenzierbar) ... | Komposition, ideale Struktur, Gehalt ... |

Fälle:

Musik mit ›Ausdrucksqualität‹

(W3)	›absolute‹ Musik, ›reine‹ (musikalische) Ornamentik
(W3←[[W3'← $^{\emptyset}$W2] ∨ W2])	Komposition zeigt nicht-bestimmte oder konkrete Empfindungsqualität(en) an (z.B. ›traurige‹ Melodie)
(W3k(W3)←[[W3'← $^{\emptyset}$W2] ∨ W2])	spezifische Aufführung/Interpretation einer bestimmten Komposition zeigt nicht-bestimmte oder konkrete Empfindungsqualität an (z.B. Motörhead-Interpretation von ›Ace of Spades‹ zeigt ›Härte‹ an)
(W3m (W3k(W3))←[[W3'← $^{\emptyset}$W2] ∨ W2])	bestimmte Aufnahme einer bestimmten Interpretation eines bestimmten Musikstücks zeigt (...) Empfindungsqualität an (z.B. knisternde Rudolpho-Valentino-Aufnahme wirkt nostalgisch-melancholisch)
([W3k←[[W3← $^{\emptyset}$W2] ∨ W2]] (W3'))	spezifischer Aufführungs- bzw. Interpretationsstil (egal welcher Kompositionen) zeigt (...) Empfindungsqualität an (z.B. die Art, wie ›The Ramones‹ beliebige Kompositionen interpretieren)

Musik mit Verweischarakter

(W3←W3')	Komposition mit Verweis-Charakter (z.B.: Marsaillaise-Motiv verweist auf die frz. Revolution)
(W3m (W3k (W3))←W3')	bestimmte Aufnahme einer bestimmten Interpretation einer bestimmten Komposition mit Verweischarakter (z.B. die Aufnahme von Jimi Hendrix' Interpretation der amerikanischen Nationalhymne in Woodstock verweist auf die Protestbewegung der späten 60er Jahre)

Schema 12: (Studio-)Schallplatte

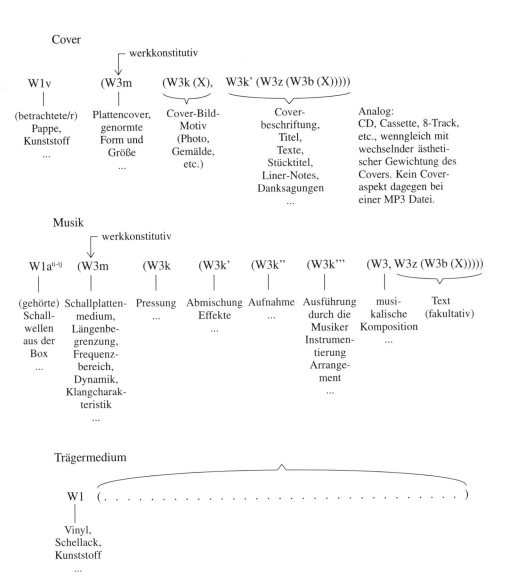

Cover

┌─ werkkonstitutiv

W1v   (W3m   (W3k (X),   W3k' (W3z (W3b (X)))))

(betrachtete/r) Plattencover, Cover-Bild-   Cover-   Analog:
Pappe,   genormte   Motiv   beschriftung,   CD, Cassette, 8-Track,
Kunststoff   Form und   (Photo,   Titel,   etc., wenngleich mit
...   Größe   Gemälde,   Texte,   wechselnder ästheti-
                 ...   etc.)   Stücktitel,   scher Gewichtung des
                                               Liner-Notes,   Covers. Kein Cover-
                                               Danksagungen   aspekt dagegen bei
                                               ...   einer MP3 Datei.

Musik

┌─ werkkonstitutiv

W1a^{ti-tj} (W3m   (W3k   (W3k'   (W3k"   (W3k'''   (W3, W3z (W3b (X)))))

(gehörte)   Schallplatten- Pressung Abmischung Aufnahme Ausführung   musi-   Text
Schall-   medium,   ...   Effekte   ...   durch die   kalische   (fakultativ)
wellen   Längenbe-   ...   Musiker   Komposition
aus der   grenzung,   Instrumen-   ...
Box   Frequenz-   tierung
...   bereich,   Arrange-
            Dynamik,   ment
            Klangcharak-   ...
            teristik
            ...

Trägermedium

W1 (. . . .)

Vinyl,
Schellack,
Kunststoff
...

Schema 13: Cyberspace*

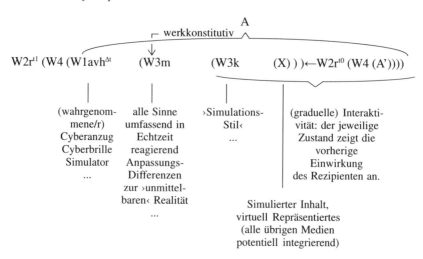

(wahrgenom-   alle Sinne   ›Simulations-   (graduelle) Interakti-
mene/r)   umfassend in   Stil‹   vität: der jeweilige
Cyberanzug   Echtzeit   Zustand zeigt die
Cyberbrille   reagierend   ...   vorherige
Simulator   Anpassungs-   Einwirkung
...   Differenzen   des Rezipienten an.
                   zur ›unmittel-
                   baren‹ Realität   Simulierter Inhalt,
                   ...   virtuell Repräsentiertes
                                         (alle übrigen Medien
                                         potentiell integrierend)

---

* Nur mit Rekurs auf rezeptive Einbindung spezifisch charakterisierbar.

4. Zweite Hauptuntersuchung:
Probleme kulturwissenschaftlicher Kategorialisierung
und Modellbildung

Ging es in der ersten Hauptuntersuchung um die hermeneutische Fundierung, so widmet sich die zweite, darauf aufbauend, einigen Aspekten formaler Reflexion, wie sie eine Kulturwissenschaft, die – namentlich im Blick auf die Moderne – nicht zunehmend der Komplexität ihres Gegenstandsbereichs zum Opfer fallen oder dieser ihrerseits Gewalt antun will, immer weniger entbehren kann. Im Mittelpunkt stehen dabei Fragen der elementaren Kategorialisierung, der (historischen) Begriffsexplikation sowie der Modellbildung. Vorab gilt es jedoch, wenigstens skizzenhaft die wichtigsten *Modi* kulturwissenschaftlicher Explikation zu unterscheiden – womit zugleich, im Rückgang auf Rickerts Methodologie, die wissenschaftstheoriegeschichtliche Wurzel dessen, was Kulturwissenschaft einst meinte resp. werden könnte, in den Blick gerät.

4.1. Differenzen im Status kulturwissenschaftlicher Explikation

Individualisierende Deskription, Allgemeinaussage, Norm,
Prognose und Naturgesetz

Wenn Rickert in seiner methodologischen Einlassung über »Kulturwissenschaft und Naturwissenschaft« (1926) zu dem pointierten Schluß gelangt:

> »Die Wirklichkeit wird Natur, wenn wir sie betrachten mit Rücksicht auf das Allgemeine, sie wird Geschichte, wenn wir sie betrachten mit Rücksicht auf das Besondere und Individuelle«,[1]

so geschieht dies sichtlich unter dem Eindruck und in Abwehr der zeitgenössisch verbreiteten Tendenz, alle Wissenschaften auf die Methodik der damals besonders erfolgreichen Naturwissenschaften, namentlich einer gesetzeswissenschaftlich-deterministisch begriffenen Physik, verpflichten zu wollen. Letzteres mußte entweder Kuriositäten wie die gern zitierte Scherer-Theorie von den vermeintlich mit gesetzmäßiger Notwendigkeit im 600-Jahr-Zyklus wiederkehrenden Höhepunkten deutscher Dichtung (deren nächster dann um 2400 ins Haus stünde)[2] oder aber ein trotzig ›anti-

---

[1] Rickert, Kulturwissenschaft und Naturwissenschaft, S. 77.
[2] Vgl. Scherer, Die Epochen der deutschen Litteraturgeschichte, in: Kleine Schriften, S. 672-675, sowie – dazu – stellvertretend Rosenberg, Zehn Kapitel zur deutschen Geschichte der Germanistik, S. 107f., und Eibl, Kritisch-rationale Literaturwissenschaft, S. 11/12. – Als Wiedergänger solch ›gesetzeswissenschaftlichen‹ Selbstverständnisses profiliert sich ferner Falk, Der Beitrag der Komponentenanalyse zur interpretatorischen Methodik, welcher das Bizarre seines Verfahrens zwar selber konstatiert, S. 447, doch keineswegs ausräumt.

wissenschaftliches‹ – mancherorts bis heute nachwirkendes – Selbstverständnis der Geisteswissenschaften nach sich ziehen. In diesem Sinne markiert Rickerts Verweis auf die methodische Eigenart historisch-individualisierender Explikation nebst der damit verbundenen Legitimation ihrer Praxis nach wie vor einen wichtigen, obschon von der Masse seither nachgerückter Theorieentwürfe vielfach überdeckten oder gar zurückgenommenen Schritt auf dem Weg zu einer nichtszientistischen und doch wissenschaftlichen Fundierung der Kulturwissenschaft.[3]

Problematisch bleibt gleichwohl – ungeachtet aller methodologiegeschichtlichen Berechtigung und vermittelnden Differenzierung im einzelnen[4] – die durchgängige Tendenz zum Zusammenschluß von Natur, Naturwissenschaft, Gesetz und Allgemeinheit einerseits sowie von Kultur, Kulturwissenschaft, Historie und Individualisierung andererseits zu zwei zwar gleichberechtigten, aber stark antagonisierten Idealpolen sinnvoller wissenschaftlicher Beschäftigung, mit der Konsequenz, daß die Spannbreite de facto erfolgreich praktizierter Zugriffe ohne Not beschränkt erscheint. Um sie wenigstens im Groben anzudeuten, sind – neben der in 3.2.2. bereits eingeführten Unterscheidung zwischen möglichen/unmöglichen und sinnvollen/überflüssigen Unternehmungen – vor allem folgende Differenzen in der Fragestellung zu berücksichtigen: Geht es jeweils

a) um *einzelne* Gegebenheiten resp. Gegenstände (inkl. Sachverhalte, Prozesse, Verläufe etc.) oder aber um ganze *Klassen* von (heuristisch identifizierten) Gegebenheiten,

b) um *ideale* oder *reale* Gegebenheiten,

c) um *historisch konkrete* (realzeitlich situierte) oder um *mögliche* (nicht realzeitlich situierte) *Realgegebenheiten*,

d) um – *abgeschlossene* oder gegebenenfalls *erweiterbare* – *real(entstehungs)zeitlich beschränkte* oder um *in die Zukunft geöffnete* Klassen,

e) um strukturell *singuläre* oder um – nacheinander (etwa: zyklisch) oder parallel – *mehr- bzw. vielfach identisch begegnende* historisch konkrete Gegebenheiten,

f) um *deterministisch vorhersagbare* oder um *nicht* – bzw. allenfalls mit eingeschränkter Wahrscheinlichkeit oder negativ/ausschließend – *vorhersagbare* reale Gegebenheiten,[5]

g) um *mit Beteiligung menschlicher Intentionaliät* oder um *diesseits menschlicher Intentionalität* konstituierte Gegebenheiten,

---

[3] Eine Rückbesinnung aufs Besondere und Einmalige fordert stellvertretend etwa Spinner, Wissenschaftsgläubigkeit und Wirklichkeitsverlust in der Sprach- und Literaturwissenschaft, S. 130.

[4] Vgl. Rickerts Konzessionen in: Kulturwissenschaft und Naturwissenschaft, S. 33, S. 129ff. u. passim (mit denen sich im übrigen Kritik wie die bei Simon-Schaefer, Der Autonomieanspruch der Geisteswissenschaften, S. 16, erhobene weitgehend erübrigt).

[5] Das ontologische Determinismusproblem wird hiervon übrigens nicht berührt, kann doch aus realzeitlich gebundener Position heraus niemals bewiesen weden, daß nicht etwa alles, was in praxi indeterminiert erscheint, ›in Wahrheit‹ doch determiniert ist/war und vice versa (vgl. z.B. die diesbezüglichen Hinweise bei Dray, Law and Explanation, S. 165).

h) um *repräsentierende* bzw. *intendiert exemplifizierende* oder um anderwärtige, ohne solche Funktion bestehende Gegebenheiten,

i) um die *individualisierende Auszeichnung* des jeweiligen Gegenstandes oder Gegenstandsgebietes gegenüber allen übrigen (jeweils im Blick befindlichen), um die *Explikation von allen daran jeweils (nach immanent oder extern gesetzten Gesichtspunkten) relevanten Eigenschaften,* um die Zugehörigkeit des Untersuchten zu *bestimmten Merkmalsklassen* oder um den *exemplarischen Charakter* des jeweils Untersuchten in Hinblick auf möglichst große Klassen gleichartiger Gegenbenheiten, sowie schließlich

j) um möglichst adäquate erklärende oder verstehende *Explikationen* vorhandener Verhältnisse, um möglichst realitätsgerechte *Handlungsanweisungen* zur Erreichung bestimmter Ziele oder um (per se kulturelle) *Normen?*

So offensichtlich viele der hier vorgenommenen Spezifikationen voneinander abhängig und derart nicht immer sämtlich relevant sind, so deutlich zeigen sie doch, daß die Verhältnisse weniger dichotomisch sind als sowohl nach Rickerts oben zitiertem Diktum – als auch nach den Einlassungen vieler seiner Nachfolger, Kritiker und Überwinder – zu vermuten. Das offenbaren schon die Verschiebungen, die sich ergeben, je nachdem, ob man die Natur/Kultur-Dichotomie, wie Rickert (im Rekurs auf Droysen[6]), primär an e) oder aber, wie ebenso denkbar und geläufig, an f), g) oder h) festmacht,[7] bzw. je nachdem, ob man das ›Besondere‹ eher anhand von a), c), e) oder i) auszeichnet. Unabhängig von den darin (und in analogen Fragen) angelegten Begriffsstreitigkeiten bleiben für den kulturwissenschaftlichen Zusammenhang dagegen folgende *sachlich-prinzipiellen* Einschränkungen zu gewärtigen:

1. *Konkrete Vorhersagen* kultureller Erscheinungen und Entwicklungen sind nur in dem Maße möglich, wie deren Zustandekommen jeweils distinkten, obgleich ihrerseits kulturellen und demgemäß nicht beliebig genau und nie hundertprozentig vorhersagbaren Normen oder anderwärtigen Determinationen unterliegt.[8] Je kom-

---

[6] Vgl. das pointierte Referat der Droysenschen Begriffsbestimmung bei Wach, Das Verstehen, Bd. 3, S. 89, sowie allgemein auch Dray, Law and Explanation, S. 44.

[7] Diesbezügliche Problemfragen wären etwa: Werden die Formen des Grand Canyon in dem Moment schon zu Kultur, wo primär das Singuläre an ihnen interessiert? Sind die Bewegungen eines sphärischen Pendels oder Wetterverläufe bereits Kultur, weil sie bei genauestmöglich bestimmten Anfangsbedingungen nicht vorherbestimmt werden können? Sind die Fortpflanzungsbemühungen von Fröschen/Bewegungen eines Fötus/Grunzlaute eines Betrunkenen schon Kultur, weil sich hier ein bestimmter/menschlicher Wille manifestiert? Ist das Betteln eines Hundes Kultur, sobald es intendiert oder gar repräsentierend erfolgt? Oder fordert Kultur die gleichzeitige Erfüllung aller Bedingungen? Oder darf je eine fehlen? Oder zwar eine, aber nicht jede? usw. (vgl. 2.3.).

[8] Eventuelle Rückkopplungseffekte, also etwa der Fall, daß denen, die eine prognostizierte Produktion bzw. Entwicklung beeinflussen können, bei Kenntnis der Prognose mehr an deren Widerlegung als an der Durchsetzung der ihnen durch diese zugeschriebenen Ziele gelegen sein kann, sind dabei – aller prinzipiellen Unvorhersehbarkeit zum Trotz – möglichst realistisch abzuschätzen. (Zur Fähigkeit intentionaler Hervorbringungen, ihre Klassifizierung selbst zu torpedieren, vgl. Gabriel, Wie klar und deutlich soll eine literaturwissenschaftliche Terminologie sein? S. 31.)

plexer und emergenzträchtiger die in Rede stehenden Verhältnisse sind und je langfristiger, globaler und konkreter die Prognose sein soll, um so schwieriger und unzuverlässiger wird sie, mit der Folge, daß z.B. topische Repliken in TV-Vorabendserien häufig ohne weiteres bis aufs Wort prognostiziert werden können, während über die belletristische Gesamtproduktion des Jahres 2081 bislang wenig Sinnvolles – ja kaum, ob es etwas derartiges überhaupt geben wird – zu sagen ist.[9]

2. *Allgemeine*, d.h. unabhängig von den jeweiligen historisch-konkreten Rahmenbedingungen formulierbare *(kultur-)historische Verlaufsgesetze* nach Art deterministischer Naturgesetze sind aus einem emergent-evolutionären, intentional affizierten und in seinen Ausgangsbedingungen zu keinem Zeitpunkt und an keinem Ort je ganz identischen Prozeß wie der Kulturgeschichte allenfalls dort und in dem Maße eruierbar, wo dieser intentionaler Kenntnis und Einflußnahme sich entzieht, also in gewissem Sinne gar kein ›kultureller‹ ist.[10] Auf solcher Basis sind dann freilich ›induktive‹, bei hohem Wahrscheinlichkeitsgrad quasi-naturgesetzliche, wenngleich in keinem Falle zwingende historische Lehren à la ›Auf Revolution folgt Reaktion‹ etc. nebst den entsprechenden Klugheitsregeln formulierbar.

3. Kulturelle Normen sind nicht identisch mit dem kulturhistorischen Nachweis ihrer Existenz bzw. Wirkung.[11] Demgemäß ist die nach wie vor äquivokationsträchtige und in einem Satz wie ›Ein Sonett hat vierzehn Zeilen‹ exemplfizierte Unentschiedenheit zwischen Norm (›Ein Sonett muß vierzehn Zeilen haben, sonst ist es keines/schlecht‹) und historisch begrenzter Allgemeinaussage (›Alles, was bislang unter der Bezeichnung ›Sonett‹ bekannt ist, hat vierzehn Zeilen‹[12]) stets zu beobachten und nötigenfalls aufzulösen.[13] Des weiteren können kulturhistorische Allgemeinaussagen billigerweise nur für höchstens bis zum Zeitpunkt ihrer Formulierung erstreckte Gegenstandsbereiche, nicht dagegen in die Zukunft hinein Gültig-

---

[9] Ein Beispiel für eine längerfristig-komplexe und doch gegründete Vorhersage wäre gleichwohl Rickerts 1920 im Vorwort zur Erstauflage seiner kritischen »Philosophie des Lebens« geäußerte Befürchtung, daß die philosophische Entwicklung im Anschluß an die lebensphilosophische Mode auch noch durch einen revitalisierten Hegelianismus hindurch müsse (vgl. S. IX).

[10] Vgl. dazu die charakteristisch abweichenden Meinungen bei Stachowiak, Allgemeine Modelltheorie, S. 285, und Bredella, Das Verstehen literarischer Texte, S. 22.

[11] Das impliziert freilich keineswegs, daß kulturelle Normen nicht angesichts des historischen Auftretens bestimmter Sachverhalte formuliert werden könnten – scheint dies doch gerade der Regelfall. Ebenfalls weitverbreitet, doch in zweierlei Hinsicht ungleich problematischer, ist dagegen der Versuch, kulturelle Normen – naiv oder strategisch – mit naturgesetzlicher Dignität auszustaffieren (wie derzeit am schrillsten an Topoi wie ›Globalisierung‹, ›Innovation‹, ›Vernetzung‹, ›Flexibilisierung‹ etc. zu studieren): erstens – und zwar konsistenztheoretisch – deshalb, weil sich die normative Intervention hier einerseits, indem ihre Erfüllung jenseits jeder kulturellen Geltung ohnehin schon – eben: ›von Natur aus‹ – unausweichlich sein soll, eigentlich überflüssig macht, während ihr doch andererseits gerade aus ihrer ›Naturgegebenheit‹ besonders starke normative Kraft erwachsen soll; zweitens – moralisch – jedoch deshalb, weil der Taschenspielertrick bis heute ungebrochen funktioniert.

[12] Was übrigens nicht stimmt, wie unter anderem der von Fischart unter seine »Etlich Sonnet« gerechnete 19-Zeiler (Deutsche Sonette, S. 10) zeigt.

[13] Vgl. dazu Eibl, Kritisch-rationale Literaturwissenschaft, S. 43 u. S. 80.

216

keit beanspruchen, ebenso wie sie – umgekehrt – nur mit bis zum Zeitpunkt ihrer Formulierung (bzw. – gegebenenfalls – innerhalb des von ihnen selbst spezifizierten Geltungsraumes) entstandenen historischen Gegenständen ernsthaft widerlegbar sind.[14] Dergestalt vermag z.B. Oswald Wieners ironisch als »Roman« firmierender Avantgardetext »Die Verbesserung von Mitteleuropa« (1969) ebensowenig die deskriptiven Befunde in Blanckenburgs »Versuch über den Roman« (1774) zu falsifizieren wie lettristische Poesie die F. Th. Vischers zur Lyrik.

Abgesehen von diesen prinzipiellen Einschränkungen scheint dagegen nichts grundsätzlich ausgeschlossen, und so hängt die Frage, welcher Wert den aus obigen Unterscheidungen sonst noch kreuzbaren Forschungsperspektiven zugemessen wird, primär – anstatt an methodologischen Grundgegebenheiten – am jeweiligen Interesse.[15] Auf dieser Grundlage kann es dann freilich nicht verwundern, wenn die individualisierende Beschreibung eines bestimmten Supermarktkassenbons, eines Mannheimer Kieselsteins oder der Zahl 6353726 wenn schon ebenso möglich, so doch weniger relevant erscheint als die von Schillers »Wallenstein« oder Picassos »Demoiselles d'Avignon«, wenn ferner die allgemeine Gravitationstheorie mehr interessiert als eine möglichst genaue Beschreibung des aktuellen Herunterrollens eines Kugelschreibers von meinem Schreibtisch und wenn schließlich ein Verfahren zur Züchtung medizinballgroßer Himbeeren mehr Beachtung findet als eines zur Transformierung von Simmel- in Konsalik-Romane.

Modernespezifische Verschiebungen ergeben sich hier dadurch, daß sowohl die Unüberschaubarkeit der Gesamtheit des potentiell Relevanten als auch der quantitative Zuwachs an relativ uniformen Kultur(industrie)produkten eine signifikante und in zahlreichen (obschon oft holistisch überdehnten) ›Methoden‹ gespiegelte Aufwertung von aufs Allgemeine, Gleichartige, Häufige, Typische gerichteten Fragestellungen nach sich gezogen hat. Die charakteristische Differenz zu strukturverwandten früheren Zugängen besteht dabei vor allem darin, daß die jeweils ausgewählten Beispiele, anstatt emphatisch als besonders charakteristische Kristallisationspunkte einer

---

[14] Zur notwendigen Berücksichtigung der Realzeitkomponente bei der Formulierung wissenschaftlicher Hypothesen vgl. Goodman, Tatsache, Fiktion und Voraussetzung, S. 117ff. u. passim. – Methodisch gesehen sind die Unterschiede zwischen der Aufstellung und der anschließenden, beliebig wiederholbaren Überprüfung einer naturgesetzlichen Gesetzeshypothese auf der einen und einer kulturhistorischen (Allgemein-)Hypothese auf der anderen Seite weniger gravierend als gelegentlich behauptet. Zwar besteht hier insofern eine markante Differenz, als es in prognosezentrierter Naturwissenschaft prinzipiell immer ausgeschlossen bleibt, alle von ihren Gesetzen formal miteingeschlossenen Fälle de facto zu überprüfen, da jederzeit noch beliebig viele in der Zukunft und damit zwangsläufig offen verbleiben, während solch vollständige Prüfung innerhalb der Kulturhistorie im Grunde – und bei überschaubaren Geltungsbereichen bisweilen durchaus auch einmal praktisch – bewältigt werden kann. Gleichwohl beeinträchtigt das weder die strukturelle Ähnlichkeit der Vorgehensweise noch die grundsätzlichen Validierungs- bzw. Widerlegungsstandards.

[15] Eine strukturelle Gleichberechtigung zumindest der aufs Gleiche und der aufs Individuelle gehenden Fragestellungen konstatiert etwa schon Raible, Was sind Gattungen? S. 338.

Epoche, Schule, Welthaltung usw. ausgezeichnet zu werden,[16] meistenteils wie beliebig aus der Masse herausgegriffene, unterschiedslos austauschbare wirken – was indes für ältere Epochen ebenfalls schon tendenziell der Fall sein kann.

Diachronie und Synchronie

Ein namentlich im Zuge der Moderne vielumkämpftes Spezialproblem der wissenschaftlichen Perspektivenbildung ist ferner das (gelegentlich bereits berührte) Verhältnis von Diachronie und Synchronie.[17] Hier kommt es im Sinne einer nicht künstlich selbstbeschränkten Kulturwissenschaft im allgemeinen vor allem darauf an,
– die Differenz zwischen eher diachronischen (d.h. auf einen zeitlichen Längsschnitt angelegten) und eher synchronischen (d.h. auf einen zeitlichen Querschnitt angelegten) historischen Untersuchungen nicht mit der allgemeineren zwischen primär historischen und primär systematischen zu vermengen,[18]
– die prozeßhaft-veränderlichen und die systemerhaltend-statischen Züge des geschichtlichen Verlaufs, deren Existenz und Bedeutung in beiden Fällen kaum generell zu bestreiten ist, nicht je für sich holistisch zu ideologisieren oder gegeneinander auszuspielen, sondern das Augenmerk statt dessen, soweit in praxi möglich, zwanglos auf das jeweils Interessierende zu richten, seien dies nun bestimmte (historische) Veränderungen, bestimmte (historische) Strukturen, Veränderungen in Strukturen, Strukturen in Veränderungen, Veränderungen von Strukturveränderungen oder was immer,[19] und
– die praktische Gradualität im Verhältnis von synchronischer und diachronischer Fragerichtung zu realisieren[20] und jeweils gegenstandsbezogen in Rechnung zu stellen.

All dies gilt in Hinblick auf moderne Gegenstände prinzipiell genauso wie für jeden anderen untersuchten Zeitraum, wenngleich mit dem – ebenso trivialen wie gravierenden – Unterschied, daß die Möglichkeiten zur ›Längsschnittbildung ins historische Nachher‹ im Maße der Annäherung an die aktuelle Gegenwart dahinschwinden und so tendenziell nur mehr eine Richtung der historischen Betrachtung offen bleibt. Eine

---

[16] Vgl. dazu z.B. die Emphase, mit der Frank, Was heißt »einen Text verstehen«? S. 74, auf das »einzelne Allgemeine« hinauswill, das die Epoche gerade dadurch erhellen soll, daß es ihr Reglement zugleich erfüllt *und* transzendiert.

[17] Vgl. stellvertretend Ricoeur, Hermeneutik und Strukturalismus, S. 44ff., S. 66f. u. passim.

[18] Vgl. dazu allgemein 2.3., insbes. Fn. 69.

[19] Vgl. etwa Konstantinović, Vergleichende Literaturwissenschaft, S. 91, oder Japp, Hermeneutik, S. 146.

[20] Daß es hier weniger eine diskrete Grenze als vielmehr wechselnde Mischungsverhältnisse gibt, erweist die Betrachtung der Extreme: Denn ebenso wie ein Untersuchungsansatz, der sich, in einer Art methodischem Simultanismus, wirklich strikt ›synchronisch‹ auf einen einzigen Zeitpunkt der Kulturgeschichte kaprizieren wollte (möglicher Titel: ›Das Literatursystem am 26. 4. 1926 um 15 Uhr 11‹), bei aller kurios-innovativen Unerhörtheit des Unterfangens kaum sinnvoll durchzuhalten wäre, erschiene umgekehrt eine Perspektive, die – strikt ›diachronisch‹ – nie auf irgend etwas außerhalb des engsten Evolutionsradius ihres unmittelbaren Gegenstandes blickte, auf geradezu monströse Weise blind.

weitere, ganz andere ›Wirkung der Moderne‹ erweist sich dagegen unter ›methoden-mentalitätsgeschichtlicher‹ Perspektive. Trägt die zeitweilige theoretische Prävalenz synchronisch zentrierter oder auf die systematische Beschreibung aktueller Gegebenheiten gerichteter Zugänge doch nur zu deutlich alle Züge der historischen Erfahrung einer – vom Futurismus programmatisch präludierten und bis heute ungebrochenen – ›Horizontalisierung des Kulturraums‹ (resp. seiner wahrgenommenen Relevanz und Komplexität), dergestalt, daß das Durchschnittsalter der Bezugspunkte, aus deren Wertschätzung die Gesellschaft ihr kulturelles Selbstverständnis faktisch zieht, in der westlich-globalisierten Welt – nicht nur, aber insbesondere durch den markanten Gewichtsverlust religiöser Überlieferung – im ganzen ständig abnimmt. Das Weitausgreifend-Diachronische, andere Zeiten und Wertsysteme Aufschließende bzw. in Erinnerung Rufende und Bewahrende erhält derart gerade in dem Maße, wie der (ursprünglich avantgardistisch-subversiv gemeinte) Präsentismus der Moderne kulturindustriell ideologisiert und – als permanente Übertönung axiologischer Alternativen – zur allgemeinen Disziplinierung funktionalisiert wird, nolens volens einen dissidenten Zug – und gerät derart kaum zufällig zunehmend unter administrativen Druck.

Historische Erklärung: Gegebenes und Gesuchtes, notwendige und hinreichende Konstitutionsbedingungen, Holistische Reduktionen, Historische Nähebeziehungen

Der nächste Aspekt, den es hier im Sinne eines methodisch expliziten kulturwissenschaftlichen Vollzuges zu bedenken gilt, ist die – im Zusammenhang mit dem ersten Kanon schon allenthalben in den Blick geratene – Bedeutung historischer Erklärungen. Hier kommt es allgemein, so trivial es scheinen mag, vor allem darauf an, zu unterscheiden, was von Fall zu Fall bereits gegeben/zu erklären und was als Erklärung jeweils gesucht ist. Ausgangspunkt ist dabei der – wiederum triviale – Befund, daß nicht alles, was konkret geschieht bzw. je geschehen ist, dem wissenschaftlichen Bewußtsein (sofern man es als Einheit nimmt) präsent bzw. evident ist, sowie ferner, daß nicht alles, was als historisch Konkretes jeweils unbestreitbar scheint, deshalb notwendig auch begreiflich oder transparent wirken muß. Beide Male ist, sofern an der Schließung des entsprechenden Desiderats genügend Interesse besteht, historische Erklärung gefordert, wenngleich mit – ungeachtet aller praktischen Verwobenheit – verschiedener Zielvorgabe. Denn im ersten Fall hat man, kriminalistisch verbildlicht, zwar die Leiche und bestimmte allgemeine Vorstellungen über mögliche Motive, aber keinen Mörder, im zweiten dagegen die Leiche und den Mörder, aber kein plausibles Motiv. Auf die historische Explikation zurückgewendet wird die ›Leiche‹ so – im allgemeinen – zur historischen Gegebenheit, der ›Mörder‹ zur historischen Konstitutionsbedingung und das ›Motiv‹ zum historischen intentionalen Regulativ. Alle drei der so bezeichneten Komponenten sollten am Ende stets ›zusammenpassen‹.

Weitaus offener verbleibt dagegen die Frage, was von Mal zu Mal am Anfang vorliegt und welches Moment im Zuge der Untersuchung im Zweifelsfalle welches andere beugen kann. Denn ebenso wie es gelegentlich vorkommen mag, daß man (wie etwa angesichts der Frage, welche Kriege Außerirdische bislang untereinander geführt haben und warum) überhaupt kein Land sieht, oder daß es nur sehr vage oder unsichere bzw. eine offene Vielzahl gleich (un)wahrscheinlicher Erklärungen gibt, kann in anderen Fällen alles derart evident sein, daß Erklärungsbedarf erst gar nicht aufkommt. Und während etwa die regulative Gewißheit, daß Menschen nicht zur gleichen Zeit an verschiedenen Orten sein können, anderslautende Beteuerungen in mittelalterlichen Heiligenviten heutzutage unnachgiebig ›überstimmt‹, muß sich, wer meint, daß niemand in einem Leben hundertvierzig Bände zu füllen vermag, von Goethe (in Gestalt seiner Sophienausgabe) eines Besseren belehren lassen. Für die Hermeneutik ist diese Grundkonstellation historischer Erklärung insofern relevant, als ihre Komponenten zu Konstitutionselementen eines erweiterten Verstehensvollzugs werden und derart auf das unmittelbare Gegenstandsverständnis rückwirken können. Ein anfangs diagnostizierter Mord kann sich so (sprich: als erklärter) noch zum Totschlag wenden, ein Wutschrei zum Hilferuf usw.[21]

Der Erkenntnisgehalt historischer Erklärungen rührt demgemäß stets aus einem Schluß wahlweise von historischen Begebenheiten und (allgemein oder lokal) für plausibel erachteten regulativen Annahmen auf andere, nicht oder doch weniger unmittelbar dokumentierte historische Begebenheiten (etwa: ›X muß sich gegenüber Y unmöglich benommen haben, denn sonst hätte dieser nie so reagiert wie überliefert‹) oder von der Konstellation ausreichend dokumentierter historischer Begebenheiten auf die mehr oder weniger allgemeinen Regulative, denen sie unterliegen (›Daß das antike Publikum Dionysos offenbar gleichzeitig gläubig fürchten *und* in der Komödie verlachen konnte, läßt auf eine religiöse Vorstellungswelt schließen, die...‹).[22] Eher müßig ist es dagegen, ›historische Beweise‹ für Dinge zu erbringen, die – als Faktum oder Regulativ – ohnehin schon evident erscheinen (›Ich habe ein Dokument gefunden, das beweist, daß in Aachen ein Dom gebaut wurde‹ bzw. ›Am Leben Casanovas zeigt sich, daß Menschen nicht mit freien Armen fliegen können‹). Mag all dies für sich banal erscheinen, so wächst die Schwierigkeit, die darin liegt, im praktischen kulturhistorischen Vollzug an jedem Punkt die Übersicht zu behalten, doch mit der Komplexität der jeweils involvierten Verhältnisse und dem ständigen Wechsel lokaler Fragestellungen rapide an – und es scheint deshalb nicht überflüssig, sich des eigentlich Gesuchten von Zeit zu Zeit gezielt versichern zu können.

---

[21] Wie stark die ›historische Gegebenheit‹ im kulturhistorischen Vollzug dagegen ihrerseits hermeneutisch, nämlich in der Regel über Texte vermittelt ist, stellt Weimar, Der Text, den (Literar-)Historiker schreiben, markant heraus.

[22] Die hierin angelegte Vielfalt möglicher Fragestellungen geht notwendig in dem Maße verloren, wie man entweder – gemäß der im Kontext wissenschaftstheoretisch-analytischer Betrachtungen zur historischen Methodik lange Zeit üblichen Doktrin – die zwar unbestreitbare, aber vielfach triviale Rolle sehr allgemeiner und damit Naturgesetzen ähnlich sehender Regulative (›Wenn es regnet, wird die Erde naß‹) für die historische Erklärung verabsolutiert (vgl. dazu – sprich: gegen die Hempel-Schule – immer noch zusammenfassend Dray, Laws and Explanation in History) oder aber umgekehrt die Existenz und – zumindest implizite – Applikabilität von faktentranszendierenden Regulativen überhaupt ableugnet. Fruchtbarer als der Streit zwischen den Extrempositionen erschiene ein umfassender Versuch, die verschiedenen Arten und Reichweiten von in praxi plausibel gebrauchten Regulativen zueinander ins Verhältnis zu setzen und die allgemeinen Bedingungen ihrer Plausibilität zu reflektieren.

In aussichtslose Position bringt sich dagegen, wer – wie zeitweilig nicht wenige Wissenschaftstheoretiker (weniger dagegen die kulturhistorische Praxis) – unter dem Druck der Verabsolutierung einer deterministisch gedeuteten Naturwissenschaft der Vorstellung erliegt, historische Erklärungen müßten, um wissenschaftlichen Wert zu haben, notwendig kausal-deterministisch bzw. hinreichend sein, sprich: die jeweilige Gegebenheit als *zwangsläufiges Resultat* der jeweils explizierten Konstitutionsbedingung(en) aufweisen können. Ist dies doch entweder – nämlich bezogen auf historische Gegebenheiten generell – müßig, und zwar sofern das Ergebnis hier mit dem jeweiligen Explikandum ohnehin längst vorliegt und demgemäß allenfalls noch trivialiter bzw. beliebig ›bewiesen‹ werden kann (Beispiel: ›Napoleon verlor bei Waterloo, weil Nixon über Watergate stürzte‹ ›Aber das ist doch Unsinn‹ ›Wieso? Hat Napoleon etwa nicht verloren?‹ ›Doch‹ ›Na also‹),[23] oder aber – nämlich in Hinblick auf kulturelle Gegenstände (gefaßt als Teilmenge aller emergenzaffizierten Prozesse)[24] – prinzipiell unmöglich, und zwar deshalb, weil das konkrete Explikandum hier schon zum Zeitpunkt seines historischen Erscheinens (geschweige denn etwa rückwirkend aus Spuren und Berichten) nie – und schon gar nicht im makroskopischen Bereich kulturwissenschaftlicher Forschung – restlos durch die Summe seiner praktisch aufweisbaren Konstitutionsmomente bestimmbar ist. Denn ebensowenig wie etwa ein Forscher, der Goethe vor dem Verfassen seines »Groß-Cophta« in jederlei Hinsicht auf dessen Möglichkeiten und die Absicht, das Stück wirklich zu schreiben, hin untersucht und für fähig befunden hätte, zu verhindern in der Lage gewesen wäre, daß diesem – womöglich ein Wort vor Vollendung – plötzlich noch die Lust abhanden gekommen wäre, so wenig sind selbst tausend historische ›Beweise‹ der Form, daß jemand etwa eine bestimmte Sprache konnte, bestimmte Anregungen erhielt, bestimmte kulturelle Überlieferungen kannte, dann und dann einen bestimmten Plan faßte, genügend Muße hatte, nicht krank war etc., – weder je für sich noch auch in ihrer Summe – jemals ein hinreichender Grund für das Zustandekommen der entsprechenden historischen Gegebenheit, sei es nun eine Schlacht, ein Kuß oder ein Dada-Couplet.

Historische Konstitutionsbedingungen können deshalb entweder nur als notwendige (›Um den »Groß-Cophta«, so wie er uns vorliegt, zu verfassen, mußte Goethe Deutsch können‹) oder aber – logisch äquivalent – als hinreichende für die Negation (›Hätte Goethe kein Deutsch gekonnt, so hätte das allein schon genügt, ihn am Verfassen des »Groß-Cophta« zu hindern‹) aufgewiesen werden,[25] und das explikatorische

---

[23] Man sagt hier gleichsam den Teil der Vergangenheit vorher, der schon bekannt ist.

[24] Der Hinweis auf den emergenten Anteil impliziert freilich nicht, daß hier etwa die Geltung der klassischen Naturgesetze außer Kraft gesetzt wäre, sondern nur, daß sich die Entstehung und Entwicklung dieser Realsubstrate daraus allein grundsätzlich nicht befriedigend erklären läßt. – Zum Sonderstatus historisch-kultureller Gegebenheiten vgl. Schurz, Was ist wissenschaftliches Verstehen? S. 251f.

[25] Im Gegensatz zur bei Gärdenfors, Die Epistemologie von Erklärungen, S. 117, vertretenen Auffassung ist der Unterschied von notwendigen und hinreichenden Bedingungen so keineswegs in eine reine Gradualität der Wahrscheinlichkeiten aufzulösen. Vgl. zum gesamten Problemkomplex grundsätzlich Seebohm, Historische Kausalerklärung.

Ziel kann demgemäß allenfalls darin bestehen, die fundierende Konstellation jeweils so lang einzugrenzen, bis sie auf keine andere historische Gegebenheit mehr paßt. Jenseits davon hängt die Frage, welche aus den – notwendig stets zahlreichen[26] – Konstitutionsaspekten man als relevant heraushebt, freilich abermals entscheidend vom vorgängigen Interesse ab, d.h. davon, in welcher Hinsicht man den Gegenstand in den historischen Gesamtkontext eingebettet sehen möchte. Die Geschichte gibt das Wesentliche selbst nicht vor,[27] auch wenn nachfolgende Entwicklungen die Auszeichnung bestimmter Ereignisse als ›entscheidende Keime‹, ›ausschlaggebende Momente‹, ›Wendepunkte‹ etc. fordern oder doch plausibel machen können.[28]

In der Praxis kulturhistorischer Erklärung entspringt die Gefahr der Überdehnung notwendiger Bedingungen in hinreichende indes seltener deterministischer Dogmatik denn vielmehr – weit unspektakulärer, wenn auch in der Summe ebenfalls nicht unerheblich – einem allgemeinen, wahlweise naiven oder strategischen Hang zu holistisch-monokausalen Erklärungsmustern. Häufig nur eine Folge laxer Differenzierung in der Darstellung bzw. der Absicht, für falsch befundene vorausgegangene Erklärungen möglichst eindrucksvoll zu widerlegen, wird solche Statusverschiebung vor allem dort akut, wo notwendige bzw. (meist) für ausschlaggebend befundene Bedingungen wie hinreichende formuliert werden, sei es für sich oder sei es in polemischem Gegensatz zu zuvor von anderen, oft selbst schon fälschlich – und entsprechend angreifbar – wie hinreichende formulierten. Derartiges geschieht beispielsweise, wenn im Zusammenhang mit der Entstehung des Simultanismus in der futuristischen Malerei behauptet wird, in den Angriffen der Futuristen auf die Statik der Kubisten äußere sich »*nichts anderes* [Herv. v. Verf.] als ein Wiederaufleben des Meinungsstreites, der im 17. und 18. Jahrhundert den Klassizismus vom Barock trennte«,[29] wenn es ferner – diesmal mit gegenläufiger Tendenz – heißt, *nicht* aus der Malerei, sondern aus gesamtgesellschaftlichen Veränderungen heraus sei die »Raum-Zeit-Simultaneität« plötzlich virulent geworden,[30] oder wenn schließlich etwa hinsichtlich der Entstehung der simultanistischen Großstadtpoesie das vitalistische Konstitutionsmoment gegen das (de facto irreduzible) zivilisationsgeschichtliche mit dem Hinweis ausgespielt wird, daß, wenn es auf das Großstädtische an sich ankäme, ja in jeder Großstadt zwangsläufig solche Poesie hätte entstehen müssen, was aber nachweislich nicht der Fall sei[31] – obwohl doch Analoges für den Vitalismus ganz genauso gilt.[32]

---

[26] Vgl. Eibl, Kritisch-rationale Literaturwissenschaft, S. 39, sowie Frey, Erklärende Interpretation, S. 77.

[27] Vgl. ebd., S. 81.

[28] Zur irreduziblen Affizierung der Sicht auf historische Gegebenheiten durch das Wissen um den weiteren Fortgang vgl. Müller, Literaturgeschichte/Literaturgeschichtsschreibung, S. 221.

[29] Hofmann, Grundlagen der modernen Kunst, S. 302.

[30] Weitermeier, Gedanken zu Laszlo Moholy-Nagy, S. 136.

[31] So die Tendenz bei Willems, Anschaulichkeit, S. 191.

[32] Eine nah verwandte, doch mehr ins Allgemeine zielende Variante besteht noch in der Neigung, unverändert fundierende Konstitutionsbedingungen unter dem Eindruck neuer Prioritäten für insgesamt ›überwunden‹ (und damit außer Kraft gesetzt) zu erklären. Ein prägnantes Beispiel hierfür liefert etwa McLuhan, Understanding Media, S. 144, wenn er

Wie immer derartige Aussagen ›eigentlich‹ verstanden sein wollen: Wörtlich genommen – und solche Auffassung muß im wissenschaftlichen Dialog billig sein – sind sie, obschon sämtlich wichtige und im Substrat zutreffende Beobachtungen enthaltend, gemessen an der Komplexität der realen historischen Konstitutionsverhältnisse schlichtweg falsch. Dies ist gleichwohl insoweit nicht gravierend, als eine Überführung ins methodisch Unbedenkliche hier kaum mehr als die schlichte Einräumung der Notwendigkeit erforderte, die auch dem jeweils anderen, gerade für nicht so wichtig befundenen Konstitutionsmoment zukommt, sowie das Eingeständnis, daß auch der eigene Erklärungsfavorit faktisch nicht hinreichend ist.

Weit schwerer zu beheben sind die Verbiegungen dagegen dort, wo sich historische Erklärung ohne Not dem Zwang unterstellt, sämtliche geschichtlichen Erscheinungen und Verläufe im letzten auf ein einziges Regulativ zurückzuführen.[33] Denn wie wenig die historische Mannigfaltigkeit bislang aus *einem* ›historischen Universalgesetz‹ heraus zu begreifen ist (und zwar weder im Sinne eines – wie immer inhaltlich bestimmten – unaufhaltsamen Fortschritts oder Untergangs noch als schicksalhafte Immergleichheit der Verhältnisse), erweist sich – scheinbar paradox genug – gerade an der Geschichte derartiger Geschichtsdeutungen und ihrer Vorhersagen selbst. Zwar ist mitnichten auszuschließen, daß die Historie insgesamt von Gott, Natur, Fatum, Weltgeist, ›Geschichte‹, Willen, Leben, Fortschritt oder einer anderen, ähnlich umfassenden Entität zentral gelenkt wird, doch wirft eine zugleich konkrete und spezifische Anbindung diesbezüglicher Postulate an die Mannigfaltigkeit des Realgeschehens erfahrungsgemäß gravierende Probleme auf und wird zudem – je mehr Unter- bzw. Zwischenkausalitäten dabei jeweils in Dienst genommen werden müssen (um etwa von einer abgebrochenen Bleistiftmine zum allbeherrschenden ›élan vital‹ zu kommen) – zunehmend nebulöser.[34] So drängt sich der Verdacht auf, daß holistische Entwicklungsgesetze entweder jedesmal auf einer impliziten Vorauswahl ›günstiger‹ und zudem womöglich noch in sich auf die Bedürfnisse der jeweiligen Erklärung hin extrapolierter Ereignisse beruhen (und ihre Verfechter derart zwingen, alles, was sich,

---

schreibt: »By electric tapes, synchronisation of any number of different acts can be simultaneous. Thus the mechanical principle of analysis in series has come to an end. Even the wheel has now come to an end in principle, although the mechanical stratum of our culture carries it still as a part of accumulated momentum, an archaic configuration.« Der Widersinn ist hier insofern besonders kunstvoll enggeführt, als das Prinzip des Rades ja eben jene Tonbänder, die jede serielle Analyse überflüssig machen sollen, so augenfällig konstituiert. So drängt sich der Eindruck auf, Mc Luhan habe auch hier ein wenig mehr verlauten als de facto sagen wollen.

[33] Zur Problematik holistischer Geschichtsmodelle vgl. allgemein noch immer Popper, Das Elend des Historizismus, sowie – auf die ästhetische Kulturwissenschaft gewendet – Müller, Literaturgeschichte/Literaturgeschichtsschreibung, S. 218ff., und Eibl, Zurück zu Darwin, S. 352.

[34] Dem wäre zwar formaliter dadurch zu entgehen, daß man jedes Ereignis *unmittelbar* an die entsprechende Wirkkraft rückzubinden unternähme. Doch wie lange wäre – jenseits aller methodischen Schwierigkeiten – eine geschichtliche Darstellung zu ertragen, die diesbezüglich wirklich konsequent verführe? (Kostprobe: ›Als der Weltgeist Napoleon das zu Joséphine hatte sagen lassen, ließ der Weltgeist diese diesem antworten ...‹)

obzwar womöglich zweifellos belegt, nicht darein zu fügen scheint, von vornherein auszuklammern bzw. unter methodisch unzulässigen Top-Down-Beugungen in ihrem Sinne zurechtzudeuten) oder aber in ihrer Hochstufigkeit zugleich alles und nichts erklären. In letzterem Falle erübrigt es sich jedoch, der entsprechenden Globalkausalität – über die Kennzeichnung als ›das, was letztlich in jedem Fall bewirkt, daß etwas nicht nicht geschieht, sondern geschieht‹[35] hinaus – noch irgendein spezifisches Etikett anzuheften.

Ein weiteres, obschon eher theoretisches Problem kulturhistorischer Erklärung liegt darin, daß man, sowie eine relevante konstitutive Gegebenheit einmal plausibel aufgewiesen wurde, sogleich nach *deren* Konstitutionsmomenten und so ad libitum weiterfragen kann, mit der Konsequenz, daß der Weg in einer Art explikatorischem Regreß von jedem denkbaren Ausgangspunkt letztlich immer bis zum Urknall zurückführt. Für die Praxis historischer Konstitutionsanalyse ergibt sich daraus die Notwendigkeit, einen – gleich wie vagen – *Abstandsbegriff*, welcher Aussagen wie ›Die Leute schreien, weil das Haus brennt‹ von solchen wie ›Die Leute schreien infolge des Urknalls‹ unterscheidbar macht, zu etablieren[36] resp. die seit jeher intuitiv empfundenen und der praktischen kulturhistorischen Arbeit implizit zugrundeliegenden historisch-konstitutionellen Abstandsverhältnisse nach Möglichkeit zu explizieren. Die theoretische Schwierigkeit besteht dabei, auch und gerade wo man sich pragmatisch einigt, die Folge plausibel konturierbarer Konstitutionsmomente jedesmal nur einen (jeweils für relevant befundenen) Schritt weit zurückzuverfolgen, darin, daß der so inaugurierte Aspekt auch dann noch äußerst variabel – d.h. ebensogut viele hundert Jahre in die Vergangenheit hinein wie umgekehrt nur über fünf Sekunden und ebensogut bis zu den komplexesten Grundierungen wie lediglich auf Offensichtliches – erstreckt sein kann, und daß es dergestalt wenig Sinn macht, die Metrik, wie eigentlich naheliegend, an den vergleichsweise einfach zu handhabenden Bestimmungsmerkmalen ›Ort‹ und ›Zeit‹ oder an einer (obschon in sich ungleich komplizierteren) Gradualität des ›mehr oder weniger Elementaren‹ ausrichten zu wollen.

In der Moderne scheint dieses Problem dahingehend verschärft, daß die ›natürlich empfundenen Abstandsverhältnisse‹ in einer Welt, wo etwa eine Börsenkursbewegung auf der anderen Erdhalbkugel relativ unmittelbar den eigenen Lebensgang affizieren und ein Druck auf eine Fernbedienungstaste einen geistesgeschichtlichen Sprung um vier Jahrhunderte bewirken kann, notwendig fraglich und schwer überschaubar werden. Gleichwohl sollte gerade kulturhistorische Wissenschaft darüber

---

[35] In der lokal begrenzten Form als ›das, was letztlich bewirkt, daß *dieses oder jenes* nicht nicht geschieht, sondern geschieht‹ könnte ein so abstraktes Element freilich nominell jede spezifischere Behauptung einer historisch hinreichenden Konstellation komplettieren, wenngleich sichtlich zum Preis maximaler und irreduzibler Unbestimmtheit.

[36] Andernfalls sitzt man leicht dem holistischen Topos auf, welcher besagt, daß ›in jedem Kulturgegenstand die Spuren *aller* vorhergehenden eingeschrieben‹ seien (so etwa Pfister, Konzepte der Intertextualität, S. 13) – wovon de facto allenfalls lokal, d.h. innerhalb konkret auszuzeichnender Traditionsstränge und auch hier jeweils nur graduell die Rede sein kann (vgl. dazu Titzmann, Strukturale Textanalyse, S. 272, sowie implizit schon Babilas, Tradition und Interpretation, S. 86).

224

weder der Illusion verfallen, Kultur könne zunehmend aus dem Nichts heraus entstehen, noch etwa vor dem – meist durchaus strategisch vermittelten – Eindruck umfassender Kontingenz kapitulieren.

Zur Historizität kulturwissenschaftlicher Explikationen

Eine weitere statusbezogene Frage, welche – obschon im Grundsatz ›zeitlos‹ – vor allem in neuerer Zeit und namentlich im Zusammenhang mit dem Topos von der zunehmend kürzeren ›Halbwertszeit‹ wissenschaftlicher Erkenntnis besonders akut erscheint, ist die nach dem Verhältnis von Wahrheitsanspruch und Historizität in (kultur)wissenschaftlichen Explikationen. Werden letztere doch, wie etwa dieser Satz gerade, in dem Moment, wo sie konkret realisiert sind, selbst Teil der Historie – und zwar mit allen in 3.1. und 3.2. bereits allgemein geschilderten Konsequenzen. Um so mehr gilt es gleichwohl, die Differenz zwischen der ›Zeitlosigkeit‹ a) des jeweils verhandelten Gegenstandes, b) des in der Explikation darüber Formulierten und c) der Formulierung selbst klar festzuhalten. Wenn etwa Eberhard Lämmert seine erzähltheoretischen »Typen« in explizitem Gegensatz zu den historischen Gattungen als »ahistorische Konstanten« kennzeichnet,[37] so ist dies zunächst in dem Sinne zutreffend, daß diese ihre Eigenschaften unverändert durch alle Historie behalten, nicht hingegen in dem, daß sie als kulturelle Normen konstant oder auch nur je genau so in Geltung gewesen wären. Abgesehen davon aber ist Ahistorizität hier auch insofern nicht gegeben, als keineswegs garantiert ist, daß Lämmerts Typologie überall und bis in alle Ewigkeit identisch (in des Autors Sinne) aufgefaßt werden wird. Vielmehr kann sie, wie jede andere auch, ohne weiteres in (beliebig) naher oder ferner Zukunft völlig anders verstanden bzw. gänzlich unverständlich werden – womit die Rede von ›ahistorischen Konstanten‹ eine melancholische Note erhält.

Wie aber steht es dann noch um die *Wahrheit* der auf solcher Grundlage gemachten Aussagen, insbesondere der historischen? Betrachten wir die dafür wesentlichen Fälle an einem möglichst simplen Beispiel: An einem bestimmten Tag sei das Wetter schlecht. Ein Wissenschaftler kommt, blickt in den Himmel und sagt: ›Das Wetter ist schlecht‹. Andere Wissenschaftler, die neben ihm stehen, blicken ebenfalls gen Himmel und pflichten ihm bei. Davon ermutigt, bringt der Wissenschaftler seinen Satz zu Papier. Da erscheint plötzlich die Sonne. Ein weiterer Wissenschaftler kommt, liest den Satz, blickt gen Himmel und sagt, der Satz sei falsch. Da schreibt der erste Wissenschaftler zu seinem ersten Satz den zweiten: ›Es ist schlecht, seine Ergebnisse festzuhalten‹. Es vergehen fünfhundert Jahre, in denen die Begriffe ›gut‹ und ›schlecht‹ ihre Bedeutung tauschen. An einem Tag, an dem das Wetter – nach heutigen Begriffen – schlecht ist, findet ein Wissenschaftler den Zettel des ersten vor, liest den ersten Satz, blickt gen Himmel und sagt, der Satz sei falsch. Da plötzlich scheint die Sonne. Er blickt noch einmal aufs Papier, abermals zum Himmel – und sagt, der Satz

---

[37] Lämmert, Bauformen des Erzählens, S. 16. Zur allgemeinen Notwendigkeit der Trennung von Systematik und Historie vgl. dort nach wie vor auch S. 9.

sei richtig. Nun liest er den zweiten Satz und sagt, dieser Satz sei, wie gesehen, völlig richtig.

Deutlicher als die meisten, für gewöhnlich unmerklich voranschreitenden real-historischen Verläufe zeigt diese Konstruktion, inwiefern auch ›zeitlose‹ Befunde nicht völlig zeitlos und inwiefern selbst zeitgebundene doch ›aller Zeit enthoben‹ sind. Während aber systematische Aussagen (›Es ist ungünstig, seine Ergebnisse festzuhalten‹) allein den historischen Wandlungen der in ihnen verwendeten Begrifflichkeit unterworfen sind, können historisch-realbezogene, zumindest in der obigen Formulierung, zudem auch von realen Veränderungen betroffen werden. Gleichwohl ist letzterem relativ einfach, nämlich durch entsprechende Realspezifikationen abzuhelfen,[38] während die Chancen, zukünftigen Mißverständnissen vorzubeugen, vergleichsweise gering erscheinen. Zwar mag man – gerade angesichts des gegenwärtigen Terminologieverschleißes – versuchen, seine Erkenntnisse in Ausdrücken und innerhalb von Konventionen niederzulegen, denen man relativ große Bedeutungskonstanz zutraut, doch da niemand sicher wissen kann, von welcher Seite Unklarheiten oder Verwechslungen späterhin womöglich eintreten, macht es, gleich wie wichtig man sich und seine Befunde nimmt, nicht viel Sinn, sich darüber den Kopf zu zerbrechen.

Entscheidend ist statt dessen, diesen Aspekt selbst im Umgang mit älterer bzw. allgemein dem eigenen Kulturkreis entrückter Theorie und dort insbesondere bei der Beurteilung ihres Wahrheitswerts ausreichend zu beachten. Denn weder wird man historischen Theorien – und das sind ihrer Gegebenheit nach sämtliche, die überhaupt vorliegen – dadurch gerecht, daß man den jeweiligen Zeit- und/oder Kulturabstand schlicht einebnet und sie für ›zeitlos allgemein‹ (i.e. naiv wie jeweils bewußtseinsaktuelle) nimmt, noch dadurch, daß man jede noch so zweifelhafte Behauptung von vornherein als ›historisch wahr‹ rechtfertigt. ›Historisch wahr‹ sind gegebene explikative Aussagen nur insofern *in jedem Fall*, als sie ›eben dastehen‹ und zunächst einmal (historisch-hermeneutisch) so verstanden werden wollen, wie sie gemeint waren/sind.[39] Über ihren gegenstandsbezogenen Wahrheitswert entscheidet dagegen für alle Zeit nichts anderes als die Gegebenheit oder Nichtgegebenheit der jeweils (implizit oder explizit) mitbehaupteten Gegenstandsadäquanz bzw. inneren Kohärenz. Zwar kann die Richtigkeit oder Falschheit der ursprünglich intendierten Aussage womöglich in vielen Fällen ihrerseits historisch erklärt (›X wußte dieses und jenes nicht‹ etc.) oder in ihrer inneren Folgerichtigkeit nachvollzogen werden (›Unter dieser und jener Voraussetzung mußte man ja zu dem Schluß kommen, daß...‹), doch selbst, wo das nicht der Fall ist, bleibt der Wahrheitswert der Prädikationen, so wie sie ursprünglich gemeint waren, auf alle Ewigkeit derselbe[40] – und eine Wahrheitsauffassung, die

---

[38] Der erste Satz hätte dann lauten müssen: ›Zu diesem und jenem Zeitpunkt ist (war) an diesem oder jenem Ort das Wetter schlecht‹. – Zur notwendigen Realzeitspezifikation für die Aussagebewertung von Sätzen vgl. schon Frege, Logische Untersuchungen, S. 38, zur Überzeitlichkeit des Wahrheitswertes ebd., S. 52.

[39] Zur Notwendigkeit des zeithorizontlichen Abgleichs auf die jeweilige Gegenwartsstellung historischer Äußerungen hin vgl. etwa Luhmann, Weltzeit und Systemgeschichte, in: Soziologische Aufklärung, Bd. 2, S. 103–133, dort S. 123.

[40] So gesehen bleibt jede noch so zwingend widerlegte Theorie und jede noch so überholte

sich auf andere als die im obigen Beispiel beschriebenen Veränderungsmöglichkeiten einläßt, kann letztlich nicht einmal diese Entscheidung rechtfertigen.

In diesem Sinne steht jede theoretische Explikation zu ihren Gegenständen hinsichtlich der historischen Situierung in einer prinzipiellen Diesseitsstellung, welche ihr – nur scheinbar paradox – einerseits stets schon im jeweils ersten Moment ihres konkreten Erscheinens und zugleich doch nie verlorengeht. Eine fundamentale Infragestellung oder Relativierung der wissenschaftlichen Praxis ist daraus freilich ebensowenig abzuleiten wie ein emphatischer Ewigkeitsanspruch. Denn weder wird die Explikation deshalb zwecklos, weil sie sich späterer historischer Betrachtung nie entziehen kann, noch garantiert die Überzeitlichkeit ihrer Formulierung eine überzeitliche Richtigkeit oder gar Wertgeltung ihrer Feststellungen. Insofern ist jedes Nichtwahrhabenwollen ›ahistorisch-systematischer‹ Konstitutionsmomente innerhalb der kulturhistorischen Methodik ebenso unangemessen wie der in ostentativ systematischer Explikationspraxis verbreitete und – gerade in Fällen, wo die modische Bedingtheit dem jeweiligen Unterfangen sichtbar schon als ›theoretisches Haltbarkeitsdatum‹ eingeprägt ist – eher tragikomische Gestus, man habe mit seinen Unterscheidungen und Definitionen nun endlich ›alle Geschichte überwunden‹.

Der (post)moderne Topos von der schrumpfenden Halbwertszeit wissenschaftlicher Erkenntnis erhält so durchaus unterschiedliche Gesichter, je nachdem, ob die Bedeutung bestehender Explikationen deshalb abnimmt, weil deren materiale Form zu sehr ans sich beschleunigende Karussel der Moden angeheftet ist, weil deren – nach wie vor richtige – Ergebnisse in immer kürzeren Abständen niemanden mehr interessieren bzw. zu banalisierten Allgemeinplätzen erstarren,[41] oder aber weil sie immer schneller durch in der Sache bessere nachrückende überholt bzw. gar widerlegt werden. Solche Differenzierung ist in Rechnung zu stellen, wo die Halbwertszeit diesbezüglicher Erörterungen nicht zukünftig noch schneller schrumpfen soll.

4.2. Elementare kategoriale Differenzierungen

Ging es im vorangegangenen Abschnitt vor allem um die Vielfalt möglicher Gegenstände und Perspektiven, so konzentrieren sich alle weiteren Erörterungen auf Fragen der klassifikatorischen Erschließung und Modellbildung, wobei es im wesentlichen darauf ankommen wird, die in 2.3. allgemein entfalteten Motive exemplarisch auf konkrete, bevorzugt (obschon nicht ausschließlich) modernebezogene oder -induzierte Problemkonstellationen zu beziehen. Ziel ist in allen Fällen eine explikatorische Praxis, welche die Anforderungen, die durch die gegenstandsinhärenten, im Zuge der

---

Begriffsauffassung, selbst im Falle daß sie ihre konkrete begriffliche (d.h. sprachmateriale) Erscheinungsform an andere abtreten und so im (für sie) schlimmsten Fall miß- oder gar unverständlich werden muß, ihrem ideal-sachlichen Gehalt nach völlig unberührt.

[41] Zum Phänomen des ›Absinkens‹ kultureller Güter vgl. allgemein Betti, Allgemeine Auslegungslehre, S. 723.

Moderne zunehmend komplexer erscheinenden und werdenden Verhältnisse nahegelegt werden, zu reflektieren und damit möglichst variabel und zugleich distinkt zu repräsentieren vermag. Den Anfang macht dabei eine Gruppe von im kulturwissenschaftlichen Alltag allenthalben implizit begegnenden Problemen, denen, indem sie entweder nur eine einzige Merkmalsbestimmung oder grundsätzliche Verhältnisse zwischen zwei Zuschreibungen betreffen, vor allem ihr vergleichsweise elementarer Charakter gemeinsam ist.

›Positive‹ und ›negative‹ Kategorien

Eine erste, alles Weitere fundierende und angesichts der Geschichte kulturwissenschaftlicher Modernerezeption zugleich besonders naheliegende Forderung besteht dabei darin, daß die verwendeten Kategorien möglichst ›positiver‹ Natur sein sollten. Zwar sind Kennzeichnungen wie ›nicht weiß‹, ›nicht schön‹ oder ›unpoetisch‹ formal gesehen genau so eindeutig und damit in gewissem Sinne positiv wie ›weiß‹, ›schön‹ oder ›poetisch‹, und ebenso wäre etwa auch die Tatsache, daß Döblins »Berlin Alexanderplatz« im Jahre 1929 erstmals erschien, äquivalent mit Hilfe eines Satzes wie ›»Berlin Alexanderplatz« wurde nicht vor 1927, nicht 1927, nicht 1928, nicht 1930, und auch nicht danach erstveröffentlicht‹ auszudrücken, doch scheint es im Sinne der Aussagekraft kulturwissenschaftlicher Explikationen allemal von Vorteil, den Anteil von Zuschreibungen, die primär die Nicht- bzw. Nichtmehrvorhandenheit von Eigenschaften prädizieren, nicht zu groß werden zu lassen.

Dies ist hier deshalb so hervorzuheben, weil ›negativen‹ Kategorien gerade im Kontext gegenwartsnaher kulturhistorischer Explikation naturgemäß ein starker und bisweilen übermächtiger Sog eignet. Der Grund dafür ist, daß es – namentlich in Zeiten ästhetikgeschichtlicher Umwälzungen – naheliegt, das jeweils Neue, dessen man, wie kaum anders zu erwarten, direkt noch nicht habhaft wird, zunächst vor allem als Abweichung vom bislang Gekannten und Gewohnten zu beschreiben – was zu bestimmten Phasen nicht allein legitim, sondern das Optimum des explikatorisch Erreichbaren ist. Problematisch wird solches Verfahren hingegen dort, wo die dabei gebildeten ›negativen‹ Kategorien entweder über die Zeit ihrer Nützlichkeit hinaus kanonisch bleiben und so eine – inzwischen vielleicht schon mögliche – direktere, genauere Bestimmung be- oder verhindern, oder aber dort, wo ihre negative Konstitution mit einer deskriptiv camouflierten Generalabwertung der durch sie charakterisierten Gegenstände einhergeht.

Ein Paradebeispiel für die Implikationen ›negativer Kategorien‹ ist in unserem Kontext etwa Hugo Friedrichs Studie über die »Struktur der modernen Lyrik« (1956), und zwar nicht allein, weil ›negative Kategorien‹ hier explizit als solche eingeführt werden,[42] sondern vor allem, weil dabei gleich beide der gerade genannten Probleme so wirkungsreich zum Tragen kommen. Zwar gilt dies, wie die einschlägige Aufzählung zentraler Bestimmungsmomente (»Desorientierung, Auflösung des Geläufigen, eingebüßte Ordnung, Inkohärenz, Fragmentarismus, Umkehrbarkeit, Reihungs-

---

[42] Vgl. Friedrich, Die Struktur der modernen Lyrik, S. 19.

stil, entpoetisierte Poesie, Zerstörungsblitze, schneidende Bilder, brutale Plötzlichkeit, dislozieren, astigmatische Sehweise [und] Verfremdung«[43]) zeigt, nicht durchweg, sondern nur zum Teil und vielfach eher graduell. Nichtsdestoweniger aber bleibt – z.b. in Bestimmungen wie »eingebüßte Ordnung« oder »entpoetisierte Poesie« (die bei entsprechender Werthaltung ohne weiteres auch den historischen Übergang zum antiken Asianismus kennzeichnen könnten) – sowohl das negative wie das implizit-pejorative Moment unschwer erkennbar.[44]

Nun kann es freilich nicht darum gehen, alles, was bei Friedrich ›negativ‹ erscheint, den Merkmalen oder der (impliziten) Wertung nach einfach ins Gegenteil zu kehren. Denn abgesehen davon, daß auch die negativen Kennzeichnungen, obschon ihr Aussagewert begrenzt bleibt, als historische Verhältnisangaben durchaus zutreffende Befunde liefern (›Rimbaud dichtet anders als Goethe‹, ›Dada will keine klassizistische Organik‹ usw.), bleiben viele der von Friedrich und bei anderen analog aufgebotenen Kategorien bei entsprechender Spezifizierung und Gradualisierung bis heute hilfreich. Um so mehr jedoch erschiene es andererseits sowohl allgemein als auch besonders in Hinblick auf die Erfassung modernistischer und hypermodernistischer Phänomene sowie angesichts neuerer Negativ-Losungen (etwa ›post-‹-Fügungen à la ›postmodern‹, ›postkolonialistisch‹, ›postpatriarchalisch‹, aber auch z.B. ›dezentralisiert‹, ›subjektlos‹, ›antimetaphysisch‹) – von Vorteil, im Umgang mit ›negativen Kategorien‹ folgende Leitfragen zu berücksichtigen:

1. Inwieweit sind bislang – selbst oder von anderen – vorgenommene ›negative‹ Charakterisierungen nicht (bereits) plausibel durch ›positive(re)‹ zu ersetzen?
2. Ist, wo eine ›positive‹ Bestimmung (noch) nicht möglich scheint, die ›negative‹ wirklich optimal spezifiziert oder bezeichnet sie – genau besehen – nur Triviales?
3. In welchem Maße sind die jeweils diagnostizierten Negationen in der historischen Intentionalität des Gegenstandes aufgehoben und in welchem Maße sind sie eine Funktion der eigenen Explikation?

Insgesamt sollten ›negative‹ Formulierungen – bei aller rhetorischen Emphase, die ihnen bisweilen innewohnen kann – nicht das fraglos für ›natürlich‹ genommene explikatorische Pendant zu jeder Art moderner Kunst, nicht die unbefragte Regel und auch nicht das letzte Wort darstellen, sondern nur die wohlerwogene Ausnahme kulturwissenschaftlicher und insbesondere kulturhistorischer Prädikation. Zumal moderne Ästhetik längst und die längste Zeit nur noch den geringsten Teil ihrer Kreativität darauf wendet, sich emphatisch von älteren Epochen abzugrenzen und irgend etwas Klassisches *nicht mehr* zu sein.

---

[43] Ebd., S. 22.
[44] Zur Kritik an Friedrichs ›negativen Kategorien‹ vgl. zusammenfassend Horch, Lyrik, S. 227ff., ferner Vietta, Großstadtwahrnehmung und ihre literarische Darstellung, S. 356, sowie – daran anschließend – Becker, Urbanität und Moderne, S. 203ff. – Weitaus augenfälligere Beispiele eines von vornherein pejorativen Kategoriengebrauches finden sich dagegen bei Sedlmayer, Verlust der Mitte, dem alles Moderne lediglich in der Entfernung vom »Menschlichen« bzw. als »Chaos des toten Abfalls« (S. 106) greifbar wird.

Weniger praxis- bzw. rezeptionsbedingt, sondern eher theoretischer Dogmatik geschuldet ist dagegen der – namentlich im Gefolge des Strukturalismus weitverbreitete – Glaube, kategoriale Zuschreibungen müßten um jeden Preis ›binär‹ verfaßt sein. Zwar mag eine Auszeichnung des Binären insofern berechtigt sein, als jede Merkmalsbildung die Welt in Zugehöriges und Nichtzugehöriges teilt und jede konkrete Prädikation entweder zutrifft oder nicht. Gleichwohl scheint – noch diesseits aller Möglichkeiten einer mehr als zweiwertigen Logik – keineswegs ausgemacht, daß eine Rückführung auf binäre Klassifikationen immer möglich, und schon gar nicht, daß sie immer sinnvoll sei (man versuche etwa, die Tage des Jahres, die reellen Zahlen oder den Farbkreis nutzbringend binär zu konstellieren).[45]

In praxi wird die binaristische Ideologie gleichwohl am charakteristischsten dort akut, wo sie, still oder laut, die Forderung erhebt, jedes Merkmal müsse, um vernünftige Zuschreibungen zuzulassen, unabhängig vom durch den Gegenstand jeweils (in prädikativer Hinsicht) Nahegelegten ein distinktes bzw. ›aktives‹ Gegenteil, sprich: einen ›Widerpart‹ im intuitiv-alltäglichen Verstande, haben.[46] Nun mag man freilich auch mit solcher Selbstbeschränkung noch Glück haben und per Zufall nur auf Gegenstände treffen, bei denen aktives und passives Gegenteil konventionellerweise ineinsfallen (›wahr – falsch‹, ›lebendig – tot‹, ›an – aus‹ etc.) – doch was, wenn plötzlich das aktive Gegenteil von ›grün‹, ›montags‹, ›menschlich‹ oder ›Lampe‹ gefordert ist? Es ist unschwer zu sehen, daß distinkte Entgegensetzungen hier – wie in vielen anderen Fällen – in der Sache keinen Sinn machen, und Analoges gilt für einen großen Teil der innerhalb der ästhetischen Kulturwissenschaft geläufigen Prädikationen. Denn auch hier entstehen zahlreiche Schiefheiten nach wie vor weniger aus fehlerhaften Beobachtungen am Gegenstand denn aus der – meist intuitiv verinnerlichten – Neigung, komplexe (und sowohl für allgemeine Tendenzbeschreibungen als auch für *bestimmte* lokale Differenzierungen durchaus fruchtbare) Konstellationen wie ›Klassik/Moderne‹, ›Idealismus/Realismus‹, ›Fiktion/Wirklichkeit‹, ›apollinisch/dionysisch‹, ›Klassik/Romantik‹, ›simultan/sukzessiv‹, ›Form/Inhalt‹, ›l'art pour l'art/litté-

---

[45] In literaturwissenschaftlichem Zusammenhang wäre als exemplarisch ungünstiger Fall einer binären (und hierarchisierten) Klassifikation etwa die Ordnung der Versfüße bei Bonheim, Literaturwissenschaftliche Modelle und Modelle dieser Modelle, S. 14, anzuführen. – Zu den Problemen holistischer Binaritätskonzepte vgl. allgemein Henrici, Die Binarismus-Problematik in der neueren Linguistik, S. 88f., S. 285f. u. passim, sowie Eimermacher, Zur Frage komplexer literaturwissenschaftlicher Beschreibungs- und Interpretationsmodelle, S. 141 u. S. 144. – Titzmann, Strukturale Textanalyse, konzediert zwar den Unterschied zwischen aktivem und passivem Gegenteil, S. 120, sowie die Existenz mehrgliedriger Merkmalsunterscheidungen, S. 101ff., bleibt aber dennoch sowohl mit der Behauptung, jede mehrgliedrige Klassifizierung ließe sich im letzten sinnvoll in eine binäre überführen, als auch und besonders mit dem selbstauferlegten Zwang, dies überhaupt beweisen zu müssen, im binaristischen Fahrwasser. Orthodoxen Binarismus exemplifizieren dagegen etwa Schwanitz, Systemtheorie und Literatur, S. 217, oder – gerade in seiner forcierten Überwindungsrhetorik – Müller, Zur Kritik herkömmlicher Hermeneutikrezeption in der Postmoderne, S. 597.

[46] Inwiefern dies strenggenommen gar nicht möglich ist, muß der folgende Abschnitt zeigen.

rature engagée‹, ›offene/geschlossene Form‹, ›ars/natura‹, ›Nationalliteratur/ Weltliteratur‹, ›Originalität/Epigonalität‹ usw. holistisch als antagonistische Binaritäten zu denken und sich damit ohne Not dem Zwang auszusetzen, *alles* immer entweder dem einen oder dem anderen Pol zuzuordnen bzw. – wo man bemerkt, daß das nicht geht – in vage Formulierungen zu flüchten. Eine Lösung fiele hier freilich insofern nicht schwer, als mit der Sistierung einer unduldsamen Binaritätsdoktrin für die praktische Prädikation – abgesehen von einem krude weltvereinfachenden (und womöglich gerade deshalb liebgewonnenen) Hirngespinst – nicht viel verlorenginge.

Sachbezogene und binaristische Diskretheit

Ideologisch und praktisch meist aufs engste mit der Binaritätsdoktrin verbunden, jedoch formal davon zu unterscheiden, ist die Vorstellung, sämtliche Merkmalsklassen müßten, um Handhabbarkeit und ›Wissenschaftlichkeit‹ zu gewährleisten, notwendig durch (als gleichmäßig normiert gedachte) *diskrete Sprünge* voneinander geschieden sein. Damit sind zwar prinzipiell auch mehrgliedrige Klassifikationen (etwa: Klassik oder Pop oder Jazz) zugelassen, doch sind die praktischen Beschränkungen deshalb kaum weniger gravierend. Der Hauptgrund dafür ist, daß die Diskretheit meist *gemeinsam* mit dem ›aktiven Binarismus‹ verfochten wird – und das, obwohl beides gleichzeitig kaum sinnvoll zu haben ist. Denn sowie man etwa einem Satz wie ›Es ist modernistisch‹ als Gegenteil – anstatt der logischen (bzw. ›passiven‹) Negation ›Es ist nicht modernistisch‹ – eine ›aktive‹ wie ›Es ist traditionalistisch‹ zuordnet, ist eben damit unausweichlich eine – meist mehr oder weniger *metrisch bestimmte*, wahlweise kontinuierliche oder diskrete – *Ordnung* mit *mehreren* denkbaren, *in unterschiedlicher Entfernung zueinander befindlichen* Fällen (hier etwa: ›modernistisch‹, ›sehr modernistisch‹, ›ultramodernistisch‹, ›ziemlich traditionalistisch‹, ›sehr traditionalistisch‹, usw.) mitgesetzt, in deren Gefüge die beiden ›binären‹ Pole zwar womöglich als extreme und potentiell konstitutive Fälle, doch kaum je als die einzig denkbaren erscheinen. Liegt dagegen wirklich einmal strikte Binarität vor, wie z.B. im Binärcode, so macht es wiederum wenig Sinn, emphatisch zu behaupten, das eine (hier: die ›0‹) sei ›Gegenteil‹ des anderen (hier: der ›1‹) – und Analoges gilt überall, wo das verbindende Parameter der Oppositionsbildung nicht allgemein oder per eigener Setzung spezifiziert ist: Ist ›gut‹ das Gegenteil von ›schlecht‹? Oder von ›böse‹? Oder von ›besser‹? Oder von allem zugleich?

Stellt man diese Gegebenheiten in Rechnung, so erweist sich, daß sämtliche emphatischer polarisierten ›diskreten Binaritäten‹, welche in der Praxis kulturwissenschaftlicher Explikation begegnen, in Wirklichkeit verkrüppelte Gradualitäten sind und entsprechend verkrüppelte Resultate prädeterminieren (Beispiel: ›Ist es klassisch oder modernistisch?‹ ›Sagen wir: auf dem Wege.‹ ›Unsinn! Ich will nur wissen, ob es klassisch oder modernistisch ist!‹ ›Naja, vielleicht eher modernistisch.‹ ›Zum letzten Mal: klassisch oder modernistisch?‹ ›Na gut, dann modernistisch.‹ ›Na also.‹).[47] Das

---

[47] Einschlägige Beispiele hierzu werden im Zusammenhang mit komplexeren Konstellationen noch begegnen.

Reduktionistische liegt dabei in der Strenge, mit der hier *eine einzige diskrete Grenze* gefordert wird, wo de facto eine entweder (wie beim Würfelfall: ›1 oder 2 oder [...] 6‹) *diskret-geordnete* oder (wie eben beim Grad an Modernismus) – *kontinuierlich erstreckte Vielzahl* möglicher Fälle vorliegt. Für die kulturwissenschaftliche Begriffsbildung und -zuweisung ist es deshalb insgesamt ratsam, *nicht* mechanisch mit ›aktiv‹ definierten Binaritäten zu operieren, sondern immer erst zu fragen, wieviele unterschiedene (und wie geordnete) Fälle jeweils faktisch möglich sind.

Erst wo dieser – in der kulturwissenschaftlichen Praxis mit Abstand häufigste und gravierendste – Fall ›diskretistischer‹ Verengung als dogmatisches Explikationshemmnis erkannt ist, geraten die allgemeinen Implikationen der (ihrerseits diskreten) Dichotomie von Kontinuierlichkeit und Diskretheit überhaupt spezifisch in den Blick. Hier hängt dann freilich wieder alles davon ab, das vom Gegenstand jeweils praktisch Nahegelegte nach Möglichkeit ernstzunehmen und unbefangen zu realisieren.[48] Mißgriffe sind dabei zwar nach allen Seiten möglich, doch scheint die überflüssige Zulassung zu feiner Unterscheidungen (etwa: Man läßt beim Würfelwurf alle reellen Zahlen zwischen 0 und 7 als Resultat zu, auch wenn dann nur natürliche von 1 bis 6 erscheinen) hier naturgemäß weniger gravierend als eine unsachgemäße Beschränkung auf (zu) diskrete Sprünge bzw. – in letzterem Falle – eine feine oder praktisch vernachlässigbare (etwa: Man beschränkt die Genauigkeit von Temperaturangaben in Wettervorhersagen auf ein Grad) relativ weniger gravierend als eine krude (etwa: Man läßt als Temperaturangaben nur ›unter 7499°C‹, ›genau 7499°C‹ und ›über 7499°C‹ zu).

Nun darf freilich über aller notwendigen Rehabilitierung kontinuierlicher Verläufe und der damit verbundenen Zurkenntnisnahme fließender Übergänge zwischen diskret etikettierten Äquivalenzklassen nicht der Eindruck entstehen, die ganze Welt verfließe und man sei, wo man nur überall graduelle Übergänge konstatiere, stets schon auf der sicheren Seite. Ein gutes Bespiel solch prekärer Verfließtechnik bietet etwa die Behauptung, daß »Raum und Zeit [im Film] fließende Grenzen« hätten, während das, was auf einer Theaterbühne vorgehe »teilweise zeitlich, teilweise räumlich«, nie aber »zeit-räumlich« sei.[49] Was immer das genau besagen will, so ist darin – und darauf kommt es hier vor allem an – doch sichtlich eine verfließend-identifizierende bzw. kontinuierliche Übergänge implizierende Vorstellung der Beziehung von Raum und Zeit im Spiel. Hier aber stellt sich die Frage, inwiefern das prinzipiell sinnvoll ist. Gibt es bislang den geringsten Anhaltspunkt dafür, daß Zeit irgendwo (oder besser ›irgendwann‹?) kontinuierlich in Raum überginge oder umgekehrt? Und wo wäre dieser Raum, der zugleich ›schon ein bißchen Zeit‹ wäre, resp. sein inverses Zeitpendant?[50]

---

[48] Gegen holistische Diskretheits- bzw. ›Schärfe‹-Forderungen vgl. etwa Gabriel, Wie klar und deutlich soll eine literaturwissenschaftliche Theorie sein? S. 25f., Hagenbüchle, The Concept of Ambiguity in Linguistics and Literary Criticism, S. 216, sowie Strube, Über Kriterien der Beurteilung von Textinterpretationen, S. 202.

[49] Hauser, Sozialgeschichte der Kunst und Literatur, Bd. II, S. 495.

[50] Hausers metaphorische Vorstellung ist historisch offensichtlich von der Relativitätstheorie inspiriert. Diese postuliert jedoch nur einen Zusammenhang, nicht dagegen eine partielle oder vollständige Identität von Raum und Zeit. Jenseits davon soll hier nicht die Möglichkeit

Hieran erweist sich allgemein, wie sehr – bei aller notwendigen Bemühung, graduelle Verhältnisse nicht fälschlich auf diskrete zurechtzustutzen – im Gegenzug darauf zu achten bleibt, daß man nicht graduelle Übergänge einführt, wo beim besten Willen keine sind.[51] Geschieht dies dennoch, drängt sich die Vermutung auf, daß hier eine geahnte, jedoch mit Absicht oder aus Unvermögen nicht geleistete Aspektdifferenzierung in strategische Vagheit gehüllt wurde. Und weil die Verwirrung, die das stiftet, in der Regel weitaus größer ist als der zu erhoffende Nutzen, bleibt hier – insbesondere im Umgang mit sehr allgemeinen Kategorien (wie eben ›Raum‹ und ›Zeit‹) – besondere Vorsicht angezeigt.[52]

›Dialektik‹

Gedanklich nicht weit vom ›binaristischen Diskretismus‹ begegnet, wenn auch schon vielfach kritisiert, bis heute häufig eine Form von nominell ›dialektischer‹ Redeweise,[53] welche – mit der aristotelischen Dialektiktradition und selbst mit Hegel allenfalls noch mittelbar verbunden – im wesentlichen überall dort zum Zuge kommt, wo eine im Gegenstand angezeigte Differenzierung, Gradualisierung oder prozessuale Beschreibung zwar als Desiderat präsent, aber de facto nicht geleistet wird. Nun mag der Usus, diesfalls eine ›dialektische‹ – bzw. neuerdings, in findiger Flucht nach vorn, bevorzugt: ›paradoxe‹ – Konstellation zu konstatieren, zweifellos ein hohes Maß an forschungspsychologischer Erleichterung und Befriedigung gewähren (nämlich sofern er nicht allein den sachlichen Widerspruch des ›Es ist so, aber auch das Gegenteil‹ galant veredelt, sondern zudem einen Hauch ›interessante Lebendigkeit‹ versprüht),

---

geleugnet sein, Raum und Zeit idealiter mit graduellen Übergängen zu denken. Abgestritten sei lediglich, daß daraus irgendeine Erhellung für das, worüber Hauser eigentlich reden will, zu ziehen ist.

[51] Ein anderes markantes Beispiel für eine anscheinend nicht unmittelbar explizierbare und deshalb in diskrete Kategorien übertragene ›Gradualität‹ findet sich bei Stanzel, Theorie des Erzählens, S. 151, in der Formulierung: »Dabei scheint Innenperspektive eine gewisse Affinität zur Wahrnehmungskategorie Raum, Außenperspektive eine gewisse Affinität zur Wahrnehmungskategorie Zeit aufzuweisen«. Gemeint ist offensichtlich: ›In pragmatischen, d.h. realzeitlich situierte (fiktive oder nichtfiktive) Geschehnisse vermittelnden (und damit *prinzipiell* notwendig immer gleichermaßen Zeit *und* Raum involvierenden) Darstellungen scheint dem Innenperspektive der Beschreibung räumlicher Verhältnisse und bei Außenperspektive der Beschreibung zeitlicher Verhältnisse *tendenziell* [absolut gesehen oder jeweils relativ zueinander?] größere Priorität [in puncto (Text-)Raum oder Bedeutung?] zuzukomen.‹ – Inwiefern das dann jeweils stimmt, ist wieder eine andere Frage.

[52] Generell scheint es in der Tendenz kein schlechtes Zeichen, wenn allzu hochstufige Kategorien auf der Ebene konkreter Gegenstandsexplikation und -differenzierung nicht (mehr) immerfort begegnen.

[53] Vgl. etwa die Kritikpunkte bei Polenz, Über die Jargonisierung von Wissenschaftssprache und wider die Deagentivierung, S. 94ff. (mit einer Vielzahl symptomatischer Beispiele); Simon-Schaefer, Der Autonomieanspruch der Geisteswissenschaften, S. 17 (wo das Eigenrecht der Logik gegen ihre ›dialektische‹ Aushebelung bekräftigt wird), Breuer, Literatur, S. 35 (wo die Dialektik als naive Vorstufe des Prozeßverstehens ausgewiesen wird), Strube, Kriterien der Beurteilung von Textinterpretationen, S. 196 (gegen die Unspezifik ›dialektischer‹ Explikationen), sowie Stachowiak, Allgemeine Modelltheorie, S. 296ff. (dito).

doch schiene es im Sinne kulturwissenschaftlicher Verständigung wohl insgesamt vernünftiger, statt dessen äquivalente Feststellungen wie ›Hier wirkt eines irgendwie ins andere, aber ich sehe nicht genau wie‹, ›In diesem Punkt wäre weiter zu differenzieren, aber ich kann die Aspekte (noch) nicht trennen‹ oder ›Die Wahrheit liegt irgendwo dazwischen, aber ich weiß nicht genau wo‹ zu sanktionieren bzw. lieber Platz für *offene* Spekulation einzuräumen. ›Dialektik‹ jedenfalls hilft, wo sie primär dazu dient, womöglich falsche, aber distinkte Thesen in nicht sichtbar unrichtige, aber indistinkte zu verwandeln, niemals weiter.

Zur Differenz von falscher und holistischer Zuschreibung

Weniger einschlägig, aber nicht weniger gravierend als ›dialektische‹ Redensarten scheinen jene Schiefheiten, welche, in signifikantem Unterschied zu unmittelbar falschen, d.h. unter den jeweils anerkannten Bedingungen generell für inadäquat erachteten Zuschreibungen, aus der nominellen Involvierung von – bezogen auf das jeweils verhandelte Problem – inkommensurablen Allgemeinheitsebenen entstehen. Charakteristische Fälle wären etwa Sätze wie: »Simultaneistische und statische Gedichte erhalten als Zentrum die Gleichzeitigkeit ihres Erscheinens und des in ihnen versammelten Materials«,[54] eine Aussage, die, obschon nicht notwendig falsch, je nach Deutung entweder weit unter- oder weit überspezifisch, nie dagegen angemessen und distinkt wird; oder (zu T.S. Eliots »Waste-Land«): »Die Worte fungieren simultan, zugleich auf dem buchstäblichen und dem figürlichen Niveau«,[55] was – je nach Auffassung von ›figürlich‹ – entweder für jede allegorische oder aber überhaupt für jede schriftliche Schilderung genauso gilt; oder ferner: »Einem Begriff des Universums ohne Bewegung setzte auch Walden, wie die Futuristen, Weltprozesse steter Bewegung entgegen«,[56] was – so formuliert – wirkt, als würden hier vorsokratische Streitigkeiten oder göttliche Schöpfungsakte beschrieben, während es faktisch um die Rechtfertigung bestimmter Tendenzen bei der Motivwahl frühavantgardistischer Gemälde geht.[57]

Eng damit verbunden ist ferner das, was man als ›relative Indistinktheit‹ oder ›synekdochische‹ Explikation bezeichnen könnte. Ein markantes Beispiel wäre etwa der Satz: »Denn erst, wenn der Leser aus seiner Erfahrungsgeschichte herausgehoben wird, kann etwas mit ihm passieren.«[58] Vergegenwärtigt man sich die kategorialen Zuschreibungen, so drängt sich die Vermutung auf, daß hier offenbar Spezielleres gemeint sein muß als im Wortlaut selbst präsent. Andernfalls bliebe unklar, wie man – außer von Koma oder Tod – überhaupt im eigentlichen Sinne ›aus seiner Erfahrungs-

---

[54] Erlhoff, Raoul Hausmann, Dadasoph, S. 93.
[55] Hesse, Nachwort zu: Eliot, S. 408.
[56] Demetz, Worte in Freiheit, S. 78.
[57] Ein ähnliches Beispiel wäre Sheppards Zuordnung des Futurismus zu einem Newtonschen und des Dadaismus zu einem Nach-Newtonschen Weltbild (vgl. Sheppard, Dada and Futurism, S. 52).
[58] Iser, Der Akt des Lesens, S. 246. Vergleichbar wäre auch ein Befund wie: »Bei Werbung und bei Demonstrationen, die Schilder zeigen, werden Möglichkeiten der Zeichengebung wirksam.« (Brinkmann, Semiotische Schritte beim Verständnis von Sprache und Literatur, S. 197).

geschichte herausgehoben‹ werden kann bzw. ob nicht immerzu, auch wenn man stumm in einem dunklen Raum sitzt, ›etwas mit einem passiert‹. So hängt der Gehalt also ganz von möglichen Spekulationen hinsichtlich der Frage ab, wo der Verfasser in den gleichsam totum pro parte gesetzten Bereichen des ›Aus der eigenen Erfahrungsgeschichte Herausgehobenwerdens‹ bzw. des ›Etwas mit einem Passierens‹ seine Grenzen und Schwerpunkte setzt. Zwar läßt sich dies aus kontextuellen Erwägungen heraus durchaus eingrenzen (woraus erhellt, wie ungerecht es im Normalfall ist, derartige Kritik anhand einzelner Sätze zu entfalten), doch bleibt die Unspezifik hier auch nach der Kontextsichtung noch so groß, daß das Exempel trifft.

Markante Züge gewinnt das Holismusproblem fernerhin, wo es um den Aufweis bereichsübergreifender Strukturparallelen – namentlich zwischen verschiedenen Kunstformen und -medien – geht. Wenn etwa Boccionis Gemälde »Visioni simultanee« (das vielleicht erste im engen Sinne simultanistische futuristische Kunstwerk) als »malerisches Äquivalent zu Rilkes Stadtaufzeichnungen« [im »Malte Laurids Brigge«] bezeichnet wird,[59] so stellt sich – ganz wie bei der Ausdeutung einer poetischen Metapher – die Frage, wo genau hier das tertium comparationis liegt. Faßt man die Übertragung so allgemein auf, daß sie sachlich zutrifft (gemeinsamer Großstadtbezug), besagt sie so gut wie nichts. Fokussiert man jedoch begrenztere (etwa historische, wertstrukturelle, mediale oder wirkungsbezogene) Aspekte, so erscheinen die entsprechenden Analogien entweder schief oder – weil die näheren Bestimmungsmomente nicht gegeben sind – beliebig unscharf.[60]

Oder man nehme einen Satz wie:

> Diese analytische Phase [im Werk Gertrude Steins] begann als langsame Passage von einer schwebenden Momentaufnahme zur nächsten und steigerte sich schließlich zu einem immer länger werdenden Netz von Bandwurmsätzen, die – den Husserlschen Retentionen und Protentionen nicht unähnlich – quasi die Erfahrungsspur des vorhergehenden Schrittes noch mit sich schleppten und die des folgenden schon ahnen ließen.[61]

Obwohl hier zweifellos eine sehr präzise Beobachtung der Steinschen Technik zugrunde liegt, ist die Formulierung – und zwar gerade durch den scheinbar so naheliegenden Verweis auf Husserls Zeitbewußtseinskategorien – problematisch. Denn während Retention und Protention als *allgemeine* viel zu hochstufig gelagert sind, als daß sich charakteristische Unterschiede zwischen Texten anhand ihrer *grundsätzlichen* Involviertheit explizieren ließen, bedürften sie im lokalen Zusammenhang des Steinschen Verfahrens bzw. seines *Unterschiedes* zu anderen literarischen Darstellungsformen dringend genauerer Bestimmung, um ihr – hier im Prinzip zweifellos gegebenes und in der Formulierung angedeutetes – Erklärungspotential entfalten zu können.[62]

---

[59] Becker, Urbanität und Moderne, S. 131.
[60] In jedem Falle erforderte eine Entscheidung, ob und in welchem Sinne solche Aussagen zur Explikation beitragen können, mindestens ebensoviel Zeit bzw. Energie wie eine selbständige Sichtung der Phänomene – was allgemein als ›endotherme Forschung‹ zu bezeichnen wäre.
[61] Buchwald, »Act so there is no Use in a Center«, S. 210.
[62] Eine Präzisierung wäre etwa dahingehend möglich, daß das, was prinzipiell bei *jedem*

Bei aller Kritik darf gleichwohl nicht übersehen werden, daß es auch einen *struk-turbedingten Grundbestand* holistischer Wortlaute gibt, welcher, weitgehend unwill-kürlich, allein aus der Differenz zwischen der lokalen Beschränkung eines jeweils im Blick befindlichen Gegenstandsbereiches und der Allgemeinheit der an ihm gerade untersuchten Bestimmung entsteht. Obwohl noch sehr viel häufiger, ist diese (prak-tisch kaum je ganz vermeidbare) Form von zu allgemeiner Kategorienzuweisung bzw. -bezeichnung dennoch weitaus weniger gravierend. Ein gutes Beispiel dafür wäre etwa Hörners Studie über »Möglichkeiten und Grenzen der Simultandramatik«. Im klaren Bewußtsein für die Verwirrungen, welche jede Involvierung zu allgemeiner und bereichsfremder Simultaneitätsbegriffe für die Spezifizierung des Simultanen in-nerhalb der dramatischen Sphäre nach sich zöge,[63] wird der Begriff dort konsequent auf die medialen Erfordernisse von Simultandramen (insbesondere die von Ferdinand Bruckner, die den Hauptgegenstand der Untersuchung bilden) hin entworfen, was eine Feststellung bedingt wie:

> Ein Simultandrama ist nur auf einer Bühne mit simultanen Schauplätzen adäquat darstell-bar.[64]

Diese Aussage ist nun sicherlich zutreffend, sofern man, wie Hörner dies legitimer-weise durchgängig tut, einen Simultaneitätsbegriff zugrunde legt, der auf die Darstel-lung von an verschiedenen Orten real gleichzeitig statthabenden Handlungsverläufen geeicht ist. Ließe man hingegen auch andere Simultaneitätsauffassungen zu, z.B. die, welche konsequent auf disparate *Bewußtseinsgleichzeitigkeit* abzielt, so würden plötzlich auch auf (in Hörners Sinne) ›nichtsimultanen‹ Schauplätzen überaus simul-tanistische Szenarien denkbar – Szenarien, wie sie etwa auch in futuristischer Kurz-dramatik (die bei Hörner konsequenterweise keine nennenswerte Rolle spielt) in gro-ßer Fülle anzutreffen sind. Setzt man die oben zitierte These also zu einem etwas allgemeiner entworfenen, wiewohl deswegen weder notwendig sachfremd noch etwa ahistorisch aufgefaßten Gegenstandsfeld ins Verhältnis, so erscheinen sowohl der zu-grundeliegende allgemeine Simultaneitätsbegriff als auch die medienspezifischen Be-stimmungen, welche daraus abgeleitet werden, etwas eng – wodurch sämtliche Allge-meinaussagen, die Hörner auf dieser Grundlage formuliert, de facto einen (obschon weitgehend unfreiwilligen und keinesfalls strategisch funktionalisierten) holistischen Zug erhalten.[65]

Lektüreprozeß an retentionaler und protentionaler Einbettung akut ist, im Steinschen Ver-fahren mit Hilfe von *nicht in anderen Konventionen aufgehobenen mikrostrukturellen Wie-derholungen* auf der *materialen* und *inhaltlichen Ebene* des Textes *thematisch* gemacht wird und so – indem intuitive und explizite Retentionen/Protentionen sich nun irritierend überla-gern – zu einem spezifischen (d.h. in Texten, die so nicht verfahren, nicht gegebenen) hyperrealistischen bzw. verfahrens- resp. bewußtseinsreflexiven Effekt führt.

[63] Fundierte Kritik an der blinden Verallgemeinerung von Modernekategorien findet sich bei Hörner schon im Vorwort (vgl. Möglichkeiten und Grenzen der Simultandramatik, S. IIIff.) u. passim.

[64] Ebd., S. 33.

[65] Analoge Schlüsse wären auf dem Feld der Lyriktheorie etwa anhand von Mathys Behaup-tung, »das im Simultangedicht wirkende Prinzip der Simultaneität« kenne drei Arten: Rei-

Dies zeigt gleichwohl nur, wie sehr es neben einer klaren Trennung von falschem und holistischem Urteil darauf ankommt, immer auch danach zu fragen, ob sich eine dem Begriff nach tendenziell zu allgemein gefaßte und damit zugleich zu enge Zuschreibung im Einzelfall nicht letztlich daraus ergibt, daß alle Möglichkeiten oder Phänomene, welche sie in dieser Formulierung hätten widerlegen können, in der entsprechenden Perspektive implizit gar nicht inbegriffen waren. Es ist dann freilich über sie auch nichts behauptet, und der Strukturzusammenhang, der darin allgemein zutage tritt, könnte als ›Reziprokverhältnis von themenbedingt eingeschränkter Differenzierungsnotwendigkeit und holistischer Urteilskonstitution‹ bezeichnet werden.

Handelte es sich bei den bislang genannten Beispielen sämtlich um eher sporadische und lokal begrenzte bzw. – wie zuletzt – gar um so gut wie unvermeidliche Fälle von zu hochstufiger Zuschreibung (welche außerdem, das sei nochmals betont, in unserer Darstellung durch die unfaire Isolierung einzelner Sätze maßgeblich verschärft erscheint), so bleibt demgegenüber doch – stellvertretend für einen nicht unbeträchtlichen Teil kulturwissenschaftlicher Textproduktion – auch eine Passage anzuführen wie:

> Der Prozeß der Absonderung, der bereits bei Lavater durch die Reduktion der Linien und Fragmentierung in einzelne charakteristische Elemente begonnen hat, führt bei Chamisso zu einer Trennung von Körper und Schatten selbst, die gerade die Hierarchie zwischen den Zeichen und dem designierten, privilegierten Objekt in Frage stellen muß. Zeit wird hier eingeführt, und gerade in der Beziehung zwischen Zeichen und Bezeichnetem, die zuvor im starren, klassifikatorischen Bund existierte.[66]

Hier erreicht der prädikative Holismus ein Ausmaß, bei dem die konkreten Phänomene durchgängig, ja fast schon programmatisch aus dem Blick geraten.

Nichtsdestoweniger sind die meisten und gravierendsten holistischen Kontaminationen gar nicht durch das Herausgreifen einzelner Formulierungen dingfest zu machen, sondern bedürften statt dessen umfassender systematischer Untersuchung. Welche Fälle und Unterscheidungen dabei allerdings zum Vorschein kämen, bleibt bislang kaum abschätzbar. So seien hier nur zwei besonders charakteristische und verbreitete Varianten angedeutet, nämlich zum einen das, was sich – gleichsam als ›Magnetismus der Inhaltsaffinität‹ – in der Vorstellung manifestiert, man sei, wo es um eine allgemeine Frage (z.B. die allgemeinen Implikationen einer ›Hermeneutik von Frage und Antwort‹) geht, besonders gut beraten, einen Gegenstand, der *materialiter* oder *inhaltlich* spezifisch damit assoziiert ist (hier etwa: das »Ithaka«-Kapitel des »Ulysses« als durchgängige Frage/Antwort-Folge), exemplarisch zu analysieren und daraus weitreichende Schlüsse zu ziehen;[67] und zum anderen das, was man – weit-

---

hungsstil, Parallelvortrag und automatische Niederschrift von Disparatem (Mathy, Europäischer Dadaismus, S. 114), zu ziehen. Fehlt hier doch, weil im engsten Kreis des Dadaismus nicht so virulent, u.a. die andernorts oft gerade für zentral erachtete visuelle Poesie.

[66] Weissberg, Literatur als Repräsentationsform, S. 309.

[67] Das genannte Beispiel nimmt Bezug auf Jauß, Ästhetische Erfahrung und literarische Hermeneutik, S. 417ff., wo konkrete »Ulysses«-Analyse und hermeneutiktheoretische Allgemeinbetrachtung – um einer rein assoziativen Affinität willen – für beide Seiten hemmend kontaminiert sind. (Hier insbesondere trifft die dezidierte Holismuskritik, die Albert, Kritik

gehend selbsterklärend – ›strategischen Ebenenspagat‹ nennen könnte und was z.B. Frank vollführt, wenn er zum Erweis seines Postulats einer emphatischen Eigenweltlichkeit alles Verschriftlichten die Tatsache anführt, daß Thomas Mann den Beschwerden von Lübecker Bürgern, die sich in den »Buddenbrooks« unschmeichelhaft gezeichnet sahen, dadurch hätte wehren können, daß »seine [des Textes] Bedeutungen« »durch die bloße Tatsache seiner schriftlichen Fixierung« »virtualisiert« gewesen seien[68] – womit der hier wohl faktisch ausschlagebende Spezifikationsaspekt, nämlich der (für die Textform generell völlig fakultative) *Fiktionalitätsmodus*, glatt unterschlagen ist.

Natürlich hört, wer immer gegen den in der Kulturwissenschaft bislang weithin gern geduldeten, ja segmentweise geradezu geforderten Holismus einen ersten Stein wirft, nicht nur fremde Scheiben klirren, doch scheint das allemal unbedenklicher als nie wirklich zu wissen oder überhaupt nur wissen zu wollen, ob das, wovon man gerade redet oder doch zu reden meint, nicht vielleicht hundertmal so allgemein oder speziell ist wie man glaubt.

Hierarchisierung und gleichgeordnetes Kreuzprodukt

Die größte Schwierigkeit, die einer ›allgemeinen Theorie der Allgemeinheitsebenen‹ entgegensteht, liegt freilich darin, daß die Frage, was jeweils in concreto allgemein und was speziell, was Über- und was Unterfall ist, selbst nicht (oder doch nur mit dem holistischen Brecheisen) allgemein, sondern stets nur kontextabhängig und lokal entscheidbar ist. Das heißt gleichwohl nicht, daß es gar keine Regulative gäbe. Vielmehr kommt es gerade angesichts und im Sinne der Variabilität im einzelnen um so mehr darauf an, sich die Möglichkeiten und Grenzen kategorialer Ebenenschichtung bzw. -hierarchisierung für die explikatorische Praxis strukturell zu vergegenwärtigen.[69]

Die üblichste Anschauung stellt sich dabei folgendermaßen dar: Gegeben ist ein bestimmter Gegenstandsbereich, den man so differenziert wie möglich charakterisieren möchte, z.B. die Gesamtheit aller vorhandenen musikalischen Kompositionen. Eine erste mögliche Differenzierung bestünde nun etwa darin, alles nach den verschiedenen Instrumenten bzw. Instrumentengruppen einzuteilen. Dafür wären zu-

---

der reinen Hermeneutik, S. 66, bereits an Gadamer übt: »Die Technik [...] ist die, einen Spezialfall zum »eigentlichen« Fall zu deklarieren, um dann das allgemeine Problem diesem Spezialfall entsprechend zu deuten und diejenigen Züge anderer Fälle, die diesem Spezialfall nicht entsprechen, als unwesentlich für das zu lösende Problem zu erklären.«)

[68] Frank, Was heißt »einen Text verstehen«? S. 61.

[69] Im kulturwissenschaftlichen Vollzug bleiben die allgemeineren Implikationen der Hierarchisierung, obwohl diese de facto ständig (und meist, wenn auch keineswegs immer, intuitiv fruchtbar) praktiziert wird, bislang überwiegend implizit – so implizit, daß Eimermacher, Zur Frage komplexer literaturwissenschaftlicher Bescheibungs- und Interpretationsmodelle, S. 146, den Aspekt »Hierarchie« zu jenen ›Modellen aus *anderen* Wissensbereichen‹ rechnen kann, deren Validität für die Literaturwissenschaft zu prüfen sei. Zum Gesamtkomplex vgl. stellvertretend Schock, On Classifications and Hierarchies, S. 99 u. passim, sowie – spezieller auf die Literaturwissenschaft bezogen – Titzmann, Strukturale Textanalyse, S. 26f.

nächst entsprechende Unterkategorien – in diesem Falle etwa ›Violinkonzert‹, ›Klaviertrio‹, ›Tonbandkomposition‹ etc. – zu definieren. Zu diesen bildete die nächsthöhere Gesamtheit (hier die aller musikalischer Kompositionen) dann nach klassischer Auffassung das ›genus proximum‹, während ihre lokale Besonderheit (hier in Form der je beteiligten Instrumente) die ›differentia specifica‹ ausmachte. Wäre man mit dieser ersten Einteilung fertig, könnte man sodann – auf ihrer Grundlage – als weitere Spezifizierung z.B. eine Unterteilung nach Komponisten vornehmen und nach gleichem Schema Violinkonzerte von Torelli, Mozart, Glasunow etc. unterscheiden. Anschließend könnte man nach wirksamen Unterscheidungskriterien für Mozarts Violinkonzerte Ausschau halten usw.

Elementare Schwierigkeiten können bei derartigem Vorgehen etwa daraus resultieren, daß die Einteilungen entweder ungünstig begonnen (›Nancarrows Player-Piano-Studien und der Rest‹) bzw. nach der jeweils getroffenen Kriterienwahl inkohärent (›Klavierkonzerte‹, ›Cellokonzerte‹, ›Flötenkonzerte‹, ›Alles von Chopin‹, ›Saxophonkonzerte‹) entworfen oder aber bereits realisierte Stufungen in der konkreten Bestimmung problematisch gebraucht werden, d.h. entweder falsch (›Die »Kleine Nachtmusik« ist eine Oper‹), zu weit (›Schuberts Klavierkonzerte unterscheiden sich von denen Beethovens einerseits dadurch, daß sie Kompositionen sind, und andererseits dadurch, daß sie für Klavier und Orchester geschrieben wurden‹) oder aber zu eng (›Das besondere Merkmal an einer musikalischen Komposition ist, daß immer ein Klavier mitspielt‹). Derartige Probleme müßten jedoch, wenn man von möglichen Streitfällen bei der unmittelbaren Zuordnung bestimmter Gegenstände zu einzelnen Merkmalsklassen absieht, angesichts der feststehenden Gesamthierarchie jederzeit relativ leicht und vor allem eindeutig zu klären sein.

Nichtsdestoweniger wäre die Lage der Kulturwissenschaft (und wohl die aller Wissenschaften) nicht nur weitaus übersichtlicher, sondern wohl zugleich unendlich beklemmender, wenn die gesamte Wirklichkeit in Form *einer* kategorial nach ihren jeweils gemeinsamen und jeweils spezifizierenden Eigenschaften *fix* zu hierarchisierenden Pyramide gegeben wäre. Dem ist jedoch nicht so. Denn wo stünde geschrieben, daß es zwingend sei, als oberstes Bestimmungsmerkmal bei der Hierarchisierung von Kompositionen unbedingt die Instrumentierung zu wählen? Hätte man nicht genausogut bei der Verschiedenheit der Komponisten ansetzen oder nach Jahrhunderten vorgehen können, um dann später erst auf die Differenzen der ausführenden Instrumente zu kommen? Und hätte man nicht zudem auch die Instrumentierung noch in sich hierarchisieren müssen, indem man etwa zunächst Solo- von Ensemblekompositionen, bei letzteren dagegen konzertante von kammermusikalischen Besetzungen unterschieden und dann erst die Besonderheiten der einzelnen Instrumente ins Spiel gebracht hätte? Und wer sagt schließlich, daß jede Komposition überhaupt bestimmten Instrumenten zugeteilt sein muß?

Je länger man die Sache ansieht, desto klarer wird, daß es nicht immer möglich ist, alle denkbaren Bestimmungsmomente gegeneinander so zu hierarchisieren, daß jedes immer nur auf einer bestimmten Allgemeinheitsstufe bzw. überhaupt immer sinnvoll zur Geltung kommen könnte. Denn ob man die Wirklichkeit auf höchster Ebene in vier ›Welten‹ oder in Tanzschulen und Nichttanzschulen unterteilt, ist eher eine Frage der Praktikabilität denn der allgemeinen Methodologie. Daraus ergibt sich, daß es lokal zwar durchaus sinnvoll sein kann, etwa zu sagen, daß sich der Elefant innerhalb der Klasse der Säugetiere vom Menschen spezifisch durch seinen Rüssel unterscheide, während die gemeinsamen Unterschiede zum Insekt auf ›höherer‹ Ebene lägen, daß es jedoch andererseits, nämlich sofern man den Rüssel zur ›obersten‹ Kategorie erhöbe, nicht weniger sinnvoll wäre, zu behaupten, Mücke und Elefant seien innerhalb der Klasse der Rüsselträger durch die Insektenhaftigkeit der Mücke unterschieden, während der Unterschied zum (überwiegend) rüssellosen Menschen auf ›höherer‹ Ebene läge. Ungeachtet man intuitiv dazu neigen dürfte, die genetische Verwandtschaft für fundamentaler zu erachten als den Rüssel, macht es doch offenbar wenig Sinn, beide Bestimmungsmerkmale in ihrer Allgemeinheit *prinzipiell* gegeneinander ausspielen zu wollen. Der allgemeine Grund dafür ist, daß sie *unabhängig* sind und demgemäß eher die Bildung eines Kreuzproduktes von vier grundsätzlich gleichgeordneten Fällen nahelegen.

Dies allerdings begünstigt nun den Schluß, es sei – in Anbetracht sowohl der Schwierigkeiten mit der einheitlichen Pyramidenhierarchie als auch der Tatsache, daß schließlich jedem historisch konkreten Gegenstand eine unendliche oder doch unüberschaubar große Anzahl möglicher Eigenschaften zukommt – offenbar das Beste, einfach eine Art ›ultimatives Kreuzprodukt‹ aus allen nur erdenklichen Merkmalsklassen zu bilden, um so jedem Gegenstand genau die Stelle zuweisen zu können, welche ihm seinen (nun nicht mehr notwendig in sich gestaffelten) Bestimmungen nach gebührt.[70] Das so entstehende Äquivalenzklassengefüge wäre freilich weder als Pyramidenform noch überhaupt anschaulich vorstellbar. Vielmehr müßte es als unendlich hochdimensionales, von sämtlichen vorhandenen diskreten und metrischen Kategorien aufgespanntes Gebilde gedacht werden, in dem man sich mit jeder neuen Gegenstandsexplikation ›von Punkt zu Punkt‹ bewegen könnte.

So einfach scheint die Sache gleichwohl dennoch nicht, denn wie gesehen *gibt* es ja durchaus lokale hierarchische Strukturzwänge, dergestalt, daß man, sobald man einmal eine bestimmte Ebenenschichtung anerkannt hat bzw. sich bei der Explikation auf eine schon gegebene bezieht, eindeutig Fehler machen kann. Vieles kann zudem erst in Abhängigkeit zu anderem wichtig werden, wobei je nach Betrachtungsaspekt manche Merkmale schwerer, manche weniger schwer wiegen, andere dagegen völlig außer Betracht bleiben können. Endlich werden, trotzdem wir unser allgemeines Kreuzprodukt zunächst ohne jegliche Einschränkung entworfen haben, von vornherein nicht alle darin theoretisch implizierten Fälle sinnvoll sein – und zwar schon deshalb nicht, weil bestimmte kategoriale Zuschreibungen einander gegenseitig ausschließen.

Hält man die Vorstellung der pyramidalen Ordnung zusammenfassend gegen die vom Kreuzprodukt aller theoretisch möglichen Fälle, so wird deutlich, daß hier ein Moment von Abhängkeit gegen eines von Unabhängigkeit steht. Beide müssen miteinander vermittelt werden, wenn nicht ein latenter und mit wenig Aufwand sehr pla-

---

[70] Vgl. dazu die Ausführungen zu Durchschnittsmengen bei Titzmann, Strukturale Textanalyse, S.38.

stisch hervorzutreibender Widerspruch bleiben soll. Die Lösung besteht – formal gesprochen – darin, daß eine prinzipiell unabhängige und deshalb nicht eindeutig hierarchisierbare Bestimmung, je nachdem, auf welcher Stufe eines gegebenen Bedingungsgefüges sie zum Tragen kommt, *nicht mehr dieselbe* ist wie in der allgemeinen Fassung. Gehen wir, um dies zu verdeutlichen, wieder von unserer Kompositionenklassifzierung aus: Während die Unterscheidung zwischen Beethoven und Mozart, wo man die Komponistenzuteilung zum allgemeinsten Bestimmungsmoment erhebt, jeweils beider gesamtes kompositorisches Schaffen involviert, betrifft das ›gleiche‹ Merkmal, wo es auf der Ebene der Violinkonzerte eingeführt wird, jeweils nur noch Beethoven bzw. Mozart *als Violinkonzertkomponisten*, womit ersterer Äquivalenzklasse in diesem Fall nur noch ein einziger konkreter Gegenstand (op. 61) zuzuordnen bliebe. Nun ist die Kategorie ›Beethoven als Violinkonzertkomponist zugehörig‹ – als durch das Kreuzprodukt der beiden unabhängigen Bestimmungen ›von Beethoven komponiert‹ und ›Violinkonzert‹ erst konstiuierte – weder von der einen noch von der anderen in dem Sinne unabhängig, daß eine erneute Kreuzproduktbildung mit einer von ihnen sinnvoll alle Fälle ergäbe. Vielmehr liegt die so definierte Bestimmung – ebenso wie ihr bei entsprechender Vertauschung der Zuweisungsreihenfolge entstehendes (notwendigerweise bestimmungsidentisches) Pendant ›Violinkonzerte von Beethoven‹ – innerhalb eines streng hierarchischen Verhältnisses je lokaler Abhängigkeit sowohl *unter* der als ›von Beethoven komponiert‹ wie auch (und auf strukturell identische Weise) *unter* der als ›Violinkonzert‹ bestimmten. Das Entscheidende daran ist aber, daß die so gebildete, aus anderen *abgeleitete* und von ihnen *abhängige* Kategorie weder ein eindeutiges hierarchisches Verhältnis ihrer oberen Bestimmungsmomente impliziert, noch eigenständiger Teil eines zugleich sinnvollen und ›ultimativen‹ Kreuzproduktes sein könnte.

Die wesentliche Konsequenz, die sich aus alledem für die kulturwissenschaftliche Kategorialisierungspraxis ergibt, ist die Einsicht, daß es keinerlei gegenstandsunabhängigen Zwang geben kann, sich bei der konkreten Klassifikation entweder nur auf die ›hierarchisch-abhängige‹ oder nur auf die ›kreuzprodukthaft-unabhängige‹ Art der Merkmalskonstellierung zu verpflichten. Mischformen sind nicht nur möglich, sondern werden bei reflektiertem Umgang gar die Regel sein.[71] Zwar bleibt es natürlich in jedem Falle möglich, gleichmäßige, womöglich gar auf jeder Ebene binär sich teilende Pyramiden oder – im Gegenzug – gleichgeordnete Konstellationen mit ›jeweils allen Fällen‹ zu erzwingen, doch nimmt man dabei entweder gravierende Verbiegungen der in den Gegenständen angezeigten Nähebeziehungen oder aber eine verwirrende Vielzahl sinnloser Kombinationen in Kauf, etwa – im ersten Falle – dergestalt, daß Epos und Roman womöglich an völlig verschiedenen Enden einer

---

[71] Beispiele derartiger Mischkonstellationen wären, obschon in allen Fällen spürbar dem traditionellen Hierarchisierungsdruck ertrotzt, die Klassifizierungen bei Steger, Über Textsorten und andere Textklassen, S. 53 und Titzmann, Strukturale Textanalyse, S. 155, oder auch die bei Plett, Gattungspoetik in der Renaissance, S. 156, historisch referierten. (Zur »contaminatio« der verschiedenen hierarchischen und funktionalen Bestimmungsmerkmale in den historischen Beispielen vgl. dort ferner S. 172.)

Gattungs-Pyramide zu stehen kommen, nur weil die Vers/Prosa-Unterscheidung zufällig als oberstes Kriterium fungiert, oder aber – im zweiten Falle – dergestalt, daß man etwa, weil die Unterscheidung der Versarten mit der der Erzählgattungen mechanisch gekreuzt wurde, nominell Short Story im Blankvers, Short Story im vers commun, Short Story im Knittelvers usw. zu unterscheiden hat. Die naheliegende Alternative dazu wäre, *lokale Hierarchien* und *partielle Unabhängigkeiten* weitaus selbstverständlicher zuzulassen, als es derzeit der Fall zu sein scheint. Mögen ›Pyramiden‹ mit mehreren gleichgeordneten Verzweigungspunkten oder Kästchenquadrate, in deren Kästchen an einzelnen Stellen kleine Pyramiden begegneten, auch weniger einheitlich erscheinen, so verwirren sie auf Dauer doch mit Sicherheit weniger als systembedingte Beugungen in der Sache.

4.3. Komplexe Kategorienkonstitution am Beispiel literarischer Gattungsbegriffe

Standen bislang im wesentlichen einzelne Merkmalszuschreibungen bzw. deren elementarsten Verhältnisse untereinander im Mittelpunkt, so gilt es nun, das Augenmerk auf die Möglichkeiten komplexerer Konstellierung zu richten. Kaum eine der allgemeineren kulturwissenschaftlichen und kulturgeschichtlichen Kategorien, seien es Stilmerkmale, Epochenbegriffe, Gattungsbestimmungen oder ästhetische Qualitäten, ist mit Hilfe eines einzigen Merkmals ausreichend zu definieren, und selten bzw. allenfalls im Falle simplifizierender Beugung werden die ›verschiedenen‹ Merkmale allesamt auf derselben Strukturebene angesiedelt sein. Dennoch funktioniert der Umgang mit den entsprechenden Termini im intersubjektiven Austausch erfahrungsgemäß oft tadellos, zumindest solange normative Übereinstimmung herrscht und/oder alle nähere Bestimmtheit implizit bleiben kann. Probleme gibt es dagegen, sobald die entsprechenden Kategorien – vielfach unter dem Druck einer allmählichen Infragestellung ihrer Geltung – genauer definiert, d.h. nach ihren einzelnen Merkmalen expliziert werden sollen. Indem bei solcher Gelegenheit meist aktuelle und historische, normative und deskriptive sowie zudem auf ganz unterschiedlichen Kenntnis- und Kanonvoraussetzungen beruhende Entwürfe relativ unvermittelt aufeinanderprallen, gestalten sich die entsprechenden Auseinandersetzungen häufig unbefriedigend. Dabei muß der Dissens keineswegs immer in der Sicht auf die konkreten Gegenstände liegen, sondern er kann vielmehr, obschon oft implizit, mit der *Art* zusammenhängen, wie ein bestimmtes Merkmalsbündel konturiert und modelliert wird – und eben darum soll es im folgenden gehen. Kann die Reflexion bestehender Systematisierungspraktiken die Probleme in den einzelnen Spezialgebieten auch selten unmittelbar lösen, so kann sie doch um so häufiger dazu beitragen, bestehenden Dissens zu spezifizieren und Scheindebatten so in echte zu verwandeln.

Zur Veranschaulichung der hier derzeit virulentesten Problemzusamenhänge seien nun nacheinander drei einschlägige Systematisierungsversuche neuerer literaturwissenschaftlicher Forschung betrachtet: erstens Lampings Bestimmung des ›lyrischen Gedichts‹ (4.3.1.), ferner Frickes ›Aphorismus‹-Definition (4.3.2.) sowie schließlich – in der ursprünglichen Konzeption etwas älter, doch im deutschen Sprachraum nach wie vor weithin kanonisch – Stanzels Modellentwurf zur Theorie der Erzählperspektiven (4.4.). Dabei betreffen die ersten beiden Beispiele primär das Verhältnis des Anspruchs systematischer Entwürfe zu den Anforderungen einer praxisbezogenen und/oder historischen Explikation *einzelner Gattungsbegriffe*, wobei es vor allem um eine konstruktive Kritik jener Systematisierungsvorstellung gehen muß, welche – als derzeit wohl prononcierteste und einflußreichste – im folgenden unter der Bezeichnung ›ahistorisch-unifizierender Minimal-Diskretismus‹ firmieren soll. Im letzten Beispiel steht dagegen die Konstellierung *mehrerer* gemeinhin unterschiedener Typen zu einem möglichst sachbezogenen Modell im Zentrum, wobei das gewählte Beispiel sich vor allem deshalb eignet, weil an ihm sehr viele Probleme kulturwissenschaftlicher Modellbildung zugleich und teils besonders auffällig akut werden. In allen Fällen kann es nicht darum gehen, extensiv in die inhaltlichen, für unseren Zusammenhang bei weitem zu komplexen Verwicklungen des jeweiligen Gegenstandsfeldes einzudringen, sondern lediglich um die Frage, wie modellinduzierte Probleme nach Möglichkeit zu minimieren sind.

4.3.1. Exposition des Problemfeldes am Beispiel des Lyrikbegriffes: Lampings Minimalkriterium

Wenden wir uns zunächst dem Begriffsproblem der Lyrik zu. Den ambitioniertesten neueren Systematisierungsversuch hat diesbezüglich Dieter Lamping in einer Studie mit dem Titel »Das lyrische Gedicht« unternommen. Unter Verweis auf die Defizienzen aller vorausgegangenen Charakterisierungen dessen, was Lyrik sei, geht Lampings klar gefaßte Darstellung darauf aus, eine Definition des ›lyrischen‹ Gedichts – und damit (im Kontext der Trias) auch der Lyrik insgesamt – zu geben, welche »nicht die Frage, was ein lyrisches Gedicht seinem Wesen nach sei« zu beantworten suche, sondern sich statt dessen darauf beschränke, »lediglich die Merkmale festzuhalten, an denen ein lyrisches Gedicht äußerlich zu erkennen ist – und zwar in jedem Fall.«[72] Der diesbezügliche Vorschlag lautet, »als lyrisch alle Gedichte zu bezeichnen, die *Einzelrede in Versen* sind.«[73] Diese Definition ziele »auf eine sachlich vertretbare Erweiterung des Lyrik-Begriffs im Anschluß an den herkömmlichen Wortgebrauch.« Sie sei »nicht als eine Maximal-, sondern als eine Minimaldefinition anzusehen, die lediglich ein notwendiges formales Merkmal, nämlich das der Versgliederung, und ein notwendiges strukturelles Merkmal, nämlich das der Einzelrede, enthält, die beide zusammengenommen auch hinreichend sind«.[74] Die Vorteile seiner Lyrikdefinition, deren Spezifizierung und ›Erprobung‹ die übrigen Ausführungen gewidmet sind, sieht Lamping – u.a. unter Berufung auf Carnap[75] – vor allem in ihrem Verzicht auf nebulöse ›Wesensbestimmungen‹, in der Einfachheit, Eindeutigkeit und Allge-

---

[72] Lamping, Das lyrische Gedicht, S. 79.
[73] Ebd., S. 63.
[74] Ebd.
[75] Ebd,. S. 14.

meinheit ihrer praktischen Handhabbarkeit bei der Erkennung von Lyrik sowie insbesondere in ihrer Fähigkeit, die Gattungseinheit von älterer und modernistischer Poesie zu gewährleisten. Sie bilde somit einen idealen ›größten gemeinsamen Teiler‹ sämtlicher lyrischer Gedichte, von welchem aus alle weiteren Spezifikationen vorzunehmen seien und mit dessen Hilfe vor allem das Problem der Vermittlung traditioneller und modernistischer lyrischer Erscheinungsformen bewältigt werden könne.

Wie alle Nominaldefinitionen – und als solche führt Lamping sein Kriterium ausdrücklich ein – ist die gegebene Bestimmung der Lyrik als ›Einzelrede in Versen‹ natürlich ebensowenig zu ›widerlegen‹ wie die anschließend auf ihrer Grundlage und mit großer Akribie vorgenommenen Grenzziehungen hinsichtlich dessen, was gerade noch ›lyrisches Gedicht‹ heißen dürfe und was nicht. Die Korrektheit der Einteilung kann hier jedoch nicht das leitende Kriterium sein, denn lauter richtige Zuschreibungen wären – wo man sich, wie Lamping, seine Kategorie selbst stipulativ zurechtlegt – mit etwas Umsicht trivialerweise auch auf jeder anderen Definitionsgrundlage zu erhalten. Statt dessen wird sich der Gewinn derartiger systematischer Entwürfe daran messen lassen müssen, was sie zur Erkenntnis ihres Gegenstandes praktisch beizutragen haben.

Konfrontation mit der Historie

Was aber ist hierbei genau der Gegenstand? Unter den vielen möglichen Antworten seien dabei vor allem drei heuristisch ausgezeichnet: 1. alles, was sich selbst als Lyrik begreift; 2. alles, was aufgrund bestimmter Normen allgemein für Lyrik gilt, sowie 3. alles, was Lampings Kriterium genügt. Bevor wir die möglichen Differenzen anhand einiger Beispielfälle diskutieren wollen, empfiehlt es sich gleichwohl um der Vergleichbarkeit willen, auch die ersten beiden Antwortmöglichkeiten in allgemeine systematische Minimaldefinitionen zu transferieren. Die erste könnte etwa lauten: ›Lyrik ist zu jeder Zeit das, was sich aufgrund seiner Bezogenheit auf die je bisherige lyrische Tradition als Lyrik zu erkennen gibt‹, die zweite hingegen: ›Lyrik ist das, was aufgrund bestimmter expliziter oder impliziter normativer Festlegungen zu jedem historischen Zeitpunkt allgemein dafür gehalten wird‹.

Betrachten wir nun einige Beispiele:

> Long Beach
> Thunfisch
> Stücke in pikanter Dressingsauce
> mit Gemüsebeilage
> Hergestellt für Intermondo

Nach Lampings Kriterium liegt hier ohne Zweifel ein lyrisches Gedicht vor, denn beide der zusammen hinreichenden Bedingungen, nämlich die Gebundenheit an eine einheitliche Redeinstanz einerseits sowie eine das Gebilde deutlich von einem entsprechenden Prosatext unterscheidende Versaufteilung andererseits, sind klar erfüllt. In Hinblick auf die allgemeine Akzeptanz als Lyrik scheint solche Bezeichnung allerdings strittig. Während Klopstock hierin sicher weder ein lyrisches noch sonst irgendein Gedicht erblickt hätte, wäre Andy Warhols Votum – zweihundert Jahre später –

womöglich anders ausgefallen. Was den Anspruch des Textes selbst betrifft, so besteht allerdings kein Zweifel, daß hier weder Lyrik noch ein ›lyrisches Gedicht‹ intendiert ist, denn die Zeilen stammen, wie man ahnt, von einer Thunfischdose.

Nehmen wir als nächstes Beispiel Lucretius' philosophisches Lehrgedicht »De rerum natura« aus dem ersten vorchristlichen Jahrhundert. Trotz seiner 7415 Hexameter und einer inhaltlichen und ausdruckshaften Faktur, die Staiger wohl als Inbegriff des Unlyrischen gegolten hätte, handelt es sich auch hier nach Lamping unvermeidlich um ein ›lyrisches Gedicht‹. Lukrez selbst dagegen hätte mit diesem Begriff wohl eher musikalische, mit seinem Werk allenfalls mittelbar zusammenhängende Vorstellungen verbunden, und auch heute wird man unter denen, die den Text kennen, schwerlich jemanden finden, der über eine Zuteilung zur Lyrik allzu glücklich wäre.

Als drittes prüfen wir Friedrich von Logaus umfangreichen barocken Epigramm-Sammlungen. Sie sind sowohl nach Lampings als auch nach dem heute überwiegenden Lyrikverständnis Teil der Lyrik, wenn auch nicht gerade besonders ›lyrisch‹ im Staigerschen Sinne. Logau selbst allerdings hätte mit dieser Zuschreibung kaum viel anzufangen gewußt, mündete die epigrammatische Tradition doch erst viel später – endgültig erst als Konsequenz der Herausbildung der Gattungstrias um die Wende zum 19. Jahrhundert – in den Begriffsumfang der Lyrik ein.

Betrachten wir zuletzt noch Christian Morgensterns »Fisches Nachtgesang«, welcher, vom Titel abgesehen, bekanntlich ohne Worte auskommt. Mit ihm hat Lamping kein Erbarmen und schließt ihn, da er gar nicht als ›Rede‹, also auch nicht als Einzelrede in Versen bezeichnet werden könne, ausdrücklich aus der Gruppe seiner ›lyrischen Gedichte‹ aus.[76] Morgenstern selbst dagegen wollte ihn anscheinend durchaus als ›Gedicht‹ verstanden wissen, hätte er ihn doch sonst wohl kaum in den Zyklus seiner 1905 erschienenen und ansonsten überwiegend ›lyrische Gedichte‹ enthaltenden Sammlung der »Galgenlieder« aufgenommen. Solcher Auffassung folgt etwa auch Conrady, der »Fisches Nachtgesang« – offenbar im Irrtum über dessen wahren, unlyrischen Status – sogar die Ehre der Aufnahme in die Anthologie »Das große deutsche Gedichtbuch« zuteil werden ließ.[77]

Schon diese wenigen Beispiele zeigen, daß es zwischen den drei Gegenstandsfeldern Diskrepanzen gibt. Einerseits schließt Lampings Definition Gegenstände ein, die weder ihrem eigenen Anspruch nach noch in allgemeiner Sicht als Lyrik gelten, andererseits grenzt sie, wie in Lampings eigenen Ausführungen am eindrücklichsten dokumentiert, vielerlei aus, was sich selbst ganz offensichtlich als Lyrik versteht und auch so wahrgenommen werden will und wird. Vom historisch-hermeneutischen Standpunkt aus betrachtet ist Lampings Definition damit, indem sie auf die Frage, ob etwas Lyrik sei oder nicht, reihenweise inadäquate Antworten produziert, weitgehend untauglich. Denn daß ihre Bestimmungsmerkmale auf einen Gegenstand zutreffen, sagt, wie gesehen, weniger etwas über dessen Selbstverständnis oder allgemeines Verständnis als Lyrik aus als vielmehr darüber, ob er Lampings Definition entspricht oder

---

[76] Vgl. ebd., S. 31.
[77] Vgl. Das große deutsche Gedichtbuch, S. 610.

nicht. Letzteres aber würde jede beliebige andere Definition, z.B. ›Lyrik ist alles, was mit »An die Hoffnung« überschrieben ist‹, genauso leisten.

Der Hinweis, daß Lamping schließlich gar nicht den Anspruch erhebe, das historische Feld der Lyrik zu klassifizieren, da er ja – zumindest meistens – mit dem etwas weniger einschlägigen Etikett des ›lyrischen Gedichtes‹ operiere, verfängt dabei nicht. Denn abgesehen davon, daß sich die historische Situation auch für diesen Begriff nicht weniger problematisch darstellt und daß Lamping die Begriffe ›Lyrik‹ und ›lyrisch‹ später en passant ausdrücklich seinem Kriterium eingemeindet wissen will,[78] bleibt zu fragen, warum hier, wenn es wirklich gar nicht um die Tradition der Lyrik, sondern um reine Systematik gehen sollte, die Definition mit einem geschichtlich so vorbelasteten Wort beschwert und die systematische Entdeckung nicht statt dessen unverfänglicher, etwa als ›Lamping-Kriterium zur Textklassifizierung‹, eingeführt wird. Vielen Begriffsverwechslungen, welche durch die jetzige Bezeichnung unvermeidlich scheinen, wäre auf diese Weise ebenso abzuhelfen wie dem sonst schwer zu leugnenden Eindruck, Lamping wolle – unter deskriptiv-nominalistischer Tarnung – eigentlich nur eine neue historische Begriffsnorm[79] einführen und alle früheren Bestimmungen dadurch ersetzt bzw. allenfalls zu Unterkategorien erklärt wissen.

Die ›prinzipielle Überlegenheit historischer Zuschreibung‹

Nun könnte man von ›systematischer‹ Seite aus einwenden, die historische Perspektive verfüge schließlich auch nicht über ein besseres Kriterium zur allgemeinen Bestimmung von ›Lyrik‹. Das ist jedoch nicht der Fall, sind die beiden zuvor diesbezüglich gegebenen Bestimmungen doch Lampings Kriterium nicht nur in Hinblick auf die Trennung von Gegenstand und historischer Begriffszuweisung, sondern trivialerweise vor allem in bezug auf die historische Klassifikation prinzipiell überlegen. Denn wo immer ein kultureller Gegenstand – und sei es ein sprachloser ›poetischer act‹ in H.C. Artmanns Sinne[80] – sich explizit als ›Lyrik‹ präsentiert, ist eine Beziehung auf die lyrische Tradition intendiert, und wo immer ein Text in eine Lyrikanthologie Eingang findet oder auf irgendeine andere Weise als Lyrik wahrgenommen wird, gilt er zu der Zeit und in dem Kontext, wo er dies tut, offenbar als Lyrik, mag er beschaffen sein wie er will. Dem wäre zwar entgegenzuhalten, daß die gegebenen Bestimmungen nicht gerade vielsagend seien, d.h. daß damit selbst im Falle korrekter Anwendung so gut wie nichts über den jeweiligen Gegenstand gesagt sei. Doch steht ihnen Lampings Kriterium, da es ja – wie sie – eigens als Minimaldefinition konstruiert ist, hierin kaum nach.

---

[78] Vgl. ebd., S. 85.

[79] Neu ist hieran freilich nur der Anspruch, sämtliche Lyrik so auf einen Nenner bringen zu können. Sachlich handelt es sich wesentlich um einen in Hinblick auf einige modernere Phänomene modifizierten Rückgriff auf das diomedische bzw. platonische Redekriterium, das mit der – ebenfalls eher für die antike Literaturtheorie charakteristischen – Scheidung nach Vers- und Prosaformen kombiniert wird.

[80] Vgl. Die Wiener Gruppe, S. 9ff.

Etwas gewichtiger scheint dagegen der Einwand, daß die systematischen Formulierungen des allgemeinen Traditionsargumentes keinerlei *Spezifika* aufweisen. Schließlich ließen sich in obige Definitionen ohne weiteres auch Begriffe wie ›Roman‹, ›Satire‹, ›Literatur‹ etc. einsetzen. Das heißt nun freilich nicht, daß sie deshalb inhaltslos wären, denn ob ein Gegenstand historisch als Roman oder als Lyrik auftritt bzw. entsprechend zugeordnet wird, ist – unabhängig davon, wie die entsprechenden Gebilde de facto aussehen – für die jeweilige historische Zuordnung allemal ein entscheidender Unterschied.

Doch selbst wo man dies zugesteht, muß der Verzicht auf die Angabe spezifischer Merkmale einer dezidiert systematischen Einstellung notwendig und mit Recht wie eine Kapitulation vor den Inkonsequenzen der Historie erscheinen. Allerdings ist solche Kapitulation nicht zwangsläufig auf ein Versagen bisheriger Systematik zurückzuführen, sondern womöglich in den jeweiligen historischen oder kontextuellen Verhältnissen selbst wohlbegründet. Denn wie sollte ohne Berufung auf den (essentialistischen) Glauben an ein unverwüstliches, mit der *Bezeichnung* ›Lyrik‹ notwendig gegebenes inneres Wesen derselben von vornherein auszuschließen sein, daß die Menge aller Gegenstände, die sich durch die Geschichte hindurch so verstehen oder so genannt werden, womöglich solche umfaßt, die sich durch nichts außer durch ihre gemeinsamen Teilhabe an der so benannten Tradition auf einen Nenner bringen lassen?[81] Stellt man aber dergleichen fest – und Lamping zeigt hierfür, solange es um den Erweis der Untauglichkeit *anderer* Lyrikbestimmungen geht, durchaus scharfes Bewußtsein –, so ist es sinnlos, weiter nach *einer allgemeinen* Merkmalskombination zu suchen. Tut man dies trotzdem, fügt man der historischen Kette inkommensurabler Gegenstände und ebensolcher konventioneller Zuschreibungen allenfalls (dann nämlich, wenn man die eigene Definition kurzfristig als kanonisch etablieren kann) eine weitere hinzu, was die Sache jedoch keineswegs für alle Zukunft klärt, sondern nur noch schwieriger macht.

Nun verfolgt Lampings Ansatz aber offenbar auch weniger die Absicht, die *Totalität* der lyrischen Tradition zu integrieren, als vielmehr – wenn auch implizit – ein *graduell* ausgerichtetes Programm, welches in etwa lautet: ›Wenn es schon nicht möglich ist, alles kategorial unter *einen einfachen* Hut zu bringen, so kann man wenigstens versuchen, diesen Hut so zu entwerfen, daß *möglichst viel* von dem, was (historisch) eigentlich darunter fallen sollte, zugleich aber gerade noch nichts von dem, was nicht darunter fallen sollte, darunter Platz findet.‹ Unabhängig von Lampings konkreter Lösung[82] ist nun allerdings zu fragen, inwiefern das methodisch sinnvoll ist.

---

[81] Vgl. dazu Eibl, Zur Problematik literarhistorischer Begriffe, S.359f., sowie Fishelov, Genre theory and family resemblance, S. 134, wo die primäre Verbundenheit durch »common ancestry« explizit reflektiert wird. (Normative Forderungen nach Gattungsreinheit erscheinen so – im Falle daß sie nominell keine lokalen Geltungsbeschränkungen einräumen – im Fortgang der Historie zwangsläufig immer sektiererischer.)

[82] Diesbezüglich wäre zu erwägen, ob eine – genauso willkürliche – Bestimmung wie z.B. ›Lyrik ist alles, was unter fünf Seiten lang und versartig geschrieben ist‹ nicht sogar einen größeren Teil der (trias)lyrischen Tradition einschlösse.

Dabei gilt es zunächst, den emphatischen Anspruch auf eine ›nominalistische‹ Überwindung vormals beherrschender ›Wesensdefinitionen‹ realistisch einzuschätzen. Denn abgesehen davon, daß der Anwendungsbereich der Definition auf diese Weise ohne Not auf eine Art lyriksystematisches Quiz der stereotypen Form ›Lyrisches Gedicht oder nicht?‹ beschränkt wird – ganz so, als sei nicht die inhaltliche Bestimmung der Kategorie, sondern die praktische Zuordnung einzelner Gegenstände (also z.B. die Frage, ob Conrady seine Texte auch in jedem Einzelfall mit formaler Berechtigung in seine Anthologie aufgenommen habe) das Hauptproblem der Lyriktheorie –, muß man sich klar machen, daß der Unterschied zwischen der angeblich ›nur vorgeschlagenen‹ Definition für die Zuteilung und den ›wesensmäßigen‹ Antworten auf die Frage ›Was ist Lyrik?‹ *formaliter* keineswegs so groß ist, wie die Darstellung suggeriert. Zwar sei immer unbestritten, daß Lamping – im Gegensatz zu manchem seiner Vorgänger – seinen Lyrikbegriff nicht unter ausdrücklicher oder verdeckter Berufung auf eine platonische bzw. (transzendental-)phänomenologische Wesensschau entwirft; auch ist seine Definition, gemessen an mancher gegenstandstranszendierend-universalistischen Bestimmung des ›Lyrischen‹, sicherlich eindeutiger und konkreter.[83] Dennoch dürfte es schwer sein, die vermeintlich per se ›essentialistische‹ Frage ›Was ist Lyrik (und was nicht)?‹ von der vermeintlich nominalistischen ›Ist dies hier ein lyrisches Gedicht (oder nicht)?‹ zu trennen. Denn gleich, ob man bei der Begriffskonstitution von schon bestehenden Begriffen oder von den Gegenständen selbst ausgeht, und gleich auch, ob man dabei einem einzigen konkreten (oder in abstrakter Idealität entworfenen) Gegenstand zugrunde legt, aus welchem dann ein ›Inbegriff‹ gezogen wird, oder ob man, wie Lamping, nach einer möglichst häufig erfüllten Merkmalskonstellation Ausschau hält: Am Ende steht doch immer ein *Begriff mit bestimmten Definitionskriterien*, und letztere entscheiden, inwieweit ein gegebener Gegenstand bzw. ein vorausgegangener Begriff der so definierten Äquivalenzklasse zugehört bzw. entspricht, d.h. die geforderten Merkmale aufweist, oder eben nicht. Insofern ist eine ›nominalistische‹ Position, die von sich behauptet: ›Ich habe zwar keine Ahnung, was Lyrik wesensmäßig ist, kann aber in jedem Fall exakt sagen, wo solche vorliegt und wo nicht‹, gegenüber einer ›essentialistischen‹, die (was die meisten älteren Konzeptionen übrigens gar nicht tun) behauptet: ›Ich kenne zwar das innerste Wesen der Lyrik, kann aber nicht sagen, ob dieser oder jener kulturelle Gegenstand ihm entspricht oder nicht‹ kein allzu großer Fortschritt.[84]

---

[83] Daß sie in ihrer Kriterienwahl dennoch stark an traditionelle ›Wesenseinsichten‹ gebunden bleibt (etwa in den Forderungen nach »monologischer« bzw. »absoluter« Einzelrede, S. 63), scheint dabei weniger problematisch, als es der anti-essentialistische Gestus der Studie wohl empfände.

[84] Wie ›stipulative‹ Terminologievorschläge sich im konkreten Gebrauch notwendig in ›Wesensdefinitionen‹ verkehren, zeigt (hier gleichwohl allgemein gegen Fricke) etwa Gabriel, Wie klar und deutlich soll eine literaturwissenschaftliche Terminologie sein? S. 33.

Exemplarische Charakterisierung des ›ahistorisch-unifizierenden Minimal-Diskretismus‹

Doch nicht hierin, sondern eher in Lampings *konkreter* Begriffsmodellierung liegen die im gegenwärtigen Kontext aufschlußreichsten, weil genuin konzeptionellen Probleme. Für unsere Zwecke kommt es dabei gerade nicht auf eine pauschale Verwerfung, sondern im Gegenteil vor allem darauf an, die – in vielen Fällen bereits für sich besprochenen, hier aber besonders charakteristisch konstellierten – Denkmuster, die dem Entwurf zugrunde liegen, möglichst voneinander zu isolieren und exemplarisch zu erörtern. Dazu empfiehlt es sich, sie zu Beginn stets als These explizit zu machen. Die allgemeinen Konsequenzen ergeben sich dann unmittelbar aus der Kritik.

1. ›Auf das Allgemeinste kommt es an. Wenig über viel zu sagen ist systematisch ertragreicher als viel über wenig‹. – Gegen diese holismusträchtige Vorstellung wäre allgemein zu bemerken, daß systematischer Ertrag sich nicht allein nach der Größe des Gegenstandsfeldes, sondern, sofern er überhaupt interessenunabhägig quantisierbar ist, nach dem ›Produkt‹ aus Tragweite und Stärke (bzw. gegenstandsbezogener Fruchtbarkeit) einer Aussage bemißt. Wo nun einer der beiden Faktoren, wie bei Lamping der zweite, bezogen auf das jeweils anvisierte Gegenstandsfeld eine kritische Grenze unterschreitet (und damit praktisch gegen null geht), hilft keine noch so große Erweiterung des anderen mehr viel.[85]

2. ›Komplexe systematische Kategorien dürfen nie aus einem Idealvertreter gezogen sein. Sie werden sonst zwangsläufig wesensschwanger und unklar‹. – Dieses, dem ersten eng verbundene Vorurteil rührt sichtlich von einschlägigen Erfahrungen mit Verfahren her, die ihre Bestimmungen aus einem einzigen, zum Ideal erklärten Gegenstand ziehen und sie dann normativ auf alle übrigen, womöglich unter ganz anderen Maßgaben entstandenen ausweiten. Man muß hier allerdings unterscheiden: Denn einerseits kann eine so konstituierte Kategorie durchaus ›präzise‹ sein (das Idealgedicht sei etwa Ernst Jandls »ottos mops« – daraus folgt: ›Lyrik muß durchgängig in Kleinschrift verfaßt sein und darf keine anderen Vokale als ›o‹ enthalten‹), und andererseits bewahrt auch die Konstitution des Kriteriums aus möglichst vielen historischen Vertretern im Falle einer allgemeinen Ausweitung ihres Geltungsanspruchs allenfalls quantitativ eher vor normativen Beugungen als selbst die engstirnigste und unnachgiebigste ›Wesensdefinition‹. Insgesamt besteht das Hauptproblem der meisten einschlägigen Inbegriffsdefinitionen deshalb weniger in ihrer methodischen Zurichtung als in der traditionellen Gewohnheit, zugleich mit dem deskriptiven Entwurf auch einen rigiden *Wertmaßstab* ästhetischer Qualität zu präsupponieren, welcher lautet: ›Der reinste Vertreter muß auch der beste sein. (Es ist übrigens der, aus dem ich meine Kriterien gezogen habe.)‹

3. ›Was alle bzw. die meisten Vertreter einer historisch unter einen bestimmten Begriff gefaßten Klasse von kulturellen Gegenständen teilen, ist per se das, worauf es bei

---

[85] Der umgekehrte Fall läge etwa vor, wo man für die Lyrikzugehörigkeit so starke Forderungen formulierte, daß kein einziger Gegenstand mehr darunter fiele. Doch ob man alles über nichts oder nichts über alles sagt – der Ertrag bleibt der nämliche.

ihrer Erkenntnis vornehmlich ankommt, weshalb es für die Konstitution einer geeigneten komplexen Kategorie notwendig bindend ist‹, oder kurz: ›Das Minimale ist das Wesentliche.‹ – Gäbe es nun auf der Welt nur drei Gegenstände, die historisch als Lyrik bezeichnet worden wären, und zwar der erste aufgrund seiner Endgereimtheit, der zweite aufgrund seiner subjektiven Sprechhaltung und der dritte wegen seiner kühn verdichteten Metaphorik, und wären diese Gegenstände – und zwar nur sie – zufällig in violetter Frakturschrift gedruckt, so stünde für einen minimalistischen Systematiker wohl außer Frage, daß allein die violette Frakturschrift dasjenige sei, wovon hier alle systematische Erkenntnis auszugehen habe. Hier wirkt womöglich noch das szientistische Mißverständnis systematischer Kulturbetrachtung hinein, das Einteilungen für desto unbestechlicher hält, je mehr die so klassifizierten kulturellen Gegenstände dabei ihrer eigenen Intentionalität entkleidet und ›zu Natur gemacht‹ werden.[86] Die so gewonnenen Ergebnisse sind deshalb zwar keineswegs ›falsch‹, nur oft – nämlich genau in dem Maße, wie die gemeinsame naturhafte Faktur vom je Intendierten abweicht – weitgehend untauglich für kulturhistorische Aufschlüsse.

4. ›In komplexen Kategorien darf es keine Gradualität der Wesentlichkeit geben.‹ – Ebenfalls eine Folge des Szientismus, hindert diese implizite Setzung Lamping daran, die Tatsache in Rechnung zu stellen, daß es sowohl hinsichtlich des Begriffes wie auch des Gegenstandsfeldes Schwerpunkte des für wesentlich Erachteten geben kann und gibt, ganz zu schweigen davon, daß diese sich in der historischen Entwicklung allmählich verschieben und daß gerade hier die meisten der eigentlich interessanten Fragen kulturwissenschaftlicher Lyrikbegriffsanalyse liegen könnten. Es bedarf deshalb des Hinweises, daß sich Systematik nichts vergibt, wenn sie bei der Merkmalsbeschreibung komplex bestimmter Kategorien Gewichtungen zwischen tragenden, abgeleiteten oder zufälligen bzw. zwischen implizit und explizit konstitutiven Bestimmungen zuläßt.[87] Im Gegenteil: Komplex bestimmte Kategorien werden kultur-

---

[86] Inwieweit ›rein extensionale‹ Klassifikationen intentional konstituierter Gegenstände überhaupt sinnvoll sein können, ist hier nicht zu vertiefen.

[87] Damit soll keineswegs behauptet sein, das Lampings Kriterium, so wie es entworfen ist, nur Zufälliges treffe. Es bezeichnet vielmehr Züge, die in den meisten historischen Lyrikauffassungen aus je ganz unterschiedlichen und wechselnden, aber stets viel konkreteren für wesentlich erachteten Bestimmungen *impliziert* sind. Die Versbindung etwa folgt zunächst aus der Sangbarkeit, späterhin vielfach aus anderen, jedoch wiederum weit distinkter bestimmten metrischen Erfordernissen und noch später womöglich aus graphischen Konventionen heraus. So kommt es, daß Lampings Bestimmungen zwar vergleichsweise häufig (wenngleich, wie gesehen, keineswegs durchgängig) in der lyrischen Tradition erfüllt sind, ohne doch deshalb, ausgenommen von Dichtern, die künftig nach Lampings Kriterium dichten, jemals *prägnant vermeint* zu sein. – Abgesehen davon ist freilich auch in Lampings Bestimmung eine hierarchisch gestufte Gradualität der ›Lyrikspezifik‹ gegeben, so nämlich, daß von den *drei* hier in Wahrheit vorliegenden Bestimmungsmomenten das ›Rede‹-Kriterium nur der allgemeinsten Zuordnung zu einem nicht näher profilierten Oberbereich des ›Textlichen‹ bzw. ›Literarischen‹ und das Verskriterium der Einordnung in die etwas begrenztere Gruppe der ›Gedichte‹ dient, während – folgt man der verwendeten Terminologie – letztlich allein das Moment der ›Sprechereinheit‹ das spezifisch *Lyrische* gewährleisten muß. Das ist kein methodischer Einwand. Fraglich ist nur, inwiefern hier ernsthaft unter Absehung von allen ›Wesensdefinitionen‹ der poetologischen Tradition operiert wird.

wissenschaftlich gerade erst in dem Maße fruchtbar, wie sie *Nähebeziehungen im historisch-intentional Vermeinten* kenntlich machen. Und davon kann angesichts eines Kriteriums, welches den Gattungsunterschied zwischen »Fisches Nachtgesang« und dem in Morgensterns Sammlung vorstehenden Gedicht »Der Rabe Ralf« für fundamentaler zu veranschlagen zwingt als den zwischen »ottos mops« und »De rerum natura«, nur bedingt die Rede sein.

5.   ›Komplexe Kategorien müssen um jeden Preis einfach konstituiert sein.‹ – In dieser These manifestiert sich eine Auffassung, welche die Schlagkraft einer einfachen Formulierung im Zweifelsfalle der offensichtlichen Differenzierungsbedürftigkeit der jeweiligen Sachlage vorzieht. Wo aber gäbe es – außer als Vorurteil – eine systematisch bestimmte Grenze notwendiger Komplexität, etwa der Form: ›Die Welt muß so eingerichtet sein, daß wir jeden ihrer Gegenstände mit zwei notwendigen Bestimmungen, die zusammen hinreichend sind, befriedigend beschreiben können‹? Mögen einfache und einheitliche Theorien auch die schönsten und suggestivsten sein, so müssen sie doch deshalb nicht schon viel erklären. Im Gegenteil steht zu erwarten, daß die Wahrscheinlichkeit möglicher Gegenstandsadäquanz mit jedem modellintern eingeführten Strukturzwang immer geringer wird.

6.   ›Damit eine (komplexe) Kategorie für wahrhaft systematisch gelten kann, muß sie unabhängig von jeder zeitlichen Situierung ihrer möglichen Gegenstände gelten.‹ – Diesen ›ahistorischen‹ Zug teilt Lampings Konzeption noch mit jener normativen Tradition, deren Geltung er mit seinem Formalkriterium nominell brechen will. Einer historisch und kulturkreisspezifisch differenzierenden Systematik dagegen ist die Einführung von Zeit- und Kontextindices *bei entsprechender Notwendigkeit* eine entscheidende Voraussetzung dafür, überhaupt ausreichend präzise gegenstandsbezogene inhaltliche Aussagen formulieren zu können – worauf zurückzukommen sein wird. Mag derart bereichsbeschränkten Bestimmungen auch notwendig der Anstrich des fundamentalen Wurfs ermangeln, so sind sie doch, sofern ihre Einzelmerkmale systematisch (und damit überzeitlich) verfaßt sind, nicht weniger systematischer Natur und haben in entwicklungsgeschichtlich oder kontextuell heterogenen Gefügen den Vorzug, den Gegenstand nicht systematisch beugen zu müssen.

7.   ›(Komplexe) Kategorien sind nur dann wirklich von Nutzen, wenn sie *ausnahmslos* gelten‹. – Diese Vorstellung hindert Lamping an der naheliegenden Lösung, sein Kriterium zwar als Regel zu definieren, daneben aber einige (womöglich kontextabhängige) Ausnahmen oder Spezialfälle zuzulassen. Auf diese Weise wäre die Theorie – vergleichbar einer grammatikalischen Deklinationsvorschrift mit dieser und jener Ausnahme – etwas gegenstandsverträglicher zu entwerfen und mancher besonders grotesk anmutende Ausschluß zu vermeiden gewesen, ohne daß die grundsätzlichen Merkmalsangaben hätten aufgegeben werden müssen. Ein Hinderungsgrund kann hierbei nicht in der Sache, sondern einzig in der Verpflichtung auf eine Systematik liegen, welche in ihrer ›Konsequenz‹ in Anbetracht von fünf weißen und einem braunen Ei an der Farbbestimmung irre werden muß.

8.   ›Komplexe Kategorien sind brauchbar erst, wo alle ihre einzelnen Bestimmungsmomente *diskret* definiert sind‹. – Hier spielt ein mißverstandener Präzisionsanspruch hinein, der Lamping metrisch-geordnete Bestimmungen, wie etwa die historisch so

wirkmächtige brevitas,[88] kategorisch ausschließen läßt. Aber abgesehen davon, daß es dem Systematiker im Prinzip freistünde, innerhalb gegebener Gradualitäten stipulativ diskrete Begrenzungen des zukünftig ›Lyrik‹ zu Nennenden (etwa auf eine Druckseite oder 6327 Buchstaben) vorzunehmen,[89] wären auch metrische Bestimmungen wie ›je länger, desto geringer die Chance, daß es Lyrik ist‹ oder ›je länger, desto weniger lyrisch‹ formal ohne weiteres möglich. Letztere Formulierung deutet gleichwohl schon auf das Skandalon, welches die diskretistische Ideologie in jeglicher metrischen Differenzierung erblicken muß. Die dahinterstehende Vorstellung lautet:

9. ›Komplexe Kategorien müssen, um brauchbar zu sein, auch *insgesamt* immer diskret charakterisiert sein.‹ – Diese (die vorige bedingende) Vorstellung hängt offenbar mit der Auffassung zusammen, was nicht diskret bestimmbar sei, müsse notwendig ›vagem Wesensgeraune‹ entstammen. In Wahrheit wäre eine Definition, die sagte, etwas sei desto lyrischer bzw. um so eher Gedicht, je länger oder kürzer es sei, strukturell weder ›wesenhafter‹ noch notwendig unpräziser als das Lampingsche Kriterium. Im Gegenteil kann man sich schwerlich eine strengere ›Wesensbehauptung‹ vorstellen als die, daß jeder kulturelle Gegenstand *als solcher* notwendig entweder eindeutig ›lyrisch‹ oder eindeutig ›nichtlyrisch‹ sein müsse und es prinzipiell keine Grade oder Grenzformen geben könne und dürfe.[90] Die literarische Überlieferung spricht hier – zumindest wo man die Intentionalität der Gegenstände mitberücksichtigt[91] – eine deutlich andere Sprache.[92]

Die Alternative kumulativer Begriffsbestimmung und ihre Grenzen

Nimmt man all diese Vorstellungen zusammen, so ergibt sich, sieht man von der konkreten Bezogenheit auf die Lyriktheorie ab, eine allgemeine Kontur dessen, was man innerhalb der neueren systematischen Kulturwissenschaften als ›ahistorisch-unifizierenden Minimal-Diskretismus‹ bezeichnen könnte. Ungeachtet unserer kritischen Be-

---

[88] Vgl. dazu ebd., S. 87f.

[89] Die Phobie gegen den Umgang mit metrisch-geordneten Bestimmungen ist dabei so ausgeprägt, daß Lamping *hier* sogar plötzlich die Sorge betreffs möglicher Ausschlüsse befallen kann, vgl. ebd. S. 88.

[90] Entgegen seinen systematischen Prämissen läßt freilich auch Lamping, sobald ihm an einem Gegenstand genug gelegen ist bzw. der kanonische Gegendruck zu groß wird, Mischformen zu (vgl. dazu etwa die Ausführungen zu Eliots »Waste Land«, ebd., S. 95f.).

[91] Jenseits davon kann es für bestimmte Fragestellungen fruchtbar sein, unter Absehung von der jeweiligen Gegenstandsganzheit womöglich Satz für Satz bzw. gar Wort für Wort diskret zu scheiden. Nur sollte dabei, wo man nicht am Ende nur einzelne Textfetzen in Lyrikanthologien aufnehmen dürfen will, nicht die allgemeine Gattungszuordnung in Frage stehen.

[92] Das einzig denkbare Argument für eine derartige Beschränkung wäre der Verweis darauf, daß diskrete Kategorien womöglich ad usum delphini leichter zu vermitteln seien (obwohl selbst das bei entsprechender Komplexität der diskreten bzw. Einfachheit der entsprechenden metrisch-differenzierten Kategorie keineswegs ausgemacht wäre). Allerdings operierte eine kulturwissenschaftliche Systematik, welche sich statt am Gegenstand primär an den binären Präformierungen seiner Betrachter zu orientieren hätte, ohnedies auf verlorenem Posten.

merkungen halten wir diese Einstellung jedoch – schon aufgrund der Klarheit der entsprechenden Darstellungen sowie ihrer Bemühung um systematische Explikation und Transparenz – keineswegs für einen Irrweg, sondern sehen in ihr vielmehr einen Fortschritt gegenüber jenem ebenso problematischen wie zähen ›Goethezeit-Norm-Konsens‹, welcher – bezogen auf die Lyriktheorie – darauf hinausläuft, um ein ahistorisch verabsolutiertes Zentrum klassisch-romantischer Erlebnispoesie Charakteristika aus den verschiedensten, teils völlig inkommensurablen Kontexten zu kumulieren und zu einer ›zeitlosen‹ Maximaldefinition zu verschmelzen – einer Definition, wie sie sich bei Wilpert noch 1989 folgendermaßen liest:

> Lyrik (griech. *lyra*=Leier), die subjektivste der drei Naturformen (Gattungen) der Dichtung; sprachliche Gestaltung seelischer Vorgänge im Dichter, die durch erlebnishafte Weltbegegnung (Erlebnis) entstehen, in der Sprachwerdung aus dem Einzelfall ins Allgemeingültige, Symbolische erhoben werden und sich dem Aufnehmenden durch einfühlendes Mitschwingen erschließen. Die Unmittelbarkeit des Ausdrucks läßt die Lyrik als Urform der Dichtung erscheinen [...]. Sie verzichtet auf Objektivierung in erzählten Ereignissen (Epik) oder handelnden Figuren (Drama) und bietet daher, abgesehen von formalen Reim- und Versregeln, wenig Ansatzpunkte zu Formentheorie und normativer Poetik, führt aber dennoch zu ästhetischer Formprägung im Sprachkunstwerk – freilich in verschiedenem Grade, vom ausströmenden Seelenlied bis zur bewußtesten und durchgeistigten Kunstform, ohne die Affinität zur Musik je ganz zu verlieren. Nicht die Intensität des verdichteten Gefühls, die Erlebnisstärke und die Tiefe der Empfindungen allein, auch die Durchdringung und Bewegung des Sprachmaterials zu sprachkünstlerischer Gestaltung sind wesentliche Kriterien der Lyrik, denn sie erst geben der einmaligen Empfindung zeitlos-gegenwärtige Form und lösen das Gedicht vom Schöpfer zu erfülltem Eigenleben. Die ungestaltete, aus bloßem Einfall und Augenblicksstimmung herausströmende Aussage gerät in die Gefahr des Zerfließens und konkretisiert sich daher zu sinnverdichtender Kürze an Bildern, Symbolen und Chiffren. Grundlage der sprachlichen Bindung bildet der Rhythmus, auch als sog. freier Rhythmus, zu dem ein metrisches Schema und Reim, als Gliederung Vers- und Strophe dazutreten können. Das zugrunde liegende stimmungshafte Welterleben kann selbsterfahren oder aus fremder Erfahrung anverwandelt und im eigenen Ich gespiegelt sein; es umfaßt sowohl seelische Gestimmtheiten [...] als auch das Verhältnis vom Ich zum Mitmenschen [...] und schließlich von Seele und Welt [...]. Im einzelnen lassen sich dabei wieder alle Stufen möglicher Haltungen feststellen: von dem an keine Kausalzusammenhänge, Ort und Zeit gebundenen, rein im Einsgefühl mitschwingenden, kaumgeformten Urlaut im musiknahen Naturlied mit dem Ton des Naiv-Herzlichen über das intuitiv-dunkle Ahnen um elementare Urbilder, geistige Vision des Symbols und die allegorisierend-deduktive Meditation bis zum streng gedanklich sichtenden Gegenüber (Gedanken-Lyrik) oder von der Priorität der artifiziellen Kunstform bis zum Vehikel weltanschaulicher Beeinflussung [...].[93]

Im Vergleich zu solcher Charakterisierung hat Lampings Versuch zweifellos einen reinigenden Tabula-Rasa-Zug, nämlich sofern er weder der holistischen Subsumierung der gesamten lyrischen Tradition unter die ›Naturformen‹-Lehre noch der Fortschreibung der genieästhetischen Stimmungs- und Erlebniszentrierung, noch auch dem explizit normativen Duktus länger unbefragt obliegt. Allein: So gewaltsam-›überholt‹ Wilperts Beschreibung auch heute weithin wirken mag, so reich an einzelnen Bestimmungsmerkmalen ist sie doch – zumal gemessen an Lampings Minimalismus. Aufgeboten werden ja keineswegs nur die Prävalenz des Subjektiven, die Kon-

---

[93] Wilpert, Sachwörterbuch der Literatur, S. 540f.

zentration auf seelische Vorgänge und die Erlebnisbezogenheit, sondern allerhand weitere (teils gar als fakultative gekennzeichnete) Momente wie: Symbolhaftigkeit, Bildreichtum, Unmittelbarkeit des Ausdrucks, formale Strukturierung, Reim, Vers, Strophe, Musikalität,[94] Intensität, verdichtetes Gefühl, sprachkünstlerische Gestaltung, Gegenwärtigkeit, brevitas (›verdichtende Kürze‹), rhythmische Durchformung, Stimmungshaftigkeit, Kausalitätsenthobenheit, Artifizialität – ein Katalog, der gegebenenfalls noch um Aspekte wie ›poetische‹ (i.e. sprachliche) Lizenzen, graphisch durchformte Zeichenanordnung, Selbstkennzeichnung als Lyrik, argutezza, Sangbarkeit, Lakonie, Wiederholung u.v.m. zu ergänzen wäre.

Spätestens an diesem Punkt jedoch – nämlich sobald Bestimmungen wie etwa ›Unmittelbarkeit des Ausdrucks‹ und ›argutezza‹ unvermittelt nebeneinanderstehen – erweist sich ›Lyrik‹ nach Begriff und Gegenstand endgültig als Paradebeispiel eines historischen Zusammenhangs, dem mit *einer* ahistorisch-unifizierenden Kennzeichnung nur mehr unter größten Verbiegungen beizukommen ist. Denn während jede Minimaldefinition – sei es die Lampingsche oder irgendeine andere (z.B. ›Lyrik ist alles, was stimmungshaft ist‹) – unter den gegeben Bedingungen zwangsläufig nichtssagend und/oder willkürlich beschränkend ausfallen muß, muß jede Maximaldefiniton, so vollständig sie die historisch-wesentlichen Momente auch umfassen mag, hier nicht nur – wie die oben zitierte, noch erlebnislyrisch eingeschränkte Variante – merkwürdig inkohärent und vage, sondern – nämlich sobald im Ernst die ganze Weite des lyrischen Feldes aus Pindars Oden, Morungens Minneliedern, Hofmannswaldaus Sonetten, masurischen Volksliedern, Majakowskis Agitationslyrik, Kurt Schwitters »i-Gedicht«, japanischen Tanka usw. anvisiert ist – zu offenen Widersprüchen führen. Und keine noch so findige und avancierte ›Systematik‹ wird dem je entgehen können.

Funktionsbezogene Allgemeindefinition und die Erstellung lokaler Karten

Das heißt nun freilich keineswegs, daß es etwa sinnlos wäre, sich weiterhin mit der Begriffsbestimmung von Lyrik zu befassen. Nur sollte zuvor reflektiert sein, welchem Zweck genau sie dienen soll. Denn wozu braucht man überhaupt eine Lyrikdefiniton, die über das, was an konventionellen Zuschreibungen bestimmter kultureller Gegenstände zur entsprechenden Tradition historisch bekannt ist, inhaltlich hinausgeht? Daß Sapphos Gesänge ebenso wie Pastiors Anagramme auf eine unemphatisch-klassifikatorische Art ›Lyrik sind‹, *weiß* doch schließlich jeder (der es wissen will) – und es braucht deshalb nicht noch durch einen weiteren, am Ende womöglich noch vielfach fehlschlagenden definitorischen Testlauf zusätzlich bewiesen zu werden.[95]

Das wichtigste Ziel bei der Modellierung eines *allgemeinen* Lyrikbegriffes scheint demgemäß weniger die Etikettierung konkreter Gegenstände zu sein (wie sie allen-

---

[94] Dies im übrigen ein Moment, welches, obschon das wohl älteste und langlebigste der lyrischen Tradition, in den noch stimmungs- und erlebniszentrierteren Definitionen vorausgegangener Wilpert-Auflagen fehlt.

[95] Vgl. die Ausführungen zur historischen Erklärung in 4.1.

falls angesichts von historisch-kontextuell völlig unbestimmten Funden interessant werden könnte) als vielmehr eine Formulierung, welche die faktische Heterogenität der geschichtlichen Konstellation in Zusammenhängen, wo begriffliche Einheit *konventionellerweise gefordert* ist – also etwa für Lexikoneinträge oder in bestimmten Lehrsituationen – so zusammenfaßt, daß einerseits möglichst viel Häufiges, Charakteristisches und Wesentliches darin eingeht und andererseits doch möglichst wenig falsche Vorstellungen evoziert werden. Solche Kompilierung setzt gleichwohl voraus, daß *zuvor* – und jenseits jeglichen Unifizierungsdrucks – versucht wurde, die *andere*, eigentliche und aufwendigste Frage hinsichtlich des Lyrikbegriffes zu erhellen, nämlich die nach seinen *verschiedenen historischen Erscheinungsformen und deren jeweiligen Referenzobjekten* sowie nach *deren* Verhältnis zueinander. Denn nur in dem Maße, wie *sie* jeweils geklärt ist, macht es überhaupt Sinn, bestimmte Wesenszüge allgemein gegeneinander ins Verhältnis setzen und gewichten zu wollen.

Nun sind für die Bearbeitung der beiden so bezeichneten Aufgaben – der lexikalisch-didaktischen Unifizierung und der historischen Begriffsexplikation – insofern völlig gegenläufige Verfahren angezeigt, als es im ersten Fall auf eine möglichst behutsame Vereinheitlichung und Angleichung, im zweiten dagegen gerade auf größtmögliche lokale Diversifikation und relationale Differenzierung ankommt. Beide Wege können hier angesichts der Komplexität der involvierten Verhältnisse sowie vor allem deshalb, weil der erstgenannte erst am Ende des – notwendig langen und in sich verzweigten – zweiten überhaupt sinnvoll anzutreten ist, nicht in extenso beschritten werden. Doch mehr als auf die konkrete Benennung der einzelnen Komponenten kommt es im gegenwärtigen Zusammenhang auf die in jedem Fall dahinterstehenden Regulative und Strukturvorstellungen an.

Für die Gewinnung einer unifizierten (Lexikon-)Variante scheint derart folgendes Verfahren angezeigt: Man beginnt zunächst damit, sämtliche im Rahmen historischer Explikationen lokal für relevant befundenen Bestimmungsmerkmale zu sammeln (etwa: Subjektivität (›Bewußtseinsnähe‹), Gefühlsausdruck, Erlebnisbezogenheit, Symbolbezug, bildhafte Rede, Unmittelbarkeit der Darstellung, (Stab- und End-)Reim, Vers/Strophe, Sangbarkeit und Musikalität, klangliche Durchformung, sprachliche und ausdruckshafte Verdichtung, Konzision, brevitas, sprachkünstlerisch-artifizielle Gestaltung, Kausalitätsenthobenheit und Digression, poetische Lizenz, graphisch durchformte Zeichenanordnung, Selbstkennzeichnung als Lyrik usw.) und diese dann – so gut es geht – nach Reichweite, Charakteristik und Grad ihrer Geltung zu ordnen. In einem nächsten Schritt gilt es dann, einen ›abstrakten Idealpunkt des Lyrischen‹ auszuzeichnen, wobei einander tendenziell ausschließende Eigenschaften (etwa: ›Stimmungshaftigkeit‹ und ›argutezza‹) explizit als verschiedenen Ausprägungsmöglichkeiten zugehörig auszuweisen sind, ebenso wie sämtliche Konstitutionsmomente als für sich genommen fakultative. Auf dieser Grundlage kann schließlich versucht werden, globale metrische Differenzierungen vorzunehmen, dergestalt, daß man bestimmte Eigenschaften mit Bezug auf die zuvor erstellte Ordnung als gegenüber anderen wesentlichere oder geläufigere herausstellt (etwa: Subjektzentriertheit wird, sofern gegeben, meist für wesentlicher erachtet als die Zeilengliederung; diese ist dafür insgesamt häufiger, häufiger auch als der Reim usw.), charakteristische – und graduell gedachte – Teilpolaritäten auszeichnet (z.B. Gedanken-lyrik vs. Stimmungslyrik, engagierte vs. nicht-engagierte usw.) und – zur Konturie-rung eines diskreten, aber *variablen* Klassifikationsbegriffs von ›Lyrik‹ (gegenüber ›Nichtlyrik‹) für den Alltagsgebrauch – die wichtigsten, wiewohl in aller Regel gradu-ellen und nicht ausnahmslosen Ausschlußgründe bzw. Grenzmarken zu anderen Bereichen (zur Prosa, zu pragmatischen Gattungen, zu Langformen etc.) markiert.[96]

Der Ausdruck, welcher auf diese Art entsteht,[97] wird zwar materialiter um einiges umfangreicher sein als Lampings Kriterienformulierung (und kann zudem – als histo-risch offener – noch weiter wachsen[98]), doch wenn man verfolgt, welchen Aufwand Lamping treiben muß, um nicht durch infinitesimale Verschiebungen in seinen weni-gen, alles entscheidenden Festlegungen jedesmal ganzen Legionen unsinniger Ein- und Ausschlüsse Tür und Tor zu öffnen, so scheint die kumulative Alternative nachgerade kurz[99] – zumal der Grad ihrer Differenziertheit, je nach Umständen und Erfordernissen (Wie genau will jemand es wissen und wie lange ist er zuzuhören gewillt?), recht variabel bleibt.[100]

Völlig anders stellt sich das Verfahren dagegen dar, wo es um historische Begriffs- und damit mittelbar auch Gegenstandsdifferenzierung geht. Hier gilt es, dem konven-tionellen Druck zur ahistorisch-globalisierenden Unifizierung soweit nur möglich zu entgehen und die Geltungsbereiche der einzelnen historischen Ausprägungen strikt zu spezifizieren. Was auf diese Art entsteht, ist eine immerfort wachsende Vielzahl belie-big bereichsbeschränkter sowie nach Genauigkeit und Komplexität variabler Bestim-mungen von (theoretisch oder praktisch manifestierten) Lyrikauffassungen in einzel-nen Epochen, Perioden oder Phasen bzw. innerhalb eines bestimmten Kulturraums oder bestimmter Strömungen bis hin zur individuellen Konzeption. Zwar wird deren Auszeichnung natürlich nie ganz monolithisch, d.h. ohne jede Kontexteinbindung

---

[96] Wie eine solche Bestimmung im einzelnen vor sich gehen kann, ist Thema von 4.3.2.

[97] Er dürfte auf dem gegenwärtigen Forschungsstand nicht allzu weit von dem entfernt sein, was G.M. Schulz im Lyrik-Eintrag zum Metzler Literatur Lexikon (1990), S. 286ff, bietet.

[98] Insofern eignet sich diese Art von Bestimmung – günstigerweise – auch eher schlecht als Alternative zu aktuellen normativen Prägungen: nicht nur, daß sie notwendig Elemente ent-hält, die heute keinen Lyriker mehr interessieren (müssen). Auch führt die Kombination aus historischer Offenheit und eingestandener historischer Ortlosigkeit (nicht etwa Über-zeitlichkeit) letztlich dazu, daß der historisch vermittelte Radius dessen, was als Lyrik je-weils allgemein gerade noch anschlußfähig erscheint, von ihr aus nur viel unbestimmter zu entwerfen ist als aus zeitgleichen normativen Vorstellungen (wie z.B. ›Ein Gedicht muß in abgesetzter Zeilenform möglichst ambige Bilder evozieren‹).

[99] Analoges gilt selbst für die Zuordnung einzelner Gegenstände. Zwar muß man bei der ku-mulativ definierten Kategorie stets mehr Bestimmungsmerkmale prüfen und in ihrer Ge-samtheit bewerten, bevor man eine Einschätzung wagen kann. Doch dürfte das im ganzen schneller zu bewerkstelligen sein als die Lösung so verzweifelter Aufgaben wie der, das Einzelredekriterium in Apollinaires »Lundi Rue Christine« zu retten, um nicht eines der berühmtesten Gedichte der Moderne für die Lyrik zu verlieren.

[100] In didaktischer Hinsicht scheint es durchaus sinnvoll, auf jeder Exaktheitsstufe komplexi-tätsreduzierte ›ad usum delphini‹-Bestimmungen zu entwerfen, und zwar nach Möglichkeit so, daß man sie bei genauerer Nachfrage nur zu differenzieren braucht, anstatt das je Vorher-gegangene jedesmal als ›eigentlich ja falsch‹ enttarnen zu müssen.

und Relationierung zu angrenzenden, für schon bekannt geltenden Auffassungen vonstatten gehen, doch kommt es auf dieser Ebene tendenziell vor allem darauf an, bestehende Unterschiede möglichst wenig einzuebnen. Feststellungen der Art, daß der Endreim in der griechischen Lyrik offenbar keine Rolle spielt, in der Minnelyrik aber um so mehr, oder daß die Erlebniszentrierung in Sturm und Drang und Romantik eher groß, in neulateinischer Gelehrtenpoesie dagegen eher gering ist, bereiten hier nicht nur keine Probleme, sondern sind der *eigentliche Ertrag* derartiger Beschäftigung.

Eine integrative Lyrikauffassung läßt sich auf solcher Grundlage freilich nicht mehr als einheitlicher Gobalentwurf denken (und zwar weder als minimaler noch als maximaler und weder als diskreter noch als metrisch differenzierter), sondern nur als *Geflecht lokal gültiger Karten*, welche zueinander trotz und gerade aufgrund ihrer Differenz in charakterischen Relationen systematischer Unterschiedenheit oder Entsprechung sowie – und vor allem – in *historisch-genealogischen Lagebeziehungen* stehen. Letztere erschließen sich jedoch nicht von einem bestimmten Zentrum aus, sondern aus der – je nach Interesse lokal oder zum Zwecke eines Gesamtüberblicks erfolgenden – *Vernetzung* einzelner, auf Fragen wie ›Was verstand man im alten Rom/ im arabischen Mittelalter/im Nürnberg der Meistersinger/in der Pariser Avantgarde unter Lyrik?‹ antwortender lokaler Karten. Die so entstehenden Gebilde sind freilich nicht mehr *global-inhaltlich*, sondern allenfalls *auf höherer Ebene,* nämlich bezogen auf das Verhältnis der in ihnen befaßten Karten untereinander (etwa nach: Zeit, Ort, Anzahl zurückzulegender Übergangsschritte), sinnvoll metrisierbar.

Der entscheidende Vorteil solcher Modellierung liegt darin, daß sie – in struktureller Annäherung sowohl an die historische Mannigfaltigkeit wie zugleich an mathematische Mannigfaltigkeitsvorstellungen – Beziehung und Zusammenhang erkennen läßt, ohne globale Einheit mitzusetzen. So müssen etwa eine Gomringer-Konstellation und das Lied auf »Anke van Tharaw« nicht notwendig auch nur ein einziges signifikantes Merkmal teilen, um zum gleichen Traditionszusammenhang gehören zu können. Denn nicht die Kriterienübereinstimmung ist hier das Ausschlaggebende, sondern die Tatsache, daß es möglich ist, mit Hilfe einer geringeren oder größeren Anzahl von – ihrerseits wieder geringfügigeren oder gravierenderen – Zwischenschritten resp. Kartenwechseln (hier etwa grob: konkrete Poesie – klassische Avantgarde – Symbolismus – Romantik – Volkslied) von einem Punkt zum anderen zu gelangen, ohne die lyrische Tradition bzw. den Rahmen dessen, was historisch wesentlich für Lyrik galt, dabei je zu verlassen.

Das mit Abstand schwierigste Problem ist hierbei freilich die kategoriale Erfassung der *Übergänge* zwischen den einzelnen Karten bzw. – äquivalent dazu – deren definitorische Scheidung voneinander. Dies gilt schon, wo man nur diskrete Einzelbestimmungen zur Kenntnis nimmt, denn während die Entscheidung hinsichtlich Relevanz oder Irrelevanz (etwa des Endreimkriteriums) angesichts von weiten Sprüngen (etwa vom Meistersang zur Visuellen Poesie) nahezu diskret erscheinen kann (hier: Wechsel von eindeutig relevant zu eindeutig irrelevant), stellt sich der Übergang im realhistorischen Kontinuum in aller Regel graduell und fließend dar – nur um im individuellen Mikrokosmos von Votum zu Votum durchaus wieder größere oder kleinere diskrete Sprünge aufzuweisen. Vollends unübersichtlich wird es dagegen, wo schon die lokalen Äquivalenzklassen in sich metrisch differenziert sind (etwa: je erlebnishafter, desto lyrischer). Ist doch diesfalls kaum mehr sinnvoll anzugeben, ob ein historisch signifikanter Übergang bzw. Kartenwechsel sich mehr in Veränderungen der konkreten Metrik (hier etwa: die Erlebnisbindung muß zunehmend weniger emphatisch sein) oder in solchen ihrer Stellung im Gesamtgefüge (etwa: eine als unverändert emphatische eingeforderte Erlebnisbindung wird insgesamt mehr und mehr fakultativ bzw. nebensächlich) manifestiert.

An solchen Schwierigkeiten wird akut, wie sehr es generell darauf ankommt, nie aus systematischem Ehrgeiz heraus genauer sein zu wollen, als es die historischen Verhältnisse von Fall zu Fall zulassen. Statt dessen gilt es, alle unvermeidlichen Unschärfen ebenso wie die Existenz vager Übergangsbereiche ohne weiteres einzuräumen, ohne darüber den prinzipiellen Strukturzusammenhang aus den Augen zu verlieren. Denn daß man einen metrischen Verlauf nicht genau zu skalieren vermag, heißt weder, daß er nicht existiert, noch daß man sich nicht mehr oder weniger befriedigend darüber verständigen bzw. präzise und sinnvoll darüber streiten könnte – sinnvoller jedenfalls als über verschiedene, notwendig gleichermaßen willkürliche diskrete Einschnitte.

Für die kulturwissenschaftliche Betrachtung der ästhetischen Moderne ist die Möglichkeit der Strukturierung über lokale Karten in zwei Bereichen von besonderer Relevanz: erstens bei der Beschreibung der lokalen – zwar vielfach ungewöhnlich spektakulären, doch nie wirklich diskret-abrupten – historischen Übergänge in den Modernismus und zweitens bei der historisch-genetischen und/oder systematischen Modellierung fast aller modernespezifischen ästhetischen Zentralkategorien. Denn was etwa im Falle der Lyrik erst aus dem Zusammenspiel einer langen und wechselvollen Entwicklung des Gegenstandsbereiches einerseits *und* des methodologischen Entschlusses, diese Entwicklung ernstzunehmen, andererseits virulent wird, muß sowohl angesichts einer Zentralkategorie wie der ›(ästhetischen) Moderne‹ als auch im Zuge der Bestimmung dessen, was im einzelnen damit gemeint sein soll, weit eher und nachdrücklicher ins Bewußtsein treten. Zwar mögen normative Blickbeschränkungen wie etwa die auf den Hermetismus in der modernen Lyrik auch hier in manchen Segmenten zeitweise noch stark genug (gewesen) sein, um unifizierende Klassifizierungen einigermaßen natürlich wirken zu lassen, doch scheint das nicht mehr allgemein die Regel. Und weit weniger als etwa einer Forschung, welche alle Stadien der Lyrikentwicklung mit inappellabler Selbstgewißheit vor dem Wertmaßstab der Goethezeit sichten und richten konnte, wird jemandem, der sich heute daran macht, Problemzusammenhänge wie etwa den der ›Abstraktion‹ oder den der ›Montage‹ zu erkunden, und der sich dafür *eine allgemeine* Definition zurechtlegt, in der Konfrontation mit der historischen Mannigfaltigkeit auffallen müssen, daß er immerfort mehr Energie auf die Verteidigung seiner eigenen Vorabbestimmungen als auf die Erkenntnis der betrachteten Gegenstände wenden muß.[101]

---

[101] Ein Beispiel für diese Art von struktureller Naivität wären – neben vielen anderen – etwa

4.3.2. Konkretion einer metrischen Differenzierung am Beispiel der Aphorismusdefinition: Frickes Aphorismusbestimmung und ihre Problemfälle

Erschien das Beispiel der Lyrikdefinition vor allem geeignet, grundsätzliche Probleme von ahistorisch-unifizierenden und dabei insbesondere minimalistisch-diskretistischen Systematikvorstellungen zu analysieren, so blieben die Möglichkeiten der Konturierung einzelner lokaler Karten dabei notwendig im Hintergrund. Zur konkreten Demonstration einer solchen Differenzierung soll hier gleichwohl nicht eine bestimmte Definition von Lyrik dienen, sondern die des Aphorismus. Der Grund dafür ist einerseits, daß die Lyriktheorie – selbst bei Beschränkung etwa auf die Avantgarde – für unsere exemplarischen Zwecke bei weitem zu verwickelt, der Aphorismus hingegen kategorial recht überschaubar und sowohl seiner Konstitution wie allgemeinen Verbreitung nach vergleichsweise homogen ist, andererseits und vor allem jedoch die Tatsache, daß hier mit dem 1984 unternommenen Systematisierungsversuch von Harald Fricke[102] – dem wohl versiertesten Vertreter der minimalistisch-diskretistischen Einstellung – eine gemessen an der gegenstandsgegebenen Komplexität weitaus differenziertere Ausgangsbasis[103] vorliegt als mit Lampings Lyrikkriterium.

Fricke entwirft die komplexe Kategorie des Aphorismus – nach anfänglicher Polemik gegen in älterer Forschung verbreitete Vorstellungen einer dezidiert ›aphoristischen Denkart‹ – vor allem unter dem Leitmotiv der »Kotextuellen Isolation«, welches ihm als das »zentrale Kriterium der Gattungsdefinition«[104] gilt. In der endgültigen Konstitution unterscheidet er dann drei notwendige und vier fakultative Bedingungen, wobei von letzteren je nur mindestens eine erfüllt sein muß, um im Verbund mit den notwendigen für die Aphorismuszugehörigkeit hinreichend zu sein. Die drei notwendigen Bedingungen sind: kotextuelle Isolation, Prosaform und Nichtfiktionalität, die vier fakultativen dagegen: Einzelsatz, Konzision sowie eine entweder sprachliche und/oder sachliche Pointe. Alle gegebenen Bestimmungsmomente sind dabei von Fricke offenkundig diskret gedacht.[105]

---

auch die allgemeinen Definitionen, die Ullmaier, Yvan Golls Gedicht »Paris brennt«, für ›Collage‹ (S. 170ff.) und ›Simultaneität‹ (S.185ff.) gibt.

[102] Vgl. Fricke, Aphorismus, neuerdings unverändert kanonisiert in seinem Beitrag zum Reallexikon der deutschen Literaturwissenschaft, Bd. 1, S. 104ff., dort S. 104.

[103] Zur theoretischen Fundierung des eigenen Kategorienbildungsverfahrens als Kombination der Konjunktion und Disjunktion von Merkmalen vgl. Fricke, Literatur und Literaturwissenschaft, S. 75ff. (Das systematische Konzept des Reallexikons, so wie es heute erscheint, wird dagegen auf S. 42. entfaltet.)

[104] Vgl. ebd., S. 10. – Daß Frickes »kotextuelle Isolation« genau betrachtet letztlich nicht viel anderes ist als der in die Textform transferierte und dadurch vermeintlich objektivierte Ausdruck eben jenes ›aphoristischen Denkens‹ (das die Isolation ja gerade bedingt), sei hier gerechtigkeitshalber angemerkt. Einem Autor wie Jean Paul jeden Hang zu ›aphoristischem Denken‹ absprechen zu müssen, scheint nicht besonders glücklich.

[105] Die Rezeption der Frickeschen Bestimmung scheint überwiegend zustimmend: Kritik ist, soweit wir sehen, bislang eher an einzelnen Bestimmungen, weniger dagegen an der systematischen Konstitution erfolgt. Vgl. etwa Helmich, Der moderne französische Aphorismus, S. 11ff. (zustimmend zur Betonung der kotextuellen Isolation, kritisch gegenüber der Diffe-

Diese Definition wird im weiteren anhand zahlreicher Abgrenzungen zu anderen Kleinformen wie Witz, Fabel, Schwank, Anekdote, Fazetie, Epigramm, Geflügeltes Wort etc. erläutert und leistet dort viele gute Dienste. Weniger gute Ergebisse liefert sie dagegen, wenn wir folgende Beispiele betrachten: 1. ›Ein Unglück kommt selten allein‹; 2. ›Ich kratze mich gerade am linken Ohr‹; 3. den Abschnitt »Für Anatol France« aus Adornos »Minima Moralia«;[106] sowie: 4. »Das Wuchernde des Gesunden ist als solches immer schon zugleich die Krankheit.«[107]

Legt man Frickes Kriterien zugrunde, so sind 1. bis 3. Aphorismen, 4. hingegen nicht. Denn während 1. und 2. über das Einzelsatzkriterium, 3. dagegen über die kaum bestreitbare Konzision in Adornos Prosa Eingang finden, scheitert 4. an seiner kotextuellen Eingebundenheit – nämlich in 3. Die definitorische Zuschreibung verfährt hier sichtlich ohne Fortune. Denn präsentierte man die Beispiele ohne jede Kennzeichnung einigen unbefangenen Aphorismusfreunden, so fiele ihr Votum wohl, indem ihnen höchstwahrscheinlich einzig 4. als vollwertiger Aphorismus erschiene, genau entgegengesetzt aus.

Natürlich ist auch Frickes Definition nicht etwa ›falsch‹, sondern nur in Hinblick auf die allgemeine Gattungsauffassung, wie sie zumindest seit dem Beginn der neuzeitlichen Aphoristik relativ konstant herrscht, offensichtlich nicht ganz adäquat. Wir wollen deshalb (unter Auslassung aller formalen, zuvor bereits an Lampings Konzeption erläuterten Kritikpunkte) einen konkreten Versuch unternehmen, die komplexe Kategorie des Aphorismus wenn schon nicht »in jedem Fall« gültig, so doch graduell gegenstandsnäher zu entwerfen. Dabei empfiehlt es sich, zunächst zu prüfen, wo und inwiefern sich Frickes Einzelmerkmale sinnvoll modifizieren lassen. Anschließend aber – und darauf kommt es hier in erster Linie an – soll es um die Frage gehen, wie die derart gewonnenen Merkmale so konstelliert werden können, daß die gegebenen Nähebeziehungen ausreichend dokumentiert bzw. ungünstige Ein- und Ausschlüsse nach Möglichkeit vermieden werden.

Vorab sei noch vermerkt, daß wir dabei – der Überschaubarkeit halber und im Anschluß an Frickes Tendenz – als Gegenstandsfeld nur die neuzeitliche Aphoristik zugrunde legen und auf die ursprünglich namensspendenden, jedoch insbesondere im »Corpus Hippocraticum« äußerst heterogenen antiken Vorformen verzichten wollen.[108]

---

renzierung alternativer Merkmale); Spicker, Aphorismen über Aphorismen, S. 163 (über das Desiderat der Vermittlung der Frickeschen Bestimmung mit Neumanns lange Zeit kanonischem Ansatz; hier anbei, S. 192, auch ein ›rein historischer‹ Definitionsvorschlag der Form: »Aphorimus ist, was sich als solcher ausgibt«); ferner ders., Skizze zum gegenwärtigen Stand der Aphorismusforschung, S. 277f. (über das Problen der Abgrenzung zum wissenschaftlichen Aphorismus); sowie – am differenziertesten – Fedler, Der Aphorismus (gegen das Ein-Satz-Kriterium, S. 67, gegen die Isolation als Hauptkriterium, S. 183ff., gegen die Diskretheit der Vers/Prosa-Abgrenzung, S. 193; dazu mit einem an der Familienähnlichkeitsvorstellung ausgerichteten, obschon zur Auflösung jeglicher Bestimmtheit neigenden Alternativentwurf, S. 189f. u. S. 195).

[106] Vgl. Adorno, Minimal Moralia, S. 93ff.

[107] Ebd., S. 96.

[108] Wollte man das »Corpus Hippocraticum« und dessen Tradition dagegen doch mitein-

Betrachten wir also zunächst die einzelnen Bestimmungen, um sie, wo nötig und so weit jeweils möglich, intern zu variieren:

Kotextuelle Isolation: Fricke entwirft dieses Kriterium deutlich unter der Vorstellung, ein Aphorismus müsse, um wirklich einer zu sein, semantisch abgetrennt von anderen, z.B. in einer Aphorismensammlung stehen. Diese Forderung ist sicherlich sinnvoll, doch recht streng – zumal es hier unverkennbar graduelle Stufungen gibt. Denn abgesehen davon, daß nicht alle Aphorismen in einer vom Autor selbst erstellten Anordnung überliefert sind, gibt es neben jenen Sammlungen, in denen die einzelnen Aphorismen völlig unverbunden oder gar bewußt möglichst disparat aufeinanderfolgen, auch solche, in denen sie thematisch gegliedert oder assoziativ zu fortlaufenden Gedankenketten verknüpft sind. Umgekehrt trifft man gelegentlich durchaus auf ›fortlaufende‹ Texte von solcher innerer Disparatheit, daß einzelne ihrer Teile semantisch und syntaktisch isolierter scheinen können als die mancher Aphorismensammlung. So empfiehlt es sich, wofern man nicht durch diskretistische Unnachgiebigkeit auf eine Vielzahl ansonsten merkmalsgleicher Gegenstände verzichten und nicht zudem einem Aphorismus, sobald nur jemand einen zusammenhängenden Satz davor oder dahinter schreibt, rückwirkend seinen Status aberkennen müssen möchte, die Kategorie der kotextuellen Isolation in zwei unausschließlich-fakultativen Varianten, nämlich einerseits als *intendierte kotextuelle Isoliertheit* und andererseits als *kotextuelle Isolierbarkeit* zu entwerfen. Die erste, dann ziemlich abstrakte Bestimmung lautet allgemein: Wo ein einzelner kultureller Gegenstand (diskreterweise) Teil einer intendiert kotextuell (graduell ausreichend) unverbundenen Ansammlung von Gegenständen (also eines *größeren*, in sich jedoch bewußt disparat entworfenen Gegenstandes) ist, hängt die Wahrscheinlichkeit, daß er als Aphorismus aufgefaßt werden will – (weitgehend) unabhängig von seiner sonstigen Faktur – sehr stark vom Charakter des jeweiligen Umfeldes ab. Die andere lautet dagegen: Gleich in welchem (graduell mehr oder weniger isolierten) Kontext man einen kulturellen Gegenstand antrifft, macht es, sobald er unter Berücksichtigung seiner übrigen Merkmale als ›eigenwertige aphoristische Ganzheit‹ potentiell aus seinem jeweiligen Kontext isolierbar ist,[109] durchaus Sinn, ihn als Aphorismus aufzufassen bzw. zu apostrophieren. Natürlich wird er im Zuge solcher Isolierung stets bestimmter kontextgegebener Bezüge beraubt werden (etwa wenn man einzelne Einträge in Ottiliens Tagebuch aus den »Wahlverwandtschaften«

---

schließen, schiene eine historische Begriffsdifferenzierung in Form einer Aufteilung in zwei spezifischere Begriffe am ehesten angebracht. Sieht man von dieser Möglichkeit ab, müßte ein allgemeiner Aphorismusbegriff etwas anders (sprich: weiter) entworfen werden als im folgenden angestrebt. Daß die Aphorismusauffassung auch regional stark variieren kann, zeigen dagegen etwa Orzechowskis Ausführungen zur polnischen Tradition (vgl. Aphorismen, dort insbes. S. 164f. sowie die Zitatenlese zum Aphorismusbegriff auf S. 167f.).

[109] Dem naheliegenden Einwand, daß der Aphorismusbegriff hier selbst schon in der Definition vorkomme, kann erst im Zuge der späteren Konstellation sinnvoll begegnet werden. Denn wirklich entfalten beide Kriterien ihre Wirksamkeit, wie aufgrund der Kontextinvolvierung auch nicht anders zu erwarten, erst in Abhängigkeit zu anderen Gegenständen und/oder Bestimmungsmerkmalen.

herauslöst). Ist der Gegenstand jedoch so beschaffen, daß dieser Verlust bei Unkenntnis des ursprünglichen Kontextes unmerklich bleibt, so besteht kein Grund, ihm seinen potentiellen Status – nur weil er *zusätzlich noch mehr* ist – abzuerkennen.

Prosaform: Als Kriterium von Fricke in diskretem Gegensatz zur Versform entworfen, ist diese Forderung zweifellos angemessen. Je nachdem, was für eine Versauffassung man jedoch zugrunde legt, kann sich auch hier insofern eine graduelle Stufung ergeben, als Prosa üblicherweise desto aphoristischer erscheinen wird, je stärker sie rhythmisch (wenngleich nicht streng metrisch) durchformt ist und sich damit bestimmten Spielarten des freien Verses nähert. Diskret wäre die Abgrenzung allenfalls auf *markant metrisierte* Formen einerseits und *reim- bzw. zeilenbindungskonstituierte* andererseits zu beziehen, ungeachtet diese ihrerseits, wie namentlich das Epigramm, gelegentlich in allen übrigen Punkten starke Affinitäten zum Aphorismus aufweisen können.

Nichtfiktionalität: Dieses im Prinzip diskrete, in größeren Gefügen dagegen vielfach graduelle Merkmal ist von Fricke offenkundig zur Abgrenzung von allen erzählerischen Kleinformen eingeführt. Tagebuchaufzeichnungen muß er dagegen – unabhängig von der sonstigen Kategorienkonstitution – gesondert ausklammern.[110] Es ist deshalb zu fragen, ob sich das Kriterium nicht noch etwas allgemeiner fassen läßt. Wir möchten hierfür folgende Modifikation vorschlagen: ›Aphoristische Aussagen zielen nicht primär auf ein (wirkliches oder fiktives) Realgeschehen, sondern auf den *Idealaspekt* ihres jeweiligen Inhalts‹.[111] Mag diese Formulierung auch zunächst abstrakt anmuten, so grenzt sie den Aphorismus (übrigens unter assoziativem Rekurs auf seine etymologische Verwurzelung in gr. *aphorizein*: definieren, unterscheiden) doch recht gut sowohl gegen sämtliche erzählerisch zentrierten Formen wie auch gegen Tagebucheinträge bzw. Sätze wie ›Ich kratze mich gerade am linken Ohr‹ ab. Denn überall liegt der Hauptakzent der Aussage dort darauf, daß irgend etwas zu einem bestimmten (wenngleich nicht notwendig benannten) Realzeitpunkt ist, war oder gewesen sein soll, wobei eben die Anbindung an diese Situiertheit, nicht dagegen die Feststellung einer – gleich woran – erfaßten idealen Relation oder Gegebenheit, wesentlich ist. In Aphorismen bleibt dagegen, unabhängig davon, daß sie inhaltlich von sehr realen und historisch eindeutig situierten (also auch aktuellen) Erscheinungen oder Wahrnehmungen handeln oder ihre Aussagen mit einem konkreten Zeitindex versehen können (»*Heutzutage* [Herv. d. Verf.] haben wir schon Bücher von Büchern und Beschreibungen von Beschreibungen«[112]), letztlich meist ein Idealverhältnis anvisiert. Und wo immer dies, falls es nicht ohnehin nur um ideale Gegenstände oder formale Allgemeinfeststellungen geht, nicht in überwiegendem Maße zutrifft, dürfte sich der aphoristische Eindruck schnell verlieren. Man erkennt dies gut an Sätzen, die sich formal in

---

[110] Vgl. dazu ebd., S. 15.
[111] In anderen Aphorismustheorien klingt der entsprechende Befund im Zuge der Gattungscharakterisierung als »Begriffsspiel« bzw. im Verweis auf dessen Nähe zur Philosophie an (vgl. insbesondere Fedler, Der Aphorismus, S. 191ff). Eine einigermaßen analoge Unterscheidung wäre auch die zwischen ›referentiellen‹ und ›nichtreferentiellen‹ Sätzen bei Todorov, Die Lektüre als Rekonstruktion des Textes, S. 229.
[112] Lichtenberg, Schriften und Briefe, Bd. I, S. 261.

nichts von primär erzählerischen unterscheiden und dennoch dezidiert aphoristischen Charakters sind. Ein Beispiel wäre etwa Lichtenbergs Sudelbuch-Eintrag: »Er bewegte sich so langsam als wie ein Stunden-Zeiger unter einem Haufen von Sekunden-Zeigern«,[113] welcher sich von einem Satz wie: ›Einem Luchs gleich schlich er sich auf das Portal zu‹ – ungeachtet der nominellen Gemeinsamkeit von erzählerischer Er-Form und epischem Präteritum und unabhängig auch vom jedesmal vorwaltenden Metapherneinsatz – durch seine spürbare Zentrierung auf ein *nicht realspezifisch* bestimmtes Verhältnis unterscheidet. Doch obgleich diese Differenzierung bei Konstitution und Abgrenzung des Aphorismusbegriffes ziemlich grundlegend erscheint, bleibt auch sie – aufgrund ihrer noch zu erörternden Kontextabhängigkeit – in der praktischen Zuordnung eher gradueller Natur.

Kommen wir nun aber zu den ›fakultativen‹ Merkmalen:

Einzelsatz: Auch Fricke hat – hierin unverkennbar ›Diskretist‹ – große Probleme mit metrisch-geordneten Bestimmungen, was sich daran zeigt, daß er das Moment der Kürze eo ipso für zu unspezifisch befindet[114] und es statt dessen – verkappt und mit gemindertem Status – in das höchst problematische Einzelsatzkriterium transferiert. In Wirklichkeit steht die Kürze als wesentliches Aphorismusmerkmal dagegen bei so gut wie allen Autoren und Lesern derart außer Frage, daß es nicht ratsam scheint, ohne Not auf sie zu verzichten – um so mehr, wenn die Alternative auf grammatikalische Bestimmungen hinausläuft.[115] Natürlich liegt das Problem hier in der Grenzziehung. Wie lang darf ein Text sein, um noch als Aphorismus gelten zu können? Wir möchten dafür folgenden, zunächst womöglich etwas unvermittelt wirkenden Vorschlag machen: ›Aphoristische Äußerungen sind in der Regel kurz genug, um ihrem Sinngehalt nach *als Ganzes auf einmal realisiert* zu werden.‹[116] Überschreitet eine Äußerung – gleich jedem etwas längeren und folglich nur abstrakt als Ganzheit aufzufassenden Text – diese Grenze, so nimmt der aphoristische Charakter im Verhältnis zur Länge rasch ab, dergestalt, daß bei einer intendierten Textganzheit von etwa einer Druckseite allenfalls nur unter sehr speziellen Bedingungen, bei einer von drei Seiten dagegen prinzipiell nie mehr sinnvoll von einem Aphorismus gesprochen werden kann. Dieser Gradualisierungsvorschlag hat gegenüber grammatikalischen oder mechanisch irgendwo abschneidenden Bestimmungen den Vorteil, daß er zum einen auch syntak-

---

[113] Ebd., S. 113.
[114] Vgl. Fricke, Aphorismus, S. 14.
[115] Die Probleme des Einzelsatzkriteriums liegen auf der Hand: Wann gilt der Satz als vollständig? Markiert ein Semikolon oder Doppelpunkt schon die Satzgrenze? Sind Sätze wie die (mehrseitigen) aus Dürrenmatts Novelle »Der Auftrag« (1986) noch ›Einzelsätze‹? etc. Sich hier auf irgendetwas festzulegen täte der aphoristischen Überlieferung, solange das dabei ja eigentlich in Rede stehende Kriterium der Kürze irgend erhalten werden soll, in jedem Falle mehr Gewalt als nötig an.
[116] Neurophysiologisch präzisert entspräche das der Forderung, daß der Auffassungsakt den 3-Sekunden-Rahmen, in welchem Eindrücke innerhalb des Bewußtseins unmittelbar präsent gehalten werden (können), nicht wesentlich überschreiten sollte (vgl. dazu Pöppel, Die Grenzen des Bewußtseins, S. 55ff., sowie ders., Zum formalen Rahmen ästhetischen Erlebens, passim).

tisch unvollständige Fügungen (»Ein rechtes Sonntagskind in Einfällen«[117], »Zeit urbar machen«[118]) bis hin zu ›Einwort-Aphorismen‹ (»Ein Alphabets-Verwandter«[119]) zuläßt und zum anderen nicht gleich jede etwas längere Äußerung ausschließt, ohne doch deshalb alle Umfangsbeschränkung aufzugeben.

Konzision: Auch hier schleust Fricke indirekt die Kürze ein, wenngleich diesmal relational, nämlich im Sinne von ›in der Darstellung so gedrängt wie (gemessen am unmittelbaren Aussagekern) irgend möglich‹. Die unzweifelhafte Berechtigung dieser Forderung wird – ebenso wie das Metrisch-Graduelle des Kriteriums – offenkundig, wenn man die eben genannte, maximal komprimierte Lichtenbergsche Formulierung »Zeit urbar machen« gegen einen Satz hält wie ›Der mir vor zehn Sekunden beigekommene Gedanke, daß man Zeit ja gleichsam urbar machen könnte bzw. daß man etwas Derartiges diagnostizieren könnte – was man ja normalerweise so gar nicht machen würde – scheint mir doch gewissermaßen interessant genug, daß ich ihn hier doch gleich einmal auch einmal niederschreiben will und möchte‹. Indes stellt sich die Frage, ob man Konzision wirklich – wie Fricke – nur fakultativ wird fordern können.

Sprachliche bzw. sachliche Pointe: Was die beiden letzten Alternativkriterien Frickes betrifft, so schlagen wir vor, sie mit einigen verwandten Bestimmungen zu einem in sich fakultativen und zudem jeweils nichtausschließlich metrisierten Kriterium zusammenzufassen, welches folgendermaßen lauten könnte: ›Ein kultureller Gegenstand wird desto mehr aphoristischen Charakter zeigen, je deutlicher er eine eigenwertige luzide Wendung erkennen läßt, sei es, daß er eine stilistische und/oder gedankliche Pointe enthält, sei es, daß er ein bislang nicht gesehenes Verhältnis schlaglichtartig erhellt, oder sei es schließlich, daß er eine in ihren Implikationen gezielt weit über den unmittelbaren Wortlaut hinausreichende Feststellung oder Einsicht formuliert‹. Dabei kündigt sich in den zuletzt beschriebenen Fakultativbestimmungen, obwohl sie sich keineswegs ausschließen, schon so etwas wie eine Aphorismustypologie an. Für unsere Zwecke genügt jedoch der Hinweis, daß sich der aphorismuskonstitutive (hier keineswegs pejorativ gemeinte) Geistreichtum auf sehr verschiedene Art Ausdruck verschaffen kann, solange er es nur überhaupt und in signifikantem Ausmaß tut. Abgesehen davon scheint allerdings auch diese Forderung, wenngleich die Bewertung hier notgedrungen immer historisch vermittelt bzw. von subjektiven Einschätzungen abhängig bleiben wird,[120] – eine mehr als nur fakultative Rolle zu spielen.

Zu den genannten Merkmalen möchten wir abschließend noch zwei weitere hinzufügen: Erstens die erkennbare entwicklungsmäßige *Abgeschlossenheit* des Gegenstandes, welche – obschon für sich recht unspezifisch – bei der Abgrenzung von bewußt fragmentarisch gehaltenen, de facto aber endgültig ausgearbeiteten Aphorismen

---

[117] Lichtenberg, Schriften und Briefe, Bd. I, S. 257.
[118] Ebd., S. 204.
[119] Ebd., S. 279.
[120] Allerdings bleibt das Kriterium selbst unter radikal subjektivistisch-relativistischen Vorzeichen noch insofern sinnvoll, als jemand, der *nichts* für besonders geistreich erachtet, auch das Eigentümliche der Aphorismuskategorie nie realisieren kann.

zu echten Fragmenten helfen kann, sowie zweitens die Zuschreibung zu einem einzelnen (in der Regel namentlich bekannten) Autor, welche in manchen Fällen bei der Abgrenzung zum Sprichwort herangezogen werden kann.

Fassen wir unsere so gewonnenen Merkmale noch einmal zusammen: Kotextuelle Isoliertheit bzw. Isolierbarkeit (unausschließlich fakultativ und jeweils in sich graduell gestuft), Reimlosigkeit und metrische bzw. zeilenbezogene Ungebundenheit (diskret), Idealzentriertheit (graduell, doch mit charakteristischer Grenze), (absolute) Kürze (nach oben begrenzt durch die Möglichkeit konkreter präsentischer Realisation, jenseits davon graduell rasch abnehmend), Konzision bzw. relationale Kürze (graduell), Luzidität (graduell), entwicklungsmäßige Abgeschlossenheit (diskret) und namentliche Verfasserschaft (diskret).

Der ›aphoristische Idealpunkt‹, sein Widerpart und beider Metrik:
›Das Aphoristische‹ und ›der Aphorismus‹

Die entscheidende Frage ist nun freilich, wie man diese Merkmale so konstellieren kann, daß sie – zumindest solange die weitere Traditionsentwicklung keine Modifikationen nötig macht – eine möglichst historiekonforme Definition und in der Folge möglichst sinnvolle Zuschreibungen liefern. Betrachten wir dafür zunächst die unzweifelhaften Extremfälle: Während etwa Lichtenbergs Sudelbuch-Eintrag »Die kleinsten Unteroffiziere sind die stolzesten«[121] *jedes* der gegebenen Kriterien – so weit billig zu fordern – erfüllt und dergestalt, als potentieller ›aphoristischer Idealvertreter‹, im innersten Zentrum des ausgezeichneten Gegenstandsfeldes steht, wäre ein Text, der in einen anderen eingebunden, ohne diesen Kontext weitgehend unselbständig, in gereimten Versen verfaßt, berichtend, viele Seiten lang, weitschweifig, gedanklich und stilistisch eher plan, Fragment und zudem auch noch ›verfasserlos‹ wäre (als Beispiel kämen bestimmte Passagen aus dem »Herzog Ernst« in Frage), sozusagen das vollkommene ›Gegenteil eines Aphorismus‹.

Das eigentliche Problem besteht demgemäß nicht in der (trivialen) Bestätigung der eindeutigen, sondern in der Bewertung der weniger eindeutigen, d.h. in Hinblick auf die durch die ideale Merkmalskombination grob definierte Metrik der Aphorismusnähe ›irgendwo dazwischen‹ liegenden Fälle. Analog zur zuvor nur angedeuteten Differenzierung zwischen Lyrischem und Lyrik schlagen wir hierfür eine Aufteilung in zwei Begriffe vor, von denen einer metrisch, der andere diskret definiert sein soll. Dabei bietet es sich – vom gängigen Wortgebrauch ausgehend – zwanglos an, ersterem den Terminus ›aphoristisch‹ bzw. ›das Aphoristische‹, letzterem dagegen den des ›Aphorismus‹ zuzuweisen. Damit haben wir, wenn man so will, eine ›Wesenskategorie‹ auf der einen und eine ›Merkmalskategorie‹ auf der anderen Seite. Diese sollten einander freilich nicht so gegenüberstehen, daß eine die andere (oder gar alle abweichenden historischen oder lokalen Varianten) überflüssig machen bzw. per Machtspruch ersetzen könnte. Vielmehr teilen sie, letztlich auf die gleiche Sache zie-

---

[121] Ebd., S. 193.

lend, sämtliche ihrer (mehr oder weniger wesentlichen) Merkmale, nur daß sie jeweils auf etwas andere Fragen antworten, nämlich im ersten Falle darauf, wie das Aphoristische definiert sei bzw. wann ein kultureller Gegenstand im allgemeinen für mehr oder weniger aphoristisch gelten könne, und im zweiten darauf, was ein Aphorismus im allgemeinen sei bzw. wann von Fall zu Fall, wo die historische Zuweisung nicht ohnehin fraglos ist, sinnvoll von einem solchen gesprochen werden könne. Unsere nachfolgenden Vorschläge verstehen sich dabei eher als für die methodischen Implikationen exemplarische Diskussionsbasis denn als emphatische und konkrete Lösung des ›Aphorismusproblems‹. Wichtiger als der Streit um einzelne Kriterien ist hier die allgemeine Streitgrundlage.

Beginnen wir mit der Kategorie des ›Aphoristischen‹. Hier gilt zunächst die Faustregel: Je mehr Kategorien je deutlicher bzw. weitgehender erfüllt sind, desto aphoristischer. Darüber hinaus scheint jedoch auch eine interne Stufung der beteiligten Kategorien nach besonders kennzeichnenden bzw. vergleichsweise allgemeinen Merkmalen angebracht. Als ›aphoristischer Wesenskern‹ drängt sich dabei eine Kombination aus einem gewissen Maß an kotextueller Isolierbarkeit und überwiegender Idealbezogenheit als notwendigen Bedingungen (1) sowie dem ›Produkt‹ aus Konzision und Luzidität als – bei Erfülltheit von (1) – markantem Charakteristikum (2) auf.

Was meint das konkret? Ad 1.: Wo kotextuelle Isolierbarkeit und die Autonomie gegenüber der Realsituierung nicht überwiegend gegeben sind, wird sich, gleich wie es mit den übrigen Kategorien steht, selbst bei ausgeprägter Konzision und Luzidität nur äußerst schwer ein dezidiert aphoristischer Eindruck einstellen. Man wird dann möglicherweise eine sehr geistreiche und geschliffene Abhandlung oder Erzählung (oder Teile daraus) finden, doch vergleichsweise wenig Nähe zum Aphoristischen. Ad 2.: Ebenso wird sich auch dort, wo – davon unabhängig – entweder gar keine Luzidität oder aber keinerlei Konzision vorfindlich ist, kaum je eine ernsthafte Affinität zum Aphoristischen ergeben. Aber anders als im Falle der beiden vorgenannten Kriterien, wo ein überwiegender Charakter jeweils ausreicht, hängt die Einschätzung hier ungleich mehr vom Grad ab, und zwar einerseits insofern, als sich beide Kriterien – wieder in Abhebung zu den vorgenannten – bis zu einem gewissen Maße (und solange nicht eines von ihnen ›unterkritisch‹ wird) gegenseitig ergänzen können, andererseits aber auch in der Hinsicht, daß ihr ›Gesamtprodukt‹ im Falle extremer Erfüllung am ehesten in der Lage sein wird, in Beugung anderer Merkmale dennoch einen aphoristischen Eindruck zu evozieren, mit der Folge, daß so etwa auch einem Epigramm – trotz Vers und Reim – spürbar aphoristischer Charakter eignen kann.

Im Gegensatz zu diesen engeren ›Wesensmomenten‹ fungieren die übrigen Bestimmungen – Reimlosigkeit und metrische Ungebundenheit, Kürze (im genannten Sinne), Abgeschlossenheit und namentliche Bekanntheit des Verfassers – als vergleichsweise weniger charakteristische Merkmale. Ihr Status unterscheidet sich von dem der vorgenannten insofern, als weder ihre Erfüllung – selbst in der Kombination – für sich schon eine markante Annäherung ans Aphoristische bedeutet, noch auch ihr Fehlen – bei entschiedener Erfülltheit aller anderen Forderungen – eine allgemeine Nähe zum Aphoristischen ganz verhindert. Die Bedeutung der beiden letzten Bestimmungen erscheint zudem noch dadurch gemindert, daß sie erst dann wirklich relevant werden, wenn es um die lokale Abgrenzung zu in allen übrigen Punkten weitgehend merkmalsgleichen, also ohnehin schon relativ nah am aphoristischen Bestimmungskern gelegenen Vertretern anderer Gattungen wie (geistreiches) Sprichwort oder Fragment geht.

Ein Sonderstatus kommt schließlich der kotextuellen Isoliertheit zu, und zwar deshalb, weil ihre Bedeutung, wie schon angedeutet, selbst so stark vom Kontext abhängt. Wo dieser, als dessen isoliertes Element ein jeweiliger Gegenstand erscheint, nämlich selbst überwiegend aus unzweifelhaften Aphorismen besteht (sprich: der Gegenstand erkennbar intendierter Teil einer Aphorismensammlung ist), kann keine noch so starke semantische oder graphische Absetzung verhindern, daß gerade durch den Kontext ein enormer Druck entsteht, nun doch auch diesen Gegenstand als Aphorismus aufzufassen – selbst dann, wenn er seinen aphoristischen Charakter von sich aus kaum erkennen läßt. Viele besonders ausgefallene Aphorismen gewinnen erst aus solcher Spannung ihren Reiz – einen Reiz, der, wofern die identische Zeichenfolge zwar ebenfalls in intendierter kotextueller Isolation, aber von lauter Nichtaphorismen umgeben (z.B. zwischen Kleinanzeigen eingefügt) wäre, nur mit großem und seiner Berechtigung im Sinne des ersten hermeneutischen Kanons notwendig ungewissem Eigenaufwand zu erschließen wäre. Das heißt natürlich nicht, daß das aphoristische Umfeld unterschiedslos jeden kulturellen Gegenstand (also etwa auch ein plötzlich eingeschobenes Versepos) ›zum Aphorismus eingemeinden‹ könnte. Doch erweitert sich der ›Radius des Aphoristischen‹ unter Aphorismen dergestalt, daß aus fremden Kontexten erst eigens isolierte Aphorismen in der Regel (und mit gutem Grund) viel merkmalsreiner sein müssen, um dennoch Aufnahme in Aphorismusanthologien finden zu können.[122]

Zur metrischen Konstellierung einer variablen Aphorismuskategorie

Von hier aus ergibt sich schon der Übergang zur Bestimmung unserer zweiten, der diskreten ›Aphorismus‹-Kategorie. Worauf es dabei in diesem Zusammenhang vor allem ankommt, ist – mehr als die im folgenden vorgenommenen konkreten Grenzbestimmungen – die Kennzeichnung der kategorialen Vorstellung, von welcher dabei ausgegangen wird. Was bislang als Gradualität des Aphoristischen entworfen wurde, zeichnet sich seinem Status nach gegenüber einer amorphen Menge möglicher Gegenstände durch die Definiertheit eines bestimmten Zentrums aus, dessen Konstitution zugleich einen bestimmten Abstandsbegriff sowie dadurch definierte Nähebeziehungen impliziert. Damit haben wir es, in allgemeiner Terminologie, mit einer Art von – wenn auch an vielen Stellen nur vage definiertem – metrischem Raum zu tun. Man mag sich das anschaulich so vorstellen, daß innerhalb einer ansonsten völlig unbestimmten Gesamtsphäre sämtlicher möglicher Äquivalenzklassen kultureller Gegenstände eine Art ›aphoristischer Idealpunkt‹ ausgezeichnet ist, von welchem aus sich die Bestimmtheit anhand der einzelnen gegebenen Kriterien nach verschiedenen

---

[122] So dürfte man ebenso ungern ›Einzelwort‹-Aphorismen aus Arno-Schmidt-Typoskripten herauslösen wollen wie auf die Lichtenbergschen aus den »Sudelbüchern« verzichten.

Seiten in Richung aufs ›Unaphoristischere‹ wegbewegen kann. Die Grenze wird dabei entweder mit einem Mal (diskret) oder fließend (graduell) erreicht.

Ein entscheidendes Anschauungshindernis besteht hier freilich in der Tatsache, daß man kaum in der Lage sein wird, auf allen beteiligten ›Achsen‹ eindeutige Skalierungen vorzunehmen. Die gegebenen Abstandsverhältnisse bleiben deshalb, selbst dort, wo die graduelle Einschätzung nicht ohnehin allzu großen subjektiven Bewertungsschwankungen unterliegt, weitgehend relational, d.h. nicht allgemein quantisierbar.[123] Insofern erzwingt das vorgeschlagene Modell keineswegs eine Einstellung, die – egal ob möglich resp. sinnvoll oder nicht – immer alles ›genau nachmessen‹ wollte. Vielmehr entspricht die gegebene Beschreibung, auch wenn die Terminologie etwas ungewohnt sein sollte, hinsichtlich der einzelnen Merkmale recht weitgehend der kulturhistorischen Explikationspraxis, welche auf ihre Art seit jeher mit dem gegenstandsinhärenten ›Mehr oder Weniger‹ umgeht.

Der Vorteil der begrifflichen Kennzeichnung komplexer Äquivalenzklassen als ausgezeichnete Bereiche innerhalb von aus den sie konstituierenden Bestimmungsmomenten metrisch definierten Äquivalenzklassenräumen ist auch weniger in der (zuvor schon unabhängig davon umrissenen) Differenzierung der Einzelkategorien zu suchen als in der Vorstellung ihres Verhältnisses. Was im folgenden versucht wird, ist demgemäß nichts anderes, als in jedem Fall möglichst genau zu sagen, wie weit man sich unter welchen sonstigen Bedingungen in welche Richtung vom ›Kern des Aphoristischen‹ jeweils wegbewegen kann, ohne den Raum dessen, was als ›Aphorismus‹ zu bezeichnen aufgrund der gegebenen historischen Verhältnisse und herrschenden Vorstellungen allgemein für sinnvoll gelten kann, vollends zu verlassen. Wäre der entworfene Bereich auf einem Blatt Papier einfach zu zeichnen (ein Problem, dessen Implikationen im Rahmen von 4.4. noch begegnen werden) und jede relevante Eigenschaft genau sowohl intern als auch in ihrem Verhältnis zu den übrigen zu skalieren, so könnte man sich einfach darauf beschränken, den jeweils anvisierten Bereich zu kennzeichnen. Da dies jedoch wenig anschaulich scheint, bleibt man – hier wie wohl in den meisten Fällen kulturwissenschaftlicher Begriffsdifferenzierung – darauf angewiesen, die Verhältnisse – so gut es geht – in (wenn auch notwendig umständlichen) Worten zu beschreiben.

Zum Verhältnis der einzelnen Bestimmungsmerkmale

Gehen wir die einzelnen Merkmale also noch einmal durch, und fragen wir dabei zugleich nach ihrer allgemeinen sowie ihrer aphorismusinternen Abhängigkeit/ Unabhängigkeit voneinander:

Kotextuelle Isolierbarkeit: Wo ein kultureller Gegenstand nicht für sich allein stehen kann, ohne *unübersehbare* Spuren einer – dann fehlenden – sinnkonstitutiven

---

[123] Hier liegt der genaue Grund, warum die Bezeichnung ›Produkt‹ im Zusammenhang mit der wechselseitigen internen Abhängigkeit von Konzision und Luzidität sowie zuvor schon bei der Abschätzung der Fruchtbarkeit systematischer Merkmalszuschreibungen (4.3.1.) durch Anführung als Metapher gekennzeichnet wurde.

Kontexteinbindung zu zeigen (wenn er also z.B. mit der Wendung ›Wie soeben gezeigt, ...‹ beginnt), ist es – ungeachtet jeder unabhängig daneben bestehenden Aphorismusnähe – in keinem Falle sinnvoll, von einem Aphorismus zu sprechen.

Intendierte kotextuelle Isolation: Als allgemeines Merkmal sollte die kotextuelle Isolation für die Zuweisung eines Gegenstandes zur Gruppe der Aphorismen keine Rolle spielen. Wo der entsprechende Kontext dagegen überwiegend aus eindeutigen Aphorismen besteht, erweitert die kotextuelle Isolation die graduelle Spannweite der Aphorismuskategorie, und zwar vor allem hinsichtlich der absoluten Länge (man denke an etwas ausgedehntere Einträge bei Schlegel oder Nietzsche) als auch im Hinblick auf besonders feine, erst auf dieser kotextuellen Grundlage überhaupt zu entfaltende Formen von Luzidität (vgl. etwa manche der Lichtenbergschen ›Einwortaphorismen‹). Die intendierte kotextuelle Isolation ist von der kotextuellen Isolierbarkeit innerhalb der aphoristischen Sphäre insofern nicht unabhängig, als ein vollkommen unwillkürlicher Entwurf einer aphoristisch isolierbaren Fügung innerhalb eines größeren Kontextes höchst unwahrscheinlich scheint. Jenseits ihrer aphoristischen Implikationen können beide Phänomene dagegen – womöglich unter ganz anderen Prämissen – unabhängig voneinander auftreten.[124] Als allgemeine Bestimmungen sind beide Kategorien zudem auch von allen übrigen hier in Rede stehenden unabhängig.

Reimlosigkeit und metrische (hier: versifikatorische) Ungebundenheit: Wo beide dieser von allen anderen prinzipiell unabhängigen Kriterien nicht erfüllt sind bzw. schon nur die zweite nicht, scheint es – gerade angesichts von teils sehr nahen, aber traditionell mit eigenen Bezeichnungen belegten Formen – wenig sinnvoll, von einem Aphorismus zu sprechen. Was den Reim angeht, so fällt er, solange er offensichtlich zufällig bzw. ausschließlich in der rhetorischen Funktion des Homoioteleutons firmiert, nicht ins Gewicht. Zieht er seine pointenkonstitutive Wirkung dagegen unübersehbar aus einer metrischen Bindung (»Wie gewonnen, so zerronnen«), so scheint es in jedem Falle ratsam, das Ganze eher als Geflügeltes Wort, Sprichwort, sprichwörtliche Wendung, Weisheitsregel ö.ä. zu etikettieren.

Autonomie von konkreter Realsituierung: Diese allgemein von allen übrigen unabhängige Bestimmung muß wohl ausnahmslos erfüllt sein, wenn von einem Aphorismus sinnvoll die Rede sein soll. Als Ausnahmen wären allenfalls entweder Gegenstände denkbar, die – bei Erfüllung aller anderen Kriterien – ein solches Maß an Konzision und Luzidität aufwiesen, daß eine kontextabhängige Ausnahme womöglich dennoch sinnvoll schiene, oder aber kontextuell (d.h. in Aphorismensammlungen) eingebundene und spezifisch daraus abgeleitete Sonderfälle, welche letztlich gerade auf die Idealität einer sprachlich formulierten Realgegebenheit abzielten. Beides spielt für die konkrete Bestimmungspraxis jedoch so gut wie keine Rolle.

Kürze: Das Kriterium der Kürze gehört – allgemein von den anderen unabhängig – zu den am meisten kontextgebundenen Bestimmungen. Wird die Grenze möglicher konkreter Auffassung der Gegenstandsganzheit nicht überschritten, hängt die Zuweisung allein davon ab, ob die übrigen Merkmale zusammen hinreichend sind. Jenseits

---

[124] Dabei handelt es sich (gemäß 4.2.) um die allgemeiner bestimmten und also um *andere*, wenn auch mit den aphorismusindizierten nicht unverbundene Kategorien.

davon wachsen die Anforderungen an die anderen Bestimmungsmomente jedoch rapide an. Die diskrete intendierte Situierung im Rahmen einer Aphorismensammlung spielt hier ebenso eine Rolle wie das ›Produkt‹ von Konzision und Luzidität. So mag es im Extremfall Gegenstände geben, welchen man die Bezeichnung ›Aphorismus‹ ungeachtet ihrer Überlänge dennoch ungern aberkennen wird. Über die Grenze einer Druckseite hinaus wird es freilich – selbst für einen Lichtenberg – schon äußerst eng, und man täte sich in Hinblick auf die sonstige Kohärenz der Kategorie keinen Gefallen, wo man auch solche, meist ins Essayistische, Erzählerische oder Tagebuchartige übergehende Einträge noch als Aphorismen apostrophieren wollte.

Konzision: Bezüglich dieser – wiederum allgemein unabhängigen, im aphoristischen Kontext hingegen aufs Engste an die Luzidität geknüpften – Bestimmung sollte, damit die Kennzeichnung als Aphorismus Sinn macht, eine gewisse, wenngleich wegen ihrer (nicht zuletzt aufgrund des relativen Charakters des Kriteriums) mangelnden Quantifizierbarkeit sowie aufgrund der hier unvermeidlichen subjektiven Beurteilungsschwankungen schwer objektiv festzulegende *Mindestgrenze* nicht unterschritten werden – was sich für praktische Belange vielleicht auf die saloppe Formel ›Aphoristik endet, wo die Plauderei beginnt‹ bringen ließe. Jenseits dieser Untergrenze kann mangelnde Konzision dagegen von Fall zu Fall – bei Erfüllung der übrigen zentralen Bestimmungen – durch besonders stupende Luzidität teilweise wettgemacht werden, obschon beides meist in enger Verzahnung anzutreffen sein wird.

Luzidität: Abgesehen von der immanenten Relationalität stellt sich die Lage hier weitgehend analog bzw. ergänzend zum vorangegangenen Abschnitt dar. Was (im Gestus) ohne jeden gedanklichen Funken bleibt – und bestehe er auch darin, lang Bekanntes prägnant zu rekapitulieren – sollte unter keinen Umständen Aphorismus heißen. Auch hier wird die Beurteilung – diesmal eher extern, d.h. historisch bzw. rezeptionskontextuell relational bestimmt – abhängig von der diagnostizierten Luzidität im Einzelfall erheblich schwanken, weswegen man die Sache, wo der Autor die Intention auf Schaffung eines Aphorismus nicht ohnehin schon eindeutig artikuliert, wohl in jedem Zweifelsfall wird ausfechten müssen. Allerdings dürfte dabei, wo man gutwillig genug ist, erkennbar gewollte Luzidität womöglich auch gegen eigenes Empfinden anzuerkennen, in den allermeisten Fällen Einvernehmen zu erzielen sein, zumal als von der diskreten Zuschreibung noch kein Qualitätsurteil abhängen sollte.

Entwicklungsmäßige Abgeschlossenheit: Diese – von den übrigen (außer womöglich von der Konzision) unabhängige – Kategorie ist in der Regel stillschweigend vorauszusetzen. Sie erhält Signifikanz erst, wo ein kultureller Gegenstand den Anschein des Unfertigen erweckt. Hier ist dann abzuschätzen, inwieweit dieser Eindruck eine intendierte Folge elliptischer Konzision oder aber durch die faktische Unabgeschlossenheit der Ausarbeitung bewirkt ist. Wo letzteres – wie z.B. in zahlreichen der sonst stark aphoristisch geprägten posthumen Novalis-Aufzeichnungen – sichtbar der Fall ist, sollte man statt von einem Aphorismus vielleicht eher von einem aphoristischen Fragment sprechen.

Individuelle Verfasserschaft: Von den übrigen unabhängig, tritt dieses – in der Regel ebenfalls vorausgesetzte – Bestimmungsmerkmal erst dann ins Recht, wenn alle übrigen sämtlich auf eine Zuordnung zur Gruppe der Aphorismen hinauslaufen. Es kann dann bei Fehlen einer kanonischen Verfasserbindung die Zuweisung zur Gruppe der Sprichwörter oder Volksweisheiten begünstigen. Auch hier sollte indes ein gewisser gradueller Spielraum zugestanden werden. Warum sollte nicht schließlich auch der sog. Volksmund gelegentlich kulturelle Gegenstände hervorbringen, die es an Konzision und Luzidität mit den »Sprüchwörter[n] der gebildeten Menschen« (für welche Friedrich Schlegel die »witzige[n] Einfälle« – selbst aphoristisch – hielt[125]) aufnehmen können? Um Verwirrung zu vermeiden, erschiene es allerdings auch hier geraten, eher von einem aphoristischen Sprichwort zu reden.

Damit komen wir zum Ende unserer Aphorismuskennzeichnung. Werfen wir von hier aus nun einen Blick zurück auf unsere vier eingangs angeführten Problemfälle, so zeigt sich, daß der Präzisierungsversuch zumindest dort zu einer Angleichung an die ›üblichen‹ Zuschreibungen geführt hat. Denn während die ersten drei Fügungen nun nacheinander als Sprichwort, primär realsituierter Satz bzw. zu lange Äußerung ausscheiden, gelangt die letzte (aufgrund ihrer kotextuellen Isolierbarkeit) endlich doch noch in die Gruppe der Aphorismen.

Der eigentliche Ertrag besteht jedoch darin, daß auf diese Weise – vielleicht – ein Eindruck davon entstanden ist, wie sich die Konstitution von metrisch differenzierten komplexen Kategorien praktisch vollziehen kann und welche Vorteile sie im Sinne einer Annäherung an den kanonisch-praktischen Begriffsgebrauch gegenüber einer diskretistisch-beschränkten Verfahrensweise bietet. Natürlich ist auch die so gewonnene Bestimmung des Aphorismus als ›auf einmal insgesamt faßliche oder doch möglichst kurze, möglichst konzise, möglichst luzide, auf Idealverhältnisse zentrierte, nicht metrik- oder reimgebundene kotextuell isolierbare Äußerung‹ noch ahistorisch verabsolutiert, doch schließt sie offenbar schon mehr Gewolltes ein und Ungewolltes aus als unser Ausgangspunkt. Die historisch ertragreiche und interessante Arbeit beginnt freilich auch hier erst, wo man die lokalen Karten auffächert und fragt, welche Schwerpunkte die französischen Moralisten, Goethe, Jean Paul, Börne, Ebner-Eschenbach, Kraus, Musil, Adorno, Lec usw. im einzelnen setzen und inwiefern sie – in einem nun recht präzisen Sinne – wirklich so wirken, »als ob sie alle einander gut gekannt hätten«.[126]

4.4. Zur Modellierung komplexer Kategoriengeflechte am Beispiel der Erzähltheorie

So vielschichtig sich historische Begriffserklärungen auch – wie etwa im Falle der Lyrik – ausnehmen mögen, so bleibt die Betrachtung dabei doch, wie in 4.3. durchgehend, nominell auf *einen einzigen* Begriff beschränkt, dessen komplexe Konstitution dann aus der Historie zu extrahieren bzw. zu modellieren ist. Jenseits davon kann es jedoch auch darauf ankommen, *eine Mehrzahl* kanonischer Begriffe, die prinzipiell auf einer Ebene liegen (müßten), auf ihre Lagebeziehungen hin zu untersuchen bzw.

---

[125] Schlegel, Kritische Schriften und Fragmente, Bd. 2, S. 107.
[126] Canetti, Die Provinz des Menschen, S. 42.

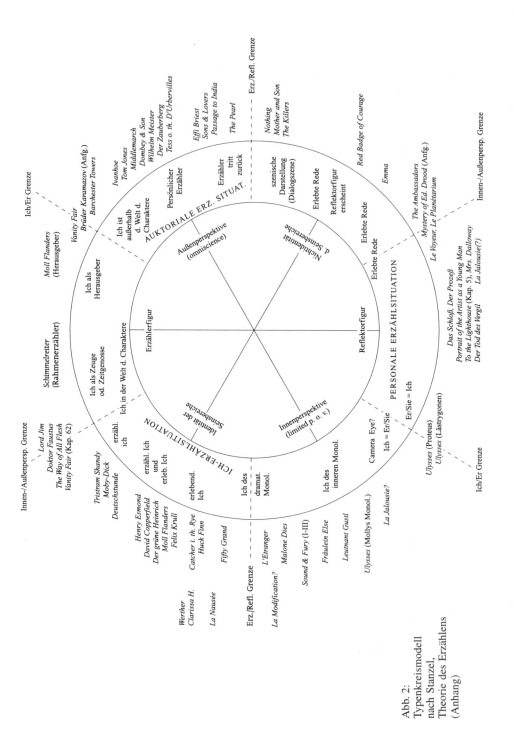

Abb. 2:
Typenkreismodell
nach Stanzel,
Theorie des Erzählens
(Anhang)

einen historischen Gegenstandsbereich zu kategorialisieren, der von vornherein nicht suggeriert, mit einem einzigen Begriff faßbar zu sein.

Ein gutes Beispiel hierfür ist die Theorie der Erzählperspektiven als Explikation und Verhältnisanalyse geläufiger Begriffe wie ›Innerer Monolog‹, ›Erlebte Rede‹ oder ›Auktoriales Erzählen‹ bzw. als differenzierende Charakterisierung aller historisch begegnenden Varianten, so weit sinnvoll zu unterscheiden. Für den gegenwärtigen Zusammenhang eignet sie sich vor allem deshalb, weil die Motive, um deren allgemeine Veranschaulichung es im folgenden gehen soll, auf ihrer Komplexitätsstufe allesamt gerade schon bzw. gerade noch gut sichtbar sind. Es sind dies insbesondere die Abkehr vom Zwang zu ›geschlossenen‹ Modellen, die Möglichkeiten dimensionsreduzierter Gesamtdarstellung, die Notwendigkeit der Reflexion interner Abhängigkeitsverhältnisse sowie – eng damit verbunden – die Trennung von kategorialem Geflecht und je konkreter Zuordnung.

Stanzels Modell

Als Folie soll dabei die von Franz K. Stanzel in seiner bekannten »Theorie des Erzählens« von 1979 vorgenommene (wenngleich in Grundzügen schon 1955 entworfene) Systematisierung der Erzählperspektiven dienen.[127] Anders als im vorausgegangenen Fall soll die Betrachtung jedoch diesmal auf strukturelle Kritik sowie die Skizzierung eines methodisch abweichenden Alternativvorschlags beschränkt bleiben, während die 4.3.2. implizit geleistete konkrete Einbettung des kritisierten Modells aus Umfangsgründen unterbleiben muß.

Rekapitulieren wir also zunächst noch einmal Stanzels kategoriales Gerüst: Entworfen werden drei – explizit und unter Berufung auf strukturalistische Ansätze – *metrisch-kontinuierlich* gedachte, aber doch zugleich als »binär« gekennzeichnete Oppositionen: erstens ein »Formenkontinuum Modus« mit der »Opposition Erzähler

---

[127] Wenn wir Stanzels Einteilung im folgenden kritisieren, so betreffen die Einwände weder seine hervorragenden Beobachtungen noch die unbestreitbaren Vorzüge seines Entwurfes gegenüber vielen vorangegangenen, sondern lediglich die Systematisierung der lokalen Befunde. Daß es vor und seit Stanzel eine Fülle konkurrierender – z.T. weit komplexerer und bisweilen überlegener, obschon (abgesehen von Genette, Cohn und Booth) selten auch nur annähernd so breit rezipierter – Modelle gab und gibt, ja daß inzwischen – namentlich seit Genette – so gut wie jede einzelne Romaninterpretation mit einem eigenen Entwurf aufwartet, bedarf kaum der Erinnerung (vgl. dazu – neben den bei Jahn, Narratologie, erläuterten Modellen (u.a. Genette, Lanser, Chatman) – stellvertretend die Schemata bei Karoussa, Entstehung und Ausbildung des personalen Erzählens in der Mitte des 19. Jahrhunderts, S. 62, sowie die Referate anderer Modelle auf S. 30ff.; ferner Ludwig/Faulstich, Erzählperspektive empirisch, S. 44; Janik, Die Kommunikationsstruktur des Erzählwerks, S. 41; Petersen, Kategorien des Erzählens; sowie – wenngleich mit jeweils anderem Schwerpunkt – Nünning, Grundzüge eines kommunikationstheoretischen Modells der erzählerischen Vermittlung, S. 124, oder Schmeling, Der labyrinthische Diskurs, S. 282). Indes bleiben die Modellprobleme der meisten Alternativentwürfe – ungeachtet der auch hier einschneidenden und teils verheerenden Wirkung – bislang insofern überall relativ stereotyp, als sie wesentlich aus der in 4.3.2. schon allgemein erörterten Selbstverpflichtung auf wahlweise vollständig hierarchisierte oder vollständig gekreuzte (diskrete) Schemata resultieren.

– Nichterzähler (Reflektor)«, zweitens ein »Formenkontinuum Person« mit der »Opposition Identität – Nichtidentität (der Seinsbereiche des Erzählers und der Charaktere)« und drittens ein »Formenkontinuum Perspektive« mit der Opposition »Innenperspektive – Außenperspektive (Perspektivismus – Aperspektivismus«).[128] Diese drei Grundoppositionen werden dann wenig später auf einem »Typenkreis« angeordnet und mit den drei von Stanzel für grundlegend erachteten Erzählsituationen dergestalt verqickt, daß der »Auktoriale[n] ES [Erzählsituation]« eine »Dominanz der Außenperspektive (Aperspektivismus)«, der »Ich-ES« eine »Dominanz der Identität der Seinsbereiche von Erzähler und Charakteren«, der »Personale[n] ES« dagegen schließlich eine »Dominanz des Reflektor-Modus« zugeordnet wird.[129] Als Endergebnis fungiert demgemäß – nach zahlreichen differenzierenden Erörterungen und konkreten Erprobungen – das unter Beiordnung spezifischerer Fälle wie »Ich als Herausgeber«, »Camera Eye«, »Erlebte Rede« etc. sowie zahlreicher konkreter literarischer Beispiele entworfene große Typenkreis-Modell (s. Abb. 2).

Dimensionsprobleme

Bei der kritischen Betrachtung wollen wir diesmal nicht von einzelnen Problemfällen bei der Anordnung konkreter Phänomene auf diesem Typenkreis ausgehen, sondern umgekehrt auf der Modellebene ansetzen.[130] Eine Schwierigkeit liegt freilich darin, daß die problematischen Züge in Stanzels Entwurf derart kunstvoll ineinander kontaminiert sind, daß sie vom gegebenen Endzustand her kaum mehr nach Ursache und Folge bzw. Absicht und Versehen zu isolieren sind. Der erste Einsatzpunkt bleibt deshalb eher zufällig. Es ist die Frage: Warum ist der Typenkreis ein Kreis?

Daß ein Kreis eine runde Sache und zudem auf einem Blatt Papier problemlos und einprägsam darstellbar ist, reicht als Begründung, obschon all dies – neben der Inspi-

---

[128] Stanzel, Theorie des Erzählens, S. 76.
[129] Vgl. ebd., S. 80/81.
[130] Entsprechend seiner Bekanntheit ist Stanzels Modell bereits vielfach fundiert kritisiert worden. Allerdings betreffen die Einwände überwiegend einzelne Schwächen und Desiderate (vgl. stellvertretend Petersen, Erzählforschung als Spiegel literaturwissenschaftlicher Theorie-Diskussion, S. 607ff.; Ludwig/Faulstich, Erzählperspektive empirisch, S. 27ff., S. 70, S. 144; Karoussa, Entstehung und Ausbildung des personalen Erzählens in der Mitte des 19. Jahrhunderts, S. 24ff.; Adolphs, Zur Neubestimmung des Begriffs der Erzählsituation im Rahmen interkultureller Hermeneutik, S. 600ff.; Lohmeier, Hermeneutische Theorie des Films, S. 190ff.; oder Stanzel selbst: Wandlungen des narrativen Diskurses, S. 372f.), selten dagegen die *Art der Modellbildung* (vgl. dazu allenfalls die Hinweise bei Jahn, S. 40, sowie – so weit wir sehen bislang am pointiertesten – Genette, Die Erzählung, S. 269ff.). Ausdrückliches Lob erhält Stanzels »wundervolle Rosette« (Stanzel, Probleme der Erzählforschung 1950–1990, S. 428) sogar – gegenüber hierarchischen Stammbaumschemata (bei Füger und Doležel) – von Wiegmann, Typologie und Systematik der Erzähltheorie, S. 178. Daß Stanzels Theorie im folgenden auf allgemeiner Ebene – sprich: mit noch mehr Theorie – kritisiert werden wird, erscheint zwar vor dem Hintergrund der von ihm selbst (ebd., S. 424f.) mit Recht beklagten Überlast an Theorie allemal bedauerlich, doch angesichts der an gleicher Stelle getroffenen Feststellung, daß ein ›vortheoretischer‹ Zustand noch schlimmer sei, auch wieder legitim.

ration durch Goethes Naturformen – bei Stanzels Konzeption durchaus eine Rolle gespielt haben dürfte, schwerlich aus. Denn selbst wo man seiner Kategorienanordnung sowie der Verbindung ihrer Pole zu einer zweidimensionalen Figur zustimmen wollte, bliebe aus unbefangener Sicht zu fragen, warum das so aufgespannte Gebilde ausgerechnet ein Kreis und nicht – was geometrisch ›näherläge‹ – ein gleichseitiges Sechs- bzw. Zwölfeck sei.

Doch genauer besehen liegt das Hauptproblem gar nicht in der einen oder anderen Art der Polverbindung, sondern in der Rechtfertigung einer so niedrigdimensionalen Modellbildung an sich. Legt man nämlich Stanzels eigenen kategorialen Entwurf zugrunde, so müßte – bei korrekter Kreuzproduktbildung aus drei unabhängigen und dem Wortlaut nach kontinuierlich und offenbar metrisch gedachten Kategorien – eigentlich eine Art dreidimensionales Koordinatensystem entstehen,[131] wobei die spezielleren Fälle und konkreten Beispiele jedoch nicht, wie bei Stanzel, nur entlang der in ihren Nähebeziehungen gar nicht oder – wie wir sehen werden – doch allenfalls höchst problematisch zu definierenden Kreislinie angesiedelt werden könnten, sondern irgendwo innerhalb des entworfenen Feldes.

Man kann dieses dreidimensionale Koordinatensystem im Inneren von Stanzels Typenkreis sogar noch sehen, sobald man sich die verschiedenen Kreise rundherum wegdenkt. Indem Stanzel aber die sechs Polpunkte, die eigentlich in drei verschiedenen Ebenen liegen müßten, nicht – wie billig zu erwarten – zu einem durch die acht möglichen kategorialen Extremfälle gegebenen Kubus[132] (oder Quader), ja nicht einmal zu einer durch die sechs Kategorienpole bestimmten Kugel[133], sondern zu einer zweidimensionalen Scheibe verbindet, raubt er seiner Kategorialität nicht nur die Möglichkeit zur Erfassung bestimmter Extremkombinationen, sondern gleich eine ganze Dimension. Doch damit nicht genug, denn schließlich wird nicht einmal die so entstandene Kreisscheibe in ihrer ganzen, wenngleich eine (quasi mit dem Modellhammer eingeklopfte) zusätzliche Dimension enthaltenden Fläche ausgeschöpft, sondern einzig deren Rand – also letztlich eine nur eindimensionale Mannigfaltigkeit.[134]

---

[131] Daß Genette, Die Erzählung, S. 270, an dieser Stelle kritisch »eine Tabelle mit zwei mal zwei mal zwei, d.h. acht komplexen Situationen« einfordert, ist übrigens höchst charakteristisch für dessen eigene, ganz auf diskrete Kreuzprodukte geeichte und die aus solcher Beschränkung resultierenden Grenzen erweisende Kategorialisierungspraxis.

[132] Schon hierfür müßte die jeweilige Metrisierung willkürlich so festgesetzt werden, daß sie in allen drei Fällen jedesmal dieselbe Gesamtstrecke ausmacht. Dies wäre zwar im Rahmen einer kohärenten Modellbildung ohne weiteres zuzugestehen, würde hier aber wohl daran scheitern, daß wahrscheinlich weder Stanzel noch sonst irgendjemand in der Lage wäre, eine allgemein objektivierbare Skalierung für die verwendeten Bestimmungen anzugeben.

[133] Hiermit wären u.a. gerade die acht ›Eckfälle‹ des (einbettenden) Ausgangskubus ausgeschlossen, und zwar einzig aufgrund der in jeder Hinsicht willkürlichen Modellimplikation, daß sich das Kreuzprodukt nie über den ›Abstand‹ vom Mittelpunkt zu den sechs Polen erstrecken dürfe.

[134] Angesichts solcher Reduktion kann auch der bei Jahn, Narratologie, S. 39, begegnende Versuch, der gebrochenen Dimensionalität durch nochmaliges Auftragen der Koordinaten außerhalb des Kreises wieder etwas aufzuhelfen, nichts mehr fruchten. (Klärender erscheint demgegenüber die präzise Kritik an Stanzels Verschleifung von Abhängigkeit und Unabhängigkeit, ebd., S. 40.)

Nun ist eine systematische Anordnung entlang einer Kreislinie für sich nichts Problematisches. Theoretisch könnte man ohne weiteres nicht nur die Erzählperspektiven, sondern überhaupt alles, was es auf der Welt gibt, modellhaft auf einer solchen Linie anordnen und sich – wenn man wohl auch manch diskreten Sprung auf ihr konzedieren müßte – an der ›systematischen Geschlossenheit‹ des Entwurfs erfreuen. Diese bestünde freilich einzig darin, daß man – innerhalb des Modells – nie an ein Ende käme und daß sich die Reihenfolge aller Gegenstände bei jedem Durchlauf wiederholte.[135] Allein: Je mehr zusätzliche Eigenschaften (und damit Nähebeziehungen) man mit einem solchen Modell erfassen wollte, desto ›enger‹ und ›unbequemer‹ muß es auf der Kreislinie notwendig werden, da die Eindimensionalität die dann faktisch zutage tretenden Dimensionsunterschiede immer schlechter wiedergeben kann.

Stanzel zeigt sich nun durchaus bemüht, den Dimensionsverlust auf seinem Kreis durch Segmentierung auszugleichen. Zu diesem Zweck trägt er die Grenzlinien zwischen seinen Polen (welche bei dreidimensionaler Darstellung den drei Ebenen entsprächen, durch die obere und untere, vordere und hintere sowie linke und rechte Würfelhälfte geschieden wären) so auf, daß sie den Kreis je zwischen zwei Polen in zwei Hälften teilen. Auf diese Weise entstehen, wenngleich unter erneuter ›Einschränkung‹ von drei Dimensionen in zwei, wahlweise sechs Segmente, welche in der Mitte durch den jeweiligen Pol (als Scheitelpunkt) und an den Rändern durch die Grenzen zu den beiden je anderen Oppositionen charakterisiert scheinen, oder aber zwölf Segmente, die durch je einen Pol und eine Grenze begrenzt bzw. womöglich durch ihre Lage in den jeweiligen Kreishälften bestimmt sein könnten.

Zweimal doppelte Bestimmung: diskrete ›graduelle‹ und abhängige ›unabhängige‹ Merkmale

Bevor wir zu den möglichen Deutungen des so entstandenen Gebildes übergehen, ist zunächst zu konstatieren, daß die Anordnung von drei unabhängigen metrischen Kategorien auf einer Kreislinie – bei aller Liebe zum Kreis und zur ›Geschlossenheit‹ von Systemen – so oder so derart ungünstig ausschlagen muß, daß kaum zu vermuten steht, daß Stanzel darauf verfallen wäre, wenn seine Kategorien wirklich durchgehend gleichgeordnet (bzw. hierarchisch prinzipiell unabhängig) und zugleich metrisch wären. Und beides ist genau besehen auch nicht der Fall.

Indizien hierfür ergeben sich schon aus der Art, wie Stanzel seine Bestimmungen einführt. Indem etwa das »Formenkontinuum Person« durch die Identität oder Nichtidentität von Erzähler und Handlungsfiguren definiert ist, bestimmt sie sich klar als Unterfall der Modustrennung nach Erzähler und Reflektor – welche auf seiten des letzteren folgerichtig wenig Sinnvolles hervorbringt.[136] Weiterhin wäre zu fragen, ob

---

[135] Die Kreisform bliebe dabei übrigens, solange keine höherdimensionale Einbettung erfolgte, bestenfalls ästhetisch ausgezeichnet. Könnte ein derart ›in sich geschlossenes‹ Weltsystem doch ebensogut in Form eines zerknüllten Einmachglasgummis repräsentiert werden?

[136] So dürfte der gesunde Menschenverstand ganzer Erstsemester-Generationen über die

die Reflektor-Position, wie Stanzel sie definiert, nicht schon Innenperspektive impliziert etc.[137]

Was dagegen die formale Bestimmung der Oppositionen angeht, so führt Stanzel sie von Anfang an im – später relativ konsequent durchgehaltenen – performativen Widerspruch zwischen behaupteter Gradualität und faktischer Diskretheit ein. Dies wird möglich, weil Stanzel, in Fixierung auf die Katalogisierung größerer Werkganzheiten, nicht konsequent zwischen dem womöglich in sich sehr heterogenen und deshalb partiell quantitativ ›graduellen‹ (d.h. aus retrospektiver Leseerfahrung abgeschätzten) *Gesamteindruck* eines größeren Werkes auf der einen und der hinsichtlich der gegebenen Oppositionen durchweg diskreten *lokalen Bestimmbarkeit* auf der anderen Seite unterscheidet.[138] Mag ein Text auch nach dem Einleitungssatz ›Hier ist, was ich sah‹ dreihundert Seiten lang ohne weitere Ich-Nennung auskommen und demzufolge kaum als dezidierte ›Ich‹-Erzählung in Erinnerung bleiben, so enthält er trotzdem einen *ganzen* Ich-Erzähler und *nicht* keinen (und schon gar nicht einen halben). Von Gradualität bzw. metrischer Differenzierung kann hier deshalb nur in einem anderen als lokalen, dann freilich durchaus fruchtbaren Sinne die Rede sein.

Ein zweiter Aspekt, der Stanzel bei der ›gradualisiert/diskreten‹ Doppelführung seiner Bestimmungen gelegen kommt, besteht darin, daß er sie – abhängig von ihrer jeweiligen hierarchischen Verzahnung untereinander – relativ unbemerkt (und damit notwendig unter Erzeugung eines gewissen Gradualitätseindrucks) per Äquivokation zu dehnen vermag. So kann sein ›Ich‹ etwa innerhalb des Typenkreises am Ich-Pol wirklich durch die (personell gedachte) Identität der Seinsbereiche, an der unteren »Ich/Er-Grenze« hingegen – wo überhaupt – eher grammatikalisch bestimmt sein.[139]

Erst wo man die Tatsache, daß alle Kategorien bei Stanzel von Fall zu Fall immer einmal graduell und einmal diskret vorkommen können sowie daß die Kreuzung der drei Oppositionen aufgrund ihrer inhaltlichen Konstitution schon von vornherein nicht mehr ›alle prinzipiell denkbaren Fälle‹ ergeben kann, im Hinterkopf hat, wird nachvollziehbar, wie Stanzel die strukturell vorgegebene Dimensionalität der eigenen Merkmalskonstellation so arglos unterschreiten kann. Dennoch dürfte es zur Veranschaulichung der Effekte, die sich aus solchen Dimensionsreduktionen ergeben, erhellend sein, sich die verschiedenen möglichen Deutungen des Typenkreises in ihrer Diskrepanz vor Augen zu führen.

Situierung der Erlebten Rede am Pol der »Nichtidentität der Seinsbereiche« (und noch dazu im Segment der Außenperspektive) gestolpert sein.

[137] Zur inhaltlichen Allgemeincharakterisierung der Kriterin vgl. Stanzel, Theorie des Erzählens, S. 70ff.

[138] Vgl. dazu etwa Nünning, Grundzüge eines kommunikationstheoretischen Modells der erzählerischen Vermittlung, S. 57f.

[139] Anders würde etwa die Zuteilung des Inneren Monologs zur »Identität der Seinsbereiche von Erzähler und Figuren« sinnlos, weil hier ja gar niemand (bzw. allenfalls jemand ganz anderer, nämlich der Autor) wirklich ›erzählt‹.

Eine erste und zugleich die deutlichste Auffassung bestünde darin, daß man Stanzels Gradualitätsbeteuerungen ignoriert und einfach die sechs Kreissegmente zugrunde legt, die auf dem Typenkreis durch die Abgrenzung der Polbereiche entstehen (ein bis drei, drei bis fünf, fünf bis sieben Uhr etc.). Man erhielte so – von oben im Uhrzeigersinn vorgehend – die sechs diskreten Fälle: 1. Erzähler, Ich (Identität), Außenperspektive; 2. Erzähler, Er (Nichtidentität), Außenperspektive; 3. Reflektor, Er (Nichtidentität), Außenperspektive; 4. Reflektor, Er (Nichtidentität), Innenperspektive; 5. Reflektor, Ich (Identität), Innenperspektive; und 6. Erzähler, Ich (Identität), Innenperspektive. Ausgespart blieben dagegen die beiden theoretisch ebenso möglichen Fälle: Erzähler, Er (Nichtidentität), Innenperspektive; sowie: Reflektor, Ich (Identität), Außenperspektive.

Stellt man sich diese acht Fälle als Eckpunkte eines Würfels vor, wobei die oberen vier Punkte als ›Erzähler‹, die unteren als ›Reflektor‹, die vorderen als ›Innenperspektive‹, die hinteren als ›Außenperspektive‹, die rechts gelegenen als ›Ich (Identität)‹ und die links gelegenen als ›Er (Nichtidentität)‹ bestimmt wären, so wäre Stanzel bei seiner Kreiskonstruktion im Uhrzeigersinn nacheinander von oben-hinten-links nach oben-hinten-rechts, von dort aus nach unten-hinten-rechts, von da nach unten-vorne-rechts, von da nach unten-vorne-links, von da nach oben-vorne-links und von da schließlich wieder nach oben-hinten-links gesprungen, ohne an den beiden anderen – oben-vorne-rechts und unten-hinten-links gelegenen – Punkten vorbeizukommen. Freilich dürfte die Tatsache, daß er am Ende wieder am selben Punkt herauskommt, den psychologischen Eindruck kreishafter Geschlossenheit stark begünstigt haben.

Versuchen wir nun abzuschätzen, ob Stanzels Ausschlüsse, wiewohl durch den modellgegebenen Dimensionsverlust mehr oder weniger unwillkürlich erzeugt,[140] nicht dennoch sinnvoll sind. Der Fall einer Nichtidentität von Erzähler- und Figurensphäre bei gleichzeitiger Innenperspektive und Erzählermodus scheint aufgrund der Koppelung von Nichtidentität und Innenperspektive zunächst etwas seltsam. Andererseits läßt Stanzel solche Koppelung für die personale Erzählsituation durchaus zu. Wieso sollte dann aber nicht auch ein seinsmäßig getrennter Erzähler sich von Fall zu Fall auf die Innensicht von Figuren beschränken können, indem er etwa sagte: ›Rotkäppchen dachte sich nichts Böses, als plötzlich der Wolf vor ihr erschien. Seine Augen kamen ihr wie zwei traurige Kieselsteine vor, und sie dachte bei sich: ›Was für ein armer Wicht‹. Uns [oder auch: ›Dem Erzähler‹] schaudert, wenn wir [er] daran denken [denkt], wie harmlos der Unhold dem Mädchen erschien! ›Hallo‹, drang seine Stimme an ihr Ohr usw.‹ Nun könnte man einwenden, hier herrsche keine wirkliche Innenperspektive, weil Rotkäppchens Eindrücke nicht ›von innen‹, sondern unter

---

[140] Hätte man z.B. vier Bestimmungen, so verlöre man bei gleichem Vorgehen statt zwei von acht schon acht von sechzehn möglichen Fällen, bei fünf gar zweiundzwanzig von zweiunddreißig usw., während man bei nur zwei Bestimmungen noch – wie Genette, Die Erzählung, fast durchgängig – mit zwei Dimensionen auskäme.

Zwischenschaltung erzählerisch vermittelnder Wendungen (›sie dachte‹ etc.) gestaltet seien. Andererseits fielen dann z.B. alle Sätze, welche in der Erzählform von Kafkas »Prozeß« von der erlebten Rede abweichen, ebenfalls aus der für die personale Erzählsituation geforderten Innenperspektive heraus.[141] Ein zweiter möglicher Einwand ginge dahin, daß eine Erzählung wie die vorige, indem hier ein geschehnisenthobener Erzähler und die Gebundenheit der Geschehnissicht an eine Figur zugleich (wenn auch lokal nacheinander) aufträten, einen zu vernachlässigenden Bastardfall darstelle. Dieser Vorwurf träfe dann freilich jedes Buch, wo ein Erzähler – wie u.a. in Thomas Manns »Zauberberg« – zwar vorhanden ist, auf Geschehnisebene aber konsequent nichts berichtet, was nicht zumindest virtueller Teil des je aktuellen Bewußtseins der Hauptfigur sein kann.

Scheint es um den ersten Eckpunkt, den Stanzel bei seiner Kreiskonstruktion nicht passiert hat, also ziemlich schade, so dürfte der Verlust des zweiten als weniger gravierend empfunden werden. Schließlich ist – ganz unabhängig davon, ob nun ein ›Ich‹ oder ein ›Er‹ dies Kunststück vollbringen soll – schwer einzusehen, wie Reflektor und Außenperspektive überhaupt zusammengehen sollen, wenngleich Stanzel solchen Fall – als ›Erlebte Rede‹ – auf seinem Kreis durchaus auch kennt, so daß dies kaum der Grund für den Ausschluß gewesen sein kann. Eine psychologische Erklärung könnte höchstens darin bestehen, daß Stanzel bei der Erlebten Rede angesichts von Er-Form und epischem Präteritum einen virtuellen Erzähler hinzuassoziiert, der dann natürlich, indem es ihn letztlich gar nicht gibt, wirklich ziemlich außen vor bleibt, während Analoges beim Inneren Monolog angesichts des situationsgebundenen Präsens etwas schwerer fiele bzw. als Widerspruch viel augenfälliger wäre.

Betrachtet man die diskrete Deutung insgesamt, so schiene es tendenziell vernünftig, den problematischen Fall 3. durch den ersten der ausgeschlossenen Fälle zu ersetzen, wodurch man freilich vier Innenperspektiven- und vier Erzählerfälle bekäme und das Kreismodell überflüssig würde. Modifizierte man dann bei den Reflektorfällen noch die Unterscheidung nach Seinsbereichen durch die grammatikalische zwischen Ich und Er, so wäre der ursprünglich angelegten hierarchischen Staffelung der Oppositionen ansatzweise Rechnung getragen, wenngleich die Unterscheidungsprobleme nach wie vor erheblich blieben.

---

[141] Dem wäre abzuhelfen, indem man – was Stanzels Modell den faktischen Nähebeziehungen insgesamt etwas angliche – im Typenkreis die Segmente: 3. Personale Erzählsituation (allgemein gefaßt) und: 4. Erlebte Rede einfach vertauschte und die personale Erzählform dann spezieller, nämlich als ›erzählerlose‹ und perspektivisch gebundene, jedoch nicht unmittelbar bewußtseinsinterne Erzählform definierte (›Kafkas Regelfall‹). Zwar bliebe dann immer noch zu fragen, warum sie auf seiten der Außenperspektive stünde, doch könnte man dafür wahrscheinlich leichter eine Erklärung finden als dafür, was die Erlebte Rede an dieser Stelle sucht. Was dabei allerdings verloren ginge, wäre Stanzels in den Kreis eingeschriebenes Dreieck charakteristischer Pole.

Neben der diskreten Deutung läßt der Typenkreis jedoch auch unterschiedliche kontinuierliche Interpretationen zu.[142] Diese werden vor allem durch die distinkteren Fälle, die Stanzel bestimmten Kreisabschnitten zugeordnet hat, suggeriert. Dies ist am konsequentesten innerhalb der beiden Segmente »Ich-Erzählsituation« (neun bis elf Uhr) und ›spiegelbildlich‹ »Auktoriale Erzählsituation« (ein bis drei Uhr) durchgeführt, auf die wir uns deshalb im folgenden beschränken wollen. Setzt man zunächst bei zehn Uhr – am »Ich-ES«-Pol der Identität der Seinsbereiche – an, so findet man dahinter die Bestimmung »erzählendes Ich und erlebendes Ich«.[143] Bewegt man sich nun aufwärts gegen elf Uhr, also auf die Grenze von Innen- und Außenperspektive zu, so trifft man nah davor auf die Bestimmung »erzählendes Ich«. Geht man dagegen abwärts gegen neun Uhr, also auf die Grenze von Erzähler- und Reflektorsegment zu, gerät man unterwegs an die Bestimmung »erlebendes Ich«.

Konzentrieren wir uns nun ganz auf die Strecke von zehn bis elf Uhr. Eine erste, metrisch streng quantifizierte und von den Kreisstrecken ausgehende Auffassung käme zu folgender Deutung: ›Wir befinden uns am Anfang bei ›Vollem Ich‹, ›einem Drittel Innenperspektive‹ sowie ›einem Drittel Erzähler‹ und bewegen uns jetzt allmählich auf ›zwei Drittel Ich‹, den ›Nullpunkt zwischen Innen- und Außenperspektive‹ sowie ›zwei Drittel Erzähler‹ zu. Alle Bestimmungen erschienen so auf jedem Kreisabschnitt ständig miteinander kontaminiert, und indem es derart nicht mehr möglich wäre, sich nach nur einem Kriterium irgendwohin zu bewegen, ohne zugleich die beiden anderen mitzuziehen, spürt man hier die volle Härte des Dimensionsverlustes. Im Zusammenspiel mit der Tatsache, daß die Kategorien inhaltlich – wo man von quantitativen Abschätzungen absieht – zumindest nach Modus und Perspektive ohnehin kaum anders als diskret denkbar sind, führt solche Auffassung zu einem – von Stanzel zwar de facto so modellierten, aber kaum intendierten – Konglomerat bizarrer Vorstellungen, das von der Zweidrittelhaftigkeit eines Erzählers (etwa auch von Manns Serenus Zeitblom, welcher sich mit dem »Doktor Faustus« bei elf Uhr zugeordnet findet) bishin zur (für den »Faustus« angeblich ebenfalls charakteristischen) ›Nullstellung‹ zwischen Innen- und Außenperspektive reicht.

Zu etwas vernünftigeren Interpretationen kommt man, wenn man, unter Berücksichtigung von Stanzels spezielleren Angaben, in Rechnung stellt, daß er beim Abschreiten des Kreises offensichtlich immer bestimmte, wenngleich nach Wechsel und Anzahl im Modell selbst völlig unbestimmte Merkmale ›festgehalten‹ wissen (sprich: lokale Dimensionsreduktionen vornehmen) will. So hält er, wenn er von neun nach elf Uhr geht, offensichtlich das – zumindest grammatisch diskret bestimmte – ›Ich‹ fest. Darüber hinaus hat es oft den Anschein, als wolle er auch die Bestimmung, welche bei der jeweiligen Strecke von einer Stunde weder als Pol noch als Grenze berührt wird,

---

[142] Stanzel, Probleme der Erzählforschung 1950–1990, S. 428, spricht selbst von einem »Kontinuum ohne kategoriale Grenzen«. »[...] eine unendliche Anzahl von Positionen« erkennt – der Sache nach identisch, in der Formulierung konträr – auch Jahn, Narratologie, S. 40.

[143] Stanzel, Theorie des Erzählens, unpaginierter Appendix.

hier also die Situierung auf dem Erzählerhalbkreis, diskret festgehalten wissen. Für die Bewegung von zehn nach elf Uhr ergäbe sich daraus eine Deutung, die in etwa sagte: ›Wir befinden uns hier im diskret begrenzten Rahmen der Ich-Erzählung und auf der Erzählerseite und schreiten nun – die jeweils ganz woanders gelegenen Pole hier noch einmal lokal zusammenziehend – die ganze Gradualität von Innen- und Außenperspektive ab‹. Dies könnte, wo man die Gradualität quantitativ auf größere Werkganzheiten bezieht, zunächst bedeuten, daß man näher an elf Uhr eher solche Romane vorfindet, bei denen das Ich mehr von seinem aktuellen Erzählvorgang als von seiner (vergangenen) Sicht der (vergangenen) Erlebnisse verlauten läßt. Insofern machte die Anführung des »Tristram Shandy« an dieser Stelle Sinn. Allerdings bliebe zu fragen, inwiefern beim »Shandy« ernsthaft von einem Rückgang an Innenperspektive im Vergleich zum direkt am Pol (zehn Uhr) gelegenen »Felix Krull« die Rede sein kann, steht jener doch nach allgemeiner Sicht erheblich ›näher‹ an der radikal innenzentrierten modernen Bewußtseinseinstellung als das Mannsche Alterswerk.

Die Undefiniertheit der Kreislinie läßt uns aber auch noch eine andere Deutungsmöglichkeit, welche vom Aspekt der Näherung zur Innen-/Außengrenze absieht und, jetzt unter Festhaltung von prinzipieller Innenperspektive und Erzähler, die Identität der Seinsbereiche von zehn nach elf Uhr abnehmen läßt. Man käme so, wieder in gewisser Übereinstimmung mit der dort gelegenen Formulierung »erzählendes [und *nicht* – wie bei zehn Uhr – zugleich auch erlebendes] Ich«, zur Vorstellung einer Perspektive, bei der das Ich nur beobachtet bzw. wertet, selbst jedoch nicht im Mittelpunkt steht – ein Fall, welcher bei Stanzel, wenn auch bereits jenseits der Grenze zur Außenperspektive, d.h. bei etwa halb zwölf Uhr, als »Ich als Zeuge oder Zeitgenosse« auftritt.

Es wäre nun interessant zu fragen, wo eine Fügung wie die folgende anzuordnen wäre: ›Als ich noch ein Säugling war, erzählte mir meine Mutter häufig Märchen, von denen ich aber offenbar kein Wort verstand, denn ich schrie und heulte immerfort. Das bricht mir jetzt, wo Mama tot ist und ich es erzähle, fast das Herz.‹ Zweifellos hat man hier einen Erzähler und eine personelle Identität von erzählendem und erlebendem Ich sowie auch ein gewisses Übergewicht des erzählenden über das erlebende Ich. Allerdings hapert es – indem der Ausschnitt nur sehr bedingt einen inneren Eindruck davon gibt, wie das ›Ich als Baby‹ hier die Welt sieht – spürbar mit der Zuordnung auf seiten der Innenperspektive. Überschreitet man hingegen die Grenze zur Außenperspektive, so kommt man zum genannten Fall »Ich als Zeuge«, der hier gleichwohl noch weniger paßt, da das Ich ja offenkundig nicht aus eigener Zeugenschaft, sondern, wofern es sich nicht explizit auf allen Ebenen immerfort selbst erfindet, aus späteren Berichten schöpft.

Eine Rettung scheint sich zunächst abzuzeichnen, sobald man entdeckt, was unter den gleichen Voraussetzungen an einem ganz anderen Ort des Typenkreises, nämlich beim Übergang von zwei nach ein Uhr passiert. Wir wandern hier mit Stanzel vom Pol »Auktoriale Erzählsituation« und der Spezialbestimmung »persönlicher Erzähler« langsam auf den Eintrag ›Ich ist außerhalb der Welt der Charaktere‹ zu, der – diesmal aufgrund seiner Zuordnung sowohl zur lokalen Er-Seite wie auch zum Er-Kreis insgesamt offensichtlich nicht grammatikalisch, sondern wirklich von einer bestimmten Vorstellung von Nichtidentität fundiert – für unser Beispiel einigermaßen passend scheint. Denn wirklich spricht hier ein Ich-Erzähler von außen über Personen, die, indem er sie als Handelnder prinzipiell ebensowenig affizieren kann wie sie ihn, seinsmäßig durchaus von ihm getrennt sind. Der Schönheitsfehler besteht allerdings darin, daß der Erzähler – kaum dem ›Seinsbereich‹, wohl aber der Person nach – mit der offenkundig im Mittelpunkt stehenden Figur identisch ist.

Wir wollen die merkwürdigen Näheverhältnisse und Zuordnungschwierigkeiten, welche der Typenkreis auch bei gradueller Auffassung (von der noch weitere Varianten denkbar wären[144]) hervorbringt, hier nicht weiter vertiefen, sondern erneut sehen, wie Stanzel, sollte die vorausgegangene und unserer Ansicht nach fruchtbarste Deutung mit jeweils zwei (unter drei Polenden) festgehaltenen Bestimmungen sowie einem graduell variablen, dann aber gleich die ganze Strecke von Pol zu Pol durchlaufenden Parameter zutreffen, strukturell verfahren wäre. Stellen wir uns dazu wieder unseren dreidimensionalen, diesmal allerdings als prinzipiell an jedem Raumpunkt kontinuierlich begehbaren Würfel vor und beginnen – unter der (wohl insgesamt noch besten) Voraussetzung, daß der Mittelpol und die nichtberührte Grenzlinienbestimmung fest, die bei der jeweiligen Bewegung am Ende erreichte Grenze hingegen nach beiden Seiten kontinuierlich aufgespannt ist – wieder vom selben Ausgangspunkt im Uhrzeigersinn voranzuschreiten. Schon bald wird klar, daß Stanzel im Großen und Ganzen wieder denselben unvollständigen Durchgang getätigt hätte wie zuvor bereits bei der diskreten Auffassung, nur mit dem markanten Unterschied, nun – obschon die Eindimensionalität der Würfelkanten nie verlassend – immerhin ganze Teilstücke zwischen den jeweiligen Eckpunkten einzufangen. Die Probleme werden dadurch jedoch, angesichts der Ungewißheit einer metrisch-geordneten Interpretation insbesondere der Nullpunkte, kaum befriedigend gelöst.

Modellbegründung durch ›dialektische Verschleifung‹

Da eine kohärente Deutung des Typenkreises bislang so schwerfiel, scheint es ratsam, die wichtigsten Argumente zu hören, die Stanzel selbst für sein Modell anführt:

> Die triadische Anlage der Typologie gestattet die Anordnung der Typen in Kreisform, aus der einerseits die Geschlossenheit des Systems, andererseits sein wesentlich dialektischer Charakter ersichtlich wird: jeder der drei Haupttypen steht in einem dialektischen Spannungsverhältnis zu den beiden anderen Typen, insofern als der typologische Gegensatz zwischen den anderen zwei Typen [...] in einem gewissen Sinne in ihm aufgehoben erscheint. So sind z.B. die Gegensätze zwischen auktorialer und personaler ES nach Modus und Perspektive in der Ich-ES aufgehoben. [...] Die Anordnung der typischen ES auf dem Schema des Typenkreises ermöglicht eine Darstellung des systematischen Ortes aller denkbaren typischen Formen und Modifikationen der Haupttypen. In diesem Sinne ist der Typenkreis als ein geschlossenes Kontinuum aufzufassen, das die begrenzte Zahl von Variationen der typischen Formen aufzunehmen imstande ist und ihre jeweilige Transponierbarkeit hin zu den

---

[144] Hier sind insbesondere alle Fälle zu nennen, die jeweils nur eine Kategorie festhielten und die beiden anderen voneinander abhängig variabel hielten. Die Resultate wären hier freilich allenfalls graduell weniger grotesk als mit drei beweglichen Kategorien.

beiden benachbarten Typen aufzeigt. [...] Der Typenkreis verbindet also Idealtypen, oder ahistorische Konstanten, das sind die drei typischen ES, mit historischen Formen des Erzählens, die sich als Modifikation der Idealtypen beschreiben lassen.[145]

Es ist wichtig, sich die Art, wie hier argumentiert wird, zu vergegenwärtigen. Hatten wir es bei unseren bisherigen Beispielen tendenziell mit zu diskreten und strikten, aber ostentativ um Präzision bemühten Kategorialisierungen zu tun, so liegt hier umgekehrt eher ›dialektische Verschleifung‹ vor.[146] Dies wird deutlich, sobald man sich in Anbetracht des soeben Erörterten fragt, woher der Eindruck der »Geschlossenheit des Systems« kommen soll, wenn nicht eben aus jener Kreisanordnung, welche ihrerseits weder zwingend aus der Dreigliedrigkeit noch auch aus der Binarität der Einzelbestimmungen folgt. Zudem stellt sich auch hier (gemäß 4.2.) die Frage, was mit »dialektisch« gemeint sein soll, inwiefern also etwa in der Konzentration auf die Außenperspektive ein (welcher?) ›Gegensatz‹ zwischen Seinsbereichsidentität und Reflektorbindung ›aufgehoben‹ sein sollte bzw. warum das damit offenbar eo ipso implizierte »Spannungsverhältnis« am jeweils idealtypenkonstitutiven Kategorienpol signifikanter sein sollte als am jeweils gegenüberliegenden, ja nur zufällig nicht eigens etikettierten und zudem nach Stanzels Entwurf doch die eigentliche ›Opposition‹ bezeichnenden Ende. Schließlich wäre zu klären, was es – angesichts der Inkohärenz der Kreislinie – mit der »Transponierbarkeit« auf sich haben bzw. an welchen Kriterien entlang sich diese definieren soll.

Ohne diese Probleme hier weiter vertiefen zu wollen, was, wie so oft bei ›dialektischen‹ Formulierungen, auf eine genieästhetische Ausdeutung dessen, was Stanzel ›eigentlich gemeint habe‹, hinauslaufen müßte, wollen wir versuchen, die problematischen Züge in Stanzels System – so weit als möglich – allgemein zu isolieren und aus der Kritik entsprechende Leitlinien zu erarbeiten.

---

[145] Ebd., S. 86.

[146] Eine Parallele zum ›Diskretismus‹ liegt lediglich in der (auch bei Stanzel durchgängigen) impliziten Vorstellung, die geschichtliche Entwicklung könne nun, nachdem die systematischen Idealtypen geklärt seien, prinzipiell nie mehr etwas hervorbringen, was mit ihrer Hilfe nicht beschreibbar wäre. Dies wird etwa deutlich, wo Stanzel, Theorie des Erzählens, S. 241, davon spricht, daß der »Bereich [...] der personalen ES [Erzählsituation]« »praktisch bis herauf zur Jahrhundertwende offen« geblieben sei – was wirkt, als wäre die entsprechende Äquivalenzklasse in Wirklichkeit schon seit Jahrtausenden distinkt gewesen, nur daß nie ein Dichter sich bequemt hätte, sie ›auszufüllen‹. Man darf jedoch sicher sein, daß auch Stanzels Theorie, wäre sie hundert Jahre zuvor entstanden, genauso wenig davon gewußt hätte wie sämtliche damals zeitgenössischen. Insofern sind Bedarf und Möglichkeit eines entsprechend ausgezeichneten ›Bereichs‹ in der Erzähltheorie *erst mit dem Phänomen* entstanden, und eher hat die Theorie sich mit der Erfassung der Praxis Zeit gelassen als diese sich umgekehrt mit der ›Erfüllung‹. Historisch vermittelte Äquivalenzklassenräume sind stets so erweiter- und veränderbar wie die Historie offen.

Allgemeine Konsequenzen: Verabschiedung der Geschlossenheits- und der Erfülltheitsdoktrin, Differenzierung möglicher Äquivalenzklassenauszeichnung, Verzicht auf globale Veranschaulichung zugunsten lokaler Erhellungen

Ein erster Ansatzpunkt wäre die Feststellung, daß man nicht notwendig viel dadurch gewinnt, eine ›geschlossene‹ Systematik zu erzwingen. Und zwar weder durch Kreise noch überhaupt dadurch, daß man meint, es sei besonders elegant, einen Äquivalenzklassenraum zu entwerfen, der durch die konkreten Fälle, die man gerade vorfindet, vollständig ausgefüllt ist und deshalb besonders einheitlich, abgeschlossen usw. wirkt. Vielmehr sollte man versuchen, sich zunächst an der vorgegebenen Komplexität selbst zu orientieren, d.h. an der Anzahl von Merkmalen, die für distinkte und die Nähebeziehungen möglichst unabhängig dokumentierende Unterscheidungen der Gegenstände nach ihren jeweils relevanten Eigenschaften notwendig sind. Man kann dann später – je nach Zweck – immer noch abschätzen, was man wie gefahrlos vereinfachen oder durch weitreichende Allgemeinsätze in der Darstellung zusammenfassen kann.[147]

Eng damit verbunden ist die Forderung, überhaupt zwischen kategorialer Konstitution und den jeweiligen Ergebnissen, also zwischen a) nominell (i.e. dem reinen Kreuzprodukt nach) möglichen, b) merkmalsabhängig sinnvoll denkbaren sowie c) in spezifischen Konstellationen möglichen Fällen bzw. Äquivalenzklassen einerseits und den historisch-konkret vorliegenden Erscheinungen andererseits zu unterscheiden, wobei jedes so aufgespannte Feld das jeweils nächste zwar als Möglichkeit vollständig enthalten sollte, jedoch keinesfalls notwendig auch mit ihm zusammenfallen muß.[148] So kann es durchaus sein, daß es bestimmte Fälle, wenn sie sich auch rein

---

[147] Zur Verdeutlichung ein elementares Beispiel: Gegeben seien ein großer grüngefärbter Eisblock sowie eine kleine grüngefärbte, eine kleine farblose und eine große farblose Pfütze, also vier konkrete Gegenstände. Bei entsprechendem psychologischen Druck zu einer Systematisierung ohne Leerstellen könnte man nun leicht auf die Idee kommen, diese vier Gegenstände etwa so in einem *zwei*dimensionalen Koordinatensystem anzuordnen, daß der Eisblock oben rechts zu stehen käme, die kleine farbige Pfütze unter ihm, die kleine farblose links daneben und die große farblose oben links. Damit wären alle Gegenstände auf engstem und überschaubarstem Raum so untergebracht, daß man, wo immer man nach unten (oben) ginge, zu immer kleineren (größeren), und wo immer man nach rechts (links) ginge, zu immer farbloseren (farbigeren) Gegenständen käme. Das Problem wäre freilich, daß die Äquivalenzklassen, wenn man etwa auf der linken Seite aufwärts ginge, *nur* größer, auf der rechten dagegen zugleich größer *und* ›allmählich Eisblock‹ werden müßten, während die Verhältnisse in der Mitte auf durchaus angespannte (wenngleich kaum besonders ›dialektische‹) Weise verschränkt wären. Man täte deshalb für den Fall, daß man jemandem die Unterschiede bzw. modellgegebenen Entfernungen erklären wollte, besser, einen *drei*dimensionalen Raum zu entwerfen, von dessen acht Segmenten zwar vier leer, die anderen jedoch nach unabhängigen Dimensionen getrennt wären. Auf dieser Grundlage könnte man dann durchaus vereinfachend sagen, daß der Ergebnisraum, von einer bestimmten Seite angeschaut, ›wie ein Quadrat‹ *aussieht*.

[148] Aus den Dichteverhältnissen sowie den Lagebeziehungen einzelner Segmente zu anderen Ebenen lassen sich zudem kategoriale Anhaltspunkte zur Kennzeichnung einzelner Gegenstände als ›historisch isoliert‹, ›zufällig‹, ›häufig‹ etc. gewinnen.

mechanisch bilden lassen, schon prinzipiell nicht sinnvoll geben kann (etwa zugleich ›Junggeselle‹ und ›mit Thomas Mann verheiratet‹). Auf gleicher Stufe können sich Probleme ergeben, wenn man, wie Stanzel implizit, Kategorien, die per definitionem hierarchisch gestuft sind, im Modell dennoch gleichordnet. Man erhält dann statt der sinnvoll unterscheidbaren zwei Fälle, von denen einer in sich zweigeteilt ist, vier strukturell gleichgeordnete, jedoch zur Hälfte merkwürdig inkommensurable Fügungen, und nichts, was man von hier aus weiter unternimmt, steht kategorial mehr unter einem guten Stern.

Etwas anderes liegt dagegen vor, wenn bestimmte Kombinationen Fälle erzeugen, die es lediglich ›nicht gibt‹, und zwar entweder aufgrund lokaler kategorialer Implikationen (etwa in der Kombination ›Innerer Monolog‹ und ›Rahmenerzählung‹) oder aber – auf konkretester Stufe – deshalb, weil der Fall im Untersuchungsgebiet eben nicht bzw. noch nicht auftritt (z.B. Informatik-Dissertation in Erlebter Rede). Die vorhandenen Fälle und ihre Abhängigkeiten und Lagebeziehungen untereinander sind dann – gleich ob faktisch oder theoretisch aufgewiesen – nicht *Grundlage*, sondern *Ergebnis* der systematischen Untersuchung. ›Geschlossene‹ Gebilde werden sich dabei in allen etwas komplexeren Gebieten nur eher zufällig einstellen. Kann die Modellierung doch im letzten keinen anderen Zweck erfüllen als den, dasjenige, was in üblicher Auffassung vermeintlich plan daliegt, seiner faktischen Differenziertheit nach (dimensional) zu entzerren und so entzerrt erscheinen zu lassen.

Hiermit kommen wir jedoch zur größten Einschränkung der ›metrischen‹ Auffassung. Denn sofern sie einen zwingt, die Dimensionalität vorhandener oder selbst entworfener Gebilde ernstzunehmen, wird man sich in allen Fällen, wo ein kategorialer Zusammenhang nur durch *mehr* als zwei oder drei Bestimmungen ausreichend zu charakterisieren ist (was, wenngleich oft eher unbemerkt, meist sehr bald eintritt), nicht mehr in der Lage sehen, anschauliche Modelle zu liefern. Zwar bliebe es – zumindest solange ausschließlich diskrete Bestimmungen involviert sind – immer möglich, sämtliche theoretischen Fälle anzuführen, doch abgesehen davon, daß solche Reihung, indem sie die Dimensionalität auf eine diskrete (obschon nicht notwendig wie bei Stanzel ›geschlossene‹) Kette reduzierte, kaum mehr irgendwelche Nähebeziehungen erkennen ließe, machte schon die schiere Anzahl prinzipiell möglicher Kombinationen (bei acht dreigliedrigen Kategorien z.B. 6561) jegliche Praktikabilität zunichte, von kontinuierlichen Verhältnissen ganz zu schweigen.

Eine entscheidende Erleichterung ergibt sich freilich aus der Tatsache, daß zum Glück kaum jemals alle Implikationen eines gegebenen kategorialen Geflechts interessieren, sondern meist nur charakteristische Fälle oder Bereiche nebst deren Nähebeziehungen untereinander oder lokale Abhängigkeiten einzelner Äquivalenzklassen resp. Gegenstände. Hieraus erwächst die rettende und in praxi ständig implizit genutzt Möglichkeit, lokale Komplexitätsreduktionen vorzunehmen, d.h. begrenzte Gebiete unter (mehr oder weniger) expliziter Festhaltung bestimmter Kategorien zu beleuchten, ohne doch deshalb des Bezugs zur Gesamtheit verlustig zu gehen. In Kauf zu nehmen sind dagegen größere Bestimmtheitslücken, d.h. beträchtliche Bereiche, von deren interner Verfaßtheit man keine distinkte Vorstellung hat (und oft auch gar nicht haben will).

Versuchen wir nun anhand der Erzählperspektiventheorie, einen Eindruck von einem solchen, hier zum Glück noch sehr überschaubar aufgespannten metrischen Raum und seiner Darstellung zu gewinnen. Ziel soll dabei sein, zumindest die Stanzelschen Hauptfälle ›Ich-Erzählsituation‹, ›Auktoriale Erzählsituation‹ und ›Personales Erzählen‹ sowie zudem die zwei konventionellen Hauptfälle personalen Erzählens, nämlich den ›Inneren Monolog‹ und die ›Erlebte Rede‹ kategorial zu lokalisieren und einige der allgemeineren Beziehungen anzudeuten. Zur Demonstration der zwar schwer vorstellbaren, aber dennoch eindeutigen dimensionalen Fügung wollen wir dabei jedesmal von einer anderen Eigenschaft ausgehen und uns dann unter allmählicher Hinzuziehung einiger der jeweils übrigen Merkmale zu den charakteristischen Fällen vorarbeiten. Daneben sollen zur Verdeutlichung der impliziten Voraussetzungen, nach denen mögliche und unmögliche Fälle de facto bewertet werden, auch einige eher abseitige Kombinationen diskutiert bzw. jenseits der üblicherweise geltenden Bedingungen erzwungen werden.

Zu trennen sind dafür zunächst: lokale Gegebenheiten, kontextbedingte Beugungen sowie aus verschiedenen lokalen Fällen zusammengesetzte größere Ganzheiten.

Als Bestimmungsmerkmale brauchen wir (in beliebiger Reihenfolge) folgende Unterscheidungen: a) realzeitlich situiertes ›Ich‹ (bzw. ›Wir‹)[149] oder nicht (diskret; wenn gegeben, dann graduell mehr oder weniger stark im Zentrum[150]); b) Wertungen (bzw. realzeitenthobene Kommentare) oder nicht (prinzipiell diskret; wenn gegeben, dann metrisch gestuft); c) objektive Schilderung innerer Vorgänge bzw. Verfaßtheiten einer, mehrerer oder beliebiger Figuren oder nicht (diskret[151]; wenn gegeben, dann quantitativ gestaffelt: eine, zwei, drei..., alle); d) Raumzeitliche Beschränkung auf den möglichen Wahrnehmungsraum eines natürlichen aktuellen Beobachters oder nicht (diskret); e) Illusion der Nahstellung zum realzeitlichen Geschehnisverlauf oder abstraktive Zusammenfassung von Realsubstraten (graduell mit einer deutlichen, aber schwer allgemein angebbaren Eindrucksgrenze); f) grammatikalisch gegenwartsbezogene (Präsens) oder vergangenheitsbezogene (Präteritum) Zeitform (diskret; mit weiteren diskreten, hier zu vernachlässigenden Fällen und internen Stufungen);

---

[149] Als allgemeine Alternative zum ›Ich‹ bzw. zum (obschon selteneren und problematischen) ›Wir‹ kommen übrigens nicht nur die Dritte-Person-Singular-Formen (und schon gar nicht, wie ältere Erzählforschung manchmal suggeriert, nur die distinkt männliche *Er*-Form) in Frage, sondern – neben Eigennamen und anderen Personenbezeichnungen – durchaus auch (wenngleich wiederum mit je eigenen problematischen Implikationen) Formen der zweiten Person sowie das Plural-›Sie‹. Abgesehen davon kann eine Erzählung, wo der Begriff nicht zu eng gefaßt wird, im Prinzip auch ganz ohne Figuren auskommen.

[150] Natürlich kann man die konkrete metrische Differenzierung in diesem und allen folgenden ›wenn ja, dann graduell‹-Fällen auch als eigene Unterkategorie des ›Ja‹-Falles auffassen.

[151] Diesseits des diskreten Sprungs bestehen natürlich viele Möglichkeiten äußerer Charakterisierung innerer Vorgänge und Verfaßtheiten (›Ihre gütigen Augen‹, ›Bei genauem Hinsehen hätte man ihr wahrhaft teuflisches Lächeln bemerken können‹), bishin zu ›objektiv‹ formulierten, kontextuell aber doch aufs äußerlich Sichtbare beschränkten Fügungen (›Müller wurde jetzt wirklich wütend‹ = ›*Es war ihm anzusehen*, daß er jetzt wütend wurde‹).

g) Genauigkeit der Schilderung räumlicher Verhältnisse (graduell)[152]; h) objektive Eingriffsmöglichkeit des darstellungstragenden Mediums auf das Dargestellte (diskret; wenn gegeben, dann graduell); und schließlich: i) Objektive Einstellung oder Bewußtseinseinstellung (diskret), wobei sich der erste Fall in zwei Unterfälle aufteilt, deren zweiter seinerseits noch einmal zweigestuft ist: denn entweder gibt es einen expliziten, d.h. sich selbst (gleich wie) nennenden Erzähler oder nicht (diskret); situiert sich ein gegebener Erzähler zudem realzeitlich, so besteht der (beliebig schachtelbare) Fall einer Rahmenerzählung. Dazu empfiehlt es sich, der Einfachheit halber die abgeleitete Kategorie der ›personal gebundenen Perspektive‹ als Kombination von c) und d) so einzuführen, daß sie die raumzeitliche Beschränkung auf die potentielle natürliche ›Wahrnehmung‹ einer Person mit der Option eigener Innensicht bei sonst durchgängiger Außensicht verbindet.[153]

Als mögliche Forderungen an die aus diesen Merkmalen theoretisch formbaren Kombinationen wären folgende Beschränkungen denkbar: Die Fälle sollen 1. überhaupt zu bilden, 2. in Textform eindeutig identifizierbar, 3. perspektivlogisch (allgemein) kohärent, 4. bei Gesamtsituierung in eine der tatsächlichen analoge (wenngleich womöglich ganz fiktive) Welt kohärent, 5. in der Tradition vorfindlich, 6. in ihr besonders kanonisch, 7. in anderen Theorien schon berücksichtigt bzw. allgemein charakterisiert worden sein. Dabei schließen die ersten vier Bereiche den jeweils nächsten ein, während die letzten drei zwingend nur die ersten beiden bzw. – im Falle von 6. – die ersten drei Bedingungen erfüllen werden.

Exemplarische Erprobung I: die Ich-Erzählsituation

Versuchen wir uns nun zunächst von jeweils verschiedenen Seiten und unter der Voraussetzung perspektivischer Kohärenz auf Stanzels drei Polfälle zuzubewegen, und zwar als erstes auf die ›Ich-Erzählsituation‹. Der Klarheit halber sei dabei der in diesem Zusammenhang genannte »Felix Krull« zum Bezugspunkt gewählt, wiewohl er sich im Vergleich zu einer möglichen Ur-›Ich-Erzählsituation‹ bereits als *Kombination* signifikanter Fälle erweisen wird. Ansonsten liegt es freilich nahe, hier gleich von der ersten Bestimmung a) auszugehen und zunächst das Vorhandensein eines lokal

---

[152] Diese Bestimmung spielt, obwohl den Rezeptionseindruck stark prägend, für im engeren Sinne perspektivische Fragen kaum je eine ausschlaggebende Rolle. Um aber auch Entwürfe, welche sie, womöglich infolge einer Äquivokation mit der Perspektive in der Malerei, für ausschlaggebend halten, einbetten zu können, sei sie hier mitgenannt.

[153] Die Kriterienwahl erfolgt in weiten Teilen im sachlichen (nicht aber terminologischen) Rekurs auf Genette, Die Erzählung, S. 132ff. Einzig die (vor allem von Dorrit Cohn seit jeher stark konturierte) Unterscheidung zwischen objektiver Einstellung und Bewußtseinseinstellung scheint bei Genette – wohl nicht zuletzt, weil dieser von Proust (und nicht etwa von Joyce) ausgeht – nur rudimentär entwickelt. – In struktureller Hinsicht schließt das folgende ›Modell‹ dagegen insofern an Genette an, als es sich, wie dieser passim, weigert, seine lokalen Unterscheidungen global zu hierarchisieren. Gleichwohl sollte die Konstellierung als offener Merkmalsraum weit mehr als Genettes isolierten Kästchenquadrate dazu einladen, lokal bestehende Abhängigkeiten, einmal erkannt, ad hoc zu konstatieren und – sofern sinnvoll – dem allgemeinen Kenntnisstand hinzuzufügen.

realzeitlich situierten Ichs zu konstatieren, das von Stanzel überdies wohl nicht als bloß ephemer oder rein registrierend, sondern als zentral bzw. aktiv handelnd gedacht ist.[154] All dies könnte jedoch im Falle eines weder für den »Krull« noch für irgendeine ›Ich-Erzählsituation‹ charakteristischen Inneren Monologs genauso zutreffen, woraus weiter folgt, daß man den Text in Kategorie i) auf seiten der objektiven Einstellung wird verorten müssen. Doch auch dies ließe noch Verwechslungen mit der trotz gewisser Fährnisse durchaus möglichen, von Stanzel am Pol jedoch offensichtlich nicht gemeinten Präsens-Ich-Erzählform (›Ich gehe zur Kirmes und fahre mit dem Riesenrad...‹) einerseits sowie mit einem sich zwar nennenden und realzeitlich situierten, seiner Geschichte aber völlig enthobenen (und womöglich gar auktorialen) Erzähler andererseits zu. Wir müssen so für unsere ›Ich-Idealform‹ zusätzlich noch das Präteritum fordern, womit das erzählende Ich vom erlebenden abgetrennt bzw. der – so per se schon explizite – (Ich-)Erzähler zeitlich und ursächlich *hinter* dem Geschehen situiert wird. Wo immer sich der (Ich-)Erzähler dagegen, wie im »Krull« gelegentlich, auf seine eigene realzeitliche Situation bezieht (»Indem ich die Feder ergreife...«), liegt lokal, wie unter diesen Umständen bei jedem anderen Erzähler auch, de facto eine – wenngleich durch die kontextuelle Bezogenheit spezifisch aufs Präsens verpflichtete[155] – *Rahmenerzählung* vor.

Ob man den Terminus ›Ich-Erzählung‹ nun für gerade diese Kombination – also eine durch die persönliche (nicht zeitliche) Identität eines Ichs zusammengehaltene, jedoch in ihren Ebenen jeweils lokal eindeutig bestimmte Rahmenerzählung – oder aber für einen der lokal daran beteiligten, in sich eigenständigen Fälle (vorzugsweise den durch das Präteritum bestimmten[156]) reservieren soll, muß hier nicht entschieden werden. Wichtiger ist es, sich die wechselseitige Abhängigkeit der Bestimmungen vor Augen zu führen: Die Kombination von realzeitlicher Ich-Situierung, objektiver Einstellung und Präteritum erzwingt in diesem Falle die Explizitheit eines persönlichen Erzählers ›hinter‹ dem Geschehen, ebenso wie die Verbindung der erstgenannten Momente mit der Unterbestimmung eines expliziten Erzählers umgekehrt das Präteritum erfordert.

Darüber hinaus bedingt diese Konstellation auch eine Entscheidung betreffs der objektiven Einwirkungsmöglichkeiten des Mediums auf die erzählten Ereignisse (h), nämlich die, daß dergleichen, weil erlebendes und erzählendes Ich hier zwar dieselbe Person darstellen, das erzählende aber aufgrund der zeitlich-realontologischen Ge-

---

[154] Die Grenzziehung bleibt hier gleichwohl stark vom (wertbestimmten) Ermessen des Rezipienten abhängig.

[155] Aufgrund der beliebigen Schachtelbarkeit von Rahmenerzählungen kann diese Bedingung bei realzeitlich situierten Er/Sie-Erzählern natürlich auf immer höhere Stufen verschoben werden. Wo immer jedoch das jeweils ›letzte Medium vor dem Autor selbst‹ realzeitlich involiert ist, wirkt sie ziemlich streng.

[156] Wählt man den anderen, werden auch realzeitlich situierte Äußerungen ›geschehnisenthobener‹ bzw. gar auktorialer Erzähler lokal zu ›Ich-Erzählungen‹.

trenntheit nie zugleich auch das – potentiell wirkmächtige – erlebende ist, zwar auf der Rahmenerzählungsebene prinzipiell möglich, auf der durch das Präteritum bestimmten (Handlungs-)Ebene jedoch weitgehend ausgeschlossen ist.[157]

Ferner bedingt das realzeitliche Auftreten eines Ichs allgemein die personale Gebundenheit an die Kenntnismöglichkeiten der erzählenden Figur. Fallen erlebende und erzählende Ich-Figur im Präsens zusammen, ermöglicht das leicht perspektivisch inkohärente Fügungen wie ›Ich wirke auf ihn wie ein Tölpel, aber er läßt sich nichts anmerken, so daß ich weiterrede, ohne etwas davon zu bemerken‹.[158] Bei zeitlicher Geschiedenheit von erlebendem und erzählendem Ich ist der Spielraum des Erzählers dagegen um die Möglichkeit erweitert, geschehnisaktuell Perspektivüberschreitendes als ›hinterher Erfahrenes‹ zu objektivieren und – über die Perspektive des je erlebenden Ichs hinausgehend – in den Geschehnisverlauf zu integrieren (›Das sollte mich noch teuer zu stehen kommen‹, ›Wie ich später erfuhr, haßte Herbert mich zu dieser Zeit schon‹).

Was die drei restlichen Kriterien b), e) und g) betrifft, ist festzustellen, daß Krull die Ereignisse sowohl aus seiner Erlebnisperspektive als auch – teils durchaus abweichend – aus der retrospektiven Erzählersicht wertet bzw. kommentiert, daß er als Erzähler manches im Großen zusammenfaßt, dann aber wieder (etwa in der berühmten Musterungsszene) sehr nah ans Geschehen ›heranrückt‹ und daß er schließlich – ebenfalls als Erzähler – gelegentlich, wenn auch nicht überall, große räumliche Anschaulichkeit vermittelt, ohne jedoch zu irgendeiner dieser Entscheidungen durch die gewählte Perspektive selbst gezwungen zu sein.

Wir sehen, daß die von Stanzel wohl für ideal erachtete ›Ich-Erzählsituation‹ unter der Voraussetzung perspektivischer Kohärenz durch drei gleichgeordnete Bestimmungen (lokal realzeitlich situiertes und zudem graduell zentrales Ich; objektive Einstellung; Präteritum), oder – äquivalent – durch zwei gleichgeordnete und eine (zweifach) untergeordnete (realzeitlich situierter Erzähler anstelle des Präteritums) insoweit ausreichend charakterisiert ist, als sich die übrigen Bestimmungen dadurch entweder zwingend ergeben oder aber zwar für den konkreten Fall bestimmbar sowie für den (auch ›perspektivischen‹) Eindruck eines Textes durchaus prägend, jedoch für die Konstitution dessen, was Stanzel offenbar im Auge hat, nicht von spezifischem Belang sind. Zur Einordnung des »Felix Krull« bedarf es zudem noch des Hinweises, daß sich das erzählende Ich hier gelegentlich – und mit den entsprechenden Implikationen – nach Rahmenerzählungsart realzeitlich auf sich selbst bezieht.

---

[157] Hier liegt auch die Erklärung, warum das ›Ich als Baby‹ im vorgenannten Beispiel ohne weiteres ›von außen‹ beschrieben werden konnte. Es handelt sich – wie bei jeder anderen Person, welche auf beiden der zeitlich getrennten Ebenen agierte – realontologisch gesehen gar nicht um dieselbe.

[158] Abgesehen vom noch zu erörternden kontextuellen Aufweis als Präsens historicum läge eine Rettung hier allenfalls in metaphorischen Interpretationen. Daß derlei Inkohärenzen auch bewußt gesetzt sein können, steht auf einem anderen Blatt.

Wenden wir uns nun dem nächsten, vielfach sehr heterogen definierten Gebiet des
auktorialen Erzählens zu, und beginnen wir statt von der ersten diesmal von der letzten Bestimmung (i) her. Es kann kein Zweifel bestehen, daß die auktoriale Erzählsituation nicht der Bewußtseinseinstellung nahesteht, weswegen wir sie auf seiten der
objektiven Einstellung anzusiedeln haben, und zwar üblicherweise unter Vorhandensein eines expliziten Erzählers. Ein weiteres allgemeines Kennzeichen besteht
darin, daß ein realzeitlich situiertes Ich hier nur auf der obersten Stufe einer Rahmenerzählung, d.h. bei Erfüllung des zweiten Unterfalls von i) vorkommen darf, nämlich
gerade *als* auktorialer Erzähler.

Darüber hinaus wird es freilich schon sehr schwierig, allgemeinere Charakteristika
zu finden. Wir wollen deswegen hier eher Tendenzen und mögliche Spielarten angeben, wobei es nicht auf die Entscheidung für diesen oder jenen Fall, sondern vor allem
auf die Möglichkeit der Unterscheidung ankommt. Eine erste Forderung, die im Zusammenhang mit ›auktorialem Erzählen‹ oft genannt wird, lautet, daß der Erzähler
das Geschehen werten und kommentieren solle. Dies kann – unabhängig sowohl von
möglichen Wertungen und Kommentaren auf Figurenebene als auch von allen weiteren Bestimmungen – als Möglichkeit problemlos zugestanden werden, wenngleich
wir hier nicht allgemein entscheiden wollen, wann Grad bzw. Quantität jeweils aus-
reichen, um einem Erzähler seine Auktorialität zu sichern. Und das um so mehr, als
dieses Merkmal in der üblichen Auffassung (unabhängig von jeder Gradualität) ohnedies kaum je allein, sondern meist erst im Zusammenspiel mit anderen Eigenschaften
für hinreichend erachtet wird. Letztere gruppieren sich in aller Regel um den Begriff
des ›allwissenden Erzählers‹. Dieser Modus kann – abhängig von seiner Deutung
nach c) oder d) – auf zweierlei Weise aufgefaßt werden: zum einen als Lizenz, innere
Erlebnisse aller Beteiligten nach Belieben als objektive darzustellen (›Er langweilte
sie noch mehr, als sie ihn faszinierte – während der Hund sich sein Teil dachte‹);[159]
zum anderen aber – und davon weitgehend unabhängig – als die Fähigkeit zur objektiven Überschreitung des potentiellen Wahrnehmungsraums eines (nicht weiter spezifizierten) natürlichen Beobachters (›Während die Leute hier ihre Lottoscheine ausfüllen, beginnt zehn Kilometer weiter schon der Krieg‹).[160] Dabei spielt die objektive
Gleichzeitigkeit von Ereignissen oder Verläufen an verschiedenen Orten – weit mehr
als für c) – eine tragende Rolle.[161] Darüber hinaus hängt d) auch mit der hier sonst
weitgehend indistinkten und variablen Kategorie g) insofern zusammen, als jeder

---

[159] Analoges gilt auch für Fälle, wo das *Nicht*vorhandensein von Wahrnehmungen und Erfahrungen objektiviert wird (›Sie wußten nicht, was ihnen noch blühte‹, ›Herr Müller hatte das
Schaf, das ihm vor die Beine gelaufen war, gar nicht bemerkt‹).

[160] Eine allgemeine Abhängigkeit von c) und d) ergibt sich nur insofern, als bei Beschränkung
auf einen natürlichen Wahrnehmungsraum allenfalls telepathische Zugriffsmöglichkeit
auf die inneren Vorgänge nichtanwesender Personen besteht.

[161] Dies gilt ungeachtet aller Modifikationen durch moderne Kommunikationsmittel.
Telephonieren zwei miteinander, so hat jeder die Telephonstimme des anderen ›mit im
Raum‹, nicht dagegen dessen Geruch und Mienenspiel.

figurentranszendente Ortswechsel ein Mindestmaß an differentieller räumlicher Situierung (›im Nebenzimmer‹, ›Hier in New York‹ etc.) erfordert.

Ein vollkommen ›allwissender‹, d.h. die Wirklichkeit der von ihm (mehr oder weniger fiktiv) entworfenen Welt nach allen Seiten unbeschränkt ausschöpfender auktorialer Erzähler nun müßte die genannten Bestimmungen mit Sicherheit sämtlich, also sowohl hinsichtlich von c) als auch von d) auf sich vereinen. De facto wird sich der figurentranszendente Eindruck jedoch auch dann schon einstellen, wenn lediglich *eine* der beiden Beschränkungen merkbar aufgehoben ist. Auch hier kommt es indes weniger auf die terminologische Festlegung als vielmehr primär auf den Aufweis der für den perspektivischen Eindruck relevanten Differenzen an.

Was die übrigen beiden Bestimmungen f) und h) betrifft, so stehen sie – von den anderen weithin unabhängig – untereinander in einem interessanten Wechselverhältnis, welches eine weitere Möglichkeit der auktorialen Einstellung beleuchtet. Betrachten wir dafür folgende zwei Passagen: 1. ›Felicitas sah Hans, Hans sah Felicitas, und – wir haben es kommen sehen – die beiden waren in Lichtgeschwindigkeit verliebt‹; sowie: 2. ›Caroline hat jetzt lange genug auf der Chaiselongue geschlummert. Es wird Zeit, sie aufzuwecken. Hallo, liebe Jungfer, wach auf, die Leser wollen wissen, wie es weitergeht, und draußen wartet Eduard mit einem überdimensionalen Chrysanthemenstrauß. Da – schlägt sie schon die Augen auf.‹ Wie man sieht, greift der zweite, im Präsens agierende Erzähler – obschon in keinerlei realer Beziehung zum aktuell Erzählten – recht handfest ins Geschehen ein, während dem ersten dergleichen, indem das Präteritum die erzählten Ereignisse als objektiv vergangene bestimmt, allenfalls unter sehr weitgehendem Kohärenzverlust der erzählten (gleich wie fiktiven) Wirklichkeit möglich wäre.[162] Insofern ließe sich im zweiten, durch die Kombination von Präsens sowie unbeschränkten Eingriffsmöglichkeiten des Erzählers gegebenen Fall von einem nicht nur allwissenden, sondern sogar explizit ›allmächtigen‹ Erzähler sprechen, der den Leser bei jeder Gelegenheit unmittelbar daran erinnern kann, daß er und niemand sonst in Wahrheit das Geschehen diktiert. Und gleich, ob man einen derartigen Erzähler ›auktorial‹ nennen möchte oder nicht, bleibt er solchem doch zumindest nah verwandt.

So scheint es, daß im Zusammenhang mit der Kontur auktorialen Erzählens – abgesehen von der weitgehend variablen Kategorie e) – sämtliche Bestimmungsmomente involviert sein können, ohne daß sich das Bild zu einem einzigen Fall verdichtete. Dessen ungeachtet jedoch trägt die kategoriale Differenzierung zur Erkenntnis sowohl der lokalen Abweichungen als auch der – durchaus distinkten – Nähebeziehungen bei.

---

[162] Ein Beispiel wäre eine Fügung wie: »Sie durchwanderten den Saal, oder nein, sie waren im Freien bzw. saßen zu zweit, nein, zu fünft in der Küche.« Folgerichtig tritt dergleichen meist dort auf, wo die Identitätskategorie *in der dargestellten Welt* nicht durchweg gilt (Traumerzählungen, Science Fiction etc.).

Letzteres wird deutlich, wenn wir – wie im folgenden – versuchen, uns vom Extremfall eines ›allmächtigen‹ Erzählers schrittweise auf Stanzels dritten Fall, das ›personale Erzählen‹, zuzubewegen. Als Ausgangspunkt soll dabei folgende Passage dienen: ›Und während wir den von finsteren Ahnungen ergriffenen Josef von unserem Schreibpult aus zuerst im Zug in das verhaßte München und von dort aus mit dem Taxi weiter nach Gaching schicken, gibt Constanze dem Grafen, welcher einzig auf ihr Geld aus ist, in Rimini – Gott sei's geklagt! – ihr Jawort.‹ Bauen wir nun zunächst die ›Allmächtigkeit‹ des Erzählers ab. Ein erster Schritt besteht z.B. in der Transferierung zum Präteritum: ›Und während wir den von finsteren Ahnungen ergriffenen Josef von unserem Schreibpult aus zuerst im Zug in das verhaßte München und von dort aus mit dem Taxi weiter nach Gaching schickten, gab Constanze dem Grafen, welcher einzig auf ihr Geld aus war, in Rimini – Gott sei's geklagt! – ihr Jawort.‹ In dieser ziemlich instabil anmutenden Fügung gibt der Erzähler zwar immer noch klare Kunde von seinem Einfluß auf den Geschehnisverlauf, doch kann er die Entscheidung hier schon nur noch retrospektiv benennen, anstatt sie aktuell zu vollziehen. Schieben wir die erzählerische Willkür dagegen ganz aus dem Bereich des Expliziten, gelangen wir etwa zu folgender, nun ›normal auktorialen‹ Fügung: ›Und während der von finsteren Ahnungen ergriffene Josef zuerst im Zug in das verhaßte München und von dort aus mit dem Taxi weiter nach Gaching fuhr, gab Constanze dem Grafen, welcher einzig auf ihr Geld aus war, in Rimini – Gott sei's von unserem Schreibpult aus geklagt! – ihr Jawort‹. Komplimentieren wir nun, wo wir uns nach Tempus (f) und Eingriffsmöglichkeit (h) bereits von der Allmacht des erzählerischen Mediums verabschiedet (und damit nebenbei die theodizeeschwangere Inkohärenz von gleichzeitigem Bewirken und Bedauern der Geschehnisse beseitigt) haben, als nächstes den persönlichen Erzähler selbst hinaus. Dazu entfernen wir zunächst dessen rahmenerzählerische realzeitliche Konkretion und gelangen so zu der Variante: ›Und während der von finsteren Ahnungen ergriffene Josef zuerst im Zug in das verhaßte München und von dort aus mit dem Taxi weiter nach Gaching fuhr, gab Constanze dem Grafen, welcher einzig auf ihr Geld aus war, in Rimini – wir klagen es dem Herrn! – ihr Jawort‹. Von da aus ist es bis zum endgültigen Verschwinden des persönlichen Erzählers nur noch ein geringer Schritt: ›Und während der von finsteren Ahnungen ergriffene Josef zuerst im Zug in das verhaßte München und von dort aus mit dem Taxi weiter nach Gaching fuhr, gab Constanze dem Grafen, welcher einzig auf ihr Geld aus war, in Rimini leider schon ihr Jawort.‹

Ungeachtet wir den Einfluß unseres Erzählers schon beträchtlich – zuletzt hinsichtlich der Unterfälle von i) – beschnitten haben, würde in der aktuellen Fügung wohl in aller Regel immer noch ein auktorialer Erzähler konstatiert. Schalten wir deshalb als weiteres Element alle Wertungen bzw. Kommentare (b) aus: ›Und während der von Ahnungen ergriffene Josef zuerst im Zug nach München und von dort aus mit dem Taxi weiter nach Gaching fuhr, gab Constanze dem Grafen, dem es einzig um ihr Geld zu tun war, in Rimini ihr Jawort.‹ Die Vermittlung dürfte jetzt – abweichend von dem, was man üblicherweise von einem auktorialen Erzählstil erwarten würde – schon vergleichsweise ›objektivistisch‹ anmuten. Allerdings sind wir, indem wir gerade nicht nur die impliziten und expliziten Wertungen durch das Erzählermedium, sondern auch die auf der Darstellungsebene angesiedelten unterschiedslos ausgeschieden haben, offenbar ein wenig übers Ziel hinausgeschossen. Denn obgleich der ›Objektivitätseindruck‹ einer Erzählung allgemein stark vom absoluten Anteil an wertenden und kommentierenden Aussagen abhängen dürfte, kommt es in unserem Zusammenhang einzig auf die Tilgung der medial bezogenen an, während die Figuren weiterhin so viel werten bzw. kommentieren (und damit letztlich ›handeln‹) können, wie sie wollen. Stellt man dies in Rechnung, so gelangen wir etwa zu folgender Formulierung: ›Und während der von finsteren Ahnungen ergriffene Josef zuerst im Zug in das verhaßte München und von dort aus mit dem Taxi weiter nach Gaching fuhr, gab Constanze dem Grafen, dem es einzig um ihr Geld zu tun war, in Rimini ihr Jawort‹.

Obwohl wir inzwischen massiv in den Ausgangstext eingegriffen haben, bleibt festzustellen, daß der ›Allwissenheit‹ des Mediums bezüglich der erzählten Welt bislang noch nicht der geringste Abbruch getan worden ist. Nehmen wir nun also jene Modifikationen vor, die den Eindruck der Auktorialität wohl am vehementesten und nachhaltigsten zerstören, und kappen wir dafür zunächst die objektive Innensicht (c): ›Und während der wie von finsteren Ahnungen ergriffen dreinblickende Josef zuerst im Zug in das vor den Freunden so häufig geschmähte München und von dort aus mit dem Taxi weiter nach Gaching fuhr, gab Constanze dem Grafen, der dabei den Ehevertrag, welcher ihm ihr Vermögen sicherte, ebenso unsichtbar wie fest umklammert hielt, in Rimini ihr Jawort.‹ Verzichten wir zudem auch noch auf die indirekten Charakterisierungen, so ergibt sich die – nun wohl schon eher ›neutral‹ bzw. ›objektivistisch‹ denn ›auktorial‹ anmutende – Formulierung: ›Und während Josef zuerst im Zug nach München und von dort aus mit dem Taxi weiter nach Gaching fuhr, gab Constanze dem Grafen in Rimini ihr Jawort.‹ Dem Leser bleibt nun keinerlei Anhaltspunkt mehr, was Josef, Constanze oder der Graf ihrerseits denken, fühlen oder wollen. Damit allerdings bewegen wir uns von der personalen Erzählsituation insofern wieder fort, als diese ja die Möglichkeit der objektiven Wiedergabe innerer Vorgänge ausdrücklich einschließen soll, wenngleich streng auf eine einzige Person beschränkt. Öffnen wir also den Zugang zu objektiven inneren Vorgängen wieder ein Stück weit, doch diesmal nicht mehr auf beliebige Personen, sondern nur auf Josef hin: ›Und während Josef voller böser Ahnungen zuerst im Zug in das verhaßte München und von dort aus mit dem Taxi weiter nach Gaching fuhr, gab Constanze dem Grafen in Rimini ihr Jawort‹. Auf dieser Stufe wäre jede Angabe über das innere Befinden Constanzes oder des Grafen bereits ein Verstoß gegen die perspektivische Bindung (c). Dennoch werden nach wie vor Dinge objektiviert, die Josef aufgrund der Begrenztheit seines natürlichen Wahrnehmungsradius nicht als objektive wissen kann. Führen wir die entsprechende perspektivische Reduktion allerdings auch nach dieser Richtung (d) durch, so erfährt der Ausschnitt dessen, was von der erzählten (und hier bis auf die Ortsnamen fiktiven) Welt sichtbar ist, eine ziemlich gravierende und etwa wie folgt zu konkretisierende Modifikation: ›Während der ganzen Zugfahrt in das verhaßte München und der anschließenden Taxifahrt nach Gaching war Josef von der finsteren Ahnung besessen, Constanze könne womöglich dem Grafen, welcher, wie er meinte, ohnehin nur auf ihr Geld aus war, in Rimini gerade schon ihr Jawort geben.‹

Mit dieser Formulierung scheinen wir der personalen Erzählsituation – wenngleich um den Preis, zuvor objektive Information in Josefs Bewußtsein transferiert zu haben – bereits ziemlich nah, kann der Leser doch aus dieser Perspektive nicht mehr entnehmen, was in Rimini gerade wirklich vorgeht – jedenfalls nicht früher oder sicherer als Josef selbst. So gesehen könnte jemandem, der hier bereits von personalem Erzählen reden wollte, schwerlich widersprochen werden. Dennoch erscheint es uns fraglich, ob das, was gemeinhin als Idealform personalen Erzählens gilt, damit schon vollständig charakterisiert ist. Vergleichen wir dazu folgende Formlierung: ›Auf der Zugfahrt ins verhaßte München wurde Josef plötzlich von der finsteren Ahnung befallen, Constanze könne dem Grafen womöglich eben jetzt in Rimini ihr Jawort geben; dazu dann der quälende Gedanke, daß der es sogar nur des Geldes wegen täte‹. Der Unterschied zur vorangegangenen Fassung besteht darin, daß der realzeitliche Verlauf hier ›näher‹ fokussiert ist. Während zuvor ein über einen größeren Zeitraum (Zug- und Taxifahrt) erstreckter Sachverhalt zu einer vergleichsweise kurzen Äußerung zusammengefaßt wurde (deutlicher etwa in: ›Er lebte siebzig Jahre lang in Emden‹), ist der Verlauf der Darstellung nun, obzwar nach wie vor im Rahmen objektiver Schilderung, vergleichsweise direkt mit einem konkreten (fiktiven) realzeitlichen Vorgang ›korreliert‹[163] und damit endgültig an den Erfahrungsvollzug einer Figur gebunden.

So sind wir – indem die noch verbleibende ›Raum‹-Kategorie (g), wenngleich nun selbstverständlich auch perspektivisch gebunden, abermals keine allzu große Rolle spielt – nach erwartungsgemäß ›langer‹, d.h. hier: viele Schritte erfordernder und damit der erheblichen ›Entfernung‹ zum ›allmächtigen‹ Ausgangspunkt Rechnung tragender Wanderung durch unseren Bestimmungsraum endlich bei der personalen Erzählsituation angelangt. Ohne deren (objektive) Varianten weiter durchspielen zu wollen, kann festgehalten werden, daß sie durch die personale Gebundenheit (c und d), die Abwesenheit nicht nur einer expliziten Erzählerfigur (Unterfall i), sondern überhaupt aller medial gebundener Wertungen und Kommentare (b) sowie schließlich durch die Tendenz zur graduellen realzeitlichen Nahstellung (e) hinreichend charakterisiert ist, während die übrigen Bestimmungen – lokalen Abweichungen bzw. Vor- und Nachteilen zum Trotz – relativ variabel bleiben.

Exemplarische Erprobung IV: Übertritt in die Bewusstseinssphäre

Dies gilt nun insbesondere auch in bezug auf die Grenzüberschreitung zur im Modernismus so wichtigen Bewußtseinseinstellung, deren geläufigsten literarischen Ausprägungen – Erlebte Rede und Innerer Monolog – man entweder (wie Stanzel tendenziell) als Unterfälle einer allgemein gefaßten ›personalen Erzählsituation‹ oder aber als medial bewußtseinsunmittelbare Entsprechungen einer auf seiten der objektiven Einstellung angesiedelten Variante personalen Erzählens fassen kann. Ein markanter,

---

[163] Charakter und Gradualität dieser Korrelation werden uns im folgenden noch beschäftigen.

wenngleich die kategoriale Nähe keineswegs aufhebender Unterschied liegt freilich darin, daß sich das, was die objektive Einstellung durch gezielte Selbstbeschränkung erreicht, in der Bewußtseinseinstellung von vornherein und weitgehend zwangsläufig ergibt. Um dies zu veranschaulichen, passieren wir zunächst die Grenze zur Erlebten Rede: ›Auf der Zugfahrt in dieses verhaßte München war ihm auf einmal, als gäbe Constanze eben jetzt in Rimini dem Graf ihr Jawort. War der nicht ohnehin nur auf ihr Geld aus?‹ Zweierlei ist hieran zu erkennen: zum einen, daß die Erlebte Rede, so wie sie üblicherweise aufgefaßt wird, durch drei Kriterien, nämlich die Ansiedlung auf seiten der Bewußtseinseinstellung (i), die Abwesenheit jeglichen (und damit auch eines realzeitlich situierten) Ichs (a) sowie das Präteritum (f) hinreichend lokalisiert ist; und zum anderen, daß sie in ihrem Auftreten vielfach auf eine kontextuelle Einbindung mit den Mitteln der analog bestimmten objektiven Spielart personalen bzw. personal gebundenen Erzählens angewiesen bleibt (hier: ›Auf der Zugfahrt [...] war ihm, als...‹), wobei die enge Verzahnung freilich kein Einwand, sondern – in ihrer Häufigkeit als charakteristische (etwa in Kafkas Romanen ziemlich durchgängige) Kombination mehrerer benachbarter Formen – lediglich ein weiteres Indiz für das hier herrschende Näheverhältnis ist.[164] Was hingegen unsere Eingangsfrage angeht, so wird an obiger Passage evident, inwiefern objektive Aussagen über die Befindlichkeit anderer Personen (c) bzw. den sinnlichen Wahrnehmungskreis der perspektiven-konstitutiven Figur überschreitende Verhältnisse (d) im bewußtseinsunmittelbaren Modus der Erlebten Rede nicht länger nur vermieden, sondern prinzipiell gar nicht formulierbar sind. Denn selbst wo man Josef objektive seherische Fähigkeiten oder ein ›zweites Gesicht‹ zuschriebe, bliebe die Rimini-Szene in der Vermittlung durch die Erlebte Rede doch stets noch Teil *seines* perspektivisch gebundenen Bewußtseinsvollzugs.

Gleiches gilt – obschon auf Anhieb weniger evident – auch für die Korrelation zum realzeitlichen Verlauf. Zur Verdeutlichung empfiehlt es sich, unser Beispiel zuletzt noch in den – von der Erlebten Rede üblicherweise durch realzeitliche Ich-Situierung (a) und Präsens (f) charakteristisch unterschiedenen – Inneren Monolog zu transferieren: ›Es ist zum Verrücktwerden... während ich hier sitze und auf das vermaledeite München zurolle, heiratet Constanze wahrscheinlich jeden Moment schon diesen Grafen... ich seh' die beiden geradezu vor mir, wie sie in Rimini stehen und *ja ja ja, ich will, ich will* sagen... und dabei ist der ohnehin nur auf ihr Geld aus...‹ Anders als fast alle der vorangegangenen Formulierungen ist diese Darstellung sichtbar eng mit einem konkreten realzeitlichen (Bewußtseins-)Verlauf verknüpft, d.h. sie ließe sich virtuell einer bestimmten (wenn auch nicht notwendig benannten) Uhrzeit resp. Zeit-

---

[164] Dazu ein Beispiel: ›Drei Wochen lebte sie still vor sich hin. An einem grauen Nachmittag jedoch, sie spielte gerade Chopin, verschwammen auf einmal die Tasten vor ihr. Wollte sie so weiterleben?‹ Man sieht hier deutlich, wie die konstante Übereinstimmung der Kategorien a), b), c), d), f), g) und h) sowohl Abweichungen in e) (im zweiten Satz) als auch lokale Übertritte zur Bewußtseinseinstellung (i) (vom zweiten zum dritten) vergleichsweise geringfügig erscheinen läßt. Eine Erzählhaltung, welche diese drei – systematisch durchaus geschiedenen – Möglichkeiten verbindet, gewinnt so hinsichtlich der jeweils gewünschten Objektivität bzw. Bewußtseins- oder Realnähe relativ unauffällig große Variabilität.

strecke im Geschehen zuordnen. Die durchgängige Evidenz dieser Bindung führt einerseits zu einer starken Illusion der Gleichzeitigkeit von Geschehen und Darstellung, verbietet jedoch andererseits, die objektive (innere oder äußere) Ereignisfolge nach Belieben zu raffen, zu überspringen oder etwa unbegrenzt zu dehnen.[165] Wo ein objektiv eingestelltes Medium Josefs Rimini-Vision wahlweise entweder zu einem kurzen Satz zusammenfassen oder über zweitausend Seiten hinweg ausmalen könnte, um dann mit dem Satz ›Da fuhr der Zug in München ein‹ alle Zeitverhältnisse problemlos wieder ins Lot zu bringen, wäre es im Inneren Monolog unmöglich, etwa die zu Beginn inkorporierte Zeitstrecke der Fahrt nach München *und* der anschließenden Taxifahrt nach Gaching als objektiven Realverlauf zusammenzufassen. Zwar könnte man Josefs ›Ich‹ durchaus etwas monologisieren lassen wie: ›Jetzt sitze ich schon zwanzig Minuten in diesem Taxi... und davor die drei Stunden im Zug ... und die ganze Zeit über kein anderer Gedanke als der, daß Constanze sich womöglich gerade etc.‹ – doch auch hiermit läge keine objektive Zusammenfassung der realen Mannigfaltigkeit vor, sondern lediglich die – ihrerseits realzeitlich eingebundene – *Darstellung eines Gedankens* daran.

Lokale Beugungen, fragile Fälle und Unmögliches

Ohne auf die zahlreichen Fragen und Fälle, welche sich aus den bisher entfalteten Verhältnissen noch ergeben, weiter einzugehen, wollen wir die Charakterisierung der typischen Erzählsituationen an dieser Stelle abbrechen und statt dessen noch einige der ›Randzonen‹ unseres Äquivalenzklassenraumes kurz beleuchten. Dabei geht es weniger um die Auffindung tragfähiger, aber bislang ungenutzter Erzählperspektiven (wenngleich eine gute Theorie im Prinzip auch solche Nutzanwendung zulassen müßte), sondern vielmehr darum, anhand von eher ›instabilen‹ Grenzfällen und kontextabhängigen Besonderheiten die Verschiedenheit der Bedingungen, unter denen ein ›Ergebnisraum‹ bestimmt werden kann, kenntlich zu machen.

Gehen wir, um ein Beispiel kontextbedingter Beugung zu erhalten, zunächst von dem Satz ›Er ging jetzt über die Straße‹ aus, und konstellieren wir ihn zu a): ›Ein Mann erschien. Er ging jetzt über die Straße‹, sowie zu b): ›Dieser Duft, der ihn von drüben anwehte – war es wirklich Bratwurst oder nur ein Déjà-vu? Er ging jetzt über die Straße. Hoffentlich würde ihn niemand überfahren, bevor er bei dem Wurststand wäre.‹ Während der Beispielsatz sich in a) klar auf die objektive Seite neigt, drückt er im Zusammenhang von b) – obwohl im Wortlaut gleich – eindeutig eine Bewußtseinstatsache aus, d.h. sein perspektivischer Sinn erscheint je nach Umfeld modifiziert.

Analoge Beugungen können – als lokale Unbestimmtheit oder graduelle Weitung bestimmter perspektivischer Standpunkte – insbesondere auch im Zusammenhang mit

---

[165] Daß es Wege gibt, dieser Beschränkung durch Kunstgriffe zu entgehen, zeigt – gleich zu Beginn der Tradition – schon Schnitzler, der seinen stilbildenden »Leutnant Gustl« zwischendurch für ein paar Stunden einschlafen läßt und sich damit der andernfalls unvermeidlichen (Bewußtseins)-Darstellung dieses Zeitraums elegant entzieht.

dem Präsens historicum auftreten. Auf diese Art wäre etwa die Objektivität des zuvor angeführten Inkohärenzexempels: ›Ich wirke auf ihn wie ein Tölpel, aber er läßt sich nichts anmerken, so daß ich weiterrede, ohne es zu bemerken‹ als lokale Ausformulierung einer retrospektiv objektiv erschlossenen Situation zu retten.

Lautete der Satz dagegen ›Ich wirke auf ihn wie ein Tölpel, aber er läßt sich nichts anmerken, so daß ich einfach weiterrede, ohne mich darum zu kümmern‹, so bestünde die einzige Rettungsmöglichkeit ins Objektive – diesseits der stets möglichen *metaphorischen* Zurechtdeutung (hier etwa zu: ›*Mir scheint*, als wirke ich auf ihn wie...‹) – nur darin, die Geschichte, unter expliziter Aufgabe der Bedingung tatsächlichkeitsanaloger Verhältnisse, in einer wunderbaren Welt anzusiedeln, in der das mediumtragende Ich objektiv Gedanken lesen könnte. Verzichtete man dagegen überhaupt auf die implizite Bedingung perspektivischer Kohärenz, so exemplifizierte der Satz sogar in der vorigen, hart widersprüchlichen Form einen möglichen, als Textform sogar lokal eindeutig identifizierbaren Punkt im definierten Merkmalsraum.

Etwas schwieriger würde es dagegen, wollte man z.B. den in der Bewußtseinsstellung implizierten Gleichzeitigkeitseindruck von Geschehen und Darstellung in objektiver Formulierung und epischem Präteritum als eindeutige Textform erzwingen wollte. Außerhalb von Texten ist dies relativ leicht zu realisieren, etwa indem man, durch die Stadt gehend, einfach das, was sich gerade zuträgt, unvermittelt wiedergibt (›Sie gingen durch die Stadt, ein grünes Auto fuhr vorbei, eine Frau kam aus der Post, sie bogen in Richtung Rathaus ab, einer referierte all das im Präteritum etc.‹) und damit bei unvorbereiteten Zuhörern im Normalfall eine hyperrealistische Irritation erzeugt. Mit der Bindung an die Textform schwindet jedoch der real-evidente Bezugspunkt, und die entsprechende Korrelation wird – abgesehen davon, daß man ihre bloß formale Identifikation natürlich immer, wie eben geschehen, kontextuell per Behauptung erzwingen kann – notwendig unkenntlich. Eine Ausnahme wäre allenfalls dahingehend zu konstruieren, daß man in der Textform selbst auf den realen Rezeptionsakt Bezug nähme und etwa ein Buch herausbrächte, welches – womöglich im Anschluß an die Schilderung von Einfall, Niederschrift, Lektorat, Satz, Druck, Versand und Verkauf – in eine Beschreibung des aktuellen Lesevollzugs einmündete und von da an nur noch Ausführungen enthielte wie: ›Die Augen des Lesenden wanderten von links nach rechts, durchliefen die Zeile in mehreren Sprüngen, erreichten das Zeilenende, setzten bei der nächsten Zeile wieder an usw.‹. Die distinkte Textform unseres problematischen Falles wäre so punktuell erzwungen, wenn auch unter Opferung einer anderen, bislang immer weitgehend offenen Bestimmung, nämlich der des Inhalts. Wichtig ist dabei nicht der spezielle Fall, sondern die Einsicht, daß die ›Ergebnismengen‹, je nachdem, welche Bedingungen man stellt und welche Beugungen man in anderen Bereichen zuläßt, durchaus variabel sind, ohne daß sich die Lagebeziehungen der theoretisch möglichen Fälle dadurch verändern.[166]

Daneben gibt es gleichwohl auch Kombinationen, die durch keine noch so große Dehnung umliegender Verhältnisse erzwungen werden können, etwa die objektive

---

[166] Änderungen treten hier – unabhängig von jeder Bedingung – erst dann ein, wenn man die Merkmalsbestimmungen selbst verändert.

Zusammenfassung großer Realzeitabschnitte in Bewußtseinseinstellung. Denn selbst gesetzt den Fall, jemand, der für sechs Jahre ins Gefängnis müßte, dächte in dieser Zeit – mit der Geschwindigkeit von einem Wort pro Jahr – einzig den Satz ›Sechs Jahre war ich im Gefängnis‹, so läge damit – abgesehen davon, daß solche Brady- phrenie nur unter extremen diagnostischen Bedingungen (und jedenfalls nicht in Text- form) als Innerer Monolog identifizierbar wäre – noch immer keine *objektive Zu- sammenfassung* des entsprechenden Zeitabschnittes vor. Natürlich wäre zwar auch das dem schieren Wortlaut nach noch irgendwie zu erzwingen, doch müßte man dafür schon die zugrundeliegenden Bestimmungsmerkmale ändern, und zwar auf eine Art, die notwendig in anderen Feldern Unsinn produzierte.

Insgesamt zeigen die Beispiele, daß die innerhalb eines nach obigen Kriterien konstruierten metrischen Raums prinzipiell möglichen Fälle (deren Gesamtheit struk- turell – trotz der völlig verschiedenen Anordnung – dem entspräche, was bei Stanzel auf der homogenen Kreislinie Platz finden muß) ihrem Status nach keineswegs sämt- lich ›auf einer Ebene (oder Linie)‹ liegen, und zwar nicht allein deshalb, weil sie nicht sämtlich zu jeder Zeit, in gleicher Quantität und mit vergleichbar bedeutenden Reali- sationen ›ausgefüllt‹ erscheinen, sondern vor allem deshalb, weil sie – unter den ge- genwärtigen Bedingungen – prinzipiell nicht alle gleichermaßen stabil, variabel hand- habbar oder überhaupt nur realisierbar sind. Das heißt gleichwohl nicht, daß die pro- blematischeren Konstellationen *von vornherein* auszuschließen wären. Ratsamer er- schiene es, die verschiedenen Niveaus zunächst entsprechend zu markieren (in loka- len Schaubildern etwa farblich), um dann – abhängig von der jeweiligen Fragestel- lung – gezielt entscheiden zu können, welche Segmente man allenfalls für irrelevant erklärt und wegläßt – wohl wissend, daß der geschichtliche Verlauf die Zuschreibung schon bald veralten lassen kann.

Zur Frage der Darstellung

Läßt man die wichtigsten allgemeinen Implikationen der so umrissenen Modell- bildung noch einmal Revue passieren, so drängt sich – bei allen Vorteilen in bezug auf eine nicht schematisch prädeterminierte Repräsentation lokaler Abhängigkeit und Un- abhängigkeit – als Nachteil vor allem die Tatsache auf, daß es nicht ohne weiteres möglich ist, die Ergebnisse aller eben vorgenommenen lokalen Erkundungen (gleich ob man sie für richtig oder falsch hält) in einem zwei- oder dreidimensionalen Schau- bild bzw. Modell zu dokumentieren. Dazu nur ein ver(un)anschaulichendes Beispiel: Um vom ›allmächtigen‹ Erzähler schrittweise zur objektiven Spielart des ›personalen‹ Erzählens zu gelangen, müßte man sich nach der gegebenen Kennzeichnung allemal schon in mindestens drei verschiedene Richtungen vom Ausgangspunkt wegbe- wegen – womit in einer dreidimensionalen Darstellung schon überall ›die andere Sei- te erreicht‹ wäre. Überschritte man nun aber, was der Sache nach ohne weiteres mög- lich sein muß, auch noch die Bewußtseinsgrenze zur Erlebten Rede hin, so dürfte man dadurch, wenn das Modell noch Sinn ergeben soll, nicht wieder ›näher‹ an die Aus- gangsposition heranrücken, und Gleiches müßte um so mehr für einen anschließen- den Übertritt zum Inneren Monolog gelten. Betrachtet man nun aber Merkmal h) – die

Interventionsmöglichkeit des Mediums –, so zeigt sich, daß auf dieser Achse, indem das nominelle Medium des Inneren Monologs (wenn auch auf kontextuell modifizierte, personal gebundene und menschlich begrenzte Weise) durchaus wieder unmittelbar auf das Geschehen einwirken kann, plötzlich wieder eine Annäherung an den ›allmächtigen‹ Erzähler erfolgen müßte. Spätestens damit aber wäre man gezwungen, das dreidimensionale Modell an allen bisherigen Merkmalen vorbei sozusagen ›in sich selbst zurückzubiegen‹, um der gegebenen Nähe gerecht zu werden.[167]

Nun bleibt eine Gesamtdarstellung erfahrungsgemäß trotzdem erzwingbar, sei es in Form einer (so gut es geht) nach Nähebeziehungen geordneten Tabelle (bzw. eines entsprechenden Stemmas), eines Koordinatensystems oder eben eines Typenkreises. Allerdings enthält sie spätestens bei sieben faktisch relevanten unabhängigen Bestimmungsmerkmalen zwangsläufig mehr irreführende als orientierende Elemente – was ihren Nutzen zweifelhaft erscheinen läßt. Um so sinnvoller kann es dagegen sein, *lokal begrenzte* Gebiete bzw. Fälle zu veranschaulichen, wobei – je nach Bedarf – Kästchendiagramme, Koordinatensysteme, Stammbäume etc. zum Einsatz kommen können, oder auch – und keineswegs zuletzt – sprachliche Umschreibungen der Lagebeziehungen. Prinzipiell müßte es sogar möglich sein, die lokale Betrachtung ihrerseits dergestalt zu systematisieren, daß das damit verbundene Festhalten bestimmter Merkmale nach Anzahl und Reihenfolge festen Regeln unterliegt – ein Ansatz, wie er sich, wenngleich noch wenig zielgerichtet, schon im (graduell gedeuteten) Stanzelschen Typenkreis ankündigt.

Wichtiger als jedes Schema aber ist die Möglichkeit, sich in jeder Situation reflektierend auf die wichtigsten formalen Unterschiede (Abhängigkeit/Unabhängigkeit, allgemeine/konstellationsbedingte (Un-)Abhängigkeit, Diskretheit/Gradualität, historisch-konkrete Realisation/Äquivalenzklasse, theoretisch mögliche/sinnvolle/erfüllte Äquivalenzklasse, konventionell-intuitive/modellinhärente Abstandsverhältnisse) zu besinnen und die Probleme, die aus dieser Richtung kommen (können), nach Möglichkeit zu minimieren. Natürlich geht das nominell auch, indem man sagt, man habe mit Modellen und dergleichem sowieso nichts zu schaffen und sei bislang auch immer anders zum Erfolg gekommen. Doch selbst, wo solcher Eindruck nicht entweder daraus resultiert, daß man in einem wissenschaftsbetrieblichen Sozialsegment operiert, wo Erfolg von allem anderen mehr als von sachbezogener Erkenntnis abhängt, oder daraus, daß man aus Prinzip nie mit komplexeren Fragen umgeht, bleibt das holistische Modellverdikt insoweit misologisch, als es Methodologie in letzter Konsequenz darauf beschränkt, nie anderes zu verlauten als: ›Sei klug, dann wird schon alles richtig werden‹. Wo man dagegen zur Kenntnis zu nehmen gewillt ist, daß schon die unscheinbarste Inhaltsangabe nichts anderes als ein – nach Bestimmungsmerkmalen,

---

[167] Natürlich könnte man die Basisbestimmungen auch so wählen, daß *dieses* Problem vermieden würde (z.B. indem h) nicht frei, sondern als weiterer Unterfall von i) mit realzeitlich situiertem Erzähler eingeführt würde), doch träte eine analoge Schwierigkeit dann – bei Erhaltung der erreichten Differenzierung – unweigerlich an anderer Stelle auf.

Gewichtungen und Nähebeziehungen selektiertes – *Modell* des jeweils referierten Gegenstandes ist, und wo man sich zugleich gegenüber den Intuitionen seines sog. gesunden Menschenverstandes ein gesundes Maß an Skepsis vorbehält, erwächst mit den bislang herausgestellten Unterscheidungen – bei aller Differenzierungs- und Verbesserungsbedürftigkeit, die sie, genau besehen, an sich selbst bezeigen – die Chance, kulturwissenschaftliche Explikationen genauer, kohärenter und fruchtbarer zu machen.

Das meint gleichwohl keineswegs, daß es etwa darauf ankäme, jede metrische oder sonstige Struktur, so wie sie nur erkannt bzw. modelliert ist, notwendig durch einen entsprechenden Formalismus zu repräsentieren. Im Gegenteil wird der praktische Ertrag nicht selten gerade in der *fundierten Zurückweisung* allzu engstirniger ›systematischer‹ Forderungen und formalistischer Konventionen bestehen, bzw. in der Möglichkeit, intuitiv erkannte geschichtliche Strukturen und Nähebeziehungen bei Bedarf zu rationalisieren – ohne daß sich an der gewohnten Form historischer Darstellung auffallend viel ändern müßte.

Auch kann es nicht darum gehen, die konkrete Darlegung selbst – wie im Falle global-hierarchisierender Modellierung die (krude) Regel – mechanisch auf die materiale Widerspiegelung einer (im Regelfall zuvor schon in Hinblick auf die Darlegungskonvention erzwungenen) sachlichen Gesamtstruktur trimmen zu wollen. Statt dessen muß gerade angesichts eines etwas komplexeren Äquivalenzklassenraums wie demjenigen der Erzählperspektiven augenfällig werden, wie wenig wissenschaftlicher Ertrag vom bloßen, sich in möglichst feinziselierten Gliederungen bekundenden ›Gestus des Systematischen‹ abhängt. Denn ob man einen ohnehin nicht sinnvoll ausschöpfbaren Merkmalsraum nun in einer Reihe von losen, nur jeweils zu Beginn formal lokalisierten Bemerkungen oder ›streng von Unterpunkt zu Unterpunkt‹ begeht, macht mehr der akademischen Gewohnheit denn der Sache nach viel Unterschied.[168] Es ließen sich sogar zwei naheliegende Gründe für eine eher aphoristische Herangehensweise anführen, von denen der eine, bessere, allgemeiner Natur, der andere, weniger gute, dagegen spezifisch auf die Beschreibung des ästhetischen Modernismus und der Neuen Medien bezogen ist:

Das erste, bessere Argument besteht darin, daß die aphoristische Erschließung die Darstellung intuitiv unter perspektivgeleiteten Wertgesichtspunkten komprimiert. Ausgeführt wird nur noch, was für den unmittelbaren Sachzusammenhang wichtig oder nicht analogisch zu erschließen ist, nicht mehr dagegen das, was bislang nur aus ins Heteronome verselbständigten Konventions-, Symmetrie- und Hierarchieforderungen resultiert (Ist die Darlegung auch lang genug? Gibt es nicht zu wenig/zu viele Unterpunkte? Sind die Aspekte auch schön hierarchisiert? Differiert die Länge

---

[168] Auch die – ohne jeden Objektivitätsverlust mögliche – Dialogform böte sich hier an. Und was das so Gefaßte auf der einen Seite an formaler Autorität einbüßte, gewänne es auf der anderen an Anschlußfähigkeit, vollzieht sich die gesamtgesellschaftliche Kenntnisnahme wissenschaftlicher Ergebnisse doch schon heute zum größten Teil via Interview-Gesprächsfetzen.

der (Unter-)Kapitel nicht zu stark? Ist zu jedem möglichen Fall auch irgend etwas gesagt? usw.). Anzustreben wäre – als zumindest fakultative Alternative – eine Darstellungsform, welche den Bereich, den sie gerade fokussiert, mittels konventionalisierter Kurzbezeichnung der dafür festgehaltenen Bestimmungen zugleich variabel *und* präzise lokalisieren könnte,[169] um dann, ohne sachlichen Informations- und Ordnungsverlust, gezielt das, was jeweils relevant scheint, auszubreiten – so lang es eben dauert. Die große Gefährdung solch ›unhierarchisierten‹ Vorgehens besteht freilich im Absinken zu einem Vollzug, der alle unbestreitbaren Tugenden konventioneller Organisation leichten Herzens für ein regulativloses Gleiten von Assoziation zu Assoziation preisgibt – wie es allerdings auch im strengsten formalistischen Ornat durchaus begegnen kann.

Doch unversehens sind wir damit schon zum zweiten, modernebezogenen und weniger guten Argument für eine aphoristische Darstellungsform geglitten. Dieses gründet in der Vorstellung, daß einem an vielen Stellen derart vor Vitalismus, Undiskursivität, Systematikfeindschaft und semantischer Zersplitterung berstenden Gegenstand wie dem ästhetischen Modernismus/Avantgardismus resp. den Neuen Medien (in vielen ihrer charakteristischen Erscheinungsformen) notwendig auch durch entsprechende Präsentation Rechnung zu tragen sei.[170] Psychologisch nachvollziehbar ist solche Forderung insofern, als die Differenz zwischen kulturwissenschaftlicher Aufarbeitung und Gegenstand – obschon bei jeder Hagedorn- oder Peirce-Interpretation im Prinzip genauso akut – angesichts von besonders vitalistisch konnotierten und zugleich als aktuell lebendig empfundenen Untersuchungsgebieten sowie womöglich in Anbetracht der stillen, obschon unter kulturindustriellen Bedingungen eher skurrilen Hoffnung, mit kulturwissenschaftlichen Explikationen die unmittelbar ›Lebenden‹ erreichen und so an ihrem Vollzug teilhaben zu können, besonders spürbar wird.[171] Der Sache nach aber ist der Aufarbeitung des ›Lebendigen‹ (d.h. hier: Undiskursiven, Irrationalen, Chaotischen etc.) durch ›lebendige‹ (i.e. hier: undiskursive, irrationale, chaotische etc.) Darlegung nicht unbedingt geholfen, und zwar im generellen so wenig wie in Hinblick auf den Modernismus. Denn wer sich für

---

[169] Statt: ›Doch wenden wir uns jetzt wieder dem Themenbereich X zu, aber diesmal nicht, wie gerade noch, in Hinblick auf Q, sondern unter Berücksichtigung von Y und Z (die zwar, weil sie von allgemeinerer Relevanz sind, an verschiedenen anderen Stellen bereits erörtert wurden, doch – obschon es sich der Sache nach angeboten hätte – noch nicht in Hinblick auf diesen speziellen Zusammenhang, und zwar deshalb nicht, weil wir in unserer globalen Gliederung zuvor noch nicht bei X, sondern erst bei P bzw. W waren etc.)‹ stünde etwa nur: ›Ad X, Y, Z:‹.

[170] Vgl. dazu etwa Coy, der in der Einleitung zu McLuhans »Gutenberg-Galaxis«, S. IX, das Schwanken des Autors »zwischen Lehrsatz und Aphorismus« als »Ausdrucksform, die [...] genau dem Schwebezustand zwischen Gutenbergscher und Post-Gutenbergscher Galaxis« entspreche, legitimiert.

[171] Zur Empfindung der Differenz von Avantgardeforschung und praktiziertem Avantgardismus vgl. etwa Korte, Dadaismus, S. 8. Analoges gilt derzeit vor allem für das Verhältnis von Poptheorie und Popkultur.

seine Arbeit am Begriff von außen Leben borgen muß, scheint beides immer schon verkannt zu haben. Hier gilt bis heute das Fazit, mit dem Rickert 1922 seine kritische »Philosophie des Lebens« beschließt:

> Man sollte es endlich aufgeben, im Philosophieren über das Leben ein bloßes Wiederholen des Lebens zu suchen und dann den Wert des Philosophierens an seiner Lebendigkeit zu messen.[172]

---

[172] Rickert, Die Philosophie des Lebens, S. 194.

5. Literatur

Da das folgende Literaturverzeichnis allein dem Nachweis der im Text zitierten Literatur dient und in keinem Bereich bibliographische Ansprüche erhebt, wurde übersichtshalber auf jede thematische Untergliederung verzichtet – eine Entscheidung, die um so leichter fiel, als der Charakter der Studie es mit sich bringt, daß manches, was nominell Forschung ist, zur Quelle wird (und bisweilen umgekehrt). Mehrere Werke des gleichen Autors erscheinen gemäß der Kurztitelzitation im Text in alphabetischer Ordnung.

Abend, Bernhard: Grundlagen einer Methodologie der Sprachbeschreibung. Kritische Untersuchungen zur Einheit von Linguistik und Literaturwissenschaft, Würzburg 1985.

Adolphs, Dieter: Zur Neubestimmung des Begriffs der Erzählsituation im Rahmen interkultureller Hermeneutik. In: Perspektiven und Verfahren interkultureller Germanistik, S. 595–610.

Adorno, Theodor W.: Minima Moralia, Frankfurt a.M. 1994.

Akten des VIII. Internationalen Germanisten-Kongresses, Tokyo 1990. Begegnung mit dem Fremden. Grenzen – Traditionen – Vergleiche. Hg. v. Eijiro Iwasaki, München 1991.

Albersmeier, Franz-Josef: Bild und Text. Beiträge zu Film und Literatur (1976–1982), Frankfurt a.M. 1983.

Albert, Hans: Kritik der reinen Hermeneutik. Der Antirealismus und das Problem des Verstehens, Tübingen 1994.

Altenhofer, Norbert: Der erschütterte Sinn. Hermeneutische Überlegungen zu Kleists ›Das Erdbeben in Chili‹. In: Positionen der Literaturwissenschaft, S. 39–53.

– Poesie als Auslegung. Schriften zur Hermeneutik, Heidelberg 1993.

Analytische Literaturwissenschaft. Hg. v. Peter Finke u. Siegfried J. Schmidt, Braunschweig 1984.

Andreotti, Mario: Die Struktur der modernen Literatur. Neue Wege in der Textanalyse. Einführung in Epik und Lyrik, Bern [2]1990.

Ansichten einer künftigen Medienwissenschaft. Hg. v. Rainer Bohn, Eggo Müller u. Rainer Ruppert, Berlin 1988.

Anz, Heinrich: Die Bedeutung poetischer Rede. Studien zur hermeneutischen Begründung und Kritik von Poetologie, München 1979.

Anz, Thomas: Gesellschaftliche Modernisierung, literarische Moderne und philosophische Postmoderne. Fünf Thesen. In: Die Modernität des Expressionismus. Hg. v. Th. A. u. Michael Stark, Stuttgart 1994, S. 1–8.

– Wertungskriterien und Probleme literaturwissenschaftlicher Ideologiekritik. In: Beschreiben, Interpretieren, Werten, S. 214–247.

Apel, Karl-Otto: Szientistik, Hermeneutik, Ideologiekritik. Entwurf einer Wissenschaftslehre aus erkenntnisanthropologischer Sicht. In: Hermeneutik und Ideologiekritik, S. 7–44.

Arndt, Erwin/Herden, Werner/Heukenkamp, Ursula/Hörnigk, Frank/Kaufmann, Eva: Probleme der Literaturinterpretation. Zur Dialektik der Inhalt-Form-Beziehungen bei der Analyse und Interpretation literarischer Werke, Leipzig 1978.

Arntzen, Helmut: Der Literaturbegriff. Geschichte, Komplementärbegriffe, Intention. Eine Einführung, Münster 1984.

Ast, Friedrich: Grundlinien der Grammatik, Hermeneutik und Kritik, Landshut 1808.

Aust, Hugo: Lesen. Überlegungen zum sprachlichen Verstehen, Tübingen 1983.

Azizi-Burkhart, Veronika: Zur Methodologie der Filmanalyse. Grundsätzliche Überlegungen für ihre Anwendung in der experimentellen Publikumsforschung. In: Maske und Kothurn 26 (1980), S. 363–370.

Babilas, Wolfgang: Tradition und Interpretation. Gedanken zur philologischen Methode, München 1961.

Barner, Wilfried: Tradition als Kategorie der Literaturwissenschaft. In: Prinzipien der Literaturgeschichtsschreibung. Beiträge vom ersten deutsch-sowjetischen literaturwissenschaftlichen Symposium in Göttingen vom 22.–28.6.1981. Hg. v. Reinhard Lauer u. Horst Turk, Wiesbaden 1988, S. 27–45.

Barthes, Roland: Kritik und Wahrheit, Frankfurt a.M. 1967.

– Die Lust am Text, Frankfurt a.M. 1974.

Bausinger, Hermann: Germanistik als Kulturwissenschaft. In: Deutsch als Fremdsprachenphilologie in den nordischen Ländern, S. 33–53.

Becker, Sabina: Urbanität und Moderne. Studien zur Großstadtwahrnehmung in der deutschen Literatur 1900–1930, Saarbrücken 1993.

Behler, Ernst: Text und Interpretation. Zur philosophischen Debatte zwischen Hans-Georg Gadamer und Jacques Derrida. In: Zeitgenossenschaft. Zur deutschsprachigen Literatur im 20. Jahrhundert. FS Egon Schwarz. Hg. v. Paul Michael Lützeler u.a., Heidelberg 1987, S. 324–337.

– What it means to understand the author better than he understood himself. Idealistic Philosophy and Romantic Hermeneutics. In: Literary Theory and Criticism, S. 69–92.

Behrens, Franz Richard: Blutblüte. Die gesammelten Gedichte. Hg. v. Gerhard Rühm, München 1979.

Beiträge zur Hermeneutik indischer und abendländischer Traditionen. Hg. v. Gerhard Oberhammer, Wien 1991.

Beschreiben, Interpretieren, Werten. Das Wertproblem in der Literatur aus der Sicht unterschiedlicher Methoden. Hg. v. Bernd Lenz u. Bernd Schulte-Middelich, München 1982.

Bettendorf, Thomas: Hermeneutik und Dialog. Eine Auseinandersetzung mit dem Denken Hans-Georg Gadamers, Frankfurt a.M. 1984.

Betti, Emilio: Allgemeine Auslegungslehre als Methodik der Geisteswissenschaften, Tübingen 1967.

– Zur Grundlegung der allgemeinen Auslegungslehre, Tübingen 1988.

Bickmann, Claudia: Der Gattungsbegriff im Spannungsfeld zwischen historischer Betrachtung und Systementwurf. Eine Untersuchung zur Gattungsforschung an ausgewählten Beispielen literaturwissenschaftlicher Theoriebildung im 20. Jahrhundert, Frankfurt a.M. 1984.

Biere, Bernd Ulrich: Verständlich-Machen. Hermeneutische Tradition – Historische Praxis – Sprachtheoretische Begründung, Tübingen 1989.

Blanke, Horst Walter: Historismus als Wissenschaftsparadigma. Einheit und Mannigfaltigkeit. In: Wissenschaft und Nation, S. 217–231.

Bleich, Susanne: Der hermeneutische Prozeß: Autor – Text – Rezipient. Von der Fiktionalisierung des juristischen Diskurses zur Rezeption literarischer Werke, Diss. Hildesheim 1991.

Bleicher, Josef: Contemporary hermeneutics. Hermeneutics as method, philosophy and critique, London 1980.

Bode, Christoph: Ästhetik der Ambiguität. Zur Funktion und Bedeutung von Mehrdeutigkeit in der Literatur der Moderne, Tübingen 1988.

Boeckh, August: Enzyklopädie und Methodologie der philologischen Wissenschaften. Hg. v. Ernst Bratuscheck, Leipzig 1877.

Böckmann, Paul: Formgeschichte der deutschen Dichtung. Von der Sinnsprache zur Ausdruckssprache. Der Wandel der literarischen Formensprache vom Mittelalter bis zur Neuzeit, Hamburg ³1967.

Böhler, Dietrich: Philosophische Hermeneutik und hermeneutische Methode. In: Text und Applikation, S. 483–511.

Böhme, Hartmut: Einleitung. Konzepte und Exempel der Interpretation literarischer und philosophischer Texte. In: Vom Umgang mit Literatur und Literaturgeschichte, S. 231–238.

Böhnke, Michael: Konkrete Reflexion. Philosphische und theologische Hermeneutik. Ein Interpretationsversuch über Paul Ricoeur, Frankfurt a.M. 1983.

Bogdal, Klaus-Michael: Von der Methode zur Theorie. Zum Stand der Dinge in den Literaturwissenschaften. In: Neue Literaturtheorien. Eine Einführung. Hg. v. K.-M. B., Opladen 1990, S. 9–30.

Boguslawski, Andrzej: Wissen, Wahrheit, Glauben. Zur semantischen Beschaffenheit des kognitiven Vokabulars. In: Wissenschaftssprache, S. 54–84.

Bohn, Rainer/Müller, Eggo/Ruppert, Rainer: Die Wirklichkeit im Zeitalter ihrer technischen Fingierbarkeit. In: Ansichten einer künftigen Medienwissenschaft, S. 7–27.

Bohrer, Karl-Heinz: Plötzlichkeit. Zum Augenblick des ästhetischen Scheins, Frankfurt a.M. 1981.

Bollnow, Otto Friedrich: Studien zur Hermeneutik, Bd. 2: Zur hermeneutischen Logik von Georg Misch und Hans Lipps, Freiburg 1983.

Bolten, Jürgen: Die hermeneutische Spirale. Überlegungen zu einer integrativen Literaturtheorie. In: Poetica 17. 3–4 (1985), S. 355–371.

Boltzmann, Ludwig: Populäre Schriften, Leipzig 1905.

Bonheim, Helmut: Literaturwissenschaftliche Modelle und Modelle dieser Modelle. In: Literaturwissenschaftliche Theorien, Modelle und Methoden, S. 13–27.

Borkowski, Ludwik: Formale Logik. Logische Systeme. Einführung in die Metalogik, München 1977.

Bourdieu, Pierre: Die feinen Unterschiede. Kritik der gesellschaftlichen Urteilskraft, Frankfurt a.M. 1987.

– Homo academicus, Frankfurt a.M. 1992.

Brandt, Reinhard: Von der Hermeneutik zur Interpretation. In: Vom Umgang mit Literatur und Literaturgeschichte, S. 251–267.

Braun, Götz: Norm und Geschichtlichkeit. Klassisch-romantische Ästhetik und moderne Literatur, Berlin 1983.

Bredella, Lothar: Das Verstehen literarischer Texte, Stutgart 1980.

Breuer, Rolf: Literatur. Entwurf einer kommunikationsorientierten Theorie des sprachlichen Kunstwerks, Heidelberg 1984.

Brinker, Klaus: Linguistische Textanalyse. Eine Einführung in Grundbegriffe und Methoden, Berlin ²1989.

Brinkmann, Henning: Semiotische Schritte beim Verständnis von Sprache und Literatur. In: Akten des VI. Internationalen Germanisten-Kongresses Basel 1980, Teil 2. Hg. v. Heinz Rupp u. Hans-Gert Roloff, Bern 1980, S. 192–199.

Brinkmann, Rolf Dieter: Schnitte, Reinbek 1988.

Buchwald, Dagmar: »Act so there is no Use in a Center«. Gertrude Steins Komposition der Stadt. In: Die Großstadt als »Text«. Hg. v. Manfred Smuda, München 1992, S. 199–216.

Bühler, Karl: Sprachtheorie. Die Darstellungsfunktion der Sprache, Stutgart 1978.

Bürger, Peter: Adorno, Bourdieu und die Literatursoziologie. In: Jahrbuch für Internationale Germanistik 17 (1985), S. 47–56.

Bultmann, Rudolf: Das Problem der Hermeneutik. In: Zeitschrift für Theologie und Kirche 47 (1950), S. 47–69.

Butler, Christopher: The Future of Theory. Saving the Reader. In: The Future of Literary Theory, S. 229–249.

Canetti, Elias: Die Provinz des Menschen, Frankfurt a.M. 1976.

Carnap, Rudolf: Der logische Aufbau der Welt/Scheinprobleme der Philosophie, Hamburg 1961.

Celan, Paul: Gesammelte Werke. Zweiter Band: Gedichte II, Frankfurt a.M. 1986.

Charlton, Michael: Der Methodenstreit in der Medienforschung: Quantitative oder qualitative Verfahren? In: Ansichten einer künftigen Medienwissenschaft, S. 91–107.

Čivikov, Germinal: Das ästhetische Objekt. Subjekt und Zeichen der Literaturwissenschaft anhand einer Kategorie des Prager Strukturalismus, Tübingen 1987.

Colomb, Gregory G./Turner, Mark: Computers. Literary Theory and Theory of Meaning. In: The Future of Literary Theory, S. 386–410.

Conrady, Karl-Otto: Illusionen der Literaturgeschichte. In: Literatur und Sprache im historischen Prozeß. Vorträge des Deutschen Germanistentages Aachen 1982. Hg. v. Thomas Cramer, Tübingen 1983, S. 11–31.

– Notizen zur Germanistik. In: Deutsch als Fremdsprachenphilologie in den nordischen Ländern, S. 54–68.

Coy, Wolfgang: Einleitung zu: Marshall McLuhan: Die Gutenberg-Galaxis. Das Ende des Buchzeitalters (1962), Bonn 1995, S. VII–XVII.

Culler, Jonathan: Dekonstruktion. Derrida und die poststrukturalistische Literaturtheorie, Reinbek 1988.

Danneberg, Lutz: Einleitung. Interpretation und Argumentation. Fragestellungen der Interpretationstheorie. In: Vom Umgang mit Literatur und Literaturgeschichte, S. 13–23.

– Methodologien. Struktur, Aufbau, Evaluation, Berlin 1989.

– Zur Explikation von Epochenbegriffen und zur Rekonstruktion ihrer Verwendung. In: Europäische Barockrezeption. Hg. v. Klaus Garber, Wolfenbüttel 1991, S. 85–93.

– Zwischen Innovation und Tradition: Begriffsbildung und Begriffsentwicklung als Explikation. In: Zur Terminologie der Literaturwissenschaft, S. 50–68.

Danneberg, Lutz/Müller, Hans-Harald: Wissenschaftstheorie, Hermeneutik, Literaturwissenschaft. Anmerkungen zu einem unterbliebenen und Beiträge zu einem künftigen Dialog über die Methodologie des Verstehens. In: DVjS 58 (1984), S. 177–237.

Deleuze, Gilles/Guattari, Felix: Tausend Plateaus. Kapitalismus und Schizophrenie, Berlin 1992.

Demetz, Peter: Worte in Freiheit. Der italienische Futurismus und die deutsche Avantgarde 1912–1934. Mit einer ausführlichen Dokumentation, München 1993.

Deutsch als Fremdsprachenphilologie in den nordischen Ländern. Tagungsberichte eines nordischen Germanistentreffens, 28. 9. bis 2. 10. 1979. Hg. v. Hans-Joachim Althof, Bonn Bad-Godesberg 1982.

Deutsche Sonette. Hg. v. Hartmut Kircher, Stuttgart 1979.

Dilthey, Wilhelm: Gesammelte Schriften, Bd. 5: Die geistige Welt. Einleitung in die Philosophie des Lebens. Erste Hälfte: Abhandlungen zur Grundlegung der Geisteswissenschaften, Stuttgart ²1957.

Diskurstheorien und Literaturwissenschaft. Hg. v. Jürgen Fohrmann u. Harro Müller, Frankfurt a.M. 1988.

Dray, William: Laws and Explanation in History, Oxford 1957.

Drews, Jörg: Der erschütterte Sinn und der Tanz der Perspektiven. Zur Lage der Literaturwissenschaft. In: Merkur 39 (1985), S. 922–928.

Dutton, Denis: Why Intentionalism won't go away. In: Literature and the Question of Philosophy. Hg. v. Anthony J. Cascardi, Baltimore 1987, S. 194–209.

Eagleton, Terry: Literary Theory. An Introduction, Oxford 1983.

Eco, Umberto: Einführung in die Semiotik, München 1972.

– Das offene Kunstwerk, Frankfurt 1977.

Eibl, Karl: Kritisch-rationale Literaturwissenschaft. Grundlagen zur erklärenden Literaturgeschichte, München 1976.

– Sind Interpretationen falsifizierbar? In: Vom Umgang mit Literatur und Literaturgeschichte, S. 169–183.

– Zur Problematik literarhistorischer Begriffe. Geschichtlicher Prozeß und terminologische Fixierung. Einführung. In: Zur Terminologie der Literaturwissenschaft, S. 357–362.

– Zurück zu Darwin. Bausteine zur historischen Funktionsbestimmung von Dichtung. In: Modelle literarischen Strukturwandels, S. 347–366.

Eimermacher, Karl: Zur Frage komplexer literaturwissenschaftlicher Beschreibungs- und Interpretationsmodelle. In: Komparatistik. Theoretische Überlegungen und südosteuropäische Wechselseitigkeit. FS Zoran Konstantinović. Hg. v. Fridun Rinner und Klaus Zerinschek, Heidelberg 1981, S. 141–146.

Einstein, Carl: Bebuquin, Stuttgart 1985.

Encyclopaedia of Mathematics. Vol. 6: Lobachevkii Criterion (for Convergence) – Optional Sigma-Algebra. An updated and annotated translation of the Soviet ›Mathematical Encyclopaedia‹, Dordrecht/Boston u.a. 1990.

Erkennen und Deuten. Essays zur Literatur und Literaturtheorie. Edgar Lohner in memoriam. Hg. v. Martha Woodmansse u. Walter F. W. Lohnes, Berlin 1983.

Erkenntnis der Literatur. Theorien, Konzepte, Methoden der Literaturwissenschaft. Hg. v. Dietrich Harth u. Peter Gebhardt, Stuttgart 1989.

Erklären und Verstehen in der Wissenschaft. Hg. v. Gerhard Schurz, München 1988.

Erlhoff, Michael: Raoul Hausmann, Dadasoph. Versuch einer Politisierung der Ästhetik, Hannover 1982.

Erzählforschung 2. Theorien, Modelle und Methoden der Narrativik. Hg. v. Wolfgang Haubrichs, Göttingen 1977.

Erzählung und Erzählforschung im 20. Jahrhundert. Hg. v. Rolf Kloepfer u. Gisela Janetzke-Dillner, Stuttgart 1981.

Falk, Werner: Der Beitrag der Komponentenanalyse zur interpretativen Methodik. In: Germanistik. Forschungsstand und Perspektiven, S. 439–450.

Fedler, Stephan: Der Aphorismus. Begriffsspiel zwischen Philosophie und Poesie, Stuttgart 1992.

Fetzer, Günther: Werkimmanenz und Wertung. In: Beschreiben, Interpretieren, Werten, S. 53–65.

Feuerbach, Ludwig: Geschichte der neuern Philosophie von Bacon von Verulam bis Benedikt Spinoza, Leipzig 1976.

Figal, Günter: Der Sinn des Verstehens, Stuttgart 1996.

Finke, Peter: Konstruktiver Funktionalismus. Die wissenschaftstheoretische Basis einer empirischen Theorie der Literatur, Braunschweig 1982.

Fischer, Hubertus: Ist die Germanistik zeitgenössisch? In: Germanistik in der Mediengesellschaft, S. 47–61.

Fischer-Lichte, Erika: Bedeutung. Probleme einer semiotischen Hermeneutik und Ästhetik, München 1979.

Fishelov, David: Genre theory and family resemblance revisited. In: Poetics 20 (1991), S. 123–138.

Flaschka, Horst Franz: Modell, Modelltheorie und Formen der Modellbildung in der Literaturwissenschaft, Diss. Bonn 1975.

Foerster, Heinz von: Verstehen verstehen. In: ders.: Wissen und Gewissen. Versuch einer Brücke. Hg. v. Siegfried J. Schmidt, Frankfurt a.M. 1993, S. 282–298.

Förster, Jürgen/Neuland, Eva/Rupp, Gerhard: Wozu noch Germanistik? Zur Aktualität einer alten Fragestellung. In: Wozu noch Germanistik? S. 1–14.

Fohrmann, Jürgen/Müller, Harro: Einleitung: Diskurstheorien und Literaturwissenschaft. In: Diskurstheorien und Literaturwissenschaft. Hg. v. J. F. u. H. M., Frankfurt a.M. 1988, S. 9–21.

Foucault, Michel: Was ist ein Autor? In: Schriften zur Literatur, Frankfurt a.M. 1988, S. 7–31.

Frank, Manfred: Einleitung zu: Friedrich Schleiermacher: Hermeneutik und Kritik, S. 7–67.

– Partialität und Universalität der »Divination«. Zum Beitrag von Lutz Danneberg und Hans-Harald Müller. In: DVjS 58 (1984), S. 239–249.

– Das Sagbare und das Unsagbare. Studien zur deutsch-französischen Hermeneutik, Frankfurt a.M. 1989.

– Was heißt »einen Text verstehen«? In: Texthermeneutik, S. 58–77.

Frege, Gottlob: Funktion, Begriff, Bedeutung, Göttingen 1994.

– Logische Untersuchungen, Göttingen 1986.

– Schriften zur Logik und Sprachphilosophie. Aus dem Nachlaß. Hg. v. Gottfried Gabriel, Hamburg 1990.

Freundlieb, Dieter: Literarische Interpretation. Angewandte Theorie oder soziale Praxis? In: Vom Umgang mit Literatur und Literaturgeschichte, S. 25–41.

Frey, Gerhard: Erklärende Interpretationen. In: Wissenschaftstheorie der Geisteswissenschaften, S. 71–85.

Frey, Hans-Jost: Der unendliche Text, Frankfurt a.M. 1990.

Fricke, Harald: Aphorismus, Stuttgart 1984.

– Aphorismus. In: Reallexikon der deutschen Literaturwissenschaft, S. 104–106.

– Einführung. In: Zur Terminologie der Literaturwissenschaft, S. 1–8.

– Literatur und Literaturwissenschaft. Beiträge zu Grundfragen einer verunsicherten Disziplin, Paderborn 1991.

– Norm und Abweichung. Eine Philosophie der Literatur, München 1981.

Friedmann, Michael: Erklärung und wissenschaftliches Verstehen. Die Vereinheitlichung der Gesetze. In: Erklären und Verstehen in der Wissenschaft, S. 171–191.

Friedrich, Hugo: Die Struktur der modernen Lyrik. Von der Mitte des 19. Jahrhunderts bis zur Mitte des 20. Jahrhunderts, Reinbek 1988.

The Future of Literary Theory. Hg. v. Ralph Cohen, New York 1989.

Gabriel, Gottfried: Wie klar und deutlich soll eine literaturwissenschaftliche Terminologie sein? In: Zur Terminologie der Literaturwissenschaft, S. 24–34.

– Zur Interpretation literarischer und philosophischer Texte. In: Vom Umgang mit Literatur und Literaturgeschichte, Stuttgart 1992, S. 239–249.

Gabriel, Norbert: Kulturwissenschaften und Neue Medien. Wissensvermittlung im digitalen Zeitalter, Darmstadt 1997.

Gadamer, Hans-Georg: Gesammelte Werke, Bd. 1: Hermeneutik I: Wahrheit und Methode. Grundzüge einer philosophischen Hermeneutik, Tübingen 1990.

– Replik. In: Hermeneutik und Ideologiekritik, S. 283–317.

– Rhetorik, Hermeneutik und Ideologiekritik. Metakritische Erörterungen zu ›Wahrheit und Methode‹. In: Hermeneutik und Ideologiekritik, S. 59–82.

Gärdenfors, Peter: Die Epistemologie von Erklärungen. Zur Dynamik und Pragmatik epistemischer Zustände. In: Erklären und Verstehen in der Wissenschaft, S. 91–123.

Gamper, Herbert: »Keiner wagt mehr seine Person daran«. Zur Situation der Literaturwissenschaft nach vollendeter Marginalisierung der Literatur. In: Wozu Literaturwissenschaft? S. 102–126.

Geier, Manfred: Die Schrift und die Tradition. Studien zur Intertextualität, München 1985.

Geisteswissenschaften – wozu? Beispiele ihrer Gegenstände und ihrer Fragen. Hg v. Hans-Henrik Krummacher, Stuttgart 1988.

Genette, Gérard: Die Erzählung, München 1994.

Germanistik. Forschungsstand und Perspektiven. Vorträge des Deutschen Germanistentages 1984. Hg. v. Georg Stötzel. Bd. 2: Ältere Deutsche Literatur. Neuere Deutsche Literatur, Berlin 1985.

Germanistik in der Mediengesellschaft. Hg. v. Ludwig Jäger u. Bernd Switalla, München 1994.

Geschichte als Literatur. Formen und Grenzen der Repräsentation von Vergangenheit. Hg. v. Hartmut Eggert, Stuttgart 1990.

Gille, Klaus F.: Die Genialität des Auslegers. Zur Geschichte und Systematik des Divinationstheorems. In: Polyperspektivik in der literarischen Moderne, S. 168–193.

Globig, Klaus: Die Methode der historisch-philologischen Analyse literarischer Formen. In: Literaturtheorie und Literaturkritik in der frühsowjetischen Diskussion. Standorte – Programme – Schulen. Hg. v. Anton Hiersche u. Edward Kowalski, Berlin 1990, S. 270–288.

Göttner, Heide: Logik der Interpretation. Analyse einer literaturwissenschaftlichen Methode unter kritischer Betrachtung der Hermeneutik, München 1973.

Goodman, Nelson: Sprachen der Kunst. Entwurf einer Symboltheorie, Frankfurt a.M. 1997.

– Tatsache, Fiktion, Voraussage, Frankfurt a.M. 1975.

Gottlob Freges Briefwechsel mit D. Hilbert, E. Husserl, B. Russel, sowie ausgewählte Einzelbriefe Freges. Hg. u. eingel. v. Gottfried Gabriel, Friedrich Kambartel u. Christian Thiel, Hamburg 1980.

Grana, Gianni: Literaturwissenschaft und/oder Literaturgeschichte? Die »Mythisierung der Rezeption«. In: Literaturgeschichtsschreibung in Italien und Deutschland. Traditionen und aktuelle Probleme. Hg. v. Frank Baasner, Tübingen 1989, S. 60–84.

Griesheimer, Frank: Unmut nach innen. Ein Abriß über das Enttäuschende an der gegenwärtigenden Literaturwissenschaft. In: Wozu Literaturwissenschaft? S. 11–43.

Groeben, Norbert: Literaturwissenschaft als empirisch-interdisziplinäre Kulturwissenschaft. In: Germanistik in der Mediengesellschaft, S. 79–109.

– Möglichkeiten und Grenzen der Kognitionskritik durch Inhaltsanalyse von Texten. In: Textanalyse und Kognitionskritik, S. 1–21.

– Rezeptionsforschung als empirische Literaturwissenschaft. Paradigma- durch Methodendiskussion an Untersuchungsbeispielen, Kronberg/Ts. 1977.

Das große deutsche Gedichtbuch. Hg. v. Carl Otto Conrady, Königstein 1978.

Großklaus, Götz: Neue Medienrealität – jenseits der alten Dichotomie von ›fremd‹ und ›eigen‹. In: Akten des VIII. Internationalen Germanisten-Kongresses, Bd. 2, S. 29–37.

Gründer, Karlfried: Hermeneutik und Wissenschaftstheorie. In: Wissenschaftstheorie der Geisteswissenschaften, S. 86–97.

Günther, Ulrich G.: Sprachstil, Denkstil, Problemlöseverhalten. Inhaltsanalytische Untersuchungen über Dogmatismus und Abstraktheit. In: Textanalyse als Kognitionskritik, S. 22–45.

Habermas, Jürgen: Zu Gadamers »Wahrheit und Methode«. In: Hermeneutik und Ideologiekritik, S. 45–56.

Hagenbüchle, Roland: The Concept of Ambiguity in Linguistics and Literary Criticism. In: Modes of Interpretation. FS Ernst Leise. Hg. v. Richard J. Watts u. Urs Weidmann, Tübingen 1984, S. 213–221.

Hamacher, Werner: Hermeneutische Ellipsen. Schrift und Zirkel bei Schleiermacher. In: Texthermeneutik, S. 113–148.

Hartmann, Nicolai: Der Aufbau der realen Welt. Grundriß einer allgemeinen Kategorienlehre, Berlin 1940.

– Ethik, Berlin [4]1962.

– Möglichkeit und Wirklichkeit, Berlin [3]1966.

– Das Problem des geistigen Seins. Untersuchungen zur Grundlegung der Geschichtsphilosophie und der Geisteswissenschaften, Berlin 1933.

– Zum Problem der Realitätsgegebenheit, Berlin 1931.

– Zur Grundlegung der Ontologie, Berlin [4]1965.

Hauff, Jürgen/Heller, Albrecht/Köhn, Lothar/Philippi, Klaus-Peter: Methodendiskussion. Arbeitsbuch zur Literaturwissenschaft, Bd. 2, Frankfurt a.M. 1972.

Hauptmeier, Helmut: Paradigm lost – paradigm regained. The persistence of hermeneutical conceptions in the empiricized study of literature. In: Poetics 10 (1981), S. 561–582.

Hauptmeier, Helmut/Schmidt, Siegfried J.: Einführung in die Empirische Literaturwissenschaft, Braunschweig 1985.

Hauser, Arnold: Sozialgeschichte der Kunst und Literatur, Bd. II, München 1953.

Haverkamp, Anselm: Sancta Simplicitas! Was Thomas Steinfeld schon immer über Rhetorik wissen wollte. In: Rhetorik 10 (1991), S. 113–118.

Hegel, Georg Wilhelm Friedrich: Phänomenologie des Geistes, Frankfurt a.M. 1975.

Heidegger, Martin: Sein und Zeit, Tübingen 1986.

Helmich, Werner: Der moderne französische Aphorismus. Innovation und Gattungsreflexion, Tübingen 1991.

Hempfer, Klaus W.: Gattungstheorie. Information und Synthese, München 1973.

Henrici, Gerd: Die Binarismus-Problematik in der neueren Linguistik, Tübingen 1975.

Hermeneutik und Ideologiekritik. Mit Beiträgen v. Karl-Otto Apel, Claus v. Bormann, Rüdiger Bubner, Hans-Georg Gadamer, Hans Joachim Giegel, Jürgen Habermas, Frankfurt a.M. 1971.

Herwig, Henriette: Postmoderne Literatur oder postmoderne Hermeneutik? Zur Theorie und Praxis der Interpretation zeitgenössischer Literatur am Beispiel von Peter Handke, Botho Strauß, Bob Perelman und Nicolas Born. In: Ars Semeiotica Vol. 13, 3/4 (1990), S. 225–244.

Hess-Lüttich, Ernst W. B.: Intertextualität, Dialogizität und Medienkomparatistik: Tradition und Tendenz. In: Ars Semeiotica, Vol. 12, 1/2 (1989), S. 191–210.

Hesse, Eva: Nachwort zu: T.S. Eliot: Gesammelte Gedichte 1909–1962, Frankfurt a.M. 1988, S. 395–430.

Heydebrand, Renate/Winko, Simone: Einführung in die Wertung von Literatur. Systematik, Geschichte, Legitimation, München 1997.

Hirsch, Eric Donald: Prinzipien der Interpretation, München 1972.

Hirschfeld, Dieter: Verstehen als Synthesis. Die evolutionäre Form hermeneutischen Wissens, Freiburg i. Br. 1985.

Hörisch, Jochen: Die Wut des Verstehens. Zur Kritik der Hermeneutik, Frankfurt a.M. ²1998.

Hörner, Karin: Möglichkeiten und Grenzen der Simultandramatik. Unter besonderer Berücksichtigung der Simultandramen Ferdinand Bruckners, Frankfurt a.M. 1986.

Hoesterey, Ingeborg: Verschlungene Schriftzeichen. Intertextualität von Literatur und Kunst in der Moderne/Postmoderne, Frankfurt a.M. 1988.

Hofmann, Johann Nepomuk: Wahrheit, Perspektive, Interpretation. Nietzsche und die philosophische Hermeneutik, Berlin 1994.

Hofmann, Werner: Grundlagen der modernen Kunst. Eine Einführung in ihre symbolischen Formen, Stuttgart ³1987.

Holly, Werner: Holistische Dialoganalyse. Anmerkungen zur »Methode« pragmatischer Textanalyse. In: Methodologie der Dialoganalyse. Hg. v. Sorin Stati und Edda Weigand, Tübingen 1992, S. 15–40.

Hoock, Birgit: Modernität als Paradox. Der Begriff ›Moderne‹ und seine Anwendung auf das Werk Alfred Döblins, Tübingen 1997.

Horch, Hans Otto: Lyrik. In: Moderne Literatur in Grundbegriffen, S. 227–239.

Hübner, Kurt: Grundlagen einer Theorie der Geschichtswissenschaften. In: Wissenschaftstheorie der Geisteswissenschaften, S. 101–131.

Husserl, Edmund: Formale und transzendentale Logik. Versuch einer Kritik der logischen Vernunft, Tübingen 1981.

– Logische Untersuchungen, Bd. II/1: Untersuchungen zur Phänomenologie und Theorie der Erkenntnis, Tübingen 1993.

– Philosophie als strenge Wissenschaft, Frankfurt a.M. 1965.

Ihwe, Jens F.: Konversation über Literatur. Literatur und Wissenschaft aus nominalistischer Sicht. Unter Mitarbeit v. Eric Vos, Braunschweig 1985.

Ingarden, Roman: Erlebnis, Kunstwerk und Wert. Vorträge zur Ästhetik 1937–1967, Darmstadt 1969.

– Das literarische Kunstwerk, Tübingen ²1960.

Iser, Wolfgang: Der Akt des Lesens. Theorie ästhetischer Wirkung, München 1976.

Jäger, Ludwig: Philologie und Linguistik. Historische Notizen zu einem gestörten Verhältnis. In: Zur Theorie und Methode der Geschichtsschreibung der Linguistik. Analysen und Reflexionen. Hg. v. Peter Schmitter, Tübingen 1987, S. 198–223.

Jäger, Ludwig/Switalla, Bernd: Sprache und Literatur im Wandel ihrer medialen Bedingungen: Perspektiven der Germanistik. In: Germanistik in der Mediengesellschaft, S. 7–23.

Jahn, Manfred: Narratologie: Methoden und Modelle der Erzähltheorie. In: Literaturwissenschaftliche Theorien, Modelle und Methoden, S. 29–50.

Janik, Dieter: Die Kommunikationsstruktur des Erzählwerks. Ein semiologisches Modell, Bebenhausen 1973.

Jantsch, Erich: Die Selbstorganisation des Universums. Vom Urknall bis zum menschlichen Geist, München 1986.

Japp, Uwe: Hermeneutica. Zum Beitrag von Lutz Danneberg und Hans-Harald Müller. In: DVjS 58 (1984), S. 250–255.

- Hermeneutik. Der theoretische Diskurs, die Literatur und die Konstruktion ihres Zusammenhanges in den philologischen Wissenschaften, München 1977.
- Literatur und Modernität, Frankfurt a.M. 1987.

Jauß, Hans-Robert: Ästhetische Erfahrung und literarische Hermeneutik, Frankfurt a.m. 1982.

Kaes, Anton: New Historicism. Literaturgeschichte im Zeichen der Postmoderne? In: Geschichte als Literatur, S. 56–66.

Kamlah, Andreas: Verstehen und Rekonstruieren. Zur Theorie der Geisteswissenschaften. In: Vom Umgang mit Literatur und Literaturgeschichte, S. 125–148.

Karoussa, Nadia: Entstehung und Ausbildung des personalen Erzählens in der Mitte des 19. Jahrhunderts, Hildesheim 1983.

Kienecker, Michael: Prinzipien literarischer Wertung. Sprachanalytische und historische Untersuchungen, Göttingen 1989.

Kienig, Christian: Schwierige Modernität. Der »Ackermann« des Johannes von Tepl und die Ambiguität historischen Wandels, Tübingen 1997.

Kittler, Friedrich A.: Grenzen des Pluralismus. In: Schiller Jahrbuch 35 (1991), S. 310–312.
- Literatur und Literaturwissenschaft als Word Processing. In: Germanistik. Forschungsstand und Perspektiven, S. 410–419.
- Vergessen. In: Texthermeneutik, S. 195–211.

Klein, Jürgen: Theoriengeschichte als Wissenschaftskritik. Zur Genesis der literaturwissenschaftlichen Grundlagenkrise in Deutschland, Hanstein 1980.

Kockelmanns, Joseph J.: Hermeneutics and modern art. In: Cultural hermeneutics of modern art. Essays in honor of Jan Aler. Hg. v. Hubert Dethier u. Eldert Willems, Amsterdam 1989, S. 39–58.

Konstantinović, Zoran: Vergleichende Literaturwissenschaft. Bestandsaufnahme und Ausblicke, Bern 1988.

Kopperschmidt, Josef: Methoden der Argumentationsanalyse, Stuttgart 1989.

Korte, Hermann: Die Dadaisten, Reinbek 1994.

Krauss, Werner: Literaturtheorie, Philosophie und Politik, Berlin u. Weimar 1984.

Kravar, Zoran: Gattungen. In: Moderne Literatur in Grundbegriffen, S. 160–168.

Krenzlin, Norbert: Vom Wert der Werte. Ergebnisse und Probleme der Ästhetik-Diskussion in der DDR. In: Weimarer Beiträge 28.4 (1982), S. 141–150.

Kreuzer, Helmut: Pluralismus und Postmodernismus. Zur Literatur und Literaturwissenschaft der 80er Jahre im westlichen Deutschland. In: Pluralismus und Postmoderne, S. 7–22.

Kurz, Gerhard: Fragen und Probleme der gegenwärtigen hermeneutischen Reflexion. In: Das Selbstverständnis der Germanistik, S. 21–39.
- Die Literaturwissenschaft in der Konkurrenz der Wissenschaften. In: Germanistik in der Mediengesellschaft, S. 37–46.
- Vieldeutigkeit. Überlegungen zu einem literaturwissenschaftlichen Paradigma. In: Vom Umgang mit Literatur und Literaturgeschichte, S. 315–333.
- Zu einer Hermeneutik der literarischen Allegorie. In: Formen und Funktionen der Allegorie. Symposion Wolfenbüttel 1978. Hg. v. Walter Haug, Stuttgart 1979, S. 12–24.

Laermann, Klaus: Die Lust an der Unklarheit und die Schmerzgrenzen des Verstehens. Dunkelheit als Erfolgsgrundlage in den Geisteswissenschaften. In: Wozu Literaturwissenschaft? S. 80–101.

Lafont, Cristina: Sprache und Welterschließung. Zur linguistischen Wende der Hermeneutik Heideggers, Frankfurt a.M. 1994.

Lämmert, Eberhard: Bauformen des Erzählens, Stuttgart 1993.
- Das überdachte Labyrinth. Ortsbestimmung der Literaturwissenschaft 1960–1990, Stuttgart 1991.

Lambert, Karel: Prolegomenon zu einer Theorie des wissenschaftlichen Verstehens. In: Erklären und Verstehen in der Wissenschaft, S. 299–319.

Lamping, Dieter: Das lyrische Gedicht. Definitionen zu Theorie und Geschichte der Gattung, Göttingen (1989) 1993.

Lang, Peter Christian: Hermeneutik, Ideologiekritik, Ästhetik. Über Gadamer und Adorno sowie Fragen einer aktuellen Ästhetik, Hanstein 1981.

Lathe, Ph.: Vermengte Schriften, Bd. 2, Bonn o.J. [1961]

Leertouwer, Lammert: Zur Definition des Objektes in der Religionshermeneutik. In: Beiträge zur Hermeneutik indischer und abendländischer Traditionen, S. 47–59.

Lichtenberg, Georg Christoph: Schriften und Briefe. Hg. v. Wolfgang Promies. Bd. 1: Sudelbücher 1, München 1968.

Lipps, Hans: Untersuchungen zu einer hermeneutischen Logik, Frankfurt a.M. 1959.

Literary Theory and Criticism. FS René Wellek. Hg. v. Joseph P. Strelka, Bern 1984.

Literaturwissenschaft und empirische Methoden. Eine Einführung in aktuelle Projekte. Hg. v. Helmut Kreuzer und Reinhold Viehoff, Göttingen 1981.

Literaturwissenschaftliche Theorien, Modelle und Methoden. Hg. v. Ansgar Nünning, Trier 1995.

Lobsien, Eckhard: Das literarische Feld. Phänomenologie der Literaturwissenschaft, München 1988.

Lohmeier, Anke-Marie: Hermeneutische Theorie des Films, Tübingen 1996.

Luckmann, Thomas: Zum hermeneutischen Problem der Handlungswissenschaften. In: Text und Applikation, S. 513–523.

Ludwig, Hans-Werner/Faulstich, Werner: Erzählperspektive empirisch. Untersuchungen zur Rezeptionsrelevanz narrativer Strukturen, Tübingen 1985.

Lübbe, Hermann: Der kulturelle und wissenschaftstheoretische Ort der Geschichtswissenschaft. In: Wissenschaftstheorie der Geisteswissenschaften, S. 132–140.

Luhmann, Niklas: Soziale Systeme. Grundriß einer allgemeinen Theorie, Frankfurt a.M. 1984.

– Soziologische Aufklärung 2. Aufsätze zur Theorie der Gesellschaft, Opladen 1975.

Lumer, Christoph: Handlungstheoretisch erklärende Interpretationen als Mittel der semantischen Bedeutungsanalyse. In: Vom Umgang mit Literatur und Literaturgeschichte, S. 75–113.

Mach, Ernst: Die Analyse der Empfindungen und das Verhältnis zum Psychischen, Darmstadt 1991.

Maliandi, Ricardo C.: Wertobjektivität und Realitätserfahrung. Mit besonderer Berücksichtigung des Philosophen Nicolai Hartmann, Bonn 1966.

Marcuse, Herbert: Kultur und Gesellschaft I, Frankfurt a.M. 1965.

Margolin, Uri: On the ›Vagueness‹ of Critical Concepts. In: Poetics 10 (1981), S. 15–31.

Marquart, Odo: Frage nach der Frage, auf die die Hermeneutik die Antwort ist. In: Text und Applikation, S. 581–589.

Martinez-Bonati, Felix: Erzählstruktur und ontologische Schichtenlehre. In: Erzählforschung 1. Theorie. Modelle und Methoden der Narrativik. Hg. v. Wolfgang Haubrichs, Göttingen 1976, S. 175–183.

Mathy, Dieter: Europäischer Dadaismus oder: Die nichtige Schönheit. In: Die literarische Moderne in Europa, Bd. 2: Formationen der literarischen Avantgarde. Hg. v. Hans Joachim Piechotta, Ralph-Rainer Wuthenow u. Sabine Rothemann, Opladen 1994, S. 102–122.

Maurer, Bill: Can a Computer Understand? Hermeneutics in Computer Science (thinking through Habermas, Heidegger and Dilthey). In: Ars Semiotica Vol. 14, 3/4 (1991), S. 355–366.

McLuhan, Marshall: Understanding Media. The Extensions of Man, New York 1964.

McLuhan, Marshall/Fiore, Quentin: The Medium is the Massage. An Inventory of Effects, New York 1967.

Mecklenburg, Norbert: Über kulturelle und poetische Alterität. Kultur- und literaturtheoretische Grundprobleme einer interkulturellen Germanistik. In: Perspektiven und Verfahren interkultureller Germanistik, S. 561–584.

Meier, Albert: Welcher Pluralismus? Kein Problem. In: Schiller Jahrbuch 35 (1991), S. 318–321.

Menschkowski, Herbert: Mathematik. Verständlich dargestellt, München 1986.

Metzler Literatur Lexikon. Begriffe und Definitionen. Hg. v. Günther u. Irmgard Schweikle, Stuttgart ²1990.

Minte-König, Bianka: Massenkommunikation und neue Medien. In: Wozu noch Germanistik? S. 105–117.

Modelle literarischen Strukturwandels. Hg. v. Michael Titzmann, Tübingen 1991.

Moderne Literatur in Grundbegriffen. Hg. v. Dieter Borchmeyer u. Viktor Žmegač, Frankfurt a.M. 1987.

Müller, Hans-Harald: Lichtvolle Erkennung der Verschiedenheit. Zur Konzeption einer interkulturellen Hermeneutik. In: Perspektiven und Verfahren interkultureller Germanistik, S. 585–594.

– Probleme des Anwendungsbereiches eines Definitionsprogrammes in der Literaturwissenschaft. In: Zur Terminologie der Literaturwissenschaft, S. 69–79.

– Tendenzen der westdeutschen Literaturwissenschaft nach 1945. Dargestellt an den Antworten auf die Probleme einer wissenschaftlichen Textinterpretation. In: Sprache und Literatur in Wissenschaft und Unterricht 53 (1984), S. 87–114.

– Wissenschaftsgeschichte und Rezeptionsforschung. Ein kritischer Essay über den (vorerst) vorletzten Versuch, die Literaturwissenschaft von Grund auf neu zu gestalten. In: Polyperspektivik in der literarischen Moderne, S. 452–479.

Müller, Harro: Einige Notizen zu Diskurstheorie und Werkbegriff. In: Diskurstheorien und Literaturwissenschaft, S. 235–243.

– Zur Kritik herkömmlicher Hermeneutikrezeption in der Postmoderne. In: Diskussion Deutsch 21 (1990), S. 589–599.

Müller, Jan-Dirk: Literaturgeschichte/Literaturgeschichtsschreibung. In: Erkenntnis der Literatur, S. 195–227.

Mueller-Vollmer, Kurt: Zur Problematik des Interpretationsbegriffes in der Literaturwissenschaft. In: Erkennen und Deuten, S. 83–100.

Mukařovsky, Jan: Kunst, Poetik, Semiotik, Frankfurt 1989.

Muschg, Adolf: Erlaubt ist, was gelingt. Der Literaturwissenschaftler als Autor. In: Wozu Literaturwissenschaft, S. 161–179.

Nassen, Ulrich: Statt einer Einleitung. Notizen zur philologischen Hermeneutik. In: Texthermeneutik, S. 9–22.

Neuschäfer, Hans-Jörg: Die Methode der Traumdeutung. Möglichkeiten und Grenzen ihrer Applikation auf die Interpretation literarischer Texte. In: Psychoanalytische Literaturwissenschaft und Literatursoziologie. Hg. v. Henning Krauß u. Reinhold Wolff, Frankfurt a.M. 1982, S. 29–38.

Nieraad, Jürgen: Du sollst nicht deuten. Neo-Avantgarde, Dekonstruktivismus und Interpretation im Rückblick. In: Poetica 20 (1988), S. 131–155.

Niklas, Ursula: Semiotics and Hermeneutics. In: Recent Developments in Theory and History. The Semiotic Web 1990. Hg. v. Thomas A. Sebeok u. Jean Umiker-Sebeok, Berlin 1991, S. 267–283.

Nivelle, Armand: Vorläufigkeiten. Überlegungen zur Funktion der Dichtung. In: Funktion und Funktionswandel der Literatur in Geistes- und Gesellschaftsleben. Hg. v. Akten des Internationalen Symposiums Saarbrücken 1987. Hg. v. Manfred Schmeling, Bern 1989, S. 13–21.

Nolting, Winfried: Literatur oder Kommunikation. Anstelle fremder Wissenschaftsofferten Orientierungen eines positionslosen Denkens, Münster 1982.

– Zum Universalitätsanspruch der Hermeneutik. Am Beispiel der literarischen Empfindung. In: Germanistik. Forschungsstand und Perspektiven, Bd. 2, S. 457–477.

Nünning, Ansgar: Erzähltheorie. In: Realexikon der deutschen Literatur, S. 513–517.

– Grundzüge eines kommunikationstheoretischen Modells der erzählerischen Vermittlung. Die Funktionen der Erzählinstanz in den Romanen George Eliots, Trier 1989.

– Literatur, Mentalitäten und kulturelles Gedächtnis. Grundriß, Leitbegriffe und Perspektiven einer anglistischen Kulturwissenschaft. In: Literaturwissenschaftliche Theorien, Modelle und Methoden, S. 173–197.

- Vom Nutzen und Nachteil literaturwissenschaftlicher Theorien, Modelle und Methoden für das Studium: Eine Einführung in eine studentInnenorientierte Einführung. In: Literaturwissenschaftliche Theorien, Modelle und Methoden, S. 1–12.

Oakes, Guy: Die Grenzen kulturwissenschaftlicher Begriffsbildung. Heidelberger Max Weber-Vorlesungen 1982, Frankfurt a.M. 1990.

Oberhammer, Gerhard: Einleitendes zur Religionshermeneutik. In: Beiträge zur Hermeneutik indischer und abendländischer Traditionen, S. 7–27.

Ockel, Eberhard: Vorlesen als Methode der Textanalyse. In: Sprechen und Hören. Akten des 23. Linguistischen Kolloquiums, Berlin 1988. Hg. v. Norbert Reiter, Tübingen 1989, S. 503–518.

Oesterreich, Christian: Zur Identität des literarischen Werkes. In: Erkennen und Deuten, S. 54–69.

Oevermann, Ulrich: Die objektive Hermeneutik als unverzichtbare Grundlage für die Analyse von Subjektivität. Zugleich eine Kritik der Tiefenhermeneutik. In:»Wirklichkeit« im Deutungsprozeß. Verstehen und Methoden der Kultur- und Sozialwissenschaft. Hg. v. Thomas Jung u. Stefan Müller-Dohm, Frankfurt a.M. 1993, S. 106–189.

Ort, Claus-Michael: Vom Text zum Wissen. Die literarische Konstruktion sozio-kulturellen Wissens als Gegenstand einer nicht-reduktiven Sozialgeschichte der Literatur. In: Vom Umgang mit Literatur und Literaturgeschichte, S. 409–441.

Orzechowski, Kazimierz: Aphorismus: Fisch der Fleisch? In: Neuere Studien zur Aphoristik und Essayistik. Mit einer Handvoll zeitgenössischer Aphorismen. Hg. v. Guilia Cantarutti u. Hans Schumacher, Frankfurt a.M. 1986, S. 163–183.

Pasternack, Gerhard: Zum Rationalitätsbegriff der Hermeneutik. In: Geschichtlichkeit und Aktualität. Studien zur deutschen Literatur seit der Romantik. FS Hans-Joachim Mähl. Hg. v. Klaus Detlev-Müller, Gerhard Pasternack, Wulf Segebrecht u. Ludwig Stockinger, Tübingen 1988, S. 393–412.

- Zur Realität der Interpretation. In: Vom Umgang mit Literatur und Literaturgeschichte, S. 149–168.

Perspektiven und Verfahren interkultureller Germanistik. Akten des I. Kongresses der Gesellschaft für Interkulturelle Germanistik. Hg. v. Alois Wierlacher, München 1987.

Peters, Ursula: Literaturgeschichte als Mentalitätsgeschichte? Überlegungen zur Problematik einer neuen Forschungsrichtung. In: Germanistik. Forschungsstand und Perspektiven, S. 179–198.

Petersen, Jürgen H.: Erzählforschung als Spiegel literaturwissenschaftlicher Theorie-Diskussion. Aus Anlaß einiger Neuerscheinungen. In: Zeitschrift für Deutsche Philologie 99, 4 (1980), S. 597–615.

- Folgen der Moderne. Literaturästhetischer, rezeptionsästhetischer und textontologischer Paradigmenwechsel. In: Arcadia 20 (1985), S. 273–289.

- Kategorien des Erzählens. Zur systematischen Deskription epischer Texte. In: Poetica 9 (1977), S. 167–195.

Pfister, Manfred: Konzepte der Intertextualität. In: Intertextualität. Formen, Funktionen, anglistische Fallstudien. Hg. v. Ulrich Broich u. Manfred Pfister u. Mitarbeit v. Bernd Schulte-Middelich, Tübingen 1985, S. 1–30.

Pinkal, Manfred: Kontextabhängigkeit, Vagheit, Mehrdeutigkeit. In: Handbuch der Lexikologie. Hg. v. Christoph Schwarze u. Dieter Wunderlich, Königstein Ts. 1985, S. 27–63.

Plett, Heinrich F.: Gattungspoetik in der Renaissance. In: Renaissance-Poetik. Hg. v. H.F.P., Berlin 1994, S. 147–176.

Pluralismus und Postmoderne. Hg. v. Helmut Kreuzer, Frankfurt a.M. 1989.

Pöggeler, Otto: Gadamers philosophische Hermeneutik und die Rhetorik. In: Rhetorik und Philosophie. Hg. v. Helmut Schanze u. Josef Kopperschmidt, München 1989, S. 201–216.

Pöppel, Ernst: Grenzen des Bewußtseins. Über Wirklichkeit und Welterfahrung, Stuttgart 1985.

- Zum formalen Rahmen ästhetischen Erlebens. Ein Beitrag aus der Hirnforschung. In: Die Aktualität des Ästhetischen. Hg. v. Wolfgang Welsch, München 1993, S. 227–246.

Polenz, Peter v.: Über die Jargonisierung von Wissenschaftssprache und wider die Deagentivierung. In: Wissenschaftssprache, S. 85–110.

Polyperspektivik in der literarischen Moderne. Studien zu Theorie, Geschichte und Wirkung der Literatur. K. R. Mandelkow gewidmet. Hg. v. Jörg Schönert u. Harro Segebrecht, Frankfurt a.M. 1988.

Popper, Karl R.: Das Elend des Historizismus, Tübingen ⁶1987.

Popper, Karl R./Eccles, John: Das Ich und sein Gehirn, München 1989.

Positionen der Literaturwissenschaft. Acht Modellanalysen am Beispiel von Kleists ›Das Erdbeben in Chili‹. Hg. v. David E. Wellbery, München 1985.

Prigogine, Ilya/Stengers, Isabelle: Das Paradox der Zeit. Zeit, Chaos und Quanten, München 1993.

Pross, Wolfgang: Historische Methodik und philologischer Kommentar. In: Vom Umgang mit Literatur und Literaturgeschichte, S. 269–291.

Radnitzky, Gerard: Das Problem der Theoriebewertung. Begründungsphilosophischer, skeptischer und fallibilistischer Denkstil in der Wissenschaftstheorie. In: Zeitschrift für allgemeine Wissenschaftstheorie X (1979), S. 67–97.

Raible, Wolfgang: Was sind Gattungen? Eine Antwort aus semiotischer und textlinguistischer Sicht. In: Poetica 12 (1980), S. 320–349.

Reallexikon der deutschen Literaturwissenschaft. Hg. v. Klaus Weimar gem. m. Harald Fricke, Bd. 1: A–G, Berlin ³1997.

Rickert, Heinrich: Kulturwissenschaft und Naturwissenschaft, Stuttgart 1986.

– Die Philosophie des Lebens, Tübingen 1922.

Ricoeur, Paul: Hermeneutik und Strukturalismus. Der Konflikt der Interpretationen I, München 1973.

– Hermeneutik und Psychoanalyse. Der Konflikt der Interpretation II, München 1974.

– Die Metapher und das Hauptproblem der Hermeneutik. In: Theorie der Metapher. Hg. v. Anselm Haverkamp, Darmstadt 1983, S. 356–375.

Riedel, Manfred: Hören auf die Sprache. Die akroamatische Dimension der Hermeneutik, Frankfurt a.M. 1990.

– Verstehen oder Erklären? Zur Theorie und Geschichte der hermeneutischen Wissenschaften, Stuttgart 1978.

Rieger, Burghard: Unscharfe Semantik. Die empirische Analyse, quantitative Beschreibung, formale Repräsentation und prozedurale Modellierung vager Wortbedeutungen in Texten, Bern u.a. 1989.

– Wissensrepräsentation im Hypertext. Beispiel und Problematik einer Verstehenstechnologie. In: Germanistik in der Mediengesellschaft, S. 373–403.

Rieger, Stefan: Medienwissenschaft der Literatur – Literaturwissenschaft der Medien. In: Einführung in die Literaturwissenschaft. Hg. v. Miltos Pechlivanos u.a., Stuttgart 1995, S. 402–412.

Riffaterre, Michael: Strukturale Stilistik, München 1973.

Rodi, Frithjof: Erkenntis des Erkannten. Zur Hermeneutik des 19. und 20. Jahrhunderts, Frankfurt a.M. 1990.

Rohr, Susanne: The Abduction from the Seraglio ... Darstellung von Verstehens- und Interpretationsprozesse auf Grundlage der Abduktionslogik Charles S. Peirces. In: Ars Semeiotica Vol. 12, No. 3/4 (1989), S. 245–259.

Rosenberg, Rainer: Zehn Kapitel zur Geschichte der Germanistik, Berlin 1981.

Rothacker, Erich: Logik und Systematik der Geisteswissenschaften, Bonn 1948.

Rust, Holger: Methoden und Probleme der Inhaltsanalyse. Eine Einführung, Tübingen 1981.

– Struktur und Bedeutung. Studien zur qualitativen Inhaltsanalyse, Berlin 1980.

Ruttkowski, Wolfgang: Der Geltungsbereich unserer literarischen Sachbegriffe. In: Zur Terminologie der Literaturwissenschaft , S. 80–104.

Scherer, Wilhelm: Kleine Schriften zur altdeutschen Philologie. Hg. v. Konrad Burdach, Berlin 1893.

Scherner, Maximilian: Sprache als Text. Ansätze zu einer sprachwissenschaftlich begründeten Theorie des Textverstehens. Forschungsgeschichte – Problemstellung – Beschreibung, Tübingen 1984.

Schlaffer, Heinz: Ursprung, Ende und Fortgang der Interpretation. In: Germanistik. Forschungsstand und Perspektiven, S. 385–397.

Schlegel, Friedrich: Kritische Schriften und Fragmente. Hg. v. Ernst Behler und Hans Eichner, Bd. 2: 1798–1801, Paderborn u.a. 1988.

Schleiermacher, Friedrich: Hermeneutik und Kritik, Frankfurt a.M. 1977.

Schmeling, Manfred: Der labyrinthische Diskurs. Vom Mythos zum Erzählmodell, Frankfurt a.M. 1987.

Schmidt, Siegfried J.: Grundriß der Empirischen Literaturwissenschaft, Bd. 1: Der gesellschaftliche Handlungsbereich Literatur, Braunschweig 1980.

– Die Selbstorganisation des Sozialsystems Literatur im 18. Jahrhundert, Frankfurt a.M. 1989.

– Werturteile in der empirischen Literaturwissenschaft. Thesen und Kommentare. In: Analytische Literaturwissenschaft, S. 240–249.

Schnitzler, Arthur: Die erzählenden Schriften, Bd. 1, Frankfurt a.M. 1981.

Schock, Rolf: On Classifications and Hierarchies. In: Zeitschrift für allgemeine Wissenschaftstheorie X (1979), S. 98–106.

Schönau, Werner: Einführung in die psychoanalytische Literaturwissenschaft, Stuttgart 1991.

Schönert, Jörg: Empirische Literaturwissenschaft. Verschlossene wissenschaftliche Anstalt oder Bastion mit offenen Toren? Überlegungen zur Organisation wissenschaftlicher Theorie und Praxis, Siegen 1985.

– Gesellschaftliche Modernisierung und Literatur der Moderne. In: Zur Terminologie der Literaturwissenschaft, S. 393–413.

Schreiter, Jörg: Hermeneutik – Wahrheit und Verstehen. Darstellung und Texte, Berlin (Ost) 1988.

Schütte, Jürgen: Einführung in die Literaturinterpretation, Stuttgart 1985.

Schulte, Hans: Literarische Hermeneutik zwischen Positivismus und Nihilismus. Zur Theorie und Praxis der Klassik-Deutung. In: Verlorene Klassik? Ein Symposium. Hg. v. Wolfgang Wittkowski, Tübingen 1986, S. 205–219.

Schurz, Gerhard: Einleitung. 40 Jahre nach Hempel-Oppenheim. In: Erklären und Verstehen in der Wissenschaft, S. 11–30.

– Was ist wissenschaftliches Verstehen? Eine Theorie verstehensbewirkender Erklärungsepisoden. In: Erklären und Verstehen in der Wissenschaft, S. 235–298.

Schwanitz, Dieter: Systemtheorie und Literatur. Ein neues Paradigma, Opladen 1990.

Sedlmayr, Hans: Verlust der Mitte. Die bildenden Künste des 19. und 20. Jahrhunderts als Symptom und Symbol der Zeit, Frankfurt a.M. 1955.

Seebohm, Thomas M.: Historische Kausalerklärung. In: Kausalität. Neue Texte. Hg. v. Günter Posch, Stuttgart 1981, S. 260–288.

– Zur Kritik der hermeneutischen Vernunft, Bonn 1972.

Seel, Martin: Vor dem Schein kommt das Erscheinen. Bemerkungen zu einer Ästhetik der Medien. In: Germanistik in der Mediengesellschaft, S. 197–214.

Seiler, Bernd W.: Vom Recht des naiven und von der Notwendigkeit des historischen Verstehens literarischer Texte. In: Diskussion Deutsch 13, 63 (1982), S. 19–33.

Das Selbstverständnis der Germanistik. Aktuelle Diskussionen. Hg. v. Norbert Oellers, Tübingen 1988.

Sheppard, Richard: Dada and Futurism. In: Sinn und Unsinn. Dada international. Hg. v. Wolfgang Paulsen u. Helmut G. Hermann, Bern 1982, S. 29–71.

Shusterman, Richard: Aesthetic Blindness to Textual Visuality. In: The Journal of Aesthetics and Art Criticism, Vol. XLI, No. 1 (Fall 1982), S. 87–96.

Simon-Schaefer, Roland: Der Autonomieanspruch der Geisteswissenschaften. In: Wissenschaftstheorie der Geisteswissenschaften, S. 12–20.

Smuda, Manfred: Der Gegenstand in der bildenden Kunst und Literatur, München 1979.

Sonntag, Susan: Against Interpretation, New York ³1967.

Spicker, Friedemann: Aphorismen über Aphorismen. Fragen über Fragen. Zur Gattungsreflexion der Aphoristiker. In: Zeitschrift für Deutsche Philologie 113, 2 (1994), S. 161–198.

– Skizze zum gegenwärtigen Stand der Aphorismusforschung. Zu Werner Helmich:»Der moderne französische Aphorismus. In: Zeitschrift für Deutsche Philologie 112, 2 (1993), S. 271–283.

Spillner, Bernd: Termini und Sprachfunktionen in der literaturwissenschaftlichen Fachsprache. In: Wissenschaftssprache, S. 372–403.

Spinner, Kaspar H.: Wissenschaftsgläubigkeit und Wirklichkeitsverlust in der Sprach- und Literaturwissenschaft. In: Wissenschaft und Wirklichkeit, S. 115–133.

Stachowiak, Herbert: Allgemeine Modelltheorie, Wien 1973.

Stanzel, Franz K.: Die Komplementärgeschichte. Entwurf einer leseorientierten Romantheorie. In: Erzählforschung, S. 240–259.

– Probleme der Erzählforschung 1950–1990. Ein Rückblick. In: Anglia 110 (1992), S. 424–438.

– Theorie des Erzählens, Göttingen (1979) ⁵1991.

– Wandlungen des narrativen Diskurses in der Moderne, S. 371–383.

Stecker, Robert: Expression of Emotion in (Some of) the Arts. In: The Journal of Aesthetics and Art Criticism, Vol. XLII, No. 4 (Summer 1984), S. 409–418.

Steger, Hugo: Über Textsorten und andere Textklassen. In: Textsorten und literarische Gattungen. Dokumentation des Germanistentages in Hamburg vom 1. bis 4. April 1979. Hg. v. Vorstand der Vereinigung der deutschen Hochschulgermanisten, Berlin 1983, S. 25–67.

Stegmüller, Wolfgang: Der sogenannte Zirkel des Verstehens. In: Natur und Geschichte. X. Deutscher Kongress für Philosophie. Kiel 8.–12. Oktober 1972. Hg. v. Kurt Hübner u. Albrecht Menne, Hamburg 1973, S. 21–46.

Steinfeld, Thomas: Über Kritik. Erwiderung auf Anselm Haferkamp. In: Rhetorik 10 (1991), S. 119–122.

Stierle, Karlheinz: Eine Renaissance der Hermeneutik. Für eine Öffnung des hermeneutischen Zirkels. In: Poetica 17.3–4 (1985), S. 340–354.

– Text als Handlung und Text als Werk. In: Text und Applikation, S. 537–545.

Stocker, Karl: Interesse an Literatur. Zu Möglichkeiten einer empirisch und interkulturell angelegten Lese(r)forschung. In: Akten des VIII. Internationalen Germanisten-Kongresses, Bd. 6, S. 310–320.

Strelka, Joseph P.: Edition und Interpretation. In: Textkritik und Interpretation, S. 21–37.

– Geschlossene und offene Systeme in der Literaturwissenschaft. In: Literary Theory and Criticism, S. 591–601.

Strube, Werner: Sind normative ästhetische Aussagen in deskriptiven begründet? In: Literaturwissenschaftliches Jahrbuch 23 (1982), S. 313–318.

– Sprachanalytisch-philosophische Typologie literaturwissenschaftlicher Begriffe. In: Zur Terminologie der Literaturwissenschaft, S. 35–49.

– Über Kriterien der Beurteilung von Textinterpretationen. In: Vom Umgang mit Literatur und Literaturgeschichte, S. 185–209.

Szondi, Peter: Einführung in die literarische Hermeneutik, Frankfurt a.M. 1975.

Text und Applikation. Theologie, Jurisprudenz und Literaturwissenschaft im hermeneutischen Gespräch. Hg. v. Manfred Fuhrmann, Hans Robert Jauß und Wolfgang Pannenberg, München 1981.

Textanalyse als Kognitionskritik. Möglichkeiten und Grenzen ideologiekritischer Inhaltsanalyse. Hg. v. Peter Vorderer u. Norbert Groeben, Tübingen 1987.

Texthermeneutik. Aktualität, Geschichte, Kritik. Hg. v. Ulrich Nassen, Paderborn 1979.

Textkritik und Interpretation. FS Karl Pohlheim. Hg. v. Heimo Reinitzer, Bern 1987.

Thieberger, Richard: Fug und Unfug der Interpretation. Überlegungen zur Problematik des Begriffes. In: Textkritik und Interpretation, S. 39–52.

Thierse, Wolfgang: »Das Ganze aber ist, was Anfang, Mitte und Ende hat«. Problemgeschichtliche Beobachtungen zur Geschichte des Werkbegriffes. In: Weimarer Beiträge 36 (1990), S. 240–264.

Thompson, John B.: Critical Hermeneutics. A study in the thought of Paul Ricoeur and Jürgen Habermas, Cambridge 1981.

Titzmann, Michael: Skizze einer integrativen Literaturgeschichte und ihres Ortes in einer Systematik der Literaturwissenschaft. In: Modelle literarischen Strukturwandels, S. 395–438.

– Strukturale Textanalyse. Theorie und Praxis der Interpretation, München 1977.

Todorov, Tzvetan: Die Lektüre als Rekonstruktion des Textes. In: Erzählforschung 2, S. 228–239.

Tunner, Erika: Plädoyer für die assoziative Nicht-Methode über und zur Literatur zu reden. In: Barbara Frischmuth. Hg. v. Kurt Bartsch, Graz 1992, S. 15–22.

Tuomela, Raimo: Eine pragmatisch-nomologische Theorie des wissenschaftlichen Erklärens und Verstehens. In: Erklären und Verstehen in der Wissenschaft, S. 125–170.

Uhlig, Claus: Theorie der Literarhistorie. Prinzipien und Paradigmen, Heidelberg 1982.

Ullmaier, Johannes: Yvan Golls Gedicht »Paris brennt«. Zur Bedeutung von Collage, Montage und Simultanismus als Gestaltungsverfahren der Avantgarde, Tübingen 1995.

Van Fraassen, Bas C.: Die Pragmatik des Erklärens. Warum-Fragen und ihre Antworten. In: Erklären und Verstehen in der Wissenschaft, S. 31–89.

Verweyen, Theodor: Zur Problematik literaturwissenschaftlicher Gattungsbegriffe: Erscheinungen von Interferenz. In: Zur Terminologie der Literaturwissenschaft, S. 263–273.

Viehoff, Reinhold: Empirisches Forschen in der Literaturwissenschaft. In: Literaturwissenschaft und empirische Methoden, S. 10–26.

Vietta, Silvio: Großstadtwahrnehmung und ihre literarische Darstellung. Expressionistischer Reihenstil und Collage. In: DVjS 48 (1974), S. 354–373.

– Literatur- und Medienwissenschaft. In: Erkenntnis der Literatur, S. 298–320.

Vom Umgang mit Literatur und Literaturgeschichte. Positionen und Perspektiven nach der »Theoriedebatte«. Hg. v. Lutz Danneberg und Friedrich Vollhardt in Zus. m. Hartmut Böhme u. Jörg Schönert, Stuttgart 1992.

Wach, Joachim: Das Verstehen. Grundzüge einer Geschichte der hermeneutischen Theorie im 19. Jahrhundert, Bd. I: Die grossen Systeme, Tübingen 1926.

– Bd. II: Die theologische Hermeneutik von Schleiermacher bis Hofmann, Tübingen 1929.

– Bd. III: Das Verstehen in der Historik von Ranke bis zum Positivismus, Tübingen 1933.

Weber, Max: Der Sinn der »Wertfreiheit« der Sozialwissenschaften (1917). In: ders.: Soziologie. Universalgeschichtliche Analysen. Politik, Stuttgart 1972, S. 263–310.

Weimar, Klaus: Historische Einleitung zur literaturwissenschaftlichen Hermeneutik, Tübingen 1975.

– Literaturtheorie zwischen Poetik und Hermeneutik. In: Wissenschaftstheorie der Geisteswissenschaften, S. 162–176.

– Der Text, den (Literar-)Historiker schreiben. In: Geschichte als Literatur, S. 29–39.

– Zur neuen Hermeneutik um 1800. In: Wissenschaft und Nation, S. 195–204.

Weinsheimer, Joel C.: Gadamer's Hermeneutics. A Reading of Truth and Method, New Haven 1985.

Weissberg, Liliane: Literatur als Repräsentationsform. Zur Lektüre von Lektüre. In: Vom Umgang mit Literatur und Literaturgeschichte, S. 293–313.

Weitermeier, Hannah: Gedanken zu Laszlo Moholy-Nagy. In: Laszlo Moholy-Nagy. Mit Beiträgen von Wulf Herzogenrath, Tilman Osterwold, Hannah Weitermeier, Stuttgart 1974, S. 129–144.

Weizenbaum, Joseph: Die Macht der Computer und die Ohnmacht der Vernunft, Frankfurt a.M. 1978.

Wellbery, David E.: Semiotische Anmerkungen zu Kleists ›Das Erdbeben in Chili‹. In: Positionen der Literaturwissenschaft, S. 69–87.

Wellek, René/Warren, Austin: Theorie der Literatur, Königstein/Ts. 1985.

Welsen, Peter: Philosophie und Psychoanalyse. Zum Begriff der Hermeneutik in der Freud-Deutung Paul Ricoeurs, Tübingen 1986.

Wenzel, Peter: ›Dekonstruktion, danke!‹. Eine Stellungnahme zur Debatte um den amerikanischen Poststrukturalismus. In: Ars Semiotica, Vol. 10, 3/4 (1987), S. 213–228.

Wermke, Jutta: ›Autorschaft‹ unter den Produktionsbedingungen des Fernsehen? Beitrag zu einer Konfliktgeschichte. In: Germanistik in der Mediengesellschaft, S. 159–196.

Wiegmann, Hermann: Typologie und Systematik der Erzähltheorie. Bemerkungen zu den Voraussetzungen einer Typologie mit kritischen Anmerkungen zu Stanzels »Theorie des Erzählens«. In: Literatur in Wissenschaft und Unterricht 14.3 (1981), S. 176–184.

Die Wiener Gruppe. Achleitner, Artmann, Bayer, Rühm, Wiener. Text, Gemeinschaftsarbeiten, Aktionen. Hg. v. Gerhard Rühm, Reinbek ²1985.

Wierlacher, Alois: Mit fremden Augen oder: Fremdheit als Ferment. Überlegungen zur Begründung einer interkulturellen Hermeneutik deutscher Literatur. In: Das Fremde und das Eigene. Prolegomena zu einer interkulturellen Germanistik. Hg. v. A. W., München 1985, S. 3–28.

Wild, Reiner: Literaturgeschichte – Kulturgeschichte – Zivilisationsgeschichte. In: Vom Umgang mit Literatur und Literaturgeschichte, S. 349–363.

Willems, Gottfried: Anschaulichkeit. Zu Theorie und Geschichte der Wort-Bild-Beziehungen und des literarischen Darstellungsstils, Tübingen 1989.

– Das Konzept der literarischen Gattung. Untersuchungen zur klassischen deutschen Gattungstheorie, insbesondere zur Ästhetik F. Th. Vischers, Tübingen 1981.

Willemsen, Roger: Tragödien der Forschung. Über eine Literaturwissenschaft ohne Literatur. In: Wozu Literaturwissenschaft? S. 47–64.

Wilpert, Gero v.: Sachwörterbuch der Literatur, Stuttgart ⁷1989.

Wissenschaft und Nation. Studien zur Entstehungsgeschichte der deutschen Literaturwissenschaft. Hg. v. Jürgen Fohrmann u. Wilhelm Voßkamp, München 1991.

Wissenschaft und Wirklichkeit. Zur Lage und Aufgabe der Wissenschaften. Hg. v. Johannes Anderegg, Göttingen 1977.

Wissenschaftssprache. Beiträge zur Methodologie, theoretischen Fundierung und Deskription. Hg. v. Theo Bungarten, München 1981.

Wissenschaftstheorie der Geisteswissenschaften. Konzeptionen, Vorschläge, Entwürfe. Hg. v. Roland Simon-Schaefer u. Walther Ch. Zimmerli, Hamburg 1975.

Witte, Bernd: »[...] daß gepflegt werde / Der feste Buchstab, und Bestehendes gut / gedeutet«. Über die Aufgaben der Literaturwissenschaft. In: Germanistik in der Mediengesellschaft, S. 111–131.

Witting, Günther: Über einige Schwierigkeiten beim Isolieren einer Schreibweise. In: Zur Terminologie der Literaturwissenschaft, S. 274–288.

Wölfel, Kurt: Zur aktuellen Problematik der Interpretation literarischer Werke. In: Germanistik. Forschungsstand und Perspektiven, S. 398–409.

Wolff, Reinhold/Groeben, Norbert: Zur Empirisierung hermeneutischer Verfahren in der Literaturwissenschaft. Möglichkeiten und Grenzen. In: Literaturwissenschaft und empirische Methoden, S. 27–51.

Wozu Literaturwissenschaft? Kritik und Perspektiven. Hg. v. Frank Griesheimer u. Alois Prinz, Tübingen 1992.

Wozu noch Germanistik? Wissenschaft – Beruf – Kulturelle Praxis. Hg. v. Jürgen Förster, Eva Neuland und Gerhard Rupp, Stuttgart 1989.

Wucherpfennig, Wolf: We don't need no education. Foucault und die poststrukturalistische Germanistik. In: Das Selbstverständnis der Germanistik, S. 162–174.

Würzbach, Natascha: Einführung in die Theorie und Praxis der feministisch orientierten Literaturwissenschaft. In: Literaturwissenschaftliche Theorien, Modelle und Methoden, S. 137–152.

Wunberg, Gotthart: Hermeneutik – Änigmatik – Aphasie. Zur Lyrik der Moderne. In: Poetik und Geschichte: FS Viktor Žmegač. Hg. v. Dieter Borchmeyer, Tübingen 1989, S. 241–249.

Wyss, Ulrich: Poetische Fundamentalisten. Eine sanfte Polemik. In: Germanistik in der Mediengesellschaft, S. 133–139.

Zima, Peter V.: Literarische Ästhetik. Methoden und Modelle der Literaturwissenschaft, Tübingen 1991.

– Textsoziologie, Stuttgart 1980.

Zimmerli, Walter Ch.: ›Objektivität‹ der Wissenschaft – oder: wie unabhängig ist die ›Wirklichkeit‹? Zum Zusammenhang von Objektivitätsideal und Gegenstandskonstitution. In: Wissenschaft und Wirklichkeit, S. 162–185.

– Paradigmenwechsel und Streitbehebung. Einheitswissenschaft – einmal anders. In: Wissenschaftstheorie der Geisteswissenschaften, S. 340–358.

Žmegač, Viktor: Moderne/Modernität. In: Moderne Literatur in Grundbegriffen, S. 250–258.

Zur Terminologie der Literaturwissenschaft. Akten des IX. Germanistischen Symposions der Deutschen Forschungsgemeinschaft, Würzburg 1986. Hg. v. Christian Wagenknecht, Stuttgart 1988.

Personenregister

Abend, Bernhard   19, 29, 170
Adolphs, Dieter   273
Adorno, Theodor W.   4, 123, 161, 177, 260, 271
Aischylos   70
Albersmeier, Franz-Josef   1
Albert, Hans   12, 41, 42, 45, 47, 123, 125, 167, 173, 182, 237
Alexander, Peter   73
Altenhofer, Norbert   124
Andreotti, Mario   84
Antheil, George   168ff.
Anz, Heinrich   135
Anz, Thomas   5, 43
Apel, Karl-Otto   28, 125
Apollinaire, Guillaume   256
Apollo   83
Aragon, Louis   4
Aristoteles   183
Arndt, Erwin   177
Arntzen, Helmut   134, 186
Artmann, Hans Carl   246
Ashley, Robert   136
Ast, Friedrich   30, 124, 132, 134, 189
Aust, Hugo   36, 191
Ayler, Albert   145
Azizi-Burkhart, Veronika   139
Babilas, Wolfgang   4, 69, 134, 146, 183, 224
Bach, Johann Sebastian   185
Bachmann, Ingeborg   160
Bachtin, Michail M.   30
Balla, Giacomo   206
Barner, Wilfried   43
Barthes, Roland   4, 28, 33, 34, 154, 161, 166, 170, 174, 175
Bausinger, Hermann   1
Becker, Sabina   228, 235
Beckett, Samuel   4, 154, 155, 159, 161
Beethoven, Ludwig van   119, 192, 241
Behler, Ernst   31, 72, 123, 142, 143, 146, 147, 150, 189
Behrens, Franz Richard   191
Benjamin, Walter   8

Bettendorf, Thomas   123
Betti, Emilio   39, 43, 44, 74, 91, 96, 97, 116, 125, 126, 136, 138, 152, 153, 172, 175, 181, 184, 186, 190, 199, 227
Bickmann, Claudia   63
Biere, Bernd Ulrich   3, 124, 160
Blanckenburg, Christian Friedrich von   217
Blanke, Horst Walter   46
Bleich, Susanne   122, 189
Bleicher, Josef   190
Boccaccio, Giovanni   185
Boccioni, Umberto   206, 235
Bode, Christoph   155
Boeckh, August   124, 125, 131ff., 134, 141, 146, 149, 152, 153, 155, 162, 166, 167, 175, 190, 194, 195
Böckmann, Paul   130
Böhler, Dietrich   122, 135
Böhme, Hartmut   17
Böhnke, Michael   122
Börne, Ludwig   271
Bogdal, Klaus-Michael   4, 11
Boguslawski, Andrzej   155
Bohn, Rainer   13, 139
Bohrer, Karl-Heinz   161
Bollnow, Otto Friedrich   97
Bolten, Jürgen   42, 189
Boltzmann, Ludwig   87
Bond, James   129
Bonheim, Helmut   56, 58, 230
Booth, Wayne   272
Borkowski, Ludwik   83
Bourdieu, Pierre   16, 177, 178
Brandt, Reinhard   24, 34, 42, 48, 174, 189
Braun, Götz   161
Brecht, Bertolt   4, 70, 162
Bredella, Lothar   143, 161, 166, 199, 216
Breuer, Rolf   9, 24, 233
Brentano, Franz   44
Brinker, Klaus   58
Brinkmann, Henning   234
Brinkmann, Rolf Dieter   137
Bruegel, Pieter   184

Buchwald, Dagmar 235
Buddha 108, 109
Bühler, Karl 90
Bürger, Peter 7, 145
Bultmann, Rudolf 132, 136, 186, 187
Buñuel, Luis 162
Butler, Christopher 34
Cage, John 145
Caligula 68
Canetti, Elias 271
Carnap, Rudolf 181, 243
Casanova, Giacomo 220
Celan, Paul 4, 154, 159, 160, 161, 162, 185
Chaplin, Charlie 106, 145
Charlton, Michael 139
Charms, Daniil 159
Chatman, Seymour 272
Chladenius, Johann Martin 3, 124, 194
Chopin, Frédéric 239, 295
Churchill, Winston 205, 206
Čivikov, Germinal 28, 155
Cohn, Dorrit 272, 28
Colomb, Gregory G. 46, 186, 190
Conrad, Tony 145
Conrady, Karl-Otto 18, 43, 245, 248
Cotton, Jerry 74
Coy, Wolfgang 301
Croce, Benedetto 116, 184
Culler, Jonathan 31, 152, 165
Curtius, Ernst Robert 61
Danneberg, Lutz 6, 16, 21, 25, 31, 34, 39, 52, 67, 123, 126, 131, 134, 154, 166, 193
Dannhauer, Johann Conrad 124
Dante Alighieri 76
Darwin, Charles 187
Davis, Miles 77
De Man, Paul 124, 153, 155
Deleuze, Gilles 70
Demetz, Peter 234
Derrida, Jacques 30, 34, 72, 123, 124, 153, 166
Descartes, René 25
Dilthey, Wilhelm 19, 43, 46, 96, 108, 124, 134, 135, 147, 189
Döblin, Alfred 2, 228
Doležel, Ljubomír 274
Dray, William 23, 214, 215, 220
Drews, Jörg 11, 43
Droste-Hülshoff, Annette von 100
Droysen, Johann Gustav 215
Duchamp, Marcel 145
Dürer, Albrecht 192
Dürrenmatt, Friedrich 263

Dutton, Denis 115, 189
Dionysos 220
Eagleton, Terry 39
Ebner-Eschenbach, Marie von 271
Eccles, John 71
Eco, Umberto 90, 154
Eibl, Karl 3, 14, 25, 28, 43, 135, 149, 152, 153, 187, 198, 213, 216, 222, 223, 247
Eimermacher, Karl 62, 230, 238
Einstein, Albert 183
Einstein, Carl 161, 178
Eliot, Thomas Stearns 234, 252
Erasmus von Rotterdam 168
Erlhoff, Michael 234
Eva 93
Falk, Werner 213
Faulstich, Werner 272, 273
Faulkner, William 4
Fedler, Stephan 260, 262
Fetzer, Günther 46
Feuerbach, Ludwig 191
Feyerabend, Paul 47
Figal, Günter 2
Finke, Peter 170
Fiore, Quentin 105
Fischart, Johann 216
Fischer, Gotthilf 138
Fischer, Hubertus 2
Fischer-Lichte, Erika 58, 72
Fishelov, David 63, 247
Flaschka, Horst Franz 52, 54
Flaubert, Gustave 160
Foerster, Heinz von 190
Förster, Jürgen 11, 41
Fohrmann, Jürgen 35
Foucault, Michel 30, 34, 35, 121, 152
France, Anatole 260
Frank, Manfred 4, 22, 34, 114, 124, 134, 154, 163, 166, 175, 182, 183, 218, 238
Frege, Gottlob 45, 76, 79, 81, 83, 226
Freud, Sigmund 28
Freundlieb, Dieter 15, 16, 34, 35, 42, 167, 174, 186
Frey, Gerhard 144, 222
Frey, Hans-Jost 175
Fricke, Harald 21, 26, 27, 42, 43, 47, 161, 176, 242, 248, 259ff.
Friedmann, Michael 96
Friedrich, Hugo 4, 228f.
Füger, Wilhelm 273
Gabriel, Gottfried 22, 34, 61, 115, 116, 135, 152, 163, 215, 232, 248
Gabriel, Norbert 1, 13
Gadamer, Hans-Georg 4, 29, 46, 72, 91,

92, 122, 123, 124, 126, 134, 173, 189, 190, 238
Gärdenførs, Peter 221
Gamper, Herbert 12
Gassendi, Petrus (Pierre) 191
Geier, Manfred 23
Gellert, Christian Fürchtegott 170
Genette, Gérard 30, 272, 273, 275, 278, 287
George, Stefan 4, 96, 160
Gille, Klaus F. 142, 147, 183, 185
Glasunov, Alexander 239
Globig, Klaus 176
Görner, Lutz 119, 120
Goethe, Johann Wolfgang von 24, 34, 95, 117, 119, 138, 150, 172, 178, 185, 192, 220, 229, 253, 271, 275
Göttner, Heide 128, 150, 170, 181
Goll, Yvan 259
Gomringer, Eugen 257
Goodman, Nelson 39, 65, 78,101, 217
Gott 72, 223, 292
Grana, Gianni 23, 123, 167
Griesheimer, Frank 49
Groeben, Norbert 17, 25, 154, 167
Großklaus, Götz 95
Gründer, Karlfried 23, 32, 149
Guattari, Felix 70
Günther, Ulrich G. 170
Gulda, Friedrich 77
Habermas, Jürgen 28, 46, 108, 122, 123
Händel, Georg Friedrich 46
Hagedorn, Friedrich von 301
Hagenbüchle, Roland 155, 232
Hahn, Gerhard 32
Haley, Bill 101, 102, 126
Hamacher, Werner 165
Hamann, Johann Georg 121
Hardy, Oliver 87
Hardy, Thomas 31
Hartmann, Nicolai 44, 46, 59, 72, 74, 94, 174
Hauff, Jürgen 189
Hauptmeier, Helmut 25, 42, 155, 161, 167, 170
Hauser, Arnold 232f.
Haverkamp, Anselm 28
Hegel, Georg Wilhelm Friedrich 25, 30, 86, 186, 216
Heidegger, Martin 3, 32, 42, 92, 124, 173, 189, 193
Heine, Heinrich 119
Heinrich von Morungen 254
Heller, Albrecht 189

Helmich, Werner 259
Hempel, Carl G. 220
Hempfer, Klaus W. 63
Hendrix, Jimi 185, 210
Henrici, Gerd 230
Herden, Werner 177
Herder, Johann Gottfried 27
Herwig, Henriette 5
Hess-Lüttich, Ernst W. B. 23
Hesse, Eva 234
Hesse, Hermann 34
Heukenkamp, Ursula 177
Heydebrand, Renate 45
Hilbert, David 76
Hirsch, Eric Donald 123, 134
Hirschfeld, Dieter 123, 190
Hitler, Adolf 79, 106, 175
Hocke, Gustav René 160
Hölderlin, Friedrich 160, 175
Hörisch, Jochen 121, 184
Hörner, Karin 236
Hörnigk, Frank 177
Hoesterey, Ingeborg 35
Hofmann, Johann Nepomuk 122, 222
Hofmannsthal, Hugo von 161
Hofmann, Werner 222
Hofmann von Hofmannswaldau, Christian 254
Holly, Werner 34
Hoock, Birgit 2
Horch, Hans Otto 229
Horovitz, Vladimir 210
Howe, Irving 31
Hübner, Kurt 69, 125, 189
Hüppauf, Bernd 189
Husserl, Edmund 43, 59, 76
Ihwe, Jens F. 17
Ingarden, Roman 44, 46, 75, 154
Iser, Wolfgang 30, 155, 234
Jäger, Ludwig 1, 170
Jahn, Manfred 30, 272, 273, 275, 280
Jahwe 93
Jakobson, Roman 34, 90
Jameson, Fredric 5
Jandl, Ernst 249
Janik, Dieter 272
Jantsch, Erich 51
Japp, Uwe 4, 6, 8, 29, 39, 114, 121, 123, 135, 154, 160, 161, 163, 164, 166, 183, 194, 195, 218
Jauß, Hans-Robert 4, 154, 166, 167, 173, 237
Jean Paul 259, 271
Jelzin, Boris 82

Jesus 108, 109
Johannes von Tepl 2
Joséphine (franz. Kaiserin) 223
Joyce, James 4, 90, 154, 155, 159, 162,
171, 287
Jünger, Ernst 173
Kaes, Anton 16
Kafka, Franz 4, 154, 155, 159, 168, 279,
295
Kahnweiler, Daniel-Henry 206
Kamlah, Andreas 96, 138
Kandinsky, Wassily 161, 185
Kant, Immanuel 121, 143
Kaprow, Allan 117
Karajan, Herbert von 119
Karl der Große 184
Karoussa, Nadia 272, 273
Katz, J.J. 155
Kaufmann, Eva 177
Keller, Gottfried 56
Kienecker, Michael 27, 41, 47
Kienig, Christian 2
Kierkegaard, Søren 129
Kittler, Friedrich A. 1, 105, 110, 199
Klein, Jürgen 2, 25, 189
Kleist, Heinrich von 17
Klopstock, Friedrich Gottlieb 40, 244
Kockelmanns, Joseph J. 2
Köhn, Lothar 189
Kohl, Helmut 83
Konsalik, Heinz Günther 185, 217
Konstantinović, Zoran 23, 218
Kopperschmidt, Josef 75
Korte, Hermann 301
Kraus, Karl 271
Krauss, Werner 177
Kravar, Zoran 161
Krenzlin, Norbert 43
Kreuzer, Helmut 35
Kuhn, Thomas S. 46
Kurz, Gerhard 2, 9, 35, 72, 121, 155, 159,
167
Lacan, Jacques 153
Laermann, Klaus 24
Lafont, Cristina 122
Lämmert, Eberhard 29, 225
La Fontaine, Jean de 185
Lambert, Karel 96
Lamping, Dieter 241ff., 259, 260
Lang, Peter Christian 4, 7, 194
Lanser, Susan S. 272
Lathe, Phrank 22
Laurel, Stan 87
Lec, Stanisław 271

Leertouwer, Lammert 194
Léger, Fernand 168
Leibniz, Gottfried Wilhelm 90
Lessing, Gotthold Ephraim 27, 70
Lévy-Strauss, Claude 34, 146
Lichtenberg, Georg Christoph 262, 263,
265, 267, 269, 270
Lipps, Hans 122
Lisa, Mona 72, 77
Lobsien, Eckhard 6
Logau, Friedrich von 245
Lohmeier, Anke-Marie 273
Lorenz, Konrad 121
Lotze, Rudolf Hermann 44
Luckmann, Thomas 97
Lucretius 245
Ludwig XIV 32
Ludwig, Hans-Werner 272, 273
Lübbe, Hermann 10, 43
Luhmann, Niklas 51, 226
Lumer, Christoph 39, 163
Luther, Martin 140, 189
Mach, Ernst 26
Madonna (d.i. Louise Ciccone) 188
Magritte, René 178
Majakowski, Vladimir 254
Maliandi, Ricardo C. 44
Mallarmé, Stephane 4, 154, 160, 164
Mann, Thomas 4, 63, 238, 279, 280, 281,
285
Marcuse, Herbert 45
Margolin, Uri 67
Marinetti, Filippo Tommaso 4
Marquart, Odo 6, 10, 173
Martinez-Bonati, Felix 94
Marx, Karl 63
Masterman, Margaret 25
Mathy, Dieter 236, 237
Maurer, Bill 122, 186
McLuhan, Marshall 105, 222, 223, 301
Mecklenburg, Norbert 183, 187
Meier, Albert 9, 28
Menschkowski, Herbert 55
Meysel, Inge 90
Minte-König, Bianka 139
Mörike, Eduard 32
Moholy-Nagy, Laszlo 222
Mon, Franz 84
Monroe, Marilyn 119
Morgenstern, Christian 161, 245, 251
Moscherosch, Johann Michael 70
Mozart, Wolfgang Amadeus 15, 239, 241
Müller, Eggo 13, 139
Müller, Hans-Harald 22, 24, 25, 27, 28,

34, 39, 41, 42, 47, 123, 126, 134, 154, 163, 166, 167, 176, 193, 200, 230
Müller, Harro 34, 35, 36, 155
Müller, Heiner 77
Müller, Jan-Dirk 222, 223
Mueller-Vollmer, Kurt 17, 34, 124, 146, 155, 167
Mukařovsky, Jan 42
Murnau, Friedrich Wilhelm 192
Muschg, Adolf 12
Musil, Robert 61, 271
Nancarrow, Conlon 239
Napoleon 79, 203, 221, 223
Nassen, Ulrich 123, 149
Nero 68
Neuland, Eva 11, 41
Neuschäfer, Hans-Jörg 152
Nieraad, Jürgen 4, 6, 31, 34, 153, 161
Nietzsche, Friedrich 121, 122, 269
Niklas, Ursula 92
Nivelle, Armand 135
Nixon, Richard 221
Nolting, Winfried 19, 28, 33
Nünning, Ansgar 1, 10, 21, 29, 30, 36, 90, 272, 277
Oakes, Guy 44
Oberhammer, Gerhard 146
Ockel, Eberhard 104
Odysseus 75, 83, 203, 205
Oesterreich, Christian 131, 155, 167, 183
Oevermann, Ulrich 115
Opitz, Martin 70
Orff, Carl 158
Origines 124
Ort, Claus-Michael 58
Orzechowski, Kazimierz 261
Parmenides 188
Pasternack, Gerhard 3, 36, 194
Pastior, Oskar 254
Patchen, Kenneth 4
Peirce, Charles Sanders 182, 301
Penelope 83
Peters, Ursula 177
Petersen, Jürgen H. 4, 77, 90, 155, 160, 161, 195, 272, 273
Petrarca, Francesco 147
Pfeffel, Gottlieb Konrad 70
Pfister, Manfred 224
Philippi, Klaus-Peter 189
Piaget, Jean 56
Picard, Raymond 18
Picasso, Pablo 206, 217
Pickwick 206
Pindar 90, 254

Pinkal, Manfred 155
Piscator, Erwin 168
Platon 74
Plett, Heinrich F. 241
Pöggeler, Otto 123
Pöppel, Ernst 263
Polenz, Peter v. 233
Pollock, Jackson 56
Popper, Karl R. 46, 71, 223
Prigogine, Ilya 51
Pross, Wolfgang 32, 167, 178
Proust, Marcel 4, 30, 150, 287
Pythagoras 75
Quine, Willard v. Orman 130
Quintilianus, Marcus Fabius 152
Radnitzky, Gerard 32, 39
Raible, Wolfgang 57, 63, 217
Resnais, Alain 162
Rickert, Heinrich 1, 43, 44, 213ff., 302
Ricoeur, Paul 28, 72, 81, 122, 140, 151, 170, 177, 218
Riedel, Manfred 11, 122, 124
Rieger, Burghard 56
Rieger, Stefan 76
Riffaterre, Michael 34
Rilke, Rainer Maria 4, 235
Rimbaud, Arthur 145, 229
Rhodan, Perry 41
Robbe-Grillet, Alain 162
Rodi, Frithjof 123
Rohr, Susanne 182
Rosenberg, Rainer 213
Rothacker, Erich 183
Rothko, Mark 185
Rousseau, Jean-Jacques 41
Roussel, Albert 164
Rüsen, Jörn 46
Rupp, Gerhard 11, 41
Ruppert, Rainer 13, 139
Rust, Holger 17, 139, 170, 186
Ruttmann, Walter 132
Ruttkowski, Wolfgang 59
Sachs, Hans 171
Sappho 254
Scheffel, Helmut 28
Scheler, Max 44
Scherer, Wilhelm 213
Scherner, Maximilian 36
Schiller, Friedrich 217
Schlaffer, Heinz 123, 124, 163
Schlegel, Friedrich 2, 43, 150, 182, 269, 271
Schleiermacher, Friedrich 3, 124, 134, 138, 141, 150

Schmeling, Manfred 272
Schmidt, Arno 267
Schmidt, Siegfried J. 42, 43, 51, 155, 161
Schnitzler, Arthur 4, 137, 296
Schock, Rolf 238
Schönau, Werner 48, 94, 138, 151, 186
Schönbereg, Arnold 4
Schönert, Jörg 5, 170
Schopenhauer, Arthur 182
Schreiter, Jörg 72
Schütte, Jürgen 4, 7, 47, 90, 198, 199
Schulte, Hans 29, 124, 154, 167, 175
Schulz, Georg-Michael 256
Schubert, Franz 239
Schumacher, Michael 171
Schurz, Gerhard 26, 125, 221
Schwanitz, Dieter 51, 230
Schwitters, Kurt 4, 184, 254
Sedlmayr, Hans 229
Seebohm, Thomas M. 43, 92, 123, 125,
  153, 190, 196, 221
Seel, Martin 95, 102
Seiler, Bernd W. 11, 42, 130
Shakespeare, William 130
Sheppard, Richard 234
Showalter, Elaine 31
Shusterman, Richard 195
Simmel, Johannes Mario 217
Simon-Schaefer, Roland 163, 189, 214,
  233
Simonides von Keos 70
Skrjabin, Alexander 210
Smuda, Manfred 56, 83, 161
Sonntag, Susan 4, 43, 154
Spicker, Friedemann 260
Spillner, Bernd 184
Spinner, Kaspar H. 22, 23, 29, 36, 214
Stachowiak, Herbert 25, 90, 216, 233
Staiger, Emil 32, 245
Stanzel, Franz K. 156, 232, 243, 272ff.
Stecker, Robert 99
Steger, Hugo 241
Stegmüller, Wolfgang 123, 186, 189
Stein, Gertrude 4, 159, 235
Steinfeld, Thomas 28
Stengers, Isabelle 51
Stierle, Karlheinz 123, 124, 154, 189
Stocker, Karl 170
Stramm, August 161
Strelka, Joseph P. 26, 52, 178
Strube, Werner 36, 41, 47, 63, 140, 163,
  232, 233
Switalla, Bernd 1
Szondi, Peter 4, 124, 134, 166, 189, 194

Telemach 75, 83
Thieberger, Richard 96, 125, 172
Thierse, Wolfgang 192, 194
Thompson, John B. 122
Thümmel, Moritz August von 70
Tick, Trick & Track 191
Titzmann, Michael 17, 34, 41, 47, 63, 97,
  116, 123, 141, 153, 163, 184, 194, 224,
  230, 238, , 240, 241
Todorov, Tzvetan 262
Trakl, Georg 4, 161
Tunner, Erika 32
Tuomela, Raimo 125
Turner, Mark 46, 186
Uhlig, Claus 29
Ullmaier, Johannes 259
Valentino, Rudolph (Rodolfo) 210
Van Fraassen, Bas C. 41, 86
Venus von Willendorf 167
Verweyen, Theodor 7
Viehoff, Reinhold 167, 170
Vietta, Silvio 229
Vischer, Friedrich Theodor 217
Vischer, Melchior 168ff.
Wach, Joachim 3, 43, 124, 167, 174, 187,
  189, 215
Walden, Herwarth 234
Warhol, Andy 145, 200, 244
Walther von der Vogelweide 32
Wapnewski, Peter 32
Warren, Austin 168
Weber, Max 43, 44
Weckherlin, Georg Rudolf 70
Weimar, Klaus 43, 134, 138, 146, 150,
  182, 189, 192, 200, 220
Weinsheimer, Joel C. 122
Weissberg, Liliane 237
Weitermeier, Hannah 222
Weizenbaum, Joseph 122
Wellbery, David E. 17
Wellek, René 168
Welsen, Peter 122
Wenzel, Peter 41, 152
Wermke, Jutta 139
Wiegmann, Hermann 273
Wiener, Oswald 217
Wierlacher, Alois 123, 187
Wild, Reiner 2, 45
Wilder, Billy 119
Willems, Gottfried 7, 62, 136, 222
Willemsen, Roger 131
Wilpert, Gero v 253, 254
Winko, Simone 45
Witte, Bernd 12

Wittgenstein, Ludwig   63, 72
Witting, Günther   104
Wölfel, Kurt   195
Wohmann, Gabriele   121
Wolff, Reinhold   167
Wolpertinger   205
Wucherpfennig, Wolf   12, 35, 152
Würzbach, Natascha   177

Wunberg, Gotthart   161
Wyss, Ulrich   19
Zaimoglu, Feridun   121
Zeus   83
Zima, Peter V.   31, 43, 155
Zimmerli, Walter Ch.   19, 46, 47
Žmegač, Viktor   2